醴陵年鉴

LI LING YEAR BOOK

2017

（总第31卷）

醴陵市人民政府 主办

醴陵市档案史志局 主编

方志出版社
Publishing House of Local Records

图书在版编目（CIP）数据

醴陵年鉴. 2017 / 醴陵市档案史志局编. -- 北京：方志出版社，2017.10
ISBN 978-7-5144-2619-9

Ⅰ. ①醴… Ⅱ. ①醴… Ⅲ. ①醴陵—2017—年鉴 Ⅳ. ①Z526.44

中国版本图书馆CIP数据核字（2017）第260948号

醴陵年鉴（2017）

编　　者：醴陵市档案史志局
责任编辑：齐　笑

出 版 人：冀祥德
出 版 者：方志出版社
地址　北京市朝阳区潘家园东里9号（国家方志馆4层）
邮编　100021
网址　http://www.fzph.org
发　　行：方志出版社图书经销中心
电话（010）67110500
经　　销：各地新华书店
印　　刷：湖南省越来越好印务有限公司

开　　本：889×1194　1/16
印　　张：31.75
字　　数：771千字
版　　次：2017年10月第1版　2017年10月第1次印刷
印　　数：0001～1200册

ISBN 978-7-5144-2619-9　定　价：298.00元

醴陵市行政区划图

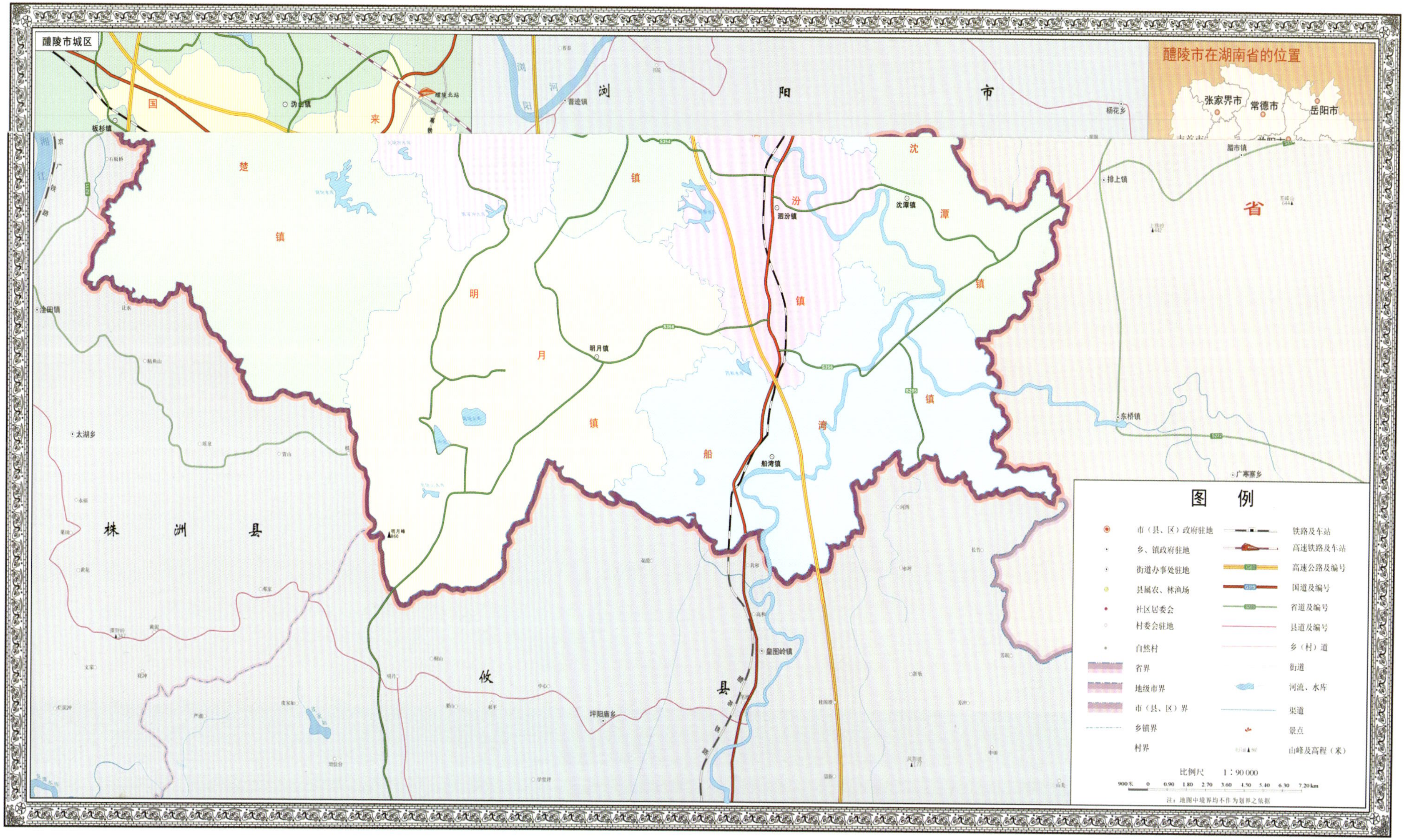
醴陵市城区
醴陵市在湖南省的位置
张家界市
常德市
岳阳市
浏阳市
省
株洲县
攸县
楚镇
明月镇
船湾镇
沩汾镇
沈潭镇
明月镇
船湾镇
沩汾镇
沈潭镇
皇图岭镇
东桥镇
排上镇
太湖乡
广寒寨乡
坪阳庙乡
渌田镇
普迹镇
杨花乡
板杉镇
图例
市（县、区）政府驻地
乡、镇政府驻地
街道办事处驻地
县属农、林渔场
社区居委会
村委会驻地
自然村
省界
地级市界
市（县、区）界
乡镇界
村界
铁路及车站
高速铁路及车站
高速公路及编号
国道及编号
省道及编号
县道及编号
乡（村）道
街道
河流、水库
渠道
景点
山峰及高程（米）
比例尺 1：90 000
注：地图中境界均不作为划界之依据

醴陵年鉴编辑委员会

醴 陵 年 鉴 编 辑 部

编 辑 说 明

一、《醴陵年鉴》以马克思列宁主义、毛泽东思想、邓小平理论、“三个代表”重要思想、科学发展观、习近平新时代中国特色社会主义思想为指导，坚持辩证唯物主义和历史唯物主义的立场、观点和方法。系统翔实地记载2016年度全市的政治、经济、文化和社会生活等方面的情况和重要事件，汇集较全面的信息资料，为各级领导决策和各界人士了解醴陵提供参考依据，为今后续修地方志收集、储存可靠史料。

二、《醴陵年鉴2017》采用分类编辑法，以条目为主要记事形式，基本结构为类目、分目、条目3个层次，个别分目下设子目。根据全市政治、经济、社会发展等实际情况，《醴陵年鉴2017》在篇目结构上有部分调整，共设特载、概述、大事记、中国共产党醴陵市委员会、醴陵市人民代表大会常务委员会、醴陵市人民政府、中国人民政治协商会议醴陵市委员会、民主党派·工商联、社会团体、军事、法治、综合经济与管理、农业、工业、贸易·旅游、城建·环保、交通·邮政·通信、财政·税务、银行·保险、民政·社保、教育、文化·体育·传媒、卫生·计划生育、区·街道·镇、人物、荣誉谱、文件选登和市党、政及各部门、单位负责人名录28个类目，有151个分目、847个条目、77万字。全书有彩版144幅、照片793张，有表格31个。

三、本卷资料由全市各单位提供，经单位负责人审核，由年鉴编辑部编辑、审校。在采编过程中，力求内容真实，注重资料性、实用性和可读性。卷中主要数据以《醴陵市2016年国民经济和社会发展统计公报》为准（其中人口数以市公安局年报为准），公报中不涉及的数据以各单位上报数据为准，个别数据因统计口径不一致可能存在差异，读者在阅读、引用时需注意鉴别。部分数据总数和分数因四舍五入，末位可能存在细微差异，属正常情况。卷中数据增减比率在未注明的情况下均为与上年同期比较值。文中未特别注明的“省”“市”分别为“湖南省”“醴陵市”。

四、本卷“市党、政及各部门、单位负责人名录”类目中所列名录均由市委组织部提供，部分驻醴单位负责人名录由各单位提供，均以2016年1月1日至12月31日任职为准。

五、书中彩版照片为2016年、2017年内容。彩版第一、二页所刊市委、市人大、市政府、市政协主要领导成员照片均为本书出版印刷前的在任领导。

城市名片

中国陶瓷历史文化名城
世界釉下五彩瓷原产地
世界电瓷之都
花炮祖师李畋故里
中国花炮之乡
全国县域经济百强县（市）
全国工业百强县（市）
中国中小城市综合实力（科学发展）百强县（市）
中国最具投资潜力中小城市百强县（市）
中国中小城市创新创业百强县（市）
中国最具区域带动力中小城市百强县（市）
全国百座宜居宜业魅力县城
中华诗词之乡
全国科技进步先进市

醴陵数字 2016

土地面积：2157 平方千米
户籍人口：1048302 人
地区生产总值：580.8 亿元
第一产业增加值：53.2 亿元
第二产业增加值：363 亿元
第三产业增加值：164.6 亿元
三次产业结构：9.2∶62.5∶28.3
一般公共预算收入：50 亿元
地方一般预算收入：40.1 亿元
公共财政预算支出：67.9 亿元
农村公路建设：65.3 公里
新增城镇就业人员：6828 人
城镇居民人均可支配收入：33744 元
粮食播种面积：72.5 千公顷
粮食总量：51 万吨
工业增加值：338.8 亿元
规模以上工业企业：540 家
规模以上工业企业完成产值：1000.5 亿元
建筑业增加值：24.5 亿元
房地产开发企业：44 家
房地产开发投资：25.3 亿元

商品房销售面积：61.6 万平方米
商品房销售额：24.6 亿元
固定资产投资：390.2 亿元
基础设施投资：116.8 亿元
民生投资：56.9 亿元
社会消费品零售总额：183.7 亿元
交通运输、仓储和邮政增加值：14.8 亿元
邮电业务总量：9.61 亿元
接待海内外游客：453.17 万人次
旅游总收入：33.07 亿元

进出口总值：3.3 亿美元
实际到位外资：1.8 亿美元
本外币年末各项存款余额：321.1 亿元
本外币年末各项贷款余额：137.8 亿元
高新技术企业：34 家
高新技术产品总值：286.7 亿元
医疗卫生机构：644 个
卫生技术人员：4065 人
中、小学校：267 所
学校、幼儿园教职工：9497 人

——数据统计摘自《2016 年醴陵市国民经济和社会发展统计公报》

中国共产党醴陵市第十二次代表大会

市委书记胡湘之作题为《抢抓发展机遇、着力突围升级，加快建设富强美丽幸福文明新醴陵》的工作报告

新当选的市委常委合影

中国共产党醴陵市第十二次代表大会

准备进入会场的党代表

市委书记胡湘之亲切看望出席中国共产党醴陵市第十二次代表大会的党代表

举手表决通过《中国共产党醴陵市第十二次代表大会选举办法（草案）》

醴陵市第十六届人民代表大会第一次会议（一）

市人大常委会主任候选人贺小玲代表醴陵市第十五届人大常委会向醴陵市第十六届人民代表大会作工作报告

市委书记胡湘之和新当选的市人大常委会领导班子合影

醴陵市第十六届人民代表大会第一次会议

新当选的市人大常委会组成人员和“一府两院”领导成员向宪法宣誓

出席会议的人大代表认真听取大会工作报告

醴陵市第十六届人民代表大会第一次会议第四代表团分团讨论

醴陵市第十六届人民代表大会第一次会议（二）

市长候选人康月林作政府工作报告

新当选的正副市长合影

人大代表分团讨论政府工作报告

人大代表认真听取政府工作报告

醴陵市人民政府换届选举投票现场

人大代表鼓掌祝贺新当选的正副市长

中国人民政治协商会议
醴陵市第十四届委员会第一次会议

市政协主席候选人江曙明向政协醴陵市第十四届委员会第一次会议作工作报告

新当选的市政协正副主席合影

政协醴陵市第十四届委员会第一次会议

政协醴陵市第十四届委员会第一次会议主席台

政协委员认真听取市政协主席候选人江曙明作工作报告

政协换届选举投票现场

重要工作

市委书记胡湘之与镇村干部、驻村帮扶工作队员和贫困户代表探讨小额贷款和产业发展工作

市长康月林慰问贫困户

省级贫困村军山村新落户的瓜蒌种植基地

2016 年 8 月 24 日，醴陵市“两学一做”学习教育知识竞赛总决赛在泉湖体育馆隆重举行

提质改造后的左权路一角

提质改造后的西山公园一角

重大事件

2016 年 6 月 8 日，中央电视台“端午乐三天”栏目走进醴陵拍摄录制

2016 年 9 月 22 日，环中国国际自行车赛（湖南站）醴陵赛段

2016 年 9 月 22 日，国家体育总局局长、里约奥运会中国代表团团长刘鹏将象征“播种和平、友好相处”的醴陵釉下五彩瓷“世界和瓶”赠送里约奥运村村长珍尼丝 · 阿卡恩

2016 年 10 月 22 日，优魄杯全国大众跆拳道系列赛（湖南站）暨湖南省跆拳道大奖赛总决赛开幕式

2016 年 11 月 16 日，醴陵瓷谷国际陶瓷名家邀请展暨醴陵瓷谷开园典礼

2016 年 12 月 13 日，湖南工业大学与醴陵市人民政府战略合作框架协议签约仪式（湖南工业大学醴陵陶瓷学院正式揭牌）

重点项目

中国陶瓷谷国际会展中心项目建设工地

“1915”醴陵国际陶瓷文化特色街区项目建设工地

醴陵市电商产业园

醴陵市创新创业服务中心项目建设工地

湖南工业大学醴陵陶瓷学院项目建设工地

醴陵市新三中开工仪式

重点项目

醴陵市电力电瓷电器产业园开工典礼

醴陵市渌江书院扩建项目

醴陵全域旅游景点之醴北人家

东城大道项目（醴陵段）施工现场

莲株高速公路（醴陵段）建设工地

醴陵市东富大道

2017 中国醴陵国际陶瓷产业博览会

省人民政府副省长何报翔巡视瓷博会展馆

株洲市委书记毛腾飞巡视瓷博会展馆

2017 中国醴陵国际陶瓷产业博览会开幕式

中国醴陵国际陶瓷产业博览会重大项目合作签约仪式

“中国陶瓷谷·五彩新醴陵”音乐焰火展演

株洲市工业旅游暨醴陵市全域旅游·魅力之旅启动仪式

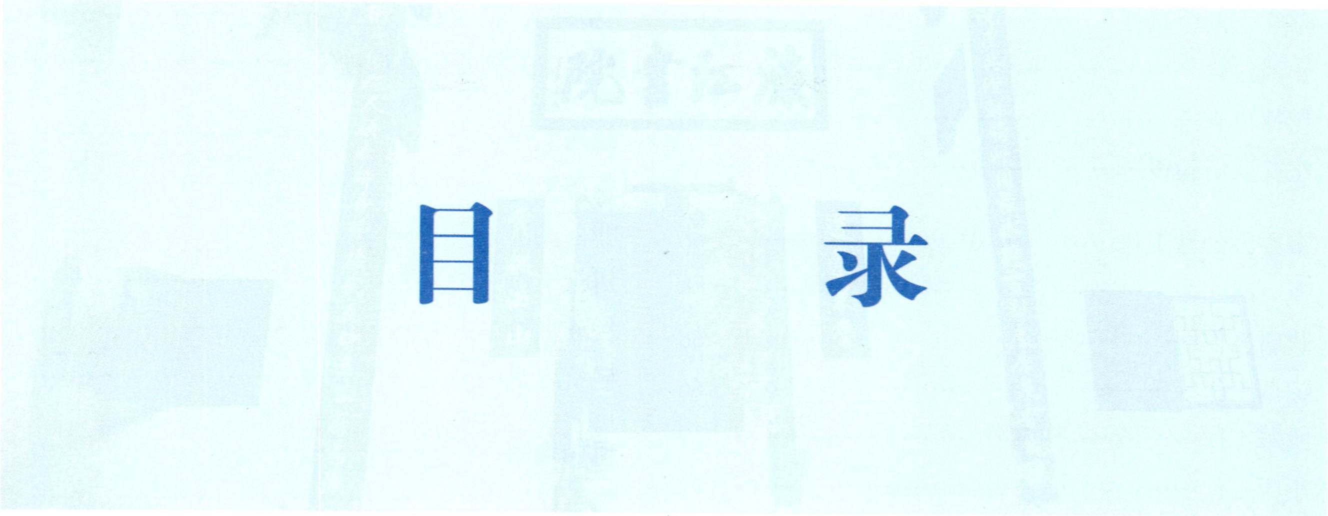

目 录

特 载

概 述

大 事 记

中国共产党醴陵市委员会

醴陵市人民政府

中国人民政治协商会议醴陵市委员会

民主党派・工商联

社会团体

军　事

法　治

综合经济与管理

农　业

工　业

贸易·旅游

城建·环保

交通·邮政·通信

财政·税务

银行·保险

民政·社保

教　育

文化·体育·传媒

卫生·计划生育

区·街道·镇

人　物

荣　誉　谱

文件选登

市党、政及各部门、单位负责人名录

索　引

彩　版

中 共 醴 陵 市 委 常 委

ZHONG GONG LI LING SHI WEI CHANG WEI

上排左起： 中共醴陵市委书记胡湘之，市委副书记、市长康月林，市委副书记邹展晖，市委常委、常务副市长邹志超，市委常委、市纪委书记易文星

下排左起： 市委常委、人武部部长李云星，市委常委、宣传部部长曾毅鹏，市委常委、组织部部长刘华章，市委常委、统战部部长刘海龙，市委常委、政法委书记廖胜云，市委常委、市委办公室主任王志强

醴陵市人大常委会主任、副主任

LI LING SHI REN DA CHANG WEI HUI ZHU REN FU ZHU REN

左起： 党组书记、主任贺小玲，党组成员、副主任廖宏力，党组成员、副主任李亿平，党组成员、副主任李荣佳，副主任（兼）唐青柏，党组成员、副主任翁菊清

醴陵市人民政府市长、副市长
LI LING SHI REN MIN ZHENG FU SHI ZHANG FU SHI ZHANG

上排左起： 市委副书记、市长康月林，市委常委、常务副市长邹志超，副市长、市公安局局长何忠明，副市长石勇辉

下排左起： 副市长黄平伟、副市长谭艳，副市长钟国建，副市长陈佳，副市长王吉祥

政协醴陵市委员会主席、副主席
ZHENG XIE LI LING SHI WEI YUAN HUI ZHU XI FU ZHU XI

左起： 党组书记、主席江曙明，副主席李忆湘，副主席（兼）钟富强，党组成员、副主席程曙光，党组成员、副主席肖建辉，副主席（兼）易召群

醴陵市人大常委会

LI LING SHI REN DA CHANG WEI HUI

株洲市第十五届人民代表大会第一次会议醴陵市代表团分团讨论

市人大常委会视察创卫工作

市人大常委会主任贺小玲督查枫林镇安全生产工作

醴陵市第十六届人大常委会会议

醴陵市人大代表视察重点项目建设

政协醴陵市委员会

ZHENG XIE LI LING SHI WEI YUAN HUI

主　席　江曙明

政协株洲市委员会副主席余群明到醴陵调研

政协委员调研重点项目建设

政协委员开展慰问贫困学生活动

中国人民政治协商会议醴陵市第十四届委员会第二次会议

中共醴陵市委政法委员会

ZHONG GONG LI LING SHI WEI ZHENG FA WEI YUAN HUI

株洲市网格化管理工作现场经验交流推进会在醴陵召开

市委常委、政法委书记廖胜云在全市村级党组织培训班上授课

市委常委、政法委书记廖胜云到石亭镇检查指导防汛工作

在市公安局召开政法系统各单位班子成员工作务虚会

召开全市年综治民调工作推进会

机关支部召开“两学一做”学习教育会

醴 陵 市 人

LI LING SHI REN

市委常委、武装部部长　李云星

政　委　徐兆纯

扶贫工作

为新兵家庭发放光荣牌

组织专武干部集训

执行 2016 环中国国际自行车赛（湖南站）醴陵赛段安保任务

组织学生军训

民 武 装 部

MIN WU ZHUANG BU

党委第一书记任职大会

参加市人民代表大会选举投票

部党委民主生活会

为新任职专武干部颁发命令状

执行“端午乐三天”安保任务

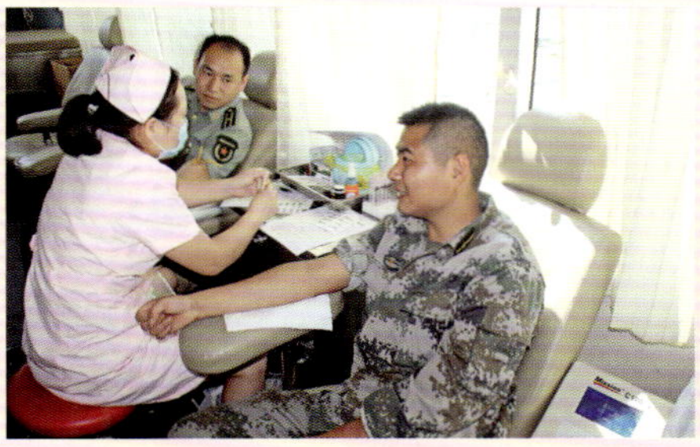

义务献血

组织新兵欢送起运

湖南醴陵

HU NAN LI LING

株洲市人民政府市长阳卫国视察中国陶瓷谷项目工地

市领导视察园区项目

经济开发区

JING JI KAI FA QU

醴陵电力电瓷电器产业园开工典礼

陶子湖项目效果图

中国陶瓷谷国际会展中心

湖南阳东电瓷电气股份有限公司	湖南醴陵红玉红瓷陶瓷有限责任公司	湖南港鹏实业有限公司
株洲时代金属制造有限公司	湖南恒茂高科股份有限公司	

中共醴陵市

ZHONG GONG LI LING SH

领导班子

赴李立三故居开展专题党日活动

“两学一做”学习教育

市 委 办 公 室

SHI WEI BAN GONG SHI

市委书记胡湘之在株洲时代金属制造有限公司调研

市委常委、市委办公室主任王志强陪同省委机要局总工程师罗干生调研耿传公祠

市委常委、市委办公室主任王志强现场调度陶瓷会展馆项目

市委副书记邹展晖调研城市建设

领导班子民主生活会

调研新农村建设

中共醴陵市委老干部局

ZHOGN GONG LI LING SHI WEI LAO GAN BU JU

市委组织部副部长、老干部局局长　王太忠

领导班子

市委副书记邹展晖陪同老领导视察重点工程项目

市委常委、组织部部长刘华章（右五）与醴陵市建国前入党老党员合影

举办全市离退休干部党建骨干培训班

组织老年群团组织开展扶贫工作

召开全市老干部工作业务培训会议

醴陵市信访局

LI LING SHI XIN FANG JU

党组书记 、局长 彭卫东

左起依次为副局长邹青山、局长彭卫东、副局长易书明

株洲市人民政府副秘书长、市信访局局长彭小中到醴陵调研督导信访工作

市委书记胡湘之主持召开信访工作联席会议

市委常委会议专题研究部署信访工作

市委副书记邹展晖主持召开信访维稳安保工作会议

醴陵市总工会

LI LING SHI ZONG GONG HUI

机关工会干部会议

醴陵市总工会第十六届委员会第四次全体（扩大）会议

开展禁毒宣传进企业活动

组织旗滨玻璃员工工资集体协商

扶贫工作

醴陵市工商业联合会

LI LING SHI GONG SHANG YE LIAN HE HUI

主　席　钟富强

党组书记　孙　勇

领导班子

干部座谈会

党日活动

醴陵市残疾人联合会

LI LING SHI CAN JI REN LIAN HE HUI

理事长朱卫兵为贫困残疾人送辅具上门

扶贫工作

“爱耳日”免费为贫困听力残疾人验配助听器

举办残疾人实用技术培训班

残疾人手工作品爱心义卖

醴陵市发展和改革局

LI LING SHI FA ZHAN HE GAI GE JU

党组书记、局长　吴均成

株洲市发展和改革委员会主任龚红果到醴陵调研项目投资工作

扶贫工作

组织开展“中国社会扶贫网 APP”推广培训会

举办“七一”庆祝大会

组织局篮球队参加全市第一届机关运动会

醴陵市人民法院

LI LING SHI REN MIN FA YUAN

株洲市委常委、政法委书记杨玉芳到院调研指导工作

2016 年年终总结大会暨队伍纪律作风整顿动员大会

庭审现场会

开展妇女维权周普法宣传活动

举行升旗仪式

组织开展队伍纪律作风整顿学习会

醴陵市司法局

LI LING SHI SI FA JU

湖南省司法厅副巡视员孙浩波到醴陵调研

“两学一做”教育活动

为贫困户送鸡苗

司法所长例会

开展司法宣传

公证法实施 10 周年宣传活动

醴陵市人

LI LING SHI REN

领导班子

株洲市人民检察院邀请部分特约检察员、人民监督员到院座谈

开展关爱留守儿童慰问活动

民 检 察 院

MIN JIAN CHA YUAN

开展“七一”表彰大会暨检察长讲党课

党组书记、检察长黄晓军到企业调研

未成年人心理辅导员座谈会

举办庆“三八”妇女节文艺晚会

开展朗读比赛活动

开展“举报宣传周”宣传活动

未检科开展刑事被害人救助工作

醴陵市人民

LI LING SHI REN MIN

市政府办党组会议

机关党支部开展党日活动

举办“支部主题党日”活动

政府办公室

ZHENG FU BAN GONG SHI

市政府常务会议前集中学习环保法规

深入乡镇调研

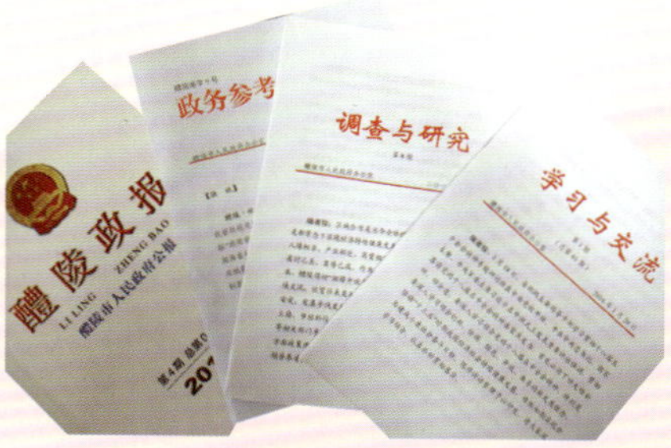

编印的内部刊物

组织全市 2016 年经济工作会议

醴 陵 市

LI LING SHI

领导班子

株洲市教育局党委书记、局长吴安浩到醴陵调研

局长郭米红参加义务植树活动

教育部开学工作检查组到醴陵督查开学工作

株洲市少先队主题队会活动在醴陵召开

教育系统教学工作述职会议

教　育　局

JIAO YU JU

市委书记胡湘之调研渌江新城学校建设工地

市长康月林调研校车安全工作

召开全市推进学科核心素养培育现场研讨会

举办学习习近平同志系列重要讲话精神专题会议

召开教育系统“安全保卫战”动员大会

醴陵市经济

LI LING SHI JING JI

政协株洲市委员会副主席贺夏盛到醴陵召开企业帮扶现场办公会

株洲市经济信息化委员会领导到醴陵调研

扶贫工作

举办特色产业海外互联网营销推广培训交流会

参加湖南省工业经济运行形势座谈会

科技信息化局

KE JI XIN XI HUA JU

召开党建工作专题会

组织精准扶贫对象开展养殖技术培训

市委第五巡察组对经济科技信息化局巡察意见反馈会

举办 2016 年醴陵市陶瓷产业电子商务升级发展论坛

召开"两学一做"动员大会

醴 陵 市

LI LING SHI

领导班子

副市长、市公安局局长何忠明深入基层调研

扶贫工作

开展“帮扶心连心、携手共成长”活动

公　　安　　局

GONG AN JU

省公安厅副书记、副厅长袁友方，株洲市人民政府副市长、市公安局党委书记、局长李晓葵到醴陵下访接待信访群众

株洲市委常委、政法委书记杨玉芳（左二）到局调研

全市公安队伍正规化建设推进会

株洲市刑事科学技术会议在醴陵召开

公安工作座谈会

民警荣誉退休离岗仪式

举办趣味运动会

醴　陵　市

LI LING SH

党组书记、局长　夏春良

省财政厅副厅长欧阳煌到醴陵调研

举办财政干部培训班

产业发展基金公司成立大会

开展环境清扫整治活动

财　政　局

CAI ZHENG JU

扶贫工作

召开 2016 年全市财政工作会议

召开“两学一做”学习教育动员大会

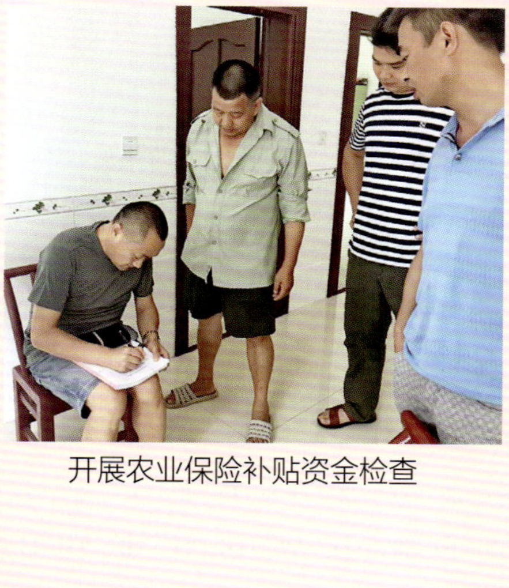

开展农业保险补贴资金检查

举办新春业务培训

醴陵市民政局

LI LING SHI MIN ZHENG JU

民政部副部长宫蒲光（右三）到醴陵调研民政工作，省民政厅副厅长唐白玉，市委书记胡湘之陪同

民政部、财政部工作组到醴陵核查低保工作

省民政厅副厅长孙中喜（左三）到醴陵调研涉军信访工作

株洲市基层政权与社区建设、区划地名工作会在醴陵召开

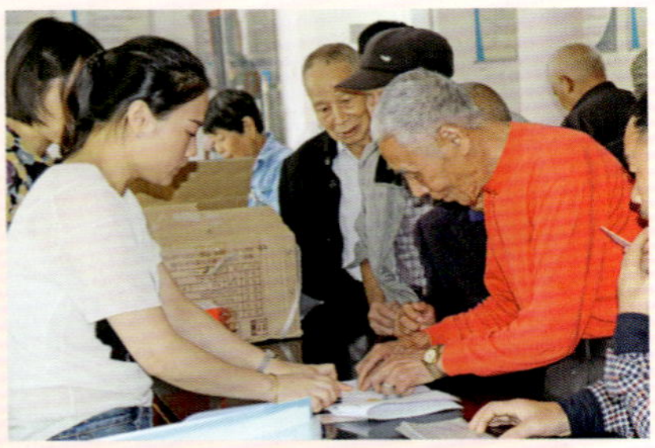

重阳节，开展北京耿志远基金关爱醴陵老功臣慰问活动

举办全市首个殡葬开放日活动

“国家烈士公祭日”全市举行烈士公祭活动

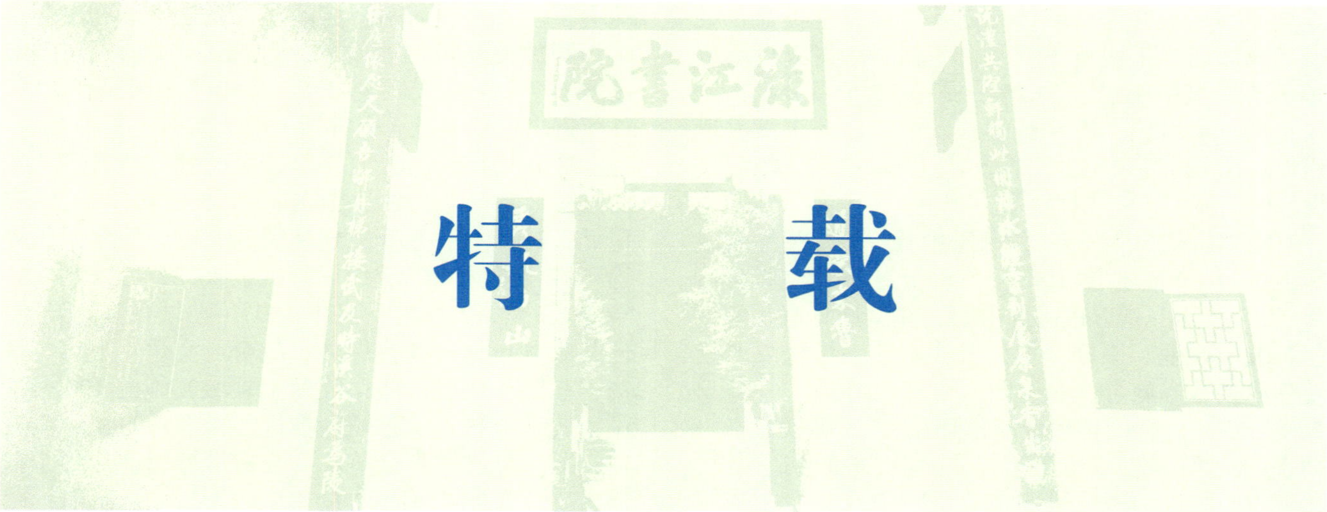

特　载

抢抓发展机遇　着力突围升级 加快建设富强美丽幸福文明新醴陵

——在中国共产党醴陵市第十二次代表大会上的报告

（2016 年 9 月 19 日）

中共醴陵市委书记　胡湘之

一、我们已经站在新的起点上

过去的五年，是极不平凡、极具挑战、经受考验并取得显著成效的五年。面对错综复杂的内外发展环境，全市上下顶住压力、保持定力、精准发力，实现经济社会平稳较快发展，连续 5 年跻身全国百强、稳居全省四强，连续两年入选全国工业百强，先后荣获国家、省（部）级荣誉 300 余项。通过这些年的奋力拼搏，我们有一个共同的感觉，醴陵已经站在新的起点上。

这五年，我们着力加快产业转型升级，经济实力稳步提升。2015 年地区生产总值、财政总收入分别达 531 亿元、45 亿元，是 2010 年的 2 倍和 2.3 倍。工业总产值突破千亿元大关，达 1012 亿元。固定资产投资、社会消费品零售总额分别达 360 亿元、163 亿元，是 2010 年的 2.9 倍和 2 倍。三次产业比重由 12.3 ∶ 60.5 ∶ 27.2 调整为 9.1 ∶ 64 ∶ 26.9。陶瓷、花炮已形成享誉国内外的主导产业集群，玻璃、汽车零配件、服饰、智能电网、现代物流等开始形成产业体系。醴陵成为全省首批特色县域经济重点县。粮食生产实现“十二连丰”。三产对经济增长的贡献率达 44.3%。高新技术企业增加 33 家，累计达 44 家。经开区规划面积扩展至 50 平方千米，园区产值达 412 亿元，是 2010 年的 6.4 倍；获评国家新型工业化产业示范基地。成功举办中国陶瓷艺术大展暨湖南（醴陵）首届陶瓷博览会。出台“工业十条”（《醴陵市工业强市十条政策》）、“招商六项”（《醴陵市奖励招商中介人员六项规定》），成立广州醴陵商会、深圳醴陵商会，旗滨玻璃、陶瓷艺术城、时代金属、升华科技等一大批重大产业项目相继竣工投产。项目征拆创造“醴陵速度”，连续两年在株洲考核中列五县市第一。

这五年，我们着力加大基础设施建设，城乡面貌明显改观。完成基础设施投资 121.2 亿元，比“十一五”

规划期间增长2倍。城镇规划基本实现全覆盖，城市建成区面积拓展至29.5平方千米，城区人口增至30万人。城镇化率达54.2%，提高7.2个百分点。渌江新区、老城区、经开区加快发展，启动东城大道建设、106国道和333省道醴陵段升级改造，规划建设株醴新城，“三一”（“一城三片区”、“一心六组团”、“一环三纵横”。“一城三片区”中“一城”指醴陵城区，三片区即提质老城区、升级经开区、开发示范区；“一心六组团”指以市区为中心，在全城打造花炮产业、玻璃产业、服饰产业、现代农业、长株潭产业转移承接地、旅游产业组团六个集镇组团；“一环三纵横”中“一环”指建设城市环线，“三纵横”指协助省、株洲市完成320国道提质改造、333省道建设，完善106国道）格局初步成形。“一江两岸”（“瓷城古韵·一江两岸”）文化休闲带启动建设，渌江书院即将修缮开园，城市配套逐步完善。醴陵大道二期工程、渌江大道、国瓷路、凤凰大道等20多条城市主次干道建成通车，城市交通内成网、外成环。沪昆高铁在醴陵市设站并建成投入运营，发展迈入“高铁时代”。岳汝高速、沪昆高速、莲株高速纵横交错，东、西、北“三站”遥相呼应，形成四通八达的高速公路网络。完成农村道路通畅工程1129千米，拉通北部旅游环线，整修新建水利工程5万余处，农村基础设施明显改善。封山育林、城乡同治等工作初见成效，森林覆盖率达55%，成功创建省级卫生城市、园林城市。

这五年，我们着力改革开放创新，县域经济呈现新的活力。农村经济体制改革、项目建设体制改革等7大类21项改革取得实效，“要素红利”（人口红利、资源红利、人工成本红利）逐渐转化为“改革红利”（国家通过体制变革和机制创新给人类社会进步带来的全部有益成果的总和）。简政放权力度加大，审批事项和审批时限大幅减少。政府机构改革和乡镇区划调整圆满完成，乡镇由26个精简为19个，行政村由343个合并为215个，“李畋镇”“左权镇”“国瓷街道”等一批特色地名成为展示醴陵形象的“新名片”。深化投融资体制改革，重组并成立渌江集团、高新集团两大投融资平台，成为全省第一家成功发债的县（市）。大力推广PPP模式（Public-Private-Partnership的英文缩写，是指政府与私人组织之间，为了合作建设城市基础设施项目，或是为了提供某种公共物品和服务，以特许权协议为基础，彼此之间形成一种伙伴式的合作关系，并通过签署合同来明确双方的权利和义务，以确保合作的顺利完成，最终使合作各方达到比预期单独行动更为有利的结果），1个项目入选财政部示范项目库，3个项目入选国家湖南省第三批PPP示范项目。成功创建省级金融安全区，长沙银行、中信银行和省农信担保公司等金融机构先后落户醴陵。国光集团顺利改制重组。开放型经济加速发展，自营进出口企业由187家增加至257家，产品远销全球150多个国家和地区，外贸进出口总额稳居全省县（市）前列。

这五年，我们着力改善民生民利，社会事业全面进步。坚持七成财力投向民生领域，累计支出162亿元，是“十一五”规划期间的3倍。城乡居民人均可支配收入分别达31093元、20732元，为2010年的1.7倍、2.2倍。“民生100”（在城乡基础设施、公共服务设施、社会保障、教育、文化、卫生、扶贫、移民、住房、环保等民生领域实施的100多项民生实事项目）工程顺利推进，社保政策实现全覆盖，卫生惠民做到全落实，合格学校提前两年全部建成。教育督导体制改革“醴陵模式”在全国推介，高考成绩摘得株洲地区“三连冠”。计划生育工作连续十二年获全省先进。公共文化事业蓬勃发展，获“中华诗词之乡”。深入开展脱贫攻坚战，3285户10257人顺利实现脱贫。加快建设“数字醴陵”（“数字醴陵”系统分三大块，“平安城市”旨在利用“数字化、网络化、集成化、智能化”监控系统来打击、预防违法犯罪，维护社会治安；“智能交通”则是将先进信息技术、通信技术、控制技术、传感器、计算机技术和系统综合技术有效集成，应用于地面交通系统，建立实时、准确、高效的交通管理系统；“数字城管”主要利用现代信息技术，整合城市管理资源，再造城市管理流程，实现精确化、高效化和全方位覆盖的数字城市管理运行模式）“平安醴陵”，在全省率先建成三级联网视频安全监控系统，网格化社会治理成为常态。“六五”普法〔关于在公民中开展法治宣传教育的第六个五年规划（2011-2015年）〕深入开展，全省综治民调排名大幅上升。2015年，安全生产、综合治理、计划生育三项工作获全省先进。

这五年，我们坚持党要管党、从严治党，干部作风明显改进。深入开展党的群众路线教育实践活动、“三严三实”（严以修身、严以用权、严于律己，谋事要实、创业要实、做人要实）专题教育、“两学一做”（学党章党规、学系列讲话，做合格党员）学习教育，干部队伍建设呈现出新活力、新气象。认真落实“两个责任”（落实党风廉政建设责任制，党委负主体责任，纪委负监督责任，制定切实可行的责任追究制度），正确把握和运用“四种形态”（党内关系要正常化，批评和自我批评要经常开展，让咬耳扯袖、红脸出汗成为常态；党纪轻处分和组织处理要成为大多数；对严重违纪的重处分、作出重大职务调整应当是少数；而严重违纪涉嫌违法立案审查的只能是极少数），严格监督执纪问责，反腐倡廉取得新成效。坚持正确用人导向，规范干部选拔任用，激发了干事创业积极性。全市整顿77个软弱涣散的基层党组织，加大不合格党员处置力度，基层基础不断夯实。“五问工作法”（本月做了什么？采取了什么措施？取得了什么成效？还存在哪些问题和不足？下月怎么办？）被新华社和湖南省纪委宣传推介。认真落实党委意识形态工作责任制，建立对外新闻发布制度，城市宣传片亮相央视，釉下五彩瓷走进里约奥运会，醴陵“点赞率”“好评度”大幅提升。市四套班子团结务实，形成了市委总揽全局、协调各方，市人大依法履职、加强监督，市政府依法行政、狠抓落实，市政协参政议政、建言献策的良好局面。市人武部积极参建参治，军民融合发展。统一战线深化“四同创建”（同心园区、同心项目、同心乡村、同心社区），广泛凝聚各方力量。工青妇、残联、老龄、档案史志、人防等工作都有新的进步。

过去五年，有很多宝贵的经验，也有很多惨痛的教训，经验要长期坚持并化作行动，教训要深刻汲取并融入血液。主要有以下几条：一是产业是最坚实的支撑。醴陵依产业而建，靠产业而生，过去的优势在产业，现在的不足在产业，未来的希望还是在产业。一切发展都以产业为基础，产业弱则一弱百弱，产业强则一强百强。项目是最重要的抓手。当今是项目的时代，区域竞争实质上就是项目竞争。二是项目多的地方机遇多、投入多、活力足，有项目就有生机、就有后劲。抓住了项目就掌握了发展主动权、抢占了发展制高点。项目已成为经济社会发展的“晴雨表”。三是安全稳定是最基本的环境。如果说改革是深与浅的问题，发展是快与慢的问题，那么安全稳定则是成与败的问题。安全和稳定是一个地方、一个区域、一个系统、一个行业最基本的原则和底线，任何时候只能加强不能削弱。四是团结是最厚重的品格。团结是一种力量、一种本领，更是一种品德、品位和品格。团结的班子可以无坚不摧、攻城拔寨，不团结则人心涣散、形象尽失，最终贻误事业、害人害己。团结已成为我们最普遍的追求和共识。五是落实是最卓越的能力。落实体现意志和担当，反映水平和能力。最伟大的事业必须从最伟大的行动开始，最卓越的才能往往靠最朴实的言行来体现。干部是用来干事落实的，落实就是要踏石留印、抓铁有痕、落地生根。

在总结成绩和经验教训的同时，我们更要清醒地认识到问题和不足。主要是：结构还不够优。转方式、调结构的成效还不突出，强的不够强，大的不够大，新的不够新，强的有些在变弱，弱的有些在变劣。发展还不够快。30 年前的醴陵曾被誉为“三湘第一县”，但因客观、主观等原因，与先进地区差距不断拉大。资源、资产、资本等要素整合不够，发展不充分、不彻底、不全面、不持续的问题较为突出。后劲还不够足。大项目、好项目不多，特别是大的产业项目缺乏，“十二五”规划期间投资超10 亿元的工业项目仅旗滨玻璃 1 家。2015 年以来，投资增速明显减缓，工业投资占比下降近 30 个百分点。环境还不够好。前些年，醴陵几经折腾，对外形象受到严重伤害，各方干事创业积极性受到明显挫伤。行政审批制度改革不够深入，办事节奏慢成为“老大难”问题。解放思想停留在口头上多，落实到企业、到项目、到行动上少。少数干部习惯作“表面文章”，精神萎靡不振，热衷于说长道短，工作效率低下，缺乏应有的责任感、紧迫感和执行力。对于这些问题，必须切实加以解决。

二、要着力开启醴陵发展新篇章

今后五年，是我市率先全面建成小康社会、开启基本实现现代化新征程的关键期，也是全面转型升级的攻坚期。从全球来看，世界经济在深度调整中曲折复苏，新一轮科技革命和产业变革蓄势待发，加快发展成为全人类最紧迫的课题，国际货币基金组织预测，世界经济未来几年将保持 3.4% 左右的增长，略高于前几年。从国内来看，“创新、协调、绿色、开放、共享”五大发展理念深入人心，供给侧结构性改革稳步推进，“一带一部”（东部沿海地区和中西部地区过渡带，长江开放经济带和沿海开放经济带结合部）、长江经济带、长株潭国家自主创新示范区、国家“两型”（资源节约型、环境友好型）社会改革试验区等国家重大战略的实施，产生了政策叠加、聚合的蝶变效应，呈现出支撑发展的新天地。从省市来看，突出产业转型升级，加快长株潭一体化，加速株醴融城，着力构建“一核一圈一廊”（“中心城区核心增长极”“株醴都市圈”“醴炎县域经济走廊”）株洲发展大格局，赋予醴陵重任，意味着我们拥有更高更大的发展空间，并享受更多更实的政策扶持。从自身来看，一批重大产业项目初显效应，城市经营步入收获季节，更多的发展要素开始向醴陵汇聚，各级班子换届以后生机勃发，人心思齐、人心思进已成为民心所向，我们已经具备了向前突破、向上升级的基础和力量。

开启新篇章，我们必须把握“稳中求进、进中求快、快中求优”总基调，坚持一手抓强基固本、一手抓突围升级，争当全面小康建设、“两型”示范建设、现代化建设“三个排头兵”，加快建设富强、美丽、幸福、文明“四个醴陵”。

我们建设的新醴陵，是规模更大、结构更优、发展更快的富强醴陵。今后五年，地区生产总值年均增长 9% 左右，达到 800 亿元以上。一般公共预算收入年均增长 10% 以上，力争突破 80 亿元。社会固定资产投资年均增长 16%，达到 800 亿元以上。

社会消费品零售总额年均增长 12.5%，力争达到 300 亿元。现代化、智能化、高端化的产业体系更加完善，高新技术产业增加值占 GDP 比重达 30% 以上，园区规模工业增加值占比超过 70%。综合实力在全国、全省的排名稳步上升。

我们建设的新醴陵，是看得到绿水青山、记得住初心乡愁的美丽醴陵。到 2020 年，城市建成区面积达到 50 平方千米，城镇化率超过 65%。全面封山育林，森林覆盖率达到 55.8%。开展“碧水蓝天”行动，城市污水处理率达到 92% 以上，城镇生活垃圾无害化处理率达到 100%，地表水源水质达标率达到 100%，空气质量二级以上天数保持在 340 天以上。坚持城市与农村统筹发展，人与自然和谐相处，让百万人民享受更多“绿色”福利，瓷城大地处处好山好水好风光。

我们建设的新醴陵，是发展成果惠及全民、基本设施覆盖全域的幸福醴陵。全面小康如期实现，贫困人口、贫困村全部脱贫。城镇登记失业率控制在 5% 以内，城、乡居民人均可支配收入年均增长 8.5%、9.5%，分别达到 4.6 万元、3.3 万元。天然气覆盖到所有镇区，九年制义务教育完成率、城乡居民基本养老保险覆盖率、通村道路硬化率、行政村客运班线通达率、农村居民安全饮水率、广播电视综合覆盖率全部达到 100%。

我们建设的新醴陵，是法治德治并举、品位品行俱显的文明醴陵。居委会、村委会依法自治达标率均达到 100%。社会安全指数达到 100%。机关行政效能满意率达到 90%，行业风气满意度达到 85%。深入开展“全民读书”“全民健身”“全民普法”三个“三年行动计划”，健康生活、生活健康成为一种时尚、一种追求。每一块土地都能彰显人间大爱和大美，每一位公民都能享受社会的公平公正，人人拥有放飞梦想、实现抱负、赢得出彩的机会和舞台。

今后几年，我们要全党动员，全民动手，着力争创国家卫生城市、全国文明城市、国家园林城市，用新创建鼓舞新斗志，凝聚新力量，塑造新形象。

建设新醴陵，要有新理念。全市上下要进一步强化忧患意识、产业意识、项目意识、服务意识，敢于让利促发展，敢于担当抓落实，敢于负债经营搞建设。坚持把解放思想作为一根红线，落实到点和面，具体到人和事，把产业发展氛围造得浓之又浓、政策搞得优之又优、措施抓得实之又实。对创业者要多一份关心、多一分理解、多一分支持，让“产业、实业、企业、创业”受到社会普遍的尊重，感受各方的温暖，成为经济社会发展的本色和主流。

建设新醴陵，要有新布局。围绕“三一”整体格局，以城区为中心，提质老城区、做强经开区、开发新城区；以市区为中心，以产业为依托，在全域打造花炮组团、玻璃组团、服饰组团、现代农业组团、长株潭产业转移承接地组团、旅游组团六个集镇组团；以 320 国道、333 省道、106 国道为骨架，构建环绕城区、通达集镇的交通网络。

建设新醴陵，要有新举措。一切活力来自改革。要着力推进供给侧结构性改革，重点做好“加减乘除法”。“加”就是加强研判、加大投入、加快运作、加速发展，当务之急是加快投融资体制改革。“减”就是减少成本、减少环节、减少库存、节能减排，特别是要精减行政审批事项。“乘”就是乘机整合、乘势调整、乘胜追击，重点抓好各大瓶颈要素改革和国有企业改制。“除”就是要消除浮躁、破除陈旧、排除阻力，坚定不移推进干部人事制度改革，年内完成公车改革。

建设新醴陵，要有新担当。越是关键岗位，越要强化担当；越是底线工作，越能体现担当。要坚守安全底线，确保不发生重大安全事故，不发生系统性、区域性金融风险。要坚守民生底线，保障基本民生，保障低收入群众的基本生活，防止冲击社会心理底线的事件发生。要坚守稳定底线，严厉打击违法犯罪，确保不发生影响恶劣的群体性事件。要坚守环保底线，实行最严格的环保准入和生态保护制度，确保不欠新账，逐步还清老账。

建设新醴陵，要有新风尚。我们的发展靠大家共同努力，每一位公民都要立足创业、奋发至上，每一个家庭都要立足和谐、幸福至上，每一名干部都要立足岗位、奉献至上，每一级组织都要立足发展、事业至上。我们的社会靠大家共同管理，对外讲开放，相互讲包容，办事讲规则，社会讲秩序。我们的形象靠大家共同维护，多讲主旋律，多唱正气歌，多吹进军号，多给家乡叫好，多为醴陵争光。

各位代表、同志们，醴陵是我们共同的家园，醴陵好才能大家都好，大家好醴陵才会更好。未来蓝图已经描绘，发展目标已经明确。没有比人更高的山，没有比脚更长的路。前进中还会遇到不少困难和问题，我们要携起手来，从自己做起，从今天干起，从看得见、摸得着的事抓起，一点一滴把梦想变为现实，一步一步把醴陵推向前进！

三、集中力量打好“四大战役”

发展的道路尽管漫长，但紧要处往往只有几步。我们要找准重点，集中力量，快速布局，迅速组织打好“四大战役”。

（一）**着力打好产业突围战。**坚持要素向项目集中、项目向产业集中、产业向园区集中，加快构建具有核心竞争优势的现代产业体系，打造 1000 亿元陶瓷产业集群、300 亿元花炮产业集群、1000 亿元产业园区，培育 2 个以上百亿元规模新兴支柱产业。

做大做强主导产业。抓紧制定陶瓷、花炮、服饰等主导产业的专门扶持政策。做强做实陶瓷、花炮等行业协会。按照“存量扩容、增量突破”的思路，大力实施陶瓷智能制造行动计划，加快形成以日用瓷、电瓷、釉下五彩瓷、陶瓷新材料为主体，上下游配套的发展格局，着力打响“中国醴陵·瓷彩天下”区域品牌，力争日用瓷占世界市场份额达15%以上，电瓷占世界市场份额达1/3以上，把醴陵真正打造成为“全球釉下五彩瓷都”“全球电瓷之都”。加快陶瓷技师学院建设，力争办成国内一流的陶瓷大学。抓紧制定花炮产业发展规划，优化花炮产业空间布局，组建PDC（制造、销售、消费）联盟，加快花炮大市场、燃放场建设，鼓励花炮企业把总部设在园区并享受优惠政策，将花炮产业打造成安全、环保、科技、时尚产业，力争国际、国内两个市场份额均提升10个百分点以上。突出产业链、创新链、资源链“三链融合”，推进服饰、玻璃、装备制造业发展壮大，打造“中国职业服装生产基地”“中部规模最大玻璃产业基地”“长株潭交通装备零部件主产地”。巩固粮食生产全国先进地位，实施农产品加工振兴计划和科技兴农工程，抓好106国道沿线和渌江沿岸农业产业带建设。

大力培育新兴产业。积极发展会展经济，成建制举办瓷博会、烟花节、服饰节，力争办成国际性、区域性展会。引进培育一批知名度高、带动力强的电商企业，建成全省一流的电子商务特色园区。依托经开区建好物流园，打造湘东商贸物流中心。树立“不求所在，但求所有”理念，大力发展总部经济，力争每年引进总部企业2家以上。依托长株潭对接“大众旅游”时代，完善旅游环线建设，重点开发陶瓷博览园、仙岳山文化景区、渌江桥、李立三故居、沩山古窑、官庄山水、耿传公祠、枫林印象等一批精品景点，将陶瓷艺术城、渌江书院打造成AAAA级景区，形成集红色旅游、工业旅游、生态旅游、人文旅游于一体的全域旅游圈。坚持“开发增量、盘活存量”并重，引进大楼盘开发，规范市场秩序，依法保障房产商和购房业主的合法利益。

集中打造特色园区。加快创建国家级经开区。培育引进10个年产值过10亿元、20个过5亿元、300个过1亿元的企业。深化管理体制改革，该下放、能下放的权限尽早尽快下放到园区。资金、项目、土地等要素向园区集中倾斜，着力提高园区自主创新能力和滚动发展能力。陶瓷博览园重点抓好陶瓷会展馆、“1915”国际陶瓷文化街区、瓷谷、陶子湖、陶瓷花卉生态主题公园建设，打造在国内外独树一帜，集研发、销售、旅游于一体的“釉下五彩瓷都集中展示区”。东富工业园要立足玻陶一体化，抓紧引进1～2家配套企业，旗滨路年内建成通车。每年新建标准厂房20万平方米以上。

坚决淘汰落后产能。按照“市场主导、政府引导、社会倡导”的原则，制定实施企业退出引导机制。陶瓷产业要淘汰创新能力低、产品附加值低、市场开拓能力低的“三低”企业。花炮产业要突出“扶优扶强、做大做强、并小并散、退乱退弱”，今年退出60家，明年退出40家，企业数量控制在250家以下，产能提升10%以上。鼓励支持矿山资源企业兼并整合、提质升级。

深入开展企业帮扶。加强政银企合作，建立1亿元规模以上的产业发展基金，破解企业贷款难、融资难等瓶颈。建立区域担保风险基金，撬动更多的社会资本流向实体经济。优化企业发展环境，降低企业生产成本。实行“一企一策”，扶持企业发展，对有条件上市的要成立专门班子、出台专门政策，力争5年内3～5家本土企业上市发展。坚持市级领导结对帮扶企业和问题集中交办制度。支持和鼓励企业开拓本土市场，对企业研发专利、创建品牌予以扶持奖励。

（二）**着力打好城镇提质战。**城镇建设既要开疆拓土，又要精耕细作，既要政府主导，又要市场运作。当前，要迅速组织开展“三创四化”（创国家卫生城市、国家园林城市、全国文明城市，绿化、亮化、美化、数字化）行动。

做活新区。紧扣“新的政治经济文化中心”定位，坚持先配套后开发、边配套边开发，全面加快渌江新区核心区开发，统筹抓好流星潭片区和高铁片区开发，力争到2020年新区建成面积达10平方千米，人口达10万人。今明两年要储备土地666.7公顷，引进2～3家片区开发战略合作者，年度投入达20亿元以上。抓紧推进新城新天地（一期）、核心区路网、创新创业服务中心、总部经济区、产业发展中心等项目建设，抓紧完善水、电、路、通信等基础设施，做优环境、做活商机、做旺人气。

做美老城。抓紧渌江流域保护和治理，全面治污治脏治乱治水，加快“一江两岸”开发步伐，将渌江河打造成醴陵的“莱茵河”。启动楚东桥、李畋路跨江大桥建设，推进城市环线建设，打通内循环，顺畅外连接，建设一批公益性停车场，逐步解决行车难、停车难问题。保护开发先农坛、文昌阁、文庙西厢老街等老城古迹，对23个棚户区、8个城中村、143条小街小巷和仙山公园、寨子岭公园进行提质改造，合理布局一批生态绿地、环城绿带、滨河绿茵，再现老醴陵绮丽风貌。加快建设海绵城市，抓紧对污水处理厂、城市地下管网进行改造、完善。大力培育、发展城市商贸业，引进一批大型购物广场，逐步打造汽车、建材、文化、服饰、电器等专业市场。各街道办事处要抓紧打造好一条“三创四化”示范街、样板街。

做强集镇。完成镇区控制性详细规划编制，实施“四个一”工程，每年在镇区抓好一个新的产业项目、一个新的民生项目、一个新的城建项目，盘活一块土地，力争全市所有镇区都有新的提质。整合、用活涉农项目，扩大基本建设投入，织好农村交通道路、安全饮水、农田水利和电力电信“四张网”。市级投融资平台实行城镇联动，土地储备向镇区延伸。加快白兔潭、泗汾、东富等新型城镇化试点示范镇建设，打造一批工业强镇、商贸重镇、文化古镇、旅游名镇。

做精社区。完善社区规划，引导群众适度聚居、集中生产、依规建设。推进“五彩社区”（管理有序、服务完善、环境优美、生活便利、和谐幸福的新型现代化社区）建设，整体提升社区管理和服务水平。精心建好50个美丽乡村，以点带面，覆盖全域。开展“渌水乡贤”评选活动，弘扬乡贤文化，让城市演绎出内在气质和情感特质。切实解决农民工及其子女就业难、就学难问题，加快农民进小区、进社区、进城区步伐。

（三）**着力打好项目攻坚战。**坚持以项目论英雄，以项目论实绩，以项目论功过，以项目论发展。

加快策划包装。紧紧围绕城区、园区、景区、片区，主动对接“一带一路”、长江经济带、长株潭“两型”示范、湘赣开放合作等战略，做好近期、中期、长期计划，力争更多的项目进入国家、省、市“笼子”。大力推介渌江新区、陶瓷博览园、“瓷城古韵”、“醴北人家”四个百亿元工程，做好官庄湖国家湿地公园、醴陵窑考古遗址公园、渌水湾旅游度假小镇等项目的前期工作。每年重点策划包装1个30亿元、2个20亿元、3个10亿元项目。

加大招商争项。学会用别人的钱办自己的事，用明天的钱办今天的事，用社会的钱办政府的事，更加注重产业集聚，更加注重开放让利，更加注重项目落地。立足城镇、产业发展，大力推行股权合作、PPP等模式，力争“十三五”规划期间引进300个项目、投资达500亿元。坚持领导带头招商、部门联动招商、全民动手招商，加快发展一批异地商会，建立长三角、珠三角和京津冀、云川渝醴籍商会定期联络机制，广泛开展“迎老乡、回故乡、建家乡”行动。对招商引资要敢于让利、敢于重奖。

加强要素保障。做实做强渌江集团、高新集团，力争到2020年渌江集团总资产达400亿元以上、净资产达200亿元以上，高新集团总资产达200亿元以上、净资产达110亿元以上。推进增减挂钩，抓好土地整治、城镇低效用地再开发和工矿废弃地复垦利用，盘活土地资源。统一规范政策，加快征地拆迁，确保每年征地333.3公顷以上。全面实施行政审批改革，实行“四个一、两个一百”（一个重点项目召开一次会议集中审批、市政府领导原则上只签一次字、一个部门只盖一次章、全面实行“一费制”，确保全市政府性投资项目和新办企业项目在供地后百日内完成相关行政审批工作并开工建设）。

加速项目推进。坚持“一个项目、一名领导、一套班子、一抓到底”，凡是事关项目的工作优先部署、资金优先保证、干部优先安排，每年突出抓好“十大产业项目”“十大基础设施项目”“十大民生项目”。当前，重点开展“三百”（百大项目、百日攻坚、百亿投资）行动，主攻政府投资，稳住工业投资，吸引民间投资，引进招商投资，带动基层投资，力争今年固定资产投资增速达18%以上。

（四）**着力打好安全保卫战。**安全重于泰山。要坚持守土有责、守土负责、守土尽责，确保社会稳定平安、长治久安、市泰民安。

抓严安全生产。坚持“管行业必须管安全、管业务必须管安全、管生产经营必须管安全”，推行分月预安、分季调度、分类考核工作机制，着力抓好烟花鞭炮、道路交通、危险化学品、校车安全、建筑施工、危爆行业、官庄水库水上交通安全等重点行业领域安全生产，切实减少一般事故，重点防止较大事故，坚决杜绝重特大事故。按照“严查、严管、严罚、严打、重奖”的要求，实行记分管理、停产整顿、顶格处罚、关闭取缔“四管齐下”。安全整治要与打黑除恶结合起来，深挖“黑后台”，打掉“保护伞”。强化行业质量管理，规范技术生产标准，做到标准化生产、机械化换人、自动化减人。加快GPS动态监控系统建设，提高管理信息化水平。

抓实信访维稳。严格落实“属地管理、分级负责”、“谁主管、谁负责”的原则，把责任落实到单位、落实到人。开展“隐患集中排查”“积案集中化解”“非访集中打击”三大专项行动，做到责任不落实坚决不放过，稳控措施不落实坚决不放过，合理诉求不解决坚决不放过，对非法上访打击不到位坚决不放过。按照“宜散不宜聚、宜顺不宜激、宜解不宜结”思路，及时妥善处置涉稳事件，绝不允许个访拖成群访，小事拖成大事。

抓好社会治理。全面推行网格化管理，着力构建“党委领导、政府主导、社会协同、公众参与、法治保障”的社会治理格局。开展“平安醴陵”创建，加强社会治安防控，抓好治安巡逻，严厉打击违法犯罪。开展“法治醴陵”创建，加强综合治理，抓好“七五”普法（关于在公民中开展法治宣传教育的第七个五年规划[2016–2020年]）和司法体制改革工作。开展“无毒醴陵”创建，加大禁毒宣传力度，加强流动人口密集场所的监控管理，依法严惩涉毒行为，坚决不让毒品流入醴陵。开展“数字醴陵”创建，加快“电子眼”全域全时全段监控，提升公众安全感。要特别重视、引导、规范宗教事务管理。

四、一切工作要面向基层、服务民生

坚持以基层为本，以民生为重，集中力量办好一批顺民意、解民忧、惠民生的好事实事。

从最困难的群体帮起。以贫困村为主战场，整合涉农资金和财政扶贫资金，明年要“一户不落、一个不少”全面脱贫。大力实施易地搬迁，帮助614户贫困户早日脱离穷窝、住上新家。推进全民参保计划，完善“五险统征”（养老保险、医疗保险、失业保险、工伤保险和生育保险五项社会保险费统一政收）机制，实现社会保障由制度全覆盖向人群全覆盖转变。探索多元化养老服务，新改扩建养老机构150家，全市“五保户”集中供养率达一半以上。对特别困难人口的最低生活救助标准由112元/月提高到260元/月，实现重度贫困家庭100%兜底。推进“两房两棚”（公共租赁房、农村危房和城市棚户区、国有工矿棚户区）工程，今明两年完成1043户农村贫困户的危房改造。重视发展老龄、妇女儿童和残疾人事业，依法保障其合法权益。

从最关注的事情做起。坚持教育强市，普及高中阶段教育，率先在全省完成标准化学校建设，创建全国社区教育示范区。深化医疗卫生体制改革，抓紧实施健康教育、预防接种、中医药健康管理等13项45类基本公共卫生服务项目，建好湖南师范大学附属湘东医院门急诊综合大楼。稳妥实施“全面两孩”政策，加强计生服务管理，提升优生优育水平，力争“保省优”“创国优”。抓好食品安全城市创建，确保人民群众“舌尖上的安全”。实施文化惠民工程，完善村（社区）文化活动场所，每年送戏下乡140场次以上。

从最基础的工作干起。对乡镇“五小”设施（小食堂、小厕所、小澡堂、小图书室、小文体室）及周转房、村（社区）组织活动场所进行提质改造，逐步完善农村供水、排水、电力、燃气、通信等基础设施。规范村级财务管理，大力推行村账镇管、村务公开。坚持重心下移、力量下沉，力争村（社区）运转经费转移支付到2020年不低于20万元/村、30万元/社区。建立村（社区）干部退养保障机制，探索推行社区专职工作人员“五险一金”和村级党组织书记基本报酬与工作绩效挂钩办法，让广大村（社区）干部在岗有奔头、退后有想头。

从最紧迫的问题抓起。紧扣全面小康任务，坚持一个一个短板抓突破，一项一项指标抓落实，一件一件工作抓推进。深入开展城乡同治，坚持分级投入、分期考核、分类减量、分片包干，使“四分法”覆盖到每一个乡村，覆盖到每一寸土地。全面落实职业培训、社保补贴、公益性岗位、职业技能鉴定补贴等扶持政策，建立人才创业孵化基地，统筹推进高校毕业生、返乡农民工等重点群体就业，力争每年新增城镇就业6000人以上，农村劳动力转移就业4500人以上。年底全面完成农村土地承包经营权确权登记颁证。重视解决并村并账并心等遗留问题，为明年村级换届打下坚实基础。

各位代表、同志们，真正的丰碑不在广场，而在百姓的心上；真正的赞美不是来自总结表扬，而是来自百姓的真情流露。民生问题既是一种情怀，更是一种责任。我们要走出会场，走进现场，放下架子，沉下身子，干出样子，使老百姓的生活一天更比一天好，一年更比一年强！

五、切实加强和改进党的建设

现在关键是要把风气搞正，把作风搞实。

（一）切实加强思想建设，不断提高凝聚力。深入开展“两学一做”学习教育，着力加强对中国特色社会主义理论体系，特别是习近平总书记系列重要讲话精神的学习，不断强化广大党员干部的政治意识、大局意识、核心意识、看齐意识，始终在思想上政治上行动上同党中央保持高度一致。开展“十佳机关干部”“最美乡村党员”“感动醴陵人物”等评选活动，引导党员干部讲党性、重品行、作表率。认真落实党委（党组）意识形态工作责任制，切实管好导向、把好关口、守好阵地，促进传统媒体与新媒体融合发展、各显其长，讲好醴陵故事，唱响醴陵声音。广大党员干部尤其是各级领导要带头讲学习、讲政治、讲正气，在全市上下营造和衷共济、共谋发展的良好氛围。

（二）切实加强班子建设，不断提高领导力。坚持“德才兼备、以德为先”的用人原则，把“实在、实干、实绩”作为考核评价、选人用人的核心标准，真正让想干事、会干事、干成事、不出事的同志有舞台、有机会、有地位，让干事的同志不受委屈、不受磨难、不受非议。我们的干部要讲团结、讲执行、讲本分，远离小圈子、不要小聪明、不搞小动作。深入推进人才强市战略，开展“瓷城揽才行动”和“育才行动”。抓紧党外干部、妇女干部、优秀年轻干部的选拔培养。广大干部尤其领导干部要着力提高“形势研判、问题研究、产业研发”三种水平，增强“征地拆迁、招商引资、安全维稳”三种能力。

（三）切实加强组织建设，不断提高战斗力。认真执行党委（党组）书记抓党建“第一责任人”责任，加大党建考核权重和结果运用力度，确保一级抓一级、层层抓落实。加强“两新”组织（非公有制经济组织和社会组织）党建、“双强六好”党组织（“双强”：发展强、党建强，“六好”：生产经营好、企业文化好、劳动关系好、党组织班子好、党员队伍好、社会反映好）创建，延伸基层组织的“毛细血管”，让党员成长为骨干，把骨干培养成党员，形成资源共享、优势互补、以强带弱、整体推进的基层党建大格局。全面推行农村“一核心三组织五基本”（“一核心”：以村党组织为核心；“三组织”：发挥村民委员会、村民议事委员会、村务监督委员会作用；“五基本”：落实承诺制、村干部值班和周例会制、为民服务全程代理制、党员管理积分制、“四议两公开”制）和社区“一体三化”（“一体”：建立健全社区党组织、社区居委会、社区工作站“三位一体”的治理机制；“三化”：信息化支撑、网格化管理、社会化服务）治理模式，深入开展“三联三促”（联村、联社区、联党员，促党建、促发展、促和谐）活动，加大软弱涣散村党组织整顿力度，充分发挥基层党组织战斗堡垒和党员先锋模范作用。加强流动党员和离退休党员管理，真心关爱困难党员、老党员的生产生活。严肃编制人事管理，巩固机构改革成果。

（四）切实加强党风廉政建设，不断提高公信力。全市上下要谨记前车之覆，后车之鉴。严格落实党风廉政建设“两个责任”，推行负面清单和问题清单制度，推动各级党组织和纪检监察组织真正将压力传导到末梢、把责任压实到基层。坚持挺纪在前，把握和运用好监督执纪“四种形态”，抓早抓小，让咬耳扯袖、红脸出汗成为常态。抓好廉政教育基地改版升级。从严落实《中国共产党问责条例》，坚持“一岗双责”“一案双查”等制度，以严格问责倒逼责任落实。始终保持反腐高压态势，坚持有案必查、有查必果，综合运用组织的、纪律的、法律的手段，加大案件查办力度，绝不让腐败分子有藏身之地。深入开展“雁过拔毛”式腐败问题和“纠‘四风’、治陋习”专项整治，切实解决群众身边的不正之风和腐败问题。

（五）切实加强效能建设，不断提高执行力。解决问题，要看破才能突破，领导岗位，要执行才能执政。执行力建设是当前干部队伍建设的突出问题。要建立和完善预安销号、定期述职、工作考核、绩酬挂钩等制度。全面推行“五问工作法”，重点工作实行“挂图作战”。大力倡导“马上就办、真抓实干”的工作作风，边说边干、不说也干、后说先干，今天的事不要推到明天、自己的事不要推给别人、下级的事不要推给上级。各级领导干部要始终保持一种“朝乾夕惕、夙夜在公”的紧迫感和使命感，带头当好发动机、推土机，凡事做到一马当先、一鼓作气、一抓到底。

各级党委（党组）处于统揽全局、协调各方的核心地位，要坚持党的领导、人民当家做主和依法办事有机统一，支持人大充分履行职权、依法开展监督，支持政府依法行政、改革创新、执行落实，支持政协广集民智、参政议政，支持武装部、各群团组织积极开展工作，巩固和发展最广泛的统一战线，全市上下形成聚精会神谋发展、一心一意抓落实的强大合力。

党代表是各级党组织推荐出来的优秀分子，代表着全市4.6万余名党员的共同意愿，是建设新醴陵的中坚力量，要珍惜身份、爱岗敬业，模范践行党的路线、方针、政策，带头贯彻落实市委的各项决策部署，在经济社会发展中建功立业、展现风采！

各位代表、同志们，一代人有一代人的使命，一班人有一班人的责任。昨天的奋斗创造了今天的辉煌，今天的奋斗必将成就明天的梦想。让我们抢抓发展机遇，着力突围升级，为加快建设富强、美丽、幸福、文明新醴陵而努力奋斗！

醴陵市人民代表大会常务委员会工作报告

——在醴陵市第十六届人民代表大会第一次会议上

（2016 年 11 月 28 日）

市人大常委会党组副书记、主任候选人　贺小玲

过去四年工作回顾

市第十五届人大常委会任期的四年，是我市极不平凡、极具挑战、经受重大考验并取得显著成效的四年。四年来，在中共醴陵市委的正确领导下和株洲市人大常委会的指导下，市人大常委会坚持以中国特色社会主义理论体系和习近平总书记系列重要讲话精神为指导，认真履行《中华人民共和国宪法》和法律赋予的各项职责，积极推动市委决策部署的贯彻落实，共举行常委会会议 34 次，主任会议 116 次，听取和审议“一府两院”工作报告 115 项，作出决议、决定和审议意见 101 项，为促进我市经济科学发展、维护社会和谐稳定、保障民生持续改善、推进民主法治建设等做出了积极贡献。

一、紧跟核心，服务大局，倾力推动科学发展

坚持党的领导，在助推醴陵发展升级大局中主动谋事、干事、成事，全力推动市委决策部署的贯彻落实。

科学决定重大事项。围绕全局性、根本性的重大事项，先后作出重要决议决定 93 项，有效推进了经济社会平稳健康发展。着眼于优化城乡区域发展结构、统筹城乡发展、拓展城市发展空间，常委会第 5 次会议作出了《关于加强镇（乡）、村庄规划建设管理的决定》，十五届人大六次会议作出了《〈关于醴陵市“三一”发展规划格局〉的议案的决议》，将发展规划通过法定程序上升为人民意志。为加大投入加快基础设施建设，四年来，作出了《关于批准市人民政府〈关于提请审议醴陵陶瓷会展馆建设项目政府购买服务有关事项的议案〉的决定》《关于批准市人民政府〈关于提请审议“渌江古城·一江两岸文化休闲带”等 6 个项目采取 PPP 合作模式的议案〉的决定》等 54 项决定，批准政府购买服务等资金近 100 亿元，确保了项目建设有序推进。贯彻落实市委关于乡镇区划调整和机构改革的有关精神，在深入调研和广泛征求意见的基础上，作出了《批准〈醴陵市乡镇区划调整改革工作方案〉的决议》，为稳妥推进改革发挥了积极作用。

全力助推中心工作。紧扣市委重大决策部署，围绕“三一”发展格局、城镇提质、产业转型升级等重大问题，积极开展视察调研，督促市政府及相关部门狠抓落实。投身项目建设一线，联系、协调和服务醴陵大道二期、沪昆高铁站前广场、东互通、醴建路、珊田安置区、湖电智能电网项目、阳三棚户区改造、333 省道绕城改造、渌江书院修缮和整治等重点工程建设，及时解决工程建设中存在的困难和问题，醴陵大道二期、高铁站前广场、醴建路已竣工并投入使用，醴陵东互通已具备开通条件，渌江书院即将修缮开园。深入水口山村、樟仙岭村、蕉源村、大石桥村、沩山村开展精准扶贫活动，先后组织资金近 1000 万元，帮助贫困村改善基础设施和贫困人口脱离贫困线。全力以赴督办、参与首届湖南（醴陵）陶瓷博览会、2016 年环中国国际公路自行车赛醴陵赛段的各项筹备和服务工作，确保了活动的成功举办。主动回应社会对于旗滨玻璃项目环境保护方面的关切，多次查看现场，听取专家意见和市人民政府关于旗滨项目建设工作情况汇报，提出了强化监管、保护环境、加快建设的审议意见，得到全市人民的广泛认同。此外，按照市委对网格责任人的要求，指导、协调了责任网格区域的防汛抗旱、森林防火、信访维稳、安全生产监管等工作。

依法任免工作人员。坚持“党管干部”原则和人大依法任免干部相结合，人事任免工作更加透明和规范。四年来，依法任免国家机关工作人员 237 人次，及时补选和接受株洲市人大代表辞职 17 人次，

依法审查代表辞职补选、资格终止 89 人次，依法任命人民陪审员 137 人次，确保了组织人事意图的圆满实现，为我市经济社会发展升级提供了有力的人才支撑。特别是在 2015 年 5 月召开的市十五届人大五次会议上，康月林满票当选为市人民政府市长，充分展示了维护大局、昂扬向上的精神风貌，营造了民主团结、风清气正的政治氛围。

二、紧扣重心，依法监督，全力推进民主法治

坚持以人为本，紧紧围绕全市发展大局与人民群众普遍关心的经济、社会和民生热点、难点问题，开展法律监督和工作监督，不断创新监督形式，着力增强监督实效。

关注生态文明，切实加强法律监督。高度重视生态文明建设，深入开展“环保世纪行”活动，连续四年督促绿色生态醴陵建设决议落实。2014 年，开展了《中华人民共和国环境保护法》综合执法检查，先后召开座谈会 30 多场，发放调查问卷 900 多份，走访基层干部、企业主、群众近 2000 人次，撰写了专题调查报告，摄制了电视专题片《不让青山绿水成回忆》，多次听取和审议了市人民政府关于贯彻执行《中华人民共和国环境保护法》的情况汇报，提出了整改要求，形成了审议意见。市人民政府认领意见后，召开了全市性的专门整治会议，安排了专项经费，明确了部门责任，采取了相关措施，在全市开展了畜禽养殖和水污染防治工作。为跟踪问效，常委会第 15 次会议针对人民群众十分关切的畜禽养殖、水源污染、生活污染、工业污染、生态破坏 5 大类、41 项问题开展了询问，取得了较好效果。为将这项工作一抓到底，2015 年常委会第 25 次会议再次听取市人民政府办理审议意见的情况报告，畜禽养殖、水源污染等一些问题再次引起高度重视，专项治理工作正在逐步推进。此外，还积极组织了《中华人民共和国审计法》《中华人民共和国安全生产法》《中华人民共和国传染病防治法》《中华人民共和国大气污染防治法》《中华人民共和国未成年人保护法》等 20 多部法律法规贯彻执行情况的检查，有效推动了国家法律法规在全市的正确贯彻实施。

促进依法行政，切实加强工作监督。回应百姓关切，切实加强工作监督，促进了各部门依法行政、履职为民。高度关注食品安全监管问题，连续三年听取和审议了《中华人民共和国食品安全法》贯彻执行情况，督促市人民政府落实监管责任、加大监管力度、构筑长效监管机制。职能部门积极作为，先后开展了校园周边整治行动 77 次，纠正违章行为 665 起，开展生猪屠宰、农产品水产品等专项整治，下达责令整改通知书 109 份，立案 29 起，有效地打击了食品安全领域的违法行为，改变了食品安全监管责任不清、“九龙治水”格局，保障了人民群众的食品安全。听取城市管理和“两改六化”（改造道路、市场，绿化、亮化、洁化、美化、数字化、文化）工作情况汇报，邀请 50 名代表积极参与对城区查违控违拆违、城市环境卫生的考评监督，力促征拆依法透明、考评公平公正，提升了城市管理水平。认真做好涉法涉诉信访工作，接待群众来访 297 批、1696 人次，一批群众反响强烈的实际问题得到了较好解决。

维护公平正义，切实加强司法监督。组织开展了“司法公正行”活动，司法机关认真贯彻司法为民理念，执行效率和司法公信力明显提高，社会公平正义得到充分彰显。督查和听取了公安刑事侦查、规范化建设，法院民事审判及执行、数字法庭建设和检察院常规公开、反贪污贿赂等工作情况，提出了进一步完善基础设施、强化队伍建设、文明规范执法、加大执行力度等建议。深入开展听审评议法院庭审案件活动，组织各级代表 301 人次，听审评议法院民商事、刑事案件 40 多件，进一步提高了法院审判工作的透明度。加强规范性文件备案审查制度和能力建设，对 73 件规范性文件进行了登记、备案和审查，有效维护了法制统一。组织参与全国人大、省人大开展的公民姓名权和《中华人民共和国动物防疫法》《中华人民共和国地方组织法》《中华人民共和国选举法》《中华人民共和国代表法》等立法调研，积极建言献策，为全国人大、省人大立法提供了最基层的民意主张。

三、紧贴民心，优化服务，着力发挥代表作用

以代表为依托，把代表工作作为人大工作的重中之重，加强工作指导和教育培训，搭建履职平台，提高了代表的履职能力和水平，充分发挥了代表主体作用。

精心组织、周密部署，依法完成代表选举工作。2016 年是市乡镇人大换届之年，市人大常委会在市委的领导下，根据《中华人民共和国宪法》《中华人民共和国地方组织法》《中华人民共和国选举法》《中华人民共和国代表法》的规定，周密部署，统筹协调，建立了工作机构和机制，强化业务知识培训，广泛宣传发动，指导全市切实做好了选民登记、选区划分、候选人推荐酝酿确定公布、投票选举等环节工作。针对今年时间紧、任务重的特殊情况，多次请示市委召开换届选举工作推进会，常委会正、副主任率队下乡督查达 60 余次，及时了解基层选举工作动态，指导解决存在的困难和问题。10 月 28—30 日，全市 19 个镇、4 个街道办事处和长庆示范区共选举产生市人大代表 312 名，乡镇人大代表 1319 名，代表的组成、文化、年龄等结构进一步优化。11 月中旬，

19 个镇完成换届选举，为全市圆满完成换届选举任务奠定了坚实的基础。

悉心引导、加强培训，提升代表履职能力。坚持为代表订阅《中国人大》《人民之友》，采取举办专题讲座、分组集中学习、以会代训等多种形式，对全市各级代表进行履职培训。十五届人大三次会议期间，组织全市 300 多名人大代表围绕“怎么当好一名人大代表”进行了集中培训，取得了显著效果，代表建议数量和质量实现双提升。创新代表知情知政渠道，坚持邀请代表列席人大常委会会议，参加执法检查、行风政风评议、专项工作评议、专题询问、政情通报等活动，增加了代表对市情民情的了解，提升了代表的责任感和履职能力。建立了代表述职、辞职、履职登记等约束机制，出台了《人大代表述职办法》，先后组织了 289 名各级代表向选区选民或选举单位述职，人大工作的民意基础进一步夯实。

热心服务、搭建平台，丰富代表活动形式。创建“代表联系群众工作室”，出台了《关于组织人大代表全面开展“与百姓连心，为百姓解困”大走访活动的实施方案》，有效延伸了代表履职平台。指导全市 24 个代表小组围绕重点工程建设、陶瓷花炮产业发展、城镇提质等主题开展各类调研、视察、座谈和走访活动，形成了《关于蔚蓝国际小区规划执行情况的调查报告》《关于加快推进城市提质的调研报告》等一批有价值、有针对性的建议和报告，为市委决策提供了有价值的参考。

尽心督办、强化协调，增强代表建议办理实效。按照“高规格交办、全过程督办、严标准评办”的原则，采取集中交办、重点督办、跟踪问效等方式，切实加强部门协调合作，不断改进代表建议督办和办理工作实效。四年来，代表共提出建议、批评和意见 304 件，办结率、满意率均为 100%，实际问题解决率明显提高。为办理好《关于协调解决企业融资抵押担保用地“证照不全”问题的建议》，市人民政府两次召开市长办公会研究具体解决方案，为助推中小企业发展作出了积极努力；在办理《完善新建小区的社会化管理的建议》过程中，市人民政府及相关部门深入开展调研，致力完善小区管理薄弱环节，制定了《醴陵市物业管理办法》。做好驻醴上级代表出席国、省、株洲市人大会议的服务工作，促进部门与代表的交流互动，引导代表围绕醴陵发展大局献计献策；四年来，驻醴上级代表共提出建议 181 件，其中《支持醴陵东互通东移重建》《提质改造 320 国道》《适当调整东城大道规划并尽快启动实质性建设》等建议得到国家、省、株洲市的重视和支持。醴陵东互通东移重建项目已经完工；东城大道已调整规划并启动建设；320 国道提质改造进展顺利，预计 2017 年底可实现通车。

四、谨记初心，与时俱进，大力加强自身建设

“坚持不忘初心、继续前进，就要坚信党的根基在人民、党的力量在人民，坚持一切为了人民、一切依靠人民”。市人大常委会深入学习贯彻习近平总书记系列重要讲话精神，着力加强自身建设，努力提高工作水平，推动人大工作全面迈上新台阶。

抓作风，强队伍，不断提升效能。按照市委统一部署，深入开展党的群众路线教育实践活动、“三严三实”和“两学一做”专题教育，归纳查摆各类问题 30 条，制定了改进调查研究等 30 项主要整改措施，存在的“四风”问题得到有效解决，为常委会履职行权提供了坚强有力的作风保证。加强人大常委会制度建设，修改完善《专题询问办法》《代表建议、批评和意见办理办法》《市人大常委会各委办与人大代表、各单位、镇（街道）工作联系制度》等规章制度 15 项，为常委会创新工作方式、拓展履职渠道提供了制度保障。

抓宣传，树典型，不断扩大影响。充分利用省人大网站、《人民之友》、《株洲人大》等省市级媒体宣传推介全市各级人大、各级代表的典型事迹，展示了醴陵人大及代表的良好形象，扩大了醴陵的对外美誉度。采编《履职为民——人大代表风采录》一书，对 105 名优秀人大代表进行了全方位、多角度、深层次的宣传报道，生动地反映了近年来全市各级人大代表肩负人民期望，代表人民利益，用智慧和实干推进醴陵经济社会和民主法治建设不断向前发展的动人事迹。

抓基层，夯基础，不断提高水平。积极联系、指导和支持镇（街道）人大工作，努力提高基层人大工作水平，促进基层人大工作规范有序开展。高度重视业务知识培训，先后分 8 批次组织基层人大工作负责人 100 多人次赴新化县、东安县、株洲市委党校、上海人大培训中心等地培训。各镇（街道）人大在常委会的指导下依法履职，服务大局，关注民生，基层人大工作呈现新气象。孙家湾镇人大主席团开展部门民主评议活动，强化了镇属部门服务意识，提升了部门工作水平；王仙镇人大主席团每季度定期向代表通报全市和该镇经济社会运行情况，搭建了代表知情知政平台；阳三石街道人大工作室组织人大代表参与东富路、瓷城古韵之“一江两岸”等项目征地拆迁工作，推进了阳光征拆。

各位代表，市十五届人大常委会已经完成了神圣的历史使命。回顾过去四年，以李理同志为主任的市人大常委会始终坚持和依靠党的领导，在推动醴陵发展大局中主动谋事、干事、成事；始终坚持和依靠人民，使人大工作顺民心、贴民意、惠民生；始终坚持和依靠代表，使代表在履职中有为、有威、

有位；始终坚持主动服务，依法履职，有效监督，做到了有声音无杂音，有诤言无怨言，有商量无伤害，有落实无落空，为推进醴陵民主法治进程作出了突出贡献。这四年，是解放思想、积极推进民主法治建设的四年；这四年，是开拓创新、人大职能作用发挥日益显著的四年；这四年，是奋发有为、人大工作水平不断提升的四年；这四年，是醴陵经济社会发展迅速、人民生活水平显著提高的四年。

这些成绩的取得，是市委正确领导的结果，是“一府两院”和各相关单位、基层单位密切配合的结果，是全体人大代表共同努力、市人大常委会组成人员共同奋斗的结果，凝聚着历届人大常委会各位老领导对本届人大工作的深切关爱，得益于全市百万人民的关心支持。在此，我谨代表市人大常委会，向所有关心、支持人大工作的各级领导、各位代表和社会各界人士致以崇高的敬意和衷心的感谢！

成绩来之不易，经验弥足珍贵，值得我们认真总结，倍加珍惜，发扬光大。

一是必须坚持和依靠党的领导。要观念上不含糊、行动上不马虎、关键时不摇摆，努力实现坚持党的领导、人民当家做主和依法治国的有机统一。

二是必须服从和服务于全市发展大局。要坚定不移地紧扣发展第一要务，从人大自身特点出发，调整工作思路，明确监督重点，抓住改革发展稳定的重大问题，有效发挥人大职能作用。

三是必须坚持以人为本，关注民生。要始终坚持人民当家做主，牢固树立群众观念，保持与人民群众的密切联系，自觉把人大工作置于人民的监督之下，切实实现好、维护好、发展好人民群众的根本利益。

四是必须狠抓督促落实，务求实效。要按照人大工作的新要求，大力加强自身建设，依法大胆行使职权，狠抓全市中心工作的督促落实，切实增强监督实效。

同时，我们也清醒地认识到，市人大常委会审议决定重大事项和提高监督质效还需进一步改善；代表主体作用发挥尚需进一步强化；对基层人大工作的联系和指导还需进一步深化。这些都需要在今后工作中认真加以解决。

未来五年工作展望

党的十八大报告指出：“以保证人民当家做主为根本，支持和保证人民通过人民代表大会行使国家权力。人民代表大会制度是保证人民当家做主的根本政治制度。要善于把党的主张通过法定程序成为国家意志，支持人大及其常委会充分发挥国家权力机关作用。”面对新形势、新任务，迈向新起点、新征程，人大工作地位崇高、使命神圣、责任重大。未来五年市人大常委会工作的总体要求是：全面贯彻党的十八大、十八届三中、四中、五中、六中全会和习近平总书记系列重要讲话精神，以“四个全面”战略布局和“五大发展理念”为引领，在中共醴陵市委的坚强领导下，紧扣全市发展大局，认真履行宪法和法律赋予的法定职责，同心同德，真抓实干，为“抢抓发展机遇，着力突围升级，加快建设富强美丽幸福文明新醴陵”而努力奋斗！市人大常委会今后一段时期将重点做好以下四个方面的工作：

一、坚定政治方向，以发展为要务，落实市委决策部署

要以高度的政治自觉、思想自觉和行动自觉毫不动摇地坚持和依靠党的领导，维护党的权威，始终将党的领导贯穿到人大工作的全过程，体现在人大工作的各方面。要依法决定有利于体现市委主张和人民意愿、有利于促进全市经济社会发展的重大事项，适时就产业突围升级、“三创四化”、民生改善、重大项目建设等作出决议决定，通过法定程序，及时把市委的意图和人民的意愿上升为全市人民的共同意志。要主动作为，全力助推“产业突围战”“城镇提质战”“项目攻坚战”“安全保卫战”四大战役。要紧紧抓住事关醴陵长远、可持续发展的重大决策、重点项目、重要工作，多做全局性、前瞻性的思考和谋划，多做系统性、针对性的论证和调研，充分发挥人大职能作用，凝聚全市人民的力量与共识，推动全市经济社会科学发展。要依法任免，坚持“党管干部”原则，进一步规范任免工作程序，通过任前法律考试、任职发言和对任免对象实行票决等制度，激励国家机关工作人员真干事、干成事、干好事。

二、坚持为民情怀，以民生为重点，切实增强监督实效

要毫不动摇地坚持全心全意为人民服务的根本宗旨，立足社会主义民主政治发展的新要求，顺应经济社会发展的新形势，回应人民群众的新期待，以创新的态度，求实的作风，不断丰富和发展人大监督的形式与途径，增强监督工作的权威性、透明度、公信力，在加强监督成果运用和问效问责等方面下功夫、图突破、求实效。要明确监督重点，坚持“少而精、求实效”的原则，把重点放在落实市委关于加快建设富强、美丽、幸福、文明“四个醴陵”的重大工作部署上，放在关系经济发展、改革稳定、社会和谐的重大事项上，放在社会关注、群众关切的热点难点问题上。要选准监督议题，紧紧围绕市十二次党代会确定的各项目标任务和全市贯彻执行法律法规情况，认真开展工作监督和法律监

督，继续深入开展“环保世纪行”“农民健康行”“农产品质量安全行”“民族团结进步行”“公正司法行”等活动，努力营造依法行政、严格执法、公正司法的法制环境，促进社会公平正义，不断推进依法治市进程。要进一步加大执法检查力度，增强执法检查的权威性、实效性，保障宪法和法律在全市的贯彻实施。要强化预决算审查，增强预算约束力，加强资金监管，提高使用绩效，防范各类风险。要改进监督方式，既敢于监督，又善于监督，选准监督角度，注意监督密度，提高审议深度，加大督办力度，切实增强监督实效，督促各部门马上就办、真抓实干、办就办好。

三、坚守主体地位，以服务为手段，切实改进代表工作

人大工作的主体是代表，人大工作的开展靠代表，人大工作的水平看代表。全市312名代表来自各行各业、各条战线、各个阶层，是推动全市科学发展的重要力量，是联系人民群众、反映社情民意的桥梁与纽带，更是人大工作的基石。要充分尊重代表依法享有的权利，积极营造代表依法执行代表职务、充分发挥作用的氛围和条件，切实保障代表依法履职。要加强代表履职培训。探索更加切合实际的代表培训机制，增加培训密度，创新培训方式，改进培训内容，提高培训的系统性、专题性、实用性、针对性，提升代表的政治素质、法律意识和履职能力。要完善代表工作制度。继续坚持常委会组成人员联系代表制度，切实加强常委会与代表的联系；坚持邀请代表列席常委会、参加专项评议、执法检查、集中视察、专题询问等活动，提高代表的知情权，进一步扩大代表对常委会工作的参与度；进一步完善代表平台，推进代表联系群众工作室建设，丰富代表走访选区选民、专题调研、横向交流等活动，畅通民情民意反映渠道，积极引导代表问政于民、问需于民、问计于民；进一步完善代表考核机制，细化代表履职台账、述职办法，提高代表履职的内在动力。要强化建议办理工作。切实加强和改进代表议案和建议的提出和办理工作，健全建议督办与评价机制，坚持“一府两院”领导集中领办、常委会领导重点督办、委办分类督办和代表联络部门统筹督办等制度，切实提高代表建议、意见所提问题的解决率，通过代表建议办理的实在效果，体现代表的价值与担当；继续坚持先进代表和优秀议案、建议评比表彰制度，加大对勤于履职、善于履职优秀代表的宣传推介力度，形成全社会尊重代表、信任代表，代表勇于为建设“四个醴陵”建功立业、为人民代言的生动局面。

四、保持优良作风，以有为为理念，切实提高工作水平

着眼于落实党的十八大对人大工作提出的新要求，切实加强队伍、制度、基层建设，进一步提高能力和水平。要加强队伍建设。深入贯彻《中共全国人大常委会党组关于加强县乡人大工作和建设的若干意见》和省委《关于加强县乡人大工作和建设的实施意见》的文件精神，正确把握人大工作的方向，要严字当头切实加强干部队伍建设，进一步改善常委会机关干部的知识结构和年龄结构，加强机关干部培养与交流，调动干部的工作积极性，打造一支政治坚定、业务精通、务实高效的人大干部队伍。要加强制度建设。一以贯之传承历届人大常委会的优良作风，从组织制度、运行机制、议事程序、工作制度等方面进行探索，促进常委会各项工作的制度化、规范化、程序化，以制度建设保障和促进人大工作的创新和发展。要正确处理人大与“一府两院”的关系，正确把握“产生与被产生、决定与执行、监督与被监督”的法定关系，秉承“在监督中支持，在支持中监督”的工作理念，既依法行使职权，又充分尊重“一府两院”的法律地位，做到到位不越位、解难不添难、参与不干预、支持不代替，努力营造人大与“一府两院”各自发挥职能作用、共同团结奋进的和谐局面。要利用人大理论研究和新闻宣传阵地，广泛宣传人大代表依法履行职权的好典型，“一府两院”接受监督、依法行政、公正司法的新成效，努力为人大工作营造良好的外部环境与内部氛围。要加强基层建设。大力支持镇、街道人大依法行使职权，帮助解决工作中遇到的困难和问题，指导和帮助基层人大健全各项制度，使基层人大工作不断走上程序化、规范化和制度化轨道。要进一步强化岗位意识、责任意识，经常性地采取专家授课、组织视察调研、列席常委会会议等多种形式，加强对基层人大的业务指导和培训，切实提升基层人大工作水平，不断夯实基层民主政治基础。

各位代表，时代赋予我们崇高使命，人民寄予我们殷切期望！让我们在中共醴陵市委的坚强领导下，忠实履行法定职责，以更加爱民的情怀、更加务实的作风，万众一心，奋发进取，为加快建设富强、美丽、幸福、文明新醴陵做出新的更大的贡献！

政府工作报告

——在醴陵市第十六届人民代表大会第一次会议上

（2016 年 11 月 28 日）

市人民政府市长候选人　康月林

一、回顾总结，经济社会发展跃上新台阶

本届政府履职的四年，是醴陵发展史上极不平凡、极具挑战，经受了重大考验、取得了重大成就的四年。这四年，我们在市委的坚强领导下，在市人大、市政协的监督支持下，团结带领广大干部群众，积极应对新挑战，主动顺应新常态，精心谋事、务实干事、勇于成事，圆满完成了本届政府各项目标任务。全市经济社会快速平稳发展、城乡居民收入稳步增加、群众幸福感明显提高，先后荣获中国最具投资潜力中小城市百强县、中国新型城镇化质量百强县（市）等国家、省（部）级荣誉 200 余项。县域经济基本竞争力在全国百强中持续进位，居 82 位；工业经济实力位列全国百强 93 位。四年来，我们主要做了以下工作：

（一）**坚定不移推动转型升级，经济综合实力不断增强。**2016 年（预计，此报告中数据同为此情况），实现地区生产总值 590 亿元，是 2012 年的 1.5 倍；财政总收入 49.5 亿元，是 2012 年的 1.4 倍；固定资产投资 420 亿元，是 2012 年的 2.2 倍；社会消费品零售总额 183.8 亿元，是 2012 年的 1.6 倍。三次产业结构比重由 9.7 ∶ 65.4 ∶ 24.9 调整为 9.5 ∶ 62.5 ∶ 28。工业提质增效。坚持“工业强市”，出台“工业十条”，工业总产值突破 1000 亿元大关。以获批“全省首批特色县域经济重点县”为契机，推进陶瓷产业加快发展，制定完善了《醴陵市陶瓷智能制造行动计划（2025）》等产业规划，完成了醴陵·世界陶瓷艺术城、陶瓷 3D 打印等一批产业项目建设。成功举办首届湖南（醴陵）陶瓷博览会，顺利通过国家级出口日用陶瓷电瓷质量安全示范区创建验收。以“行政许可换证”为契机，花炮产业规模化、品牌化、机械化发展步伐加快。坚持“扶优扶强、并小并散、退乱退弱”，兼并重整花炮企业 87 家。成功研发全国首条烟花自动化生产线并投入生产，国家级鞭炮机械自动化科技示范项目落户醴陵。旗滨玻璃 5 条生产线建成投产。汽车零配件、新材料、服饰等产业不断发展壮大。经开区获评“国家新型工业化产业示范基地”，核心区规划面积扩展至 52 平方千米，实现园区产值 500 亿元，约为 2012 年的 4 倍。农业稳步发展。粮食播种面积增加至 106.7 千公顷，产量达 51.83 万吨，实现“十二连丰”，连续六年荣获“全国粮食生产先进县（市）”。建设生猪标准化规模养殖小区 77 个，创建省部级畜禽标准化示范场 16 个。新增农民专业合作社 745 家、家庭农场 164 家。农业机械化水平达 73.2%，成功创建全国“平安农机”示范县（市）。完成人工造林 13.33 千公顷，全面实行封山育林、防火护林，森林覆盖率达 55.2%，连续两届获评“全国森林防火工作先进单位”。三产日益繁荣。推进“旅游助跑”，成功入选“国家全域旅游示范区”创建名单；以“枫林印象”“官庄山水”“黄乡民居”等为核心的“醴北人家”生态旅游休闲圈初现雏形，全市累计实现旅游收入 81 亿元。组建醴陵农村商业银行，引进长沙银行、沪农商村镇银行、中信银行等金融机构；有效防范和处置非法集资，成功创建省级金融安全区。“互联网 +”步伐日益加快，电商产业园建成运营。房地产业平稳健康发展，累计实现商品房销售额 75 亿元。

（二）**坚定不移统筹城乡发展，群众生活环境不断改善。**城镇化率达 62%，较 2012 年提高 11.4 个百分点。城乡规划进一步完善。坚持顶层设计、规划先行，制定完善“三一”发展格局规划，完成全市村镇布局规划、乡镇总体规划和村庄规划，基本实现城镇规划全覆盖。编制完成渌江书院修缮整治、陶瓷技师学院、陶瓷会展馆、“1915”国际陶瓷文化街区等一大批专项规划。城乡建设进一步加强。启

动实施中国陶瓷谷（又名“中国瓷谷”，总占地面积14平方千米，基础投入200亿元，是集研发、交易、旅游等于一体的陶瓷艺术集中展示体验区。主要以醴陵·世界陶瓷艺术城、陶瓷会展馆、“1915”国际陶瓷文化街区、陶瓷商贸城、电商产业园等项目主导展示交易功能，以陶子湖、陶瓷生态花卉主题公园、五彩广场等项目主导旅游休闲功能，以釉下五彩生产基地、创新创业园等项目主导创新创业功能，以益福垵培智工业街区、慧心园等项目主导商业配套功能）、渌江新区、“瓷城古韵”、“醴北人家”四个百亿工程，城市建成区面积拓展至29.5平方千米。“瓷城古韵·一江两岸”（示范段）建成使用，渌江书院（一期）即将修缮开放，仙山公园提质改造建设加快。沪昆高铁在醴设站并建成投入运营；岳汝高速（醴陵段）、醴陵大道二期、长庆大道等20多条道路建成通车；东城大道、城市外环线启动建设。实施城镇化扶持政策，白兔潭镇入选“全国小城镇建设重点镇”，获批“全省新型城镇化试点镇”。加快农村基础设施建设，累计完成农村公路建设955.3千米，危桥改造116座，“渡改桥”2座；新建整修小型农田水利工程5万余处，建成日供水量200吨以上农村饮水工程30处，加固河堤45.1千米，治理水土流失面积30.92平方千米，连续三年夺得省水利建设“芙蓉杯”；山洪灾害防洪预警建设进一步加强，获评“全省防办能力建设先进县”。行政村配电网改造升级实现全覆盖，成功创建“省级新农村电气化县”。城乡管理进一步提效。大力实施“两改六化”，不断完善城市管理体制，高质量通过省级卫生城市、省级园林城市复审，保持“全省最干净县级市”地位。完成113条小街小巷、38个农贸市场升级改造。完成“数字醴陵”一期工程建设，实现城区重点区域、复杂场所、关键路段视频监控全覆盖。拆违控违、征地拆迁推进有力。争取建设用地指标393公顷，增减挂钩124.3公顷，获评“全国国土资源节约集约模范（县）市”。农村环境综合整治扎实推进，湘江保护和治理第一个“三年行动计划”全面完成。大力节能减排、防污治污，全市主要污染物排放总量下降12%。

（三）坚定不移深化改革开放，发展内生动力不断释放。顺利完成政府机构改革和乡镇区划调整，政府工作部门精简至24个，26个乡镇撤并为19个镇，343个行政村合并为215个，“李畋镇”“左权镇”“国瓷街道”等一批极富醴陵文化特征和产业特色的地名成为对外形象展示的“新名片”。深入推进行政体制改革，积极转变政府职能，实施7大类21项改革，制定并公布“三清单一目录”（政府工作部门权力清单、责任清单、外商投资准入负面清单及政府核准的投资项目目录），行政审批事项优化至204项；全面实行“五证合一、一照一码”登记制度（将由市场监管、质监、税务、人力社保、统计五个部门分别核发不同证照，改为由市场监管部门核发加载统一社会信用代码的企业营业执照的登记制度），启动“一门式”政务服务改革，基本实现街道便民服务中心全覆盖。全面完成“两型”建设第二阶段改革，长庆示范区“两型”发展走在全省前列。深入推进政府投融资体制改革，重组成立渌江集团、高新集团两大平台公司，累计完成融资210.52亿元；策划实施PPP项目5个，总投资120亿元；发行企业债券20亿元，成为全省第一家成功发债的县级市。有序推进不动产登记制度改革，土地确权登记颁证工作获评全省先进。深化国企改革，基本完成4家企业改制工作，国光集团实现重组。统筹推进财税、卫计等体制改革，土地承包经营、土地流转和集体林权等农村综合改革不断深化。推进大众创业、万众创新，成为全省最具投资潜力和创新创业活力的县市之一，位列首次发布的“中国中小城市创新创业（双创）百强县市”第54位。全力招商引资，出台“招商六项”，累计签约项目247个，合同引资807.3亿元。累计完成外贸进出口总额13.5亿美元，全市自营进出口企业由187家增加到257家。

（四）坚定不移发展社会事业，人民幸福指数不断提升。坚持抓好抓实民生实事工程，累计民生支出184.78亿元。城乡低保月人均救助水平分别从265元、100元提高至286元、112元。新改扩建敬老院15所，增加集中供养床位1200多张。新增城镇就业31397人，农村劳动力转移就业29458人。城乡居民可支配收入分别达33891元、22597元，是2012年的1.4倍、1.7倍。新建廉租住房204套、1.02万平方米，公共租赁住房2976套、14.88万平方米；完成农村危房改造3989户，完成棚户区改造项目18个、改造面积42.64万平方米，发放低收入住房租赁补贴15873户、2100万元。创建合格学校42所，改造“薄弱”学校150所，新建及改造校舍7.1万平方米；高考二本及二本以上上线率摘得株洲地区“三连冠”，教育督导体制改革“醴陵模式”在全国推介，被认定为“省教育强市”。累计申请专利4000余件。完成卫生建设项目107个，开展“湘雅乡情·专家醴陵行”活动，计生工作连续十二年获评全省先进。“2016环中国国际公路自行车赛”、央视“端午乐三天”等国际国内大型活动走进醴陵。扎实推进精准扶贫，落实“七个一批”（发展生产脱贫一批、易地扶贫搬迁脱贫一批、生态补偿脱贫一批、发展教育脱贫一批、社会保障兜底脱贫一批、劳务输出脱贫一批、医疗救助脱贫一批）、实施“六大工程”（交通扶贫工程，水利扶贫工程，通信和电力、光伏扶贫工程，农村危房改造和环境综合整治扶贫工程，文化扶贫工程，乡村旅游扶贫工程），投入4.3亿元建设“旅游扶贫专线”，已有10257人脱离贫困线。切实加强安全生产，建成市、镇、企三级联网视频安全监控系统。加快建设“平安醴陵”，创新信访维稳机制，健全社会预警体系和应急机制，初步建成社会治安立体防控体系，刑事案件发案率大幅下降，综治民调在全省排名大幅上升。

（五）坚定不移推进依法行政，政府自身建设不断加强。坚持市委领导，严格落实中央“八项规定”、省委“九项规定”和株洲市委“若干规定”精神，扎实开展党的群众路线教育、“三严三实”专题教育、“两学一做”学习教育等系列活动。坚持实行重大行政决策合法性审查、集体决策评价、政府法律顾问、政务公开等制度，全面推进依法治市。自觉接受人大和政协监督，认真落实人大及其常委会的决议决定，累计办理人大代表议案、建议和政协委员提案627件，办结率100%，满意率99%以上。完成“两个中心”建设，通过“六五”普法验收。实现第九次村（居）委会平稳换届，获评全省先进。深入开展“连心解困”大走访，全面推广“五问工作法”，工作效能有效提升。从严落实党风廉政建设责任制，抓好行政监察和审计监督，坚决从源头上遏制腐败。

与此同时，妇女儿童、老龄、残联、外事侨务、对台、宗教、住房公积金、文化执法、招投标、档案史志、口岸、海关、检验检疫、社科联、供销、物价、国防、人防、消防、民兵预备役、烟草、通信、移民、水文、气象、志愿者服务等工作均取得新进步。

各位代表，过去四年的成功实践与重大成就，不仅为“十三五”规划发展奠定了坚实基础，更为今后工作积累了弥足珍贵的经验。回顾四年的探索与实践，我们深深感受到，要实现全市经济社会持续、健康、全面发展，务必牢牢把握好以下五个方面：

一是必须把坚持党的领导作为第一核心。实践证明，坚持党的领导，维护市委核心权威，讲政治、讲规矩、讲大局，就是从根本上保稳定、从战略上优环境、从核心上谋发展，是我们顺利推进一切工作的根本保障和制胜法宝。

二是必须把转型升级发展作为第一要务。发展是解决一切问题的根本手段，转型是实现持续发展的必然出路。只有牢牢把握和引领经济发展新常态，始终突出产业结构优化和发展效能提升，才能保持经济社会发展的不竭动力。

三是必须把重大项目建设作为第一抓手。项目是发展的动力源。大项目大发展，好项目快发展。只有始终抓住项目建设这个“牛鼻子”，才能从容应对各种变化和挑战，牢牢把握发展主动权，始终保持持续、快速发展的强劲态势。

四是必须把为民造福谋利作为第一追求。人民如天须敬仰，人民如水须善待。只有把改善民生作为一切工作的出发点和落脚点，不忘初心，砥砺奋进，才能赢得人民群众的真心拥护、真诚支持、真情赞美，真正做到一切事业依靠人民、一切发展为了人民、一切成果让人民共享！

五是必须把廉洁务实担当作为第一要求。身正才能不令而从，力行就能上行下效。正是因为全市广大干部坚持以“廉”字为本，“实”字当先，“干”字当头，马上就办，真抓实干，才造就了今日醴陵风清气正、激情创业的大好局面！

各位代表，成绩的取得，是市委正确领导的结果，是市人大和市政协监督、支持的结果，是各民主党派、工商联、无党派人士、各人民团体参政议政的结果，饱含了各位代表和委员的智慧力量，凝聚了全市人民的辛勤汗水。在此，我代表市人民政府，向各位人大代表和政协委员，向驻醴部队、武警官兵和全市人民，向关心、支持、参与醴陵建设的各界人士，致以崇高的敬意和衷心的感谢！

成绩值得充分肯定，问题同样不容忽视。当前，我市经济社会发展仍然面临不少困难和问题：经济总量还不够大，大项目、好项目还不够多，产业结构有待进一步调整；城乡发展仍不平衡，农村基础设施和公共服务设施仍相对滞后，破解发展要素瓶颈和解决民生问题的任务依然艰巨；发展环境有待进一步优化，安全生产、社会维稳的压力仍然较大；干部队伍思想作风和能力水平还有待加强，等等。面对这些困难和问题，我们将高度重视，采取有效措施，认真加以解决。

二、展望未来，时代浪潮中孕育新希望

今后五年，是我市率先全面建成小康社会、开启基本实现现代化新征程的关键期，也是全面转型升级的攻坚期。我们既要面对复杂多变的经济形势，又要迎接发展中涌现出的诸多问题挑战。站在历史的新起点，我们责任重大、压力空前，必须切实增强忧患意识和责任意识，科学研判形势和变化，主动迎接困难和挑战。从宏观经济环境来看，我们已经步入全面转型、大有可为的关键时期。世界经济在深度调整中曲折复苏，新一轮科技革命和产业变革蓄势待发，新产业、新业态、新模式生机勃勃。国内经济发展进入速度换挡、结构优化、动力转换的新常态，“创新、协调、绿色、开放、共享”五大发展理念深入人心，供给侧结构性改革红利逐步释放，发展态势长期向好。从区域发展背景来看，我们正在迎来机遇叠加、应有作为的黄金时期。“一带一路”（“丝绸之路经济带”和“21世纪海上丝绸之

路”的简称）、长江经济带、长株潭国家自主创新示范区、国家“两型”社会改革试验区等国家战略深入实施，为置身于长江中游城市群中的醴陵提供了难得历史机遇。特别是加快长株潭一体化，加速株醴融城，着力构建“一核一圈一廊”株洲发展大格局，既赋予醴陵重任，更给醴陵带来大好机遇。从自身发展态势来看，我们完全具备加快升级、奋发有为的坚实基础。通过这些年的改革发展，全市经济社会发展取得了巨大成就，城乡基础设施日益完善，交通区位优势不断放大，重大产业项目和基础设施工程效应凸显。特别是，各级班子换届以后生机勃发，人心思齐、人心思进、人心思干已成为民心所向。我们坚信，信心比黄金更珍贵，办法总比困难多，只要全市上下戮力同心，敢于担当，奋勇争先，就能在新一轮竞争发展中抢占先机、科学发展、走向富强！

未来五年政府工作的总体要求是：全面贯彻党的十八大、十八届三中、四中、五中、六中全会和习近平总书记系列重要讲话精神，以“四个全面”（全面建成小康社会、全面深化改革、全面依法治国、全面从严治党）战略布局和五大发展理念（创新、协调、绿色、开放、共享）为引领，全面贯彻落实省委“创新引领、开放崛起”和株洲市委“创新驱动、转型升级”总战略，牢牢把握“稳中求进，进中求快，快中求优”总基调，抢抓发展机遇、着力突围升级，全力打好产业突围战、城镇提质战、项目攻坚战、安全保卫战“四大战役”，争当全面小康建设、“两型”示范建设、现代化建设“三个排头兵”，加快建设富强、美丽、幸福、文明“四个醴陵”。

未来五年的奋斗目标是：地区生产总值年均增长9%左右，一般公共预算收入年均增长10%以上，社会固定资产投资年均增长16%，社会消费品零售总额年均增长12.5%，城乡居民人均可支配收入分别增长8.5%、9.5%，各项事业都有新的发展，率先全面建成小康社会，加快推进基本现代化。

三、砥砺前行，奋力谱写醴陵发展新篇章

未来五年，我们将紧紧围绕经济建设这个中心，牢牢把握加快发展第一要务，全力建设一个规模更大、结构更优、发展更快的富强醴陵，一个看得到绿水青山、记得住初心乡愁的美丽醴陵，一个发展成果惠及全民、基本设施覆盖全域的幸福醴陵，一个法治德治并举、品位品行俱显的文明醴陵。重点做好六个方面工作：

（一）加快产业突围，全力谱写“四个醴陵”之实力篇章。围绕供给侧结构性改革，着力推动产业转型升级，加快构建具有核心竞争优势的现代产业体系，打造1000亿元陶瓷产业集群、300亿元花炮产业集群、1000亿元产业园区，培育2个以上百亿元规模新兴支柱产业。

让主导产业“强”起来。大力实施《醴陵市陶瓷智能制造行动计划（2025）》，坚持“四化三优”（“四化”：标准化、智能化、集团化和国际化；“三优”：引进、培养优秀人才，营造优良环境，生产优质产品），加快推进陶瓷产业绿色转型升级。持续办好陶瓷博览会和各类会展，进一步打响“中国醴陵·瓷彩天下”区域品牌。加快陶瓷技师学院建设步伐，规划建设湖南工业大学醴陵陶瓷学院，为产业发展提供人才支撑。力争日用瓷占世界市场份额在15%以上，电瓷占世界市场份额达到1/3，创建全国陶瓷产业集群区域品牌建设示范区。继续加大花炮企业“扶优扶强、并小并散、退乱退弱”力度，确保到2017年年底全市烟花爆竹生产企业保持在250家左右。大力推进烟花自动化生产推广和鞭炮机械自动化生产国家级试点进度，不断提升安全保障水平和市场竞争力。完成花炮大市场、燃放场等设施建设，适时举办花炮节会，将花炮产业打造成安全、环保、科技、时尚产业，力争国际、国内两个市场份额均提升10个百分点以上。深入开展企业帮扶，建立“点对点”帮扶制度，解决企业发展难题。支持龙头企业加快发展，力争推动3 ~ 5家本土企业上市。

让基础产业“大”起来。强化“大农业”发展理念，走内涵式现代农业发展道路。落实粮食安全主体责任，实施“藏粮于地”“藏粮于技”战略，确保每年粮食播种面积达66.67千公顷、粮食总产达50万吨、水稻单产达500千克。引进一批可操作性强、收益大、稳定周期长、持续能力强的农业资源开发项目。加快农业机械化和信息化建设，发展精细农业和农村电子商务、休闲农业等新兴业态，提高农业集约化、专业化、组织化和社会化水平。推进家庭经营、集体经营、合作经营、企业经营等多种经营方式共同发展，培育一批种养大户、家庭农场、合作社、龙头企业等新型经营主体，建立健全农业社会化服务体系，提高土地生产率，增加农民收入。

让新兴产业“兴”起来。积极对接“中国制造2025”（国家实施制造强国战略第一个十年的行动纲领），深入开展“互联网+”行动，重点发展电子信息、新材料等新兴产业，加快培育新的经济增长点。贯彻落实“网络强国”和“国家大数据”战略，依托电商产业园，构建电子商务公共服务体系，力争到2020年实现电商产业年销售额20亿元以上。大力发展陶瓷新材料和新能源汽车材料，打造中部规模最大的新材料生产基地。引进一批轨道交通部件、汽车零配件企业，推进交通装备制造产业园建设，建

成省级重点装配制造基地。承接沿海地区服饰产业转移，打造“中国职业服装生产基地”“中国服装名镇”。全力开拓旅游市场，建好建美耿传公祠、醴陵窑、仙岳山文化景区等特色旅游景点景区，将李立三故居、渌江书院、醴陵·世界陶瓷艺术城、“醴北人家”打造成国家AAAA级景区，创建国家级全域旅游示范区。积极发展现代物流，加快物流园区建设，构建以大型物流基地为核心、综合性物流配送区和专业性物流配送区为节点的高效物流网络体系。坚持“开发增量”“盘活存量”并重，引进大楼盘开发，规范市场秩序，促进房地产业健康发展。加大民营企业扶持力度，促进民间投资，支持和鼓励社会资本参与重点领域建设。

让园区经济“活”起来。按照“一区一城一园”（经开区、渌江新城、东富工业园）发展格局，力争创建国家级经开区，打造1000亿元产业园区。培育引进10个年产值过10亿元、20个过5亿元、300个过1亿元的企业，每年新建标准化厂房20万平方米以上，力争到2020年，实现园区总产值1000亿元。全方位推进醴陵·世界陶瓷艺术城（二期）、釉下五彩瓷生产基地、“1915”国际陶瓷文化街区、陶瓷会展馆、电商产业园、创新创业园等项目建设。全面启动陶瓷商贸城、陶子湖、陶瓷生态花卉主题公园、益福垵培智工业街区、慧心园等项目建设，打造集“产、创、展、商、游”于一体的中国陶瓷谷。完善东富大道等基础设施建设，加快建设东富工业园。大力发展总部经济，加快建设陶瓷、花炮、服饰等产业的总部集聚区。加大环境保护力度，促进企业节能减排，打造宜业宜居的绿色产业园区。创新园区运营模式，坚持市场化导向，探索下放园区经济管理权限，提升市场化运作、企业化运营水平。

（二）**推进城镇提质，全力谱写“四个醴陵”之魅力篇章。**坚持新型城镇化发展道路，以“三创四化”为抓手，全力推进城镇提质。确保2018年全面达到国家卫生城市和国家园林城市标准，并成功创建省级文明城市；2019年成功创建国家卫生城市、国家园林城市；2020年成功申报全国文明城市，实现山与水交相辉映、人与自然和谐共生。

让老城有特色。完善城市总体规划修编，按照“仙岳山旅游、阳三物流、来龙门商贸、国瓷文化”的功能定位，挖掘人文底蕴，释放老城潜力，彰显老城特色。建美仙山公园，建好“瓷城古韵·一江两岸”等项目，保护开发先农坛、文昌阁、文庙西厢老街等老城古迹，重塑千年古邑、山水洲城特色。打造一批“三创四化”样板街，提质改造23个棚户区、8个城中村、143条小街小巷，建好楚东桥，打通寨子岭路、文化路等“断头路”，抓好道路节点、广场增植补绿，实施街道、特色建筑亮化工程，恢复老城绮丽风貌。

让新城有品位。紧扣“新的政治经济文化中心”定位，全面加快渌江新区核心区开发，统筹抓好流星潭片区和高铁片区开发，力争到2020年新区建成面积达10平方千米，人口达10万人。加快株醴新城建设，全力建好东城大道，把东城大道建设成民生大道、产业大道、发展大道。完成创新创业服务中心、产业发展中心、新区学校和医院等项目建设，包装策划康体养生园、现代产业园、名人文化园、游乐园、瓷文化主题广场、花炮文化广场等一批新项目，完善新区功能，丰富新区内涵，提升新区品位。今明两年储备土地达666.67公顷，引进2～3家上档次、有品位的片区开发战略合作者，实现年度投入20亿元以上。

让集镇更繁荣。完成镇区控制性详细规划编制，按照分类引导、择优培育、以点带面的发展模式，规划和建设一批规模适度、布局合理、功能配套的工业强镇、商贸重镇、文化古镇、旅游名镇，把特色集镇建设成城乡协调发展的重要节点。深度实施“四个一”工程，每年在镇区抓好一个新的产业项目、一个新的民生项目、一个新的城建项目，盘活一块土地。支持白兔潭、泗汾、东富等新型城镇化试点示范镇建设，增强中心城镇辐射带动功能。完成莲株高速、333省道、106国道醴陵段升级改造，完善道路交通体系建设，形成“四纵六横”（“四纵”：106国道醴陵段、麻石—市上坪、官庄—柴冲、蛇湾—贺家桥干线公路，“六横”：105省道芷线桥互通—塘坊、330省道青平村—清安村、331省道屏山—周家冲、333省道老关—伞铺、335省道沈潭山下—均楚沈家湾、332省道美田桥—昭陵干线公路）道路交通网络。

让城乡更宜居。规划建设五彩广场、高铁广场、桎木嘴广场等休闲活动广场。做好太子山、梧桐山、佛子岭等公园编制建设工作，建设一批“口袋公园”（又称袖珍公园，指规模很小的城市开放空间，常呈斑块状散落或隐藏在城市结构中，为当地居民服务；城市中的各种小型绿地、小公园、街心花园、社区小型运动场所等都是身边常见的口袋公园），让市民生活更好地融入自然。开展“治水、治脏、治乱、治堵”专项行动，加大公益停车场、农贸市场、城市垃圾站、公共厕所等建设改造力度，提高城市精细化管理水平。加快推进“五彩社区”建设，提高服务效能、提升服务水平、方便群众生活。大力推进村、社区文化阵地建设，实现村、社区文体中心全覆盖。加大传统村落、传统民居保护力度，精心建好50个美丽乡村，逐步实现一村一品、一村一景、一村一韵。开展“四好农村公路”（建好、管好、护好、运营好农村公路）建设，完善农村公共交通设施，确保建制村通客班车率达100%，畅通交通出行。全面完成并维护好广播电视“村村响”“户户通”工程，构建新型广播电视覆盖服务体系。全面开展渌江河保护、治理和开发三年行动，深入实施“四项行动、两项工程”（“四项行动”：河道保洁行动、非法排污专项治理行动、禁养区畜禽养殖场关停行动、黑臭水体应急治理行动，“两项工程”：城区生活污水截污工程和上游集镇河道综合治理工程），还“母亲河”一江清水。加大官庄水库水质综合治理力度，确保饮用水安全。加强大气、水、土壤污染的综合治理，到2020年，力争空气质量优良天数在340天以上。大力封山育林，继续植树造林，确保到2020年全市森林覆盖率达55.8%。

（三）强化项目攻坚，全力谱写“四个醴陵”之动力篇章。坚持以项目论英雄、以项目论功过、以项目论成败，着力破解发展瓶颈，促进发展方式的大转变、结构的大调整、经济的大繁荣。

抓好策划包装。主动融入长株潭“两型”示范区、长株潭自主创新示范区、中部崛起等重大战略规划，围绕产业、基础设施、民生保障等领域，包装策划一批潜力足、优势大、吸引力强的优质项目。重点对中国陶瓷谷、渌江新区、“瓷城古韵”、“醴北人家”四个百亿工程子项目进行精包装。

大力招商引资。围绕“5+X”（陶瓷、花炮、玻璃、装备制造、服饰，以及电子信息、新材料等新兴产业）产业体系，树立全要素招商理念，完善招商引资优惠政策，力争“十三五”规划期间引进重大项目300个，投资总额达500亿元。健全小分队招商、以商招商、合作招商等多种招商模式，逐步实现招商引资市场化。发展壮大一批异地醴陵商会，广泛开展“三乡大行动”（迎老乡、回故乡、建家乡大行动），引领精英回流，发展回归经济。积极引进现代物流、金融服务、科技服务等生产性服务业项目，提升对新型工业化的服务支撑能力。

加快项目建设。继续推行“一个项目、一名领导、一套班子、一抓到底”的“四个一”项目工作机制，着力解决项目建设过程中的突出问题。全力抓好一批产业项目、一批民生项目、一批基础设施项目，重点推进陶瓷会展馆、农村综合服务平台、渌江河综合治理等项目建设。

加强要素保障。全面推进节约集约用地，加快土地增减挂钩实施进度。全力保障陶瓷、花炮、公共设施建设等领域重点项目建设用地。统一规范政策，依法高效推进征地拆迁，坚持“净地”出让，确保每年征地333.33公顷以上。发展壮大渌江集团、高新集团，力争到2020年渌江集团总资产达400亿元，高新集团总资产在200亿元以上。发挥产业发展基金的激励引导和杠杆放大效应，构建产业发展“资金池”。运用股权合作、PPP等方式，不断拓宽融资渠道。强化融资管理，置换短期高息债务，防范债务风险。

（四）突出安全保卫，全力谱写“四个醴陵”之和谐篇章。坚持把安全作为发展之本、民生之基、和谐之源，确保城乡安全、人民安宁、社会安定。

切实维护社会稳定。进一步强化社会防范体系和公共安全体系建设，坚持“网格化”管理，健全市、镇、村三级矛盾排查化解机制。畅通诉求表达渠道，依法处理群众来信来访，切实维护群众合法权益。坚持市级领导接访、下访和“包案”工作机制，着力化解一批信访积案。创新信访维稳机制，严格落实信访工作责任制和信访考核、通报制度，坚持定期矛盾纠纷排查和信息报送制度。重点抓好集体上访、越级上访和重复上访等突出问题，坚决打击恶意“缠访”“闹访”等违法行为，确保社会大局持续稳定。

坚决抓好安全生产。严格落实“党政同责、一岗双责、齐抓共管、失职追责”和“三个必须”（管行业必须管安全、管业务必须管安全、管生产经营必须管安全）要求，完善安全生产预防、隐患排查治理、监管执法、应急救援、安全责任体系。强化安全生产依法治理，全面抓好烟花爆竹、危险化学品、煤矿、非煤矿山、民爆物品、道路和水上交通、校园安全、校车管理、建筑施工、森林防火防虫、燃气、特种设备、人员密集场所消防等重点行业领域安全监管和专项整治，突出加强黑火药、引火线流向管理，始终保持“打非治违”高压态势，推动安全生产形势持续稳定向好。加强从业人员劳动保护，有效防治职业危害。强化食品药品安全管理，力争创建省级食品安全城市。

着力加强社会治理。建设“数字醴陵”二期工程，推进社会治理社会化、法治化、智能化、专业化，构建全民共建共享的治理格局。持续开展“平安醴陵”创建，推进立体化信息化社会治安防控体系建设，严厉打击违法犯罪行为。开展“无毒醴陵”创建，建立健全毒品缉查体系。全力防范和打击非法集资，优化金融环境。加强应急管理体系建设，增强有效应对各类事件的应急处置能力。发挥工、青、妇等群团组织作用，加强国防动员和民兵预备役建设，做好民族宗教、人民防空等工作。

（五）决胜全面小康，全力谱写“四个醴陵”之幸福篇章。始终坚持以人为本、执政为民，持续实施民生实事工程，着力提升幸福指数，在全省率先全面建成小康社会。

全面完成精准脱贫。继续推行结对帮扶全覆盖、整体脱贫大包干、村村都有工作队、户户都有干部帮的精准扶贫"四包责任制"。抓好扶贫队伍建设，充分发挥驻村帮扶工作队、科技扶贫指导员的带动作用。深入实施"七个一批"，激活贫困对象"造血"功能，让每个贫困村都有致富产业，每个贫困户都有增收项目，确保到2017年年底，614户、1819人的易地搬迁全面完成，17个省级贫困村全部退出，36842名贫困人口全部脱贫。

全面深化改革创新。切实转变政府职能，创新管理方式，推进"管理型政府"向"服务型政府"转型。进一步加强和改进镇街管理，尽快实现长庆示范区改设街道办事处。建立现代财政制度，推进预算管理、投融资管理和绩效管理。深化"两型"社会建设，在全市机关、学校、村庄等全面开展"两型"示范创建活动。因企施策，深化国企改革。完善农村土地制度，激发农村发展活力，加快城乡一体化进程。大力推进大众创业、万众创新，完善创业指导中心建设，在各镇街和19个社区开设创业服务窗口。抓好创业孵化园、电商产业园等项目建设，鼓励高校毕业生、返乡农民工等群体自主创业。创新产学研融合模式，在重点产业领域构建产业技术创新战略联盟。依托龙头企业，打造一批创新平台，建设国家级企业技术中心、省级工程技术研究中心。坚持主动开放、双向开放、公平开放、全面开放和共赢开放，深度融入全球产业链、价值链和供应链，推进有质量"走出去"、高水平"引进来"，加快建设开放强市。

全面发展社会事业。持续做好社会保障、就业促进、基础设施、医疗卫生等民生实事，着力提升群众幸福感和获得感。加快完善社保体系，力争城乡居民基本养老保险参保率达到95%，城镇职工基本医疗保险参保率达到95%，城乡居民基本医疗保险达到95%，生育保险参保率达到90%。建立覆盖城乡的创业就业服务体系，力争每年新增城镇就业6000人以上，农村劳动力转移就业4500人以上。加大保障性住房建设力度，基本建立起多层次、全方位、广覆盖的保障体系。加强特殊困难群体救助帮扶，对特别困难人口的最低生活救助标准由112元/月提高到260元/月，实现重度贫困家庭100%兜底。加快发展养老服务业，确保养老床位保有率达到25‰。坚持计划生育基本国策不动摇，巩固"国优"地位。筹划实施"小康醴陵、健康醴陵"工程，倡导全民健康。强化基层医疗服务能力建设，加大公立医院投入力度，建立"小病不出镇、大病不出市"的医疗服务体系。巩固"省教育强市"地位，合理恢复部分农村小学或教学点，率先在全省完成标准化学校建设。争创"全国学前教育三年先进地区"，确保学前三年毛入园率达95%；促进义务教育均衡发展，确保小学六年巩固率达97%，初中三年巩固率达98%；全面普及高中教育，确保高中阶段毛入学率在98%以上；创建全国社区教育示范区。做好全国文物保护单位规划工作，积极申报非物质文化遗产名录项目。规划建设群众文艺馆和陶瓷美术馆，丰富群众文化生活。

各位代表，我们一切工作的力量源泉都来自于人民，我们一切工作的出发点和落脚点都是为了人民。我们将始终坚持人民至上的理念，心系人民、情系人民、服务人民，做到问政于民、问计于民、问需于民。不断实现好、维护好、发展好最广大人民的根本利益，以实实在在的工作成绩赢得人民群众更多的"点赞"！

（六）坚持依法行政，全力谱写"四个醴陵"之法治篇章。始终坚持党的领导，依法治市，推进治理体系和治理能力现代化，加快建设法治政府。

以更高的标准推进依法行政。坚持"法无授权不可为、法定职责必须为"。完善政府权力清单，依法履行政府职能，健全依法行政制度体系，推进行政决策科学化、民主化、法治化。严格规范公正文明执法，有效化解社会矛盾纠纷，不断提高依法行政能力。开展"七五"普法，积极倡导全民学法。自觉接受人大法律监督和政协民主监督，认真办理人大代表议案、建议和政协委员提案，广泛听取民主党派、工商联、无党派人士和各人民团体意见。强化司法监督、舆论监督和社会监督，不断提高决策和管理水平。

以更实的举措优化发展环境。坚持简政放权、放管结合、优化服务"三管齐下"，着力提高行政效能。深化行政审批制度改革，进一步精简审批事项、优化审批流程、压缩审批时限。深入推进"一门式"政务服务，全面推进电子政务建设，逐步实现所有行政审批事项网上审批。进一步推进政务公开，提高工作透明度。坚决整治不作为、乱作为、慢作为等问题，严厉查处"索、拿、卡、要"等违法乱纪行为，严厉打击强买强卖、强拉工程等违法犯罪行为。

以更强的担当狠抓责任落实。紧紧围绕全市经济社会中心工作、重点项目和热点、难点、焦点问题，勇于担当、敢于负责，马上就办、真抓实干，确保接受任务不打折、推进工作不走样、完成目标不欠账。加大政务督查力度，完善跟踪问效和年终目标考核机制，严格定责任、定要求、定时限，强力推动各项决策部署落地生根，不断提高工作执行力和政府公信力。

以更严的要求深化廉政建设。始终把纪律和规矩挺在前面，坚持纪在法前、纪严于法。落实“两个责任”，认真贯彻落实党的十八届六中全会精神，严格遵守《关于新形势下党内政治生活的若干准则》《中国共产党党内监督条例》等党纪国法。严控“三公”经费〔政府部门人员因公出国（境）经费、公务车购置及运行费、公务招待费〕支出。规范公共资源交易行为，推动监察和审计全覆盖。严禁领导干部违规干预和插手工程建设，努力构建“亲”“清”的新型政商关系。始终保持对事业的敬仰之心、对人民的敬重之心、对权力的敬畏之心，做到干部清正、政府清廉、政治清明，永葆清正廉洁的政治本色。

各位代表，新常态呼唤新作为，新起点开启新征程！让我们在市委的坚强领导下，在市人大、市政协的监督支持下，紧紧依靠全市人民，不忘初心，继续前进，为加快建设富强、美丽、幸福、文明新醴陵而努力奋斗！

凝智聚力　携手奋进
共谱醴陵发展新篇章

——在政协醴陵市第十四届委员会第一次会议上的报告

（2016 年 11 月 27 日）

市政协党组副书记、主席候选人　江曙明

过去四年工作回顾

市政协十三届常务委员会任期四年。这四年，是我市极不平凡、极具挑战、经受考验并取得显著成效的四年。四年来，在中共醴陵市委的坚强领导下，市政协牢牢把握团结和民主两大主题，坚持围绕中心、服务大局，切实履行政治协商、民主监督和参政议政职能，发挥协调关系、汇聚力量、建言献策的作用，为推动醴陵经济发展、民生改善、社会和谐，为推进民主政治建设做出了积极贡献。

一、加强学习引导，凝聚政治共识

在政治理论学习中增进共识。始终把思想政治建设摆在政协工作的首位，不断加强学习引导，努力筑牢团结奋斗的思想政治基础。通过各类例会、业务培训、专题辅导、编发学习资料等多种形式，深入学习中国特色社会主义理论，学习贯彻中共十八大以来历次全会和习近平总书记系列重要讲话精神，学习领会中共中央、湖南省委、株洲市委、醴陵市委重要决策部署，引导全体政协委员不断增强政治意识、大局意识、核心意识，自觉讲政治、守规矩、做表率。

在组织重大活动中巩固共识。在组织开展纪念中国共产党建党 95 周年、抗日战争暨世界反法西斯战争胜利 70 周年、人民政协成立 65 周年及市政协成立 60 周年等重大活动过程中，通过举行座谈会、书画展、政协知识竞赛等方式，回顾和总结了人民政协的光辉历程，引导政协各参加单位充分认识中国共产党领导的多党合作和政治协商制度产生与发展的历史必然性和巨大优越性，进一步巩固了政治共识。

在教育实践活动中深化共识。按照省委、市委的统一部署和要求，深入开展党的群众路线教育实践活动、“三严三实”专题教育、“两学一做”学习教育等，以更高的标准、更严的要求指导实践、推动工作。

二、围绕中心大局，助推科学发展

协商议政谋发展大计。四年来，市政协切实建立健全协商机制。充分发挥会议协商主渠道作用，围绕政府工作报告、法检两院工作报告、“十三五”规划等重大发展战略事项开展协商讨论。形成了全体会议全面协商、常委会议专题协商、主席会议重点协商、专委会和界别小组对口协商、提案办理面对面协商的工作格局。共召开全体会议 5 次，常委会议 9 次，主席会议 52 次，组织开展对口协商活动 100 多次，界别小组活动 300 多次，积极为市委、市政府科学决策、民主决策提供有价值的参考意见。

咨政建言献发展实策。四年来，根据本届市政协工作计划，组织相关界别委员、相关职能部门负责同志和行业方面专家，对传统产业提质升级、新兴产业发展、城乡规划建设等方面共开展调研活动 8 次，视察 22 次，形成了《关于醴陵陶瓷产业发展的调研报告》《关于世界·醴陵陶瓷艺术城功能与定位的调研报告》《关于发展醴陵旅游产业的调研报告》《关于醴陵城市建设与发展的调研报告》《官庄水源保护刻不容缓》《关于城乡垃圾处理问题的调研报告》《关于醴陵物流产业发展的调研报告》等专题调研报告；就建设垃圾焚烧发电厂、加强住宅小区物业管理、加快职业教育发展、重视陶瓷品牌建设等方面进行了 12 次大会发言；围绕打造釉下五彩瓷核心展示平台、花炮产业整改复产等问题提出了 10 个主

席会议建议案；针对整顿瓷泥开采秩序、加快花炮大市场建设、加强“醴陵窑”核心区保护与利用等提出了200多条建议。市主要领导对部分建言材料高度重视并作出了批示，要求市有关部门尽快办理，得到了社会广泛关注。

真抓实干助发展之力。四年来，市政协领导班子成员和机关干部积极参与“枫林印象”、北部旅游专线、渌江书院、第二自来水厂、仙岳山文化景区、莲株高速公路、“一江两岸”提质改造、中国·醴陵花炮大市场等市重点项目建设，尽心尽责地协调解决项目建设中遇到的困难和问题，为推进市委、市政府重大决策部署落实，为推动醴陵的发展倾尽所能，形成了“同唱一台戏”的发展合力。

三、坚持改革创新，提升履职水平

完善民主监督方式。四年来，市政协把经济社会发展的重点、难点和人民群众普遍关注的热点、焦点等重大问题，作为民主监督的着力点，进一步完善民主监督方式，提高了民主监督的实效。出台了《关于委派政协委员担任民主监督员的实施办法》，统一选派政协委员担任市直有关单位的民主监督员，委派了30个民主监督小组，并分别对教育、环保、公安、民政等职能部门开展民主监督，共提出工作建议和意见140多条次，各受派单位及时落实，一大批民生问题得到了有效解决。

创新提案工作机制。市委、市政府高度重视政协提案工作，将政协提案工作列入承办单位年度绩效考核内容，对提案工作年初有安排，年中有检查，年末有考核。市政协不断完善提案办理工作机制，坚持主席督办重点提案制度，开通委员提案网上提交和办理系统，实现了提案网上受理、网上交办、网上答复、网上评价，为委员运用提案履职提供了更加全面便捷的服务。四年中，共收到各类提案454件，立案454件，提案办复率100%。

四、心系群众福祉，促进民生改善

积极建言，多谋民生之利。四年来，市政协坚持履职为民，关注群众期待，谋利民之策，献安民之计，促惠民之举。通过多种渠道和形式，努力为倾斜支持农村经济发展鼓与呼，努力为城乡教育均衡发展想办法，努力为破解城区交通堵塞方便市民出行探新路，努力为推进法治醴陵建设建良言，努力为加强生态文明建设谋实策。这些为民履职的举措，丰富和拓展了党政部门推进工作的思路。

反映民意，多解民生之忧。通过调查走访、座谈、信函等多种形式，组织委员和各界人士，广泛收集社情民意，并认真做好整理、报送、督办和反馈工作。四年共收集800多条社情民意，通过相应渠道及时向党委、政府及上级政协报送，起到了沟通情况、化解矛盾的作用。

发挥优势，多为民生之举。充分发挥人民政协联系广泛的优势，引导组织广大委员深入开展“七个一批”、“连心解困·大走访”、“扶贫攻坚”、名师送教、送医赠药、法律援助、抗洪救灾等爱民惠民服务活动，竭力为群众做好事、办实事、解难事。四年来，全市280余名政协委员进社区、入园区、下乡村，捐资助学、捐修渌江书院、帮助贫困村建设基础设施、帮助贫困家庭解决困难等，为群众办实事180多件，个人累计捐资800多万元。

五、着力自身建设，提升工作水平

加强委员履职管理。立足提升委员履职能力、发挥委员主体作用，多次邀请国内有关方面的权威人士，就如何提升委员素质增强履职能力、经济发展与改革开放大趋势、国家安全与南海局势等问题，进行专题辅导和集中培训；组织委员200多人次，赴长沙高新区火炬城，广东省阳江、佛山、中山、珠海，浙江省江山等地考察现代化企业管理、城市建设与管理、旅游产业、陶瓷产业发展等，让广大委员拓宽了视野，增长了见识；进一步完善综合评价体系，激发委员履职的积极性和主动性。四年来，涌现出了一大批敢担当、善议政、会协商的优秀委员。先后有212名优秀委员受到表彰，96件提案被评选为优秀提案。

加强文史宣传工作。组织参加湖南省、株洲市政协系统的文稿征集和评比活动；组织编辑出版了《醴陵人在云南》一书；聘请了14名文史信息员，协助做好有关文史资料的征集、撰写、研究和编审工作；出版了庆祝市政协成立60周年画册;《渌江桥》等杂志积极宣传政协会议、调研视察、委员风采和其他重点工作、重要活动，营造了推动政协事业发展的良好氛围。

加强机关效能建设。加强机关党组织建设、干部队伍建设、机关制度建设和工作作风建设，优化了办事程序和工作机制。机关干部精神风貌和工作作风不断改善，工作质量、效率和综合服务能力不断提升，政协机关呈现出团结和谐、奋发进取的良好气象。

各位委员、同志们，四年来的成绩，是中共醴陵市委正确领导的结果，是市人大、市政府大力支持和各单位各部门密切配合的结果，是在历届政协奠定的良好基础上，十三届政协各参加单位、全体政协委员团结奋斗的结果。在此，我谨代表市政协向所有关心、支持政协工作的各位领导、同志们、朋友们表示崇高的敬意和衷心的感谢！

总结四年来的履职实践，我们深切体会到：推动人民政协事业发展，彰显人民政协时代价值和特色，必须坚持党对政协的领导，始终朝着正确的方向前进。必须坚持围绕中心，服务大局，助推科学发展。必须坚持改革创新，找准工作切面，打破思维定式，大胆探索新的工作机制和领域。必须坚持为民宗旨，深入接触基层和群众，始终把群众关注的问题作为履职的主攻方向。必须坚持发挥大团结、大联合的优势，聚集正能量，传播好声音，充分调动各方面积极因素投身醴陵的改革发展事业。

在肯定成绩的同时，我们也清醒地认识到，我们的工作还存在一些不足。重大事项协商需要进一步规范，民主监督形式需要进一步丰富，参政议政的能力和水平需要进一步提升，政协工作制度化、程序化建设需要进一步加强等。这些都必须认真研究，着力改进。

今后五年工作建议

各位委员、同志们，未来五年，是我市率先全面建成小康社会、开启基本实现现代化新征程的关键期，也是全面转型升级的攻坚期。市十二次党代会确立了“稳中求进，进中求快，快中求优”的发展总基调，作出了强基固本、突围升级两手抓，争当全面小康建设、“两型”示范建设、现代化建设“三个排头兵”，加快建设富强、美丽、幸福、文明新醴陵的总体部署。新战略、新部署，市政协肩负着重大使命和责任担当。我们的事业大有可为，也必须大有作为。未来五年，我市政协工作的总体要求是：深入学习贯彻以习近平同志为核心的党中央治国理政新理念新思想新战略，全面落实市十二次党代会各项决策部署，坚决维护核心、紧紧围绕中心、广泛凝聚民心，认真履行政治协商、民主监督、参政议政职能，充分发挥人民政协的重要作用，为谱写醴陵发展新篇章做出更大贡献。

一、提高政治把握能力，坚持正确立场方向

要把思想理论建设摆在政协各项建设的首位，以理论上的清醒来保证政治上的坚定。进一步完善学习制度，采取多种培训方式，组织和引导广大政协委员、干部职工学习贯彻十八大以来中共中央对政协工作的一系列新要求、新部署。始终做到自觉接受中国共产党领导的政治立场不动摇。自觉抵制和反对一切违背、损害和削弱共同思想政治基础的言行，不断巩固已有共识，凝聚新的共识。

要充分发挥人民政协协商民主主渠道和专门协商机构的作用，坚持平等协商、互相尊重。协商讨论，既畅所欲言、各抒己见，又理性有度、合法依章。加强理性思考，全面客观认识和看待问题，用好话语权，发挥正能量。在思想上、目标上、行动上做到与市委同心同德、同心同向、同心同行。

二、提高协商建言能力，助推经济社会发展

当前国际形势风云变幻，我国经济进入新常态，我市经济建设和社会发展开启新征程，给我们提出了新的更高要求，市政协工作必须与时俱进，不断提升协商建言的能力和水平。

积极运用参政议政平台。认真统筹、服务搭台，充分调动政协各参加单位、各界别和政协委员的积极性。要积极搭建委员之间、委员和政协常设机构之间、委员与党政部门之间多种形式的交流平台，增进委员对各相关工作的了解。要通过党委、政府及其部门的政情通报会、工作部署会、党政主要媒体等知政平台，丰富政情信息。要充分运用政协全体会议、常委会议、专题协商会议等形式，使政协经常性、规范性协商平台更好地发挥作用。要搭好委员的议政平台。更加灵活经常地开展提案办理协商，完善市政协领导领衔督办重点提案机制，加大提案办理过程和成果运用的反馈力度，加大对党政主要领导提案批示的跟踪督办力度。继续组织监督性强的视察调研和视察评议活动，委派民主监督小组，推荐政协委员担任特约监督员，不断加大民主监督力度，并逐步将民主监督纳入市综合评价体系。在社情民意座谈会、界别协商会、对口协商会等会议协商的同时，不断拓展协商民主的形式，运用现代网络等改进提案、大会发言、社情民意信息联通等工作，为委员履职提供更加便捷高效宽广的载体和建言献策平台。探索多方式拓宽参政议政渠道，开展“委员传递正能量”履职实践等活动，增加委员发表见解、展现风采的机会。

努力增强建言献策水平。一是突出党的全局工作重点。按照“党政所需、群众所盼、政协所能”的原则，使协商建言与中心工作同向、与阶段重点衔接、与现实需求吻合。围绕打好产业突围、城镇提质、项目攻坚、安全保卫“四大战役”，建设富强、美丽、幸福、文明“四个醴陵”，着重开展调研，提出切实可行的意见建议。二是加强信息采集综合工作，大力倡导全员办信息的理念，拓展信息工作宽度和量度。探索成果报送、处理反馈、落实转化等机制。三是切实提升调研水平。进一步增强为党建言、为政监督、为民代言的使命感、责任感，由被动协商转为主动协商。进一步强化委员的学习培训，提高对党的方针政策的理解力和领悟力，树立大局观念、中心意识，提高理性分析问题能力。进一步开展深入细致的调查研究，有些重大问题要进行长期、全面跟踪调研，组织委员研讨，邀请专家学者论证。努力做到言之有据、言之有度、言之有用。建净言、

献良策，使政协的协商成果对党政科学决策、改进工作，有实实在在的作用。

三、提高合作共事能力，集聚改革发展智慧

统一各方思想，凝聚各方力量，集中各方智慧，维护改革发展稳定大局，人民政协具有不可替代的地位和作用。要在协商中推进合作共事，在合作中实现党的领导。努力寻求最大公约数、增进最大共识度、形成最大凝聚力。

发挥各民主党派团体的重要作用。贯彻落实《中国共产党统一战线条例》，与他们保持经常性联系，建立健全制度和工作机制。要重视、支持、保障各民主党派、工商联、人民团体、无党派人士积极参与政协协商活动，加大党派提案与大会发言等协商工作力度，营造平等议事的浓厚氛围。要加强与醴籍在外人员的交流交往，宣传家乡发展思路和建设成就，激发绿水青山、初心乡愁之情。要加强与外来创业者、建设者的联系，交朋友，解难题。要充分发挥全市民营经济、民主党派等方面的资源优势，扩大对外联络，凝聚共识、汇聚力量。促进社会各界人士多渠道多形式积极为“四个醴陵”建设贡献智慧和力量。努力为实现党委、政府的奋斗目标，增加助力、减少阻力、形成合力。

充分尊重委员主体地位。要完善委员联络制度，改进委员提案、大会发言、社情民意信息等参政议政工作，努力为委员履职尽责创造条件。要调动委员履行职责的积极性、主动性、创造性。坚持“不打棍子、不扣帽子、不抓辫子”的方针，坚决维护委员合法权益，支持委员讲真话、进诤言，依法依章履职。营造畅所欲言、各抒己见良好氛围。要多方式、多活动发挥政协委员的影响力，传递正能量。通过委员宣传我市经济发展、民生改善的重大举措和意义，助推“五彩社区”“美丽乡村”的“四德”建设工作，为开创社会和谐人人有责、发展成果人人共享的良好局面增添力量。

不断完善协商民主机制。认真贯彻习近平总书记在庆祝中国人民政治协商会议成立65周年大会上的重要讲话精神，根据《中共湖南省委政治协商规程（试行）》明确的协商原则、内容、形式，进一步形成从协商议题的确定，到协商活动实施和成果运用的完备制度体系。要主动加强与党政部门的沟通联系，积极推动协商民主的政协制度与党政制度的衔接。要认真制定年度协商工作计划，明确协商活动的内容、方法和程序。同时，完善民主协商成果采纳、落实和反馈机制，使政协组织和委员的合理建议落到实处。让制度机制来保障各界的民意民智通达到党政决策过程。努力推进政治协商制度化、规范化、程序化建设。

四、提高为民服务能力，倾情关注群众利益

关注民生、履职为民，是人民政协适应时代新要求和人民群众新期待的现实需要，也是人民政协贯彻中央和省委、市委决策部署的重要体现。我们在今后的工作中，要更多地深入基层，走近群众，倾听民声民意，关注民生民计。

发挥好桥梁纽带作用。政协两头分别连着党政机关和广大群众，既能为党委、政府提供来自各方面的信息，也能为广大群众了解党委、政府工作提供独特视角。在利益格局多元、社会阶层分化、社会矛盾多发、利益协调整合难度加大情况下，政协工作平等对话、沟通协商的特点，有利于妥善处理和协调各种矛盾和利益，促进社会公平正义。广大委员要切实发挥好桥梁纽带作用。要察民情。围绕精准扶贫精准脱贫、基本养老保险等惠民利民政策的落实，“两房两棚”、完善群众文化活动场所等民生工程建设和创建食品安全城市等工作，深入开展专题视察、专项民主监督等活动，及时掌握鲜活情况。要汇民意。了解群众的所思、所想、所忧、所盼，要积极通过提案、反映社情民意等履职形式，如实传递群众生产生活中的各种困难、利益诉求和期盼，把滞留于基层、散佚于民间的有识之士的真知灼见，准确地反映给党委、政府和相关部门。畅通党委、政府通过政协听取民意、掌握民情、集聚民智的渠道，对发现的问题提出有针对性和实效性的对策和建议。

发挥好智囊精英作用。政协素有“人才库”“智囊团”之称。政协委员是各界群众的代表，肩负联系和服务群众的责任；又是社会各界的精英，具有为民排忧解难的一定能力。广大委员要在自我发展的同时，更多地担当社会责任，关注民生问题，调研问政，为党委、政府多建睿智之言，多谋发展之策。要多行善举义举。根据实际需要和力所能及的原则，开展扶贫、助学、助医、义工等帮扶活动，为群众解决实际困难。针对部分特殊群体的困难问题，倡议设立专门基金或采取其他多种形式帮助，为构建和谐醴陵贡献一分力量。

五、提高队伍履职能力，夯实政协工作基础

成就大业，关键在人。切实加强政协工作队伍建设，是强基固本的重要工作。

认真加强委员管理服务。这关系到委员主体作用的发挥、关系到政协组织和委员队伍的形象、关系到人民政协履行职能的实效。政协委员身份既是荣誉，更意味着一份重大的政治责任。未来五年中，我们要加强委员学习，增强学习的主动性、针对性和实效性，不断提升政治理论水平和履职基本素质。

要加强委员履职管理，建立和完善考核管理办法，年度履职任务要量化成考核指标。对优秀委员大力宣传、表彰，对不尽责履职的按章程坚决处理。要完善政协领导和专委会联系委员制度，坚持定期走访委员，加强联谊工作，帮助委员解决实际困难和问题。要建立健全各项活动机制，建立“委员智库”，搭建和拓宽履职平台。让广大委员尽可能多地参加学习培训、调研视察、撰写提案建议、收集社情民意、担任行风监督员等活动，积极为委员履行职责、发挥作用创造条件。

充分发挥专委会基础作用。政协专门委员会是政协工作的重要基础，是政协广泛联系委员和各界人士的桥梁和纽带，是政协履行职能的重要渠道。要大力设法增强专委会活力，增强专委会工作的积极性、主动性和创造性，推动工作更加活跃有序深入开展。要建立健全专委会与党政职能部门对口联系的协作机制，实现优势互补，推进参政议政意见转化为党政部门的决策措施。要以专委会为基础，积极推进界别协商活动。根据各自特点，进一步丰富专委会的独立、协作、联合等活动方式。为专委会工作创造心情舒畅、生动活泼、积极进取、创先争优的良好环境。

持续加强政协机关建设。围绕建设“学习型、服务型、和谐型、创新型”机关的目标，健全管理制度，提升工作水平和工作效率。树朝气、锐气，防暮气、惰气，提倡宽松而不放松、自由而不自流。继续加强干部职工、委、办之间的合作协调，共建团结和谐的大家庭。对委员热情接待，全力服务，努力把机关建设成委员之家、界别之家。

各位委员、同志们，关山初度尘未洗，策马扬鞭再奋蹄。新形势赋予新使命，新起点开启新征程。让我们紧密团结在以习近平同志为核心的党中央周围，高举中国特色社会主义伟大旗帜，在中共醴陵市委的坚强领导下，群策群力，锐意进取，开拓创新，奋发有为，为建设富强、美丽、幸福、文明的新醴陵而努力奋斗！

把握新常态　建设新醴陵

——在市委十二届二次全体（扩大）会议暨市委经济工作会议上的讲话

（2017 年 1 月 12 日）

中共醴陵市委书记　胡湘之

这次会议的主要任务是，学习贯彻中央、省委、株洲市委经济工作会议精神，总结去年工作，安排今年任务。

刚刚过去的 2016 年，是“十三五”规划的开局之年。一年来，全市上下围绕加快建设“四个醴陵”的目标任务，积极应对经济下行加剧、结构调整加快、维稳压力加大诸多考验，全面打响“四大战役”，经济社会保持平稳较快发展，实现了“十三五”规划的精彩开局。

综合实力迈上新台阶。县域经济基本竞争力从全国百强第 82 位跃至第 73 位，跻身“全国工业百强县市”第 93 位、“中国中小城市综合实力（科学发展）百强县市”第 91 位、“全国最具投资潜力中小城市百强县市”第 72 位、“中国中小城市创新创业（双创）百强县市”第 54 位。全年实现地区生产总值 580.8 亿元，增长 8.5%。财政总收入首次突破 50 亿元大关。规模工业增加值 350.3 亿元，增长 8.3%。固定资产投资 390.2 亿元，增长 13.4%。社会消费品零售总额 183.7 亿元，增长 12.5%。高新技术产业增加值 85.5 亿元，增长 111.6%，占 GDP 比重达 15.2%。

转型升级取得新突破。积极开展“三乡大行动”，引进中核华兴、深圳京柏、碧桂园等 89 个项目。大力推广 PPP 模式，渌江新城项目入选财政部 PPP 示范项目库，3 个项目入选省财政厅第三批 PPP 示范项目。全年合同引资 298 亿元，融资 90 亿元，均创历史新高。开展“百大项目、百日攻坚、百亿投资”行动，实施重点项目 104 个，完成投资 136.6 亿元，征地 319.22 公顷，“项目攻坚年”活动考核在株洲排名第一。升华科技通过资产重组在创业板挂牌上市；旗滨玻璃 5 条生产线全部建成投产，年产值达 14 亿元。成功申报全国第三批产业集群（陶瓷）区域品牌建设试点，成功创建全国首个出口日用陶瓷电瓷质量安全示范区。入选全国全域旅游示范区创建名单，“醴陵瓷谷”成为全省唯一的首批国家工业旅游创新单位。成功研发全国首条烟花自动化生产线。“一区一城一园”格局初具雏形，“一权两制一司”（“一权”：授权经开区行使同级行政经济管理权限；“两制”：建立经开区独立的行政体制和财政体制；“一司”：通过公司加大融资力度和加快开发步伐）改革深入推进，园区技工贸总收入达 510 亿元，居全省产业园区第 8 位。50 家企业入驻电商产业园，30 家农村淘宝服务站落户镇（街道）。深入开展“企业帮扶年”活动，所有市领导带头走访 550 家“四上”企业（规模以上工业企业、资质等级建筑业企业、限额以上批零住餐企业、规模以上服务企业等四类规模以上企业的统称），解决各类问题 800 多个。在全省非公经济工作会议上，醴陵作为全省唯一县（市）作典型发言。

城乡环境呈现新面貌。投入 45 亿元，做活新城、做美老城、做强镇区、做精社区，城镇化率达 62%。李畋中路、沪昆高速醴陵东互通建成通车，莲株高速、东城大道、333 省道、105 省道等新建、改造全面推进，“一小时经济圈”基本形成。全面启动“三创四化”，大力开展“四治”行动，“瓷城古韵·一江两岸”示范段建成开放，渌江书院修缮一新，仙山公园提质加快，城区畜禽退出率达 98%，城区明显变净变美。圆满完成并村工作，343 个行政村合并为 215 个，获评全省“乡镇区划调整改革先进市”。大力实施镇、区“七个一”工程（着力打造一条样板路、一个示范点，新造一百亩林，抓好一个新的产业项目、一个新的民生项目、一个新的城建项目，盘活一块土地），通畅农村道路 231 千米，整修新建水利工程 1 万余处，获评省“美丽乡村”建设工作先进县（市、区），粮食生产实现“十三连丰”。全面实行封山育林，森林覆盖率达 55%，森林防火经验在全省推广。

民生事业实现新提升。大力实施“民生100”工程，全年民生支出47.55亿元，占全市财政支出的比重达70.5%。城、乡居民人均可支配收入达33744元、22419元，分别增长8.5%、8.1%。整合各类资金近亿元，扎实推进脱贫攻坚，2417户7713人实现脱贫，贫困发生率由3.5%下降到1.7%。深入实施教育强市战略，先后荣获全国“全民终身教育学习活动周”优秀组织奖、全国中小学校责任督学挂牌督导创新县（市），成功创建“全国社区教育实验区”，高考二本（含二本）上线率摘得株洲地区“三连冠”，湖南工业大学醴陵陶瓷学院正式挂牌。“卫计惠民”成果丰硕，荣获全国计划生育优质服务先进市、全国妇幼健康优质服务示范市、全省人口和计划生育工作优秀市，市中（一）医院成功创建三级甲等中医医院。举办“湘雅乡情·专家醴陵行”，万名患者在家门口受益。社保水平不断提高，五项社会保险参保总人数达95.42万人次，新增就业岗位2.2万个，创业带动就业1.2万人。完成公租房建设598套，棚户区改造2598套。举办首届“送房下乡”活动和第七届房交会，交易面积39万平方米，成交额达15.5亿元，均创历史新高。优抚安置工作经验在全省推介，被评为全省“爱国拥军模范单位”。“平安醴陵”“法治醴陵”“无毒醴陵”“数字醴陵”四个创建彰显惠民效应，“一村一法律顾问”模式全覆盖，律师参与处理涉法涉诉信访案件工作经验在全国推介，各类刑事案件发案率下降9.4%。强化“三级五覆盖”“五落实五到位”责任体系，安全生产事故发生起数下降72%。开展“信访百案化解、维稳百日整治”活动，社会大局保持稳定。

党的建设得到新加强。深入开展“两学一做”学习教育，市级领导带头讲授党课168堂，开展“主题党日活动”12期。率先在株洲开辟体验式“红色讲堂”。注重基层基础，抓实“七项重点工作”，完成9个镇（街道）“五小设施”及周转房、35个村级组织活动中心提质改造，规范24个党建工作站、43个党代表工作室和10个拓展型远教站点建设。新组建非公企业党组织163个，组建率、覆盖率分别达100%、89%。加快发展村级集体经济，242个村集体经济“破零”。圆满完成市、镇两级班子换届，纪律之严明、风气之清正、结果之完美，得到各方高度评价，营造了强大的干事创业正能量。积极开展“三超两乱”（超职数配备干部、超机构规格提拔干部、超审批权限设置机构，擅自提高干部职级待遇、擅自设置职务名称）治理，从严规范干部选拔任用，率先实行综合运用监督信息成果从严管理干部、任前档案审核和干部选拔任用全程纪实，经验在全国推介。集中培训基层党组织书记、党务工作者4批次、2200余人次。加大正风肃纪工作力度，共受理信访举报229件，立案210件，处分202人。全面推行“五问工作法”，开展“纠‘四风’、治陋习”和“雁过拔毛”式腐败问题专项整治，发现并纠正问题112个，干部作风进一步好转。深入推进“人才强市”，5人荣登“首届中国工美行业艺术大师”榜，“国大师”增至20名。举办醴陵首届创新创业大赛，总结推介“醴陵新八景”。刘天健家庭获评第一届“全国五好文明家庭”。城市宣传片亮相央视，釉下五彩瓷出征里约奥运会，成功举办国际陶瓷名家邀请展、“环中国国际公路自行车赛”、“端午乐三天”等活动。深化“四同创建”，加强统战工作，成立广东醴陵商会、深圳醴陵商会。市四套班子团结务实，形成了市委总揽全局、协调各方，市人大依法履职、加强监督，市政府依法行政、狠抓落实，市政协参政议政、建言献策的良好局面。市人武部积极参建参治，军民融合发展呈现新活力。工青妇、残联、老龄、档案史志、人防等工作都有新的进步。人心思齐、人心思进已成为全市上下共同的愿望和追求。

盘点一年的工作，感受一年的变化，可以说是充满机遇和挑战，饱含艰辛和汗水，值得感怀和铭记。这是省、市正确领导的结果，全市广大干部群众精诚团结、真抓实干的结果。在总结成绩的同时，也要清醒地看到问题和不足，主要有：一是观念还不够新。对形势研判不够，妄自尊大与妄自菲薄两种现象并存。工作中，四平八稳的多，敢于突破的少；习惯用财政资金的多，敢于市场运作的少；思想解放停留在表面上的多，遇到困难能够融通、敢于创新的少；口头让利的多，实质让利的少。二是结构还不够优。陶瓷、花炮两大传统支柱产业转型任重道远，市场竞争日趋激烈。防水材料产业逐步流失，服饰产业缺乏强力支撑和引导。新产品、新产业培育引进不够，缺乏引领一方、振奋人心的大项目、好项目，县域经济发展后劲不够强。三是环境还不够优。资源优势、区位优势尚未转化为发展优势。城市建设欠账多，城镇没盘活，脏乱差、不配套等问题尤为突出。企业帮扶“最后一公里”打通不够，“口惠而实不至”，流于形式多，落实到行动上少。安全生产隐患点多，影响社会和谐稳定的因素还不少。四是脱贫攻坚、全面小康压力大。从全省来看，任务重的时间没我们这么紧，时间紧的任务没我们这么重。目前已到最后冲刺阶段，全市上下决胜之势不够，决胜之力不强，决胜之法不实，还缺乏应有的“精气神”和基本功。五是干部作风还不够好。少数干部习惯于作“表面文章”，热衷于说长道短、评头论足，工作效率低下，缺少应有的担当和执行力。少数干部不适应新常态要求，精神萎靡不振，怨天尤人，不想干事也干不成事。个别干部律己不严，干私事胆子大，干公事胆子小。各级对基层干部关心还不够、保障还不力，基层积极性调动不充分。我们要重视并着力解决这些问题。

2017年是党的十九大召开之年，是贯彻落实市第十二次党代会精神的大干之年，是脱贫攻坚、全面建成小康的决胜之年。全市工作的总体要求是：深入贯彻党的十八大以来中央的各项方针政策和中央、省委经济工作会议精神，切实落实株洲市委的各项决策部署，坚持稳中求进、进中求快、快中求优总基调，深入推进产业突围、城镇提质、项目攻坚、安全保卫的“四大战役”，牢牢守住安全、稳定、环保、民生的“四条底线”，推动经济社会平稳健康协调发展，全面完成脱贫攻坚任务，全面建成小康社会，加快建设富强、美丽、幸福、文明新醴陵。

“十三五”规划期间，我们要着力实现“985”目标，即地区生产总值900亿元，财政总收入80亿元，力争进入全国县域经济百强前50名。

全市今年主要预期目标是：地区生产总值增长8.8%，财政总收入增长7%，规模工业增加值增长8.5%，固定资产投资增长16.5%，社会消费品零售总额增长12.5%，城、乡居民人均可支配收入分别增长9%，万元GDP能耗和主要污染物排放总量分别下降3%、2%以上，如期实现20387名贫困人口脱贫、15个贫困村“摘帽”，全市人民同步实现全面小康，全面完成各项约束性指标，各项事业都有新的进步。

新的一年，我们工作的12个关键词是：“稳中求进”“四大战役”“四个醴陵”“三创四化”“强基固本”“中国陶瓷谷”“全域旅游”“脱贫攻坚”“全面小康”“株醴融城”“民生100”“四条底线”。

新的一年，我们要着力开启“大城区”“大园区”“大景区”“大产业”的四大梦想。要准确理解新常态下的大形势、大趋势、大逻辑，破除传统的路径依赖、思维定式和工作惯性，解决好“怎么看”“怎么干”的问题。重点把握五个方面：

一、时代在变，我们的观念要跟着变

从石器时代到青铜器时代、从铁器时代到蒸汽时代、从电气化时代到信息化时代，时代的每一次变迁，都带动了生产生活方式的深刻变化。当今，知识更新周期由18世纪的90年缩短到现在的2年。朝发夕至已不再是美丽的梦想，沧海桑田往往就在一夜之间。

越是加快发展，越要解放思想。伟大的创造往往源自于伟大的梦想。汽车之父福特梦想制造“无马的马车”，从而发明了汽车，催生了一个新的工业时代。苹果砸在普通人头上仍是苹果，砸在牛顿头上就发现了万有引力。每次大调整，都是大机遇所在；每次大发展，都是思想大解放的产物。我们要大力提倡：先干不争论，先试不议论，先做不评论，实践作结论。凡是有利于发展的，什么办法都可以使用；凡是不违背法律的，什么都可以大胆施行；凡是外地成功的，什么都可以大胆借鉴。解放思想不是务虚的而是务实的；不是要求别人怎么做而是自己首先怎么做；不是等明天如何解放而是今天怎么解放。解放思想要解放到点上，主攻产业、实业、企业、创业。要解放到面上，聚焦城区、园区、景区、社区。要解放到关键环节上，破解土地、资金、人才、环境等要素瓶颈。领导层面更要带头解放思想，做到“四个敢于”：敢于拍板定夺，敢于拍案而起，敢于拍卖搞活，敢于拍手叫好。

越是经济下行，越要加大投入。当前，经济发展的最大动力还是加大投入。政府投资具有“四两拨千斤”的引导和撬动作用，稳住了政府投资，就稳住了市场信心。2016年，我们通过加大政府性投资，拉动固定资产投资增速从7月的4.9%提升到12月的14%。但光有政府投资还不够，必须激活民间资本。解决投入问题的方法有很多，关键靠争、靠融、靠引。要积极对接国家、省、市政策，把预算内建设资金、专项资金争回来。要进一步盘活资产、做活资源、用活资本，通过银行、PPP、债券、政策性担保和再担保等方式打通融资渠道，把资金融过来。要把公益性项目包装进经营性项目，把社会资本引进来。投入通过项目来体现，只要是有效益、有回报、有利于发展和节约成本的项目，就要敢于投入、敢于建设。加紧策划包装一批、签约落地一批、开工建设一批、投产达效一批，以大投入促进大发展。今年我们已布局200余个项目，年度投资超过200亿元，其中产业投入达到40%以上，要逐一调度，抓好落实。

越是竞争激烈，越要主攻实业。醴陵历来有实业传统和实业精神。实体经济始终是我们的根基所在。政府要围绕实业转，人才要围绕实业引，审批要围绕实业改，让更多的资源、资金充实到实体经济。要认真落实即将出台的园区、陶瓷、花炮、创新“四十条”（《关于加快产业突围的实施意见》），用政策、用环境、用机制、用导向来支持实体经济。振兴实业，从陶瓷和花炮产业开始。要按照“存量扩容、增量突破”的思路，加快形成以日用瓷、电瓷、釉下五彩瓷、陶瓷新材料为主体，上下游配套的发展格局，打造千亿元产业集群。要坚持“扶优扶强、做大做强、并小并散、退乱退弱”，优化花炮产业发展布局，加速兼并重组、改造升级，将花炮产业打造成安全、环保、科技、时尚产业。要树立“房子是用来住的，不是用来炒的”的理念，收紧资本无序流动的管道，防范区域性金融风险，推动资本“脱虚返实”。要把产业发展基金做到10亿元规模，大胆奖励创新创造，让实体经济成为县域经济发展的“定海神针”。

越是招商引资，越要敢于让利。让利，体现一种睿智、一种胸怀、一种境界，也是一种高明的经营方式。李嘉诚与别人合作，他总是宁愿自己少赚或不赚，也要让别人有利可图。现在既是商品过剩时代，也是要素紧俏时代，争老板、争项目、争资金十分激烈。资本追求利润，利益最能打动人。要大胆让利，旗帜鲜明喊出“只要来醴陵，一切给方便”的口号，只要有利于醴陵发展，只要不违反法律法规，资金不分内外，老板不管大小，关系不问亲疏，能给的都给，能让的都让。要经常让利，整合、修订、完善各项优惠政策，做到让利常态化，让出品牌、让出形象、让出效益。要真诚让利，既以利相待，更以诚相对，信守承诺，尊重协议，用真诚打动客商、赢得信任、促成合作。

二、环境在变，我们的城市要跟着变

亚里士多德有句名言，“人们来到城市是为了生活，人们居住在城市是为了生活得更好。”有网站推出《湖南“该要”发展起来的3座城市》，分别是湘潭、醴陵、浏阳。这说明，人们对醴陵这座城市期待很高，同时醴陵的城市建设还有“欠账”。区位优势、综合实力、文化底蕴、区域竞争正在倒逼我们的城市建设。

城市要更大。按照我市“十三五”规划，到2020年城市人口要达到50万人，城市建成区面积要达到50平方千米。从沪昆高速、平汝高速与规划建设的醴娄高速交叉形成的三角形区域来看，城区面积可达122平方千米。比照发达国家的城市人口占比70%来测算，我们的城市还要容纳更多的人口，迫切需要扩容。要敞开东南西北四大城市门户，主动融入长株潭一体化和“一核一圈一廊”空间布局。要配合做好株醴新城规划编制，严控东城大道两厢土地开发，完善经开区、渌江新城规划布局，拓展城市发展空间。做精做细全域规划，将每一个社区、每一个村庄、每一栋楼房都纳入规划。要引进大老板、大品牌开发大楼盘，让“高楼大厦”支撑城市的空间和容量。全面开发渌江新城，启动碧桂园城市体验中心、渌水湾度假小镇、总部经济园等项目，完成创新创业服务中心、渌江产业发展中心、老祖殿、珊田安置区建设，完善水电路气讯和地下综合管廊配套，确保6平方千米核心区成形、成势。启动醴娄高速、205省道环线和106国道绕城线建设，推进东城大道、莲株高速升级改造，完成333省道城市外环线建设，加快形成“一环三纵横”路网，推动城市外围扩张。

城市要更高。城市是区域发展的桥头堡和制高点。城镇化每提高1个百分点，可拉动GDP增长1.5到2个百分点；每增加1个城镇人口，可拉动20万元以上的投资。要加快推进新型城镇化，进一步释放内需潜力，培育新增长点，提高城市首位度。做活城市三产，大力发展旅游、文化娱乐、餐饮住宿、社区服务等生活性服务业和物流、信息、金融、科研等生产性服务业，特别是要引进一批大型物流中心和购物广场，抓紧打造汽车、建材、家居、文化、电器等专业市场。要致力将镇区打造成乡镇发展的高地，全面铺开镇区“七个一”工程，加快白兔潭、泗汾、东富等新型城镇化试点建设，推动市级平台公司储备土地、项目融资等向镇区延伸。要完善落户、就学、就业、就医、社保、住房等公共服务，有序推进农村转移人口就地就近城镇化、市民化。

城市要更厚。说到上海，人们脑海里首先想到的是“百年商埠、十里洋场”。提起维也纳，不仅名字充满诗意，让人浮想的还有美妙的圆舞曲、轻快的华尔兹。这就是文化厚重的魅力。我们要挖掘和利用人无我有的地方特色资源，让城市演绎出内在气质、情感特质和文化底蕴。保护开发先农坛、文昌阁、文庙西厢老街，启动渌江书院二期工程、“5060”街区项目，推进“瓷城古韵·一江两岸”、仙山公园提质（二期）、官庄湖国家湿地公园等重点项目建设，使历史文化、产业文化、生态文化交汇融合、相得益彰。实施“全民读书”“全民健身”“全民普法”三个“三年行动计划”，丰富群众精神生活。动员全社会理解、支持、参与城市创建，广泛开展公筷行动、厕所运动、排队运动、禁种禁养、文明规劝等系列活动，培育城市新风尚。

城市要更美。建设美丽醴陵，希望在山上，重点在地上，难点在水上。要大力开展“三创四化”行动，建设看得到绿水青山、记得住初心乡愁的城市。重点抓好渌江流域保护治理，实施“碧水蓝天”行动和“四治”行动，完成城区畜禽养殖退出，早日“还百姓一江清水”。全面推行“河长制”（由各级党政主要负责人担任“河长”，负责辖区内河流的污染治理），构建责任明确、协调有序、监管严格、保护有力的机制，加强全域水环境治理。深入推进城乡同治，让“分级投入、分期考核、分类减量、分片包干”的“四分法”覆盖到每一个乡村、每一寸土地。实施封山育林，在国、省、县、镇、村、组六级道路两旁栽种100万棵树，打造万里绿色长廊。集中整治占道经营、乱贴广告、露天烧烤等，严肃查处违法违规建设，维护城市核心利益。实施“穿衣戴帽”工程，抓好主要街道、大型建筑的美化亮化，打造靓丽风景线。

城市要更配套。人是城市的主角，城市为人而建、因人而存。我们要建设宜居之城、宜业之城。下决心解决“停车难”“行车难”问题。启动楚东桥建设，打通寨子岭路、文化路等断头路，规划建设一批公共停车场，让城市更通畅。扩大数字城管覆盖范围，推进环卫保洁、渣土运输、园林绿化市场化运营，让管理更有序。以城市反哺农村、带动农村，扩大基本建设投入，织好交通、能源、水利、信息、城镇配套基础设施“五张网”。推进“两房两棚”和大街小巷改造，建设寨子岭公园、凤凰山城市主题公园和一批口袋公园，建好五彩广场、高铁广场和桎木嘴广场等一批“大广场”，为广大市民提供休闲的好去处。

三、市场在变，我们的产业要跟着变

鸡蛋从外面打碎是一种食物，从里面冲出是一种生命。面对经济下行和复杂多变的市场，我们的产业要着力突围升级。

从产品走向产业。我们工业产业体系发育良好、门类齐全，有100余种产品产量居全国前列。但品牌不够、影响力不够、市场占有率不够是面临的普遍问题，不少产品位居产业链的前端，不少产品靠贴牌生存。大力建设“品牌醴陵”“实业醴陵”，培育一批具有市场美誉度的知名品牌，尽快将规模优势、质量优势转化为价值优势、效益优势。从产品到产业，关键靠品牌。今年要重点抓好全国第三批产业集群（陶瓷）区域品牌建设试点工作，举全市之力办好中国（醴陵）陶瓷博览会、花炮节，提升“醴”字号品牌“含金量”。品牌建设的主体始终是企业，好的品牌不是政府和非政府机构评比出来的，是企业在市场上拼搏出来的。规范企业统一使用区域品牌标识，完善创新创业创牌一体化支持政策，对企业研发专利、创建国家级或省级品牌、注册国际商标给予扶持奖励，培育一批享誉业界的“百年老店”。

从制造走向创造。“中国制造”的出路只有一条，就是“精造、精造、再精造”，“工匠精神”应成为我们根深蒂固的文化。醴陵有一批了不起的大工匠。要坚持传、帮、带相结合，培育更多更好的“省大师”“国大师”。开展“瓷城揽才行动”和“育才行动”，引进一批高层次人才、优秀人才和高水平创新创业团队。鼓励企业与国家权威检测机构合作共建检测实验平台，制定行业国家标准。加快建设省内第一所陶瓷大学——醴陵陶瓷学院，年内完成新校区主体建设。要主动对接“中国制造2025”，推动新一代信息技术与制造技术融合发展。推广烟花自动化生产线建设成果，实现“机械化换人、自动化减人”。实施陶瓷智能制造行动计划，支持和引导企业加大技改投入，年内创建5个智能制造示范企业、10个智能制造示范车间。

从粗放走向集约。工业已进入集中发展、集聚发展、集群发展的新阶段。要培育、壮大一批龙头企业，鼓励企业联合兼并、重组上市。重点抓好恒茂电子、华联、华鑫等企业的上市工作，加快推进国光集团复牌上市进程。深化烟花爆竹落后产能退出，确保企业数量控制在250家以下。加强产业招商和省内外产业集群合作对接，催生建立一批延链、补链、壮链的产业项目和配套项目。加快推进陶瓷会展馆、“1915”国际陶瓷文化特色街区等20余个项目建设，将中国陶瓷谷打造成为集“产、创、展、商、游”于一体的陶瓷产业集中展示体验区。围绕千亿产业园区和国家级经开区的目标，坚持资金、项目、土地等要素向园区集中倾斜，加快“一区一城一园”统筹发展。陶瓷、烟花、服饰等行业协会要逐步实现集团化、链条化、资本化、实体化。

从单一走向多元。大力培育新型产业，形成一产业接二连三的多元化格局。以旗滨玻璃为龙头，引进3～5家配套企业入驻玻璃新材产业园。以汽配园为载体，引进一流汽配企业落户。以时代金属轨道交通部件生产基地为基础，引进2～3家轨道交通装备制造企业。启动船湾服饰工业园建设，打造中国职业服装生产基地。培植壮大防水材料产业。大力发展总部经济，建成全省一流的电子商务特色园区。发展产业既要“顶天立地”，也要“铺天盖地”，鼓励乡镇承接沿海服饰、箱包、玩具、家电等劳动密集型产业，让更多群众在家门口就业。要加快形成全域旅游圈，重点开发中国陶瓷谷、仙岳山文化景区、“醴北人家”等一批精品景点，建好图兰朵陶瓷文化主题酒店，将陶瓷艺术城、渌江书院打造成AAAA级景区。

从区域走向全球。要深度融入全球产业链、价值链和供应链，推进有质量走出去、高水平引进来。统筹产业布局和区域市场布局，鼓励企业参与德国汉诺威工业博览会、法兰克福国际消费品展览会、巴西国际电力展等国际性展会，拓展新兴市场，力争日用瓷占世界市场份额达15%以上，电瓷占世界市场份额达1/3以上，花炮国际、国内市场份额均提升10个百分点以上。大力发展跨境电商，灵活运用产业基金、贷款贴息等政策，支持企业输出优质富余产能。要加强企业家队伍建设，培养一批具有全球视野、世界眼光的企业家和管理团队。

四、体制在变，我们的方法要跟着变

全面深化改革、全面依法治国的纵深推进，使体制发生深刻变化。中央深改组成立三年来，召开会议31次，审议通过206份改革文件。“小政府、大社会、大服务”新格局初步形成。现在，顶层“最初一公里”已走完，关键是要打通基层“最后一公里”。

要把门打开。打开门就能接纳更多的新鲜空气和阳光。门要朝市场打开，尊重市场规则，厘清政府与市场的关系，做到“不越位”“不缺位”“不错

位”。坚持改革向纵深推进，加快企业改制、投融资体制改革、司法体制改革、项目建设体制改革、城市管理体制改革、公车制度改革等各项改革，让市场在资源配置中起决定性作用。年内，完成农村土地确权登记颁证工作。突出抓好供给侧结构性改革，落实好“三去一降一补”（去产能、去库存、去杠杆、降成本、补短板）五大重点任务，立足“四梁八柱”，做好“加减乘除”法。门更要向基层打开，将更多的财力倾向基层，更多的精力投入基层。优化城区教育布局，启动标准化学校建设。建立完善四级医疗服务体系，推进分级诊疗制度。坚持计划生育基本国策，合理配置计生资源。扎实抓好“三农”工作，启动“农村道路提质”“农村环境整治”“农村水域治理”三个“三年行动”，重点建设10个“美丽乡村”，让农业强起来、农民富起来、农村美起来。要真正重视、真诚关怀、真心爱护基层，让广大基层干部干得有劲头、有盼头、有甜头。

要把距离缩短。武功练至极致便是返璞归真。简单的往往是最美的，直线的距离往往是最短的。要持续推进“一门式”政务服务改革，优化审批程序，推行“一个窗口”对外，年内纳入政务服务中心受理的审批事项达到120项以上。推行审批权限下放，推动末端由城区街道向乡镇全覆盖。围绕“四个一、两个一百”目标，推行联合审批、联合验收、容缺受理、超时默认、全程代办等制度，为重点企业、重点项目开设绿色通道，力争审批时限在现有基础上再缩短50%以上。完善限时办结、统一收费、责任追究、效能评估等制度，提高服务效能和水平。

要把平台做大。平台越大，吸附力越大，体现的价值越大。要进一步做大做强渌江集团、高新集团两大投融资平台，力争年内总融资达100亿元以上。推进创新创业服务中心建设，确保年内完成竣工。抓紧打造研发、检测、培训、展示、营销等产业公共服务平台。建立农村土地流转服务中心，促进农村土地流转规范有序进行。将营运客货车、渡船及公路、水路运行的交通信息平台并入“智慧醴陵”平台。健全醴陵手机台、醴陵发布等网上舆论平台的功能，发挥舆论引领效果。发挥退役军人服务中心作用，做好退役军人信访服务和帮扶解困工作。深入开展“企业帮扶”活动，作为扶持产业的平台和抓手，脚踏实地，完善帮扶机制、扩大帮扶范围，提高服务质量。

要把网格变细。网格化管理要一网打尽、一网到底、一网无余。按照“完整性、便利性、均衡性”和“全覆盖、无缝隙”原则划分管理网格，农村落实到村组，城区落实到楼栋。成立市级网格化服务管理指挥中心、街道（镇）网格服务分中心、社区（村）网格服务管理站，每个网格设立一名网格长、一名专职网格员以及若干兼职力量，形成四级联动、分级负责的管理格局。围绕收集信息、提供服务、工作交办、管理考核等职能定位，将社会治安、安全生产、“三创四化”、民政、教育、卫计、党建、人才等工作全部纳入网格责任范围，做到网格化管理、信息化支撑、全程化服务、系统化治理。完善服务工作制度，推动“静态管理”向“动态服务”转变，“短期活动”向“常态管理”转变，确保联系服务群众工作制度化、常态化、长效化。这项工作今年务必快速启动，全线推开，早见成效。

要把底线守牢。底线不是最高标准，而是最低要求，是实实在在的红线、高压线。安全是发展的底线。要始终坚持“党政同责、一岗双责、齐抓共管、失职追责”和“三个必须”原则，健全监管体系，理顺政府、部门、企业职责，确保减少一般事故，重点防止较大事故，坚决杜绝重特大事故。强化烟花爆竹、矿山、建筑施工、道路运输、校车、食品药品、危化品等重点领域的监管。实施烟花爆竹企业分级管理和记分管理，落实驻厂监管制度，完善视频在线监控系统。稳定是社会的底线。按照“属地管理、分级负责”原则，重点落实第一责任人、第一时间、第一现场、第一形象，将矛盾发现在萌芽、解决在一线。开展“信访维稳积案化解”行动，有效化解一批涉法涉诉、涉军涉改、征地拆迁等积案难案。严厉打击违法犯罪，尤其注重和防范各方高度关注的民间借贷、涉毒涉黄、刑事犯罪等问题，确保社会大局平稳可控。环保是生态的底线。实行最严格的环保准入和生态保护制度，确保不欠新账，逐步还清老账。加快“两型”建设，将生产和生活方式转变到资源消耗低、环境污染少的模式上来，实现青山常在、清水长流、空气常新。在全市开展一场声势浩大的“绿色运动”，从每个人做起，从每件事抓起，该管的坚决管起来，该封的坚决封起来，该堵的坚决堵起来，该严的坚决严起来，让绿色覆盖每块土地、每家企业、每个家庭。民生是幸福的底线。保障基本民生，保障低收入群众的基本生活，防止冲击社会心理底线的事件发生。强化社会政策兜底，提高城乡低保救助标准，实现农村低保标准与国家扶贫标准“两线融合”。实施“民生100”工程，抓好“民生十大实事”，推进“五险统征”，落实惠民政策，做大慈善事业，确保人有普保、劳有应获、学有良教、病有适医、老有颐养、住有安居。坚持把法治贯穿于行政用权的全过程，抓好“七五”普法，推进依法治市，切实维护好社会公平正义。

五、要求在变，我们的作风要跟着变

党的十八大以来，从“八项规定”到“一准则两条例”，4年时间内中央出台或修订的党内法规超过50部。在十八届中央纪委七次全会上，习近平总书记指出："管党治党不仅关系党的前途命运，而且关系国家和民族的前途命运，必须以更大的决心、更大的气力、更大的勇气抓紧抓好"。这释放出一个强烈信号，正风肃纪没有最严，只有更严。有人总结了"三个没有"：没有打不破的惯例、没有改不了的传统、没有动不得的干部。"严"已经成为一种常态、一种基调、一种意志。

从严才能从实。管党治党从宽松软走向严紧硬，需要经历一个砥砺淬炼的过程，要严字当头、实字托底，步步深入、善作善成。思想教育要从严。修身立德是为政之基，从不敢、不能到不想，靠铸牢理想信念这个共产党人的魂。要坚持共产党人价值观，不断坚定和提高政治觉悟，切实增强政治意识、大局意识、核心意识、看齐意识。要抓好各级党委（党组）中心组学习，推进学习规范化、常态化、制度化。结合"两学一做"学习教育，抓好干部教育培训，集中打造1～2个具有醴陵特色的学习基地。坚持党委（党组）意识形态工作责任制，把宣讲课堂搬到田间地头、弄堂小院，用小环境说明大形势，用身边事说明大政策。开展"道德模范"评选，力争涌现更多的道德模范。政治生活要从严。要认真贯彻《关于新形势下党内政治生活的若干准则》，落实"三会一课"、民主生活会、组织生活会、谈心谈话等制度，让正常的批评和自我批评成为党内政治空气的清洁剂，让党员、干部习惯在相互提醒和督促中进步。要发挥"12380"举报受理平台作用，加强对党内政治生活开展情况的监督检查和问责，及时发现问题、纠正偏差。基层党建要从严。基层组织是连接党心民意的纽带。要加大软弱涣散党组织整顿转化力度，加快解决并村并账并事并心等遗留问题，抓好支村两委换届工作，选优配强村干部队伍。要健全村务公开和党建责任清单制度，强化基层党组织书记述职考核评议，从源头上解决基层运转中的矛盾纠纷问题，推动村级管理上水平。要切实保障村级组织运转经费，确保今年达到20万元/村、32万元/社区。大力发展村级集体经济，抓紧推动镇街"五小"设施、办公用房、周转房以及村级活动场所改造建设。正风肃纪要从严。深入开展"明纪守规"学习教育活动，探索建立"四前"警示提醒制度，尽快完成预防腐败警示教育中心改版升级。围绕"七个有之"（搞任人唯亲、排斥异己的有之，搞团团伙伙、拉帮结派的有之，搞匿名诬告、制造谣言的有之，搞收买人心、拉动选票的有之，搞封官许愿、弹冠相庆的有之，搞自行其是、阳奉阴违的有之，搞尾大不掉、妄议中央的也有之）"五个必须"（必须维护党中央权威，决不允许背离党中央要求另搞一套，必须在思想上政治上行动上同党中央保持高度一致，听从党中央指挥，不得阳奉阴违、自行其是，不得对党中央的大政方针说三道四，不得公开发表同中央精神相违背的言论。必须维护党的团结，决不允许在党内培植私人势力，要坚持五湖四海，团结一切忠实于党的同志，团结大多数，不得以人画线，不得搞任何形式的派别活动。必须遵循组织程序，决不允许擅作主张、我行我素，重大问题该请示的请示，该汇报的汇报，不允许超越权限办事，不能先斩后奏。必须服从组织决定，决不允许搞非组织活动，不得跟组织讨价还价，不得违背组织决定，遇到问题要找组织、依靠组织，不得欺骗组织、对抗组织。必须管好亲属和身边工作人员，决不允许他们擅权干政、谋取私利，不得纵容他们影响政策制定和人事安排、干预日常工作运行，不得默许他们利用特殊身份谋取非法利益），加大庸政懒政监督问责力度，坚决纠正和查处有令不行、有禁不止，各行其是、阳奉阴违等行为。敢于坚持原则，完善配套措施，推动问责制度落地生根。严格按照"五类标准"（拟立案、初核、暂存、留存和了结）处置线索，实现信访举报"零暂存"。综合运用监督执纪"四种形态"，继续推进"纠'四风'、治陋习"和"雁过拔毛"式腐败问题专项整治。坚持"一岗双责""一案双查"等制度，把纪律和规矩挺在前面，保持反腐高压态势，决不让腐败分子有藏身之地。

执行才能执政。执政的生命力在于执行。要真执行，而不是假执行。在"四大战役"的战场上，每个人都有认真干的义务，没有站着看的权利，要表里如一，言行合一，身体力行，率先施行。全面实施"五问工作法"，明确具体政策、具体项目、具体实事，真正干在实处、干在一线、干在基层。要快执行，而不是慢执行。处事要有先见之明，做事要讲先人一招。多搞短平快，远离假大空。看问题要一针见血，抓工作要直奔主题。我们的节奏要快起来、紧起来、活起来、实起来。要硬执行，而不是软执行。建立刚性化的责任机制，完善正向激励考核机制，按照"德才兼备、以德为先"用人导向，重用想干事、会干事、干成事、不出事的干部，让他们有平台、有奔头、有市场。完善负向惩戒约束机制，畅通"下"的渠道，对不作为、乱作为、严重失职失责的干部严格问责处理，形成能者上、庸者下、劣者汰的从政环境。严格落实"三个区分开来"，建立容错纠错机制，旗帜鲜明地为"敢于担当者担当、敢于负责者负责"。

看破才能突破。看破是一种境界，突破是一种本领。要看准问题。"问题是时代的声音"。任何前进总是与问题相伴而生。干部是用来干事的，干事的能力和水平往往体现在问题的分析判断和解决上。要坚持问题导向，敢于迎难而上。什么层次的问题必须在什么层次解决，不允许小题大做、相互推诿，不允许文过饰非、报喜不报忧，不允许回避遮掩、久拖不决。要看淡名利。要把事业放大,把自我放小，树立正确的名利观，不斤斤计较，不患得患失，不为名所累，不为利所诱，把心思放在工作上，把精力放在岗位上。每逢大事有静气，远离浮躁，学会淡定。讲团结顾大局，讲奉献守本分，远离小圈子、不要小聪明、不搞小动作。要看重事业。可以把工作态度分为三种：一种是把工作当成事业，另一种是把工作当成职业，还有一种是把工作当成副业。但凡有大作为者，都是有大激情者。对工作的态度往往决定你看问题的高度、抓落实的力度。激情创业就要坚持事业第一、奉献第一、实干第一，远离平庸，追求卓越。

同志们，决胜小康、脱贫攻坚是今年的头等大事和第一民生工程。今年实现整体脱贫、提前建成全面小康，是省、市对醴陵工作的殷切期望，是我们对全市人民的庄严承诺，必须毫不动摇、有诺必践、坚决兑现。全面建成小康社会，最艰巨最繁重的任务在农村，特别是在贫困地区。各级党委、政府和相关部门都立下了军令状。脱贫攻坚战要是打不好，就要“军法从事”。要对照工作目标和任务，特别是对“七个一批”“六大工程”进行全面梳理总结，一个村一个方案，一个单位一个责任书，一个工作队一个时间表，缺什么就补什么、哪里弱就抓哪里，找准问题，找出短板，全力突破。要严格落实“分级负责、党政同责、失职追责”，一周一调度、一月一对表、一季一考评，确保全面完成脱贫攻坚任务，在奔小康的道路上决不让一个贫困对象掉队！

同志们，“天上不会掉馅饼，努力奋斗才能梦想成真。”任务十分艰巨，使命更为光荣。我们要团结带领全市人民，不忘初心，继续前进，奋力夺取“四个醴陵”建设的新胜利，以优异成绩向党的十九大献礼！

醴陵市人民代表大会常务委员会工作报告

——在醴陵市第十六届人民代表大会第二次会议上

（2017 年 2 月 22 日）

市人大常委会主任　贺小玲

2016 年工作回顾

2016 年是“十三五”规划的开局之年。一年来，在中共醴陵市委的正确领导下，市人大常委会全面贯彻党的十八大、十八届三中、四中、五中、六中全会和习近平总书记系列重要讲话精神，坚持以“科学发展观”为指导，认真履行《中华人民共和国宪法》和法律赋予的各项职责，共举行常委会会议 8 次，主任会议 28 次，听取和审议“一府两院”工作报告 35 项，作出决议、决定和审议意见 28 项，圆满完成了市十五届人大六次会议确定的各项任务，为促进全市改革发展稳定作出了积极贡献。

一、坚持发展理念，全力推动市委重大决策部署的贯彻落实

坚持围绕中心，服务大局，把推动市委决策部署贯彻落实作为首要任务，突出经济发展、民生福祉和社会管理等全市中心工作，抓大事、议大事、作决定。

倾力推进全市中心工作。着眼于优化城乡区域发展结构、统筹城乡发展、拓展城市发展空间，市十五届人大六次会议作出了《〈关于醴陵市“三一”发展规划格局〉的议案的决议》，将发展规划上升为全市人民意志。2016 年，作出了关于批准市人民政府购买服务和采取 PPP 合作模式实施项目建设有关议案的决定共 21 项，批准政府购买服务等资金近 90 亿元，为全市发展提供了资金支持。协助做好 2016 年环中国国际公路自行车赛醴陵赛段的各项筹备和服务工作，为活动的成功举办做出了贡献。投身项目建设一线，联系、协调和服务醴陵大道二期、沪昆高铁站前广场、东互通、醴建路、珊田安置区、湖电智能电网项目、阳三棚户区改造、333 省道绕城改造、渌江书院修缮整治等重点工程建设，及时解决项目建设中存在的困难和问题，醴陵大道二期、高铁站前广场、醴建路已竣工并投入使用，醴陵东互通已经开通，渌江书院已修缮开园。此外，按照市委对网格责任人的要求，指导、协调了责任网格区域的“三创四化”、防汛抗旱、森林防火、信访维稳、安全生产监管等工作。

扎实开展脱贫攻坚工作。整体脱贫是市委对全市人民的庄严承诺，市人大常委会紧扣市委关于精准扶贫工作的安排和部署，严格落实“七个一批”、“六大工程”相关要求，深入水口山村、樟仙岭村、蕉源村、大石桥村、沩山村开展精准扶贫活动，组织资金 500 多万元帮助贫困村改善基础设施和贫困人口脱离贫困。水口山村是 2016 年接受省级验收的贫困村，市人大常委会机关派出第一书记、农工委主任长期驻村帮扶，筹集资金，监管项目，填补资料，以满分成绩通过考核验收，实现建档立卡贫困户 41 户、117 人全部如期脱贫。积极开展“连心解困”大走访活动，创建“代表联系群众工作室”，出台了《关于组织人大代表全面开展“与百姓连心，为百姓解困”大走访活动的实施方案》。在孙家湾镇孙家湾村走访过程中，详细了解贫困户的生产生活情况，发放民情联系卡，耐心听取村民想法、意见，着力解决村民提出的各种问题。走访中了解到龙虎湾村特困户八旬老人王俊云住房属于危房，全家只能暂住邻居家。市人大常委会积极协调、现场办公，组织市人大机关干部和代表积极捐款捐物，为王俊云家筹得建房善款，修建了近 100 平方米的住房。

认真做好人事任免工作。始终坚持“党管干部和人大依法任免相结合”的原则，按照人大常委会人事任免办法的有关规定，切实做好任前法律考试、任中发言、任后颁发任命书、向宪法宣誓等工作，严格规范和把握人事任免工作程序中的各个环节，确保了人事任免工作规范有序。2016 年，市人

大常委会共任免国家机关工作人员27人次，其中任命21人次，免职5人次，接受辞职1人次。

二、坚持法治理念，切实加强法律监督和工作监督

坚持法律至上，发展为先，民生为重，不断创新监督形式，着力增强监督实效，确保国家法律法规在全市的正确实施，有序推进了民主法治建设。

聚焦食品安全。食品安全关系千家万户，人大代表和社会各界都高度关注。市人大常委会继2015年在全市开展《中华人民共和国食品安全法》综合执法检查后，2016年上半年又开展了“回头看”，对执法检查中提出的审议意见的整改落实情况进行督查。同时，认真配合上级人大开展的《中华人民共和国食品安全法》综合执法检查，结合“农产品质量安全行”活动，坚持问题导向，加大暗访力度，特别是对关系老百姓日常生活的蔬菜生产、畜禽养殖、食品加工等环节的安全问题，加大检查力度，从生产到消费，从田间到餐桌的每道关口都认真巡查，召开座谈会15次，实地察看生产经营单位30多家，收集意见100多条，督促有关部门认真整改，积极作为，取得了良好效果，基本实现了“舌尖上的安全”。

情系“三农”发展。市人大常委会高度重视“农业、农村、农民”工作，着力推动解决“三农”问题。为有力促进农业基础稳固，农村和谐稳定，农民安居乐业，对《中华人民共和国农业法》在全市贯彻执行情况进行了调研，先后听取了市农业局、财政局、林业局、畜牧局、农机局的工作情况汇报，在均楚镇召开座谈会，人大代表、乡镇负责人、村书记、基层农技人员、农民代表踊跃建言，提出促进农业发展的思路措施，展望农业现代化的美好前景。市人大常委会议听取和审议了市人民政府关于贯彻实施《中华人民共和国农业法》的情况汇报，要求认真贯彻《中华人民共和国农业法》的各项规定，进一步加大农业投入，夯实农业基础，提高综合产能，改善农业生态环境，保障农产品质量安全。市人大常委会主任会议还听取了《中华人民共和国水法》贯彻实施情况和移民工作情况汇报，要求切实加强农村水利工程建设和管理，加大对移民弱势群体的帮扶力度。

助推城市管理。为进一步完善城市功能，强化城市管理，一年来，市人大常委会多次组织人大代表赴“数字城管”“智能交通”和“平安城市”指挥中心，视察“数字醴陵”建设。市人大常委会主任会议听取城市管理工作情况汇报，认为城市管理是重大民生工程，对城管工作要加大投入，加强市容市貌、环卫保洁、查违控违、渣土管理等工作，增强市民的归属感，提升群众的幸福感。为落实市委城镇提质指示，市人大常委会开展专题调研，多次召开座谈会，到市城管局、住建局、环保局、镇（街道）等单位听取汇报，形成高质量调研报告，为全市打好城镇提质战出谋划策。定期组织城环委工作人员和人大代表参与对“四街两区”（国瓷、来龙门、仙岳山、阳三石街道办事处，长庆示范区和经济开发区）环卫保洁、查违控违、渣土管理等考核考评监督，积极推进“三创四化”工作。

加强法律监督。进一步规范和完善人大监督司法工作制度，加强对司法活动的监督。市人大常委会议专题听取和审议了市人民法院关于人民陪审员管理工作的情况汇报，要求加强对人民陪审员的培训，充分发挥人民陪审员的作用，切实维护人民的权益，进一步提高司法的透明度和公信力。认真组织人大代表参加法院案件听审评议，拓宽监督渠道，2016年共组织28名代表参加了案件听审评议。为提升司法水平和司法效率，强化职业保障，市人大常委会多次督促两院加快推进法官、检察官员额制改革，目前，全市法官、检察官员额制改革已全面铺开。配合株洲市人大开展《中华人民共和国社会保险法》贯彻执行情况检查，听取了市人力资源和社会保障局情况汇报，要求不断提高医保、工伤保险统筹层次，健全社会保障工作机制，完善社会保险制度，提升社会保障服务管理水平。认真开展规范性文件备案审查工作，对市政府及有关部门报送备案的18件规范性文件进行了登记、备案和审查。维护群众权益，强化信访监督，认真执行市级领导信访值班制度和涉法涉诉信访案件督办制度，积极做好涉法涉诉信访工作，接待群众来访36批180人次。

此外，市人大常委会积极配合省人大关于全省环境状况和环境保护目标完成情况的调研，实地察看了李畋镇河流跨境污染防治情况和城区大气、旗滨玻璃污染防治、畜禽养殖、耕地重金属等污染治理情况；积极参与了株洲市人大开展县乡两级人大换届选举工作调研和《株洲市村庄规划建设管理条例》立法调研。

三、坚持服务理念，充分发挥代表主体作用

认真贯彻执行《中华人民共和国代表法》，不断优化对代表的服务和强化对代表工作的指导，支持人大代表依法行使职权，代表作用得到充分发挥。

依法完成换届选举。2016年是市、乡人大换届之年，市人大常委会在市委的领导下，根据《中华人民共和国宪法》《中华人民共和国地方组织法》《中华人民共和国选举法》《中华人民共和国代表法》的规定，周密部署，统筹协调，建立工作机构，强化

业务知识培训，广泛宣传发动，指导全市切实做好了选民登记、选区划分、候选人提名推荐酝酿确定、投票选举等环节工作。针对时间紧、任务重的特殊情况，严把时间节点，召开换届选举工作推进会，市人大常委会正、副主任率队下乡督查达60多次，了解基层选举工作动态，及时化解存在的问题和困难。全市共选举产生市人大代表312名，乡镇人大代表1319名，代表的组成、文化、年龄等结构进一步优化。市、乡两级换届选举工作均圆满完成，充分实现组织意图，提振了干事创业的精气神，凝聚了和谐向上的正能量，在全市范围内营造了风清气正的政治生态环境。

致力拓展履职平台。为所有代表订阅《中国人大》《人民之友》，采取举办专题讲座、分组集中学习、以会代训等多种形式，对全市各级代表进行履职培训。印发《关于完善市人大常委会各委办与人大代表、各单位、镇（街道）工作联系制度的通知》，坚持市人大常委会组成人员定期走访代表，指导、督查镇、街道代表联系群众工作室建设，帮助基层用制度来规范基层人大工作，充分发挥人大代表桥梁纽带作用。组织代表继续深入开展“与百姓连心，为百姓解困”大走访活动，坐班接访与主动走访相结合，广泛听取社情民意，接待群众来访、主动走访选民386人次，收集和整理了人民群众对全市各项事业发展的意见和建议60多条。

强化落实建议督办。市十五届人大六次会议期间，大会秘书处组织议案组共收到代表建议、批评和意见60件；闭会期间，收到代表建议3件。代表建议均得到很好的办理，取得了满意的成效。针对代表提出的关于建设“五彩社区”的建议，市人民政府创新社区网格化管理工作，安排500万元专项资金，推进了19个“五彩社区”建设。在办理《关于请求加大对鞭炮烟花产业政策支持和扶持力度的建议》过程中，市人民政府高度重视，出台了一系列扶持政策，对花炮产业“扶优扶强、并小并散、退乱退弱”，今年出台了《关于加快产业突围的实施意见》（简称“四个十条”），其中关于促进花炮产业发展的十条政策，为花炮企业拓展市场份额、拓宽融资渠道、提升创新能力、强化品牌效应等提供了政策支持，为加速推进花炮产业转型升级提供了有力保障。

四、坚持责任理念，加强人大常委会自身建设

人大机关是权力机关，更是民意机关，市人大常委会敬畏人民赋予的权力，讲政治、讲担当、讲奉献、讲责任，不辜负人民的重托。

认真开展专题教育。坚持问题导向，注重实效，深入开展“两学一做”专题学习教育，市人大常委会党组成员联系本人工作生活实际，带头到基层单位党组织讲党课。扎实开展了四个主题学习研讨，撰写个人和班子对照检查材料，召开专题民主生活会，归纳查摆各类问题45条，每个问题都摆出具体事例，深刻剖析原因，提出重点整改方向和主要整改措施。为巩固学习教育成果，加强建章立制，修改完善了《市人大常委会议事规则》等制度，不断推动市人大常委会工作科学化、民主化、规范化。

密切联系基层人大。积极联系、指导和支持镇、街道人大工作，通过执法检查、专题视察、定期召开基层人大工作会议等方式，加强与基层人大的上下互动和联系，指导基层依法有序开好人民代表大会，做好选举工作，有力推进了基层民主政治建设。分批次组织基层人大工作负责人开展学习培训，增强其责任感和使命感，提高其履职能力。在镇、街道人大工作中，涌现出了一批开拓创新有实效、干事创业有热情、扎根基层有耐心的人大工作者。

全面展示代表风采。全市人大代表来自各个行业、各条战线、各个领域，有的代表在经济领域成绩斐然，引领行业潮流，有的代表则在平凡岗位作出了不平凡业绩。广大代表积极参加视察、执法检查、专题调研等活动，倾听百姓声音，反映群众诉求，主动建言献策。为宣传市人大代表的先进典型事迹，全面展示人大代表精神风貌，调动广大代表依法履职的积极性，市人大常委会将已宣传报道的系列文章编辑修订，汇编成《履职为民——人大代表风采录》，该书将105名优秀人大代表进行了全方位、多角度、深层次的宣传报道，生动反映了近年来市各级人大代表肩负人民重托，代表人民利益，推进醴陵经济社会和民主法制建设发展的动人事迹。

各位代表，过去一年成绩的取得，是市委坚强领导的结果，是“一府两院”和市直各部门、各镇、各街道密切配合的结果，是全体人大代表依法履职、人大常委会全体组成人员辛勤工作的结果，是全市人民热情关注、积极参与的结果。在此，我谨代表市十六届人大常委会，向关心、支持、理解、帮助人大工作的各位领导、各界人士表示衷心的感谢和崇高的敬意！

回顾2016年工作，我们对坚持和完善人民代表大会制度，做好地方人大工作，有了更加深切的认识和体会：第一，必须坚持党的领导。坚守党的政治纪律、政治规矩，在思想上、政治上、行动上坚决与以习近平同志为核心的党中央保持高度一致，坚决在市委领导下开展工作，始终将市委的要求贯穿于行使职权的全过程。第二，必须坚持服务大局。始终自觉地把人大工作放在全市改革发展稳定大局

中来谋划，紧紧围绕事关全局的重大问题，选择重点议题，通过专项监督与跟踪监督相结合、工作监督与法律监督相结合、监督推进与作出重大决定相结合的方式，确保人大工作与中心工作行动一致、步调一致，有力地推动经济社会的发展。第三，必须坚持依法履职。牢固树立法治思维、强化法治理念，始终按照法律赋予的职权、规定的程序和方法来履行职责，维护宪法法律权威，充分发挥人大常委会在法治建设进程中的推动和表率作用，将支持“一府两院”改进工作与监督“一府两院”依法履职结合起来，有效保证宪法法律的实施，促进依法行政和公正司法。第四，必须坚持以民为本。人大及其常委会是代表人民行使国家权力的机关，人民性是人大机关和人大工作的根本属性。必须在党的领导下，矢志不渝地贯彻好全心全意为人民服务的根本宗旨，坚持以人民为中心，想群众之所想，急群众之所急，解群众之所困，做到一切为了人民，一切依靠人民，努力增进人民福祉，实现好、维护好、发展好人民的根本利益。

在看到成绩的同时，我们也清醒地认识到所做的工作离《中华人民共和国宪法》和法律的要求、离人大代表和人民群众的期望，还有一定差距。主要表现在：重大事项决定权的行使仍需进一步探索和加强；运用法定刚性监督手段有待强化，监督工作实效需要不断提高；人大代表履职渠道需要继续拓宽等。这些问题和不足，需要我们在以后的工作中切实加以改进。

2017 年工作安排

2017 年，是党的十九大召开之年，是贯彻落实市委第十二次党代会精神的大干之年，是脱贫攻坚、全面建成小康社会的决胜之年。市委十二届二次全会明确了发展方向，确定了发展目标，描绘了发展蓝图。市人大常委会要充分发挥人大职能作用，积极推动市委决策部署的落实，努力开创科学发展的新局面。2017 年，市人大常委会工作的总体要求是：全面贯彻党的十八大以来中央的各项方针政策和中央、省委、株洲市委有关会议精神，推动落实醴陵市委的各项决策部署，坚持党的领导、人民当家做主、依法治国有机统一，履行好宪法、法律赋予的各项职权，深入推进产业突围、城镇提质、项目攻坚、安全保卫“四大战役”，加快建设富强、美丽、幸福、文明新醴陵。根据这个总体要求，我们要着重做好以下几方面的工作。

一、围绕市委决策部署，依法决定重大事项

坚持和依靠党的领导，是人大工作必须始终遵循的政治原则。党的领导是人大工作的旗帜。必须把坚持和加强党的领导贯穿人大工作的全过程、各方面，坚持以党的旗帜为旗帜、以党的方向为方向、以党的意志为意志，自觉对标市委的工作方向、工作目标、工作步调，毫不含糊、不折不扣贯彻落实市委的决策部署。针对“加快建设富强、美丽、幸福、文明新醴陵”的发展主题，深入调查研究、充分听取意见；针对关系醴陵经济社会发展全局和群众普遍关注的重点工作、重大项目、重要民生保障等事项，适时作出决议决定，通过法定程序，及时把市委的意图和人民的意愿上升为全市人民的共同意志；针对市委重大决策部署，加大督促检查力度，抓好各项决议决定的贯彻落实。让人大的监督体现在推进“四大战役”的第一线，人大的支持展现在脱贫攻坚的最前沿，人大的作为彰显在建设“四个醴陵”的全过程。坚持党管干部原则，进一步规范任免工作程序，使党组织推荐的人选通过法定程序成为国家机关的领导干部。要依法行使人事任免权，加强对人大选举产生的干部的任后监督。继续实行人大任命的国家机关工作人员向宪法宣誓制度，切实增强国家工作人员的法律意识、公仆意识和责任意识。

二、围绕经济社会发展，切实增强监督实效

市人大常委会坚持把法律规定做、市委要求做、人民希望做的事情作为工作重点，切实改进监督方式，使监督工作更有力度、更具深度、更富实效。健全“一府两院”由人大产生、对人大负责、受人大监督的制度，强力推进依法治市、依法行政和公正司法。要增强依法监督的底气、秉公监督的正气、创新监督的勇气，进一步完善人大监督机制，通过询问、质询、特定问题调查、备案审查等积极回应社会关切。市人大常委会将立足助推产业突围战，展开《中华人民共和国中小企业促进法》的执法检查，听取产业发展和融资工作情况汇报；立足助推城镇提质战，听取“三创四化”、封山育林、渌江河保护和治理、村庄规划建设等情况汇报，视察城镇提质战成果及瓷博会筹备情况；立足助推项目攻坚战，听取棚户区改造工作情况汇报，视察“一江两岸”、渌江书院、中国陶瓷谷等项目建设；立足助推安全保卫战，听取安全生产、未成年人检察、打击经济犯罪和禁毒工作等情况汇报；着眼于严格执法，开展对《中华人民共和国残疾人保障法》《中华人民共和国义务教育法》《中华人民共和国著作权法》《中华人民共和国地质灾害防治法》等法律法规贯彻落实情况的检查；着眼于维护民生，听取卫生和计划生育、农业机械化发展等工作情况汇报，

认真开展三湘农民健康行、农产品质量安全行、环保世纪行、司法公正行、民族团结进步行“五行”活动；着眼于防控风险，加强预决算审查监督和国有资产监督职能，积极推进财政预决算全口径监管、预决算公开和绩效审计工作，督促加强对政府重大项目资金的审计，促进资金使用效能的提升。继续深入开展代表听审评议活动，加强规范性文件备案审查工作，促进审判、公诉和侦查机关依法依程序规范办案行为，增强司法公信度，切实维护司法公正。加强和改进信访工作，把人民群众来信来访作为市人大常委会体察民情、了解民意的重要渠道，推动解决群众反映的突出问题，维护人民群众的合法权益。

三、围绕代表主体地位，着力提高履职能力

市人大常委会把代表工作作为一项基础性、全局性的工作来抓，充分发挥代表作用，支持代表依法履职，通过健全代表联络机构、网络平台等形式密切代表同人民群众联系。积极组织代表履职学习，采取会议培训、主题活动、专题调研等多种形式，帮助代表提高履职能力。精心组织代表在闭会期间的活动，有针对性地开展代表集中视察、专题视察，进一步发挥代表小组和代表联系群众工作室的作用，调动专门委员会兼职委员的积极性，推进网格化管理，确保活动常态化、制度化、规范化。切实抓好代表议案和建议的办理工作，采取重点督办、联合督办、跟踪督办等方式，着力提高建议办理质量，推动社会难点、法治焦点和民生热点问题的有效解决。人大代表是人民代表大会制度的主体，支持鼓励代表们唱响创新、创业的主旋律，投身大城区、大园区、大景区、大产业的主战场，乐于代言、敢于直言、善于建言，不断提高履职水平，为“四大战役”前线的勇士撑腰、鼓掌，为“四个醴陵”建设的业绩喝彩、点赞。挖掘代表小组活动和代表履职中的典型事迹，开展评先评优活动，通过宣传、推广先进经验，传播人大声音、讲好人大故事，营造全市大和谐大发展的良好氛围。

四、围绕队伍自身建设，夯实人大工作基础

要坚持人民主体地位，推进人民代表大会制度理论和实践创新，切实加强自身建设，提高市人大常委会及其机关干部的工作效能和服务水平，充分发挥人民代表大会制度的优越性。改进工作作风。要旗帜鲜明讲政治，进一步增强政治意识、大局意识、核心意识、看齐意识，严守政治纪律和政治规矩，落实全面从严治党责任，认真贯彻执行《关于新形势下党内政治生活的若干准则》和《中国共产党党内监督条例》，持之以恒地锤炼为民务实作风。完善工作制度。适应新形势、新任务对人大工作提出的新要求，认真落实市人大常委会定期向市委请示报告工作制度，完善人大常委会及其机关现有的工作制度，提高科学化、制度化、精细化工作水平。总结人大工作实践中的好经验、好做法、好典型，形成长效机制，巩固工作成果，提升人大常委会工作质量。增强队伍活力。重视和加强人大干部队伍建设，进一步改善人大常委会机关干部的知识结构和年龄结构，加大机关干部培养、交流力度，调动干部的工作积极性；不断加强专门委员会建设，注重专门委员会与基层的协作配合，形成推进人大工作创新发展的强大合力；加强与镇、街道、长庆示范区的联系，强化对基层人大工作的指导力度，关注镇人大主席团、街道人大工作室的干部队伍建设，不断充实队伍力量，组织开展学习培训、参观考察等活动，打造一支政治坚定、业务精通、清正廉洁、务实高效的基层人大干部队伍。

各位代表，站在新的历史起点上，我们的任务光荣而艰巨，人民的期盼殷切而厚重。让我们肩负新使命、踏上新征程、迎接新挑战，在中共醴陵市委的坚强领导下，依靠和团结全市人民，坚定信念，攻坚克难，撸起袖子加油干，甩开膀子抓落实，全力推动经济社会平稳健康协调发展，为加快建设富强、美丽、幸福、文明新醴陵而努力奋斗！

政府工作报告

——在醴陵市第十六届人民代表大会第二次会议上

（2017 年 2 月 21 日）

市人民政府市长　康月林

一、2016 年工作回顾

一年来，我们在市委的坚强领导下，在市人大、市政协的监督支持下，坚持“稳中求进、进中求快、快中求优”总基调，主动适应经济发展新常态，大力开展“片区攻坚年”“旅游助跑年”“圆满换届年”“环境优化年”“安全保障年”五大活动，着力稳增长、促改革、调结构、惠民生、防风险，圆满完成了各项目标任务，实现全市经济平稳健康发展、社会大局和谐稳定。

（一）**过去的一年，我们着力建设“富强醴陵”，经济运行稳步增长。**有效应对经济下行，始终保持定力、精准发力、凝聚合力，推动了经济运行稳中向好，提质增效。

县域综合实力明显提升。全年实现地区生产总值 580.8 亿元，增长 8.5%；财政总收入 50 亿元，增长 11.1%；固定资产投资 390.2 亿元，增长 13.4%；社会消费品零售总额 183.7 亿元，增长 12.5%；城乡居民人均可支配收入分别达 33744 元、22419 元，增长 8.5%、8.1%。县域经济基本竞争力全国百强排名从第 82 位跃升至第 73 位，居“全国工业百强县市”第 93 位、“中国中小城市综合实力（科学发展）百强县市”第 91 位、“全国最具投资潜力中小城市百强县市”第 72 位、“中国中小城市创新创业百强县市”第 54 位。

产业转型步伐明显加快。设立 1 亿元产业发展基金，着力推动产业转型发展。成功创建全国首个出口日用陶瓷电瓷质量安全示范区，获批全国第三批产业集群（陶瓷产业）区域品牌建设试点县，挂牌成立湖南工业大学醴陵陶瓷学院，制定出台《醴陵釉下五彩瓷器》地方标准。坚持“四化两型”（布局集约化、设备机械化、生产标准化、管理信息化和安全型、环保型）发展，烟花鞭炮自动化生产进程走在全国前列；淘汰落后产能，63 家烟花鞭炮生产企业自愿退出。市升华科技挂牌上市，全年新增高新技术企业 104 家，完成高新技术产业增加值 122.6 亿元、增长 32.3%，占地区生产总值比重达 21.1%。玻璃、汽配、轨道交通、服饰、新材料等产业加快发展。着力发展现代农业，完成 10 个农产品标准化基地建设，农业机械化水平达 73.2%，粮食产量达 51.83 万吨，实现“十三连丰”，获评“全省粮食生产标兵市”。大力开展“旅游助跑年”活动，接待游客 453.17 万人次，实现旅游收入 33.07 亿元；成功入选“国家全域旅游示范区”创建名单，醴陵瓷谷成为全省唯一的首批国家工业旅游创新单位。成功举办第七届房交会和“送房下乡”等活动，房地产业实现商品房销售额 24.6 亿元，增长 18.1%。金融机构存贷款余额分别达 321.1 亿元、137.8 亿元，增长 22.4%、4.8%。新增进出口企业 20 家，完成外贸进出口总额 3.3 亿美元。构建“一区一城一园”发展格局，经开区实现技工贸总收入 510 亿元、增长 19.6%，综合实力居全省产业园区第 8 位。电商产业园建成运营，实现交易额 7.3 亿元，增长 28%。

项目建设力度明显加强。以中国陶瓷谷、渌江新城、“瓷城古韵”、“醴北人家”四个百亿工程为重点，安排重点项目 178 个，其中株洲市级重点项目 42 个。开展“百大项目、百日攻坚、百亿投资”行动，完成投资 136.6 亿元。批回建设用地 323.6 公顷；完成征地 319.22 公顷，征拆房屋 728 栋（套），东城大道征地拆迁创造了“醴陵速度”；全年融资 90 亿元。渌江产业发展中心等项目启动建设，醴陵·世界陶瓷艺术城（二期）、“1915”国际陶瓷文化特色街区、陶瓷会展馆、创新创业园等项目加快推进，市时代金属轨道交通部件生产基地、恒凯通三网融合光纤设备制造等项目竣工投产。积极开展“三乡大行动”，推动成立广东醴陵商会、深圳醴陵商会，成功引进中核华兴、深圳京柏、碧桂园等知名企业投资项目89个，合同引资298亿元。“项目攻坚年”活动考核在株洲排名第一。

（二）**过去的一年，我们着力建设“美丽醴陵”，城乡面貌焕然一新。**坚持城市与农村统筹发展，促进人与自然和谐共生，瓷城大地看得见青山绿水、记得住初心乡愁，百万人民享受到更多便利和福利。

城乡规划更优。突出顶层设计，强化规划引领，推动“多规合一”（将国民经济和社会发展规划、城乡规划、土地利用规划、生态环境保护规划等多个规划融合到一个区域上，实现一个市县一本规划、一张蓝图），探索“一张蓝图”统筹镇域总体发展格局。编制完成老城区“一江两岸”核心区控规、高铁片区控规等规划。城市建成区面积拓展至29.5平方千米，城镇化率达62%。

城乡建设更好。开展“片区攻坚年”活动，“瓷城古韵·一江两岸”（示范段）、渌江书院修缮整治（一期）、仙山公园提质改造（一期）等项目完工并对外开放；李畋中路、沪昆高速醴陵东互通等道路建成通车。莲株公路、东城大道、105省道、污水处理厂（二期）、狮子坡水厂提质扩容等新建、改造项目有序推进。实施镇区“七个一”工程，统筹城乡协调发展。完成农村道路通畅工程231千米，整修、新建水利工程1万余处。

城乡环境更美。坚持“两型”发展，全面铺开“三创四化”，深入开展“治水、治脏、治乱、治堵”行动，扎实推进农村环境综合整治，城乡环境明显变净变美。完成11个农贸市场改、扩建，城区5条样板街基本成形。全面启动湘江保护和治理第二个“三年行动计划”。城区禁养区范围内生猪退养率达100%。完成7.05千公顷重金属污染耕地修复治理和种植结构调整试点工作。建成农村饮水工程22处，解决7.9万农民安全饮水问题。建设10个“美丽乡村”，获评“全省美丽乡村建设先进县（市）”。全面实行封山育林，森林覆盖率达55.19%，森林防火经验在全省推广，获评“全国森林防火工作先进单位”。

（三）**过去的一年，我们着力建设“幸福醴陵”，民生民利持续改善。**始终坚持以富民为本、惠民为先、利民为重，真正为老百姓解难事、做实事、办好事，民生支出占财政总支出的70.5%，“民生100”工程全面完成，全市人民的获得感和幸福感持续增强。

精准扶贫成效显著。大力实施“七个一批”“六大工程”，把人力物力财力向贫困地区倾斜，实现结对帮扶贫困村、贫困户全覆盖、零遗漏。市级财政安排扶贫专项资金4599万元，整合各类资金近6亿元，集中开展扶贫攻坚。基本建成全长98.8千米的“旅游扶贫专线”。提前完成186户易地扶贫搬迁，顺利完成1589户危房改造任务。全年实现2个贫困村退出，2417户、7713人脱贫。

社会事业全面进步。城乡低保月人均救助水平分别达286元、112元。“五类”社会保险参保103.3万人次，参保率达97.4%。新增养老服务床位240张。新增城镇就业6828人、农村劳动力转移就业4512人。完成公租房建设598套，棚户区改造2598套。提质改造“薄弱”学校75所，完成村级小学“校校通”“班班通”建设135个。高考二本以上（含二本）上线率摘得株洲地区“三连冠”，获评“全国中小学责任督学挂牌督导创新县（市）”。完成4家卫生院改造和17个贫困村卫生室标准化建设，基层就医更加便利。荣获“全国妇幼健康优质服务示范市”，市中（一）医院成功创建三级甲等中医医院。举办“湘雅乡情·专家醴陵行”20多场，获群众广泛“点赞”。成功实现计生工作“创国优，保省优”目标。全面完成“户户通”“村村响”工程。全年申请各项专利1250件，增长16.1%，创新驱动能力明显增强。不断加强国防动员工作，扎实推进双拥共建，军民融合发展再上新台阶。

社会大局安全稳定。以“监管执法年”“安全保障年”“扫盲清零”等活动为契机，扎实开展各类专项整治行动，整治隐患6115处、刑事拘留30人、治安拘留108人，安全生产事故发生起数下降71.8%。严厉打击各类犯罪，全力维护社会治安秩序，各类刑事案件发案率下降8.3%，恶性案件破案率达80%，连续十二年实现“命案必破”目标。主动适应维稳保安新常态，大力开展“信访百案化解、维稳百日整治”活动，信访总量明显下降。全力防范和打击非法集资，金融风险总体可控。高标准建成社区矫正中心和公共法律服务中心，开启法律服务新模式。开展“安全米粉工程”等系列食品安全整治行动，农村集体聚餐食品安全整治经验在全省推介。深入推进“网格化”社会治理，综治民调全省排名持续进位。

（四）**过去的一年，我们着力建设“文明醴陵”，发展活力不断释放。**坚持向改革要红利，以创新拓空间，大力培育法治德治并举、品位品行俱显的文明风尚，以更加开放包容、文明进步的姿态不断抢占发展先机。

改革创新全面深入。圆满完成并村工作，343个行政村合并为215个，获评省“乡镇区划调整改革先进市”。启动“一门式”政务服务改革，全面完成镇级便民服务中心建设，“互联网+政务综合信息服务平台”投入运行，政务服务更加方便、快捷。推进政府投融资体制改革，成立投融资决策委员会，实现债券置换额度50亿元，年节约利息支出2亿元；大力推广运用PPP模式，共入库PPP项目6个，总投资额达163亿元，其中1个成功申报国家示范项目、3个成功申报省级示范项目。积极推进公车改革，统筹推进财税、教育、卫计、城市管理等体制改革，土地承包经营、土地流转和集体林权等农村综合改革不断深化。积极倡导大众创业万众创新，成功举办首届创新创业大赛。

行政效能有效提升。坚持市委领导，坚决落实中央、省、株洲市关于改进工作作风、密切联系群众等各项规定，“两学一做”学习教育取得扎实成效。严格落实从严治党主体责任，不断提升行政监察和审计监督水平，政府系统党风廉政建设得到新加强。推行“五问工作法”，工作效能持续提升。自觉接受人大和政协监督，坚持重大事项向市人大常委会报告、向市政协通报制度，办结人大代表建议63件、政协委员提案72件，办结率、满意率均达100%。

和谐氛围日益浓厚。顺利完成“圆满换届年”目标，新一届市政府领导班子满票当选。扎实开展“企业帮扶年”“环境优化年”活动，市级领导带头走访550家“四上”企业，解决各类问题800多个。釉下五彩瓷在里约奥运会、G20杭州峰会等重大国际活动“闪亮登场”。“中国醴陵·瓷彩天下”城市形象宣传片在央视持续播出。5位艺术家获“首届中国工美行业艺术大师”称号。刘天健家庭获评“全国五好文明家庭”。“2016环中国国际公路自行车赛”、央视“端午乐三天”、全省跆拳道大赛等大型活动走进醴陵，城市知名度、美誉度持续攀升。

与此同时，妇女儿童、老龄、残联、外事侨务、对台、宗教、住房公积金、文化执法、招投标、档案史志、口岸、海关、检验检疫、供销、物价、人防、消防、民兵预备役、烟草、通信、移民、水文、气象、志愿者服务等工作均取得新进步。

各位代表，成绩来之不易，经验弥足珍贵。经过一年来的奋斗，我们深切感受到：要实现全市经济社会持续、健康、快速发展，必须坚持以党的领导统揽全局不动摇，必须坚持以实干之举助推产业不松劲，必须坚持以创新之为狠抓项目不停步，必须坚持以为民之心改善民生不懈怠，必须坚持以务实之风激发斗志不空谈。我们深深体会到：坐而论道，不如起而行之。越是遭遇困境越要解放思想，越是经济下行越要加大投入，越是竞争激烈越要保持定力，越是重要岗位越要敢于担当。

各位代表，历尽天华成此景，人间万事出艰辛。成绩的取得，是市委正确领导的结果，是市人大和市政协监督、支持的结果，是各民主党派、工商联、无党派人士、各人民团体参政议政的结果，饱含了各位代表和委员的智慧力量，凝聚了全市人民的辛勤汗水。在此，我代表市人民政府，向全市广大干部群众，向各位人大代表和政协委员，向驻醴部队、武警官兵，向关心、支持、参与醴陵建设的各界人士，表示崇高的敬意和衷心的感谢！

成绩令人鼓舞，问题不容忽视。当前，我市正处在爬坡过坎、转型升级的关键时期，一些长期积累的深层次矛盾和问题依然存在，一些新的困难和挑战又在不断涌现。主要表现在：投资增长后劲不足，投资大、带动强、前景好的重大项目还不多；社会治理任务繁重，安全生产形势依然严峻；改革攻坚任务仍然艰巨，改革红利难以有效释放；发展环境仍待优化，政务服务效能有待进一步提升，等等。面对这些考验和挑战，我们将拿出更大的魄力和更实的举措，切实加以解决。

二、2017年目标任务

2017年，是党的十九大召开之年，是贯彻落实市第十二次党代会精神的大干之年，是脱贫攻坚、全面建成小康的决胜之年。尽管宏观形势依然错综复杂，经济下行和转型升级双重压力仍然较大，但经济长期向好的基本面没有改变。地处“一带一部”交汇点和“湘赣开放合作试验区”结合部，国家利好政策、各类资源要素叠加效应更加彰显，醴陵仍然处于大有作为的机遇期。我们的城市有魅力，我们的产业有活力，我们的企业有实力，我们的干部有能力，抢抓机遇大有可为，转型升级理应有为，突围发展必有作为。“一万年太久，只争朝夕”。我坚信，只要我们全市上下继续保持昂扬进取的精神状态、争分夺秒的十足干劲、众志成城的强大合力，就一定能够谱写醴陵更加灿烂辉煌的美好明天！

今年政府工作的总体要求是：深入贯彻党的十八大以来中央的各项方针、政策和中央、省委经济工作会议精神，切实落实株洲市委和醴陵市委的各项决策部署，牢牢把握“稳中求进、进中求快、快中求优”总基调，全力打好产业突围、城镇提质、项目攻坚、安全保卫“四大战役”，加快建设富强、美丽、幸福、文明新醴陵。

今年全市经济社会发展的主要目标是：地区生产总值增长8.8%，财政总收入增长7%，固定资产投资增长16.5%，社会消费品零售总额增长12.5%，规模工业增加值增长8.5%，城乡居民人均可支配收入分别增长9%。全面完成脱贫攻坚任务，在全省率先全面建成小康社会，加快推进基本现代化，各项事业都有新的进步。

三、2017年工作安排

天上不会掉馅饼，努力奋斗才能梦想成真。蓝图目标已经明确，关键在于执行落实。新的一年，要紧紧围绕“稳中求进”“四大战役”“四个醴陵”“三创四化”“强基固本”“中国陶瓷谷”“全域旅游”“脱贫攻坚”“全面小康”“株醴融城”“民生100”“四条底线”12个关键词，保持定力、持续用力、齐心协力，着力开启“大城区”“大园区”“大景区”“大产业”四大梦想。

（一）**做强实体实业，打好产业突围战。**成立产业突围领导小组，建立10亿元以上规模的产业发展基金，撬动更多社会资本支持产业发展。以《产业突围实施意见》和园区、陶瓷、花炮、创新“四个十条”政策为指导，用真金白银的投入，真情实意的服务，真抓实干的机制，全力支持实体实业发展。

用最有力的举措，支持产业转型升级。加强产业公共平台建设，加快推进陶瓷会展馆、“1915”国际陶瓷文化特色街区等20多个核心项目建设，将中国陶瓷谷打造成集“产、创、展、商、游”于一体的陶瓷产业集中展示体验区。市产业发展基金每年对陶瓷产业投入不低于5亿元、对花炮产业投入不低于3亿元，鼓励企业创新升级，支持企业开拓市场，全力促进产业发展。加强产业宣传推广，大力发展会展经济，举全市之力办好中国（醴陵）陶瓷博览会，吸引更多的人流、物流、资金流涌入醴陵。抢抓获批“国家级出口日用陶瓷电瓷质量安全示范区”机遇，抓好全国第三批产业集群（陶瓷产业）区域品牌建设试点工作，弘扬“工匠精神”，培育“百年老店”，增强产品和服务竞争力。强化人才引进和培育，建好湖南工业大学醴陵陶瓷学院。坚持分类管理、优胜劣汰，确保到2017年年底全市烟花鞭炮生产企业保持在240家左右，产能提升10%以上。坚持创新引领，加快鞭炮机械自动化生产国家级试点进度，推广烟花自动化生产，实现“机械化换人、自动化减人”。实施对外贸易提升、引资引技升级和优势产能出海等行动，提升开放发展水平。强化行业自律，加强行业协会、商会建设。

用最高效的机制，推动园区做大做强。围绕千亿园区和国家级经开区目标，设立1亿元的经开区产业扶持资金，推动要素向园区集聚、项目向园区集结、产业向园区集中，加快“一区一城一园”发展。深化“一权两制一司”改革，探索建设“园政合一”行政管理体制，有序增加经开区行政审批权限；理顺园区绩酬、审批、税收等机制，建立长效稳定的财政运行机制；进一步推进高新集团内部管理和开发建设模式改革，增强持续发展能力，力争2017年经开区技工贸总收入突破650亿元、增长20%以上，建成标准厂房20万平方米。完善电商公共服务，建设全省一流的电商特色园区。加快渌江新城建设，做好碧桂园城市体验中心、名人文化园等项目的前期工作，大力推进清潭安置区、庄埠安置区等项目建设，完成老祖殿、渌江产业发展中心等项目建设。加快东富工业园建设，建好东富工业园至醴陵中心城区、渌江新城、经开区核心区的十分钟道路网。

用最贴心的服务，深入开展企业帮扶。完善走访帮扶机制，实现企业帮扶制度化、常态化。进一步正税清费，降低企业经营成本。鼓励企业联合兼并、重组上市，加快推进国光集团复牌上市，全力帮扶市恒茂电子、华联、华鑫等企业上市，对成功上市的企业最高给予1000万元奖励。着力营造公平竞争环境，鼓励引导民间投资，促进非公经济和中小企业健康快速发展。弘扬“企业家精神”，尊重企业家、爱护企业家、服务企业家，形成重商、亲商、安商的社会氛围，构建“亲”“清”政商关系。重奖企业领军人才，根据企业年纳税额大小，最高给予企业法人代表100万元奖励。

同时，坚持“三个不变”。一是坚持产业化的“现代大农业”发展思路不变。以“推进农业供给侧结构性改革”为突破口，进一步优化农业产业体系、生产体系、经营体系，不断提高农业综合效益和竞争力。大力推广集中育秧技术和双季稻全程机械化应用，全年实现粮食播种面积66.67千公顷以上、粮食总产值10亿元以上、水稻单产500千克以上，确保粮食安全。二是坚持补齐旅游、物流“短板”的决心不变。以入选“国家级全域旅游示范区”创建名单为契机，加大对渌江书院、李立三故居、“醴陵窑”、渌江桥4个“国保”单位的保护和开发力度，启动李立三、陈明仁故居修缮改造，完成渌江书院陈列布展并对外开放。对新获评国家AAA、AAAA、AAAAA旅游景区的企业，分别奖励20万元、100万元、200万元。加快外贸综合服务中心、安迅物流中心等建设，完善现代物流服务体系。三是坚持引进培育新兴产业的力度不变。积极对接“中国制造2025”，深入开展“互联网+”行动，大力发展“四新”经济（新技术、新产业、新业态、新模式经济），重点扶持玻璃、装备、新材料、电子信息等新兴产业做大做强。以市旗滨玻璃为龙头，加大玻璃深加工项目引进，打造中部规模最大玻璃产业基地。启动船湾服饰工业园建设，打造中国职业服装生产基地。

（二）**推进“三创四化”，打好城镇提质战。**实施“12345”城镇提质战略（“1”：突出“三创四化”这个主题，“2”：完善经开区规划和老城区规划，“3”：着力抓好水生态文明、公用设施、城镇交通体系三大领域建设，“4”：在老城区停车难上实现新突破、在棚户区改造升级上实现新突破、在城市特色形象提升上实现新突破、在重点工程项目拆迁安置方式上实现新突破，“5”：开展渣土专项整治行动、农贸市场专项行动、适时组织拆违百日攻坚专项行动、交通违法行为专项整治行动、除陋习专项行动），坚持把解决关系群众切身利益的问题作为“三创四化”工作的重点，使“三创四化”真正成为顺民意、得民心的德政工程、惠民工程。

坚持城乡同治，让城市宜居和谐、农村山清水秀。深入开展“三创四化”，实施城区、农村考核全覆盖，实现城乡同创。设立城市发展基金，鼓励和引导社会资本参与城市基础设施建设。加快“瓷城古韵·一江两岸”等项目进度，完成城区7条样板街建设。启动仙山公园提质改造（二期）工程，建设一批城市“口袋公园”。启动楚东桥建设，打通寨子岭路、文化路等断头路，完善城区路网，缓解交通压力；加大公共停车场建设力度，启动建设5000个社会停车泊位。完成狮子坡水厂提质扩容项目建设，启动污水处理厂（二期）建设；完善新建一批垃圾中转站、垃圾收集站、公共厕所；启动标准化农贸综合批发市场建设，提质改造太一市场、姜湾菜市场、城东大市场、阳三石市场等8个综合性农贸市场，逐步实现农贸市场社区化、超市化。推行“河长制”，深入实施渌江河保护、治理和开发“三年行动计划”；加速推进“三江三水”（渌江、澄潭江、城市内江；官庄水库、望仙桥水库、雪峰山水库）治理工作，完善城区污水管网建设。全面抓好镇区“七个一”工程，推动平台公司项目投资、国土储备向镇区延伸。紧扣“一村一品、一村一景、一村一韵”发展思路，建好建美10个“美丽乡村”。制定实施“农村道路提质”“农村环境整治”“农村水域治理”三个“三年行动计划”。抓好“四好”农村公路建设，提质建设村组联通公路200千米。围绕防洪治涝减灾体系、农田水利灌溉工程等重点，加快水利工程建设。主动融入长株潭一体化、“一核一圈一廊”等区域发展格局，加速株醴融城。

坚持建管同步，让建设更有品位、管理更加到位。着力提升城市形象，突出自然风貌和本土文化，塑造城市标识，打造独具个性和品位的特色城市。严格落实市级领导包城区主干道，街道班子成员包次干道，社区（村）干部包小街小巷的网格化管理要求，督促领导干部进街道、进社区协调指导城镇建设管理工作。进一步理顺城市管理体制，全面推进数字城管应用，持续开展“治水、治脏、治乱、治堵”行动，不断提升城市管理精细化、信息化、科技化水平。铁腕拆违控违，加快历史违建拆除，严控新增违章建筑。大力开展渣土专项整治行动，有效控制渣土扬尘污染。开展交通文明劝导、排队运动等专项行动，大力整治乱停乱放、违规占道等交通违法行为，涵养市民素质，培育城市新风。加大望仙桥水库、官庄水库等饮用水源的保护力度，确保饮用水安全。做好大气污染防治工作，持续改善大气环境质量。强化“双责地毯式”集中免疫（政府、职能部门双重负责的集中免疫工作），确保不发生区域性重大动物疫情。启动垃圾焚烧发电项目建设，实现生活垃圾无害化、减量化、资源化处理。深化“两型”建设，加强环境保护督察，着力解决突出环境问题，全面提升生态文明建设水平。

坚持干群同心，让干部全心投入、群众真心参与。多层次、多渠道、全方位对“三创四化”工作进行宣传，充分激发群众参与“三创四化”的智慧和热情，把“三创四化”变成全市人民改善生活环境、建设美好家园、创造美好未来的群众性实践活动，努力形成全民动手、全民共创、全民共管的创建工作局面。实施“挂图作战”，推行“时间倒排、任务倒逼、责任倒追”的工作机制和“重激励、硬约束、严考核”的考评奖惩机制，用机制激发广大干部的创建热情。

（三）强化要素保障，打好项目攻坚战。坚持打基础、利长远，以中国陶瓷谷、渌江新城、“瓷城古韵”、“醴北人家”四个百亿工程为重点，抓好242个重点项目建设，实现年度项目投资202.8亿元。

争取土地指标，确保项目用地。按照“三个优先”（优先园区新城、优先重大项目、优先实体企业）的原则，科学安排，合理调配，做好全市项目的分批、分期用地计划，加强项目建设力度。积极申请追加重点建设项目用地指标和集体建设用地指标，争取上级农用地转用指标支持。大力实施城乡建设用地增减挂钩，将废弃的宅基地、工矿用地等纳入拆旧复垦区，确保增加农用地转用指标33.33公顷。坚持“净地”出让，有计划、有步骤推进成熟地块上市交易，切实增加土地收益。

拓宽融资渠道，确保项目资金。进一步做大做强渌江集团、高新集团两大投融资平台，继续推行股权合作、PPP等模式，引导更多社会资本进入基础产业、基础设施、保障性住房等领域，力争全年融资100亿元以上。深入开展“三乡大行动”，大力招商引资，着力争取万达、沃尔玛、红星美凯龙、恒大等知名企业入驻醴陵。组织2次以上重点项目发布推介和招商活动，及时发布招商引资政策和项目信息。围绕优势产业配套和省内外产业集群合作对接，精心包装策划新型防水材料、健康智慧产业园等一批项目，规划建设陶瓷小镇、丹枫小镇、玄武小镇等一批特色小镇，力争全年包装策划1个30亿元、2个20亿元、3个10亿元项目，每个镇（街道、长庆示范区）每年力争引进1个1000万元以上工业项目或500万元以上农业产业化项目。统筹抓好家居商贸城、长株潭城际轨道娄醴线、209省道长株攸公路等37个项目的前期工作。

加快征地拆迁，确保项目开工。坚持“一把尺子量到底、一个政策算到底、一套班子服务到底”，全力推进项目征拆，确保全年征地333.33公顷、征拆房屋700栋（套）以上。深入开展“清零”行动，完成陶瓷会展馆、醴陵国际花炮物流中心、岭前路、东城大道（扩征）等20个项目的征拆“清零”工作。

探索建立村民安置与村民新村建设相结合、平台公司项目建设与村级集体经济组织的生产经营相结合的运作模式，有效解决安置难问题。着力新建一批项目，启动醴娄高速、106国道绕城线等133个项目建设，确保50%的项目在一季度实现开工，75%的项目在二季度实现开工，所有项目在三季度前全部实现开工。

整治施工环境，确保项目进度。畅通项目审批“绿色通道”，依法从严打击强揽工程、恶意阻工等违法行为，优化项目建设环境。大力推进一批项目，力促凤凰山城市主题公园、东富红四方复合肥生产基地等项目尽快落地；加快湖南华联日用陶瓷智能制造升级改造项目、城区供水管网改、扩建等54个项目的建设进度；实现333省道城市环线道路、东富大道、醴泉路提质改造等67个项目竣工。

（四）突出“四大三基”（大宣传、大培训、大检查、大整治，基本建设、基础工作、基层创建），打好安全保卫战。坚持以人为本、生命至上，进一步强化“底线”思维和“红线”意识，坚决杜绝较大以上安全事故发生，确保实现事故起数、死亡人数、受伤人数、经济损失“四下降”。

牢牢盯住重点。盯住“重点行业”，坚持问题导向，深入“打非治违”，围绕烟花鞭炮、矿山、建筑施工、道路交通、校园校车、食品药品、危险化学品、燃气、电力、特种设备、有限空间、粉尘防爆、劳动密集型企业消防和人员密集场所等行业领域，全力抓好安全隐患大排查、大管控、大整治，分时段开展“春雷”“闪电”“飓风”“亮剑”等专项整治。盯紧“重点企业”，全面实施烟花爆竹企业分级管理和记分管理，落实驻厂监管制度，完善视频在线监控系统，打造安全生产信息化监管平台，确保企业安全生产。盯牢“重点环节”，紧紧抓牢抓实工房、工地、工序、工作岗位等重点监管环节，特别是加强黑火药、引火线的流向管理和道路运输安全管理，做到安全监管全覆盖、零容忍、严执法、重实效。

层层压实责任。严格落实安全生产“党政同责、一岗双责、齐抓共管、失职追责”要求，严格执行“四不两直”安全生产督查，进一步强化领导责任。按照“属地管理、分级负责”原则和“三个必须”要求，持续深化安全生产“网格”管理，形成齐抓共管的良好局面。强化企业安全生产主体责任，实行重大安全风险“一票否决”。进一步加强安全生产宣传教育培训，强化城市安全保障，着力构建社会共治体系。

级级担当作为。坚持各级各部门单位党政“一把手”负总责，做到安全生产工作亲自部署、重大问题亲自过问、重要环节亲自协调、重点隐患亲自督办，带头推动工作落实。对重点行业领域的重大隐患和违章违规行为，要敢于监管、敢于查处、敢于碰硬，用严格的监管促进企业的安全发展。进一步完善安全生产工作考评体系，坚决实行安全生产“一票否决”，充分发挥安全生产考核的激励约束作用，把安全生产责任一级一级压到基层，工作一件一件落到实处，让人民群众安心、放心、舒心。

（五）倡导改革创新，增强发展活力。始终把改革创新作为发展进步的“关键一招”，更好发挥改革的牵引作用和创新的引领作用，以改革增动力、创新添活力。

推进供给侧结构性改革。认真落实“三去一降一补”五大重点任务，突出抓好供给侧结构性改革。“去产能”，淘汰过剩产能和落后产能，加快产业转型升级；“去库存”，坚持“房子是用来住的，不是用来炒的”的定位，合理调控数量，着重提升质量，促进房地产市场健康发展；“去杠杆”，加强政府债务管理，化解债务风险，防范和打击非法集资，坚守金融安全底线；“降成本”，减少行政事业性收费，减轻企业税负，降低企业运行成本；“补短板”，聚焦第三产业、基层基础等领域，实施一批“补短板”工程。

推进行政审批制度改革。深入实施“一门式”政务服务改革，进一步简政放权、放管结合、优化服务。加快推进镇（街道、长庆示范区）便民服务中心标准化建设。实现“自然人”办事系统由城区向镇区覆盖、由街道向社区延伸。探索“法人”相关审批事项向“互联网＋政务综合信息服务平台”集中，实现建设投资项目网上审批。

推进其他重点领域改革。完成农村土地承包经营权确权登记颁证工作，促进农村土地所有权、承包权、经营权“三权分置”。抓好公车服务平台建设，完善公车制度改革。大力推进投融资体制改革，强化投融资项目建设管理，着力降低财务成本。完善综合治税信息管理平台。统筹推进教育、卫计等体制改革。

推进大众创业万众创新。加快构建产业创新联盟和科技研发平台，加大与科研院所和高等院校的合作力度，推动科研成果转化。完成创新创业服务中心建设，大力实施创业带动就业和创业引领计划，引导高校毕业生、返乡农民工等群体自主创业，最高提供50万元创业担保贷款。积极鼓励企业创新创造，对国家权威部门新认定的企业技术中心，最高给予200万元奖励，着力提升企业自主创新力、科技支撑力和品牌竞争力。设立1000万元创新创业产业引导基金，鼓励各类民间资本投资创办小微企业。推行终身职业技能培训制度，培育适应产业转型升级需要的技术人才。开展“瓷城揽才行动”和“育才行动”，引进一批高层次人才，加快建设一支适应全市经济社会发展需要的人才队伍。

（六）**决胜全面小康，全力改善民本民生。**始终把增进人民福祉作为工作的出发点和落脚点，在奔小康的道路上坚决不让一个困难群众掉队，持续加大保障和改善民生力度，努力让人民群众生活得更加殷实、更加幸福、更有尊严。

坚决打赢脱贫攻坚战。将决胜小康和脱贫攻坚作为今年的头等大事和第一民生工程。严格按照“七个一批”“六大工程”相关要求，因地制宜、因势利导、因户施策，整合力量、整合资金、整合项目，确保全面完成脱贫攻坚目标任务，实现整体脱贫。严格落实“两级双队（组）长包村包户”、周调度月讲评、基础工作“六点一线、七处一致”、“双查一考”、分类问责五项制度。大力实施易地扶贫搬迁，加快官庄镇横江村安置点、均楚镇周坊村安置点等8个集中安置点建设，全面完成616户1819人的易地搬迁任务。持续开展“湘雅乡情·专家醴陵行”活动，着力解决贫困群众因病致贫问题。坚持推进脱贫与小康齐头并进，强化问题导向，着力补齐人均地区生产总值、人均财政总收入、居民收入水平、人均储蓄存款等8项全面小康“短板”指标，确保年内全面小康实现程度达到90%，奋力夺取全面小康新胜利。

深入实施民生实事工程。抓实抓好“民生100”工程。加大棚户区改造力度，完成3509户棚户区改造和900户农村危房改造。新增放心粮油示范网点5个，建设病死畜禽无害化处理中心，保障农产品安全。解决4万农村人口安全饮水问题。完成本级危桥改造15座，渡改桥2座。新改、扩建农村敬老院3所，让更多老人老有所养、老有所依、老有所乐。继续封山育林、植树造林、防火护林，完成“三边”“裸露山地”造林333.33公顷，打造万里绿色长廊，让群众享受更多“绿色”福利。

着力提升公共服务。进一步完善社会保障体系，力争城乡居民基本养老保险参保率达95%；城乡居民基本医疗保险参保率达98%。提高农村低保标准，实现低保和扶贫标准“两线融合”。大力促进就业，确保实现新增城镇就业6000人、农村劳动力转移就业4500人。优化教育布局，启动长庆示范区九年一贯制学校建设，建好渌江新城学校，扩容改造城镇“大班额”学校8所，恢复农村中小学（教学点）2所，建设标准化学校50所。确保九年制义务教育完成率达99%以上，高中阶段教育普及率达96.5%以上。加强现代公共文化服务体系建设，确保高质量通过国家公共文化服务体系示范区创建验收。建设一批标准化基层卫生机构。强化计生服务平台管理，构建政府、社会、家庭多方共治的计生管理模式。

切实加强社会治理。推进“网格化”社会管理，按照“完整性、便利性、均衡性”和“全覆盖、无缝隙”原则划分管理网格，农村落实到村组，城区落实到楼栋。继续开展“信访维稳积案化解”行动，健全市、镇、村三级矛盾排查化解机制和治安防控机制，从源头上预防和化解矛盾。开展“智慧醴陵”建设，完成“数字醴陵”二期工程，实现城乡视频监控网络全覆盖。持续开展“平安醴陵”“无毒醴陵”创建，启动强制隔离戒毒所建设，严厉打击各类刑事犯罪，着力净化治安环境。深化应急机制改革，及时有效处置各类突发事件。深入推进食品安全监管工作，创建省级食品安全市。加强基层组织建设，确保圆满完成村（居）委会换届选举工作。加强国家安全、国防动员、国防教育、人民防空、双拥共建和优抚安置工作，拥护支持部队改革建设，加快筹建民兵综合训练基地，推进军民融合发展。同时，大力支持工会、共青团、妇联开展工作，关心支持老龄、关工委工作，切实做好档案史志、红十字会、民族宗教、外事侨务等工作。

各位代表，民生是人民幸福之基、社会和谐之本，保障和改善民生没有终点，只有连续不断的新起点。我们将毫不动摇地把保障和改善民生放在更加突出的位置，坚持人民利益高于一切，把人民群众对美好生活的向往作为我们的第一目标、第一追求、第一使命，持续加大民生投入，全力办好民生实事，努力让人民群众共享改革发展成果！

四、切实加强政府自身建设

新常态、新任务对政府工作提出了新的更高要求。我们必须进一步转变政府职能，健全管理机制，不断提高政府执行力、公信力和凝聚力。

以“法”为基，建设法治政府。坚持“法无授权不可为，法定职责必须为”，按照“授予有据、行使有规、监督有效”的原则，切实规范行政行为。开展“七五”普法，积极倡导全民学法。自觉接受人大法律监督和政协民主监督，认真办理人大代表议案、建议和政协委员提案，虚心听取社会各界人士的意见、建议。强化司法监督、舆论监督和社会监督，逐步形成行为规范、运转协调、办事公开、公平公正的行政管理体制。

以“效”为要，建设高效政府。牢固树立管理就是服务的理念，多服务、少设卡，多引导、少干预，继续推行“五问工作法”，切实提高行政效能。大力发扬“马上就办，真抓实干”的精神，凡事马上就来、马上就办、马上就好，彻底打通“中梗阻”、惩治“散慢乱”，确保政令发出又快又准、组织实施又畅又顺、政策执行又好又实。给予基层更多的关注和支持，对基层干部高看一眼、厚爱一层，充分激发广大基层干部的主动性、创造性。

以“敢”为先，建设担当政府。牢固树立敢于担当意识，做到矛盾面前不躲闪，挑战面前不畏惧，困难面前不退缩，充分释放创造潜力，全力彰显公平正义。坚持“为敢于担当者而担当”的正确导向，旗帜鲜明地支持、保护担当者，让实干家有施展身手的舞台，让探路人有专心谋事的空间，让开拓者有奋勇前行的勇气，切实用抓发展的实效取信于民。

以“干”为魂，建设实干政府。大力弘扬求真务实、开拓创新、奋勇争先的工作作风，不提脱离实际的高指标，不喊哗众取宠的空口号，不搞劳民伤财的假政绩。坚决整治各自为政、推诿扯皮等不良风气和不作为、乱作为等行为，兢兢业业工作，勤勤恳恳做事，把心思都花在干事创业上、把精力都用在促进发展上、把功夫都下到狠抓落实上，努力创造一流业绩。

以“廉”为本，建设廉洁政府。坚持纪在法前、纪严于法，始终把纪律和规矩挺在前面。全面落实“两个责任”，深入推进廉政建设和作风建设，防止“四风”反弹回潮，坚决惩处各类腐败行为。大力支持纪检监察机关履责，筑牢廉政“防火墙”。抓好审计监督，加强公共资金、公共资源、国有资产等重点领域的监督管理。严肃财经纪律、严控三公经费，反对铺张浪费。强化执法监察、廉政监察、效能监察，把纪律要求转化为内在追求、行为习惯。

各位代表，新征程蕴含新希望，新蓝图昭示新辉煌。让我们在市委的坚强领导下，把历史的使命化作现实的责任，把群众的期待化作积极的行动，积极融入大醴陵、大和谐、大发展的崭新时代，与全市人民一道，撸起袖子加油干，甩开膀子向前冲，为加快建设富强、美丽、幸福、文明新醴陵而努力奋斗！

中国人民政治协商会议
醴陵市第十四届委员会常务委员会工作报告

——在政协醴陵市第十四届委员会第二次会议上

（2017年2月20日）

市政协主席　江曙明

2016年工作回顾

2016年，是醴陵稳中求进，加快发展的重要一年。一年来，市政协根据十三届五次全会精神和政协年初工作要点，紧紧围绕市委提出的加快建设“四个醴陵”目标任务，坚持团结和民主两大主题，切实履行政治协商、民主监督、参政议政三大职能，我市政协事业生机勃勃，各项工作按照年初的计划基本落实，取得了良好的进展。

一、坚决维护核心，在教育学习实践中强化政治自觉和行动自觉

一是知行合一，保持共识看齐不越位。始终把思想政治建设摆在政协工作的首位。通过党组学习、例会、业务培训、专题辅导等形式，深入学习贯彻中共十八大以来历次全会精神和习近平总书记系列重要讲话精神，学习领会中共中央、湖南省委、株洲市委、醴陵市委重要决策部署，引导全体政协委员不断增强政治意识、大局意识、核心意识。深入开展了“三严三实”专题教育、“两学一做”学习教育等，以更高的标准、更严的要求指导实践、推动工作。

二是遵规守矩，持之以恒树好形象。市政协班子以上率下，带头改进工作作风、带头密切联系群众，深入基层和服务对象调查研究，到结对帮扶贫困户家中察民情、解民意，竭力为贫困户脱贫致富谋实策、出实招。市政协机关将“八项规定”的要求融入日常工作中，坚持开短会、讲短话，坚持厉行勤俭节约，坚持执行中央一系列禁令。盯住元旦、春节等重要节点，利用文件、会议、手机短信等各种形式做好提醒教育和预防工作。

三是正风肃纪，换届工作风清气正。2016年，是市政协的换届之年，市政协组织政协委员和机关干部认真学习中央和市委关于加强换届监督工作的指示，将市委提出的“九严禁”“十不准”等纪律要求作为“铁律”，政协领导干部带头严格执行，以“零容忍”的态度正风肃纪。此次换届投票选举产生了50名政协常委，其中49名政协常委全票当选，确保了组织意图的实现，得到了市委的充分肯定，向社会传递了醴陵的正能量。

二、紧紧围绕中心，在建设“四个醴陵”中履职尽责

（一）协商议政促发展

2016年，市政协充分利用全体会议、常委会、主席会议等协商平台，围绕政府工作报告、法检两院工作报告、“十三五”规划等重大发展战略事项，积极开展协商讨论，为市委、市政府科学决策献计出力。积极组织大会发言，有5位委员就建设垃圾焚烧发电厂、发展社区居家养老服务业、加强醴陵窑核心区保护和利用，建设“健康醴陵”、规范物业管理等方面提出了可行性建议，得到了市委、市政府的重视和采纳。其中《建设垃圾焚烧发电厂，从根本上解决垃圾处理问题》和《关于全面加强醴陵窑核心区保护与利用》两个建言已被纳入了市政府工作的重要内容。

（二）调研建言献实策

开展现代物流业发展调研，寻找我市经济发展新的增长点。现代物流业发展如何，关系到我市两大传统产业的振兴发展，关系到我市新兴产业的持续发展。4月，市政协成立了专题调研组，就醴陵市现代物流业发展开展调研。调研组组织政协委员深入市城乡、企业及浙江省义乌市调查了解情况，结合全市现代物流业发展的现状、存

在问题，通过几个月的努力，已形成正式的调研报告，并荣获政协株洲市委员会2016年度优秀调研报告二等奖。

开展群众文化建设调研，探索我市群众文化展示的新途径。为满足群众日益增长的精神文化需求，4月，市政协专门成立专题调研组，就醴陵市文化建设情况开展调研。调研组组织政协委员深入市城乡、省内群众文化建设有特色的地方调查了解情况，掌握了全市文化建设的现状、存在的突出问题，在借鉴外地的先进经验基础上，形成了调研报告初稿。

（三）民主监督求实效

一是积极开展委员视察活动。数字醴陵和城区控违拆违与群众生产生活息息相关，为此，市政协组织委员进行专项视察。1月和5月，我们组织了200多名委员，在市交警大队智能交通指挥中心、市城管局城市管理指挥中心、市公安局“110”指挥中心视察了“数字醴陵”建设情况，并提出了进一步完善“数字醴陵”系统建设和软件开发，完善管理制度，建立考评体系等建议。4—5月，我们组织部分政协委员对市城区“四街一区”（国瓷、仙岳山、阳三石、来龙门街道办事处，长庆示范区）的控违拆违工作情况进行了视察，并组织了市城管局、国土局、住建局、“四街一区”及部分村负责人进行座谈。视察组形成了《关于我市控违拆违工作情况的视察意见》，报送市委、市政府主要领导及相关分管领导，认真总结了工作上的成功经验，分析研究违法违规建筑的成因，建议进一步理顺体制、落实责任，疏堵结合、标本兼治，加强管理、阳光操作，完善机制、严格考评，确保拆违控违工作取得实效，彻底根除违法违规建筑。

二是切实加强提案督办工作。2016年，共收到提案72件，经提案委审查，立案71件，转社情民意1件。市委、市政府要求各提案承办单位在6月30日之前完成办理工作，并把提案办理工作情况纳入了2016年度对各部门各单位的政务督查和绩效考核重要内容。同时确定了8件重点督办提案，由市政协4名副主席分别负责组织跟踪督办。各承办单位高度重视，积极办理，措施得力，成效明显。如对《关于切实关注教师身心健康、政府拨出专项资金为教师体检的建议》提案办理，市教育局与市财政局研究后，计划从2017年起，将全市中小学教职员工定期身体健康检查费列入公共财政预算予以保障；如对《关于农村合作医疗的建议》提案办理，市卫计局印发了《关于进一步加强新农合监管的若干规定》，加强对医疗费用实时监测，全面推行“居民健康卡”，将584家定点医疗机构设为“即时结报”机构，开通24小时咨询服务热线，将儿童先心病等24个病种列入市新农合重大疾病救治保障范围。目前，71件提案全部得到办复，办复率100%。

三、广泛凝聚人心，在助推重点工程、增进民生福祉中积极作为

按照中共醴陵市委的统一安排和要求，市政协班子成员和部分机关干部积极参与北部旅游专线、莲株高速公路工程、“一江两岸”建设和渌江书院修缮整治等全市重点工程，协调、帮助相关职能部门解决项目建设中遇到的困难和问题，为全市经济发展、社会稳定做出了贡献。一年来，市政协积极组织政协委员，通过调查走访、座谈、信函等多种形式，广泛收集社情民意，并认真做好整理、报送、督办和反馈工作，起到了沟通情况、化解矛盾的作用。充分发挥人民政协联系广泛的优势，积极引导组织广大委员深入开展“三创四化”、大走访、企业帮扶、名师送教、送医赠药、法律援助等爱民惠民服务活动，竭力为群众做好事、办实事、解难事。政协委员们进社区、入园区、下乡村，捐资助学、捐修渌江书院、帮助贫困村建设基础设施、帮助贫困家庭解决困难，做了大量实事、好事，捐资捐物折合人民币200多万元。

回顾一年来的工作，我们虽然取得了一定成绩，但与市委和人民群众的期望相比，仍存在一些不足，如委员提案的质量尚需进一步提高，民主监督方式还需进一步拓宽，委员的学习培训还要进一步加强等。对这些问题，我们将高度重视，认真研究并加以解决。

2017年工作设想

2017年，是党的十九大召开之年，是贯彻落实市第十二次党代会精神的大干之年，是脱贫攻坚、全面建成小康的决胜之年。2017年，市政协工作的总体要求是：全面贯彻落实党的十八大以来中央的各项方针政策、市委十二届二次全会和政协十四届一次会议精神，按照“稳中求进，进中求快，快中求优”的总基调，围绕“深入推进产业突围、城镇提质、项目攻坚、安全保卫‘四大战役’，牢牢守住安全、稳定、环保、民生‘四条底线’，推动经济社会平稳健康协调发展，全面完成脱贫攻坚任务，全面建成小康社会，加快建设富强、美丽、幸福、文明新醴陵”的总体部署，坚决维护核心、紧紧围绕中心、广泛凝聚民心，认真履行政治协商、民主监督、参政议政三大职能，为谱写醴陵发展新篇章贡献智慧和力量。

一、紧紧围绕团结和民主两大主题，发挥优势，积极汇聚各方正能量

团结和民主是政协工作的两大主题，从一定意

义上说，也是政协职能的高度概括。市政协要始终把团结各界、发扬民主、协调关系、凝聚力量的工作摆在突出位置，切实发挥政协组织大团结大联合的独特优势，形成思想共识，凝聚各方力量，集中各方智慧，努力助推党委、政府奋斗目标的实现。一是切实加强同各民主党派、工商联、人民团体的联系，努力营造民主协商、平等议事的浓厚氛围；二是切实加强与醴陵籍在外人员的交流交往，激励他们关心、关注家乡，为家乡的建设献计出力；三是切实加强与外来创业者、建设者的联系，与他们交朋友，帮他们解难题，把他们的智慧和力量引导到推进醴陵科学发展的实践中来；四是切实加强与宗教人士的联系，发挥宗教界委员和信教群众在促进经济社会稳定发展中的积极作用；五是协助党委、政府做好化解矛盾、增进共识、促进团结的工作，调动一切积极因素，团结一切可以团结的力量，营造万众一心、众志成城的良好局面，全力塑造大醴陵形象、营造大和谐氛围、加快大发展步伐。

二、紧紧围绕服务全市中心大局，深入调研，积极建良言献实策

围绕中心、服务大局是做好政协工作的基本原则。市政协要紧紧围绕市委、市政府中心工作，深入开展考察、调研活动，积极打造高水平、有分量的调研精品，为有效推动科学发展献计出力。

（一）**围绕产业突围战，开展陶瓷产业调研。**2016年，“醴陵陶瓷”获工信部批准，试点产业集群区域品牌建设。根据市委安排，2017年，全市要重点抓好陶瓷产业集群区域品牌建设，要实施陶瓷智能制造行动计划，加快陶瓷产业突围升级，打造千亿元陶瓷产业群。市政协顺势而为，将成立专题调研组，就全市陶瓷业紧跟时代发展步伐不断创新提升、永保生机与活力进行调研。一方面深入全市陶瓷产业各链条各环节了解收集情况，同时加强对邻近地区陶瓷生产的调研；另一方面赴中山等产业集群示范区进行考察，赴佛山等地就陶瓷智能制造、陶瓷新材料、陶瓷上下游配套等方面开展调研。侧重于创新能力、智能制造、人才培养、产业文化等，为全市陶瓷产业发展提出切实可行的建议，为市委、市政府科学决策提供依据。

（二）**围绕城镇提质战，开展小城镇建设调研。**成立专题调研组，深入全市各乡镇进行调研，了解全市城镇提质建设存在的主要困难和问题。选择一些全国知名的工业强镇、商贸重镇、文化古镇、旅游名镇等，结合全市小城镇建设目标，进行学习考察，借鉴他们的主要做法、经验与成效，多方座谈、反复论证，形成建设性强的调研报告，协助市委、市政府打好城镇提质战。

三、紧紧围绕优化发展环境，改善民生，认真开展民主监督

民主监督是政协的主要职能，是政协区别于其他组织的显著特征。在新的一年里，市政协将择取一批重点发展项目和涉及民生利益工程，开展形式多样的监督活动，着力促进醴陵生态环境和服务软环境的改善提升。

（一）**委派委员监督。**继续实施委派政协委员担任民主监督员办法，进一步完善制度，委派10个民主监督小组，共60名民主监督员，深入受派单位履行工作职责，围绕产业突围、城镇提质、项目攻坚等方面对受派单位履职及办理落实政协建议案、提案、社情民意信息工作等情况开展民主监督。

（二）**委员视察监督。**开展新《中华人民共和国环境保护法》落实情况视察，督促相关单位加大新《中华人民共和国环境保护法》的宣传和执行力度。重点视察“河长制”落实和渌江河污染治理情况，早日“还百姓一江清水”。

开展烟花爆竹、道路交通等重点安全生产视察，督促相关单位做好隐患排查、整改以及教育管理等工作，尽最大可能减少和避免安全事故的发生。

开展“三创四化”工作视察，督促相关单位全力以赴做好“三创四化”工作。同时要求广大政协委员立足本职岗位，身体力行，切实发挥好示范带动作用，积极做“三创四化”的助推者、参与者和实践者。

开展精准扶贫工作视察，重点聚焦扶贫政策落实、驻村干部结对帮扶、贫困户危房改造等问题，协助市委、市政府全力打好扶贫攻坚战。

（三）**提案办理监督。**要实现提案监督，提案质量和提案办理质量是核心和灵魂。一要精心选题。选题既要围绕中心、服务发展，更要贴近实际、关注民生，还要立足眼前、谋划未来。二要深入调研。一定要把事物的来龙去脉搞清楚，把发展趋势搞准确，把问题症结研究深透，把有关的法律法规和政策找出来，把解决的办法梳理清楚。三要强化督办。进一步密切与提案承办单位、提案人的联系，详细了解提案办理情况，明确提出具体要求，帮助协调解决提案办理过程中遇到的困难和问题，有效推动提案的办理落实。同时，要积极宣传推介优秀提案和先进承办单位，切实发挥其示范作用。

四、紧紧围绕政协工作的落脚点，转化成果，着力助推社会发展

参政议政成果的转化运用是政协工作的落脚点和试金石。成果转化得好，能使政协工作的价值得以真正实现。在新的一年里，我们要力促成果转化，

积极助推醴陵发展。

（一）**进一步推进现代物流业发展。**根据市委部署，我市要大力发展现代物流业，2017 年重点是依托经开区建好湘东国际物流园，打造湘东商贸物流中心。市政协拟定“进一步助推我市现代物流业发展”为 2017 年的专题协商课题，成立专题协商课题组，就如何助推湘东国际物流园的开工建设，如何实现铁路、水路、陆路联运格局，如何将分散经营的运输公司、物流公司、信息部集中到园区发展等问题进行专题研究、讨论、协商，提出科学合理、切实可行的思路、对策和建议，助推醴陵现代物流业健康快速发展。

（二）**进一步推进醴陵窑核心景区的保护。**去年以来，全市已完成《醴陵窑保护规划》的编制，在省文物局通过了专家评审。计划将醴陵窑核心景区建成国家考古遗址公园，目前已向国家文物局申报。为顺利通过评审，全市必须进一步加大醴陵窑核心景区的保护。市政协要积极作为，一是大力做好监督、宣传、沟通、协调、服务等工作，为政府推进相关前期工作和禁止醴陵窑核心区新建房、挖矿等减少阻力、增加助力；二是充分发挥政协上下沟通的桥梁优势，积极助推醴陵窑文物保护规划和考古资料发掘工作；三是积极为醴陵窑国家考古遗址公园项目招商引资等问题的解决出谋划策、添薪加火。

（三）**进一步推进垃圾焚烧发电厂项目建设。**根据政府工作安排，2017 年醴陵市要启动垃圾焚烧发电厂项目建设。市政协要充分发挥政协联系广泛、人才荟萃的优势，一是积极开展调研视察、座谈研讨活动，组织广大政协委员为项目选址、要素保障等方面进行全方位、多角度、深层次的建言献策，提供智力支持；二是主动协调跟进，帮助市相关职能部门解决项目建设中遇到的困难和问题，全力助推垃圾焚烧发电厂项目建设。

（四）**进一步推进乡村群众文化建设。**以醴陵创建“国家公共文化服务体系示范区”为契机，利用政协自身职能优势和影响力，主动与市相关部门联系对接，促进政策倾斜、服务重心下移。一是进一步加强乡村群众文化广场、文娱活动室、文化培训室、多功能活动厅、图书阅览室等基础设施建设，让更多的基层群众享有健康丰富的精神文化生活；二是督促市相关部门加大演艺惠民、送戏下乡、送电影下乡的力度，使乡村群众经常能在家门口享受到精彩的文化大餐；三是认真了解乡村群众文化所需，进一步壮大文化志愿者队伍，鼓励、支持、指导乡村群众成立锣鼓班子、腰鼓队、电声队、花鼓戏班子等，使乡村群众的文化生活更加丰富多彩。

五、紧紧围绕提高政协工作质量和水平，固本强基，切实加强自身建设

政协工作的质量和水平，事关人民政协事业健康发展，也是扩大政协影响力的重要前提。因此，我们必须固本强基，坚持不懈地加强自身建设，力求各项工作体现时代性、把握规律性、富于创造性。

（一）**委员培训工作要切实有效。**按照懂政协、会协商、善议政和守纪律、讲规矩、重品行的要求，切实加强委员培训工作。举办政协常委学习培训班、委员培训班、专题报告会等，深化委员对政协性质、地位和作用的认识，增强委员的光荣感、责任感和使命感，加深委员对国情、市情的了解，提升委员的履职能力。要力争做到培训规模大、层次高、形式活、内容新、收效实。

（二）**委员小组活动要丰富多彩。**各委员小组要制订好年度活动计划，每季度至少要有一次集中活动；各专委会要对所属委员小组活动加强指导、提供协助，积极组织委员开展学习培训、提案建言、调研视察、协商议政、咨询服务、文化沙龙、联谊交友、反映民意等活动。

（三）**专委会基础作用要日益突出。**要加强专委会组织建设，充实专委会力量，增强专委会活力；要发挥专委会在重点课题调研、重点提案督办、联系界别和委员中的基础性作用，逐步完善工作制度，不断提升工作水平；要强化专委会与市有关部门、与界别小组的协作联动，并加强专委会之间的沟通互动，形成履行职能、开展工作的合力优势。

（四）**政协机关建设要大力加强。**一要进一步加强机关党组织建设、干部队伍建设和工作作风建设。二要进一步加强委员履职管理。建立健全《委员履职信息管理及综合评价办法》，以管理考评为关键点发挥委员主体作用；三要进一步加强文史资料编辑工作，加强社情民意收集、报送、反馈工作，并要运用新媒体开通微信公众号等，加大政协工作宣传；四要进一步加强干部职工、委、办之间的合作协调与亲密交流，共建团结和谐的大家庭，努力把政协机关建设成“委员之家”“界别之家”。

各位委员，新形势赋予新使命，新起点开启新征程。醴陵正处在一个充满希望、充满朝气、充满活力的新起点上，让我们在市委的坚强领导下，同心同德，开拓创新，共同谱写人民政协事业发展和“四个醴陵”建设的新篇章！

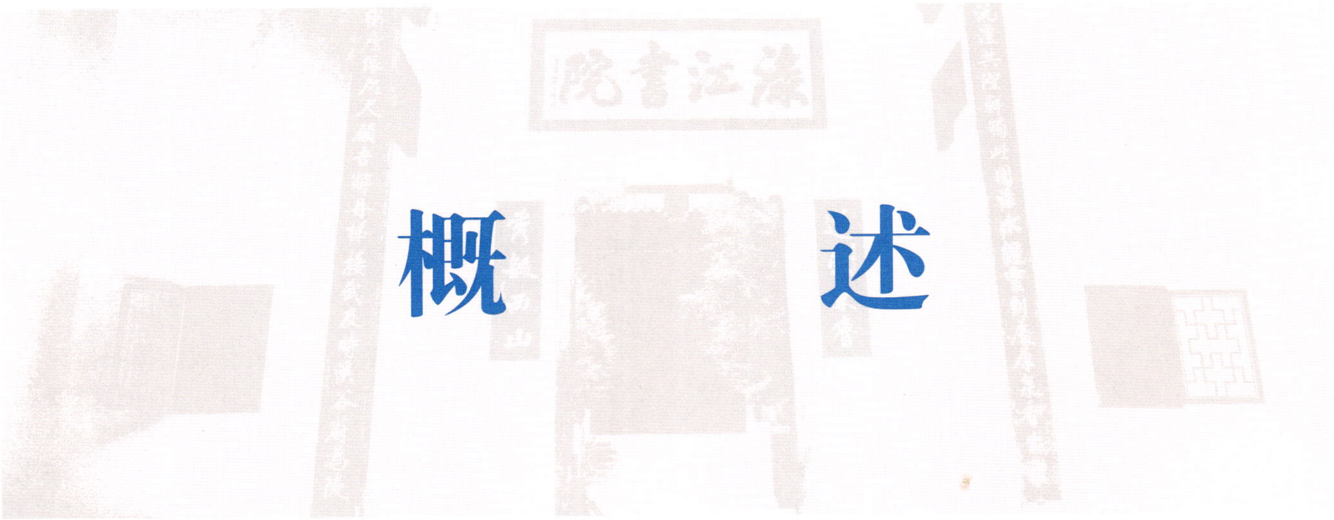

概　述

人口·区划

【概况】2016年年末，全市户籍人口为1048302人，其中农业人口676684人，非农业人口371618人。总人口中，男性536910人、女性511392人，男女性别比为1.0499 ∶ 1。年末常住人口为97.07万人，其中城镇人口57.11万人，按常住人口比例计算，城镇化率为58.83%。

2016年街道、乡镇、村（居）委会人口区划一览表

表1

街道、乡镇	总面积（平方千米）	户籍人口（人）	政府驻地	所辖建制村、居委会、社区
来龙门街道（7个村、7个社区）	40.8	76711	四塘社区	珊田、东岸、马脑、清潭、长庆寺、黄沙、双江、文庙、北门、胜利、四塘、马放塘、狮子坡、丁家坊
国瓷街道（7个村、5个社区）	48.5	56783	国光社区	玉瓷、姜东、华塘、石塅、横店、土株岭、古城、八里庵、姜湾、国光、车顿桥、五里牌
仙岳山街道（6个村、4个社区）	36.5	41660	碧山村	碧山、河西、江源、五里墩、万宜、金石、南门、碧山、书院、财源塔
阳三石街道（8个村、3个社区）	33.3	51887	泉湖村	泉湖、立三、企石、玉屏山、潭湾、石里浦、伏龙、立新、阳三石、阳东、渌江
李畋镇（14个村、2个居委会）	122	68340	南桥居委会	车上、塘坊、麻石、华埠、利群、花麦、洪源、石溪、裕民、凤形、潼塘、新树、清水、大草坪、富里、南桥
白兔潭镇（10个村、2个居委会）	71.3	51304	白市居委会	田心、余溪、黄甲、洙塘、峤岭、山水、泉沅、长庆、柏大、荷田、白市、金牛
浦口镇（12个村、4个居委会）	78.5	57995	天符居委会	保丰、三铺、李洲、荣坪、河泉、花椒、浦口、茅坪、仙石、合水、荷花、泮川、天符、贯古、联盟、王坊

续表 1-1

街道、乡镇	总面积（平方千米）	户籍人口（人）	政府驻地	所辖建制村、居委会、社区
王仙镇（10 个村、2 个居委会）	85.9	47696	王仙居委会	李　山、观　口、书　堂、司　徒、香　水、三　狮、申　熙、灌　冲、温　泉、大屏山、王　仙、仙　瓷
沩山镇（7 个村）	86	20385	新东堡村	新东堡、青　泉、大　林、沩　山、老鸦山、泉　水、漏水坪
东富镇（10 个村、1 个居委会）	80.4	39307	东兴居委会	东　富、西　林、莲　旗、楚同桥、龙　源、枧头洲、森　冲、横　新、芷　泉、莲石塘、东　兴
孙家湾镇（6 个村）	52.8	22478	龙虎湾村	观　前、李家山、孙家湾、西　岸、龙虎湾、文家湾
泗汾镇（7 个村、3 个居委会）	70.6	39977	陈家垅村	符　田、石　虎、石　湾、泗　汾、陈家垅、花　茂、茶　田、何　田、枧　上、双　塘
船湾镇（10 个村、2 个居委会）	120.6	52181	乐家居委会	台　前、船　湾、玉　堂、星　桥、狮　力、清水江、杨木档、荆　村、东　山、增加滩、乐　家、四　方
沈潭镇（7 个村、2 个居委会）	53.5	28935	夏星居委会	江　田、柞　市、美　田、庞　龙、三星里、双　龙、鳌　仙、沈　潭、夏　星
嘉树镇（7 个村）	63.1	24585	嘉树村	杉　仙、嘉　树、豆　田、玉　茶、新　井、罗　儒、渗　塘
明月镇（15 个村、5 个居委会）	169.1	74698	大障居委会	东　江、罗夹口、江边铺、新　联、盐　山、湾　富、申　明、汪家垅、天　华、汪家桥、陶家垅、水口山、七　星、新　台、档梓山、白　果、马　恋、大　障、贺家桥、云　岩
茶山镇（13 个村、5 个居委会）	166.8	65845	茶山居委会	铁河口、汤家坪、西塘坪、大西垅、筱　溪、转步口、冷　水、长　马、梅　霞、东　岗、上　湖、茶　溪、石均塘、长沙岭、神福港、龙　井、栗山坝、茶　山
均楚镇（11 个村、2 个居委会）	172.4	41911	金山居委会	樟　桥、青　山、周　坊、老　湾、殷家冲、军　山、大垅洲、长午新、马家垅、黄　田、黄　谷、金　山、均楚桥
石亭镇（9 个村、1 个居委会）	106.2	39048	石亭居委会	永　红、石塘岭、苏家垅、长　塘、樟　树、上　保、长　岭、姑　仙、花　溪、石　亭
板杉镇（10 个村）	89.9	40230	长坡口村	板　杉、夏坪桥、竹花山、七里山、流碧桥、八步桥、寨　下、摇鼓桥、东冲铺、长坡口
左权镇（11 个村、1 个居委会）	123	46988	篾织街居委会	仙　霞、清安铺、油　田、玉皇阁、陈　东、青　泥、将　军、石　羊、永　兴、花　桥、新　阳、篾织街
枫林镇（11 个村、2 个居委会）	100.5	41469	黄獭嘴居委会	大　湾、双　井、蕉　源、金　狮、彰　仙、隆兴坳、蒋家桥、金　阳、时　轮、五　石、枫林市、金　桥、黄獭嘴
官庄镇（7 个村）	184.9	17889	大坝村	官　庄、大　坝、横　江、潭　塘、瓦子坪、桃　花、阳　坑

（陈　艳）

气候特点与气象灾害

【气候特征】2016年，全市年平均气温18.7℃，高于常年平均值0.9℃；年降水量1491.8毫米，较常年偏多28.1毫米；日照时数为1487.8小时，较历年偏少49.3小时；年内平均气温高、光照少、降水不均匀，属于正常偏暖年。

气温 全年平均气温18.7℃，较常年偏高0.9℃，较上年偏高0.1℃。冬季平均气温7.8℃，较历年偏高0.8℃。春季平均气温18.0℃，较历年偏高0.8℃。夏季平均气温29.0℃，较常年偏高1.2℃。秋季平均气温19.3℃，较常年偏高0.4℃。气温变化平均气温除5月显著偏低外，整体处于偏高状态；2月、3月、4月、6月、8月、12月的平均气温距平均超过1℃，属于气温偏高或显著偏高月份；其中3月、12月平均气温距平超过2℃，属于异常偏高月份；5月气温显著偏低，平均气温距平偏低1.4℃。

降雨 全年总降水量为1491.8毫米，较上年偏少213.7毫米，属于偏多年份。3—7月降水量较常年均维持一个正常水平；1月、9月、11月降水量处于偏多状态；2月、8月、10月降水量偏少，其中8月、10月，属于显著偏少的月份。年内，全市共出现3次暴雨过程，分别为6月14—15日、6月10—11日、9月9—10日。冬季平均降水量为99.7毫米，较常年偏多20.6毫米；春季平均降水量为202.1毫米，较常年偏多13.8毫米；夏季平均降水量为110.7毫米，较常年偏少51.4毫米，为偏少年份；秋季平均降水量为110毫米，较常年偏多33.8毫米，为显著偏多年份。

日照 全年日照时数为1487.8小时，较常年偏少48.9小时，较上年偏多171.8小时。除2月、3月、6月、8月、9月日照时数偏多外，其余各月均偏少。冬季日照时数为193.4小时，较常年偏少31.7小时；春季日照时数为263.1小时，较常年偏少27.4小时；夏季日照时数为659.8小时，较常年偏多69.2小时；秋季日照时数为292.4小时，较常年偏少123.3小时。

【主要气候事件及影响】**低温雨雪天气** 2016年，出现一次低温雨雪天气过程，最低气温为零下5.4℃，主要雨雪天气过程，以1月25日的雨雾天气过程为最强。

雾霾 2016年，全年出现大雾日数16天，霾日数9天。雾霾现象频繁对交通、人体健康均造成一定的影响。

暴雨洪涝 2016年，全市共出现3次暴雨过程，其中6月14—15日，降水量为96.9毫米。据市民政局统计，降水引发的暴雨灾害造成全市受灾人口达1.3万人，其中紧急转移安置人口450人；倒塌房屋28户90间，严重损坏房屋7户18间；农田受灾面积3000公顷，蔬菜受灾面积433.33公顷；河堤滑坡27处、1300米，渠道滑坡40处、500米，损毁山塘36口；公路塌方24处、340米；全市直接经济损失为1450万元。6月9—11日出现1次局地暴雨，降水集中在10—11日，其中最大降水量为164.4毫米；局地暴雨过程造成全市受灾人口1.8万人，其中紧急转移安置39人；全市倒塌房屋16户35间，严重损坏房屋6户12间；农田受灾面积2166.67公顷；河堤滑坡28处160米，渠道滑坡35处1220米，损毁山塘30口；公路塌方40处520米；全市直接经济损失为900万元。9月9—10日，降水量为75.3毫米，此次暴雨过程未造成严重的灾害。

雷暴灾害与持续天气不利影响 2016年，共出现雷暴日38天。

高温热害 全年平均高温日数51天。其中，7月19日—8月1日，平均温度为37.7℃；7月30日，温度达39.6℃，较常年偏高2℃。最高气温≥37℃以上天数为20天，出现中等高温热害。

（王晓红）

国民经济和社会发展

2016年，以"全面建成小康社会"为总揽，紧扣建设"富强、美丽、幸福、文明"新醴陵的发展目标，积极开展产业突围、城镇提质、项目攻坚和安全保卫"四大战役"，主动适应经济新常态，加快产业转型升级。全年全市经济运行呈现"总体平稳、稳中有升、稳中向好"的态势，各项社会事业取得新进步，县域经济基本竞争力跃居全国百强等73位、比上年上升9位，实现全市百强进位跨越式发展。

一、综　合

2016年，实现地区生产总值580.8亿元，按可比价计算，比上年增长8.5%。分产业看：第一产业实现增加值53.2亿元，增长3.7%；第二产业实现增加值363亿元，增长7.7%，其中工业增加值338.8亿元，增长7.9%；第三产业实现增加值164.6亿元，增长12.1%。三次产业结构由上年的9.1 ∶ 64 ∶ 26.9调整为9.2 ∶ 62.5 ∶ 28.3。三次产业对经济增长的贡献率依次为4.1%、57.8%和38.1%，分别拉动经济增长0.4个百分点、4.9个百分点和3.2个百分点。按常住人口计算，人均地区生产总值59834元。

2016 年全市国民经济整体情况一览表

表 2

指标名称	计量单位	绝对数（现价）	同比增长(%)
地区生产总值	亿元	580.8	8.5
第一产业	亿元	53.2	3.7
第二产业	亿元	363.0	7.7
工业	亿元	338.8	7.9
建筑业	亿元	24.5	5.1
第三产业	亿元	164.6	12.1
交通运输、仓储和邮政业	亿元	14.8	1.9
批发和零售业	亿元	23.2	6.5
住宿和餐饮业	亿元	7.7	8.9
金融业	亿元	5.1	13.7
房地产业	亿元	16.7	4.9
营利性服务业	亿元	29.6	25.0
非营利性服务业	亿元	66.3	13.8

二、农　业

2016 年，实现农林牧渔业总产值 77 亿元，按可比价计算增长 3.8%。其中农业产值 36.6 亿元，增长 3.6%；林业产值 3.9 亿元，增长 3.7%；牧业产值 30.7 亿元，增长 3.8%；渔业产值 3.2 亿元，增长 3.7%；农林牧渔服务业产值 2.6 亿元，增长 7.5%。

全年全市农作物播种面积为 106.7 千公顷，增长 3.2%。其中，粮食作物种植面积 72.5 千公顷，增长 0.3%。粮食总产量达 51 万吨，其中稻谷产量为 48.5 万吨。蔬菜产量 73.6 万吨，增长 4.3%；水果产量 10.1 万吨，增长 0.4%。全市有种粮大户（2 公顷以上）、家庭农场、农民种植专业合作组织等规模经营主体 5600 多户（个），共流转耕地 22.24 千公顷。

全年，全市肉类总产量 10.9 万吨，下降 2.7%；水产品产量 2.5 万吨，增长 0.8%。出栏肉猪 114.74 万头，下降 2.5%；出栏羊 36.8 万头，增长 1%；出笼家禽 825.61 万羽，增长 6.8%。

2016 年年末，全市拥有农业机械总动力 97.75 万千瓦，比上年增加 13.6 万千瓦，农机综合化水平达 75.6% 以上。全年机插面积达 19 千公顷，全市机耕、机收基本实现全覆盖。全年完成农村公路建设、65.3 千米，新建、改造危桥 22 座，滩下渡改桥建设工程完成。建成农村客运招呼站 50 个。全年除险加固小（2）型病险水库 48 座，建成农饮工程 22 处、解决 7.9 万农村人口饮水不安全问题。年内，启动船湾镇清水江村、沩山镇大林村等 10 个“美丽乡村”创建工作，醴陵市获评湖南省“美丽乡村建设先进县（市）”。

三、工　业

2016 年，全市完成工业总产值 1124.7 亿元，增长 11.1%，实现工业增加值 338.8 亿元，增长 7.9%。其中，规模以上工业企业 540 家，完成产值 1000.5 亿元、增长 11.7%。工业经济拉动 GDP 增长 4.7 个百分点，对经济增长贡献率达 55.2%。

工业增加值占地区生产总值比重为 58.3%,下降 1.4 个百分点；园区规模工业增加值占全部规模工业增加值比重为 70.1%；万元规模工业增加值能耗降低 4.2%；高新技术产品增加值占工业增加值比重为 36.2%；工业固定资产投资总额 164 亿元，下降 41%。

2016 年，陶瓷、花炮两大传统支柱产业产值分别达 623.8 亿元、195.4 亿元，分别增长 12.2%、3.5%。生产日用陶瓷 98.5 亿件，增长 11.9%；生产工业陶瓷 133.1 万吨，增长 11.6%；生产花炮 5198 万箱，增长 3.7%。

四、建筑业、房地产业和固定资产投资

2016 年，全市建筑业实现增加值 24.5 亿元，增长 5.1%。全年全市具有资质等级的总承包和专业承包建筑企业 27 家、劳务分包企业 13 家，共完成产值 63.1 亿元，增长 7.4%。全年建筑房屋施工面积 314.9 万平方米，增长 4.1%，房屋竣工面积 217.6 万平方米，下降 2.4% 。

2016 年年末，全市拥有房地产开发企业 44 家，完成房地产开发投资 25.3 亿元，增长 60.6%。全年完成商品房施工面积 20.9 万平方米、增长 14.2%，竣工面积 24.9 万平方米、下降 4%。销售面积 61.6 万平方米、增长 11.5%，实现销售额 24.6 亿元、增长 18.1%，其中，住宅销售额 20.5 亿元、增长 8.9%。

2016 年，全市完成固定资

产投资390.2亿元，增长13.4%。分产业来看，第一、二、三产业分别完成投资6.3亿元、167.9亿元、216亿元。从投资方向来看，完成工业投资164亿元，下降41%，其中技术改造投资99.3亿元，下降60.5%；完成基础设施投资116.8亿元，增长156.3%；完成民生投资56.9亿元，增长1110.7%。

五、内外贸易、旅游和招商引资

2016年，完成社会消费品零售总额183.7亿元，增长12.5%。分地域看，城镇实现消费品零售额163.4亿元，增长12.1%；农村实现消费品零售额20.3亿元，增长15.1%；分行业看，批发和零售业实现零售额164.1亿元，增长12.8%；住宿和餐饮业实现零售额19.6亿元，增长9.7%。

全年全市新批进出口企业20家，年末拥有自营进出口权的企业265家。全市实现进出口业绩“破零”企业18家，“倍增”企业22家。全市完成外贸进出口总额3.3亿美元，同比下降0.8%。在春秋两季广交会中，共成交金额达1.29亿美元，同比增长8.5%。

全年全市接待国内外游客453.17万人次，增长23.56%；实现旅游综合收入33.07亿元，增长24.01%。

全年实际到位外资1.8亿美元，增长11.7%；内联引资42.2亿元，增长14.8%。

六、交通运输、邮电通信业

2016年，市交通运输、仓储和邮政业共实现增加值14.8亿元，增长1.9%。全年客运量2891.7万人次，增长3%；货运量1806.5万吨，增长1.7%。旅客运周转量为12.2亿人千米，增长4.5%；货运周转量21.2亿吨千米，增长2.7%。

全年完成邮电业务总量9.61亿元，增长15%。年末，拥有固定电话用户12.1万户，下降10.5%。拥有移动电话用户77.3万户，增长2.5%，互联网用户11.9万户、增长11.2%。

七、财政、金融

2016年，全市完成一般公共预算收入50亿元，增长11.1%。其中上划收入7.9亿元，下降10.6%；地方一般预算收入40.1亿元，增长16.6%。完成税收收入24.2亿元，占财政总收入比重为48.4%。一般公共预算支出67.4亿元，增长13.2%，其中教育、文化体育与传媒、社会保障和就业、医疗卫生、农林水事务、住房保障等事务支出分别为8.8亿元、2.5亿元、7.8亿元、6.2亿元、6.9亿元、1.9亿元，分别增长14.2%、128.8%、2.3%、12.8%、15.4%和8.4%。

2016年年末全市金融机构各项存款余额321.1亿元，比年初增加58.9亿元、增长22.4%。其中，城乡居民储蓄余额224.3亿元，比年初增加30.2亿元、增长15.6%。各项贷款余额137.8亿元，比年初增加6.4亿元、增长4.8%。

八、节能降耗、环境保护和安全生产

2016年，全市单位GDP能耗为0.624吨标准煤/万元，下降5.75%，万元规模工业增加值能耗下降4.2%。全市工业“三废”（废气、废水、废渣）处理率100%；全年空气质量优良天数为288天，优良率达78.8%。

全年全市共发生各类生产安全事故24起，死亡10人，受伤46人，直接经济损失230.7万元；事故起数同比下降71.8%。其中，烟花爆竹企业发生伤亡事故3起、死亡1人、伤2人。全年全市发生道路交通事故20起，死亡8人、受伤43人。

九、教育、科学技术

2016年，全市有中、小学校267所，其中小学（含教学点）213所、初中44所（含九年一贯制学校）、高中9所（普高5所、中职4所）、特殊教育学校1所；有公、民办幼儿园309所（含小学附属学前班）。全市有在校学生、在园幼儿共137130人，其中中学生（含中职学生）35540人、小学生62647人、在园幼儿38846人、特校学生97人。有学校、幼儿园教职工共9497人。

2016年高考，全市参考人数为2921人（按上级统计口径，不含职高对口升学类考生350人），上线人数为2891人，上线率为99.23%。其中，本科上线人数2250人。年内，全市一本上线人数首次突破500人大关，达617人，比上年净增145人，一本上线率达20.92%。二本以上（含二本）上线人数为1734人（不含职高对口升学107人），比上年净增156人，二本以上（含二本）上线率为59.19%；二本以上（含二本）上线人数及上线率均为市历史最高且连续三年蝉联株洲地区第一名，一本上线率首次跃居株洲各县（市）第一、株洲地区第二。

全年全市小学入学率为100%、辍学率为零、升学率为100%；初中辍学率为0.19%、升学率为97.21%；幼儿三年入园率为92.8%、一年入园率为100%。

全年共申请专利1412件，其中发明申请63件。全年授权415件，其中发明授权28件。科技计划项目申请35项，科技计划项目立项21项；科学技术经费本级支出1075万元。年末，全市拥有规模以上工业企业、高新技术企业148家，共完成高新技术产品产值286.7亿元，同比增长47.4%。

十、文化、体育和卫生

2016年年末，全市有电视用户11.71万户，全市广播综合覆盖率100%，电视综合覆盖率100%。

市广播电视台主办《醴陵新闻》300期、出版《今日醴陵》报102期、完成制作播出《瓷城环线》《法治视点》《安全在线》《瓷城房产》等专题节目240期；自采新闻稿件1万多条。举办大型文化体育活动160场次，送戏下乡147场,送电影下乡4092场。年内，结合乡镇综合文化站建设，开展"一周一乐、半月一赛"系列活动84场次。年内,市文化馆、图书馆、博物馆、纪念馆和乡镇综合文化站实现免费开放。

2016年年末，全市拥有各级各类医疗卫生机构644个，其中，驻醴医疗卫生单位1个、市直医疗卫生单位6个、民营医疗卫生机构8个、乡镇卫生院19个、卫生院分院14个、街道社区卫生服务中心4个、村卫生室511个、诊所73个、厂矿和企事业单位医务室8个。有执业（助理）医师1880人，执业护士2185人，每千人口拥有医生1.7人、护士2.3人；有全科医生67人，村卫生室人员571人；有编制床位4450张，每千人口拥有床位4.6张。有基层公卫专（兼）职专干271人，其中妇幼专干65人、防疫专干39人。全年全市新型农村参合农民75.44万人，参合率95.1%；全年累计补助24.72万人次、3.77亿元；统筹地区政策范围内补偿率75.03%。

十一、人民生活和社会保障

2016年，全市城乡居民人均可支配收入28236元。其中，城镇居民人均可支配收入33744元，同比增加2651元、增长8.5%；农民人均可支配收入22419元，增加1687元、增长8.1%。

2016年，民生领域支出47.55亿元，占公共财政支出的70.5%。全年全市新增城镇就业6828人，新增农村劳动力转移就业4512人，城镇人口登记失业率控制在3.2%以内。"五大保险"参保人数达95.42万人次，支付各类待遇16亿余元。新、改、扩建农村敬老院2所，农村"五保户"分散供养标准达3600元/年、集中供养标准达5760元/年。完成农村危房改造1589户，开工建设公共租赁住房（含廉租住房）598套，发放住房困难租赁补贴1513户。实施精准扶贫，对贫困户实现结对帮扶全覆盖，通过建档立卡贫困户动态信息调整后，截至年末，全市共有贫困户11986户、贫困人口37929人，派出20个工作队分赴贫困村开展驻村帮扶，全年有2417户、7713名贫困人口实现"摘帽脱贫"。

说明：1. 以上部分数据为初步统计数，正式统计数据以《醴陵市统计年鉴》（2017）为准。

2. 地区生产总值（GDP）、各产业增加值绝对数按现价计算，增长速度按可比价计算。

3. 增长均为同比增长数。

（陈　艳）

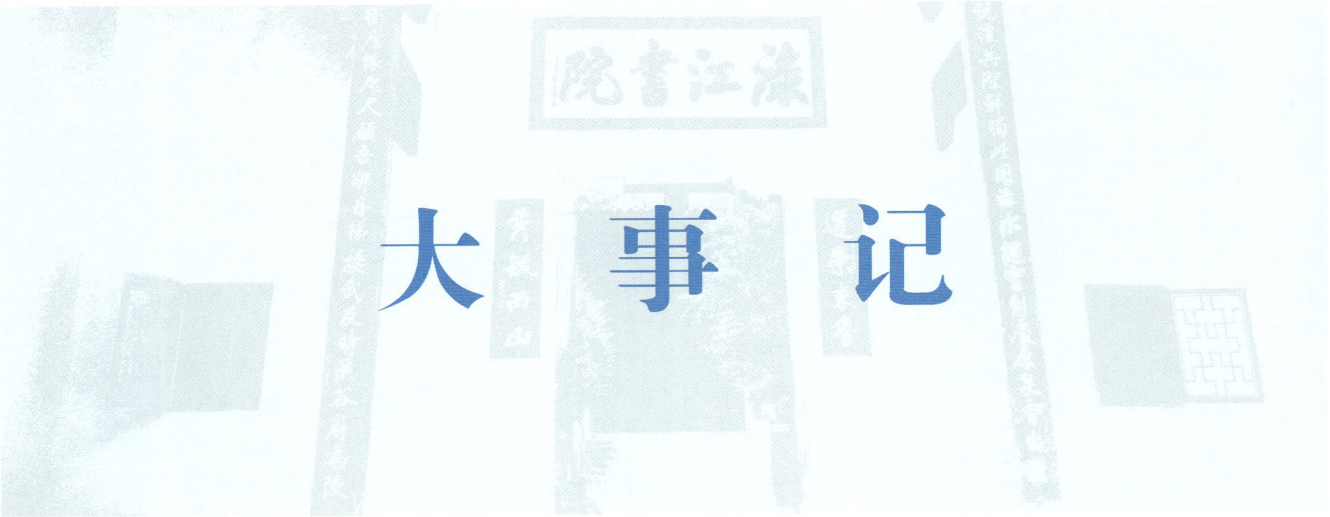

大 事 记

2016 年

1 月

9 日　株洲市委副书记、市长毛腾飞到醴陵，就 2016 年《政府工作报告》和“十三五”规划纲要征求意见。

10 日　国务委员王勇，国务院副秘书长孟扬，民政部部长李立国，中国残联党组书记、理事长鲁勇，省委书记、省人大常委会主任徐守盛，省委副书记、省长杜家毫，省委常委、省委秘书长许又声，副省长蔡振红等一行，到醴陵走访困难群众，慰问“五保”老人。

20—22 日　召开政协醴陵市第十三届委员会第五次会议。

21—23 日　召开醴陵市第十五届人民代表大会第六次会议。

22 日　渌江书院修缮建设募捐动员大会在醴陵大剧院召开。

28 日　省委宣传部副部长、省文明办主任刘进能到醴陵，慰问湖南省道德模范潘尧生（醴籍人）。

2 月

5 日　沪昆高铁（醴陵）连接线建成通车。

10 日　举行“迎老乡、回故乡、建家乡”新春座谈会。

是日　各界代表齐聚仙山公园内的花炮祖师李畋殿，为醴陵新年祈福迎春。

15 日　省林业厅副厅长胡长清等一行到醴陵，督查春季造林进度；并赴均楚、茶山、明月镇察看宏发林业开发有限公司、新世纪油茶种植合作社、中联天地醴陵分公司等基地的整地、造林和林木成活情况。

24 日　召开陶瓷会展馆概念规划设计工作会议。

是日　市委副书记刘海宾率市委考察团一行，前往江西省景德镇陶瓷学院考察。

3 月

1 日　市白兔潭镇田心村入选湖南省 2016 年度“美丽乡村”。

2—3 日　中缅友好协会会长、北京志远功臣关爱基金会理事长耿志远（醴籍著名无产阶级革命家、军事家、政治家、外交家耿飚之子）、深圳正威集团董事局主席王文银、株洲市委书记贺安杰等一行到醴陵，考察扶贫开发项目。

4 日　《人民日报》社湖南分社社长刘磊一行到醴陵，调研醴陵宣传思想文化工作。

是日　召开湖南陶瓷技师学院规划设计评审会议。

8—9 日　省人民政府副秘书长、省安监局局长邓立佳到醴陵，对市安监局和部分企业进行检查。

8 日　资兴市委副书记、市长黄峥嵘率团到醴陵，考察醴陵旅游产业、新型工业化发展情况并交流发展经验。

11 日　省委副秘书长卿渐伟到醴陵，调研经济发展和党办工作。

12—15 日　株洲市委书记贺安杰率招商小分队赴长三角地区，开展为期 4 天的项目“招亲”。期间，醴陵与杭州赛石集团、宁波港股份有限公司分别签约“陶瓷花卉生态主题公园”“湘东国际物流园”合作协议项目，共计合同引资 30 亿元。

16—17 日　省林业厅纪检组长周杏武率督查组到醴陵，督查春季造林和森林防火工作。

21 日　广东省湖南醴陵商会会长谭万兴一行回乡考察、洽谈投资项目。

24 日　省委调研组到醴陵调研全面建成小康社会推进工作。

25 日　市经济工作暨“片区

攻坚年”“旅游助跑年”“环境优化年”“安全保障年”活动动员大会在醴陵大剧院召开。

29 日　国家安监总局职业健康司副司长王建冬率队到醴陵，调研、督导安全生产工作。

31 日　株洲军分区司令员雷鸣率队到醴陵，督查民兵整组工作。

4 月

7 日　湖南省食品药品监督管理局党组书记、局长肖策群一行到醴陵调研食品药品安全工作情况。

11—14 日　台湾联合报系采访团到醴陵，取景拍摄反映醴陵陶瓷历史、民俗文化和经济社会发展的专题片。

15 日　中国陶瓷工业协会副理事长祁春学到醴陵调研陶瓷产业发展情况。

19 日　市中（一）医院与湖南省中医药研究院附属医院举行签约仪式，合作共建中医专科联盟，并挂牌成立“湖南省中医药研究院附属医院肿瘤研究所指导医院”。

是日　湖南省烟花爆竹运输专项整治第二督导组到醴陵检查。

21 日　省人大常委会工作组到醴陵调研环境污染防治工作情况。

28 日　株洲军分区司令员雷鸣与株洲市金融办、经信委、规划局等部门负责人到醴陵，现场指导帮扶对口企业——湖南阳东电瓷电气股份有限公司。

5 月

9 日　株洲市委副书记、代市长阳卫国到醴陵，现场督查安全生产工作情况。

10—11 日　中央电视台综艺频道到醴陵录制“端午乐三天·精彩看醴陵”专辑节目。该节目于6月11日在中央电视台综艺频道（CCTV-3）《端午乐三天》栏目中播出。

18 日　省统计局工作组到醴陵，调研农业生产形势及第三次全国农业普查工作准备情况。

是日　全国人大环资委调研室巡视员何嘉平率中华环保世纪行采访组到醴陵，开展“节约资源、保护环境、绿色发展”专题采访活动。

19 日　中共中央党史研究室宣传教育局副局长薛庆超，珠海延安精神研究会会长、耿飚长孙耿岱一行到醴陵，实地参观、考察耿传公祠红色文化景点。

22 日　国家住房和城乡建设部副部长倪虹率督查组第七组第一分组到醴陵；开展促进民间投资专项督查，鼓励和引导民间投资健康发展相关工作。

23 日　省人大常委会工作组到醴陵，调研《中华人民共和国食品安全法》贯彻实施情况。

24 日　醴陵各界代表齐聚仙山公园李畋殿前，就花炮始祖李畋诞辰 1395 周年举行公祭活动，祭奠李畋先师，弘扬花炮文化。

26 日　中国农业发展银行湖南省分行党委书记、行长张勇到醴陵调研金融工作情况。

28 日　《诗刊》社常务副主编商震、副主编李少君，省政协原副主席、省文联原主席谭仲池率第七届“青春回眸·株洲诗会”采风人员，到醴陵·世界陶瓷艺术城、陶瓷博物馆和新世纪陶瓷艺术馆参观。

29 日　深圳市醴陵商会举办成立庆典，深醴各界精英名流共计 400 余人参加，醴陵市委副书记、市长康月林出席庆典并致辞。

6 月

1 日　国家质检总局调研组到醴陵，就醴陵申报“创建国家级出口日用陶瓷、电瓷质量安全示范区”工作进行考察、指导。

是日　省编办调研组到醴陵，考察“权责清单”和行政审批制度改革工作。

是日　省委全面深化改革领导小组办公室专职副主任秦国文一行到醴陵，考察社区网格化治理工作情况。

5 日　中共中央政治局原委员、十届全国人大常务委员会副委员长李铁映在长沙举行捐赠仪式，向醴陵市捐赠个人陶瓷作品《梅兰竹菊》系列，株洲市委常委、市委秘书长，醴陵市委书记周晓理代表醴陵市委、市政府接受捐赠作品、敬呈捐赠证书并致辞；醴陵市委副书记、市长康月林主持仪式。该套《梅兰竹菊》系列陶瓷作品已入藏市博物馆。

12 日　醴陵市被列入 2016 年湖南省山洪灾害非工程措施建设三个示范县之一，预计投资 244 万元。

13 日　财政部农业司司长吴奇修一行到醴陵泽域美景生态农业科技示范园、金桥生态林农产业园等地，考察调研“三农”和扶贫开发工作情况。

15 日　株洲市委常委、军分区政委胡鹏飞到醴陵视察基层武装工作。

16 日　省人大常委会党组书记、副主任韩永文率队到醴陵，检查《中华人民共和国食品安全法》《湖南省食品生产加工小作坊和食品摊贩管理条例》的贯彻执行情况。

16 日　株洲市委副书记、市长阳卫国到醴陵现场调研渌江书院修缮建设项目。

21 日　在中国关工委主办的全国关心下一代“最美五老”评选活动中，陈自绪成为湖南省唯一一位候选人。

27 日　在国土资源部于北京召开的第三届国土资源节约集约模范县（市）表彰大会上，醴陵市获“国土资源节约集约模范县

(市)”称号，市人民政府副市长廖胜云代表醴陵市出席表彰会议并领奖。

30日　举行不动产登记中心揭牌暨首证颁发仪式。

7月

7日　中国轻工集团公司董事长陈鄂生一行到醴陵考察，先后参观醴泉窑艺、振美国瓷、醴陵·世界陶瓷艺术城、“红官窑”和新世纪陶瓷艺术馆，详细了解醴陵市陶瓷产业和经济社会发展情况。

11日　湖南省水稻产业体系首席专家夏胜平率队到醴陵，督查防汛救灾和粮食生产工作。

19日　国家安监总局党组成员、副局长孙华山率督导组到醴陵，专题调研烟花爆竹自动化生产情况。

20日　省人大执法检查专题报道采访团到醴陵，采访食品药品监管工作机制和经验等情况。

26日　全省烟花爆竹整顿治理工作约谈会在醴陵召开，省委副书记、省长杜家毫出席座谈会。

28日　省人民政府副省长戴道晋，株洲市委副书记、市长阳卫国等一行到醴陵，开展花炮行业调研。

8月

2日　2016年度征兵体检工作开始。

3日　国家体育总局局长、里约奥运会中国体育代表团团长刘鹏，将象征“播种和平、友好相处”的醴陵釉下五彩瓷“世界和瓶”赠送给里约奥运村村长珍妮丝·阿卡恩。“世界和瓶”由中国奥委会授权、醴陵尚方窑瓷业有限公司承制。

9日　政协醴陵市第十三届委员会召开第八次常委(扩大)会议。

12—14日　由中国生命关怀协会、共青团株洲市委指导，“关爱生命万里行”活动小组主办，株洲市民政局、文明办支持，共青团醴陵市委、市禁毒办共同协办的“2016全国青少年社会工作论坛”开幕活动在醴陵举行。论坛主题为“青少年社会工作的新挑战、新机遇、新未来”。

12日　召开创建国家公共文化服务体系示范区动员大会。

16日　召开全市领导干部大会，宣布湖南省委、株洲市委关于醴陵市主要领导调整的决定，胡湘之任醴陵市委委员、常委、书记，原市委书记周晓理调任株洲市委秘书长。

16—20日　醴陵在2016年“沪洽周”期间，成功签约湖南兴旺集团投资的渌江古城之瓷城古韵文化休闲带项目、五凌电力有限公司投资的风力发电项目、阿里巴巴集团投资的农村淘宝项目、五矿二十三冶建设集团有限公司投资的城市外环线道路和地下综合管廊建设项目，累计引资93.9亿元。

28—31日　“感知中国——湖南文化走进法国”活动在巴黎布隆尼亚宫举行，醴陵釉下五彩瓷作为“湘瓷”代表备受关注。

9月

3日　省安委办主任，省安监局党组书记、局长李大剑到醴陵，作题为《安全与发展》的安全生产专题辅导。

5日　人民网、新华网、凤凰网等国内40家主流网络媒体齐聚醴陵，聚焦醴陵“两型”社会发展成果和经验。

7日　文化部公共文化司巡视员周广莲率全国县级文化志愿者服务管理人员到醴陵考察。

8日　湖南省“两型”委相关负责人到醴陵调研陶瓷产业绿色转型发展情况，

12日　全国政协委员、省政协主席李微微到醴陵调研陶瓷、玻璃产业情况。

19日　株洲市委副书记、市长阳卫国到醴陵调研卫生计生工作情况。

21日　中国共产党醴陵市第十二届委员会召开第一次全体会议。会议选举产生中国共产党醴陵市第十二届委员会常务委员会委员、书记、副书记；通过中国共产党醴陵市第十二届委员会纪律检查委员会第一次全体会议的选举结果报告。

22日　“2016环中国国际公路自行车赛”醴陵段比赛在醴陵·世界陶瓷艺术城开赛，有来自17个国家的22支自行车队参赛。省人大常委会副主任李友志等一行出席开幕式，并与近千名自行车爱好者一同体验骑行预热。最终，意大利选手里卡多·斯塔基奥蒂获第一。

23日　湖南省传统工艺美术作品展暨第七届湖南工艺美术精品大奖赛在醴陵举行。省人大常委会原副主任、省工艺美术协会名誉理事长蔡力峰等一行出席。

24—25日　2016年湖南省第七届“体彩杯”全民健身节暨成人游泳锦标赛在怀化中心体育馆举行，醴陵代表队获35枚金牌，团体总分位列第一。

29日　国家安监总局党组成员、总工程师王浩水一行，到醴陵中洲烟花公司、赖氏烟花有限公司实地考察烟花自动化生产项目。

30日　为纪念红军长征胜利80周年，全国第三个“烈士纪念日”期间，醴陵在烈士陵园举行烈士公祭仪式，以此深切缅怀革命先烈。

10月

11日　沃特玛新能源汽车产业创新联盟企业到醴陵考察。

18 日　在市体育馆举行的2016 年全国大众跆拳道系列赛（湖南站）暨湖南省跆拳道大奖赛总决赛中，醴陵市刘陈龙等 2 人获金牌。

9 日　湖南卫视《新闻大求真》栏目组到耿传公祠，拍摄“科学下乡记”节目。

10 日　在中国国家博物馆“工艺美术双年展”上，由国家非物质文化遗产醴陵釉下五彩烧制技艺省级传承人陈利创作的醴瓷精品——《万紫千红》，被国家博物馆永久珍藏。

11 日　湖南工业大学党委副书记、校长谭益民一行到醴陵，进行陶瓷技师学院选址。湖南陶瓷技师学院现址位于市瓷城大道狮子坡街，新校区建设项目选址渌江新城核心区。预计 2018 年 9 月整体搬迁。

12 日　省移民局党组书记、局长李新连到醴陵调研移民工作。

16 日　2016 年“舞动中国——排舞联赛”总决赛在杭州落幕，市五彩艺术团获单人、双人、大集体串烧、规定项目和团体总分五个项目第一。

18 日　省计划生育工作考评调查组到醴陵考核计划生育年度工作。

是日　联合国教科文组织国际陶艺学会和金东资本（华泽集团）联合召开新闻发布会，宣布“醴陵瓷谷国际陶瓷名家邀请展”将于 11 月 16 日开展。届时，中国陶瓷行业规模最大的艺术建筑群“醴陵瓷谷景区”也将全面开园。省文化厅党组书记、厅长李晖，株洲市委常委、宣传部部长聂方红出席发布会，醴陵市委副书记邹展晖致欢迎辞。

19 日　各国驻华参赞使节和参加 2016 中国（长沙）雕塑文化艺术节的雕塑家们，到醴陵新世纪陶瓷艺术馆和华联瓷业参观。

是日　省禁毒委督导组到醴陵督查禁毒工作。

21 日　全市城镇提质战暨“三创四化”工作动员大会在醴陵大剧院召开。省卫计委党组成员、副主任张义昌出席并讲话。

25 日　2016 年湖南全民终身学习和社区教育活动周总开幕式暨株洲市启动仪式在醴陵举行，省政协副主席刘晓出席。

25 日　江西省上栗县县委书记肖妮娜率党政代表团到醴陵考察。

25—26 日　在第 120 届广交会第二期交易展示期间，市委书记胡湘之率市政府办、商务、经科信、商检和海关等部门单位负责人，赴琶洲会展中心看望参展企业代表，调研现场交易情况，并分赴广东省湖南醴陵商会、深圳市醴陵商会考察。

28—30 日　全市市乡两级人大代表换届选举工作依法有序完成。

11 月

1 日　福建省德化县县委书记梁玉华率党政代表团到醴陵，考察调研陶瓷产业发展情况。

2 日　市出口日用陶瓷电瓷质量安全示范区展厅在醴陵·世界陶瓷艺术城揭幕。国家质检总局验收组组长段文仲，湖南检验检疫局局长杨杰，醴陵市市委书记胡湘之，市委副书记、市长康月林，市人大常委会主任李理参加揭幕仪式。

是日　江西省萍乡市市委常委、安源区区委书记黄万林率党政代表团到醴陵考察。

是日　召开第三次全国农业普查入户登记工作会议。并于 12 月 30 日正式启动入户登记工作。

4 日　湖南卫视推出的《初心璀璨：复活瓷魂》短片在《湖南新闻联播》中播出。该片以孙建成一家三代人、五位大师为主线，聚焦醴瓷百年辉煌及“毛瓷”研究秘史。

7 日　2016 年度中国中小城市科学发展指数研究成果发布，在“中国中小城市综合实力（科学发展）百强县市”榜单中，醴陵名列第 91 位，较上年前移 1 位；同时被评为“中国最具投资潜力中小城市百强县市”，列第 72 位，较上年前移 4 位；在首次发布的“中国中小城市创新创业（双创）百强县市”榜单中，列第 54 位。

8 日　醴陵市上榜国家旅游局“全域旅游示范区”名单。

9 日　湖南出入境检验检疫局局长杨杰一行到醴陵，专题调研烟花爆竹和陶瓷产业发展情况。

16 日　海内外 50 多名艺术家云集醴陵，庆祝“醴陵瓷谷国际陶瓷名家邀请展”开幕和“瓷谷”开园。省委宣传部副部长周湘等一行出席。

是日　中国国际贸易促进委员会湖南分会党组书记、会长贺坚一行到醴陵，专题调研陶瓷产业发展情况。

17 日　省人大常委会原副主任、关工委主任杨泰波到醴陵，督导“关心下一代”工作。

21 日　出席第十二届湘台经贸交流合作会的台湾嘉宾到醴泉窑艺和醴陵瓷谷参观、考察。

是日　株洲市委副书记、市长阳卫国到醴陵调研陶瓷产业发展情况。

23 日　位于板杉镇的漆家坳渡槽，由于接口错位，面临垮塌危险，其渡槽下方的铁路存在安全隐患。当天，省安委会派员到醴陵查勘险情，共商处理办法。

24 日　民政部副部长宫蒲光到醴陵调研民政工作。

12 月

2 日　醴陵各界代表 260 余人赴炎陵县，公祭华夏始祖——炎帝神农氏，为百万瓷城人民祈福。市委书记胡湘之主祭，市委副书记、市长康月林主持，市委副书记邹展晖，市人大常委会主任贺小玲，市政协主席江曙明参加。

5—7日　由南方医科大学中西医结合医院常务书记彭康任组长的国家中医药管理局“三级中医医院”评审专家组到醴陵，对市中（一）医院创建“三级中医医院”开展为期3天的现场评审。市中（一）医院成功创建国家“三级甲等中医医院”。

9日　湖南省森林防火现场会在醴陵召开。省林业厅党组成员、副厅长彭顺喜出席会议，并与全省13个地级市和湘西土家族苗族自治州的林业部门负责人，到市森林消防大队参观。

12日　第一届全国文明家庭表彰大会在北京召开，市板杉镇刘天健家庭获评“第一届全国文明家庭”，与全国300户文明家庭代表一同受到中共中央总书记、国家主席、中央军委主席习近平亲切接见。

13日　株洲市委副书记、市长阳卫国与醴陵、攸县主要负责人座谈，了解两地工作情况；听取对株洲市《政府工作报告》（征求意见稿）的意见和建议。

14日　市人民政府与湖南工业大学签订战略合作框架协议，将在联合办学、人才培养和科技服务等方面展开合作。株洲市委副书记、市长阳卫国，湖南工业大学党委书记唐未兵，株洲市委副书记雷绍业，株洲市副市长杨胜跃，株洲市政府党组成员、副市长提名人选顾峰，醴陵市委书记胡湘之，醴陵市委副书记、市长康月林，醴陵市委副书记邹展晖，醴陵市人大常委会主任贺小玲，醴陵市政协主席江曙明出席。

14—15日　省农委经管处副处长邝力荣、主任科员钟冬初到醴陵，回访督查市落实惠农减负政策情况。

15日　中铁五局集团有限公司董事长张润文一行到醴陵，考察、洽谈PPP模式参与醴陵项目建设和运营情况。

16日　“第十六届全国县域经济与县域基本竞争力百强县”名单公布，醴陵列第73位，排名实现“五连升”。

18日　醴陵市在醴陵·世界陶瓷艺术城举行爱心助学庆元旦会演。“智慧醴陵”手机台首场全程直播演出盛况。

21日　省人民政府外事侨务办公室确定新增22家单位为“湖南省涉外参观点”，醴陵新世纪艺术馆入选。22日，省外侨办代表到醴陵授牌，市委副书记、市长康月林出席。

23日　湖南工业大学醴陵陶瓷学院举行挂牌仪式，市委书记胡湘之，市委副书记、市长康月林，市委副书记邹展晖，市人大常委会主任贺小玲，市政协主席江曙明出席仪式。

26日　召开醴陵市十六届人大常委会第一次会。

28日　召开醴陵市脱贫攻坚工作安排部署会。

（罗秀媛　汪建平）

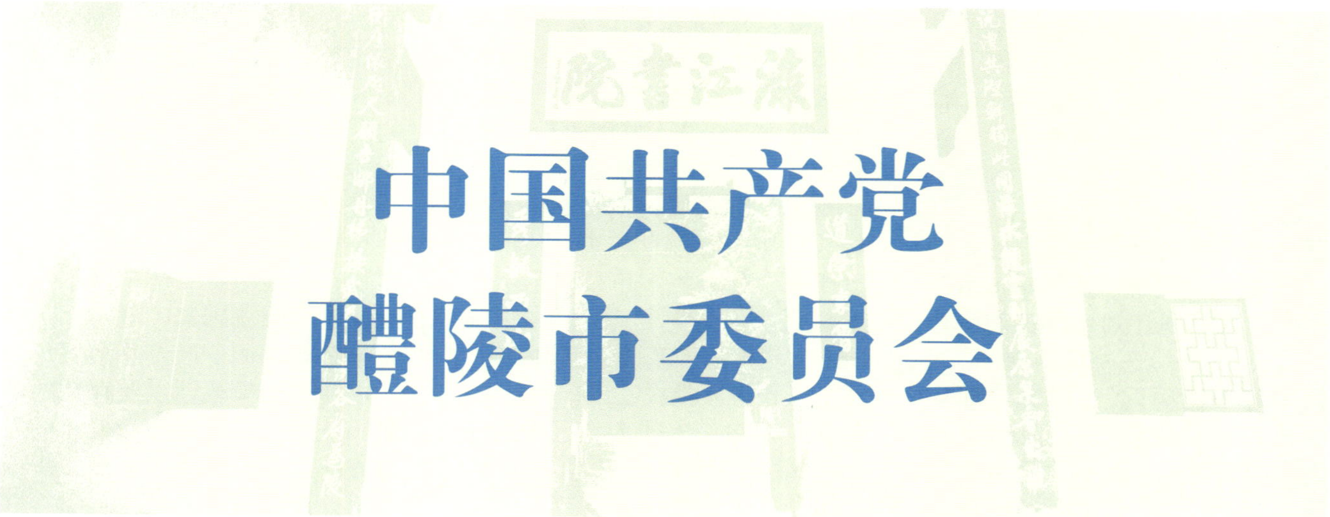

中国共产党醴陵市委员会

【概况】2016年，全市上下围绕加快建设“四个醴陵”的目标任务，积极应对经济下行加剧、结构调整加快、维稳压力加大诸多考验，全面打响“四大战役”，经济社会保持平稳较快发展，实现“十三五”规划精彩开局。

综合实力迈上新台阶。县域经济基本竞争力从全国百强第82位跃至第73位，跻身“全国工业百强县市”第93位、“中国中小城市综合实力（科学发展）百强县市”第91位、“全国最具投资潜力中小城市百强县市”第72位、“中国中小城市创新创业（双创）百强县市”第54位。全年实现地区生产总值580.8亿元，比上年增长8.5%。财政总收入首次突破50亿元大关。工业增加值338.8亿元，比上年增长7.9%。固定资产投资390.2亿元，比上年增长13.4%。社会消费品零售总额183.7亿元，比上年增长12.5%。高新技术产业增加值122.65亿元，比上年增长111.6%、占GDP比重达21.1%。

转型升级取得新突破。开展“三乡”大行动，引进中核华兴、深圳京柏、碧桂园等89个项目。大力推广“PPP”模式，渌江新城项目入选财政部“PPP”示范项目库，3个项目入选省财政厅第三批“PPP”示范项目。全年合同引资298亿元、融资90亿元，均创历史新高。开展“百大项目、百日攻坚、百亿投资”行动，实施重点项目104个，完成投资136.6亿元，征地319.22公顷；“项目攻坚年”活动考核排株洲第一。升华科技通过资产重组后在创业板挂牌上市。旗滨玻璃5条生产线建成投产，年产值达14亿元。成功申报全国第三批产业集群（陶瓷）区域品牌建设试点，创建全国首个“出口日用陶瓷电瓷质量安全示范区”。入选“全国全域旅游示范区”创建名单，“醴陵瓷谷”成为全省唯一的首批国家工业旅游创新单位。研发全国首条烟花自动化生产线。“一区一城一园”格局初具雏形，“一权两制一司”改革深入推进，园区技工贸总收入达510亿元，居全省产业园区第8位。50家企业入驻电商产业园，30家农村淘宝服务站落户镇（街道）。深入开展“企业帮扶年”活动，市领导带头走访550家“四上”企业，解决各类问题800多个。年内，在全省非公经济工作会议上，醴陵作为全省唯一县（市）作典型发言。

城乡环境呈现新面貌。投入45亿元，做活新城、做美老城、做强镇区、做精社区，城镇化率62%。李畋中路、沪昆高速醴陵东互通建成通车，莲株高速、东城大道、333省道、105省道等道路新建改造全面推进，“一小时经济圈”基本形成。全面启动“三创四化”，大力开展“四治”行动，“瓷城古韵·一江两岸”示范段建成开放，渌江书院修缮一新，仙山公园提质加快；城区畜禽退出率达98%，城区明显变净变美。圆满完成并村工作，全市343个行政村合并为215个，获评全省“乡镇区划调整改革先进市”。大力实施镇区“七个一”工程，通畅农村道路231千米，整修新建水利工程1万多处，获评省“美丽乡村”建设工作先进县（市区）；粮食生产实现“十三连丰”。全面实行封山育林，森林覆盖率达55%；森林防火经验在全省推广。

民生事业实现新提升。大力实施“民生100”工程，全年民生支出49.7亿元，占全市财政支出的比重达76.3%。城、乡居民人均可支配收入33744元、22419元，分别比上年增长8.5%、8.1%。全年整合各类资金近亿元，扎实推进脱贫攻坚，全市2417户7713人实现脱贫，贫困发生率由3.5%下降至1.7%。深入实施教育强市战略，先后获全国“全民终身教育学习活动周”优秀组织奖、“中小学校责任督学挂牌督导创新县（市）”，创建全国“社区教育实验区”，高考二本（含二本）上线率摘株洲地区“三连冠”，湖南工业大学醴陵陶瓷学院挂牌。“卫计惠民”成果丰硕，获全国“计划生育优质服务先进市”“妇幼健康优质服务示范市”，全省“人口和计划生育工作优秀市”，市中（一）医院成功创建“三级甲等中医医院”。举办“湘雅乡情·专家醴陵行”，万名患者在家门口受益。社保水平不断提高，“五项”社会保险参保总人数 95.42 万人次，参保率 97.4%。全年新增就业岗位 2.2 万个，创业带动就业人员 1.2 万人。完成公租房建设 598 套，棚户区改造 2598 套。举办首届“送房下乡”活动和第七届房交会，交易面积 39 万平方米，成交额 15.5 亿元，均创历史新高。优抚安置工作经验在全省推介，被评为全省“爱国拥军模范单位”。“平安醴陵”“法治醴陵”“无毒醴陵”“数字醴陵”四个创建彰显惠民效应，“一村一法律顾问”模式全覆盖，律师参与处理涉法涉诉信访案件工作经验在全国推介，全年各类刑事案件发案率下降 9.4%。强化“三级五覆盖”“五落实五到位”责任体系，安全生产事故发生起数下降 71.8%。开展“信访百案化解、维稳百日整治”活动，社会大局保持稳定。

党的建设得到新加强。深入开展“两学一做”学习教育活动，市级领导带头讲授党课 168 堂；开展“主题党日活动”12 期。率先在株洲地区开辟体验式“红色讲堂”。注重基层基础，抓实“七项重点工作”，完成 9 个镇（街道）“五小设施”及周转房、35 个村级组织活动中心提质改造，规范 24 个党建工作站、43 个党代表工作室和 10 个拓展型远教站点建设。新组建非公企业党组织 163 个，组建率、覆盖率分别达 100%、89%。加快发展村级集体经济，242 个行政村集体经济破“零”。完成市、镇“两级”班子换届，营造干事创业正能量。积极开展“三超两乱”治理，从严规范干部选拔任用，率先实行综合运用监督信息成果，从严管理干部，任前档案审核和干部选拔任用全程纪实，其经验在全国推介。集中培训基层党组织书记、党务工作者 4 批次、2200 余人次。加大正风肃纪工作力度，共受理信访举报 229 件，立案 210 件，处分 202 人。全面推行“五问工作法”，开展“纠‘四风’、治陋习”和“雁过拔毛”式腐败问题专项整治，发现并纠正问题 112 个，干部作风进一步好转。深入推进“人才强市”战略，5 人获评“首届中国工美行业艺术大师”，全市“国大师”增至 20 名。举办醴陵首届创新创业大赛，总结推介“醴陵新八景”。刘天健家庭获评第一届“全国五好文明家庭”。城市宣传片亮相央视，釉下五彩瓷出征里约奥运会，成功举办“国际陶瓷名家邀请展”“环中国国际公路自行车赛”“端午乐三天”等活动。深化“四同创建”，加强统战工作，分别成立广东醴陵商会、深圳醴陵商会。市四套班子团结务实，形成市委总揽全局、协调各方，市人大依法履职、加强监督，市政府依法行政、狠抓落实，市政协参政议政、建言献策的良好局面。市人武部积极参建参治，军民融合发展呈现新活力。市工青妇、残联、老龄、档案史志、人防等工作都有新进步。

【中国共产党醴陵市第十二次代表大会】 9 月 19 日，中国共产党醴陵市第十二次代表大会在醴陵大剧院召开，市委书记胡湘之在会上作题为《抢抓发展机遇、着力突围升级、加快建设富强美丽幸福文明新醴陵》的报告。报告指出：过去的五年，是极不平凡、极具挑战、经受考验并取得显著成效的五年。面对错综复杂的内外发展环境，全市上下顶住压力、保持定力、精准发力，实现经济社会平稳较快发展，连续 5 年跻身全国百强、稳居全省四强，连续两年入选全国工业百强，先后荣获国家、省（部）级荣誉 300 多项。报告总结五年来的成绩、经验教训以及存在的问题和不足，并提出今后五年的发展方向。醴陵要找准重点，集中力量，快速布局，迅速组织打好“四大战役”。一是要着力打好“产业突围战”。做大做强主导产业，大力培育新兴产业，集中打造特色园区，坚决淘汰落后产能，深入开展企业帮扶；二是要着力打好“城镇提质战”。做活新区，做美老城，做强集镇，做精社区；三是要着力打好“项目攻坚战”。加快策划包装，加大招商争项，加强要素保障，加速项目推进；四是要着力打好“安全保卫战”。抓严安全生产，抓实信访维稳，抓好社会治理。会议强调，要切实加强和改进党的建设。切实加强思想建设，不断提高凝聚力；切实加强班子建设，不断提高领导力；切实加强组织建设，不断提高战斗力；切实加强党风廉政建设，不断提高公信力；切实加强效能建设，不断提高执行力。

（陈志亮）

纪检监察工作

【概况】 2016 年，中国共产党醴陵市纪律检查委员会（醴陵市监察局）（以下简称“市纪委”）贯彻落实全面从严治党精神，按照中共醴陵市纪委十一届三次全会工作部署，切实履行监督执纪问责职能，深入推进全市党风廉政建设和反腐败斗争，为全市经济社会发展提供坚强有力的纪律保障。

强化纪律规矩意识。严明党的政治纪律和政治规矩，始终把纪律和规矩摆在首位。深入开展“党内法规学习年”活动，要求全市各单位组织学习《党章》《廉洁自律准则》《纪律处分条例》《问责条例》《党内监督条例》等党内法规。组织编印《醴陵家风家规家训典范》，改版升级市反腐倡廉教育基地。全年发放警示教育片200多本，组织全市党员学习600多场次，4.5万多名党员干部接受教育，处分违反政治纪律党员干部4人。

强化执纪监督检查。围绕各级党委全会和市委、市政府重大决策部署执行情况，对全市重点工作落实情况、重点项目推进情况、“五大活动”（“片区攻坚年”“旅游助跑车”“圆满换届年”“环境优化年”“安全保障年”五大活动）开展情况、“十大重点工作”（深化改革、招商引资、市场融资、片区攻坚、项目建设、征地拆迁、旅游助跑、民生实事、精准扶贫和社会管理十大重点工作）推进情况，以及安全生产、扶贫攻坚、信访维稳、区划调整和重大国际赛事等全局性工作进行监督检查；组织开展“两个专项整治”（“雁过拔毛”式腐败问题、“纠‘四风’、治陋习”专项整治）工作督查和“两学一做”学习督导。全年共发现和纠正问题47个，责任追究21人。

强化换届风气监督。出台换届纪律“十不准”要求，及时公布换届监督举报电话，督促全市各级、各单位学习宣传换届纪律。制定市委、人大、政府、政协换届风气监督工作方案，先后派出58名会风会纪监督员全程驻会监督，派出17个明察暗访组在会议期间深入酒店、宾馆、超市等场所进行明察暗访；严把换届考察人选“党风廉洁意见回复关”，全年廉洁回复4438人次。实现换届“零举报”“零违纪”“零查处”；党代会、人大会、政协会均圆满实现组织意图。

【落实“两个责任”】一是构建责任体系。市纪委常委会先后34次研究、部署“两个责任”落实等重要工作。制定、出台《市委常委会2016年党风廉政建设主体责任分工和任务分解》《市纪委、市监察局领导班子成员联系协助市委常委班子成员、市政府副市长落实党风廉政建设主体责任工作制度》等重要文件，完善、落实主体责任“五个一”（要结合主管或分管工作，年初就谋划党风廉政建设进行一次专题研究；年内牵头抓实一项加强党风廉政建设的具体工作；年中开展一次落实党风廉政建设主体责任工作进展情况的专门调研；年底听取一次党风廉政建设工作总结汇报；将履行主体责任情况作为个人年底述职述廉的一项重要内容）和落实监督责任“十项制度”（反腐败协调工作联席会议制度，涉腐线索集中排查和管理制度，纪律审查主办人责任制制度，作风建设监督检查工作制度，落实“两个责任”工作巡查制度，党政负责人述廉述责评议制度，党风廉政建设重点工作项目化管理制度，党风廉政建设履责约谈制度，“四风”问题及典型案例通报曝光制度，纪检监察干部内部监督制度），形成“党委统一领导、党政齐抓共管、纪检组织协调、部门各负其责”的责任体系。二是督促责任落实。建立“两个责任”台账，及时交办“问题清单”，加强对主体责任特别是党委（党组）主要负责人落实责任情况的监督检查，对64条较为重要的问题线索向下级党委（党组）交办，并限时办结。发放《党员领导干部落实主体责任操作手册》《纪检监察机构落实监督责任操作手册》。组织开展全市科级领导干部述责述廉民主测评，29个单位“一把手”进行公开述责述廉，有效强化党员领导干部的责任担当。三是严肃责任追究。贯彻落实《中国共产党问责条例》，进一步完善责任追究办法。制定下发《党风廉政建设履责约谈制度》等制度，对履行“两个责任”不力单位的相关负责人，按照“一案三查”〔一查当事人的违纪违法责任，二查党委（党组）的主体责任，三查纪委（纪检机构）的监督责任〕要求问责。全年共对19名落实党风廉政建设主体责任不力的党委（党组）主要负责人实施约谈，5名党员领导干部因履行党风廉政建设“两个责任”不力被给予纪律处分或接受组织处理。

【作风建设】一是集中整治重点。集中开展“纠‘四风’、治陋习”专项整治，加大作风建设宣传力度，编印宣传手册2万多册。整合市财政、审计、公安、税务等职能部门力量，针对公款吃喝等5个方面的问题开展专项检查；重点对违规公务用车、收送红包礼金、滥发津补贴、操办婚丧喜庆等问题进行监督检查，全年发现并纠正问题112个，处分122人，清退资金276万多元；全年全市廉政账户“5910”收到党员干部上交的廉洁自律款61.17万元。二是加强监督检查。深入开展作风建设“回头看”，加大基层单位财务开支情况检查力度；全面实施“村账镇代理”管理模式，集中清理村级财务，进一步规范财务管理，全年清理并取消会计、出纳账户720个；对4个单位开展党风廉政巡察，发现问题24个；针对干部“四风”问题开展明察暗访，加大实名通报力度，全年开展明察暗访42次，点名道姓通报2期、11人次；严厉打击党员干部涉赌情况，全年查处党员干部涉赌涉毒案件25件、处分25人。三是加强宣传发动。推广省纪委官方“微信”平台，倡导用好“四风”问题随手拍和手机举报“一键通”，拓宽监督渠道；紧盯春节、元旦等重要节点，开展廉政提醒，全年发送廉政短信6000多条，组织观看中央纪委《永远在路上》《打铁还需自身硬》等系列专题片。

【纪律审查】一是改进审查方式。坚持抓早抓小，把握运用监督执纪“四种形态”，扩大谈话、函询覆盖面，全年通过谈话、函询方式处置问题线索60件、占处置总数的20%；790名党员干部被“咬耳扯袖、红脸出汗”，党纪轻处分和组织处理183人。严格问题线索处置“五类标准”，实现信访举报“零”暂存，为61名党员干部澄清是非。严肃审查纪律，确保办案安全，开展纪律决定处分执行情况监督检查和执纪审查“大回访”活动，313名受处分党员接受回访教育。二是突出审查重点。以“零容忍”态度惩治腐败。严肃查处插手工程建设、侵吞国有资产、以权谋私、失职渎职等问题，健全涉腐信息互通，搞好纪法衔接，增强工作合力。全年全市纪检监察机关共受理信访举报229件、处置问题线索302件，立案210件，结案204件，处分202人，移送司法机关2人。年内市委反腐败协调小组成员单位间互移线索179条，清理并处理历年涉诉涉刑党员和国家工作人员116人。三是严惩基层腐败。扎实开展“雁过拔毛”式腐败专项整治，重点查处、纠正虚报冒领、贪污挪用等问题。加大宣传和通报力度，对14起“雁过拔毛”式腐败典型案例进行实名公开通报。全年共发现问题61个、立案34件，追缴资金552万多元，退还群众资金15.26万元。健全主办人责任制，推行片区协作机制。全年派驻纪检组共立案39件，镇（街、区）纪（工）委共立案42件，全年实现办案“全覆盖”。

【纪检队伍建设】一是提升执纪能力。深入开展“两学一做”学习教育活动，举办“两学一做”学习教育征文比赛、演讲比赛。定期开展“岗位能手授课”“读书看报”及党纪法规知识测试等活动。组织全市17名派驻纪检组长和25名镇（街、区）纪（工）委书记，按计划到市纪委相关室（部）跟班轮训，组织全市74名纪检监察干部赴省纪委集中学习培训，全年共组织纪检监察干部集中业务学习27场次。二是加强组织建设。规范派驻纪检组长和镇（街、区）纪（工）委书记的分工，落实定期向市纪委报告工作制度。严格按照省纪委关于乡镇纪委换届的五条意见，落实“两个为主”的要求，圆满完成市、镇纪委换届，选优配齐干部力量，全市各镇纪委均至少配备3名纪检干部，实现专职专岗；加强村级纪检组织建设，出台《关于加强村级纪检员管理的指导意见》，全年选任268名村级纪检员，推动全面从严治党不断向基层延伸。三是强化内部监管。加强派驻机构和基层纪检组织的管理，制定出台《派驻纪检组工作绩效考核办法（试行）》等考核管理制度。积极探索内部监督制约的有效方式和途经，对新进纪委委员、纪检干部实施严格把关，杜绝“带病提名”“带病进人”。组织开展全市政风行风民主评议，持续推行“五问工作法”，严格执行首问责任制和服务承诺制，形成科学高效的管理机制。加强对纪检监察干部履职情况的监督检查，对2名履职不到位的纪检监察干部进行纪律处分或组织处理。（黄廖俊弘）

市委办公室工作

【概况】2016年，市委办遵循“五个坚持”（坚持绝对忠诚的政治品格、坚持高度自觉的大局意识、坚持极端负责的工作作风、坚持无怨无悔的奉献精神、坚持廉洁自律的道德操守）的根本要求，大力弘扬“马上就办、真抓实干”精神，积极开展“三提三新”（提升参政设谋水平，在服务决策上有新作为；提升统筹协调水平，在服务领导上有新作为；提升上下联络水平，在服务基层上有新作为）竞赛活动，各项工作再上新台阶。年末获评株洲市党办系统“先进单位”。其中，督查、绩效考核、综合调研、信息、规范性文件备案审查、党政密码、保密工作等七项工作分获株洲市先进。

【政研工作】2016年，市委政研工作牢固树立大局意识，共起草领导讲话材料60多篇，高质量完成中央、省、市领导到醴陵调研的汇报材料14篇，在株洲市级以上刊物发表署名文章54篇。其中，《坚持“五突出五提升”为党委决策提供优质服务》《湖南醴陵县域经济发展实践探索》分别在《秘书工作》《中国国情国力》上发表，《新常态下县域经济如何实现新突破》《科学探索路径加速醴陵陶瓷产业转型升级》分别在省委政研室、办公厅内部刊物《送阅件》《内参》上发表。在《湖南日报》上发表文章32篇；投稿《株洲日报》189篇，其中刊登127篇。抓好理论政策宣传，全年在省、株洲市级报刊、电视撰写发表评论17篇，审核把关各类报道328条。

【综调工作】2016年，市委综调工作围绕产业发展、招商引资、项目建设、社会管理等领域开展专题调研12次，形成各类调研报告12篇，为领导决策提供依据。年内14篇调研报告被省、市内部刊物采用，其中《“小网格”服务“大民生”》被省委《内参》刊登，并获株洲市市委书记批示在全市推广；《宿迁是如何促进投资和重大项目建设的》等3篇文章在《株洲工作》上发表。对醴陵市第十二次党代会报告进行任务分解，把党代会报告中的思路细化成实际发展举措，有力推动党代会精神落到实处。全年编发《市委通报》11期、《醴陵通讯》7期、《领导参阅》4期。

【改革工作】2016年，全市基本完成年初确定的9大类、38项改革任务，10项改革试点。其中，国家鞭炮机械化示范生产线得到省委书记杜家毫称赞；“网格化治理创新经验”被省委办公厅《工作情况交流》内刊中推介；卫计服务改革得到株洲市市长阳卫国肯定，《湖南日报》整版刊发其经验做法；投融资体制、安全生产管理体制、质量安全管理体制、教育督导体制改革等均取得重要进展，为全市经济社会发展注入生机与活力。（陈志亮）

【小康工作】2016年，醴陵市全面建成小康社会实现程度为82.8%，比上年提高5.6个百分点。其中，经济发展类为69%、人民生活类为86.8%、社会发展类为98%、生态文明类为99.5%，分别比上年提高9.2个、3.9个、4个、2.1个百分点；民主法治类为95.6%，比上年下降1.2个百分点。在22个小项指标中，已达标指标9个，实现程度为80%以上指标6个、实现程度低于80%指标7个。自2013年全面建成小康社会统计监测以来，全市总体实现程度逐年提高，平均每年提高5.5个百分点，全面建成小康社会有序推进，连续三年获评湖南省“全面建成小康社会经济‘十强’县市”。

【绩效考核】2016年，市委办通过“明确责任、积极调度、主动对接、兑现奖惩”等方式，确保绩效考核各项指标任务“不掉队、不走样、不落后”。3项竞争性指标获加分，11项达标性指标获满分，12项限制性指标未出现扣分现象；在株洲市年度绩效考核中，综合得分位列株洲地区五个县（市）第一，并被评为“一等单位”。（文　箭）

【办文办会】2016年，共送审、送签市委、市委办公室各类文件230份，下发本级文件113份，向株洲市委办公室报备规范性文件21份；下半年作为党内规范性文件直报点，向省委办公厅报备规范性文件11份。制定周活动协调制度，实行一周一汇总、一协调、一谋划。对全年重大会议、活动、接待实行反刍“三步走”，查找问题、剖析原因，及时整改，确保万无一失。全年共组织全市性会议50多次，其中组织全市办公室系统“三提三新”竞赛活动动员会暨“两学一做”专题党课、市委十一届十一次全会、市第十二次党代会等重要会议20多次。组织市委主要领导调研、督查、现场办公等活动47次。（张立山　李玉伟）

【信息工作】2016年，市委办把加强信息工作作为一项基础性、关键性、全局性的工作来抓，积极创优工作环境，健全完善信息机制，服务决策水平持续提升。信息工作紧紧围绕“上报省、株洲市信息”和“服务同级党委”两个工作重点，紧扣株洲市“三提三新”竞赛活动要求，全年开展信息调研41次，撰写上报信息700多篇，实现信息工作新突破。（李　芳）

【督查工作】2016年，市委督查工作进一步优化督查手段，成立“马上就办”办公室，变“多头行动”为“一站式调度”、“被动督查”为“主动督查”。每月定期召开工作碰头会，对督查事项进行整合，确定“五必督五必查”工作定位（上级部署的推进任务必督、全市确定的年度目标任务必督、重点项目建设必督、各级领导批办件必督、群众关注的热点难点问题必督，关键领域必查、棘手问题必查、顶拖现象必查、薄弱环节必查、不稳定因素必查）。全年组织、参与各类督查活动110多次，共承办领导批示件30多件，其中已销号26件、仍在办理4件；全年落实交办事项160多项，其中已销号110项、仍在办理50项；编发《督查通报》20多期，编辑《督查专报》12期。（张　昊）

【机要工作】2016年，机要密码工作为市党政领导提供安全、优质、高效的密码通信服务，共办理电报385份，其中密码电报127份、明传电报258份。完成机要局整体搬迁工作，软、硬件设施设备得到全面提升；完成全市电子政务内网终端汇集点机房建设；组织3人参加全国机要密码干部培训；为全市保密检查提供技术支持，较好完成全年各项目标任务。年内，机要局获评株洲市“机要密码工作先进单位”，李琼盛、张立山分别获评省、株洲市“机要密码工作先进个人”。（张　印）

【保密工作】2016年，市委保密工作全面贯彻落实习近平总书记重要讲话精神和《中共中央关于加强和改进保密工作的意见》，抓好“三大管理”，规范涉密人员管理、做好涉密人员登记备案工作，规范网络管理，对全市13家核心涉密单位、20家重点涉密单位进行一次保密检查，共检查非涉密计算机107台次、涉密计算机44台次。加强对全市核心、重点涉密单位的管理，确保国家秘密的安全。对全市100多个单位网络系统的安全保密情况进行专项检查，加大对市国土、规划测绘成果的保密专项检查，做好国家秘密载体的定点销毁、涉密计算机及移动存储介质定点维护工作。年内，将保密教育纳入公务员教育培训计划，全年培训干部4500多人次。在参加株洲市"两识"(学习保密常识、增强保密意识)知识竞赛中，获组织一等奖。

（叶　红）

【机关工委工作】2016年，机关工委工作坚持将机关党建工作主动融入全市工作大局之中。全年举办党员发展对象培训班一期、培训100多人。新发展党员51人，审批预备党员转正49人。举办市直机关党建骨干培训班一期，培训机关党组织书记（或专职副书记）、组织专干80多人。开展党员组织关系集中排查、党员档案专项清查、市直机关基层党组织换届和党费收缴工作。全面完成市直涉改单位基层党组织设置和选举工作，指导35家市直机关基层党组织换届选举。牵头组织市直机关工委选区党代表选举工作，对市直机关工委、市编办等10个单位，推选出的党代表候选人进行考察、公示，组织召开选举大会，选举产生市党代表13名。（李仁萍）

组织工作

【"两学一做"学习教育】2016年，按照上级和市委开展"两学一做"学习教育的要求部署，认真履行牵头组织责任，成立以专职副书记协调抓总、组织部长牵头落实的学习教育协调小组，形成"一把手抓总、分管领导抓具体、全员参与、上下联动"的局面。创新学习方式，在官方媒体开设《瓷城标兵》《听电台学党章党规》专栏，开设红色讲堂助学，嵌入乡土文化元素，将学习教育内容融入花鼓戏，编排戏剧《组织生活会》，在全市巡回演出。结合市项目建设、扶贫攻坚等中心工作，引导一线党员干部立足岗位争当"标兵"和大学生村干部参与扶贫创业；有关做法先后被《湖南日报》《中国组织人事报》推介。

【换届选举工作】2016年，顺利完成市、镇"两级"换届工作。出台《关于加强镇党委换届风气监督工作方案》《醴陵市委换届纪律"十不准"》等文件，规范换届风气，组织党员干部、代表委员观看《镜鉴》等3部警示教育片117场、1.5万人次。在镇党委换届期间，组成考察组8个、督查组11个，现场监督各镇选举换届。3月7日，镇党委换届启动；4月25日，率先在株洲地区完成。醴陵市代表株洲市接受省委巡回督查组对换届风气监督工作的督查，并获肯定。9月，召开市第十二次党代会，选举产生新一届市委；11月，政协醴陵市第十四届委员会第一次会议、市第十六届人民代表大会第一次会议召开，选举产生新一届人大、政府、政协领导班子和法院院长、检察院检察长。

【干部管理】2016年，全市共调整干部5批次891人。面向事业编制人员、优秀村干部、大学生村干部等人员，择优选拔19人进入镇领导班子；调整年龄偏大的领导干部退出岗位191名；提拔重用基层实干者，妥善处理违纪违规者，对近年来涉及几起案件的干部进行批评教育、诫勉谈话，部分调整岗位；大力推进"消超"工作，已消化超职数配备干部442名、占比达98%，"消超"进度位居株洲地区前列。率先在株洲地区使用干部宏观管理决策支持系统，出台《醴陵市选调生管理暂行办法》，年末全市有选调生86名，其中县处级2名，镇科级39名、镇党政正职3名。年内初次录用干部589名，其中公务员99名、选调生12名、事业编制人员478名。组织公开考试11场次，选调工作人员29名。推进职务与职级并行，首批审批晋升职级258人，其中晋升正科级120人、副处级128人、正处级10人。开展干部人事档案审核，共完成1332名市管干部和1081名一般干部人事档案初、复审工作。对368卷存在问题的档案进行规范清理，补充收集材料6300多份。建立干部人事管理决策支持系统，实现干部信息数字化，率先在株洲地区实行干部任前档案审核、干部选拔任用全程纪实，有效防止选人用人上的不正之风，得到省委组织部换届风气督查组的高度评价，有关做法被《中国组织人事报新闻网》刊登推介。

【干部培训】2016年，共选送干部200多人参加上级调训。举办本级培训主体班12期、培训干部1400多人；非主体班22期、培训干部2460多人。探索干训新模式，落实领导干部上讲台制度，制订市委常委、人大、政协主要负责人课程表。开拓实践课堂，将中青班课堂搬到基层一线，开展"三进三同"和"一线实践"活动。

【党建工作】2016年，全市党建工作突出"阵地、保障、队伍"三个重点，严格落实七项重点任务。全年建成"五彩社区"12个，新、改建村级组织活动场所35个，新建面积300多平方米的经开区党群活动服务中心；投入60万元，规范化建设24个镇（街、示范区）的党建工作站及党员档案室。优先在9个镇提质改造“五小”设施，改善基层干部工作、生活条件，村级、社区运转经费分别提高至17.2万元/年、30万元/年，村主干误工补贴提高至560～800元/月，离任村干部生活补助标准提高至200～240元/月。投入30万元，为村干部购买意外伤害保险。培训4批次、2200多名基层党务工作者、党组织书记。全年摸排党员46509名，排查出失联党员85名，其中经查找取得联系74名、确认死亡1名，对无法取得联系的10名党员依法、依程序进行自行脱党除名处置。细化基层问题整改清单59项，制定整改措施116条，机关党支部、党员问题整改到位率分别达97.7%、90.9%。清理规范党费收缴，1004个支部、43199名党员共补缴党费413.99万元。出台《贫困村党组织第一书记管理办法》，助推精准扶贫。成立市非公经济组织、社会组织党工委及经开区企业党委，加强对387家“两新”（新经济和新社会组织）组织党组织的管理规范和建设，新建非公企业党组织164个、覆盖企业448家，组建率、覆盖率分别达100%、67.65%。

【人才工作】2016年，醴陵市坚持“党管人才”原则，落实“株洲市万名人才计划”，统筹推进各类人才队伍建设。一是广泛吸纳优秀人才。开展“湘雅乡情·专家醴陵行”活动，推动公共服务领域人才队伍建设。在市中（一）医院等3家医院分别设立“湘雅乡情·醴籍专家工作室”，邀请湘雅医院40多名醴籍专家，每周回醴陵查房坐诊、结对帮扶、学术讲座，全年坐诊32场、诊治病人4000多人；《湖南日报》《湖湘人才周刊》分别予以宣传报道。全年争取省派科技特派员8名、株洲市派科技特派员7名，市本级下派科技特派员19名。二是深入挖掘精英智慧。组织新“醴陵八景”评选及创作。聚集20多名艺术大师进行陶瓷精品创作，为下届“瓷博会”作准备；组织摄影家“寻找最美新八景”，共拍摄作品374幅，评选出40幅；组织渌江诗社会员创作诗文100首，评选出24首；书法名家胡云复题写“新醴陵八景”，6名本土中国书协会员书写、篆刻景点名称；组织评选“新醴陵八景”形象代言人，多维度聚合人才，多角度展示醴陵，新浪、红网、《株洲日报》等媒体多次报道。举办醴陵首届创新创业大赛，共收到参赛作品67个；通过初赛、复赛、决赛，有15个项目获奖，发放扶持奖金23.5万元，现场风投资金300万元，银行授信额度1200万元，通过一系列举措激发全民创新创业热情。三是统筹宣传推动。由省党代表、市委书记胡湘之领衔的《关于深化人才强省战略推动转型发展的提案》被列入省第十一次党代会164件提案中的19件重点提案之一。广泛传播人才信息，在《湖南日报》、《株洲日报》、株洲组工网、《今日醴陵》报等媒体，刊登人才信息40多篇，在醴陵人才之家、醴陵组工微信公众号等平台，定期发送人才信息。打造人才宣传长廊，在全市主干街道、红绿灯路口、高速公路出口处，共设立人才宣传牌100多块。推进人才库建设，将在外醴籍优秀党政人才、专业技术人才、企业经营管理人才等7类人才信息进行采集；截至12月，共采集信息3000多条，为“人才强市战略”提供有力保障。

【大走访活动】自2013年8月13日开展“与百姓连心、为百姓解困”大走访活动以来，始终以走访为载体、解困为抓手、连心为根本、发展为目的，进一步密切党群、干群关系，取得信访量明显下降、民调满意率明显上升、干部作风明显改进、发展明显加快的成效。《新华每日电讯》头版以《面对百姓的5万多个诉求——醴陵市开展“与百姓连心、为百姓解困”大走访活动》为题，宣传推介醴陵市大走访活动;《湖南日报》3次头版头条进行宣传报道；国防科大将其列入“MPA案例”教学教材。一是划分责任网格化。坚持“信息反馈在基层、矛盾化解在基层、力量充实在基层、机制完善在基层”的工作理念，将管理服务职能覆盖延伸到村、社区，形成网格。全市划分为5个片区，按“镇（街道、区）、村（居、社区）、村（居）民小组、家庭户（楼栋）”四个层级划分为四级网格，其中一级网格24个、二级网格389个、三级网格906个、四级网格9011个。全市机关干部、镇、村（居）干部、两代表一委员全部纳入到责任网格中，确保“每一寸土地都有人管理，每一户家庭都有人联系”。推行走访了解零遗漏、主动服务零缺失、化解矛盾零激化、扶贫帮困零空白、综合治理零盲区、解决问题零推诿、落实反馈零违诺的工作方法，成立市走访办，在镇（街道、区）、村（社区）分别设立社会管理工作办公室24个、社会管理工作站389个。自2014年起，每年选派一批市直机关干部到乡镇（街道、区）挂职，明确宣传、解困、管理、服务“四大”职能，形成自上而下的管理服务体系。二是收集问题信息化。在“传统进门入户走访”的基础上，建立网上服务窗口、微信微博、大走访“QQ群”等网络平台和网上居民信息库，使之成为一本动态、准确、及时的电子民情档案。在政府门户网站设立走访热线、市委书记信箱、市长信箱，在街道、社区设立配备电子显示屏的接访室，把各部门的信息进行汇总、整理、分类，再交办给市相关职能部门和网格，实行网上公示、限时办结、专人跟踪，确保群众反映的问题件件有回音、事事有落实。通过便民联系卡，撰写民情日记，建立完善的走访台账。实现信息联通、问题联处、执法联动的“零距离”服务。三是解决问题机制化。各单位对走访收集的所有问题实行统一编号，收集一个、挂号一个、解决一个、销号一个；对收集的问题进行分类，在网格内能解决的，及时解决，不能解决的，上报到上级网格解决；针对一些群众最关心、最迫切、最需要解决的问题进行会商督办，明确责任单位限时办结，并实行跟踪问效，每半个月督促进度，实现“小问题不出村、一般问题不出镇、疑难问题不出市”的目标。四是管理服务常态化。每月18—19日（节假日顺延）和信访维稳特护期定为全市“群众工作日”，安排网格责任人坐班接访、入户回访；群众工作日后，对当月收集的问题进行逐一分析、交办。同时，结合市委中心工作、节庆日、职能部门工作计划，每个“群众工作日”确定一个主题活动，进一步丰富“群众工作日”内涵。按照“一月一碰头、一季一调度、半年一小结、全年总考核”的要求，每月召开镇（街道、区）碰头会，每季度召开片区调度会，每半年召开全市工作调度会，及时总结经验典型、查摆问题不足、安排部署后阶段工作。为切实保障走访活动成效，每月市走访办采取“实地走访、现场查看”的方式，对“群众工作日”坐班情况进行督查，并对督查情况以简报的形式在全市进行通报。年终对乡镇(街道)、市直单位、驻醴单位进行分类排名，并在全市评选出“最美走访干部”10名，大力弘扬先进事迹、传递正能量。

【组工队伍建设】 2016年，市委组织部用高标准、严要求推进组工干部队伍建设。打造学习型机关，开设“组工讲堂”32场，专家学者、组工干部上讲台，让组工干部成为“提笔能写、开口能讲、遇事能办”的专业型干部。继续办好组工微信平台，坚持每个工作日推送组工动态，全年推送251期。制定《组织工作宣传奖励办法》，在各级新闻媒体刊发稿件346篇，其中省级及以上新闻媒体刊稿28篇。带头做好民生实事，在“两学一做”学习教育活动中，认领狮子坡小学留守儿童微心愿112个，有关活动在《湖南日报》刊登。深入“精准扶贫”一线，为贫困户送种羊、蜂蜜、技术；全年走访、慰问贫困户420人次，发放慰问物资共6.6万多元。持续推进企业帮扶，与嘉树镇、仙岳山街道的5家企业共同探讨发展难题，召开各类工作会20多次，将“连心解困·大走访”与“党员活动日”相结合，组织全市122个责任网格单位、5500多名党员干部，开展“一月一主题”活动，其有关做法2次被《中国组织人事报》宣传推介。（蔡海丽）

宣传工作

【“端午乐三天，精彩看醴陵”】 5月10—11日，中央电视台综艺频道到醴陵录制“端午乐三天”节目；李丹阳、陈寒柏、旭日阳刚、石头等10多名明星嘉宾前来助阵；株洲市委常委、市委秘书长、醴陵市委书记周晓理，市委副书记、市长康月林，市委副书记刘海宾参加相关活动。此次节目以“端午乐三天、精彩看醴陵”为主题，拍摄内容计划时长90分钟，包括篝火晚会、龙舟赛、文艺演出三大主题活动；除明星嘉宾自带节目外，加入包粽子、焰火表演、明星嘉宾学唱《思情鬼歌》和现场体验制作瓷器等活动。在录制外景过程中，栏目组会同市委宣传部和有关部门，深入“醴陵窑”、“红官窑”、李立三故居、仙山公园、渌江桥等地取景拍摄，将醴陵的陶瓷、花炮、旅游等元素融入节目中。该节目于6月11日18时，分别在中央电视台综艺频道（CCTV-3）、央视网同步播出，并于6月12日上午10:37时在中央电视台综合频道（CCTV-1）进行重播；给全国观众带来一场反映醴陵风土人情的综艺大联欢。

【“2016环中国国际公路自行车赛”醴陵赛段比赛】 2016年，全力举办“2016环中国国际公路自行车赛”醴陵赛段比赛；该赛事由国家体育总局自行车击剑运动管理中心、中国自行车运动协会主办，醴陵段比赛由市委、市政府及中奥体育产业有限公司承办；这是迄今为止，醴陵市参与承办的最高规格的国际体育赛事，比赛期间，有中央电视台体育频道（CCTV-5）、《中国体育报》等21家跟赛媒体、报刊和《人民日报》、新华社、湖南卫视等15家国内主流媒体报道。

【醴陵陶瓷形象宣传片登录央视】 2016年1月18日起，“两千年陶瓷历史、中国醴陵瓷彩天下”醴陵陶瓷形象宣传片5秒广告登陆中央电视台午间新闻栏目《新闻30分》，同时在中央电视台综合频道（CCTV-1）、新闻频道（CCTV-13）并机播出，播出时间为每周一、周五的12时26分。

【醴陵釉下五彩瓷珍品代表“湘瓷”出征巴黎】2016年，组织参展“感知中国——湖南文化走进法国”系列活动，严格甄选27件醴陵釉下五彩瓷珍品代表“湘瓷”出征巴黎。当地时间8月28日上午10点，“感知中国——湖南文化走进法国”活动在巴黎布隆尼亚宫正式开幕。湘瓷、湘绣、湘菜、湘茶、苗饰等1500多件“湘”字号金字招牌的文化产品竞相亮相，醴陵釉下五彩瓷作为“湘瓷”代表的主力军备受关注。此次展出的釉下五彩瓷囊括朱占平、彭玲、黄小玲、黄永平、刘劲松等国家级陶瓷艺术大师作品6件，肖世农、张小兰、丁雄等省级陶瓷艺术大师作品21件。参展作品中的主题构思、创作手法、制作工艺有展现湘西地区民族风情的四方瓶《侗寨小景》，有寓意法式浪漫风情的素瓷瓷雕作品《天鹅》，有代表东方佛教文化的箭筒《佛心如花》《十八罗汉》，有融合中国书法、绘画与雕刻艺术精髓的作品《爱莲说》等。活动中，应邀出席的法国政要、中国驻法大使馆官员、联合国教科文组织代表、当地华人华侨及法国观众近千人，先后到“湘瓷”展区，一睹釉下五彩瓷的独特魅力。法国文化与新闻部部长特别代表、高级专员凯瑟琳·鲁杰丽女士在“湘瓷”展区参观时，对醴陵陶瓷的历史、技艺和产业发展情况进行了解，并对醴陵陶瓷人才培养和对外交流情况予以高度关注。

【新闻宣传】2016年，全市向中央、省、株洲市主要新闻媒体发稿710条。其中，向中央级媒体发稿18条，居历年之最；分别在中央电视台综合频道（CCTV-1）、财经频道（CCTV-2）、综艺频道（CCTV-3）、国际频道（CCTV-4）、体育频道（CCTV-5）、军事农业频道（CCTV-7）、科技频道（CCTV-10）、新闻频道（CCTV-13）、少儿频道（CCTV-14）播出相关报道；向省级媒体发稿86条。台湾中天电视台《魅力东方》栏目播出《醴陵高温产业火红、走出“玻陶”一体新道路》专题片，时间长达24分钟，全方位推介醴陵特色产业。11月4日湖南卫视新闻联播播出《初心璀璨：复活瓷魂》专题报道，播出时长6分钟，以此专题报道作为“省代会”的献礼大片。

【学习型党组织建设】2016年，醴陵市成功申创全国“社区教育实验区”，再次获评全国“全民终身教育学习活动周”优秀组织奖。全省全民终身学习、社区教育活动周总开幕式暨株洲市启动仪式在醴陵市举行。全年共开展市委中心组集中（扩大）学习11次、13天。开展“两学一做”专题党课活动，观看《学习党章党规、坚定理想信念》视频等。截至12月，实现“三个百分之百”（全市党员参学率100%、理论学习读本普及率100%、各单位中心组成员撰写学习体会100%）目标。

【网络宣传管理】2016年，醴陵新闻网共上传各类新闻稿件2000多篇，向红网等权威网站推送优秀稿件150多篇，其中被红网总站采用100多篇。醴陵政务网上传各类政务信息1500多条，公开重要通知公示30多篇、政府信息情况200多篇、重点领域信息200多条；组织网站、微信、手机报等宣传平台，发布、推送相关稿件1000多条。市网宣办报送《涉醴舆情》13期，办结株洲市交办函17件、下发交办函13件，处置一般舆情100多件，协调删除不实信息11批。开展舆论引导跟评130批次，召开全市较有影响力的民办综合网站、微信、微博负责人新媒体座谈会，完善新媒体管控机制，建立台账管理制度。召开市委舆情管理工作领导小组会议，总结全市近3年舆情管控工作成绩和经验，研究部署全市舆论生态治理工作的措施。针对“9·23”交通事故案中有关编造、故意传播虚假信息的舆情，配合市司法机关，对恶意散布谣言、造成不良影响的3人进行严厉处理，治安拘留2人、移诉1人。举办为期3天的宣传思想政治工作业务培训班，邀请省、市有关领导、专家授课，组织全市270多名新闻发言人、通讯员和网络评论员，着重对如何写好新闻稿、应对舆情、开好新闻发布会等进行专业培训，突出提升实际操作技能。

【文体活动与志愿服务】2016年，全市开展大型文化体育活动160场次，完成送戏下乡147场、送电影下乡4092场，市图书馆免费开放服务读者11.2万人次。组织开展“欢乐潇湘、五彩醴陵”群众文艺汇演活动，举办“两型”诗文、书画、摄影比赛等活动，极大地丰富群众精神文化生活。年内，全市文明传播志愿者队伍不断壮大，累计发帖6300多条，原创博客文章1100多篇，人均每月微博发布80多条。

【“精神文明”创建】2016年，开展第三届道德模范评选，“诚信老爹”潘尧生获市“道德模范特别奖”，诚实守信企业家林迪辉、见义勇为好小伙儿谢童雨等8名先进人物，当选市“第三届道德模范”。年内，深入推进“道德讲堂”建设，组织开展道德模范巡讲30多场，受教育群众7000多人次。刘天健被中央文明委评为“第一届全国五好文明家庭”，并在北京人民大会堂受到习近平总书记接见。注重未成年人思想道德建设，组织开展“做一个有道德的人”“倡导全民阅读，共建书香醴陵”等活动；开展“邻里守望”“真情助困·情暖瓷城”“关爱孤儿·点亮未来”等志愿服务活动，走访慰问14岁以下的孤儿140名、送去慰问金、春节物资、学习生活用品共计5万元。

【社会主义核心价值观宣传】2016年，组织全市党员干部观看爱国主义影片《穿越硝烟的歌声》；引导和激发党员干部、群众、团员青年学习中国近现代革命史、中国共产党党史的热情，培育爱国主义情操，培育自强不息的民族精神。做好“图说我们的价值观”公益宣传，组织各镇（街道）、市直各单位，分别在办公场所、密集公共场所设置“图说我们的价值观”公益宣传，在电视、报纸、新媒体网络、微信公众平台开设专栏。组织开展纪念中国共产党成立95周年宣传教育活动，把习近平总书记重要讲话精神纳入党委（党组）中心组扩大学习计划。7月市常委会组织集中学习，传达学习“七一”重要讲话精神；组织媒体精心策划阐述讲话精神，通过电视台、报纸、网站、醴陵官方微信微博，及时跟踪报道各机关企事业单位学习“七一”重要讲话。开展“两学一做”学习教育知识竞赛、“党旗飘飘、时代抒怀”主题征文大赛和“两学一做”演讲比赛活动；通过比赛选拔一支由1名党员领导、2名党员干部组成的比赛队伍，代表醴陵市参加株洲市“两学一做”学习教育知识竞赛总决赛。举行“迎‘七一’颂党恩”主题广场舞大赛、中国共产党成立95周年文艺演出活动，献礼建党95周年。组织开展纪念红军长征胜利80周年宣传教育活动。结合当前“两学一做”学习教育活动，全市各单位召开机关干部“弘扬长征精神”座谈会、观看红色主题影视剧，组织各中小学师生收看教育部、中央电视台制作、播出的以“先辈的旗帜”为主题的“开学第一课”，开展“观展馆重温革命情怀、讲故事感受革命历程、走社区寻找革命足迹、唱红歌歌颂革命精神”等一系列群众性主题教育活动。拍摄左权将军的历史故事视频，其视频、文字资料在省委宣传部、省委网信办、新湘评论杂志社联合建设的理论宣传微平台——《指点》上刊登，并在新湘评论网主题页面同步报道。（欧阳根华）

统战工作

【党派工作】2016年，市委统战部安排专项经费20万元，组织各党派开展调研活动，参政议政。年内，各党派共撰写信息20多条、调研报告18篇、政协提案16件、建言献策9条，其中《关于拆除老龙井村原醴浏铁路废弃桥梁刻不容缓》《关于改善民主党派办公环境的建议》《关于建立社区义工联络站的建议》等提案得到市相关部门重视和采纳。改善党派办公环境，全年财政安排专门经费14万元，用于民主党派办公设施的改善，装修市工商联、各民主党派办公用房，添置办公设备，民主党派“五有”（有经费、有场地、有培训、有平台、有评价）建设落到实处。6月，组织民主党派中的医护人员20多人，赴“四同”创建社区——来龙门街道马放塘社区义诊，共接诊400多人次，发放健康宣传资料800多张。8月，组织残疾人法律知识讲座活动。10月，组织科普知识进社区活动。11月，组织市民盟开展践行“两学一助”（学系列讲话、学优良传统、助力新湖南）活动，进行心理、法律、健康咨询和书画义捐义卖活动，共筹善款19350元，并将善款全部捐给马放塘社区。组织民革、民盟开展“三创四化”进社区活动，清除陈年“牛皮癣”、疏通下水道等。深化“四同”创建活动，继续跟进省级“同心乡村”创建示范点泗汾村的创建工作。年内，为市“同心”教育基金申报省级“同心”项目，为马放塘社区申报市级“同心社区”。

【非公经济】2016年，组织开展非公综合评价，引导广大非公有制经济人士做爱国敬业、守法经营、创业创新、回报社会的典范；推动、构建“亲”“清”新型政商关系，综合评价市第十六届人大一次会议和市政协十四届一次会议中的非公人士。加大非公经济商会建设力度，充分发挥在外醴籍企业家的作用；同时在有条件的地区组建异地商会，使异地商会成为促进两地发展、服务家乡建设的桥梁。5月，分别成立广东省湖南醴陵商会、深圳市醴陵商会。

【对台工作】一是开展对台招商。对到醴陵的每一位台胞台商，发放《醴陵市工业强市十条政策》《渌江新城项目推介手册》《新创业新醴陵招商宣传片》等资料。在第十二届湘台经贸合作交流会中签约项目2个。二是开展对台交流。上半年，组队赴台开展为期一周的交流学习考察，学习、借鉴台湾城市卫生、社区管理、生态农业、旅游医疗、垃圾无害化处理等先进经验。引进台湾美食，成功举办台湾美食节，加深醴陵人民对台湾饮食文化的了解。邀请台湾中天电视台《魅力东方》《台湾联合报》栏目记者，拍摄、制作反映醴陵悠久历史、灿烂文化和经济社会发展的专题报道。三是做好对台服务。做好到醴台湾台胞的接待，共接待台胞200人次，不仅仔细安排行程，还积极宣传推介醴陵产业项目，争取台商到醴陵投资创业。四是服务好在醴陵投资的台资企业。把维护好在醴投资台商的合法权益作为工作重点，营造良好的投资环境，真正让台企留得下、安得住、发展好，吸引更多的台商到醴陵投资。

【民族宗教】2016年，市委统战部做好抵御境外利用宗教进行渗透工作，不断提高安全和防范意识，牢牢掌握主动权。建立民族宗教工作每月例会制度，集中研究解决重大疑难问题。加强对宗教活动场所的管理，加大对宗教教职人员的爱国爱教宣传，积极为宗教场所及宗教界人士解决实际困难。年内，醴陵市基督教堂新堂落成并投入使用。老祖殿异地重建项目进展顺利，重新启动“四方菩萨”申报审批工作。

【脱贫攻坚】2016年，发挥统一战线智力密集、资源丰富、联系广泛的优势，认真开展“精准扶贫”工作。加强“同心”教育基金监管。响应市教育扶贫号召，对20个贫困村开展教育扶贫，资助贫困学生142名、资金20.75万元。深入开展送科技、送法律、送卫生“三下乡”活动，捐建“同心书屋”“同心卫生室”等公益系列活动。对均楚镇周坊村9户特困户，开展发展生产、易地搬迁、教育、生态、社会保障等帮扶措施，送种蜂2户4箱，易地搬迁3户，资助贫困学生1户，分别为每户发放生态补偿170元；享受低保政策12人、“五保”1人，申请残疾救助1人，劳务输出7人，共发放救助金5万多元。（李　超）

机构编制

【概况】2016年年末，全市市直党政群机关共有机构58个。其中，党委组成部门7个、部门管理机构1个、议事协调机构的办事机构1个；政府系统工作部门26个（含监察局、民族宗教事务局）；人大机构7个；政协系统机构5个；民主党派机构2个；群众团体系统机构7个；检察院机构1个；法院机构1个。全市有镇、街道区划数23个，其中镇19个、街道4个。全市共有行政编制2590名、实有2287人，余编303名；共有事业单位608个、编制15599名、实有10521人。其中全额拨款机构540个、编制12668名、实有8622人，差额补贴机构37个、编制2492名、实有1568人，经费自筹机构31个、编制439名、实有331人。

【机构改革】（一）纪律检查体制改革。内设机构设置情况：撤销纠风室、执法监察室、行政效能监察室、监督检查室4个机构；新设党风政风监督室、案件监督管理室、第二纪检监察室、第三纪检监察室、第四纪检监察室5个机构；干部室更名为组织部，宣传教育室更名为宣传部，纪检监察室更名为第一纪检监察室；信访室取消加挂市政府廉政举报中心的牌子。调整后，市纪委（监察局）机关设办公室、组织部、宣传部、党风政风监督室（市政府纠正行业不正之风办公室）、信访室、案件监督管理室、第一纪检监察室、第二纪检监察室、第三纪检监察室、第四纪检监察室、案件审理室11个职能室，均为市纪委（监察局）机关副科级内设行政机构。派出（驻）机构改革中：撤销4个派出纪工委、监察分局，明确市直属单位实施重点派驻和归口派驻的单位17个（市委办公室、政府办公室、市委组织部、发展和改革局、教育局、文体广电新闻出版局、民政局、财政局、住房和城乡规划建设局、城市管理和行政执法局、交通运输局、农业局、水利局、林业局、卫生和计划生育局、市场和质量监督管理局、安全生产监督管理局）。

（二）镇（街）机构改革。按类别划分，区划调整后的23个镇(街)划分为一、二类镇(街)。其中,一类镇（街）9个（李畋镇、浦口镇、王仙镇、船湾镇、明月镇、茶山镇、来龙门街道、阳三石街道、国瓷街道)、二类镇（街）14个（白兔潭镇、沩山镇、东富镇、孙家湾镇、泗汾镇、沈潭镇、嘉树镇、石亭镇、均楚镇、板杉镇、左权镇、枫林镇、官庄镇、仙岳山街道）。镇（街）调整后，内设党政综合办公室、经济发展办公室、社会事务办公室（食品药品监督管理站、社会治安综合治理办公室、城乡规划建设和环境监测站）、卫生和计划生育办公室。同时，各镇（街）设立人民武装部，依法履行国防动员、民兵训练、预备役管理等职能。按规定设置公安派出所、人民法庭，使用政法专项编制，实行垂直管理；各镇（街）设置司法所，使用政法专项编制，实行市镇共管，以市司法局管理为主；按区域设置国土资源中心所，使用事业编制，以市国土资源局管理为主；按区域设置市场和质量监督管理所，使用行政编制，以醴陵市市场和质量监督管理局管理为主。各镇（街）区域内，设置镇（街）财政所，使用财政所行政编制，实行市镇共管，以市财政局管理为主；设置镇（街）农业农机技术推广服务站（加挂农产品质量安全监管站牌子和农机安全管理服务站牌子），使用全额拨款事业编制，实行市镇共管，以市业务部门管理为主；设置镇（街）畜牧水产技术推广服务站（加挂畜禽水产品质量安全监管站牌子），与动物防疫站合署办公，使用全额拨款事业编制，实行市镇共管，以市畜牧兽医水产局管理为主；设置镇（街）安全生产工作站，使用全额拨款事业编制，实行市镇共管，以市安全生产监督管理局管理为主；设置镇（街）综合文化站（社会工作综合服务站），使用全额拨款事业编制。

（三）公共资源交易平台改革。成立公共资源交易管理委员会，办公室日常工作由市发展和改革局承担；组建株洲市公共资源交易中心醴陵市分中心，为市人民政府直属正科级公益一类事业单位；不再保留市招标投标管理局，其职责划入相关行政主管部门。同时撤销市招标投标交易中心（市集中采购中心）、市土地矿产市场交易管理中心。不再保留市林业产权交易管理中心牌子。将市招标投标交易中心（市集中采购中心）、市林业产权交易管理中心、市土地矿产市场交易管理中心、市教育技术装备站等单位承担的公共资源交易服务职能整合划入株洲市公共资源交易中心醴陵市分中心；株洲市公共资源交易中心醴陵市分中心不再承担行政职能，其主要职责是为各类公共资源交易活动提供场所、设施和服务并组织交易活动；原市招标投标管理局承担的行政职能由各行政主管部门承担，即进场交易的行政执法监督工作由相关行政主管部门负责。

（四）整合城乡居民基本医疗保险机构。将市新型农村合作医疗管理委员会办公室的行政职能移交市人社局，市人社局为全市城乡居民医保工作的主管部门，承担辖区内城乡居民医保制度的建立、完善和管理职能。设立城乡居民医保股，为市人社局内设股级机构；设立市城乡居民医保管理服务中心，为市人社局所属副科级事业单位，不再保留市医疗保险局、市新型农村合作医疗管理委员会办公室。市城乡居民医保管理服务中心除承担原市医疗保险局主要职责外，增加承担辖区城乡居民医保的业务管理、指导和经办服务职责。健全镇医保服务平台，在各镇（街）综合文化站（社会工作综合服务站）明确城乡居民医保管理服务等职责。

（五）公路管理体制改革。株洲市移交的醴陵市公路局为醴陵市交通运输局所属公益一类事业单位，机关参照公务员法管理，暂保留正科级。其所属2个事业单位：路政管理大队（渌江超限检测站），副科级公益一类事业单位；公路养护中心，副科级公益一类事业单位。将市农村公路管理站（副科级）承担的行政职能划入市交通运输局，其余职责划入市公路局所属事业单位。不再保留市农村公路管理站。

【其他机构设立、挂牌、更名和调整】2016年2月，市建设工程质量安全监督站由自收自支事业单位调整为全额拨款事业单位，人员整体划转。3月，市商务旅游和粮食局办公室加挂“人事教育股”牌子。4月，市林场森工管理站加挂“市林业产权交易管理中心”牌子。5月，市土地征用安置中心更名为市土地征用安置所；全市各镇（街）和长庆示范区设立“综合文化站”；在市人民法院民事审判庭分设为一庭、二庭的基础上，将民事审判庭分设为一庭、二庭和三庭；市建设行政执法稽查队和市规划法规监察队合并为市规划建设执法稽查队；设立市退役军人服务中心；市燃气管理办公室由自收自支事业单位调整为全额拨款事业单位；市公安局情报中心加挂“市公安局科技与信息化管理大队”牌子。6月，扶贫开发办公室由市农业局内设机构调整为市农业局下属正股级全额拨款事业单位。7月，市大障国土资源所更名为市明月国土资源中心所；撤销镇（街）社会工作综合服务站，在镇（街）综合文化站加挂“社会工作综合服务站”牌子。8月，市水利局工程建管股加挂“工程质量监督股”牌子；撤销市个体劳动者私营企业协会；设立市个体私营经济发展指导中心；市教育局“民办教育股”由职业教育与成人教育股的挂牌机构调整为行政审批股的挂牌机构，市教育局“法规股”由行政审批股的挂牌机构调整为办公室的挂牌机构。10月，市水利水电技术服务中心更名为市水利水电工程建设服务中心。11月，设立市全民健身指导中心。12月，设立市公安局刑事科学技术室；设立市公安局强制隔离戒毒所；设立中共醴陵市委办公室绩效考核办；市教师培训中心（市普通话测试站）更名为市教师发展中心（市普通话测试站）。（周玉梅）

党校工作

【概况】2016年，中共醴陵市委党校（以下简称“市委党校”）内设办公室、教研室、干部教育培训办公室和总务室4个股室，是全市干部教育培训主阵地，年干训能力达4000人。有在职在岗教职员工15人，其中13人为专兼职教师（专兼教师中研究生学历3人、其余均为本科学历）。年内，市委党校严格落实《中国共产党党校工作条例》，以“为醴陵经济社会发展提供人才保障和智力支撑”为目标，谋干训主业、育科研品牌、严机关管理、优后勤保障，真正成为全市干部教育培训的主阵地。连续第六年获评株洲市“党校行政学院系统科研工作先进单位”。年内，通过省级“卫生文明单位”复查并授牌。

【干部教育培训】2016年，举办中青年干部素质提升班、科级干部进修班等主体班14期、培训1653人次，非主体班24期；各类培训、轮训达4275人次。全年干部培训呈现要求高、任务满、领域宽和轮训班次多、学员层次广、教学效果好等特点，实现数量和质量的“双量齐升”。一是干训理念“准”。抓整合、活化各方培训资源，完善适应干训师资库。聘请市内40多名有关部门负责人、6名基层先进工作者、10多名企业优秀代表进课堂，选聘近30名省级党校、高校的资深教授和从事多年教育培训的专家担任兼职教师；依托兄弟党校联合办学。组织中青年干部素质提升班赴望城、宁乡进行为期1周的异地教学，拓宽学员视野。拓基地、打造区域培训品牌。依托市内特色资源，建立革命传统、廉政教育，支柱产业、红色旅游、新型城镇化建设示范等9个实训基地；醴陵市党员教育示范性“红色讲堂”落户市委党校。二是教学设置“新”。新开党性教育与执政能力建设、市情与产业经济发展、文化素养和人文精神等教学专题，专题更新率达80%以上；革新教学方法，探索“现场教学”模式，在中青班开设为期1个月的“一线实践”活动中，分派学员深入全市各个街道、示范区，亲身参与重点项目攻坚、城市创建、综治维稳等中心工作，注重培养解决实际问题的本领；创新教学管理，完善“四级联动”学员管理机制，全面实行组织部、党校、送训单位、班委会共同参与的管理模式，制定学员量化考核办法，将学员综合得分及在校表现计入考核档案，并向送训单位通报，严把学员在校培训关。三是党性教育“深”。坚持党性教育制度化。把中央关于改进工作作风、密切联系群众的“八项规定”和中组部《关于在干部教育培训中进一步加强学员管理的规定》等内容编入学员手册，学员一入校就接受严格的入学教育；确保党性教育常态化，坚持党校“施教”，突出对学员的马克思主义理论、中国特色社会主义理论体系、党性党风、理想信念等教育，使学员在学习过程中受到党性教育熏陶；坚持主动“送教”，按照市委统一部署，围绕“两学一做”学习教育，组织教学人员深入乡镇、社区和市直单位，送课上门40多场次；实现党性教育多样化，探索党性教育新模式，在中青班开设“两学一做”系列专题教学9次、党性锻炼系列活动11次，召开党小组会议3次，并首次开展“三进三同”（进乡进村进农户、同吃同住同劳动）党性实践活动，增强学员党性观念、宗旨意识和群众观念。

【教学科研】2016年，市委党校坚持为党的理论创新、教学质量提高、党委政府决策和社会建设服务的“四服务”思路，促进科研工作再上台阶。一是抓调研，重视课题研究。坚持整合资源，推进理论研究课题化，集中优势实现理论成果精品化，组织全体教学人员围绕全市中心工作，深入基层一线开展调研，提升理论成果的实用性和可操作性；组织教学人员对市“十三五”规划纲要（草案）进行全面调研和深入解读，形成《畅想“十三五”开启醴陵梦想之旅——解读“十三五”规划纲要草案》调研报告，《今日醴陵》报对此分三期连载；注重把调研成果转化成课题，年内有2项课题获准立项，其中省级课题1项、株洲市级1项（进入结题阶段）。二是强机制，提升科研质量。出台《关于教学科研工作的奖励办法》，激发教职员工的参与热情，认真组织教研人员参加各级各类理论研讨会。全校教研人员参加省、株洲市各类理论研讨会10篇次，获省级二等奖1篇次、三等奖3篇次，株洲市级一等奖1篇次、二等奖3篇次、三等奖3篇次，年内开发的干训教材《醴陵文化十讲》获株洲市“第十二届哲学社会科学成果”二等奖。三是重转化，打造科研平台。坚持编发校刊。《醴陵党校》自2010年创办以来，共编发28期，发表文章近300篇，成为对外展示学校科研成果的一张名片。加大开发教材。继《醴陵文化十讲》《醴陵党史》之后，推出《千秋弦歌——醴陵书院文化录》特色干训教材。

【创建省级文明卫生单位】一是营造文化氛围。结合党的十八大、市“十三五”发展规划、“两学一做”、城市创建、党风廉政建设、健康教育和干训科研等内容，制作宣传板报12期，着力营造文化气息浓厚、党校特色鲜明的校园氛围。二是提升校园环境。聘请专人维护校园日常卫生，修缮校园内围墙、校门，清理改造水道、卫生间，清理维护校园绿化带，并聘请专业公司完成“灭四害”工作，确保校园“美化、净化、亮化、绿化”。

【自身建设】一是兴学习之风。机关干部围绕“两学一做”、“七五普法”和干部素质提升等学习主题，集中学习12次，开展专题讨论4次，撰写各类心得体会和学习笔记共100多篇。推进“两学一做”专题党课进干训课堂、进基层党组织；主体班均开设“两学一做”相关课程，其中中青班“两学一做”相关课程设置率达40%以上；全年选派4名教职人员分赴省委党校、株洲市委党校等单位参加进修培训。二是抓廉政建设。结合干部教育培训工作实际，围绕“教师讲好、学员学好、结业考好，让领导满意、让群众满意”“三好两满意”目标，对干训班学员集中进行反腐倡廉、廉洁从政等专题教学，收到很好的效果。三是建长效机制。制定完善《关于进一步加强干部队伍建设的意见》等14项制度，要求全体教职工提升服务效能，自觉遵守各项规章制度，坚决革除庸懒散浮拖不良习气。四是认真开展大走访活动和精准扶贫工作。班子成员和走访干部深入大走访活动联系点石亭镇，坚持群众工作日坐班制度，帮助群众解决问题；深入创建工作联系点阳三石街道办事处阳东社区和立新村，联系和指导社区开展创建活动；深入精准扶贫联系点沩山镇东坑村孟家寨组，帮助16户贫困户发展养殖业，为联系点解决帮扶资金20万元。服务好参训学员，安排专人负责干训班学员宿食，及时记录学员反映的问题，在规定时限内反馈回复并加以解决。（王茹辉）

老干部工作

【概况】2016年，全市有离退休干部6708人，成立离退休干部党支部50个。由市委老干部局服务管理的离退休干部有199人，其中离休干部133人、外地回醴安置的离退休干部3人、享受副县级以上待遇的退休干部63人。另全市有“506”老干部37人。年内，市委老干部局深入贯彻落实《关于进一步加强和改进离退休干部工作的意见》文件精神，按照省、市老干部工作要求，以“建党九十五周年”为契机，切实加强离退休干部服务管理，全面落实老干部政治生活待遇；积极组织引导离退休干部为社会经济发展增添正能量，全面推进工作转型发展。年末，市委老干部局被评为全省“老干部宣传工作先进单位”，全小云被评为全国“先进老干部工作者”。

【离退休干部党建工作】一是进行一次调研。针对离退休干部工作新形势、新任务、新情况，开展为期一个月的离退休干部党建工作调研，形成《明确要求，规范管理，构建离退休干部党建工作长效机制》的调研报告。二是下发一个文件。5月，市委组织部下发《关于进一步加强和改进离退休干部党建工作的实施意见》，对全市离退休党建工作予以明确规定。三是开展一次培训。5月，开展为期2天的离退休干部党建骨干培训，对来自各镇、街道、示范区、部分市直单位和驻醴单位的75名离退休干部党支部书记进行老干部工作、党建工作的系统培训。四是开展“两学一做”学习教育。全市各单位离退休干部党员以支部为战斗堡垒，按照市委统一部署，深入开展“两学一做”学习教育，组织有序、开展有力，实现老干部“三个明显变化”（认识有变化、行动有变化、效果有变化）。五是成立离退休干部工委。10月，成立离退休干部工委，并于12月悬牌；工委主要负责指导协调全市离退休干部党建工作；设书记1名，由市委老干部局局长、市委组织部副部长（兼）王太忠兼任，专职副书记1名、兼职副书记2名，委员7名。

【加强老干部思想建设】一是加强思想政治引领，凝聚老干部队伍合力。1月，市委、市政府组织召开老干部政情通报会，通报2015年醴陵市经济社会发展情况，听取老领导对改革发展的意见和建议。6月，结合建党95周年和“两学一做”教育，组织新中国成立前入党老党员召开以“畅谈发展变化、坚定理想信念”为主题的座谈会。通过谈经历、说故事、话感想，激发老同志围绕中心、服务大局，发挥作用、增添正能量的决心和信心。10月，组织32名曾任副县级实职以上老干部开展“我看醴陵发展新变化”老干部重阳节视察活动，参观市电商产业园、出口日用瓷陶瓷电瓷质量安全示范区展馆、渌江书院、瓷城古韵之“一江两岸”项目；10月，举办离退休干部形势教育报告会，全市离休干部代表、副县级退休干部代表、“506”退休老干部代表、老年群团组织的负责人、各单位离退休干部党支部书记及退休干部代表共200多人参加。12月，组织全市离退休干部80多人，专题学习党的十八届六中全会、全国老干部工作“双先”表彰大会精神，让广大离退休干部紧跟形势，思想常新。二是围绕全市中心工作，助力“精准扶贫”。3月，老干部自发为渌江书院建设捐款1.12万元。10月，结合全市“精准扶贫”工作，组织市老年科协、老年体协、老年大学和关工委到扶贫点均楚镇周坊村，开展“情系周坊老区、助力精准扶贫”为主题的“金秋助贫·正能量”系列践行活动，向周坊小学和周坊村捐赠物资及现金，其中老科技专家为村民传授养殖黑山羊、蜜蜂等专业技术知识。遵照原怀化地委书记吴彦凡老干部的遗愿，将其捐出的近14万元捐款，成立“励志”奖助基金，用于奖励资助在校学生。

【老干部待遇】一是认真贯彻落实中共中央办公厅、国务院办公厅《关于进一步加强和改进离退休干部工作的意见》文件精神，做好新时期老干部工作。3月，市委常委会对文件进行专题学习，研究当前全市离退休干部工作有关情况，同意进一步完善老字号工作机构，适当增加老年群团组织工作经费，并列入财政预算，将老干部（老年）活动中心、老干部（老年）大学建设纳入公益类文化事业发展总体规划。二是落实离退休干部生活待遇。增发一个月工资作为企业、行政事业单位离休干部生活补贴，并确保准时发放。全市37名“506”老干部医疗补贴于7月1日前发放到人。协调解决离休干部抚恤金发放问题，为2011年8月以来符合条件的49名离休干部补发抚恤金近400万元。11月，落实离休干部离休费增资问题。三是提升离休干部医疗保障服务能力。3月，就离休干部就医就诊问题，市委老干部局和人社、财政、卫计等部门对市中（一）医院、湘东医院、兆和医院和泰安医院4个定点医院进行专题调研。组织人保、财政、卫计等部门负责人，召开离休干部医疗统筹联席会议，针对调研和医疗统筹中发现的问题进行专题研究，同意离休干部医疗统筹金由2万元/年·人提高到3万元/年·人，节约奖由1800元/年·人提高至2400元/年·人。四是坚持对老干部开展慰问帮扶。春节期间，走访慰问全覆盖，送去慰问金、物资10万余元。探望陈世仲等40多名生病住院的老干部，特殊走访慰问丁毅、谭炳燮等20多名家住外地、农村和有特殊困难的老干部。“七一”期间，看望老干部党员代表，送去慰问金3万多元。重阳节期间，按网格责任划分，分别上门慰问全市老干部。与团市委、残联、总工会、民政局等单位，建立健全离退休干部困难帮扶机制，以志愿服务、社区服务、企业赞助等为载体，为老同志配备助听器，开展文艺表演、理发、体检等活动。组织义工为渌江医院老年一科的36名老人送去生活物质。五是注重先进典型挖掘。坚持缴纳特殊党费多年的行业办离休干部康扬名作为先进老干部代表，在株洲市进行宣讲。推荐教育局杨任生等10名老党员参加株洲市“助力‘十三五’，添彩新株洲”百名优秀离退休干部的评选活动。

【老干部工作队伍建设】2016年，市老年工作领导小组调整为由市委副书记邹展晖任组长，市委常委、常务副市长邹志超，市委党委、市委组织部部长刘华章任副组长，市委老干部局局长、市委组织部副部长（兼）王太忠任办公室主任，统筹全市老年工作。调整基层队伍，因全市机构改革和乡镇合并，老干部工作队伍发生相应变化。市委老干部局于3月15日前完成对全市镇、街道、市直部门的老干部工作专干调整工作，并组织召开全市老年老干工作会议，19个镇、4个街道、1个示范区的老年老干工作专干和老年群团组织共40多人参加会议；市委常委、市委副书记刘海宾出席会议并作重要指示。2月，举办全市老干部工作业务培训会议，各乡镇、街道、市直单位分管老干部工作的领导及老年工作专干100多人参加会议，市委常委、组织部部长、统战部部长刘华章作重要讲话，市委老干部局局长、市委组织部副部长（兼）王太忠领学《关于进一步加强和改进离退休干部工作的意见》文件。（李春玲）

醴陵市人民代表大会常务委员会

【市第十五届人大六次会议】1月28—30日，市第十五届人大六次会议在醴陵大剧院举行。会议听取和审议市人民政府市长康月林所作的《政府工作报告》、市发展和改革局局长黎平华所作的《关于醴陵市2015年国民经济和社会发展计划执行情况及2016年计划草案的报告》、市财政局局长夏春良所作的《醴陵市2015年财政预算执行情况和2016年财政预算草案的报告》、市人大常委会主任李理所作的《醴陵市人民代表大会常务委员会工作报告》、市人民法院代院长刘望鸣所作的《醴陵市人民法院工作报告》、市人民检察院检察长王友武所作的《醴陵市人民检察院工作报告》。审查和批准醴陵市人民政府《关于醴陵市"三一"发展规划格局》的议案。通过有关决议决定，选举刘望鸣为市人民法院院长，选举丁辉、何春伟、余汉平、张国文为醴陵市第十五届人民代表大会常务委员会委员。

【市第十六届人大一次会议】11月27—30日，市第十六届人大一次会议在醴陵大剧院举行。会议听取和审议市人民政府市长康月林所作的《政府工作报告》，市人大常委会党组副书记、主任候选人贺小玲所作的《醴陵市人民代表大会常务委员会工作报告》。通过有关决议决定，选举产生市第十六届人民代表大会常务委员会主任贺小玲，副主任廖宏力、李亿平、李荣佳、唐青柏、翁菊清，委员甘毅、张国文、余汉平、张水良、何春伟、丁辉、陈治平、廖军、邓卫群、赖洪、刘金堂、余波玲、宋友红、付益田、丁瑜、钟洁、彭小平、田联玉、刘锡中、周江勇、姚芳、顾宏宇、谢新跃；市人民政府市长康月林，市人民政府副市长邹志超、何忠明、石勇辉、谭艳、钟国建、陈佳、王吉祥；市人民法院院长刘望鸣；市人民检察院检察长黄晓军；应由醴陵市选举的株洲市第十五届人民代表大会代表彭爱华、刘柏生、陈登高、杨爱云、曾仡、张艾萍、李凤云、刘朝晖、张如泉、谢嘉、胡湘之、康月林、贺小玲、谢圣才、李亿平、谭艳、黄晓军、黄振伟、丁佳富、王小果、王林波、王钟玲、王喜金、文智勇、甘毅、石军生、付建民、朱伟萍、朱思球、刘淼、刘名斌、刘秋英、江平、江海斌、许均朋、巫飞虹、巫伟明、李雪、李亚平、李海英、杨博、杨冬发、肖国平、邹家全、汪勃、张申年、张有余、陈治平、欧阳颖芳、易作岗、周伟萍、侯清瑞、姚志群、贺育林、夏春良、徐德军、凌伟、凌光武、凌伟明、黄向阳、盛勇、蒋俊成、傅德毛、温国战、谢朋琼、雷向军、黎毅、黎平华、颜慧慧、魏琼瑶。

【市十五届人大常委会第28次至34次会议】市十五届人大常委会第28次会议于1月15日在市人大常委会议室举行。会议由醴陵市委副书记刘海宾向常委会组成人员通报市委关于渌江书院募捐活动及"两会"期间穿插安排相关活动的情况；会议决定任命王志强为市人民政府副市长，夏春良为市财政局局长，彭巍、李石明、刘飞良为市人民检察院检察委员会委员，盛亚峰、伍爱科、黄彤、杨超、刘毅、廖海保为市人民检察院检察员，免去王志强市财政局局长职务、钟建平市人民检察院检察委员会委员职务；会议听取代表异动情况和代表资格审查报告，《市十五届人大六次会议有关事项的报告》；听取和审议提交市十五届人大六次会议审查的有关工作报告、议案和"十三五"规划纲要，审议并原则通过各项工作报告，提交大会审议；听取和审议调整2015年财政预算的议案，并作出《关于批准市人民政府〈关于提请审议调整2015年财政支出预算的议案〉的决定》。

市十五届人大常委会第29次会议于3月31日在市人大常委会议室举行。会议由第十二届全国人大代表黄小玲向常委会组成人员传达第十二届全国人大四次会议精神；会议向市人民政府交办十五届人大六次会议期间代表所提建议、批评、意见；听取和审议商务旅游、粮食、人民陪审员管理工作情况汇报；会议决定任命蒋红专为市来龙门街道办事处人大工作室主任，余波为市国瓷街道办事处人大工作室主任，王生如为市仙岳山街道办事处人大工作室主任，王小兰为市人大常委会城乡建设环境资源保护工作委员会副主任，李家保为市人大常委会农业工作委员会副主任，骆伟为市人大常委会内务司法工作委员会副主任；免去陈灏市人大常委会办公室副主任职务。

市十五届人大常委会第30次会议于6月2日在市人大常委会议室举行。会议听取和审议《中华人民共和国农业法》贯彻实施情况汇报，听取和审议《〈关于醴陵市“三一”发展规划格局议案〉的决议》贯彻实施情况汇报，会议决定免去李荣佳市交通运输局局长职务，任命张新琪为市人民代表大会常务委员会任免联络工作委员会副主任。会议对市人大常委会“两学一做”学习教育进行动员部署。

市十五届人大常委会第31次会议于7月28日在市人大常委会议室举行。会议听取和审议市十五届人大六次会议代表所提建议、批评、意见办理进展情况汇报；听取和审议关于醴陵市2015年财政总决算及2016年上半年财政预算执行情况的报告，听取和审议2015年度财政预算执行和其他财政收支的审计工作报告，根据市人大常委会财经委的调查报告，作出《关于批准醴陵市2015年财政总决算的决定》；听取和审议醴陵市渌江投资控股集团有限公司关于项目建设及融资工作情况的汇报，审议并通过市人民政府《关于提请审议向醴陵市基础设施建设投资有限公司拨付醴陵市渌江新城地下综合管廊建设项目专项补贴的议案》，并作出《关于批准〈醴陵市人民政府关于提请审议向醴陵市基础设施建设投资有限公司拨付醴陵市渌江新城地下综合管廊建设项目专项补贴的议案〉的决定》。

市十五届人大常委会32次会议于8月27日在市人大常委会议室举行。会议通过换届选举工作实施方案；会议作出关于市、乡两级人民代表大会换届选举的决定、关于成立醴陵市选举委员会的决定、关于确定乡级人民代表大会代表名额的决定。

市十五届人大常委会第33次会议于10月11日在市人大常委会议室举行。会议决定任命何忠明为市公安局局长，黄晓军为市人民检察院检察员、检察委员会委员、副检察长、代理检察长；免去颜文明市公安局局长职务；听取和审议市人民政府《关于提请审议政府购买服务有关事项的议案》《关于提请审议醴陵陶瓷会展馆建设项目政府购买服务有关事项的议案》《关于提请审议湖南醴陵经济开发区新型城镇化建设项目政府购买服务有关事项的议案》，作出《关于批准市人民政府〈关于提请审议政府购买服务有关事项的议案〉的决定》《关于批准市人民政府〈关于提请审议醴陵陶瓷会展馆建设项目政府购买服务有关事项的议案〉的决定》和《关于批准市人民政府〈关于提请审议湖南醴陵经济开发区新型城镇化建设项目政府购买服务有关事项的议案〉的决定》，听取和审议市十五届人大六次会议代表所提建议、批评和意见办理情况的报告；会议对市审计局《关于市司法局、市农业局、市房产管理局、市水库移民开发管理局的审计意见》进行交办，要求限期整改到位；听取和审议《中华人民共和国食品安全法》审议意见落实情况汇报。

市十五届人大常委会第34次会议于11月7日在市人大常委会议室举行。会议听取和审议市十六届人大一次会议筹备工作情况；审议并原则通过各项工作报告；听取和审议通过第十六届人大代表资格审查报告；作出召开第十六届人大一次会议的决定。

【市十六届人大常委会第1次会议】 市十六届人大常委会第1次会议于12月26日在市人大常委会议室举行。会议通报市十六届人大常委会主任分工，学习人大常委会议事规则、人大常委会组成人员职责；听取和审议市人民政府《关于提请审议醴陵市易地扶贫搬迁项目政府购买服务有关事项的议案》《关于提请审议醴陵市姜村住宅小区Ⅰ、Ⅱ期土地整理开发建设项目政府购买服务有关事项的议案》《关于提请审议醴陵市上洲住宅小区和花炮大市场二宗土地整理开发建设项目政府购买服务有关事项的议案》，并作出相关决定。

【市乡两级人大换届选举】 按照湖南省、株洲市的安排部署，全市市乡两级人大换届选举工作于8月下旬正式启动。换届选举工作开展以来，始终坚持党的领导、坚持发扬民主、坚持严格依法办事的原则，周密部署，广泛动员，上下协作，扎实工作，圆满完成市乡两级人大换届选举任务。换届选举期间，全市未出现破坏选举的行为，换届选举风清气正，圆满实现市委意图，达到预期目的。一、人口和选民登记情况。全市总人口1048302人，经确认有选民资格并依法登记的选民857596人，占全市总人口数的81.81%，参加投票选民813687人，参选率为94.88%。二、选区划分情况。全市有19个镇，4个街道办事处，1个区。按照“便于选民参加选举活动和代表联系选民、本行政区域内各选区每一代表所代表的人口数大体相等、每一选区选1～3名代表”的原则，全市共划分选区629个，其中市代表选区131个、乡代表选区498个。三、代表选举情况。全市131个市级人大代表选区共选举出第十六届市人大代表312名。其中基层代表161人、占51.6%，非党110人、占35.26%，妇女103人、占33.01%，连任112人、占35.9%。全市498个乡级代表选区进行同步投票共选出乡级代表1319名。其中基层代表1068人、占80.97%，非党337人、占25.55%，妇女382人、占28.96%。从选举结果看，代表的组成、文化、年龄结构和知识层次进一步优化，保证代表的广泛性和结构的要求。四、代表异动情况。省人大常委会核定醴陵市第十六届人民代表大会代表名额为320名。根据《中华人民共和国选举法》《湖南省县级以下人大代表直接选举细则》的规定，市选举委员会按照“每一个代表所代表的城乡人口数相同”的原则，将318名代表名额分配到19个镇、4个街道办事处和长庆示范区。此次换届选举，全市登记选民857596人，划分选区131个，由813687名选民直接投票选举产生醴陵市第十六届人民代表大会代表312名。经市人大常委会代表资格审查委员会审查，市第十六届人民代表大会代表的选举符合法律规定，312名代表的代表资格有效。五、乡镇人代会选举情况。代表选举工作结束后，各镇于11月上旬先后组织召开新一届人民代表大会第一次会议，依法选举产生镇国家机关领导人员95人，其中人大主席19名、镇长19名、副镇长57名，圆满实现组织意图。

【推进全市中心工作】2016年，推进全市中心工作着眼于优化城乡区域发展结构、统筹城乡发展、拓展城市发展空间。市十五届人大六次会议作出《〈关于醴陵市“三一”发展规划格局〉的议案的决议》，将发展规划上升为全市人民意志；作出《关于批准市人民政府购买服务和采取PPP合作模式实施项目建设有关议案的决定》共21项，批准市政府购买服务等资金近90亿元，为全市发展提供资金支持。协助做好“环中国国际公路自行车赛醴陵赛段”的各项筹备和服务工作，为活动的成功举办做出贡献。投身项目建设一线，联系、协调和服务醴陵大道二期工程、沪昆高铁站前广场、东互通、醴建路、珊田安置区、湖电智能电网项目、阳三棚户区和333省道绕城改造、渌江书院修缮、整治等重点工程建设，及时解决项目建设中存在的困难和问题。其中，醴陵大道二期工程、高铁站前广场、醴建路已竣工并投入使用，醴陵东互通已经开通，渌江书院已修缮开园。此外，按照市委对网格责任人的要求，指导、协调责任网格区域的“三创四化”、防汛抗旱、森林防火、信访维稳、安全生产监管等工作。

【脱贫攻坚】整体脱贫是市委对全市人民的庄严承诺，市人大常委会紧扣市委关于精准扶贫的安排和部署，严格落实“七个一批”“六大工程”相关要求。为扎实开展脱贫攻坚工作，深入水口山、樟仙岭、蕉源、大石桥、沩山村开展精准扶贫活动，组织资金500多万元，帮助贫困村改善基础设施和贫困人口脱离贫困。其中水口山村是年度内接受省级验收的贫困村，市人大常委会机关派出第一书记和农工委主任，长期驻村帮扶，筹集资金，监管项目，填补资料，以满分成绩通过省级考核验收；建档立卡贫困户41户、117人，全部实现如期脱贫。积极开展“连心解困”大走访活动，创建“代表联系群众工作室”，出台《关于组织人大代表全面开展“与百姓连心、为百姓解困”大走访活动的实施方案》。在孙家湾镇孙家湾村走访过程中，详细了解贫困户的生产生活情况，发放民情联系卡，耐心听取村民想法、意见，着力解决村民提出的各种问题。在走访中了解到龙虎湾村特困户、八旬老人王俊云住房属于危房，全家只能暂住邻居家，为了解决八旬老人住房问题，市人大常委会积极协调、现场办公，组织市人大机关干部和代表捐款捐物，为王俊云家筹得建房善款，修建近100平方米的住房。

【食品安全监督】食品安全关系千家万户，人大代表和社会各界都高度关注。2016年，市人大常委会在全市开展《中华人民共和国食品安全法》综合执法检查“回头看”，对2015年执法检查中提出的审议意见的整改落实情况进行督查。同时，配合上级人大开展的《中华人民共和国食品安全法》综合执法检查，结合“农产品质量安全行”活动，坚持问题导向，加大暗访力度，特别是对关系老百姓日常生活的蔬菜生产、畜禽养殖、食品加工等环节的安全问题加大检查力度，从生产到消费，从田间到餐桌的每道关口都认真巡查，共召开座谈会15次，实地察看生产经营单位30多家，收集意见100多条，并督促市有关部门整改，积极作为，取得良好效果，基本实现“舌尖上的安全”。

【“三农”工作】2016年，市人大常委会高度重视“农业、农村、农民”工作，着力推动解决“三农”问题。为有力促进农业基础稳固，农村和谐稳定，农民安居乐业，对《中华人民共和国农业法》在全市贯彻执行情况进行调研，先后听取市农业局、财政局、林业局、畜牧局、农机局的工作情况汇报；在均楚镇召开座谈会，会中人大代表、乡镇负责人、村书记、基层农技人员、农民代表踊跃建言，提出促进农业发展的思路和措施，展望农业现代化的美好前景。年中，听取和审议市人民政府关于贯彻实施《中华人民共和国农业法》的情况汇报，要求贯彻《中华人民共和国农业法》的各项规定，进一步加大农业投入，夯实农业基础，提高综合产能，改善农业生态环境，保障农产品质量安全。市人大常委会主任会议听取《中华人民共和国水法》贯彻实施情况和移民工作情况汇报，要求切实加强农村水利工程建设和管理，加大对移民弱势群体的帮扶力度。

【城市监管】2016年，市人大常委会多次组织人大代表赴市“数字城管”“智能交通”“平安城市”指挥中心，视察“数字醴陵”建设。市人大常委会主任会议听取城市管理工作情况汇报，认为城市管理是重大民生工程，对城管工作要加大投入，加强市容市貌、环卫保洁、查违控违、渣土管理等工作，增强市民的归属感，提升群众的幸福感。为落实市委城镇提质指示，市人大常委会开展专题调研，多次召开座谈会，分赴市城管局、住建局、环保局、镇、街道等单位听取情况汇报，形成高质量调研报告，为全市打好城镇提质战出谋划策。定期组织城环委工作人员和人大代表参与对“四街两区”环卫保洁、查违控违、渣土管理等考核考评监督，积极推进“三创四化”工作。

【司法监督】2016年，市人大常委会进一步规范和完善人大监督司法工作制度，加强对司法活动的监督。专题听取和审议市人民法院关于人民陪审员管理工作的情况汇报，要求加强对人民陪审员的培训，充分发挥人民陪审员的作用，切实维护人民的权益，进一步提高司法的透明度和公信力。组织人大代表参加法院案件听审评议，拓宽监督渠道，共组织28名代表参加案件听审评议。为提升司法水平和司法效率，强化职业保障，市人大常委会多次督促“两院”加快推进法官、检察官员额制改革，全市法官、检察官员额制改革全面铺开。配合株洲市人大开展《中华人民共和国社会保险法》贯彻执行情况检查，听取市人力资源和社会保障局情况汇报，要求不断提高医保、工伤保险统筹层次，健全社会保障工作机制，完善社会保险制度，提升社会保障服务管理水平。开展规范性文件备案审查工作，对市政府及有关部门报送备案的18件规范性文件进行登记、备案和审查。维护群众权益，强化信访监督，执行市级领导信访值班制度和涉法涉诉信访案件督办制度，积极做好涉法涉诉信访工作，全年接待群众来访36批180人次。

【代表工作】2016年，市人大常委会为所有代表订阅《中国人大》《人民之友》，采取举办专题讲座、分组集中学习、以会代训等多种形式，对全市各级代表进行履职培训。印发《关于完善市人大常委会各委办与人大代表、各单位、镇（街道）工作联系制度的通知》，坚持市人大常委会组成人员定期走访代表，指导、督查镇、街道代表联系群众工作室建设，帮助基层用制度来规范基层人大工作，充分发挥人大代表桥梁纽带作用。组织代表继续深入开展“与百姓连心、为百姓解困”大走访活动，坚持坐班接访与主动走访相结合，广泛听取社情民意，接待群众来访、主动走访选民386人次，收集和整理人民群众对全市各项事业发展的意见和建议60多条。市十五届人大六次会议期间，大会秘书处组织议案组共收到代表建议、批评和意见60件；闭会期间，收到代表建议3件。代表建议均得到很好的办理，取得满意的成效。针对代表提出的关于建设“五彩社区”的建议，市人民政府创新社区网格化管理工作，安排500万元专项资金推进19个“五彩社区”网格化建设。在办理《关于请求加大对鞭炮烟花产业政策支持和扶持力度的建议》过程中，市人民政府高度重视，出台一系列扶持政策，对花炮产业“扶优扶强、并小并散、退乱退弱”，为花炮企业拓展市场份额、拓宽融资渠道、提升创新能力、强化品牌效应等提供政策支持，为加速推进花炮产业转型升级提供有力保障。

【重大事项决定】2016年，市人大常委会围绕全局性、根本性的重大事项，先后作出重要决议决定21项，有效推进经济社会平稳健康发展。着眼于优化城乡区域发展结构、统筹城乡发展、拓展城市发展空间，十五届人大六次会议作出《〈关于醴陵市“三一”发展规划格局〉的议案的决议》，将发展规划通过法定程序上升为人民意志。为加大投入加快基础设施建设，作出《关于批准市人民政府〈关于提请审议醴陵陶瓷会展馆建设项目政府购买服务有关事项的议案〉的决定》《关于批准市人民政府〈关于提请审议“渌江古城一江两岸文化休闲带”等6个项目采取PPP合作模式的议案〉的决定》等决定，确保项目建设有序推进。

【人事任免】2016 年，市人大常委会坚持“党管干部和人大依法任免干部相结合”的原则，切实做好任前法律考试、任中发言、任后颁发任命书、向《中华人民共和国宪法》宣誓等工作，严格规范和把握人事任免工作程序中的各个环节，确保人事任免工作规范有序。年内，市人大常委会共任免国家机关工作人员 27 人次，其中任命 21 人次、免职 5 人次、接受辞职 1 人次。

（阳　纯　汪建平）

醴陵市人民政府

【概况】2016年,醴陵市坚持“稳中求进、进中求快、快中求优”总基调，主动适应经济发展新常态，大力开展“片区攻坚年”“旅游助跑年”“圆满换届年”“环境优化年”“安全保障年”五大活动，着力稳增长、促改革、调结构、惠民生、防风险，圆满完成各项目标任务，实现全市经济平稳健康发展、社会大局和谐稳定。全年实现地区生产总值580.8亿元，比上年增长8.5%；财政总收入50亿元，比上年增长11.1%；固定资产投资390.2亿元，比上年增长13.4%；社会消费品零售总额183.7亿元，比上年增长12.5%；城乡居民人均可支配收入分别达33744元、22419元，比上年增长8.5%、8.1%。县域经济基本竞争力全国百强排名从82位跃升至73位，居“全国工业百强县市”第93位、“中国中小城市综合实力（科学发展）百强县市”第91位、“全国最具投资潜力中小城市百强县市”第72位、“中国中小城市创新创业百强县市”第54位。

【产业发展】2016年，设立1亿元产业发展基金，推动产业转型发展。创建全国首个出口日用陶瓷电瓷质量安全示范区，获批全国第三批产业集群（陶瓷产业）区域品牌建设试点县，挂牌成立湖南工业大学醴陵陶瓷学院，制定出台《醴陵釉下五彩瓷器》地方标准。坚持“四化两型”发展，烟花鞭炮自动化生产进程走在全国前列；淘汰落后产能，63家烟花鞭炮生产企业自愿退出。升华科技挂牌上市，全年新增高新技术企业104家，完成高新技术产业增加值122.6亿元、比上年增长32.3%，占地区生产总值比重21.1%。玻璃、汽配、轨道交通、服饰、新材料等产业加快发展。着力发展现代农业，完成10个农产品标准化基地建设，农业机械综合化水平达75.6%以上，粮食产量达51万吨,实现“十三连丰”，获评全省“粮食生产标兵市”。大力开展“旅游助跑年”活动，全年接待游客453.17万人次，实现旅游收入33.07亿元；入选“国家全域旅游示范区”创建名单，“醴陵瓷谷”成为全省唯一的首批国家工业旅游创新单位。举办第七届房交会和“送房下乡”等活动，房地产业实现商品房销售额24.6亿元，增长18.1%。金融机构存贷款余额分别达321.1亿元、137.8亿元，增长22.4%、4.8%。新增进出口企业20家，完成外贸进出口总额3.3亿美元。构建“一区一城一园”发展格局，经开区实现技工贸总收入510亿元，增长19.6%，综合实力居全省产业园区第8位。电商产业园建成运营，实现交易额7.3亿元，增长28%。

【城乡建设】一是城乡规划更优。突出顶层设计，强化规划引领，推动“多规合一”，探索“一张蓝图”统筹镇域总体发展格局。编制完成老城区一江两岸核心区控规、高铁片区控规等规划。城市建成区面积拓展至29.5平方千米，城镇化率达62%。二是城乡建设更好。开展“片区攻坚年”活动，“瓷城古韵·一江两岸”（示范段）、渌江书院修缮整治（一期）、仙山公园提质改造（一期）等项目完工并对外开放；李畋中路、沪昆高速醴陵东互通等道路建成通车。莲株公路、东城大道、105省道、污水处理厂（二期）、狮子坡水厂提质扩容等新建、改造项目有序推进。实施镇区“七个一”工程，统筹城乡协调发展。完成农村道路通畅工程231千米，整修、新建水利工程1万余处。三是城乡环境更美。坚持“两型”发展,全面铺开“三创四化”，深入开展“治水、治脏、治乱、治堵”行动，扎实推进农村环境综合整治，城乡环境明显变净变美。完成11个农贸市场改扩建，城区5条样板街基本成形。全面启动湘江保护和治理第二个“三年行动计划”（2016—2018年）。城区禁养区范围内生猪退养率达100%。完成7050公顷重金属污染耕地修复治理和种植结构调整试点工作。新建农村饮水工程22处，解决7.9万农民安全饮水问题。建设10个“美丽乡村”，获评全省“美丽乡村建设先进县（市）”。全面实行封山育林，森林覆盖率达55.19%，森林防火经验在全省推广，获评全国“森林防火工作先进单位”。

【改革创新】2016年，圆满完成并村工作，将原343个行政村合并为215个行政村，获评全省“乡镇区划调整改革先进市”。启动“一门式”政务服务改革，全面完成镇级便民服务中心建设，“互联网+政务综合信息服务平台”投入运行，政务服务更加方便、快捷。推进政府投融资体制改革，成立投融资决策委员会，实现债券置换额度50亿元，年节约利息支出2亿元；大力推广运用PPP模式，共入库PPP项目6个，总投资额达163亿元，其中成功申报国家示范项目1个，申报省级示范项目3个。积极推进公车改革，统筹推进财税、教育、卫计、城市管理等体制改革，土地承包经营、土地流转和集体林权等农村综合改革不断深化。积极倡导大众创业万众创新，举办首届创新创业大赛。

【民生事业】精准扶贫成效显著。大力实施“七个一批”“六大工程”，将人力物力财力向贫困地区倾斜，实现结对帮扶贫困村、贫困户全覆盖、零遗漏。市级财政安排扶贫专项资金4599万元，整合各类资金近6亿元，集中开展扶贫攻坚。基本建成全长98.8千米的“旅游扶贫专线”。提前完成186户易地扶贫搬迁，顺利完成1589户危房改造任务。全年实现2个贫困村退出，2445户7775人脱贫。社会事业全面进步。城乡低保月人均救助水平分别达286元、112元。“五大保险”参保人数95.42万人次，参保率97.4%；新增养老服务床位240张。新增城镇就业6828人、农村劳动力转移就业4512人。完成公租房建设598套，棚户区改造2598套。提质改造“薄弱”学校75所，完成村级小学“校校通”“班班通”建设135个。高考二本以上（含二本）上线率摘得株洲地区“三连冠”，获评全国“中小学责任督学挂牌督导创新县（市）”。完成4家卫生院改造、17个贫困村卫生室标准化建设，基层就医更加便利。获全国“妇幼健康优质服务示范市”，市中（一）医院创建三级甲等中医医院。举办“湘雅乡情·专家醴陵行”20多场，获群众广泛“点赞”。实现计生工作“创国优、保省优”目标。全面完成“户户通”“村村响”工程。全年申请各项专利1412件，增长16.1%，创新驱动能力明显增强。不断加强国防动员工作，扎实推进双拥共建，军民融合发展再上新台阶。

【社会管理】2016年，以“监管执法年”“安全保障年”“扫盲清零”等活动为契机，扎实开展各类专项整治行动，整治安全隐患6115处、刑事拘留30人、治安拘留108人，安全生产事故发生起数比上年下降71.8%。严厉打击各类犯罪，全力维护社会治安秩序，各类刑事案件发案率下降8.3%，恶性案件破案率达80%，连续十二年实现“命案必破”目标。适应维稳保安新常态，开展“信访百案化解、维稳百日整治”活动，信访总量明显下降。防范和打击非法集资，金融风险总体可控。高标准建成社区矫正中心和公共法律服务中心，开启法律服务新模式。开展“安全米粉工程”等系列食品安全整治行动，农村集体聚餐食品安全整治经验在全省推介。深入推进“网格化”社会治理，综治民调全省排名持续进位。（刘　涛）

【市政府党组会议】2016年，市人民政府共召开9次市政府党组会议。

2月23日，传达学习全省市厅级主要领导干部学习贯彻党的十八届五中全会精神专题研讨班和市厅级主要领导干部党建专题培训班有关精神，研究2016年重点项目和一季度开工项目有关问题。

4月15日，听取市政府党组成员和其他市政府领导前阶段工作总结及后阶段工作安排，安排部署近期重点工作；研究2015年度粮食生产等工作考核情况，醴陵市脱贫攻坚任务书，精准扶贫实施方案、考核办法等有关问题。

5月17日，听取市政府党组成员和其他市政府领导前阶段工作总结及后阶段工作安排，安排部署近期重点工作；研究2016年学校建设项目和交通项目建设投资，开展企业帮扶专项行动等有关工作。

6月22日，传达学习中共中央、湖南省委、株洲市委和醴陵市委关于开展“两学一做”学习教育活动的有关精神，听取市政府党组成员和其他市政府领导前阶段工作总结及后阶段工作安排，安排部署近期重点工作；研究旗滨玻璃整体搬迁配套商住项目规费，当前融资工作，市易地扶贫搬迁工作，职务与职级并行政策兑现、机关工作人员死亡抚恤金发放、警衔津贴调标，农村广播电视“户户通”工程情况，“醴北人家”北部旅游公路路基工程增项、阿里巴巴农村淘宝项目、侦破大要案和基层基础设施及信息化装备建设等有关事项。

8月2日，听取市政府党组成员和其他市政府领导前阶段工作总结及后阶段工作安排，安排部署近期重点工作；研究“沪洽周”准备工作，对时代金属扩产项目用地减征被征地农民保障金和优惠土地交易服务费等费用等有关事项。

9月29日，研究棚户区改造融资、政府购买服务模式融资项目、2016年市级领导联系重点项目调整及新增重点项目计划、安全生产工作、移送及处理彭水秀一案涉案财物等有关事项。

10月27日，听取市政府领导前阶段工作总结及后阶段工作安排，安排部署近期重点工作；研究推行“三清单一目录”动态调整工作、“瓷城古韵·一江两岸”项目建设、企业基本养老保险本级配套补助资金、减免市福田康复养老中心项目收费、市土地经营公司融资项目、渌江新城核心区PPP项目合作协议等有关事项。

11月10日，研究《2017年政府工作报告（送审稿）》、渌江书院改扩建项目（第二阶段）建设情况、巡游出租汽车新一轮经营权许可工作、市城区畜禽禁养区退养工作等有关事项。

12月26日，研究2016年市经济形势及2017年政府经济发展工作目标、《醴陵市2017年重点项目计划表》、醴陵经开区行政管理体制改革、公务用车制度改革等有关事项。

【市政府常务会议】2016年，市人民政府共召开9次市政府常务会议。

1月9日，研究《2016年政府工作报告（送审稿）》《醴陵市2015年国民经济和社会发展计划执行情况与2016年国民经济和社会发展计划草案的报告（送审稿）》《醴陵市2015年财政预算执行情况和2016年财政预算草案的报告（送审稿）》、官庄水库水上交通安全工作、PPP项目合作等有关问题；传达贯彻上级安全生产电视电话会议精神，安排部署当前和下阶段安全生产工作。

2月4日，研究市政府领导分工调整，项目融资，非居民用气调价，防范和处置非法集资，化解、置换市第二中学等4所普通高中学校债务，对有关干部政纪处分等有关问题，通报2015年度全市安全生产、人口和计划生育工作目标管理考核有关情况。

3月10日，研究《政府工作规则》、2016年度全市经济工作会议奖项设置、市投融资决策委员会工作规则、醴陵陶瓷会馆项目建设、2015年度“工业十条”政策奖励补助项目、城市创建和开展城市管理综合考评工作、餐厨废弃物无害化处理与能源化利用项目、“旅游助跑年”实施方案等有关问题。

3月22日，研究“环境优化年”“片区攻坚年”“安全保障年”活动实施方案、全市经济工作会议暨“四个年”（片区攻坚年、旅游助跑年、环境优化年、安全保障年）动员大会会议方案、聘请渌江新区开发建设咨询服务团队等有关问题。

4月27日，研究《市纪委、市监察局领导班子成员联系协助市政府班子成员落实党风廉政建设主体责任工作表》，渌江古城·一江两岸文化休闲带等3个PPP项目实施方案，“一门式”政务服务改革工作，全市乡镇区划调整改革建制村合并工作，病死畜禽无害化处理中心项目，加强消防工作，市国家级“出口日用陶瓷、电瓷质量安全示范区”创建工作等有关问题。

7月6日，研究渌江新区云盘山路建设增量变更和向阳河路石山处施工方案修改、官庄湖国家湿地公园建设、创建“国家公共文化服务体系示范区”、计划生育“保省优、创国优”工作、加强禁毒工作、房地产业相关工作、给予有关公职人员处分等有关问题。

8月24日，研究当前全市融资、给予机关单位部分工作人员记三等功、开展“四好农村路”（建好、管好、护好、运营好）建设活动、信访工作、“数字醴陵”二期工程建设方案、食品安全工作、2016年下半年投资“百大项目、百日攻坚、百亿投资”行动及项目建设、给予公职人员处分等有关问题。

9月1日，研究全市烟花爆竹生产企业整顿治理和关闭退出工作、船湾服饰产业支持政策、组建公司开展白兔潭新型城镇化项目建设、高新集团新型城镇化建设项目和陶瓷会展馆建设项目贷款融资工作、推进行业协会商会与行政机关脱钩工作、城市外环线道路建设项目和地下综合管廊建设运营PPP项目、全市扶贫攻坚工作、交通运输安全专项整治和出租车行业改革、东城大道拓宽等有关问题。

12月15日，研究产业发展基金公司、城市外环线道路建设项目和地下综合管廊建设运营PPP项目招标公告、城乡居民基本养老保险县级财政补贴资金、经开区原入园企业按原标准缴纳失地农民保障金、不动产登记工作、“1915”醴陵陶瓷文化特色街区项目地块收回情况、金泰房产（五环）等有关问题。

【市长办公会议】2016年，市人民政府共召开2次市长办公会议。

2月23日，听取市政府领导前阶段工作总结及后阶段工作安排，安排部署近期重点工作；研究21家被淘汰造纸厂信访事项有关问题，部署全国“两会”特护期信访维稳工作。

4月15日，研究“9·22”安全事故伤者救治医疗费用、居民健康卡发卡银行、校车管理、拨付网络赌博案专项罚没款物等有关问题。

【市政府专题会议】2016年，市人民政府共召开13次市政府专题会议。主要研究杭长客专、醴茶高速、浏醴高速施工破损部分县道需抢修维护，龙园山庄小区违法用地，五彩新城三期房产开发项目，五彩台北城房产开发项目，110千伏浦星线建设，市狮子坡水厂提质扩容改造项目建设，优化花炮产业融资环境，泰安医院综合楼验收，醴陵东站自来水供水，解决莲株高速平汝高速互通项目影响村民生产生活，官庄水库水上交通安全整治、农村环境综合整治整市推进、易地扶贫搬迁工作等有关问题。

（丁鑫禹）

市人民政府办公室

【综合调研】2016年，市人民政府办公室共撰写年度政府工作报告和大会报告、领导讲话、典型发言、专项汇报等文稿材料400多篇。精细严密抓好调研，围绕创业创新、外贸经济、食品安全等领域，深入镇、龙头企业，走访相关部门、单位，开展调研活动18次，撰写《关于加快推进全市“大众创业万众创新”》《关于加快治理全市农村违规建房》《关于全市会展经济发展》等调研文章18篇，整理刊发《调查与研究》10期。全年在国家、省、株洲市主要新闻媒体刊物、网站上发表新闻稿件20多篇。（刘　涛）

【办文办会】2016年，市人民政府办公室严格按照保密制度管理、规范三密文件，无被盗和失泄密事件发生。全年处理来文1198件，制发各类文件276件，刊发《醴陵政报》4期。组织市政府常务会议8次、市政府党组会议7次、市长办公会议2次、政府专题会议12次，其他各级各类重要接待活动、重要会议10多次。（丁鑫禹）

【信息编报】2016年，市人民政府办公室推进政务公开，及时更新、加载公开信息，主动上报株洲政务信息1772条，其中采用298条；向株洲市政府门户网站上报信息1508条，被网站《县市区动态》栏目采用289条；编印《政务参考》72期、编发《每日时事》140期。加强“市长热线”管理，承办株洲市“市长热线”电话888个；办理醴陵市“市长热线”电话1255个，办结率达100%。完成9家部门单位政府网站整体迁移至上级政府网站，实行统一技术平台管理工作。

（肖　岚）

【政务监督】2016年，市人民政府办公室围绕市政府常务会议、市长办公会议、市长批示件、安全生产、扶贫攻坚、重点项目攻坚、为民办实事、建议提案办理、信访维稳等工作开展督查共计40多次，办理市领导批示件100多件；牵头编写督查专报、汇总、通报26篇。认真承办株洲市政府督查室交办或转办的查办件，办结率100%。及时联系、衔接、安排建议提案办理工作，全年办理市人大代表建议63件、市政协委员提案72件，办结率、见面沟通率、满意率均为100%。

（温立峰）

【应急管理】2016年，市人民政府办公室坚持24小时专人值班制度，加强应急值守和突发事件处置处理工作。制定《醴陵市紧急信息报送工作考核办法》，畅通紧急信息报送渠道，确保突发事件得到及时处理。市政府总值班室接、打各类电话7000多个，发送各类会议通知520多次，处理明传电报210多个。组织抗洪抢险、危化品灾害救援等演练，开展“加强应急管理、打造安全城市”应急管理宣传日活动，发放公众应急知识手册8000多册、其他宣传资料3万多份，接受群众咨询1000多人次。（肖　岚）

【征拆征收】2016年，全市征拆征收工作以“项目攻坚年”活动为契机，积极推进征地拆迁和房屋征收工作，有力推进经济社会又好又快发展。全年完成株洲市征地拆迁和房屋征收年度任务项目13个。其中集体土地项目10个，征地261.35公顷、完成率102.55%，签约157栋、签约率100%；国有土地项目3个，征地44034平方米、完成率100.08%，征收房屋255套、完成率100%。年内，在株洲市“全市总动员、大干一百天、全力保投资”活动中，完成新增征拆项目7个。其中集体土地项目6个，征地57.88公顷，签约27栋、签约率100%；国有土地项目1个，征收房屋17套、2001平方米，完成率100%。醴陵市在株洲市征拆工作年度考核中排名第一。

（漆　品）

市政务服务中心

【概况】2016年，醴陵市政务服务中心按照“方便群众办事”“项目落地快”“审管分离”的工作目标，升级改造“法人”大厅（基本建设投资项目审批大厅）面积585平方米，集中审批办理事项1671件，即办件办结率和按时办结率均为100%，群众满意率达100%。实现规费收入7517.49万元，其中基本建设项目“一表式”收费6627.45万元。

【“一门式”政务服务改革】2016年，全面启动“一门式”政务服务改革。调研涉及自然人办事的15个部门的公共服务事项和行政审批事项289项，其中自然人事项163项，已确认纳入各街道便民服务中心的受理事项76项；调研建设投资项目审批事项254项，已纳入大厅管理112项；对纳入“一门式”系统中的事项业务流程进行标准化，全面优化审批流程并编制手册，方便办事群众。建立并完善联合审批、联合验收、容缺受理、超时默认制度，创新开辟绿色通道、全程代办等系列举措，全面提升政务服务水平。

【政务公开】2016年，落实《2016年株洲市政务公开工作要点》文件精神，完成政府重点领域信息公开、依申请公开等工作。通过服务大厅触控屏、LED显示屏、网站电子信息公告栏、一次性告知书、窗口服务指南、微博转发、微信推送、新闻媒体等渠道和形式，将企业、市民关注和关心的审批流程、办事程序、政策依据、申报材料、承诺时限、收费标准、公共服务及配套设施服务等内容全部公开，加强对全市乡镇（街道）便民服务中心建设的督查、指导力度，全市乡镇便民服务中心建成率达100%，全面完成乡镇便民服务中心建设任务。制定《醴陵市政务服务中心（含街道、区）服务大厅工作人员考核办法》，对工作人员进行系统全面考核。拟定市街道（乡镇）便民服务中心基本服务流程、体系运营规范、人员岗位制度、物料流转规则、档案管理规则、印章使用管理制度、窗口材料扫描制度等服务标准。（吴贝立）

信访工作

【概况】2016年，全市信访工作进一步强化基层基础工作，加大积案化解力度，注重源头治理，积极化解社会矛盾，信访形势平稳可控。全年受理上访群众523批、4116人次，受理群众来信、网上投诉321件；集中化解信访积案71件。严格把关党代表、人大委员、政协委员资格审查。年末，获评株洲市“信访工作先进单位”。

【领导接访制度】2016年，全市信访工作继续坚持市级领导值班、副市长分类接待制度，每天安排1名市级领导到信访局坐班接访，每周一或节假日后上班的第一天安排副市长分类接访，全年接待群众124批2563人次，主动约访各类群体26批145人次。

【特护期信访维稳】2016年，市信访局在各级“两会”、党代会特护期间，对重点群体、人员进行集中交办；市各级各部门均制定维稳、接返方案，按照“五包一”（包掌握情况、包思想教育、包解决困难、包稳控管理、包依法处置，一个包案领导、一个工作班子、一套化解方案、一份会办纪要、一套稳控措施）的要求，对重点群体、人员进行责任分解。进一步加强进京维稳、驻长值班，全年接待、劝返赴省进京上访群众17批39人次，确保特护期间赴省进京到市“零登记”的工作目标。

【信访维稳保障】2016年，召开全市信访维稳暨“百案化解”交办工作专题会议，对120多件积案进行现场责任交办。坚持信访联席会议制度，召开信访联席会议5次；进一步加强信访资金投入，安排信访维稳经费100万元；全年为398名村级信访信息员发放补助29万多元。组织实施省集中开展的“千案攻坚”“信访百案化解、维稳百日整治”等活动，有效地化解信访积案。市联席办与市广播电视台联合制作信访动漫宣传片，该片使用醴陵方言、每天早晚时段在醴陵电视台3个频道滚动播出，积极引导广大群众依法上访、网上信访、理性维权，有效地维护全市正常的信访秩序。（邓阳炯）

档案史志

【概况】2016年，市档案史志局内设办公室、档案馆、业务法规股（行政审批股）、党史资料征集编研办公室和年鉴编辑办公室；有在职干部15人。市综合档案馆有馆藏档案8大类、18万多卷（册）、资料4万多册。全市设立档案全宗单位262个，已进馆全宗单位193个。

【法律法规宣传】2016年，加大档案法律法规的宣传力度，在“6·9”国际档案日，围绕“档案与民生”宣传主题，向全市各镇、街道、市直单位下发《关于开展“国际档案日”宣传活动实施方案的通知》，组织市相关单位制作各种宣传展板20多块，在市火车站广场、局机关大院等举办专题宣传展览活动，发放档案宣传资料1000多份，接待群众咨询200多人次；购置挂图100套，在市直单位、企业、学校、医院、社区等人员密集处张贴，在人流量大的公共场所和有关单位电子显示屏滚动播放档案法规宣传标语，营造全民参与的宣传氛围。年内，市档案史志局获评全省“档案宣传工作先进集体”，市船湾镇、官庄镇获评全省“档案宣传工作先进单位”。

【档案业务工作】一是继续做好市直机关、乡镇及部分事业单位2016年档案人员业务培训工作。市委办、市政府办对全市机关单位下发《关于加强和改进新形势下档案工作的办法》。编写《机关归档文件材料收集整理归档的方法》，印发100份发到各单位。二是开展档案业务指导工作。采取口头答复、电话咨询、现场指导、带帮教做样板等形式，在全市各单位、企业等开展档案业务指导工作，全年接待咨询档案业务人员100多人次。三是参与农村土地承包经营权确权登记颁证档案管理。对4家确权登记颁证中标公司进行业务培训，共计派出20多人次指导村组的确权颁证资料归档。10月，由市确权办牵头，督查全市乡镇土地确权工作。四是做好“三重一特”档案收集工作。年内，在中央电视台综艺频道到醴陵市录制“端午乐三天”、2016环中国国际公路自行车赛醴陵赛段的比赛中，均派专人到现场拍摄，收集相关资料入档。配合省“3·19”事件调查，安排2人进驻工作组，负责相关档案资料的收集工作。

【创建档案管理示范乡镇】2016年，孙家湾镇投入10万多元，完善档案室及相关配套设施建设，档案室达到防火、防虫、防盗、防潮、防强光和防霉变等要求；建立健全档案管理工作的各项制度，全面收集整理历年归档的各类档案。10月，孙家湾镇通过株洲市档案局考核评估，成功创建株洲市“档案管理示范乡镇”。

【档案保护与利用】2016年，市档案馆接待查阅利用档案人员1500多人次，调阅档案3500多卷次，为部分群众解决养老保险、退休、福利待遇、婚姻、房产、林权等问题提供帮助。严格按照《档案馆工作条例》要求，在加强馆藏档案日常保护的同时，聘请专业人员对严重破损、褪色的重要历史档案进行翻拍、裱糊，并启动重要档案的异地备份保护工作。全年共剪辑反映醴陵情况的《湖南日报》59篇、《株洲日报》604篇，收集和整理各类进馆资料30多种、300多本（册），报纸8种、90多本。年内，新录入重点档案卷内目录4.4万多条；完成湖南省国家重点档案普查项目目录输入工作。

【党史工作】一是接待珠海延安精神研究会到醴调研。5月，在市委副书记刘海宾，市委常委、市人民政府副市长廖宏力，市委常委、市委秘书长贺小玲，市档案史志局局长杨月香等陪同下，珠海延安精神研究会会长耿岱（耿飚长孙）、顾问薛庆超（中共党史专家）、名誉顾问陈龙狮（陈昌之子）、常务副会长兼秘书长刘丽华、会长助理钱海顺、秘书长助理吴永浩、副秘书长陈铁军、外联部助理刘俊发一行8人，参观醴陵陶瓷博物馆、耿传公祠。二是协助衡阳市委党史研究室撰写《耿飚与水口山》一书的调研工作。三是协助中共湖南省委党史研究室在“中国旅法勤工俭学纪念馆”陈列布展中，有关李立三故居及纪念馆介绍的电视片录制。四是协助株洲市委党史办征集“纪念中国共产党成立95周年株洲党史图片展”（醴陵部分），前往醴陵烈士陵园、李立三故居、陈明仁故居、先农坛等地实地调研，征集有关人物等23项内容。五是协助株洲市委党史办调查摸底市烈士牺牲人员、市革命纪念馆工作。六是与市政府办联合开展《瓷都“醴陵”在改革中焕发青春》课题撰写，并成功入选湖南省委党史研究室《湖南改革开放实录2016卷》，12月公开出版发行。

【《醴陵——家风家规家训典范》】2016年，档案史志局与市纪委联合成立《醴陵——家风家规家训典型》编纂工作领导小组，聘请写作人员7名，通过查阅整理大量档案资料，实地采访、调查烈士、名人后代等，编撰30名醴籍古代、近现代知名人士的家风家规家训文章,并于8月出版发行。其中《传奇人生源自良好家风——耿飚的家风》故事，被省纪委主办的三湘风纪网站刊登。

【志鉴工作】2016年,组织、编辑、出版、发行《醴陵年鉴（2016）》。此卷是自创刊以来的第30部，全书设28个篇目，有177个分目、783个条目、65.5万字；有彩版130幅、照片近900张，印刷1200册；年内，此卷获评湖南省县市区级地方综合年鉴一等奖。完成《乡镇简志株洲·醴陵篇》组稿、编审及校对工作。

【《醴陵年鉴》创刊30周年纪念】为纪念《醴陵年鉴》创刊30周年，组织开展系列宣传活动。编印宣传画册，在醴陵电视台、《醴陵文学》等媒体，进行专题报道。12月21日，市档案史志局在市公安局会议室组织召开《醴陵年鉴》创刊30周年纪念暨业务培训会议，省方志委省志处黄俊军，株洲市志办副主任金祖远，市委常委、市委办主任王志强，市政府副市长钟国建出席会议，市政府秘书长、办公室主任曾敏主持会议，全市乡镇（街道）、市直机关、驻醴单位共120多家单位参加会议。会议对市财政局等12个年鉴工作先进单位和罗干等20名年鉴工作先进个人予以通报表扬并颁发奖牌。（韩芳子）

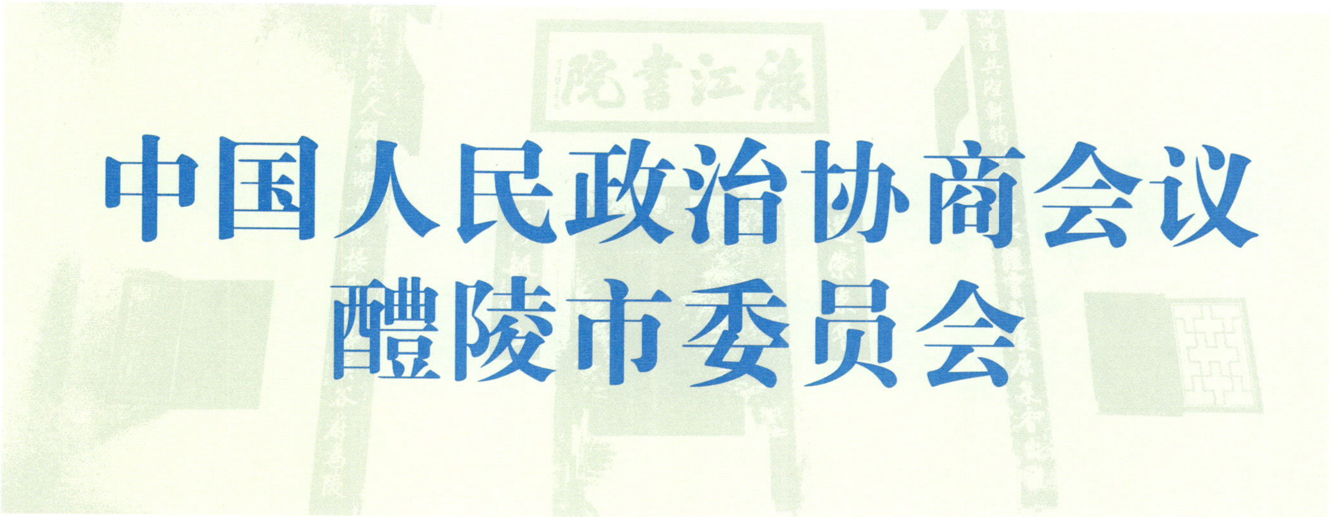

中国人民政治协商会议醴陵市委员会

【市政协十三届五次会议】2016年1月20—22日，市政协十三届五次全体委员会议在醴陵大剧院召开。会议听取审议市政协主席杨龙代表十三届委员会常务委员会所作的工作报告，市政协副主席易磊代表市政协十三届委员会常务委员会作十三届四次会议以来提案工作报告，听取市政协委员谢泉英、雷向军等的大会发言。全体政协委员列席市第十五届人民代表大会第六次会议，听取“一府两院”工作报告。

【市政协第七次常委会议】2016年1月12日，市政协十三届第七次常委（扩大）会议召开。中共醴陵市委常委、常务副市长邹志超代表市政府通报2015年全市经济社会发展情况；市政府党组成员、办公室主任曾敏通报2015年政协提案办理情况；协商通过《关于召开政协醴陵市第十三届委员会第五次会议的决定（草案）》等有关文件和余汉等6名政协委员的辞免决定，增补徐辉、苏承蒲为市政协委员。

【市政协第八次常委会议】2016年8月9日，市政协十三届第八次常委（扩大）会议召开。中共醴陵市委常委、副市长廖宏力代表市政府通报2016年上半年全市经济社会发展情况；市政协主席杨龙总结市政协上半年工作并对下半年工作进行部署。

【市政协第九次常委会议】2016年11月17日，市政协十三届第九次常委（扩大）会议召开。协商通过《关于召开政协醴陵市第十四届委员会第一次会议的决定（草案）》等有关文件。

【市政协十四届一次会议】2016年11月26—29日，市政协十四届一次全体委员会议在醴陵大剧院召开。会议听取审议市政协主席提名人选江曙明代表十三届委员会常务委员会所作的工作报告，选举政协醴陵市第十四届委员会主席、副主席、秘书长和常务委员。全体政协委员列席市第十六届人民代表大会第一次会议，听取政府工作报告。

【参政议政】2016年，市政协委员就建设垃圾焚烧发电厂、发展社区居家养老服务业、加强“醴陵窑”核心区保护和利用、规范物业管理等问题在市政协十四届二次全体委员会议上分别作大会发言，提出可行性建议。建设垃圾焚烧发电厂和全面加强“醴陵窑”核心区保护与利用两项工作内容被纳入政府工作的重点内容。年内，市政协组织大型调研2次，19个委员活动小组共组织小组专题调研23次。4—8月，市政协成立专题调研组，就现代物流业发展开展调研，形成《关于现代物流业发展的调研报告》，并获株洲市政协2016年度优秀调研报告奖。组织开展群众文化建设调研，形成《关于文化建设的调研报告》。

【委员视察和提案办理】2016年1月、5月，组织200多名委员，在市交警大队智能交通指挥中心、城管局城市管理指挥中心、公安局110指挥中心视察“数字醴陵”建设情况，并提出进一步完善“数字醴陵”系统建设和软件开发、完善管理制度、建立考评体系等建议。4—5月，组织部分政协委员对城区“四街一区”的控违拆违工作情况进行现场视察，并组织市城管局、国土资源局、住建局、“四街一区”及部分行政村负责人进行座谈。形成《关于我市控违拆违工作情况的视察意见》。全年收到各类提案72件，审查立案71件，转社情民意1件；确定重点督办提案8件，所有立案提案均在规定期限内完成答复；委员见面率“基本满意”率均达100%。

（吴　军　汪建平）

民主党派·工商联

中国国民党革命委员会醴陵市委员会

【概况】2016年，中国国民党革命委员会醴陵市委员会（以下简称“民革醴陵市委”）下设8个支部，有党员177人。党员中有省人大代表1名，株洲市人大代表3名，醴陵市人大代表8名（人大常委1名），醴陵市政协委员22名（政协常委4名）；另有人民陪审员5名，株洲市、醴陵市特约检察员各1名，市政协民主监督员2名。年内，有14名党员担任副科级或以上行政实职，其中副处级1人、正科级1人。

【民革党组织建设】2016年，民革醴陵市委圆满完成换届，选举产生民革醴陵市委第八届班子；班子成员比上届增加1名，年龄结构进一步优化。全面强化党员档案管理工作，实现党员信息全国网上互联。全年发展新党员3名，其中1名为教育工作者、2名为行政单位干部。年内，有1人被评为“全国机关建设工作先进个人”。在民革株洲市委30周年表彰会上，民革醴陵市委被民革株洲市委授予“红旗基层组织”，五支部、中（一）医院支部被授予“先进支部”，18人被评为“优秀党员”,9人被评为“优秀基层党务工作者”，9人被评为“参政议政先进个人”，9人被评为“社会服务先进个人”、9人被评为“祖统服务先进个人”。

【参政议政】2016年，民革醴陵市委撰写《醴陵市农村学前教学供给侧现状与改革对策》《供水企业二次供水的调研与思考》《新城公共交通梦》等调研报告。市委机关及各支部在三湘统战网、民革省委及株洲市委网站、民革株洲微信公众号等媒体刊发信息、社情民意23条。

【监督与服务】2016年，民革醴陵市委会为马放塘社区居民义诊200多人，发放健康宣传资料300多份；残联日为仙岳山街道办事处社区残联专干、残疾人士开展法律知识讲座；联合市科协举办科普知识进同心社区活动，为居民科普日常生活小常识，发放科学饮食健康生活宣传读本2000册。组织党员进行街头巷尾的大清扫活动，开展关爱抗战老兵活动，民革党员自发成立关爱抗战老兵志愿者队伍，对年近百岁的抗战老兵进行走访慰问；号召党员为渌江书院建设捐款4万多元。（丁　冰）

中国民主同盟醴陵市总支委员会

【概况】2016年，中国民主同盟醴陵市总支委员会下设教育、陶瓷、医卫、经济科技4个支部，共有盟员46人。其中有高级技术职称的22人，中级技术职称的19人；职业分布有教师15人，陶瓷工艺美术大师及研究员16人，医卫工作者7人，政府公务员3人，企业家4人，律师1人；有享受国务院科技人才津贴专家2人，株洲市核心专家1人，湖南省人大代表1人，株洲市人大代表2人，株洲市政协委员1人，醴陵市人大代表4人，醴陵市政协常委2人、委员6人；副科级及以上领导职务4人。全年完成政协提案6篇、社会调研2篇、社情民意2篇、信息6篇。年内，组织盟员赴马放塘社区开展志愿服务活动，共筹资3万元，帮扶困难群众5户。（瞿孝林）

中国民主促进会醴陵总支委员会

【概况】2016年，中国民主促进会醴陵总支委员会下设4个支部，共有委员58人。其中株洲市政协委员1名，醴陵市人大代表1名，醴陵市政协委员9名（其中市政协常委3名）；有5人担任副科级以上行政实职，其中正科实职1人。年内，有2名企业界人员加入委员。年中，提交《关于完善醴陵市公交系统建设的建议》；组织有关人员前往长沙市、湘潭市等地进行调研，撰写《提升绿色休闲山庄品位 打响旅游升温战役的调研报告》。向醴陵市人大提交《关于建设醴陵第二自来水厂的建议》等3条建议；向株洲市政协提交《关于湖南工业大学醴陵陶瓷学院建设的思考》等2篇建议；向醴陵市政协提交《关于加强城市噪声污染综合整治的建议》等提案8件，其中有3件被醴陵市政协评为“优秀提案”。组织会员教师18人次赴泗汾镇林田小学、官庄镇长连小学等5所学校进行送教活动。会员漆志红捐资6万多元慰问困难职工，翁纯捐资2万多元帮扶贫困学生，周查出资5万元为白兔潭镇金牛居委会星湖小学片区装路灯40盏、捐赠电脑6台，并连续2年为居委会几十名老人购买意外险。（陈　蒙）

九三学社株洲市委员会醴陵市工作委员会

【概况】九三学社株洲市委员会醴陵市工作委员会（以下简称“工委”）共有3个支社，45名社员。社员均具有本科以上学历，其中有株洲市人大代表2人、醴陵市人大代表3人、醴陵市政协委员10人（其中常委2人）。年内吸收2名优秀人才入社。

【社员履职】4月，工委组织社员赴浏阳市普济镇调研美丽乡村建设；选举参加九三学社株洲市委换届大会的代表。5月，全体社员参加九三学社株洲市第七次代表大会。7月，在市委老干局召开参政议政工作会议，商讨精准扶贫工作。9月，组织社员参加湖南省传统工艺美术作品展暨第七届湖南工艺美术精品大赛，其中王旭明、黄龙、丁建平、李跃进、叶继鹏获金奖，伍世龙、章红旗获银奖。全年共完成调研报告5篇，其中《加快推进美丽乡村建设的调研报告》获株洲市政协优秀调研报告二等奖、株洲市委统战部优秀调研报告二等奖；工委中的人大代表和政协委员提出的《关于在全市开展免费游泳安全培训的建议》《学校延长时间解决小学孩子放学早无人管理现状》《加强对支农资金使用全过程监督的建议》等提案和建议，均得到市人民政府及相关部门的重视和答复。（李　能）

市工商业联合会

【概况】2016年，醴陵市工商业联合会（以下简称“市工商联”）有在职工作人员7人，常执委71人。全市有非公企业4839家，个体工商户24518家。有直属商会41个，其中省级商会2个、异地商会4个；有会员781人（家），其中团体会员41家（覆盖企业2867家），企业会员470家，个人会员270人。每月15日定为执业律师坐班日，由市司法局指派执业律师在中心办公室进行现场咨询或电话咨询，为会员企业提供综合性的法律服务。此外，关注企业发展，维护企业合法权益，作为用工代表，参与劳动调解、仲裁。年内，“同心教育基金”对全市20个贫困村开展教育扶贫，共资助贫困学生142名、金额20.75万元；该基金自2014年成立以来，累计募集善款117.8万元、捐助善款57.3万元，资助贫困学生253人。年内，市工商联获评“全国‘五好’县级工商联”称号。

【非公经济企业学习交流】2016年，通过组织调整和换届，工商联党组书记由市委统战部副部长担任。同时在原由市委副书记牵头、市政府副市长联系、市委统战部部长主管工商联工作的基础上，建立市委书记、市长每季度定期与非公企业代表座谈的会商制度。10月，组织所辖的4个非公经济党组织进行换届，将4个支部整合为3个支部。先后出台《醴陵市工商联（总商会）会员发展及管理办法》《醴陵市工商联（总商会）会费缴纳及管理办法》《醴陵市工商联（总商会）常执委百分制考核实施办法》《醴陵市工商联（总商会）常执委分组活动实施方案》等一系列管理办法和制度。市工商联基层组织基本实现全覆盖，会员发展每年递增10%以上。围绕县域传统、支柱产业组建商协会，陶瓷、花炮、服饰、硅火泥四大传统和支柱制造产业实现商协会全覆盖，有力促进传统和支柱产业的健康良性发展，发挥非公企业在招商引资中的主体作用和行业商会、异地商会、在外醴籍人士在招商引资中的桥梁作用。组织非公企业开展各类投资考察活动，先后组织8个商会分赴吉林省、广东省等地进行考察学习，与多个县（市、区）商会结为友好商会。其中，以醴籍企业牵头成立的广东醴陵商会、深圳醴陵商会、昆明市株洲商会已成为宣传醴陵、推介醴陵和本土招商引资的平台。开展学习培训，提高非公经济人士的综合素质，花炮产业转型升级研讨班、陶瓷产业转型发展研讨班等已列入市组织部五年教育培训计划，有100余名非公经济人士参加。（王玫丁）

社会团体

市总工会

【概况】2016 年，醴陵市总工会内设经济法律保障部、组织宣传工作部、财务部和办公室，下辖市工人文化宫、市职工学校 2 个事业单位，有在编人员 13 人。全年新建工会 33 家，新增会员 2900 人。年内，实施分级创建示范“职工之家”工程，分别授予市烟草局工会、市国土资源局工会醴陵市“模范职工之家”称号。全年税务代收工会经费 760 万元。强化基层工会绩效管理，建立 25 个行政板块目标管理和考核制度。年末，市总工会被评为株洲市“2016 年度工会工作红旗单位”。

【劳动竞赛】2016 年，市总工会组织技术革新、岗位练兵、节能减排、职业技能竞赛等技术比武活动；开展职工技能、下岗失业职工转岗等培训 120 多次、6000 多人。表彰潘尧生等 10 人为“市第三届道德模范”。继续开展“中国梦·劳动美——寻找最美班组长”活动。承办株洲市 2016 年县、市、区劳动竞赛工作会议。开展全市首届“陶瓷行业手工拉坯职业技能大赛”，《湖南工人报》对比赛进行专题报道。联合市卫计局举办市基层卫生岗位练兵和技能竞赛活动，推荐优秀人员参加上级组织的技能竞赛活动，并分别获株洲市第一、湖南省第一、全国第三的好成绩。全年全市共有 600 多家企业、8 万多人参与各级劳动竞赛，通过劳动技能等一系列竞赛活动的开展，有力助推企业发展。

【“劳模”管理】2016 年，进一步加强劳动模范管理工作宣传、培训和创新，开展工人阶级宣传月活动；支持创建“湖南省示范劳模创新工作室”——黄小玲劳模创新工作室，全年培训初、高级技师 150 多人；开展三级劳动模范摸底调查和建档工作，组织三级劳模免费体检 120 人，组织劳模和一线职工外出疗（休）养 16 人；走访慰问困难、患病、去世劳模家属以及 75 岁以上女劳模、80 岁以上男劳模共 26 人，送去慰问金 4.3 万元。全年为劳动模范发放救助金 51 万元。

【职工文体生活】2016 年，开展市第二届“劳动最美丽”爱心志愿服务节、“4·23”世界读书日系列活动——“我的家族故事”演讲大赛、市快乐荧光跑、“‘遇见·爱’旗滨·公园里”2016 年市首届大型单身青年交友联谊等活动。举办职工健身气功八段锦公益培训班，免费培训 200 多人。

【职工维权】2016 年，大力推动工资集体协商工作，在全市 50 人以上建会企业的建制率达 90% 以上。投资 6 万多元，开展安全生产大检查和“情系职工送清凉”活动。进一步加强信访和劳动仲裁工作力度，全年处理劳动人事争议仲裁案件 295 起，立案 93 起，案外调解 186 起，案件争议涉及金额 500 多万元。

【困难职工帮扶】2016 年，开展职工医疗互助、金秋助学、大病和生活救助、法律援助等活动，为全市 1500 多名困难、患病职工发放补助、慰问金 103 万余元，为困难农民工挽回经济损失 156 万元。（黄　钺）

共青团醴陵市委

【概况】2016 年，共青团醴陵市委（以下简称“团市委”）机关有行政编制4个，工勤编1个；实有工作人员5人（其中行政编2人、临聘人员1人、跟班学习2人）。全市有35岁以下青年28.16万人，其中共青团员4.88万人。下辖137个一级团组织，有非公企业和新社会组织团219家，联系青年社会组织6家。年内，继续抓好“团干部培训班”和开展“团干部健康成长大讨论”等活动。9月，组织全市各单位团干、少先队辅导员共计89人，集中开展为期3天的学习培训。创新团干部管理方式，以“考核+服务”为抓手，出台《关于对基层团干的绩效考核方案》。坚持每周五下午集中学习，落实“五问工作法”，每月举办1次集中工作汇报。

【青少年思想道德教育】2016年，通过开展一系列青少年思想道德教育活动，进一步加强青少年思想道德教育工作力度。组织全市各学校在市烈士陵园开展“清明祭英烈”主题活动，组织社会各界青年开展纪念缅怀英雄张运活动。年内，推动少先队活动纳入学校课程表制度的建立，全市各少先队开展入队仪式、听革命故事等形式多样的课外活动；充分发挥少先队总辅导员在队伍建设方面的作用，少队总辅导员定期为少先队员授讲队课。

【青年志愿服务】2016年，以“学雷锋，我们在行动”为主题，开展丰富多彩的青年志愿活动。在城区主要广场、高铁站等人口聚集地开展集中心理咨询、法律咨询、文明劝导、义诊等活动；组织青年志愿者开展“敬老、爱老”活动，走进偏远农村学校，给留守儿童送去陪伴和关爱；组织开展义务植树活动，对市旅游道路两侧和火烧损毁林地域等进行绿化；开展志愿服务培训，在湖南工业大学醴陵陶瓷学院挂牌并开设“学雷锋志愿服务培训班”。9月，组织市陶瓷烟花职业技术学校、市德才外语学校、市中（一）医院和市自行车协会等单位的150多人，参与2016年环中国国际公路自行车赛醴陵赛段的志愿服务。围绕市“三创四化”工作，组织开展废旧衣服回收活动，50个废旧衣物回收箱安家“瓷城”；组织全市青年志愿者骨干参加“三创四化”青年志愿者培训班，组织青年志愿者走进“瓷城古韵·一江两岸”风光带、状元芳洲、北门社区等地，开展爱卫清洁工作。组织广大团员、青年开展阳光助残、爱心义诊、结对帮扶、关爱空巢老人等活动；开展“天天一元捐”希望工程活动，共筹集善款近2万元。在“六一”期间，举办“欢乐潇湘，五彩醴陵，天使在人间”儿童公益摄影展，售卖所得的1万多元全部资助贫困学生和关爱留守儿童。9月，在全市团干部培训班上，开展“青春助力精准扶贫”之团干部“一对一”帮扶助学行动。在市沩山镇泉水村、左权镇石羊村深入开展精准帮扶工作，帮助7户贫困户脱贫。组织青年群众在有条件的贫困村开展户外运动、毅行等活动。与市书法家协会等单位联合举办“义送春联”活动。

【青年创新创业】2016年，举办市首届创新创业大赛，有15家企业获得共计17.5万元的创业大奖，2家企业获得1200万元银行信贷授信，1家企业获得市高新集团300万元风险投资，其他参赛企业获得相关市直单位提供的政策服务；大赛期间，与湖南工业大学醴陵陶瓷学院合作，组织举办SYB免费创业培训，30多名青年创业者和创业项目在培训中各有所获；另开展“无奋斗、不青春”创业故事分享会。在“五四”期间，开展“新创业、新醴陵之青年说”论坛活动；协办新醴陵八景创作活动之“当湘瓷艳遇新醴陵八景”摄影创作活动和“双十一”电商狂欢夜活动。年内，以“‘青年之声’互动社交平台建设”为抓手，进一步畅通团组织、团员双向联系的互通渠道，利用“醴陵青年”微信公众号等新媒体，宣传党团工作，增强舆论影响力。推进“1+100”团干部直接联系青年（为贯彻落实中央党的群团工作会议精神、推进共青团改革，使团组织深深植根于青年，成为广大青年遇到困难时想得起、找得到、靠得住的力量，在全团建立的干部经常性联系团员青年、直接开展服务引导工作的一项常态化、长期性重要制度安排）工作有序开展，在日常工作和调研中采用与团员青年互留联系方式、创建微信群、QQ群等手段建立联系渠道，通过全年组织或参与的各类青年活动，增强与所联系青年的互动，注重倾听反映青年诉求，突出对青年的政治引领和价值引领。

【青少年维权】2016年，团市委联合市人民检察院、市教育局组建“未成年人心理辅导专业人才库”，聘请16名“未成年人心理辅导老师”，专业人才库主要用于保障未成年人、特别是涉罪未成年人的健康成长。积极推进青少年禁毒、防艾滋病宣传工作，在全市范围内张贴禁毒、防艾滋病宣传标语3000多条，发放宣传资料1万多份，通过强有力的宣传，增强青少年的防毒品、防艾滋病意识。与全国青年社会组织关爱生命万里行活动小组、市禁毒办等单位，共同举办全国青少年社会事务论坛禁毒分论坛活动，并成立“醴陵市禁毒志愿者协会”；协办市防治艾滋病社会参与工程项目启动会暨高峰论坛活动。（胡小庆）

市妇女联合会

【概况】2016年，醴陵市妇女联合会（以下简称“市妇联”）按照“党政所急，妇女所需，妇联所能”的工作原则，切实维护妇女儿童合法权益，全年拨付扶贫村和走访扶贫点统筹经费7万元，走访慰问金8万多元。年内，开展妇女小额担保贷款、巾帼创业就业培训、农村适龄妇女“两癌”（宫颈癌和乳腺癌）免费检查、关爱农村留守妇女儿童等一系列活动，受益妇女、儿童3万余人。加强对离任女村干部的关爱，对全市24个镇（街道、示范区）的74名累计工作超过10年且家庭贫困的优秀离任女村干部进行走访，发放慰问金近4万元。建立妇联主席、妇委会主任“QQ群”和微信群，构建机关干部定点联系各镇（街道、示范区）妇联主席、各系统妇委会主任，分片区管理新模式，并每季度召开一次妇联主席片区会。年末，市妇联获全省妇联系统“宣传工作先进单位”、株洲市妇联系统“先进单位”。

【志愿服务】2016年，编写、发放《三创四化　巾帼先行——致全市妇女姐妹的一封信》，开展“美丽家园清洁包”活动和系列巾帼志愿服务。结合市寻找“最美家庭”活动，创新工作方式，树立一批洁净家园示范典型。联合市女企业家、女旗袍协会成员，分别制作家庭美德宣传海报及印有家庭美德“20字方针”（尊老爱幼、男女平等、夫妻和睦、勤俭持家、邻里团结）的两型环保袋、餐巾纸盒等。指导村（社区）整合“妇女之家”，建设妇女“温暖之家”。利用阳东社区网格化管理的经验，分别指导其他网格，明确妇女小组长，发动巾帼志愿者开展“最美家肴”“温馨家园”“白衣天使”“洁净家园·巾帼行动”等示范创建活动。其中，北门、阳东社区分别创建株洲市、醴陵市示范社区“妇女之家”。积极创建“最美家庭”“平安家庭”“文明家庭”“两型家庭”等各类家庭，其中，刘天健家庭被评为第十届“全国五好文明家庭标兵”和首届“全国文明家庭”；均楚镇殷伯若家庭、王仙镇林迪辉家庭分别被授予株洲市“2016年度‘最美家庭’”称号。年内，配合央视综艺频道《端午三天乐》栏目组，推荐钟建平、施建辉等5个家庭代表“最美家庭”参加节目拍摄。承办“文明株洲·身边最美”主题宣讲报告会，有300多人参加。

【巾帼成才】2016年，举办市优秀女干部能力素质提升班，有40名优秀女性代表参加培训。全年推荐10多名优秀女性分赴国家、省、株洲市学习、培训。开展“追溯醴陵陶瓷的前世今生”主题活动。向市政协推荐14名优秀女性，经考察有9人当选为市政协十四届委员。与市人才办联合启动寻找“醴陵新八景”形象代言人活动。

【巾帼关爱】一是增加女性就业机会。联合市人才办、市人力资源和社会保障局，开展“春风送岗位”活动，在全市范围内组织7场招聘会，其中1场专为女性就业开设的巾帼专场招聘会吸引近800名求职者，实际其中帮助400多名妇女解决就业问题。拍摄3期“创客醴陵·巾帼行动派”女性专访，并在市电视台播放。加大小额担保贷款宣传力度，全年共帮助48名妇女获批小额担保贷款387万元；对建档立卡贫困户中的留守家庭进行摸底，共摸查出留守家庭860户、贫困妇女1835人。结合市精准扶贫有关精神和要求，筹备、创建女性创业就业孵化基地，大力扶持育婴、家政等新兴朝阳行业，拓展妇女就业创业新领域。发挥女企业家协会、旗袍协会等社团组织的作用，通过联谊会、沙龙等形式为创业妇女提供平台。二是全面摸查掌握“两癌”妇女信息。进一步完善市“两癌”妇女信息库，全年争取国家、省、株洲市及企业支持贫困母亲“两癌”救助金55万多元。牵头开展市农村适龄妇女“两癌”免费检查工作，指导创新“两癌”信息管理系统，免费检查“两癌”人员2.4万余人。三是关注儿童成长。继续携手市心理协会志愿者在关爱农村留守儿童服务体系示范点中，开展“一月一主题”心理团辅活动。组织“阳春三月·爱在行动”踏春、“有爱不孤单”2016年成长体验营和庆“六一”关爱留守儿童系列活动。其中“庆六一”活动中邀请中国人像摄影家协会湖南分会和醴陵市的资深摄影师，开展“我们的童年‘摄’影”活动，拍摄的部分作品在市“六一”之“天使在人间”公益摄影展上展出，将义卖所得资金全部用于关爱贫困留守儿童。举办“关爱雏鹰·呵护健康”预防儿童意外伤害等大型知识公益讲座。

【巾帼维权】2016年，市妇联以“三八维权月”为契机，开展主题为“坚持男女平等基本国策、保障妇女儿童合法权益”法律宣传活动；以“6·26”国际禁毒日为抓手，组织巾帼志愿者开展“妈妈禁毒联盟进街道、进社区、进企业、进学校”等一系列以“珍爱生命·远离毒品”为主题的禁毒宣传活动；联合市司法局开展“家庭律师进社区”活动，组织广大律师志愿者深入社区家庭，宣讲法律；借力全民终身学习和社区教育活动周，特邀资深专职律师，举办妇女权益法律保障知识讲座。构建以“妇女法律援助站、家庭暴力报警点、家庭暴力庇护站、家庭暴力伤情鉴定中心、常年法律顾问”为依托的社会化维权工作格局。联合市司法局、民政局建立市级妇女儿童心理维权咨询室及婚姻家庭纠纷专业调解委员会，咨询室由专业的法律工作者和心理咨询师以轮流坐班或是提前预约等形式接待群众来电来访；联合市综治办、司法局在全市镇（街道、示范区）、村（社区、居委会）全面建立婚姻家庭纠纷人民调解委员会，并纳入全市综治考核；与市婚调委，构建完善的社会化维权网络。先后选派多名妇联干部赴省、市参加反家暴工作和婚调工作的学习培训。全年接待来信来访来电128件，其中来访107件、来电21件，结案率为100%；其中婚姻家庭类95件，占总量的74.2%。（喻　磊）

市残疾人联合会

【概况】2016年，醴陵市残疾人联合会（以下简称“市残联”）内设财务、党政综合、教育就业、康复、组织宣传文体办公室和残疾人综合服务、辅具服务、劳动就业服务、权益维护中心。有在职人员13人。市残联主要负责全市残疾人康复，残疾人辅助器具供应，残疾人就业培训，残疾预防，扶贫开发等工作。全年全市办理第二代残疾人证2683本，其中肢体残1096人、视力残306人、听力残92人、言语残6人、智力残175人、精神残550人、多重残458人；残疾证遗失补办、残损证换新178本，审核不符合办证人员25人。组织开展“下乡办证、服务上门”活动，办理残疾证56本。全年接待来信来访120件次，其中困难救济问题占70%；为3名残疾人提供法律咨询和援助。年末，市残联被评为“湖南省县市区残联教育就业工作甲等优秀单位”和株洲市“残疾人教育就业工作绩效考核优秀单位”。

【残疾人服务队伍】一是成立残疾人工作委员会，由市政府办、教育局、民政局等21个单位的人员组成。二是全市24个镇、街道、区均建立乡镇残联机构，配备24名专职残联干部和残疾人专职委员；全市各社区（村）、居委会均建立残协，共配备残疾人专职委员286名。完善残联专职干部的审核及培训，规范专职工作人员工作职责及各项制度，形成以“市残联为主导、镇、街道、区残联为骨干和村（社区）残疾人组织为基础”的残疾人组织网络。

【残疾人补贴】2016年，出台《醴陵市实施重度残疾人护理补贴制度和贫困残疾人生活补贴制度操作办法》，全年审核护理补贴对象6821名，发放补贴资金381.2万元；生活补贴对象4907名，发放补贴资金268.8万元。年内，投资32万元，为30户贫困残疾人家庭改造无障碍设施；全年为全市306名残疾人机动轮椅车燃油补贴对象发放每人260元的燃油补贴。

【残疾人康复】一是做好儿童抢救性康复救助项目工作。完成市0～7岁残疾儿童抢救性康复项目，全年筛选65名脑瘫、智障儿童，赴省、株洲市康复医院进行免费康复训练。配合株洲市残联的流动服务车活动，为45名0～6岁贫困残疾儿童抢救性康复项目（脑瘫、智障、孤独症、听力障碍）救助对象评估筛查。二是实施贫困精神病残疾人提供服药补贴服务项目。全年为28名重度精神病患者住院项目给予每人3700元补助，为120名贫困精神病患者提供每人500元的服药救助。三是完成市“民生100”工程项目。投入7万元，购置150台轮椅、50台坐厕椅、20台浴椅，全年为残疾人免费配发腋拐、坐厕椅、座便轮椅等辅助器具426件；投入32万元，为180名居家托养服务对象提供上门服务；举办康复协调员培训班1期，共培训残疾人40人；举办盲人定向行走培训班1期，培训盲人50人。

【残疾人就业帮扶】2016年，残疾人就业帮扶工作严格执行《湖南省按比例安排残疾人就业规定》，对全市28家企、事业单位、社会团体等进行年审，核定残疾人就业35人。全年财政代扣、地税代征残疾人就业保障金300万元。采取“社会培训机构及残联自办培训班相结合”的办法，投资31.36万元，分别组织举办残疾人实用技术和职业技能的免费培训，共培训150人。投资32万元，对25名残疾人进行创业扶持。对9名考取大、中专的残疾学生发放助学金2.15万元。年内，选送3名残疾学生赴省特教中专就读；为4家盲人按摩店申报2016年湖南省“盲人按摩示范店”，并得到资金扶持。

【扶贫解困】一是做好“全国助残日”和特困户年终走访慰问活动。春节前夕，共走访慰问残疾人155名，发放慰问金及临时救助款9.98万元；第26次全国助残日期间，走访慰问特困残疾人432户，发放慰问金17万多元。二是开展“连千村帮万户”扶助项目。为枫林镇蕉源村20户残疾人提供种养殖业培训、辅器配备等服务，给予每户1000元资金扶持；投入3万元，完善村级残协组织。全年共向联系点明月镇投入帮扶资金6万元，支持湾富村村级建设2万元。加大对口扶贫

醴陵市环境保护局

LI LING SHI HUAN JING BAO HU JU

环境保护工作大会

开展环境执法检查

开展环境保护宣传

监测人员采集水样

醴陵市人力资源

LI LING SHI REN LI ZI YUAN HE

中国人事科学研究院副院长李建忠到局调研指导工作

党建工作会议

举办就业扶贫专场招聘会

企业座谈会

和社会保障局

HE HUI BAO ZHANG JU

参加全市“两学一做”知识竞赛

扶贫工作

举办2017年新春招聘会

全市公开招聘农村初中小学幼儿园教师报名现场

湖南工业大学醴陵专场人才引进洽谈会

醴陵市国土资源局

LI LING SHI GUO TU ZI YUAN JU

株洲市国土资源局党组书记、局长何安国到醴陵调研

颁发株洲地区县级不动产“第一证”

召开全市国土资源工作会议

扶贫工作

开展志愿者服务活动

开展“全国土地日”宣传活动

醴陵市住房和城乡规划建设局

LI LING SHI ZHU FANG HE CHENG XIANG GUI HUA JIAN SHE JU

领导班子

党组书记、局长丁际秋下工地检查安全生产情况

调研项目建设工地

扶贫工作

党员大会

召开“三创四化”工作调度会

醴陵市城市管理

LI LING SHI CHENG SHI GUAN L

党组书记、局长　余汉平

市委书记胡湘之到局调研

组织参加抗洪抢险

召开“庆七一”暨党风廉政教育党员大会

拆除建设西路大型立柱广告

公开招聘协管员考试

开展全城大清洗活动

召开环境卫生工作部署会

和行政执法局

HE XING ZHENG ZHI FA JU

上海市住建委领导一行到醴陵学习考察数字城管建设运行工作

株洲市城市管理和行政执法局领导一行到醴陵调研城市管理工作

扶贫工作

城管宣传招募海报

醴陵市农业局

LI LING SHI NONG YE JU

农业部种植业管理司行业发展处处长李增裕到醴陵调研休耕工作

扶贫工作

举办耕地修复治理城郊管水员培训班

全市土地确权工作推进会

机械化收割水稻现场

农业技术专家开展技术服务指导

醴陵市交通运输局

LI LING SHI JIAO TONG YUN SHU JU

机关支部党员大会

迎接省交通运输厅对农村公路窄路加宽项目验收

交通运输工作会议

湘运醴陵汽车站整体搬迁至湘运醴陵汽车中心站

开展路面巡查执法

331 省道东城大道（醴陵段）建设施工现场

醴 陵 市

LI LING SHI

党组书记、局长 甘 毅

副市长钟国建到局调研

党组书记、局长甘毅检查乡镇防汛工作

党组书记、局长甘毅凌晨到三刀石查看水情

船湾镇沟形湾水库

水　利　局

SHUI LI JU

省湘江办领导一行到醴陵视察望仙桥水库饮用水水源地保护工作

扶贫工作

防汛救灾工作调度会

渌江、澄潭江、城市内河综合治理工作会议

醴陵市铁河项目区四和生态清洁小流域山塘六方块护坡

磨子石河治理工程新阳段石龙坝右侧翼墙施工现场

组织开展第 25 届“世界水日”和第 30 届“中国水周”主题宣传活动

醴 陵 市

LI LING SH

领导班子

全省森林防火现场座谈会在醴陵召开

高级工程师下乡进行技术指导

上门宣传森林防火知识

林 业 局

LIN YE JU

市委书记胡湘之参加义务植树

党组书记、局长凌伟慰问贫困户

离退休支部开展“七一”党日活动

临澧县林业局领导一行到醴陵参观学习森林防火工作

局义务植树基地

醴陵金桥生态林农实业有限公司油茶基地

醴陵市商务

LI LING SHI SHANG WU

株洲市委书记毛腾飞调研广交会陶瓷展区

株洲市旅游外事侨务局副局长成小兵到醴陵督查旅游安全工作

2016年重大项目招商引资签约仪式

召开全域旅游暨全民招商动员大会

举办2016年中国旅游日活动

旅游和粮食局

LU YOU HE LIANG SHI JU

市长康月林参加广东醴陵商会成立庆典

党组书记、局长张永辉慰问贫困户

夏粮收购检测

指导帮扶贫困村党建工作

电商产业园启动仪式

美丽乡村评审会

“两学一做”动员部署大会

醴陵市文体广电新闻出版局

LI LING SHI WEN TI GUANG DIAN XIN WEN CHU BAN JU

举办庆祝中国首个“文化和自然遗产日”活动

“湖南省经典文化村”授牌仪式

第四届醴陵百姓文化团圆饭

“醴北人家”首届山地马拉松比赛

2016 环中国国际公路自行车赛（湖南站）醴陵赛段

“新华联广场”快乐荧光夜跑暨篝火晚会

中央电视台“端午乐三天”——龙舟赛活动（醴陵拍摄现场）

醴陵市审计局

LI LING SHI SHEN JI JU

党组书记、局长　唐　飞

领导班子

全市科级领导干部经济责任审计集中进点会

举办审计业务培训会

扶贫工作

醴陵市卫生和

LI LING SHI WEI SHENG HE

省卫生和计划生育委员会副主任易露茜到醴陵调研卫计工作

株洲市人民政府市长阳卫国到醴陵调研卫计工作

党风廉政建设巡查工作

组织医疗专家团队下乡义诊

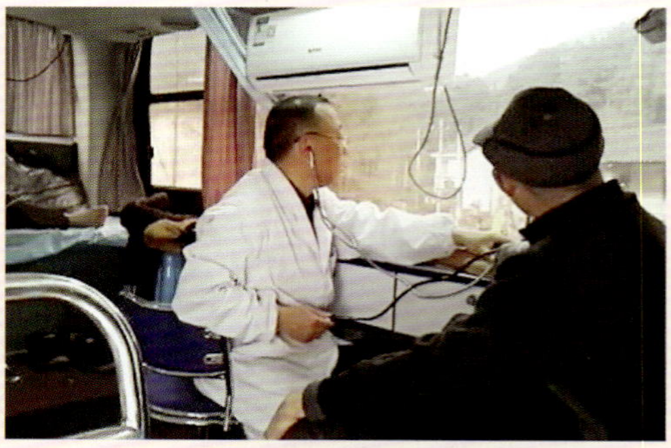

组织诊疗车下乡为贫困户进行健康检查

计划生育局

JI HUA SHENG YU JU

市委书记胡湘之调研新妇幼项目建设工作

市委书记胡湘之在“湘雅乡情 · 专家醴陵行”答谢会上讲话

市委副书记邹展晖调研卫计工作

副市长石勇辉调研卫计工作

开展“两学一做”学习教育知识竞赛

湘东医院 · 泗汾镇中心卫生院医疗联合体医院建立

醴陵市食品药品

LI LING SHI SHI PIN YAO PIN GONG

市公安局驻局工作联络室正式揭牌

醴陵出口日用陶瓷电瓷质量安全示范区展厅揭牌

深入企业走访调研

省主流媒体聚焦醴陵食品安全网格化监管

“白板肉”专项整治行动

开展“食品安全进校园”系列培训

检定粮站计量器

工商质量监督管理局

SHANG ZHI LIANG JIAN DU GUAN LI JU

执法人员检查电动扶梯

药品安全专项整治

醴陵市食品安全事故应急演练现场

全市食品药品工商质量监督管理工作会议

食品安全检查

“3 · 15”活动现场之识假辨假知识宣传

醴陵市安全生

LI LING SHI AN QUAN SHENG

国家安全生产监督管理总局职业健康司副司长张宏波到醴陵调研职业卫生工作

市委书记胡湘之督查马颈坳煤矿安全生产工作

国务院安全生产委员会办公室宣讲团到醴陵宣讲《中共中央国务院关于推进安全生产领域改革发展的意见》

召开 2016 年度工作述职报告会

醴陵市烟花爆竹安全生产管理 A 级企业授牌仪式

产监督管理局

CHAN JIAN DU GUAN LI JU

党组书记、局长田安平到赖氏爆竹制造有限公司检查安全生产工作

全市安全生产工作暨“安全保卫战”动员大会

烟花爆竹行业“大安全 · 大和谐 · 大醴陵”系列宣教活动总决赛暨颁奖典礼

开展“安全生产月”宣传活动

组织干部职工到娄底市学习矿山安全管理经验

拆除落后烟花爆竹退出企业厂房

醴陵市统计局

LI LING SHI TONG JI JU

领导班子

市委书记胡湘之调研统计工作

北京中郡县域经济研究所所长刘福刚一行到醴陵调研

全市统计工作汇报会

扶贫工作

醴陵市第三次全国农业普查入户登记启动仪式

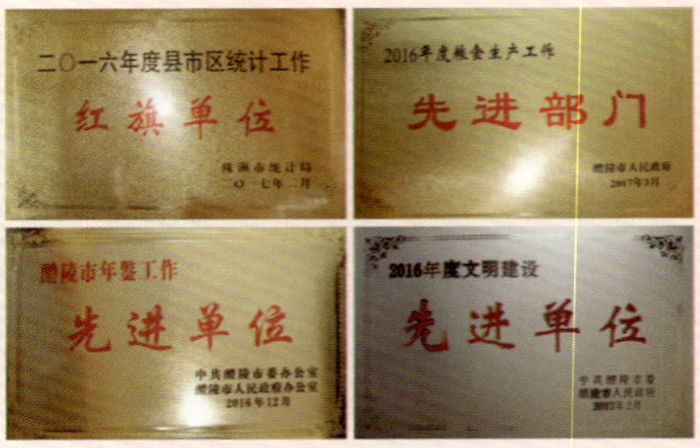

醴陵市人民防空办公室

LI LING SHI REN MIN FANG KONG BAN GONG SHI

党组书记、主任潘应生到市第四中学宿舍项目现场踏勘

开展慰问贫困户活动

组织党员干部参观全市预防腐败警示教育基地

组团参加贫困户农产品展销会

开展“七一”党日活动

宣传人防应急知识

召开推进“两学一做”常态化制度化动员会

醴陵市烟花鞭炮管理局

LI LING SHI YAN HUA BIAN PAO GUAN LI JU

局长胡兆霖出席花炮订货会

指导市场推广工作

考察花炮销售企业

机关干部会议

召开花炮企业税收工作座谈及业务培训会

醴陵市水库移民开发管理局

LI LING SHI SHUI KU YI MIN KAI FA GUAN LI JU

党组书记、局长　何春辉

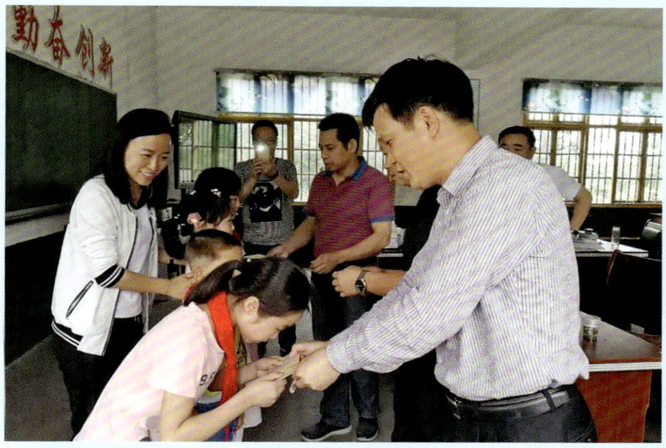

救助贫困学生

“两学一做”动员大会

举办水库移民实用技术培训班

政务公开栏

株洲市公共资源交易中心醴陵市分中心

ZHU ZHOU SHI GONG GONG ZI YUAN JIAO YI ZHONG XIN LI LING SHI FEN ZHONG XIN

主 任 袁 亮

召开“两学一做”工作会

服务大厅一角

政务公开栏

第二届中国（醴陵）国际陶瓷产业博览会策划服务招标会

醴陵市国有资产投资经营中心

LI LING SHI GUO YOU ZI CHAN TOU ZI JING YING ZHONG XIN

召开推进“两学一做”学习教育常态化制度化动员部署会

扶贫工作

开展安全生产大排查

公车拍卖会

巡查陶瓷会展馆建设项目安全生产和工程进展情况

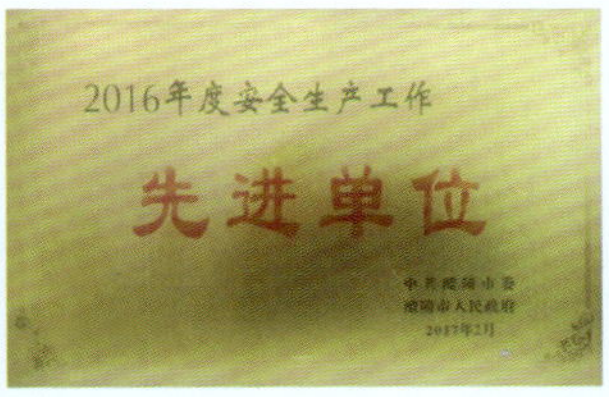

醴陵市政务服务中心

LI LING SHI ZHENG WU FU WU ZHONG XIN

政务服务团队

市委书记胡湘之到中心调研

市长康月林到中心调研

政务大厅一角

株洲市政务服务中心主任郝建东到中心考察指导工作

主任何平发询问办事群众业务办理情况

开展“三创四化”活动

开展户外拓展活动

醴陵市供销合作总社
（醴陵市行业办公室）

LI LING SHI GONG XIAO HE ZUO ZONG SHE
（LI LING SHI HANG YE BAN GONG SHI）

省委老干部局领导督查党建工作

省供销合作总社领导到醴陵调研

金桥惠农服务有限公司生产车间

召开推进“两学一做”学习教育常态化制度化动员大会

农资储备配送中心

醴陵市农业综合开发办公室

LI LING SHI NONG YE ZONG HE KAI FA BAN GONG SHI

省农业综合开发办公室主任李丙力到醴陵调研

株洲市农业综合开发办主任金宏君视察湖南指上美食品有限公司2000吨蔬菜加工扩建项目

参加株洲市农业开发业务培训

株洲市农业综合开发办公室工作组到醴陵检查验收水利项目

山塘防渗工程

沩山高标项目渠道

村板杉镇板杉村的精准扶贫力度，投资4万元支持村级建设，并对口扶持特困户6户；投资3.5万元，帮助贫困户周立中改造危房。三是继续开展大走访活动。通过助残日、建军节等特殊节日，走访、慰问湾富村退休村干部、老党员、特困残疾人共19人，发放慰问资金9500元。

【残疾人宣传文体】年内，组织开展第33届国际盲人节卡拉OK歌咏会、残疾人手工作品义卖活动、省残联“远征杯”无障碍知识竞赛以及残疾人文化周艺术作品征选等活动。推荐5名运动员参加湖南省残疾人运动员选拔。

【残疾人服务和康复调查】2016年，残疾人服务和康复调查工作按照全国残疾人基本服务和康复需求专项调查工作要求，完成年度全市持证残疾人基本服务状况和需求信息数据动态更新工作，更新全市1.74万名持证残疾人信息数据，并按要求将所有的信息全部录入“专项调查”系统；录入率和合格率均达100%。（王 怀）

市科学技术协会

【概况】醴陵市科学技术协会（以下简称“市科协”）由学会、协会、研究会和基层科学技术协会组成，是科学技术工作者的群众组织，是党和政府联系科学技术工作者的纽带和发展科学技术事业的助手。2016年，市科协有工作人员6名，退休人员6名；被中国科学技术协会评为“全国科普优秀组织单位”。年内，仙岳山街道财源塔社区获“2016年全国科普日特色活动优秀单位”，国瓷街道国光社区获“全国科普示范社区”称号。

【科普宣教】2016年，组织文化、科技、卫生“三下乡”活动1次，服务农民近万人次，发放科学种植、养殖、中医养生等科普图书2万余册。组织开展“全国科普日”、世界环境日、全民终身学习活动周等主题宣传活动4次。年内，争取国家级“科普惠农兴村”奖励项目2个，其中醴陵大塘生态养殖基地获国家级“基层科普行动计划”奖补项目，市国瓷街道国光社区获国家级“社区科普益民计划”奖补项目，2个项目共获奖补资金40万元。举办农业实用技术培训1期，培训农民800多人，发放资料2000多份。组织科普进社区活动5次。联合国光、狮子坡、财源塔、马放塘和胜利社区举办科普进社区活动，为社区居民提供消防自救、疾病防治、老人用药、健康饮食、免费体检等服务，活动深受市民欢迎。

【学术交流】2016年，在第37届湖南省青少年科技创新大赛上，市选送的“利用视觉暂留原理设计的高速公路出口标志”获大赛金奖和“军成科技创新英才专项奖”；选送的“头手伸出窗外报警器”获大赛金奖，并入围“全国第十二届宋庆龄少年儿童发明奖”，成为全省4件入围的小学生作品之一。组织市农学会、畜牧水产学会、医学会、气象学会等34家市级学会、协会、研究会，开展自然科学优秀学术论文评选，有6篇优秀学术论文通过初审，选送至株洲市自然科学优秀论文评审委员会参加评选；其中周伟、李涵茂撰写的《醴陵市晚稻枯病发生等级预测研究》和李锦田、张家桂撰写的《浅析中国规模养猪准入》分获株洲市自然科学优秀论文二等奖、三等奖。

【流动科技馆巡展】2016年11月8日，中国流动科技馆湖南巡展醴陵站活动正式启动。巡展活动成员单位负责人、学生代表、社区居民代表等共计500多人参加活动，省科协党组副书记、副主席王玉立出席活动并宣布活动启动。巡展活动在醴陵展出近3个月，共接待观众10万多人次。

（陈珊珊）

军　事

市人民武装部

【概况】2016年，醴陵市人民武装部（以下简称“市人武部”）党委深入贯彻落实全军改革工作会议和习近平同志系列重要讲话精神，紧紧围绕上级指示要求和年度工作部署，狠抓各项工作落实，年度工作成绩突出，部队全面建设取得新发展。年内，人武部被株洲市军分区评为“军事训练先进单位”“安全工作先进单位”，人武部机关党支部被株洲市军分区评为“先进基层党组织”。

【思想政治建设】2016年，市人武部始终把思想政治建设摆在首位，扎实开展“新体制、新职能、新使命”大讨论，人人亮立场、表态度。全面彻底肃清郭伯雄、徐才厚流毒影响，突出抓好思想、组织清理。干部职工举旗筑魂、履行使命更加坚定自觉。在“两学一做”学习教育活动中坚持开展“每日一学”“抄写党章一百天”“学党章、戴党徽”活动；扎实开展党员承诺践诺活动，按照“科学定诺、扎实践诺、全程督诺”三个环节，以“挂账兑现承诺”的方式，帮助党员理思路、抓整改。年内，将国防和民兵预备役法规条例纳入市政府党组年度学习计划；将国防教育纳入中、小学教育课时计划和素质考评内容以及市中青班学习课程。利用电视、网络、短信、微信、LED广告屏等各种媒体，大力开展国防教育和征兵宣传；设立大型国防教育宣传牌11块，悬挂国防标语1200多条，发放国防教育宣传单10万多份。

【战备训练】2016年，战备训练坚持以“使命任务”为牵引，按照“能打仗、支援保障打胜仗”的要求，深入推进各项军事斗争准备。深化“湘江2014”“湘江2015”演习成果，结合整组备案和国防动员潜力调查，组织对辖区官庄水库等重要目标、交通干线、重要地形等逐一现场勘察，完善相关资料数据，修订、完善战备方案，组织集中研究、图上作业和现地推演，进一步理清辖区内作战任务需求，编修辖区兵要地志，确保方案精确实用。结合重大节假日和敏感时节，组织战备形势教育，完善各类应急预案，严格落实各类值班，定期组织应急出动和营院防暴防恐演练，确保遇有情况及时处置。按纲施训有效落实，全年共组织各类训练7期495人次。圆满完成新兵征集任务，其中兵役登记率、大学生预征对象上站率均达100%，合格率、大学生征集比例分别达65%、47%；连续四年实现“零退兵”目标。

【参建参治】2016年，市人武部牵头驻地部队和民兵预备役人员，参与“三创四化”、重点工程建设、项目攻坚、企业帮扶、征地拆迁和安全生产等工作。在泗汾镇开展的“一进二访”活动中，捐资15万元、筹资60万元；在春节和清明节期间，组织应急连60名民兵在群众进山重点路段巡逻卡点，防范火灾发生。5月和9月，先后出动320多名民兵，担负央视“端午乐三天”拍摄、“2016环中国国际自行车赛（醴陵赛段）”的维稳安保和水面救援任务，确保活动顺利完成。扎实开展帮训活动，先后完成50多名党政机关干部、1000多名企事业单位员工、3350多名中学学生的军事训练任务。积极参加义务植树、献血等社会公益活动，武装工作社会效应不断扩大。

【精准扶贫】2016年，市人武部在牵头负责帮扶的省级贫困村李婆塘村的精准扶贫工作中，先后投入扶贫资金10万元，赠送5万多元的慰问金、物资；与株洲市扶贫工作队一道，共筹措扶贫资金近110多万元，帮助成立养殖合作社、建设光伏发电站、修建惠及230多户居民的饮水工程，拓宽、硬化道路路面5千米，安装路灯80盏；指导、推进“易地搬迁”工程，制定整体扶贫方案和“一户一策”脱贫措施，改善贫困家庭生产生活条件，增加经济收入，确保脱贫目标如期实现。

（金 山）

预备役部队

【军事训练】2016年，湖南预备役驻醴陵部队（以下简称“部队”）围绕强军目标，聚焦打胜仗，扎实打基础，较好地完成各项军事训练任务。全年组织或参加各类训练11期，参训人数366人。先后完成入队、现役营连长、舟桥骨干、分队预任军官、指挥分队专业骨干、分队成建制、战炮专业骨干、一般炮手、军训教学法、非战争军事行动训练、集训和湖南工业大学2016级新生军训，共11项训练内容。结合重要时期、重大节日，先后6次修改、完善反暴恐、抗洪抢险、森林灭火方案，紧贴辖区内形势和任务特点开展战备演练，组织部分预备役官兵共120人开展防恐综合演练2次、抗洪抢险演练3次和森林灭火演练1次。7月4—7日，短时间内快速动员集结30名预备役官兵参加益阳市桃江抗洪抢险任务。

【军地融合】2016年，部队结合组织调整，完成营党委和3个预建支部补、改选工作；完善党团组织建设，坚持做到重大问题集体讨论、重大决策集体研究、重要工作党员带头。积极协调湖南国防教育频道、市广播电视台宣传报道战备训练工作。全年在《国防报》《战士报》上刊3篇。全年调整预任军官7人、预编士兵58人。年内，投入近20余万元，规范建设营部、3个连队的文化基础设施和各类制度牌；投入15万元，购置帐篷、野战给养单元、发电机等非战争军事行动器材；投入5万多元，修缮翻新营部办公楼屋顶防水和二连会议室。开展“百日安全无事故”活动，重点突出对人员、车辆、手机、枪弹和涉密载体的管理，人人签订“安全稳定责任状”。关停营部修理厂、泗汾训练基地2个对外有偿服务场所，改造、维修营院水电线路。

（谢金波 蔡 伟）

武警株洲支队醴陵市中队

【概况】2016年，武警株洲支队醴陵市中队（以下简称“中队”）按照年初党支部制定的整体工作思路，紧紧围绕国防和军队建设的主线，狠抓以“执勤处突”为中心的各项任务，加强部队全面建设。严格落实党支部委员集体学习制度，突出抓好习近平主席系列重要讲话精神的学习；在中队全体党员中，积极开展专题教育，严密组织、参加武警总部的网上学习研讨和支队干部网上理论学习、培训，全年选送30多名官兵，参加株洲支队的各种培训；全年撰写论文20篇、读书心得54篇，部分论文和文章在《解放军日报》《人民武警报》《株洲日报》上发表；在武警局域网上刊稿100多篇。年内，中队新闻报道工作在武警株洲支队中排名第二。

【内部管理】2016年，中队围绕开展“改革强军”“两学一做”主题教育活动，突出红色文化育人，与市烈士陵园、李立三故居签订“革命传统教育基地共建协议”。组织学习《为人民服务》《纪念白求恩》《愚公移山》等影片；参加市“瓷博会”“公祭日”等活动，力求以红色文化建队育人。积极开展捐资帮扶地方“五保户”、义务献血、义务劳动、植树造林等公益活动，进一步融洽警政警民关系。开展专勤专训，加强反恐应急班的战术协同训练，不断提高处突能力，先后担负春节、“五一”、“十一”期间的战备工作和城市武装巡逻任务；全年执行押解勤务20多次，各类安保勤务10多次，各项任务均圆满完成，受到用兵单位的好评。妥善安排后勤工作，因地制宜地抓好种植业和养殖业，全年养猪8头、羊5头，种植蔬菜0.2公顷、30个品种，蔬菜供应基本自给。

（陈 龙）

市公安消防大队

【概况】2016年，醴陵市公安消防大队（以下简称“大队”）共有工作人员74人，其中干部15人、战士32人、政府专职消防队员20人、其他人员7人；下辖2个中队。大队主要担负各类火灾的扑救、灾害事故的抢险救援工作，全年接警出动261次（含增援）、出动车辆437台次、警力3042人次，营救被困群众38人、疏散被困人员181人。年内，大队加强对全市的消防安全监管，以“今冬明春火灾防控工作”、“杭州G20峰会”消防安保、“打非治违”、“夏季消防检查工作”等专项行动为契机，全面开展火灾隐患排查整治。全年检查各类场所、单位 1614 家（次），发现火灾隐患或违法行为 1287 处，已督促整改到位 1272 处，下发责令改正通知书 896 份、行政处罚决定书 49 份、临时查封决定书 15 份，责令“三停”（停业停产、停止使用、停止施工）单位 18 家，罚款 74.03 万元。

（唐　莎）

市人民防空办公室

【概况】2016 年，醴陵市人民防空工作按照“长期准备、重点建设、平战结合”的方针，坚持“与经济建设发展相协调、与现代城市建设相结合”的原则，夯实人防工程、指挥通信、宣传教育建设，不断提升全市人防战备能力。市人民防空办公室（以下简称“人防办”）内设综合股、工程股（行政审批股），下辖人防指挥信息保障中心；有在职干部职工 8 人、退休人员 6 人。年末，被省人力资源和社会保障厅、人民防空办公室评为全省“人民防空先进集体”，被株洲市人民防空办公室评为“人防工作先进单位”。

【工程建设】一是健全人防行政审批制度。完善行政审批会审制、行政执法决策、行政执法监督、行政执法公示等规章制度，进一步规范行政执法行为。二是依法开展行政审批工作。全年审批民用建筑报建项目 26 个，其中审批结合民用建筑同步建设防空地下室项目 1 个、易地建设项目 25 个；综合结建率达 100%。三是切实维护人防工程。年内，对多处公共人防工程进行日常维修维护，检修电路电线，加固设备设施。同时，与市各单位人防工程签订“维护管理协议”，进一步完善人防监督管理工作。

【指挥通信】一是扎实开展指挥通信体系的日常维护工作。采取“定人、定点、定责”的方式，坚持每月定期检查维护警报、电台等专业设施设备，及时做好检查、检修记录，确保人防指挥通信系统长期保持良好使用状态。二是依法组织实施警报试鸣活动。试鸣前期，派出专业技术人员全面检查、维护全市的防空警报设备；同时以电视播放、报纸专刊、短信提示、通告张贴等形式，提前 5 天告知市民防空警报试鸣事项。11 月 1 日上午 9 时 30 分，按照预先警报、空袭警报、解除警报 3 种信号依次发放，警报器鸣响率、完好率及覆盖率均达 100%。三是结合警报试鸣开展疏散演练活动。试鸣期间，组织全市城区初级中学学生和部分社区居民，开展防空应急疏散演练，讲解防空警报专业知识和防空袭保护措施；进一步增强市民的国防观念和人防意识，有效提升民众防灾减灾、自救互救能力。

【宣传教育】一是教育先行，切实把宣传教育摆上重要位置。联合市教育局在城区 6 所初级中学开展人防知识“进学校”活动，并将人防知识纳入教学范围；经期末人防知识测试，学生成绩均合格；10 月，首次向全市城区多所小学，分批次无偿配发《人防小博士》科普图书 5000 多册。二是突出重点，切实加强人防法规宣传。年内，侧重开展人防知识“进企业”活动，专项宣传涉企行政事业性收费 2 次降标的有关政策，并认真实施。三是丰富载体，将人防知识融入系列活动。在“5·12”全国防灾减灾日、“11·1”全省防空警报试鸣日等重要活动期间，与市相关单位联合开展人防宣传活动，制作宣传短片 4 期，印发资料 3 万册，设置户外宣传栏 2 块，摆放展板 24 块，增设人防宣教展示柜 4 处。

（江华林）

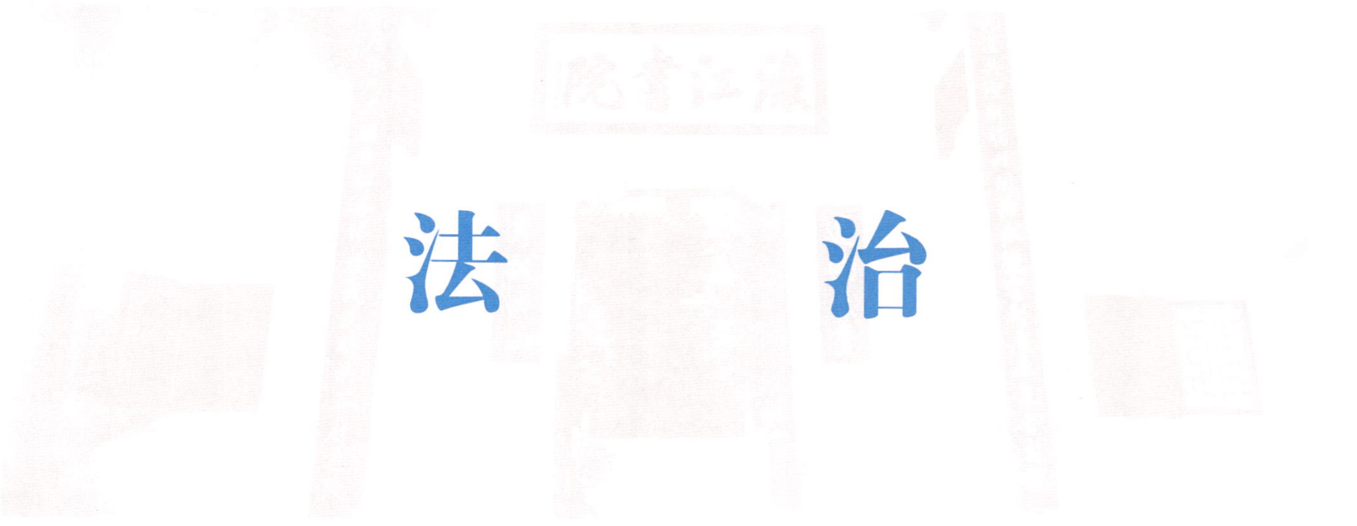

法　　治

政法工作

【概况】2016年，全市无政治破坏、非法聚集、暴力恐怖事件，刑事案件、信访总量、到省上访、进京非正常上访分别下降8.2%、45%、33%、27%；在湖南省社会管理综合治理民意调查中得分高出全省平均分1.54分，排名第50名；群众安全感满意度和政法队伍形象民意调查均实现上升。

【社会维稳】2016年，共收集上报涉稳情报信息563条，消除各类涉稳隐患苗头67起，妥善处置群体性事件48起，有效引导网上有害信息4895条，化解各类社会矛盾纠纷6125起，办结各类信访案件329起。完成全国“两会”、十八届六中全会、G20杭州峰会、省市县三级换届、“端午乐三天”、“环中国国际自行车赛醴陵赛段”等重大会议和活动期间全市的安保任务。

【综合治理】2016年，在全市范围内开展社会治安综合治理民意调查，收集群众反映的各类诉求和意见2255件，综合运用综治考评、挂牌督办、一票否决等方式，落实综治民调考核奖惩机制，及时反馈问题并督促整改。针对李畋镇麻石村因跨省环境污染多次进京集访等问题开展综合治理，改善生态环境，实现治安状况好转。推行城乡社区网格化服务管理工作，在城市和农村科学合理地划分网格，形成“网中有格、格中有人、人在格上、事在格中、一网无余”新机制，开创全市社会管理综合治理工作的新格局。

【专项整治】2016年，对陶瓷博览园、“瓷城古韵”、渌江新区重点项目开展治安环境专项整治工作，对企业周边纠纷及时调解，对阻碍施工和破坏项目进度的违法犯罪行为严厉打击，共调处纠纷347起，行政拘留6人，刑事拘留4人。组织“扫黄禁赌缉毒保畅”“扫盲清零百日行动”等专项行动，重点整治涉黄涉赌涉毒违法犯罪活动，共侦办案件185起，刑事打击109人，行政处罚566人。其中在“2016-805”部督目标案中，抓获涉毒团伙成员13人，吸毒人员50多人，收缴毒品2000多克。在“打非治违”行动中，共查处非法制造危险物品行政案件13件，行政拘留16人。在“信访百案化解、维稳百日整治”活动中，化解信访积案79起，其工作经验在株洲市范围内推广。年内，对酒后驾驶、“三超一疲劳”（超速、超员、超载和疲劳驾驶）、无证驾驶、涉牌涉证等交通违法行为实行“零容忍”，破获交通刑事案件34起，起诉50人。

【“数字醴陵”建设】2016年，集平安城市、智能交通、数字城管为一体的“数字醴陵”一期工程正式开通；“数字醴陵智能交通”二期工程投入建设。高清“电子眼”遍布大街小巷，城区重点区域、复杂场所、要害部位、关键路段实现视频监控全覆盖，为案件的侦破、交通违法的查处提供便利，保障全市社会治安、交通秩序的和谐有序。

【法制宣传】2016年，组织国家工作人员在“如法网”上参加学法用法考试，开展“弘扬法治精神，构建平安醴陵”为主题的送法下基层活动；推动“法润三湘”公共法律服务，全年开展各类司法宣传46场次，发放宣传资料5.9万多份，展出板报170多块次。与市电视台合作将“交警直播室”设置到市交警大队指挥中心，搭建警民互动“空中桥梁”；开展“中小学生交通安全教育日”“六一反酒驾宣传日”等交通宣传活动47次，发放宣传资料12万余份。在“平安创建宣传月”活动中，在各镇赶集时段向群众提供法律咨询服务，连续出动宣传车1个月，走村入户开展宣传。

【见义勇为】2016年，广大干部群众积极参与社会治安综合治理和“平安醴陵”建设，在此过程中涌现出一批为保护国家、集体和人民群众生命财产安全，维护社会稳定的见义勇为先进典型，产生良好社会效应。为表彰先进，弘扬正气，市人民政府授予刘伯葵等11人“醴陵市见义勇为先进个人”称号。

熊开里，男，汉族，1952年出生，市板杉镇七里山村泉塘组村民，“五保”老人；**李小湘**，男，汉族，1955年出生，市板杉镇七里山村泉塘组村民，个体；**李清泉**，男，汉族，1962年出生，市板杉镇七里山村泉塘组村民，退伍军人；**李密希**，男，汉族，1965年出生，市板杉镇七里山村金家咀组村民，务农；**李志强**，男，汉族，1979年出生，市板杉镇八步桥村樟树组村民，务农；**李法强**，男，汉族，1983年出生，市板杉镇七里山村泉塘组村民，务农；**文建武**，男，汉族，1967年出生，市板杉镇七里山村泉塘组村民，务农；**李爱群**，男，汉族，1968年出生，市板杉镇七里山村泉塘组村民，打工；**李武军**，男，汉族，1972年出生，市板杉镇七里山村烂太屋组村民，务农；**江召九**，男，汉族，1969年出生，市枫林镇金狮村全红组村民，务农。2016年2月11日晚7时，熊开里在路边等待外出务工的儿子回家，突然听到河边传来一声巨响，循声过去查看，发现有车辆底部朝天翻入河中。熊开里见状大声呼救，听到呼救声的李小湘、李清泉、李密希、李志强等人先后赶到，此时车身已完全没入水中。熊开里跳下河救人，李清泉、李密希、李武军、江召九等人也跳入河水中，试图打开车门。由于水压太大，车门无法打开，车内被困人员情况不明，且传出小孩的哭声。李清泉、李小湘和李志强等人合力抬高车身，让附近村民从家里找来锤子，待车身抬高至车窗露出水面，江召九、李武军用锤子砸开车窗，发现车内共有5人，驾驶员没有动静，还有1名小孩和3名大人惊慌失措。李小湘先将小孩从车内救出送到岸边，李爱群和文建武引导车内其他被困人员先后脱困。熊开里和李法强见小孩和大人的衣服全部湿透，带领他们去自己家中洗澡、换衣服。由于众人施救及时，车内5人除驾驶员耿女士不幸罹难外，其余4人全部获救。

刘伯葵，男，汉族，1963年5月出生，市仙岳山街道办事处南门社区居民。2016年9月7日早晨7时许，刘伯葵和平常一样外出买早餐，经过白云庵时，听到从河边传来呼救声。刘伯葵立即来到河边，见渌江河中有人落水，落水者随时有溺水身亡的可能，而岸边的呼救者着急大哭。刘伯葵见状，来不及脱下衣裤，即刻跳入河中。由于落水者毫无求生意识并试图挣脱刘伯葵的救助，几经折腾，刘伯葵才终从背后环抱住落水者把她抱上岸。上岸后，刘伯葵随身携带的手机等物品或掉落或损坏，全身湿透疲惫困乏，仍坚持和岸边呼救的落水者妹妹一起把落水者送回家。落水者是青山巷36号居民李云珍，现年62岁，无工作单位，早年患有癫痫、甲亢和糖尿病，常年靠药物维持，由于病情加重，怕拖累家人，心里压力大，产生轻生的念头，趁家人不备跳入渌江河，幸遇刘伯葵才不致悲剧发生。 （陈少东）

法治政府建设

【概况】2016年，市人民政府办公室依法行政工作紧扣株洲市委市政府工作主题，以全面推进治政府为重点，认真履行工作职责，创新工作方法，加强行政执法监督，为构建和谐醴陵提供良好的法制保障。全市参加湖南省第五轮行政执法人员换证考试第一批报名1073人，合格854人。第二批报名260人，合格182人，合格率77%。年内，市人民政府法治工作被湖南省人民政府法制办评为全省“政府法治工作先进集体”，并组织参加株洲市行政执法案卷评查，其中行政复议案卷获评“株洲市优秀行政复议案卷”。

【依法行政】年内，全市38个行政单位共清理出行政事项3925项，其中行政许可204项、行政处罚2479项、行政强制149项、行政征收43项、行政给付16项、行政确认85项、行政奖励37项、行政检查176项、行政监督201项和其他行政权力535项。推行重大决策目录化管理，列入年度市政府重大行政决策目录共7项，列入年度重大行政决策听证事项目录共1项。

【规范性文件管理】2016年，全年共审核政府文件79件，其中规范性文件29件；已经发文26件，实行“三统一”（统一登记、编号、公布）26件；并按时向株洲市人民政府、市人大常委会备案，备案率、合格率均为100%。审核部门文件5件，审核政府合同16件。

【行政复议应诉】2016年，全年以第三人身份参加省人民政府复议应诉案件2件；收到行政复议申请9件，其中受理7件、不予受理2件；受理的7件行政复议申请中，经审查依法决定终止5件、责令限期履行1件、维持1件。办理行政应诉案件84件，其中市人民政府办理24件、部门和镇办理60件，案结50件，未案结34件；安排行政机关负责人出庭应诉26件。

【行政案卷评查】2016年，全市共抽查27个行政执法单位75份行政执法案卷，对执法程序比较混乱，法律文书不规范等情况，当场批评指正，提出整改意见。对认定事实清楚，适用法律正确，执法程序合法，案卷规范的优秀案卷，组织行政执法人员学习交流，并组织参加株洲市的行政执法案卷评查。（陈 华）

市公安局

【概况】2016年，全市公安工作在市委、市政府和株洲市公安局的坚强领导下，以“打造清静治安·构建平安醴陵”为目标，围绕公安部“四项建设”（警务实战化、基础信息化、执法规范化、队伍正规化）、湖南省公安厅“三个一流”（建一流队伍、创一流业绩、树一流形象）“两加强两提升”（加强基层基础建设，加强科技信息化建设，提升警务实战效能，提升队伍整体素质）“五标准五工程”（忠诚、为民、实干、担当、廉洁五个标准，铸魂育警、素质强警、人才兴警、作风砺警、暖心惠警五大工程）战略部署，全力推进“压发案、破小案、抓管理、强基础、重科技、保稳定”六项重点工作，扎实推动醴陵公安事业全面提升，确保全市社会治安大局持续稳定，全市治安呈现“发案下降、破案上升”的良好态势，公安工作呈现“横比进位、纵比跨越”的局面。

【维稳安保】2016年，化解各类社会矛盾纠纷6125起，办结各类信访案事件329起，完成省、市、县三级换届选举、“端午乐三天”、“环中国国际自行车赛醴陵赛段”等重大会议和活动安保任务。实现安保任务零差错，群体性事件社会影响零扩散、零激化。在株洲地区率先启动社会化“夜巡”工作，打造立体的、多层次的治安防范体系，不断加强刑事技术、刑侦基础信息及网安、图侦、情报等支撑性工作；升级改造侦查实战中心，完善合成作战机制，通过升级，实战中心打防成效明显。

【侦破打击】2016年，全市共发刑事案件2953起，较上年下降8.2%，较前三年平均值下降18.01%，全市刑事发案件数连续四年下降。全年破获各类刑事案件1375起，较上年上升2.8%，现行案件破案率达43.1%；移送起诉792人，较上年上升1.5%。其中破获“八类现行案件”（放火、爆炸、劫持、杀人、伤害、强奸、绑架、抢劫）113起，破案率达86.92%，较上年上升7.49%。年内，破获“3·03”“3·14”吴松抢劫杀人案、“10·05”李某故意杀人案等重大恶性刑事案件，全局连续12年实现“命案必破”工作目标；侦破“2016-480”“2016-801”“2016-805”3起公安部“涉毒”目标案件，收缴毒品1.5吨、制毒原料25.8吨；打击经济领域犯罪取得历史突破，协同株洲市公安局破获公安部督办的“3·15”非法组织、领导传销案，共抓获犯罪嫌疑人55人。

【安全保障】2016年，共受理危爆物品行政许可4159起，对全市爆炸物品从业单位安全检查530起，下发整改通知62份，清除安全隐患310起。推进实名制登记，抓好旅馆业住宿人员信息“四实”（实名验证、实数录入、实情填写、实时报送）登记，加强对无证小旅馆、旅社联网管理。强化道路交通安全隐患管控和整治，处罚各类交通违法行为85257起，治理道路交通安全隐患200多起（处），全年致人死亡道路交通事故发案数、死亡人数和致伤人数较上年分别下降4.7%、13.5%、7.2%。开展火灾隐患排查整治工作，共检查各类场所、单位10354家（次），督促整改3300处，实现全年重大火灾事故零发生，火灾事故零死亡、零受伤。

【警务保障】2016年，“数字醴陵”二期工程建设启动。完成350兆警用数字集群系统改造，新建3个基站，配备手持终端300台、车载终端30台和10个基地台，实现主城区及重点部位350兆系统覆盖率达97%，数字终端配备比例达50%。完成合成作战室、刑事科学技术室的设备添置和加固升级，年内刑事科学技术室被评为全省“优秀刑事科学技术室”和全国“示范刑事科学技术室”。完成看守所视频升级改造、茶山派出所及交警三中队等多个基础设施项目建设，一线执勤执法民警单警装备配备达到省、株洲市标准。

【警务改革】2016年，警务改革按照“聚焦实战，扁平指挥”的原则，推动侦查实战中心、治安防控中心、新闻舆情中心、指挥情报中心、执法管理中心五大中心警务改革。来龙门和黄泥坳派出所综合警务指挥室建成，警务效能大幅提升。在“三实”（实有人口、实有房屋、实有单位）

信息采集工作中，全局录入信息136万余条，信息质量居株洲市前列，获全省公安机关“三实”信息采集专项行动成绩突出单位和全省“‘四项建设’综合示范单位”称号。

典型案例

【侦破“03·03”“03·14”吴松故意杀人案】2016年3月3日，市公安局接到报警称船湾镇船湾村居民陈某（女、48岁）被人杀死在铁路边的水渠里。3月15日，船湾村又发现一起凶杀案，受害人欧阳某（女、70岁）被人持钝器打伤头部致死，并藏尸于该村一处树林的草丛里。市公安局专案组通过重点排查、数据比对，锁定犯罪嫌疑人吴松（男、37岁、攸县网岭人）。3月19日12时，专案组在攸县网岭镇将准备乘车外出的犯罪嫌疑人吴松抓获。经查明，3月2日11时，犯罪嫌疑人吴松沿着醴茶铁路窜至船湾镇船湾村，将受害人陈某杀死，抢走陈某身上150元钱后抛尸于铁路边的水渠里。3月14日7时，吴松再次窜至船湾镇船湾村，将受害人欧阳某杀死，抢得现金800元和手机1台后抛尸于附近树林的草丛里。犯罪嫌疑人吴松于2016年4月26日被依法执行逮捕。

【侦破“2016-805”部督目标案】2016年，市公安局禁毒大队在侦查中发现，有一伙以黄某为首的贩毒团伙在醴陵市范围内大肆贩卖毒品。4月28日，市公安局立案并成立“4·28”专案组，且该案被公安部禁毒局列为“2016-805”部督目标专案。8月31日，专案组得知谢某将于9月1日凌晨随身携带2000克毒品至醴陵市贩卖给黄某。市公安局党委接到报告后指示专案组收网，同时抽调刑侦、图侦、技侦、网安、派出所精干警力配合抓捕。9月1日，专案组迅速行动，抓获以黄某、谢某等人为首的涉毒团伙成员13人、吸毒人员50多人，缴获作案车辆4台，毒资10万多元，收缴冰毒2113.72克、麻古0.86克。经查，自2015年8月，贩毒嫌疑人黄某、贺某夫妇因经济拮据，萌生贩卖毒品赚钱的想法之后，由贺某出面联系上线贩毒嫌疑人谢某，黄某联系下线贩毒嫌疑人黄某，形成一条由广东链接湖南的贩毒链条。谢某贩毒团伙贩毒次数达10多次，贩毒数量达50多千克。10月1日，犯罪嫌疑人谢某等15人被依法予以逮捕，其他50多名吸毒人员被依法行政拘留。（曾湘纯）

市公安局交通警察大队

【概况】2016年年末，全市道路通行里程3181.8千米，注册登记机动车182376辆、驾驶人190361名。年内，市公安局交通警察大队（以下简称“大队”）有在岗民警85人，交通协管员112名；下设16个二级机构和单位。全年接处警18621起、较上年增长83.4%，处罚交通违法行为97518起、较上年增长47%，电子警察纠违187886起、较上年增长96%；交通肇事逃逸发案5起、破获4起，侦破刑案100起、刑拘10人、移诉102人；查获酒驾169起，醉驾追刑56人。全年全市上报事故发案下降48.7%，死亡人数下降26.3%，伤人数下降41.7%。

【基础项目建设】2016年，全市道路交通基础建设稳步发展，“数字醴陵智能交通”二期工程投入建设；醴泉路改造完成，李畋中路初步通车，小街小巷改造趋于完善，路网“循环”功能得到改善。年内，配合市住建部门开展“汽车站广场人行天桥和桥西广场改造”项目建设。交警基层基础建设有新进展，年内，三中队业务用房正式投入使用，四中队业务用房投入前期建设，二中队办公用房改造完成，车管所搬迁项目洽谈工作启动。

【行政服务】2016年，小型汽车交管服务站试点成功，摩托车“带牌销售点”城乡全面铺开，“交通违法处理窗口”进驻检测机构实现全覆盖。贯彻落实“片区攻坚年、旅游助跑年、圆满换届年、环境优化年、安全保障年”活动要求，春运交通安保工作获全省“春运工作先进集体”，完成“环中国国际自行车赛醴陵赛段”、“端午乐三天”拍摄、全国大众体育跆拳道湖南总决赛、“快乐荧光跑”等交通保卫任务176次。筹资86.6万元，救助交通事故当事人58人次，调解一般以上交通事故损害赔偿案件728件，有效维护社会稳定。全年办理机动车上户18502辆、较上年增长3%，其中小型汽车1.1万辆、增长12.5%；摩托车驾证申领3099人、其中满分考试991人；汽车车辆科目一考试15992人。审验驾驶证7336本、较上年增长34.2%，核发车辆检验合格标志8689份。

（张　勇）

市人民检察院

【概况】2016年，醴陵市人民检察院内设17个科（室、局、大队、中心），有检察专项编制83个，在职干警70人。全年全市检察工作围绕市经济社会发展大局，以“执法办案”为中心，以“深化司法改革”为动力，加强和改进各项检察工作。年末，在株洲市检察机关分类综合考核中共有9个部门工作名列第一，被评为株洲市“先进基层检察院”。宣传、人民监督员、信息化建设和检务保障工作被湖南省人民检察院评为“先进集体”。

【职务犯罪预防与侦查】2016年，共开展职务犯罪预防警示教育11次，其中职务犯罪预防讲座2次，受教育人数累计达200余人；发放检察建议3份，针对烟花鞭炮安全生产监管向安全生产监督管理局提出4项建设性的检察建议。开通行贿犯罪档案网上查询平台，提供网上申请、网上查询、网上下载打印、急件网络预约、延时服务等功能，全年办理行贿犯罪档案查询1855次。全年立案侦查职务犯罪9件17人，其中贪污贿赂案件7件13人，渎职侵权案件2件4人。成功办理星火陶瓷实业有限公司王某、刘某等人涉嫌挪用公款、受贿案，京港澳高速汨罗段“3·19”燃爆事故背后市安全生产监督管理局、质量技术监督局工作人员邱某等人玩忽职守案。

【刑事检察】2016年，批准逮捕各类刑事犯罪案件233件298人，提起公诉案件519件658人。依法决定不批捕77件102人，不起诉108件137人。切实履行法律监督职能，全年监督立案6件6人，监督撤案1件1人；纠正漏捕5件5人，追诉漏罪11件18人，追诉漏犯8件15人，提起抗诉后经市人民法院依法改判2件7人。严厉打击烟花鞭炮非法生产行为，依法起诉非法储存、制造爆炸物案件24件31人。积极探索开展“补植复绿”工作，促成失火案犯罪嫌疑人李某对失火地进行补植。

【未成年人刑事检察】2016年，继续推进未成年人刑事检察工作，组织举办“市未成年人心理辅导专业人才库”成立一周年座谈会，主动对接“醴陵98公益”组织，积极参加以“久久重阳、感恩父母”为主题的公益活动，向未成年人提供帮扶。年内，未成年人刑事检察科被最高人民检察院授予全国“未检工作先进集体”称号；未成年人刑事检察科唐慧被评为全国“未检工作先进个人”、湖南省“最美青年卫士”和“关心下一代工作先进个人”。

【控告申诉检察】2016年，探索信访工作机制改革，开辟群众理性表达诉求新渠道，继续推进律师涉法涉诉代理机制，对所有刑事申诉案件实行律师全程介入，全年办理律师化解与代理涉法涉诉信访案件4件，其中律师代理申诉案件2件。成功办理谭某、贺某申诉案，当事人当场亲笔写下感谢信。唐某不服检察机关申诉案入选全国检察机关10起律师参与化解涉法涉诉典型案例。推进化解社会矛盾机制建设，实行每周二检察长接访日，完善检察长接访制度；与上级检察机关合力开展远程视频接访1件，全年接待240人次，受理举报8件，控告20件；初核线索1件，处理集体访件1件；息诉上访老户3人。

【监所检察】2016年，着力加大刑罚执行和监管活动监督，建立健全社区矫正脱管、漏管、虚管快速发现与纠正机制，全年建议撤销缓刑收监执行刑罚2件2人，成功追逃并收监执行案件1件、1人。全年下发纠正违法通知书75份、检察建议43份，办理羁押必要性审查18件。

【民事行政检察】2016年，共依法办结各类支持起诉案件12件、督促行政机关履职4件、执行监督案件1件、审判违法行为调查1件，协助株洲市院办结审判监督案件1件。

【专项检察监督】2016年，积极开展环境资源保护、食品药品监管领域行政执法专项检察监督活动，走访市质量与市场监督管理局、卫计局、环保局等10个行政执法单位，并对市相关行政部门执法过程中存在的4项问题提出整改意见，督促行政机关移送刑事案件6件，监督公安机关立案6件6人，其中成功办理非法使用添加剂生产加工榨菜案件5件，有效地整治滥用食品添加剂的行为。

【信息调研】2016年，在中央级、省级、株洲市级媒体发表《醴陵市检察院积极打造未成年人刑事检察工作新模式》《醴陵市检察院坚持“四轮齐驱”提高公诉办案工作水平》等信息14篇；在《人民检察·湖南版》《检察风云》《法制与社会》《法学教育》等综合类法学期刊，发表《刑事诉讼法律监督的难点及应对》《浅论基层检察院依法保障和促进非公经济健康发展的职责定位》等调研文章37篇。撰写宣传稿件274篇，其中律师参与化解和代理涉法涉诉工作、未成年人刑事检察工作等经验做法，分别在《检察日报》《法制日报》《株洲日报》等媒体宣传报道。

【检务公开】2016年，继续深化检察公开，先后邀请市人大代表、政协委员和人民监督员参加“检察开放日”活动2次。通过人民检察院案件信息发布平台，公开案件信息1330条、法律文书451份，公布重要信息17条。对“易某某、程某某在征地拆迁项目中涉嫌贪污犯罪”等12件有较大争议和社会影响的案件，邀请评议员进行检务听证、检务评议和检务见证。

【队伍建设】2016年，积极参与司法体制改革工作，通过考核、考试等环节，选拔市检察院首批员额检察官32名。着力推进检察队伍建设，组织知识测试、专家授课等形式多样的活动10多次，引导干警坚定职业操守和职业道德。12月，出台《关于进一步加强干警队伍思想政治建设的实施方案》，促使全体干警保持政治定力，坚定理想信念。

（唐 芳 江 亮）

市人民法院

【概况】2016年，醴陵市人民法院内设刑事审判庭、民事审判一庭、民事审判二庭、林业审判庭、行政审判庭、未成年人案件审判庭、审判监督庭、执行裁判庭、执行局、非诉执行局、立案信访局、司法技术室、政工科、办公室、监察室、司法警察大队、审判管理办公室17个部门和板杉、茶山、泗汾、白兔潭4个人民法庭。全年受理各类案件7311件，审执结5648件，结案率为77.25%，收、结案分别比上升16.7%和12.94%；审执结案标的7.2亿元。年内，按照省高院规定，首批入额不超过39%的比例，核定市人民法院法官员额为45名，占全院中央政法编制数的37.8%。

【刑事审判】2016年，审结刑事案件521件，对651名被告人判处刑罚，其中判处三年以上有期徒刑的64人；法官人均结案104.2件。开展“扫黄禁赌缉毒保畅”霹雳行动，依法打击涉黑涉毒、非法生产、故意伤害、“两抢一盗”（抢劫、抢夺、盗窃）等危害人民群众安居环境的犯罪案件334件462人。依法惩治涉众型经济犯罪，审结集资诈骗、非法吸收公众存款、电信诈骗等犯罪案件15件19人。依法严惩职务犯罪，审理贪污、渎职等职务犯罪案件7件11人，促进反腐败斗争深入开展。

【民商审判】2016年，审结各类民商事案件3757件，标的额6.3亿元，分别同比上升33.32%、102.96%。其中，民一庭结案995件、民二庭结案312件、林业法庭结案343件。注重保障涉诉民生权益，稳妥处理教育医疗、住房保障、交通事故、人身损害等关系老百姓切身利益的案件364件。注重司法服务“三农”，审结农村土地承包、经营权流转、宅基地纠纷、农民工工资等案件159件。坚持“产权保护、契约自由、诚实守信”等原则，保障市场交易安全，审结民间借贷、买卖、担保、建设工程施工等合同纠纷案件844件。

【行政审判】2016年，行政审判工作坚持保护与监督并重，全面实施新行政诉讼法，共审结各类行政案件42件。依法开展协调和解工作，促进行政争议实质性化解，协调撤诉案件19件。推进行政机关出庭应诉工作，推动解决“告官不见官”问题，行政机关负责人出庭应诉率达90%。非诉执行工作坚持依法服务经济发展大局，组织开展“服务项目建设年”活动，累计派出12个工作组协助各项目部完成征拆工作166户，执结非诉行政执行案件190件，办理司法强拆10件。

【执行工作】2016年，执结各类案件1480件，实际执行到位标的7697万元。着力推进执行信息化建设，深化司法信息查控系统应用，查控银行账号615个、存款182万元、车辆130台。创新反规避执行机制，依法打击拒执行为，将850名失信被执行人纳入管理，司法拘留72人，以拒不履行判决罪追究刑事责任6人，向市公安机关移送犯罪线索5条。

【司法服务】一是全力保障项目建设。年内，市“四个百亿工程”等重要项目建设启动后，向市各街道办事处、长庆示范区、房产局分别派出2名工作人员协助做好法律指导和司法服务工作。二是助推经济转型升级。支持产业结构调整，运用司法手段处置“僵尸”企业，通过“破产还债、破产重整”等方式，审结各类企业破产案件。服务绿色醴陵建设，完善环境公益诉讼机制，严厉打击破坏生态环境资源犯罪，审结非法采矿、破坏性采矿犯罪案件4件。深化金融债权保护，优化金融环境，防范金融风险，审结金融纠纷案件260件，依法为市农村信用社转制为农村商业银行提供法律支持。建立涉重大工程项目、重点企业案件审执“绿色通道”，护航企业健康发展，审结涉企案件344件。三是积极参与社会治理。落实最高人民法院“四个必须”（必须强化群众观念，必须坚持源头治理，必须建立长效机制，必须工作重心下移）“五项制度”（做好涉诉信访工作要建立评估预防制度，建立涉诉信防通报制度，建立约期接谈制度，建立多元化解制度，建立信防案件终结制度）要求，推动涉诉信访制度改革。实行每周四“院长接待日”制度，化解信访积案36件，配合最高人民法院开展远程视频接访3件，进京上访连续四年实现零登记。探索创新未成年人审判工作机制，开展“圆桌审判”、庭后回访和记录封存，妥善审理未成年人犯罪案件41件。

【司法为民】一是创新便民利民举措。加快诉讼服务大厅升级改造，拓展诉讼服务网功能，不断完善“一站式”服务。加强人民法庭建设，实行“假日法庭”“圩场法庭”，巡回审理案件148件。加大司法救助力度，积极协调市财政部门逐年提高司法救助金预算，依法对81名符合司法救助条件的当事人发放救助金30万元，对865名经济困难当事人缓、减、免诉讼费269万元。二是提升执行工作实效。围绕最高人民法院“用两到三年时间基本解决执行难”目标，贯彻市人大《关于加强人民法院民事执行工作若干问题的决定》，努力破解执行难题。推进执行信息化建设，建立司法信息查控系统，对涉及财产执行案件的被执行人银行账号和车辆信息进行查控，累计查控银行账号约8000个、银行存款3560万元、车辆105台。创新反规避执行机制，将851名失信被执行人纳入“黑名单”，通过微信朋友圈推送、集镇闹市张贴公告等形式进行公布，让“老赖”无处遁形。加大司法打击力度，依法对239名被执行人采取司法拘留强制措施。三是保障民生权益。连续开展“涉民生案件专项审判执行”活动，共审执结涉民生案件1065件。注重保护妇女、儿童、老年人合法权益，审结婚姻家庭、抚养继承案件1294件。高度关注人民群众关心的住房、就业等问题，依法妥善审理房屋买卖、劳动争议案件820件。

【司法改革】一是落实司法改革要求。严格贯彻立案登记制，依法做到有案必立、有诉必理，当场立案率超过95%。落实“让审理者裁判，由裁判者负责”要求，积极推进以审判为中心的诉讼制度改革，制定法官“权力清单”和“责任清单”，改革院庭长审判管理方式，做到还权主审法官、还权合议庭。落实最高人民法院《关于完善人民法院司法责任制的若干意见》，推进法院人员分类管理改革，完成45名首批入额法官的报名、考试、考核等遴选工作，法官员额制改革进入实质操作阶段。深化人民陪审员制度改革，完成人民陪审员“倍增计划”，全年增加104名人民陪审员，努力扩大司法民主。二是提升审判管理水平。完善以“法官职业操守、工作业绩、司法能力”为核心的考核评价体系，构建科学、客观、公平的绩效评价机制，应对案件迅速增长态势，实行院庭长办案制度，院庭长结案968件。大力推进“数字法院”系统应用，从严把握各审判节点的时限，严防人为拖延和超审限办案，实现审限内结案率100%；法官人均办案数量稳居株洲市法院系统前列。三是推进司法公开。完成审判流程公开、裁判文书公开、执行信息公开三大平台建设，在新浪网开通庭审网络视频直播。落实裁判文书上网要求，上网率达100%。依托“阳光司法”平台，保障当事人司法知情权，及时发布审执信息2.7万条。与阿里巴巴合作，在淘宝网上推行网上司法拍卖。健全司法公开长效机制，举办“法院开放日”、新闻发布会、“送法进校园”等活动12场，邀请1200多名机关干部、社区群众、学生代表观摩庭审35场。充分依托官网、微博、微信等平台，及时发布法院工作动态，增进公众对法院工作的了解，共推送审务微信258期，发布微博517条，与省、市新闻媒体联合制作法治节目32期。

【法院队伍建设】一是主动接受各方监督。主动向市人大及其常委会报告法院重点工作和重要事项，配合市人大常委会专题审议民事执行、司法公开、人民陪审员等工作情况，主动邀请市人大代表、政协委员监督案件审判、执行和观摩庭审13场、189人次；及时向市政协通报法院工作，走访政协委员92人次；邀请检察长列席审委会9次。广泛接受社会各界监督，畅通民意沟通渠道，邀请律师、法律工作者、居民代表召开恳谈会8次，回复群众留信留言126条。二是注重干警素能提升。扎实开展“两学一做”学习教育，组织开展民主生活会、中心组学习、讲党课、专题学习研讨等活动，查找“四风”“不严不实”问题36项，制定整改措施45条。实施人才强院方针，定期开展经验交流、庭审观摩、理论研讨等活动，提升法官驾驭庭审、适用法律和文书写作的能力，组织参加上级法院业务培训，组织全院干警分批次赴北京大学、浙江大学等高校学习充电。坚持典型引路，深入学习“时代楷模”邹碧华同志先进事迹，营造“学先进、赶先进、争先进”的良好氛围。叶敏洁、杨坚、易凯等12名干警因办案成绩突出获省高院通报表扬。三是加强司法作风建设。突出问题导向，先后组织开展“守纪律、讲规矩、转作风”“六难三案”“纠‘四风’、治陋习”等专项整治活动，着力解决干警作风不佳、守纪不严、礼仪失范等问题，少数干警冷横硬、庸懒散问题得到有效整治。认真执行“两个责任”，落实中央政法委、最高法院出台的司法机关内部人员、党政领导干部过问案件的记录和责任追究规定及实施办法，建立过问案件“全程留痕”制度。认真落实案件回访制度，回访案件980件，收集意见84条，切实整改存在的问题，提升群众满意度。（张水文）

市司法局

【概况】2016年，醴陵市司法局机关内设办公室、人事教育股、宣传教育股等10个职能股室，有干部职工37人。下辖23个基层司法所、5个律师事务所、4个基层法律服务所、2个司法鉴定所。全市有注册执业律师41人，法律服务工作者20人。9月，投入190万元新建的公共法律服务中心和社区矫正中心投入使用，“两个中心”集人民调解、社区矫正、法律援助、公证、法律咨询、投诉受理功能于一体，提供全天候、全流程、一站式服务。

【法制宣传】一是加强普法宣传力度。开展法治宣传教育，把领导干部和国家公务人员作为普法教育的重中之重，组织国家工作人员在“如法网”上参加学法用法考试。有序推动省级贫困村“八个一”（开展一次送法下乡、赠送一本法律书籍、举办一场法律知识讲座、开展一次法律知识竞赛、配备一名法律顾问、开展一次法律风险体检、办好一所村民法治学校、建好一个法治宣传栏，重点宣传与人民群众生产、生活密切相关的法律法规知识，突出安全生产、征地拆迁、信访维稳、法律援助、公证服务等内容）活动，深入推进法治副校长工作，开展“弘扬法治精神、构建平安醴陵”为主题的送法下基层活动，推动“法润三湘”公共法律服务，多措并举为基层老百姓提供法律咨询和法律服务。推动“谁执法谁普法”责任制，扎实推进“法律六进”（通过开展普及法律的活动，使法律进机关、进乡村、进社区、进学校、进企业、进单位）活动，全面总结“六五”普法经验，为启动“七五”普法工作打下坚实基础。全年开展各类法制宣传51场次，发放宣传资料6万多份，展出板报180多块次。在《株洲日报》《今日醴陵》《法治视点》等报刊、栏目宣传司法行政工作成效，收到良好社会效果。二是创新法制宣传手段。制作《醴陵市便民法律手册》，编印“以案说法”系列读本，自编自导自演法治微电影《清官来断家务事》。在司法局官网及微信公众号上开通普法专栏，配合省厅做好“如法网”公益活动，打造“两微一端”（微信、微博、网站）宣传平台。大力推广、应用“如法网”，强化法律服务O2O模式运用，组织基层司法所、法律服务所、律师事务所以及机关工作人员参加“如法网”培训6次，参训人员87人次。安排精干力量负责“如法网”的推广及后台管理工作，确定2名“如法网”前台工作人员，2名法援中心前台接待人员，4名援助案件办理人员。

【人民调解】一方面狠抓人民调解，发挥人民调解在化解矛盾纠纷、维护社会稳定方面的基础性作用。全市共排查调处各类矛盾纠纷1309件，其中专业性、行业性矛盾纠纷84件。调处久未化解积案、涉法涉诉案件30多起，调处成功率99.6%以上，未出现因调解不及时而引发民转刑、群众性上访、群体性械斗事件。另一方面紧抓联防联调，健全矛盾纠纷化解机制。在“四联工作机制”（联合排查预防机制、联动调处化解机制、联谊交流对接机制、联网共享沟通机制）成果基础上，继续巩固和加强边界矛盾纠纷联防联调机制；推动人民调解案件“以奖代补”经费落实，调动人民调解员的工作积极性。

【安置帮教】一是抓接收，落实对刑满释放人员的衔接管理，做好刑满释放人员回归社会前后的信息核实登记、接送移交、帮教管理等工作，对重点安置帮教对象落实防范措施，确保重点对象不脱管、不失控，加强对刑满释放人员、社矫期满人员的生活指导、心理疏导。二是抓安置，贯彻落实刑满释放人员就业、社会保障等有关政策，确保刑满释放人员在就业、就学、社会保障等方面不受歧视，顺利回归社会。截至12月，全市有刑满释放在册人员1125人，安置率、帮教率均为100%，重新犯罪率为1%，落实低保3人。

【社区矫正】2016年，社区矫正工作有新突破。日常监管教育工作力度加大，进一步落实社区矫正监管安全分析月例会制度，实施分级分类管理，加强排查分析工作，做好重大节日、敏感时段社区服刑人员的监管工作。坚持因人施矫，有针对性地制定矫正方案，按社区服刑人员每月8小时集中学习、8小时社区服务要求，全年组织社区服刑人员参与集中学习6146人次。开展政府购买社区矫正服务，广泛吸收社会力量参与社区矫正工作。4月，开展社区服刑人员防脱管集中专项整治行动，依法从严打击脱管、漏管等社区服刑人员，建立和完善社区服刑人员安全监管长效机制。截至12月，全市累计接收2572人，解除矫正1935人，有在册社区矫正对象637人，无一脱管、漏管，无一重新犯罪。

【法律援助】一是推动法律援助解民困。2016年法律援助工作继续被纳入株洲市“民生100”工程，醴陵市的任务数为290件。截至12月，法律援助中心共办理各类援助案件580件，提供法律咨询209人次，完成率200%，为受援人挽回经济损失368万元；全面完成省、株洲市年度法律援助民生工程目标任务，实现法律援助社会效果和法律效果的有效统一。二是规范工作流程提质量。扩大援助范围，落实法援值班律师制度，加大对涉及农民工、企业职工劳动报酬、劳动合同关系等领域的法律援助工作力度。年内，为257名农民工及企业职工追回劳动报酬320万元。简化受理程序，对城乡低保对象、特困职工等弱势群体人员申请法律援助免除审查，对行动不便的残疾人上门提供法律援助。加强监督管理，将援务公开、听庭、回访等工作制度常态化和长效化，每季度公示法律援助办案及补贴发放情况，保证法律援助服务质量，实现“零投诉”目标。

【法律服务】一是扩大律师服务工作覆盖面。进一步推进律师陪同接访、律师参与突发事件处理、公证证据保全等法律服务。推行政府、企业法律顾问制度，实施“中小微企业免费法律体检”。围绕服务全市扶贫攻坚战和全面建成小康社会工作，开展万名律师乡村（社区）行，推动实施“一村一法律顾问”工作，全年有47名律师为231个行政村提供免费的法律顾问，有效提升贫困乡村基层组织依法治理、依法决策和依法办事的能力。规范律师参与重大复杂矛盾化解，完善律师参与化解和代理涉法涉诉信访案件制度，全年解涉法涉诉信访积案15起，形成律师参与涉法涉诉信访案件化解的“醴陵模式”。年内，全市律师共办理案件937件，担任法律顾问169家。二是拓展公证服务工作内容。努力提升公证服务水平，主动服务经济建设。开展《中华人民共和国公证法》实施10周年系列纪念活动，总结公证工作经验和做法，树立依法执业、执业为民、质量至上的公证工作理念，加快推进公证机构规范化、标准化、信息化建设，提升服务质量和水平。年内，市公证处参与文庙广场征地拆迁，为东城大道、长庆大道、官庄湖增殖放流等工程提供证据保全，有效减少征地拆迁矛盾，节约拆迁资金投入。全年公证处共办理各类公证1366件，其中涉外及涉台港澳573件；各类公证无一错、假、瑕疵证发生。

【内务公开】2016年，市司法局进一步完善窗口单位公开化服务职能，在公证处、法律援助中心、全市各律师事务所设立公示栏，对服务内容、办事流程、申报材料、收费标准、承诺时限、投诉电话等内容向社会公开。充分利用“如法网”构建“线上线下”无缝对接体系，打造醴陵“互联网+公共法律服务”新模式。实现市司法局、公共法律服务中心全年无障碍在“如法网”上亮灯接受咨询，并根据咨询内容分流指派到市相关业务部门回应或办理。加强门户网站及微信公众号建设，进一步完善网上办事大厅、网站查询功能，方便公众获取相关信息，确保便捷式法律服务畅通无阻。通过湖南长安网、湖南司法厅网站、《株洲日报》、法治视点等载体，及时报道司法行政工作动态。全年在湖南省司法行政网、株洲市政府门户网、醴陵手机红网等网络媒体，发表《醴陵弘扬法治精神，构建法治醴陵》《醴陵市司法局全面提升法律援助服务水平》《醴陵市司法所长例会制成工作“提速器”》等信息108篇，有力提升司法行政工作的社会知晓率。

【基层队伍建设】2016年，以创建省“模范化司法所”“规范化司法所”为契机，深入开展“司法所规范建设与管理年”活动，全面推进司法所规范化建设。推行司法所长例会制度，制定下发《2016年度司法所工作目标考核办法》，落实每个司法所1万元的业务培训、年度工作考核工作经费，加强对基层司法所工作的指导和管理。市来龙门、板杉2个司法所按照创建省“模范化司法所”标准，全面落实创建要求，成功迎接省厅验收。加强同市委组织部、市编办等部门的沟通协调，通过落实政法专项编制、调剂镇（街道）工作人员、政府购买公益服务岗位等方式，多措并举解决司法所工作人员不足问题。（刘　婷）

综合经济与管理

发展和改革

【概况】2016年，全市完成地区生产总值580.8亿元，比上年增长8.5%；三次产业结构由上年同期的9.1∶64∶26.9调整为9.2∶62.5∶28.3；完成固定资产投资总额390.2亿元，增长13.4%；完成社会消费品零售总额183.7亿元，增长12.5%；实现规模工业增加值350.3亿元，增长8.3%；完成财政总收入50亿元，增长11.1%；县域经济基本竞争力跃至第73位。8月以来，全市进一步落实“百日攻坚促投资”活动精神，全面推动项目建设，投资明显加速，重点项目投资对全市固定资产增速起到关键作用；固定资产增速由前7月的5.9%跃升至11月的12.8%，增速从株洲县（市、区）末位跃升至第二位，圆满完成年初预定目标。全年共办理固定资产投资核准、备案200余项，无一投诉。年内，市委、市政府共安排产业发展、基础设施、民生和社会保障等领域重点建设项目104个，总投资398.54亿元；其中列入株洲市级重点项目42个，总投资247亿元，年内计划投资53.55亿元。截至12月，全市新开工项目21个、竣工项目8个、重点项目投资额118亿元，分别为株洲市下达年度考核任务的350%、266%、337%；各项指标完成情况均位列株洲市项目攻坚考核首位。

【项目建设】一是经开区项目。“1915”陶瓷文化特色街区A区10栋艺术家村落结构已封顶，陶瓷会展馆施工面全面打开，标准厂房电商产业园电商云集，创新创业氛围浓厚；世界艺术城中的图兰朵酒店对外营业，瓷器口完成5栋古宅基础施工，主体安装正在进行中。二是渌江新城项目。渌江新城路网初步成型，创新创业服务中心有序推进，公租房项目进展迅速。三是老城提质改造项目。渌江书院核心区域全面完工，部分景点对外开放；一江两岸示范段成为市民休闲的好去处。四是产业项目。华瑞服饰基地加班加点建设，华联、华鑫技改项目强力推进，时代金属轨道交通部件生产基地、恒凯通三网融合光纤设备制造、仙霞工业园食品加工区试生产，“枫溪谷”部分景区对游客开放，枫林仓储物流主体完工。

【价格管理】2016年，为密切监视市场价格动态、及时掌握市场价格信息、确保价格平稳运行，在抓好日常价格监测预警工作的同时，重点对节假日期间的主要商品价格进行监测预警，安排专门人员对主要商品价格实行“日监测”。通过完善规章制度、考评方案和价格监测点，加强业务培训等举措，夯实价格监测工作基础，确保上报数据真实、准确、及时。全年，市价格认证中心共受理公、检、法、税务等部门委托的价格认定240件，出具价格认定结论书240份，认证金额4000多万元，无一复核。全市监测的主要商品价格总体运行平稳。

【易地扶贫搬迁】2016年，继续推动易地扶贫搬迁工作，对官庄、枫林、明月等17个镇的186户587人启动搬迁工作。3月，成立市扶贫开发投资有限公司，作为易地扶贫搬迁项目实施主体单位，承接易地扶贫搬迁长期政策性贷款资金。截至年末，累计拨付易地搬迁项目资金1700万元。邀请株洲市盛龙咨询公司制定全市各集中安置和分散安置项目工作方案，出具各集中安置点项目规划总图及房屋户型图，编制各安置方案，与省扶贫公司对接承接项目资金。对全市易地扶贫搬迁工作整体打包，策划实施易地扶贫搬迁项目，筹资标准人均达6万元，总投资1.09亿元；其中，中央预算资金约7000元/人、计1273.3万元；农户自筹3000元/人、计545.7万元；专项建设基金和政策性贷款5万元/人，计9095万元；在6万元/人的筹资标准中，3万元用于建房，2.4万元用于配套基础设施建设，6000元用于技能培训和后期产业扶持。年内，对接农发行、国开行，争取项目资金支持，拟定在官庄镇大横江村，均楚镇周坊村、大垅洲村、殷家冲村，浦口镇浦东商贸城，白兔潭镇玄武大道，沩山镇沩山村和王仙镇集镇8个地点，开展集中安置项目建设工作。（张　乐）

国土资源管理

【概况】2016年，醴陵市国土资源局下设机构部门34个，其中办公室、人教股等内设机构17个；下辖事业单位17个（含11个国土资源中心所、分局）；有在编人员164人，退休人员22人。年内，获评全省“国土资源系统信访工作先进集体”，醴陵市获评“国土资源节约集约模范县（市）”。

【国土资源开发与利用】2016年，批回建设用地28宗、面积323.6公顷。进一步推进增减挂钩工作，全年新增农用地55.77公顷，保障产业项目、基础设施及民生工程的用地需求。全年招拍挂出让土地29宗、面积92.39公顷，成交总价款7.85亿元；协议出让土地10宗、0.11公顷，成交总价款89.7万元。全年完成征地312.73公顷、拆迁房屋409栋，助推东城大道、旗滨大道、333省道、331省道等重点项目落地。积极推进不动产登记改革，6月30日颁发株洲地区县级不动产“第一证”，全年累计发放不动产权证书和不动产登记证明4555本。

【耕地保护】2016年，全市保有耕地5.27公顷，新一轮永久基本农田划定方案通过省厅审核，划定面积为4.47万公顷，2项指标均超过省级下达的年度目标任务。全年实施农村土地整治项目8个，投资1875万元，建设规模908.67公顷；指标确认土地开发项目20个，建设规模185.7公顷；全年新增耕地面积156公顷（旱地）。年内，非农建设项目占用耕地112.7公顷，全部按照“占一补一”（占1亩水田补1亩水田）的原则，补充耕地112.7公顷，全市连续17年实现耕地占补平衡。

【执法监察】一是开展打击非法采矿专项行动。严厉打击王仙镇、沩山镇等地的非法开采行为，进一步规范矿产开发秩序。二是开展卫片执法监督检查工作。国家土地督察武汉局下发醴陵市2015年度土地卫片非法占地图斑58个，面积21.65公顷；其中违法图斑58个，立案查处52宗，查处面积14.27公顷。三是开展去存量土地专项工作。督促沃湘置业有限公司醴陵大道等3宗土地开工建设，对长庆新区实验学校等7宗土地进行收回处理，土地效益得到有效释放。

【地质灾害】2016年，编制《醴陵市2016年度地质灾害防治方案》《醴陵市2016年度地质灾害综合防治体系建设项目资金使用方案》，更新、完善地质灾害群测群防网络。全年筹资1600万元，完成沩山镇大林村、仙岳山街道河西村滑坡治理工程；完成明月镇新台村胜利组滑坡、江源村中心组滑坡等应急治理。通过“4·22”世界地球日、“5·12”防灾减灾日的宣传活动，发放宣传资料2000份，让地质灾害防治深入人心。完成22个企业的矿山地质环境恢复治理验收工作；加强对镇街及存在地质灾害隐患的单位的监管督办，严格执行汛期24小时值班制度，发布预警预报信息89次，服务覆盖18万人次。全年全市未发生人员伤亡和较大财产损失的地质灾害，防治效果明显。

【矿政管理】2016年，全市持证矿山占比84%，比上年提高3个百分点；挂牌出让采矿权3个；全年实现各类矿权规费收入392.68万元。全面完成2015年年底矿山的年检工作，年检率100%、合格率98%。年内，将正冲金矿、寒水冲金矿采矿权和石牛田探矿权整合成全市首个国家大型矿山，其中正冲金矿探获黄金近30吨，这是全市首次获得重大找矿成果。（李　剑）

审计管理

【概况】2016年，醴陵市审计局内设办公室、法制、财政金融审计、行政事业审计、基建外资审计、经济责任审计6个股室，下辖市重点建设项目审计中心（事业编制二级机构）。年末有在职人员26人、人事代理人员6人，外聘专职审计人员4人。全年完成财政预算执行审计、财政财务收支审计及经济责任审计调查项目29个，提交审计报告和专项审计调查报告29份，查出违纪违规问题和管理不规范金额1.2

亿多元；完成工程结算审计项目352个、出具工程结算审计报告352份，审核建设资金8.51亿元，核减工程支出1325.58万元；处理处罚上缴财政56万元，补缴税款132.73万元。向茶陵县纪检机关移送问题线索1条并被受理，发出审计整改函5份，提出审计建议并被采纳56条。年内，被评为株洲市“2016年度文明建设先进单位”和醴陵市“社会管理综合治理工作先进机关单位”，2个项目被湖南省审计厅评为“审计技术成果优秀奖”。

【财政审计】2016年，在同级财政审计中，坚持以“推进公共财政体系的健全和完善、维护财政安全”为目标，进一步深化财政绩效审计，重点加强对积极财政政策贯彻落实、存量资金盘活、专项资金事例及统筹使用、财政支出绩效情况的审计。注重审计对象的选择，审计重点的把握和审计内容的全覆盖。年内，审计涉及市财政局、市地税局、市农业局、市国土资源局、市水利局、市城市管理行政执法局、市水库移民开发管理局、渌江投资控股集团有限公司等部门、单位。重点关注重要预算执行部门及重大民生资金项目，关注财政资金支出结构变化及使用效益，关注政府债务管理和风险控制，切实增强预算执行审计的整体性、宏观性、建设性和时效性，促进公共财政体系的建立和完善，着力提升预算执行审计质量。在预算管理方面，主要突出对财政预算收支、资金平衡真实性的审计。在财政财务管理方面，主要突出对国库资金调度、财政专户资金管理及资金安全性情况的审计。在政府债务方面，围绕“摸清家底、揭露问题、促进发展”的总体目标，对渌江投资控股集团有限公司资产、负债、经营成果的真实性，财务收支的合规性，企业资产质量的变动状况和内部控制管理等情况进行审计。在税收征管方面，重点审查税收政策是否执行到位，有无制定或变通执行税收政策，乱开减免税口子、变相扩大或增加减免税范围或项目，改变税率、侵蚀税基等影响税法统一的现象。在部门预算管理方面，突出关注部门“三公”经费支出情况、部门参与管理的专项资金使用情况。

【经济责任审计】2016年，召开全市经济责任审计进点会，完成的9个项目共查出各类违纪违规问题金额1957.56万元，界定应负领导责任金额1957.56万元，处罚上缴财政资金25万元，责令调整账目1547万元，提出审计建议22条，进一步促进党风廉政建设，为市委使用干部提供参考。

【投资项目审计】2016年，全面加强对政府投资项目的审计，对项目情况发出审计要情，提出加强工程管理的建议，对审计中发现相关部门把关不严、存在超付工程款的现象，及时发出审计整改函。重点关注工程造价中高估冒算问题，实现对投资项目结算审计的全覆盖。年内，完成工程结算项目审计352个，审核建设资金8.51亿元，核减工程支出1325.58万元。其中，对凤凰大道南段的提质改造工程项目的结算审计，在财政评审中心评审结果基础上复审核减198.2万元，审计核减率达4.95%。（凌志良）

统计管理

【概况】2016年，醴陵统计局内设办公室、法规股、综合核算股、工业能源股、贸易服务业股、投资股；下设考核办、普查中心、调查中心3个副科级事业单位和数据管理中心；有在编在岗人员30人，年末，获评株洲市“统计系统红旗单位”，醴陵市“文明建设先进单位”。年内，醴陵市县域经济基本竞争力全国百强排名从82位跃升至73位，居“全国工业百强县市”第93位、“中国中小城市综合实力（科学发展）百强县市”第91位、“全国最具投资潜力中小城市百强县市”第72位。

【基层基础工作】2016年，统计基层基础工作严格按照《株洲市统计工作规范》要求，不断夯实统计基层基础，强化过程控制，促进统计业务规范化全面提升。年内，对全市25个基层统计站开展2次全面基础工作大检查，各街道、镇的统计机构基本做到人员有保障，硬件设施条件改善，业务基础工作改进，纸质资料和电子台账整理较规范、资料翔实，确保统计工作、数据的延续性和稳定性。多次组织全市基层统计人员参加株洲市、醴陵市业务培训，内容涉及工业统计联网直报业务、名录库维护节点延伸、固定资产投资、第三次农业普查业务等内容；进一步通过各级组织的业务培训，提升基层统计人员的业务能力。

【统计业务】一是巩固统计直报能力。严格执行《醴陵市统计联网直报数据审核制度》《醴陵市“四上”企业联网直报工作考核奖励制度》等工作制度，坚持在每月直报平台开放期间，组织20名专业人员全程进行催报和在线审核，确保全市812家联网直报单位的月报、季报、年报等报表工作无一疏漏。全市直报单位数据报送率、直报率、验收率、审核率均达100%。二是提升数据支撑能力。加强对部门统计的协调、管理和业务指导，要求各专业与行业主管部门紧密联系、互通情况，加强信息对接和业务指导，按月核算财政、人民银行、住建、电力、交通、税务等部门数据，针对GDP支撑短板指标，及时向领导汇报协调，发挥预警预报功能，以准确的基础数据质量，更好地为宏观决策服务。三是提高普法知晓能力。年内，利用“统计开放日、普查调查活动、醴陵法制宣传月活动”等契机，开展统计普法宣传活动3次，累计发放《中华人民共和国统计法》《普查条例》宣传单4000多份、《普查告知书》1.2万多份，设立大幅宣传栏20多处，提高社会各界对统计法律法规的知晓度，增强配合统计工作的积极性。积极开展“数据造假、以数谋私”专项整治，严格自查自纠，对违反《中华人民共和国统计法》精神的近五年文件列出清单全面清理，整改到位。

【第三次农业普查】2016年，根据《全国农业普查条例》有关规定和《国务院关于开展第三次全国农业普查的通知》《湖南省人民政府关于做好第三次全国农业普查的通知》《株洲市人民政府关于作好第三次全国农业普查的通知》精神，醴陵市正式启动第三次全国农业普查工作。此次普查的标准时点为2016年12月31日，时期资料为2016年度资料。主要内容包括农业从业者基本情况，农业土地利用与流转情况，农业生产与结构情况，新型农业经营主体与农业规模化、产业化发展情况，新农村建设情况，农村人居环境与农民生活方式变化情况。普查的对象为全市的农村住户，包括农村农业生产经营户和其他住户，城镇农业生产经营户，农业生产经营单位，村民委员会，镇人民政府（街道办事处、长庆示范区管委会）。为此，全市召开专项工作领导小组成员单位会议和全市农业普查动员大会，与各镇、街道及部门成员单位分别签订工作责任状，各单位组建由行政一把手为组长的普查领导机构，各村（居委会）指定普查专干，形成市、镇（街道）、村（居委会）三级普查网络。年内，完成普查区和普查小区的划分、普查区住户摸底、部分入户登记等工作。（贺中云）

社会经济调查

【概况】国家统计局醴陵调查队（以下简称“调查队”）内设业务股、专项调查股和办公室；有在职干部职工11人，退休人员2人。调查队始终坚持独立调查、直接调查，精心组织实施以“住户调查、农产量对地调查”为主的常规统计调查，夯实基层基础，完善工作机制，创新工作举措，调查数据质量稳步提高。

【住户调查】一是采用“专业负责人业务讲解与邀请株洲市级调查队相关科室负责人专业辅导相结合”的方式，召开辅助调查员培训会议4次，分点培训会议2次，切实提高调查户的统计水平，确保源头数据质量。二是将账机对应审查与入户实地核查相结合。包点人和专业负责人每月对日记账的真实性、编码的准确性、录入的账机一致性、数据的逻辑关系等进行审核，对明显漏记问题开展实地回访、现场核查，记录详情并签字，严守统计人员“三个不得”（地方各级人民政府、政府统计机构和有关部门以及各单位的负责人，不得自行修改统计机构和统计人员依法搜集、整理的统计资料；不得以任何方式要求统计机构、统计人员及其他机构、人员伪造、篡改统计资料；不得对依法履行职责或者拒绝、抵制统计违法行为的统计人员打击报复）底线。三是将集中评比与抽户检查相结合。创新性地实施《住户辅助调查员星级评定管理试行办法》，根据评比细则每季度开展一次辅助调查员工作集中交叉评比，队领导每季度将对记账情况进行随机入户检查，对记账户的记账质量和辅助调查员的工作逐项打分，作为年终考核的依据。四是将法制宣传与感情投入相结合。分别与辅助调查员签订《保密承诺书》，适时宣讲《中华人民共和国统计法》，对调查对象的“两个不得”（不得提供不真实或者不完整的统计资料，不得迟报、拒报统计资料）进行反复宣传，打消记账户的思想顾虑，努力提高调查户的支持度和配合度；与记账户建立良好的沟通机制，在春节前后，组织干部对困难调查户进行走访慰问，用真情换真数。

【“三农普”和对地调查】一是组织发动，形成合力。5月上旬，由市政府牵头召开醴陵市第三次全国农业普查农作物面积遥感测量暨县级粮食产量抽样调查工作联席会议，市政府办、发改局、财政局、农业局等相关单位负责人及各有关乡镇分管农业的负责人参加会议并表态，合力推进粮食产量对地调查，市级财政全力帮助解决所需经费。二是培训到位，精准发力。为开展好第三农全国农业普查工作，全体队员通过自我学习、集中培训、实地讨论等多种方式吃透方案，每位调查员熟悉野外调查流程、掌握PDA使用方法，对地调查通过乡镇推荐、现场考察等方式，聘选20名责任心强、有威望、有文化且熟悉调查点情况的村级干部或组长担任辅调员。各包点人员严格遵守方案要求，通过传达此项工作的重要意义、开展PPT、现场教学，确保答疑解惑到位。三是迎难而上，自我给力。全队上下顶住在短时间内需要调查20个行政村、100个样方、400公顷面积的繁重任务压力，攻克普查要求高、科技含量高、创新性强等“三农普”遥感测量和对地调查难点，着力克服湖南山区和丘陵所占比重大、耕地集中连片少、样本区中自然地块多、种植作物的品种多等实际困难，保证“三农普”野外调查工作进度，高标准完成早、中、晚稻的估产、实割实测及验收，按时按质按量上报数据。四是质量至上，推进有力。调查队将数据质量第一的意识贯穿到遥感测量工作的每个环节，明确要求全队干部职工，严格按方案要求规范操作流程，严格落实保密制度，实行队领导包点、分片负责制度，准确及时获取主要农作物面积，确保遥感测量数据真实、准确、可信。

【规下工业调查】2016年，是县级调查队开展规模以下工业企业调查的第一年，调查队坚持定期对11家企业进行实地走访和现场评估，摸清搞实企业情况。为确保农民工市民化进程调查第一手资料的真实可信度，调查队员多次上门，充分与被访者面对面交流，高质量完成45个样本调查。调查过程中，注重创新调查手段，通过建立QQ群、微信群，制作联系卡，开通短信平台，加强沟通、反馈信息。年内，畜禽监测调查的报表全部采取直接上报方式，辅助调查员上户调查后，立即将报表利用网络上报给包点干部，节省时间和成本，同步完成辅调员工作考核、数据质量把关。

【法治宣传】2016年，法治宣传力度进一步加大，制定《统计执法检查随机抽查实施方案》《辅助调查员管理办法》，编写辅助调查员工作手册，明确辅助调查员的职责，规范辅助调查员工作流程，充分发挥辅助调查员在调查工作中的桥梁和纽带作用。组织全体干部参加湖南省“如法网”普法考试，学习《中华人民共和国统计法》《湖南国调系统统计行政处罚裁量权基准》，并全部通过考核。以“国家宪法日、《中华人民共和国统计法》颁布纪念日”为契机，掀起队内学法热潮；以“规下企业、工业品价格、主要畜禽监测调查联网直报”为平台，促进企业统计人员、生猪规模户主动学习和自觉遵守《中华人民共和国统计法》；以“粮食产量对地调查”为窗口，向市委、市政府及市有关部门、镇、村宣讲《中华人民共和国统计法》，全面营造法治氛围。

【调查数据服务宏观决策】发挥基层调研可直接获取第一手资料，面对面倾听基层心声的优势，用数据说话，让事实发声。对地区经济形势进行剖析，形成以定期分析、形势分析、专题分析“三位一体”的综合分析研究体系。全年完成《居民生活消费呈现三大转变》专题分析，协助株洲市队完成《传统行业去产能对劳动力就业的影响》课题。全年上报政务信息18篇、采用5篇，撰写重大信息19篇、采用9篇；编辑《醴陵国调专报》，将醴陵经济、民生等相关数据进行分析形成文字资料，不定期报送市委、市政府及相关部门，在主动服务地方政府方面迈出新步伐。

2016年醴陵市住户收支与生活状况调查主要指标

表3

主要指标	单位	总计	城镇	农村
一、基本情况				
1. 调查户数	户	125	68	57
2. 常住人口	人	482	262	220
3. 劳动力人数	人	320	180	140
4. 百户耐用消费品拥有情况				
洗衣机	台	108	112	100
电冰箱（柜）	台	104	108	100
空调	台	158	189	120
热水器	台	66	77	50
摩托车	辆	116	96	143
家用汽车	辆	31	35	27
固定电话	线	39	58	15
移动电话	部	305	289	320
彩电	台	158	158	162
家用计算机	台	66	81	46

续表 3-1

主要指标	单位	总计	城镇	农村
二、居民收入情况				
可支配收入	元	28236	33744	22419
①工资性收入	元	11128	13628	8486
②经营净收入	元	9107	8889	9338
其中：第一产业经营净收入	元	1982	700	3335
第二产业经营净收入	元	2662	2014	3346
第三产业经营净收入	元	4464	6175	2657
③财产净收入	元	2291	3734	768
④转移净收入	元	5710	7492	3827
三、居民支出情况				
消费支出	元	18321	21491	14972
1. 食品烟酒	元	4859	5393	4296
2. 衣着	元	1086	1372	784
3. 居住	元	3488	3756	3205
4. 生活用品及服务	元	1523	1792	1239
5. 交通通信	元	2332	2941	1689
6. 教育文化娱乐	元	3299	3880	2686
7. 医疗保健	元	1198	1455	925
8. 其他用品和服务	元	535	902	147

（杨　维）

市场和质量监管

【概况】2016年，全市新增个体工商户3858家、企业1457家。截至12月，全市共有经济户口35943户，其中个体工商户29120户，各类企业6823家。各类企业中，有公司3288家、农民专业合作社1114家、合伙企业454家、个人独资企业1214家、企业集团5家。全市有注册资本大于1000万元的大中型企业756家。

【优质窗口服务】2016年，醴陵市市场和质量监督管理局参与“一门式”政务服务平台建设，行政审批股按照政府安排搬迁至市政务中心统一办公。年内，全面落实先照后证行政审批事项、“五证合一”（工商营业执照、组织机构代码证、税务登记证“三证合一”，再整合社会保险登记证和统计登记证，实现“五证合一、一照一码”）登记制度和“五证合一”食品经营许可制度改革工作，提高市场准入率。全年核发新版营业执照4528本、“五证合一”版食品经营许可证905本、SC食品生产许可证48本、小作坊生产许可证8本。

【个私经济监管】2016年，累计录入网络经营主体信息数据5637条，并核查网店数据。结合日常监管巡查，引导企业开展“两型”建设。积极开展个转企工作，全年完成个转企748户。帮助企业解决融资难题，加强银企合作，办理股权质押62件、助企融资4.5亿元；办理动产抵押登记51件、助企融资7.32亿元。通过与银行对接，帮助500多户非公经济体解决周转资金0.5亿元。年内，监督拍卖交易会6起，成交额11.7亿元。

【品牌战略】全年为企业和个人免费查询商标500多件，指导企业新注册商标90多件，引导2家企业申报湖南省名牌产品，1家企业获株洲市“市长质量奖”，10家企业获评“株洲名牌”。引导15家企业新申请、17家企业续评省著名商标，对全市22家地理标志产品企业使用专用标志情况进行检查、建档，查办商标侵权案23件，切实维护企业的合法权益。

【质量标准化发展】一是积极做好醴陵市创建国家级“出口日用陶瓷电瓷质量安全示范区”的各项准备工作。11月，示范区建设工作通过国家质检总局专家验收组现场考核，示范区展厅成为展示醴陵陶瓷现代工业文明的良好平台。年内，由市食品药品工商质量监督管理局牵头组织制定的《醴陵釉下五彩瓷器》地方标准，通过专家组评审程序上报省标准委审查和发布。二是深入开展计量器具专项监督检查。全年检查加油站80家、加油枪385只，在用加油机受检率达100%；检查配镜企业27家，免费检查乡镇卫生院在用医用计量器具199台，其中重点检查自来水公司、中油燃气、电力局3家企业的“民用三表”等计量设备；帮助2家企业制定标准，指导企业标准网上自我声明190项，无偿办理企业商品条形码32家。三是全面推进全市烟花爆竹产品质量提升。对辖区内专供进京烟花鞭炮的生产企业开展专项整治，配合国家烟花鞭炮质量监督管理检验中心，在全市范围内抽检烟花爆竹企业156家、321个批次，开展市级烟花爆竹等工业产品监督抽检261批次。6月，组织召开市烟花爆竹产品质量提升暨标准培训会。

【消费维权】2016年，全年完成各类产品商品质量定期监督检验216批次，委托检验221批次。检定燃气表6000块、气体流量计300台次、真空压力表2000块、数显仪450个、电子台秤289台、加油机1200台次、游标卡尺406把、心电监护仪266台、血压计300个、心电图机49台、汽车衡49台、衡器328台、B超机57台、X光机25台。组织开展“3·15”国际消费者权益保护日、“3·31”食品药品投诉举报日、“5·20”世界计量日、食品安全宣传周、安全用药月等大型现场宣传活动。全面畅通消委“12315”“12331”“12365”等投诉举报维权网络，及时处理各类消费者投诉举报1328件，为消费者挽回经济损失51.3万多元。

【监管与执法】一是加大对各类扰乱市场秩序违法违规行为的查处力度。年内，一般程序案立案444件，其中食品药品类182件、工商类172件、质监类90件，已核审344件，其中48件上案审会集体讨论，已结案337件；罚没款入库290.48万元。3月，市公安局驻市食品药品工商质量监督管理局工作联络室挂牌成立，成为加强行刑衔接、司法保障的重要标志；截至年末，向市公安局移送案件13件。二是探索建立“互联网+政务”网格化监管新格局，提升基层质监工作效能。将全市划分为1个一级网格、12个二级网格、33个三级网格，明晰监管责任，做到定人、定岗、定责，确保全市市场主体和特种设备全部进入网格，对监管系统录入对象的检查覆盖率达100%，有效防止和消除执法盲区和监管空白。三是强化广告监管工作。2月，国务院取消户外广告登记行政许可，对此，市食品药品工商质量监督管理局适时调整广告监管工作模式，举办《中华人民共和国广告法》知识培训，提高广告经营业主广告审查能力；加强广告监测和巡查，组织开展“两非”广告等专项整治行动。全年，立案查处违法广告案件9件，下达行政指导意见书7份。四是突出信用监管，切实抓好年报工作。通过电视广告、QQ群、微信圈、公众号、电子显示屏等途径进行宣传，全市企业、个体工商户、农民专业合作社2015年度年报报送率分别达88.77%、85.92%、90.61%。积极开展“守合同、重信用”活动，推荐32家企业参加省级2015年“守重”企业的评选。五是做好打击传销、信访维稳、禁毒等综合治理工作。保持“露头就打、绝不松懈”的高压态势，全面压缩传销活动生存土壤，澄清、教育和劝说对异地传销活动感兴趣的人员32人次；与市公安局联合行动，捣毁传销组织1个，现场解救受骗受害人员18名，向市公安局阳三派出所移送涉嫌非法拘禁的传销组织头目和骨干5名。

【食品安全监管】一是健全监管机制和加大宣传力度。以“食品药品监管体制改革”为契机，强化责任落实，建立健全“局、所、站、员”四位一体的网格化食品安全联动监管体系。组织食品安全进校园、进企业、进单位、食品安全宣传周等宣传、培训活动，全年举办5期食品安全员培训班。开展食品安全事故应急演练活动，锻炼社会各界应对食品安全突发事故的能力；全市全年实现零食品安全事故。二是开展专项整治行动。通过开展“安全米粉工程”专项整治行动，全市有31家米粉生产企业通过规范化建设，获SC食品生产许可证。加强对农村食品安全专项治理和集体聚餐专项整治；组织全市从事农村酒席“一条龙”服务的2153名人员进行免费体检和培训，筛查出身体健康条件不符合食品生产要求的厨师6名，对符合条件的厨师队伍发放“一条龙”酒席服务队登记卡；根据聚餐规模，实施层级备案，派人现场指导；作为弥补监管空白的创新举措，农村集体聚餐“一条龙”整治的做法在全省推介；7月，省主流媒体记者团就此项工作和落实“四有两责”（食品药品监管有责、有岗、有人、有手段，切实履行监管职责和检验职责）的经验进行专题采访报道。对重点时段、重点领域开展“亮剑2016”春雷行动、“查无证、清死角、端窝点”、年夜饭、“两节、两会”食品安全、校园周边和食堂、桶装水、白板肉、端午节前市场等专项整治工作。

【特种设备监管】2016年，全市有在册特种设备2172台，其中有电梯1265台；压力管道420多千米。针对全市特种设备数量多、情况复杂的特点，建立特种设备安全监管新模式，组织开展燃气安全生产检查、电梯安全专项检查、学校食堂“土制加热装置”清查、“五一”、国庆特种设备安全检查、年初岁末特种设备安全检查等专项整治行动，组织召开全市电梯维保单位、液化石油气瓶充装单位等专项工作会议，全年共检查特种设备使用单位322家、设备1748台，下达安全监察指令34份、责令改正通知书60份，立案16起，消除安全隐患96处，促使定期检验67台多年未检的电梯设备。实现特种设备安全监管全覆盖，全年特种设备安全零事故。

【药品、医疗器械、化妆品监管】2016年，开展面膜类化妆品、医用用氧、疫苗、避孕药械市场、精神和麻醉药品、冷链药品、药品和医疗器械飞行检查等专项检查工作，共检查涉药涉械化妆品单位1134户次。组织160多人参加药品不良反应监测工作培训会议。核发药品经营许可证12户、医疗器械许可证2户、二类医疗器械备案户124户；评价药品一般不良反应650例，医疗器械不良反应191例，完成化妆品不良反应报告30份。

（何　芳　洪阳阳）

市场管理

【概况】2016年，醴陵市市场服务中心（以下简称“中心”）辖管城区湘东摩托车市场、阳三石农贸市场、新市场龙盛商业街3个国有市场和枫林镇、左权镇2个国有农贸市场。有在职干部职工29人，其中在编干部14人。全年实现市场管理收入131.5万元，为年计划任务的109.58%。全年支付党建帮扶、社区创建资金14.8万元；开展各类慰问送温暖活动8次，发放慰问金2.47万元；募集慈善“天天捐”爱心款5110元，为渌江书院建设捐款1.09万元。全年投入市场改造资金95万元。

【市场监管】一是常态化抓好消防安全。年初，中心增设1个安全股室，配备安全专干2名，专门负责所辖市场的安全监管。按照“一岗双责”要求，健全每日由市场安全员例行检查、每周安全股重点排查、每月分管领导专项巡查和“谁检查、谁签字、谁负责、谁落实”的常态化管理工作机制，确保所辖市场的安全稳定。全年开展安全专项排查12次，现场培训、演练1次；投入近40万元，整改城区3个市场的安全隐患。二是协同抓好食品安全。逢重大节日，主动配合市场和质量监督管理局做好阳三石农贸市场销售商品的抽检，严把食品安全关。三是网格化抓好综治维稳。通过构建“基础网格化、工作机制化、服务满意化”的工作模式，实现上下联动、分片包块、共创和谐的社会管理新局面，为广大消费者提供一个安全购物的良好环境。四是精细化抓好市场管理。根据所辖市场的实际情况，完善《干部职工绩效考核奖惩办法及细则》《市场精细化管理考核细则及奖惩办法》等制度，实现定人、定岗、定责的动态化和责任化管理。每月对考核前3名的市场经营户给予一定的现金奖励。

【市场改造】2016年，为配合城市创建工作，中心筹资95万元，提质改造城区3个市场。一是修复湘东摩托车市场破损地面，在市场规划、设置停车位30个，更换破损老化卷闸门65张，在广场绿化带栽种2万多株花草。二是翻新、改造阳三石农贸市场的晴雨棚排水系统和电线线路。三是全面粉刷鑫泰后坪1栋4层的仓储楼，在每个仓库房内安装烟雾报警器和自动喷淋系统，使市场环境卫生及市容市貌得到明显改善。年内，在市创建工作的年度考核中获市直部门综合排名第三。

【农贸市场专项整治】2016年，针对阳三石农贸市场周边存在的占道经营、私搭乱建等问题，中心领导班子结合市委领导现场督办的指示和意见，制订《专项整治方案》。11月，抽调10名市场管理员与市阳三石街道、社区、城管中队、电视媒体等部门，在做好宣传、劝导工作的同时，连续开展为期3天的集中整治，拆除摊贩自行搭建违章建筑8处，取缔占道经营摊点近200个。为巩固效果，中心进一步将市场周边破损的路面进行水泥硬化，规范市场进出车辆的停放。

（卢明耀）

安全生产监管

【概况】2016年，全市共发生各类生产安全事故24起，死亡10人、受伤46人，直接经济损失230.7万元，事故数同比下降71.8%，安全生产形势稳定。年内，镇（街道）、村、组共配备监管和打非人员500多人，构筑市、镇、村和企业“3+1”的全覆盖监管网络。加大执法力度，按照“严查、严管、严办、严惩”原则，严管重罚，督促企业落实主体责任，全年立案处罚148起、处罚金额276.8万元；年内，所立案件全部在法律规定时限内结案。

【安全监管】一是持续推进“四大三基”（大宣传、大培训、大检查、大整治，基本建设、基础工作、基层创建）和“三三”（安全生产动态监控、隐患排查治理和应急救援指挥三大系统，切实加强非煤矿山、危险化学品与烟花爆竹、道路与水上交通三大高危行业安全基础工作，全面落实重大事故发生地永久警示、企业风险实时公告和领导干部安全生产实时提醒警示三项制度）重点工作。投资近1000万元，完成市、镇、企三级联网视频监控系统建设。加强矿山、危化品和烟花爆竹三大高危行业安全基础工作，加快中洲烟花公司、赖氏烟花公司自动化国家试点进度，推进烟花爆竹、矿山“机械化换人、自动化减人”进程。二是开展安全生产示范性创建。以点带面推动安全生产工作上台阶，全年全市株洲市以上安全示范镇（街道）创建面达90%以上；为加快推进企业安全生产标准化建设，通过三级以上标准化评审的企业有355家。三是全面推进安全生产责任险工作。全市所有高危企业均购买安责险，投保金额452万元。四是完善安全生产应急管理。科学修订《安全生产应急预案》，依托市消防大队建立全市安全生产应急救援大队，组织开展烟花爆竹、危险化学品、矿山、消防等各领域应急救援演练。“企业安全教育日”活动期间，各高危企业至少开展1次综合性应急演练和不少于1次专项演练；其中，在中油燃气公司举办的全市危险化学品应急演练，较好的提升应急救援保障能力。

【安全生产专项整治】一是扎实开展“安全监管执法年”活动。出台《关于加强安全生产监管执法的实施意见》《醴陵市安全生产“监管执法年”实施方案》；3月召开动员会进行专题部署。深入开展“一月一警示、两月一行动”活动，强化工作整改和社会警示；全年组织执法活动3408次，检查生产经营单位3883家次，责令停产停业企业47家。二是开展安全生产大排查、大管控、大整治行动。在全市所有行业领域、生产经营单位和人员密集场所，全面部署、开展安全生产大排查、大管控、大整治专项行动；在整治活动中，共组织督查检查229次，参与检查人员1238人次，检查生产经营单位627家，责令停产整顿28家、处罚金额148.4万元，刑事、治安拘留20人。三是扎实开展打非治违工作。建立打非治违常态化、制度化机制，强化以村（居委会、社区）为基本网格、以镇（街道）为责任片区、负有“打非”工作职责的部门各司其职、政府组织领导的“打非”责任片区网格化实行实名负责制。采取集中交办、联合督办、综合执法、严管重罚等措施，严厉打击、取缔各类非法违法生产经营建设行为，全年立案打击、取缔非法生产、经营、储存、运输行为118起，刑事拘留30人，行政拘留108人。四是全面推进企业隐患自查自改。通过记分管理、公开曝光、责任追究、重奖重罚、诚信管理等手段，坚持宣传发动、示范带动、上下联动、执法推动“四轮驱动”，全面推动企业隐患自查自改全覆盖，建立隐患排查治理常态化机制，共排查隐患4441处，整改到位4441处，整改率100%。五是扎实推进落后烟花爆竹企业退出。成立领导小组，出台《醴陵市落后烟花爆竹生产企业退出工作实施方案》。严把生产入口关，凡是不具备安全条件的、限期难以整改到位的，一律依法提请关闭退出或引导企业有序自愿退出；严把监管执法关，以“‘监管执法年’和百日执法‘飓风’行动”为契机，联合执法，以执法推动退出；严把打击处理关，以“铁的决心、铁的标准、铁的手腕”,严厉打击“三超一改”（超范围生产、超定员生产、超药量生产和擅自改变工房用途）、分包转包等违法行为。

【宣传培训】2016年，安全生产宣传和培训工作进一步加强，在市广播电视台、《今日醴陵》报等媒体设立“安全365”“安全在线”等专栏，全年播出安全在线专题栏目20期；在各类媒体刊发安全生产稿件97篇。在国、省道等主干道、集镇设置大型公益牌40块，各高危企业设置举报公示牌、隐患公示栏367块。开通并启用“醴陵安监”微信公众号，建立手机短信平台，全年共发送安全警示提醒、工作动态等信息109.2万条。认真宣传、贯彻新修订的《中华人民共和国安全生产法》和《中华人民共和国职业病防治法》。举办党政领导干部专题培训班，邀请湖南省安监局专家来醴举办专题讲座。开展“三项岗位”（安全生产经营单位的主要负责人、安全管理人员、特种作业人员）和全员安全培训，共培训人员2.3万多人。强化安全警示教育，认真落实重大事故永久警示制度，召开“9·22”2周年警示教育大会。持续推动每月19日“企业安全教育日”活动，开展安全培训、隐患排查、设备检修、应急演练和警示教育。以“安全生产月”活动为契机，立足分众化宣传，构建全方位、多维度、立体化宣教格局，以宣教促工作、倡参与、聚人心。（侯良容）

烟花爆竹质量监督检测

【概况】2016年，农业部烟花爆竹质量监督检验测试中心（醴陵）共检验烟花爆竹出厂产品710万箱；开展各类检测检验1067次，其中产品检测检验722次、静电检测345次。烟花爆竹产业窗口服务平台服务范围不断拓宽，全年平台共开展各类大型服务活动26次，累计服务企业3835户次，提供各类服务5886人次；各项服务指标数据在全省中、小企业公共服务平台中排名始终保持领先地位，被湖南省经信委认定为“湖南省中小微企业核心服务机构”，在全省中、小企业平台运营绩效考核中排名第一。年内，结合烟花爆竹企业高温停产复工和第四轮换证的安全需求，为醴陵市、攸县等市（县）的500家烟花爆竹相关企业，提供全面的防静电技术指导和严格的检测检验服务。年内，承接国家、省、市相关监管部门静电和重点工业产品质量监督抽查任务5次，完成国家安监总局委托江西省、广西壮族自治区完成100家烟花爆竹生产企业中的2378个导静电设施点的抽查工作，完成省质监局100家烟花爆竹生产企业中的200个批次的重点工业产品抽查及醴陵市市场和质量监督管理局委托的100个批次的监督抽查任务。（邹 澜）

株洲市公共资源交易中心醴陵市分中心

【概况】2016年，全市共完成各类招投标项目101宗，交易总金额54.49亿元，共节约财政资金2.31亿元。其中，建设工程项目开标67宗，交易金额15.81亿元，节约财政资金0.39亿元；政府采购项目开标34宗，交易金额3.87亿元，节约财政资金1.92亿元。

【机构改革】2016年，根据《株洲市机构编制委员会办公室关于五县市公共资源交易中心更名的通知》《醴陵市机构编制委员会办公室关于株洲市公共资源交易中心醴陵市分中心主要职责内设机构和人员编制规定的批复》文件精神，市招标投标管理局更名为株洲市公共资源交易中心醴陵市分中心（以下简称“中心”），为醴陵市人民政府直属正科级公益一类事业单位，业务上接受株洲市公共资源交易中心指导，人财物的管理仍由醴陵市人民政府负责。改革后，中心职能主要侧重于交易现场管理和服务，主要负责市公共资源交易平台及信息网络系统建设运行管理；负责为建设工程、政府采购、土地资源、矿产资源等公共资源交易活动提供场所、设施和服务，并组织交易活动；负责规范交易活动，维护交易秩序。根据新的职责职能，中心制订一系列相关措施、制度，做好改革过渡期的职能对接、部门沟通和交易业务等工作，圆满完成改革任务。

【基础工作】2016年，中心加强对工程建设项目招标、政府采购、土地交易等交易活动的管理，确保各类交易阳光、高效、有序进行。一是优化办事流程。根据中心改革后的职责职能，重新修改、制订《建设工程类交易流程表》，指导招标人、土地、矿产资源类和政府采购类的交易流程筹备修订。二是严守保证金保密纪律。及时按程序收、退保证金，重新修改、制订《交易保证金管理办法》，严格按照保证金的来源渠道及时办理保证金退付。三是规范代理机构行为。召开招标代理机构座谈，听取代理机构的合理意见与建议，制订《代理机构考评制度》，定期对代理机构进行打分考核，用科学的制度规范代理机构在整个交易中的行为。四是强化评标专家管理。制定《建设工程类评标专家管理办法》《评标专家抽取办法》，邀请株洲市公共资源交易中心专家库技术人员来醴陵进行业务指导，对专家库按照新标准进行清理。五是完善电子视频监控设备。全程见证和监控开、评标过程，做到开标前开启、评标完成后关闭、音像同步、及时备份影像数据，定期维护升级监控系统，修订《视频监控管理制度》，严格控制落实监控工作。（周 礼）

农　业

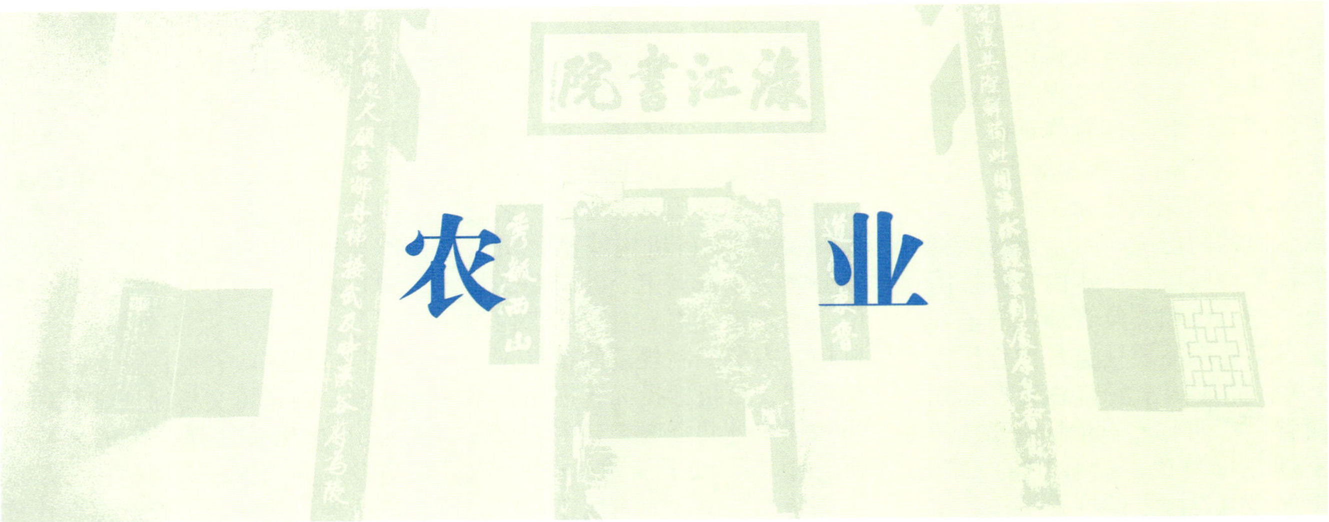

综　述

【概况】2016年，实现农林牧渔业总产值77亿元，增长3.8%；全市农作物播种面积为106.7千公顷，增长3.2%；粮食总产量达51万吨；新增农村劳动力转移就业4512人，脱贫2417户、7713人，茶山镇石均塘村、明月镇水口山村退出省级贫困村。年内，醴陵市获湖南省“美丽乡村建设工作先进县（市区）”称号。

【民生服务】2016年，全市共完成农药例行监测速测任务31086批次，合格率为99.8%；完成农药残留定量分析600批次，合格率为98.2%。新创建农产品标准化生产基地10个，面积170公顷。积极实施名牌战略，新增无公害农产品19个，累计达84个；新增绿色食品3个，累计达5个；完成株洲市唯一的种植业地理标志“醴陵玻璃椒”认证前期工作。重点整顿种子、农药、肥料等农资的违法违规行为，全年开展农资打假专项整治行动7次，出动执法车辆233台次、行政执法人员408人次，查处案件21件、货值9.82万元。全年调解农资纠纷11起，为农民挽回直接经济损失30多万元。实施洁净能源工程，新增农村沼气用户336户、太阳能路灯及热水器约1000平方米、高效生物质炉灶（含省煤灶）427台。

【惠农补贴】2016年，惠农补贴实行“以工补农、企业帮扶”政策，发放帮扶资金500多万元，扶持种粮大户300多户；对179户省级、株洲市级和醴陵市级优秀种粮大户，2300多户镇级优秀种粮大户以及粮食生产社会化服务组织发放补贴资金1900多万元。

【扶贫开发】一是领导高度重视。市委、市政府高度重视扶贫开发工作，召开专题会议，落实工作措施，层层签订脱贫责任状，成立市扶贫开发领导小组、市扶贫攻坚督查组。二是实施网格管理。在对省级贫困村安排驻村工作队的基础上，充分利用“连心解困”大走访活动的网格管理，将全市121家市直单位分别安排结对帮扶联系点2～3个行政村。各驻村帮扶工作队为省级贫困村量身定制发展规划，根据贫困户的实际情况制定帮扶措施。三是产业扶贫有特色。发展全域旅游和精准设施建设，以旅游带动脱贫。投入4.3亿元，建设醴北片区旅游环线，打造“官庄山水——沩山古窑”的北部旅游扶贫环线、环线全长98.8千米，旅游环线的建成有效带动周边12个省级贫困村、7000多名贫困人口产业增收。发展村集体经济，精准光伏产业，以集体带动脱贫。年内，株洲市财政安排每个省级贫困村光伏产业资金5万元；市级财政设立专项资金，在贫困村建设光伏电站，每村配套资金15万元。实施农村淘宝，精准产品销售，以电商带动脱贫。全年全市有500户建档立卡贫困户参与农村淘宝，有180多户建档立卡贫困户开设淘宝店。

【农民负担监管】2016年，农民负担监管工作进一步加强，共清退义务教育乱收费1685元、农民建房违规收取测绘费19.68万元、超标收取工本费1.96万元和摊派村级公费订阅报纸杂志费15.33万元，成功摘除“农民负担重点监控县”的帽子。通过认真落实涉农部门收费文件“审核制”、惠农补贴和涉农收费“公示制”、报刊征订“限额制”、农民负担与补贴“监督卡制”、惠农补贴“一卡通”制、惠农补贴资金发放“备案制”等制度，进一步强化农民负担监督管理，构建减负惠农政策长效机制。

【土地确权颁证】2016年，全市土地确权颁证工作稳步推进，全市完成摸底指界的村组有8150个、完成率99%，完成第一轮公示的村组有8114个、完成率98%以上，完成或正在进行第二轮公示的村组有4938个、占全市村组总数的60%以上；在公示纠错的同时，大部分镇（街道）同步开展资料档案整理工作。部分镇、村的外业调查实行实地操作，公示纠错直接面对农户，得到广大农户的认可，基本做到图、表、册、地的统一；对少数（个别）农户对公示的编号、面积、四至有异议的，技术人员均到现场纠错，做到修图、改册、调表，直到农户签字认可为止。为确保顺利完成年度工作任务，市确权办建立农户资料收集跟踪制度、技术人员责任督查制度、确权到户困难组销号制度三项工作机制，确保责任到人、底数清晰、进度透明。在户籍信息复印件的收集工作中，各镇（街道），采取镇村干部携带复印机上门为农户免费复印的方式，对于外出不在家的农户，采取微信、QQ等方式联系。对最终无法收集到的农户信息，则与市公安部门协调统一调取。通过采取形式多样的收集方式，大部分农户信息摸底表信息准确、收集全面；户主声明书填写工整，签字率在95%以上；户主身份证复印件及所有家庭成员户籍信息复印件，部分镇、村收集率达90%以上；大部分村、组均能以户为单位进行分类、整理、归档。在土地确权工作过程中，接受并协调解决数起土地纠纷矛盾；其中，对均楚镇殷家冲村唐升秋、唐国云耕地纠纷信访案件，会同市农业局监察室专程赴均楚镇殷家冲村进行全面走访调查及现场查看，广泛听取镇人民政府、司法所、村支两委、上访者和相关村民的意见，调解矛盾纠纷，并查阅相关法律法规，撰写调查报告，最终通过协议实事求是地调解土地纠纷矛盾。

【新型经营主体工作】一是发展合作组织。全市农民专业合作组织的发展已经形成一定规模，成为推动全市农村经济发展的重要力量。截至11月底，全市有经市食药工商质监局注册登记的农民专业合作社1091家（年内新增205家），其中从事粮食、经济、园艺作物等种植业的523家，从事栽培林木等林业的112家，从事畜禽养殖、繁育等畜牧业的195家，从事水产养殖、繁育及捕捞等渔业的35家，从事农机服务业的115家，其他行业的111家。二是创建省级示范社。经过认真筛选、评估，上报市湘醴养猪农民专业合作社为“省级示范社”；在创建过程中，多次深入该社实地指导规范办公场所、完善内部管理制度、健全财务管理制度、开展业务培训，年内，该合作社被认定为省“示范社”。通过镇（街道）、市相关职能部门推荐，筛选推荐醴陵市金盛农机服务农民专业合作社等23家农民专业合作社，参加株洲市“百家优秀农民合作社”评选活动。三是指导培育家庭农场。全年全市有经市农业主管部门认定的家庭农场123家，工商部门注册登记的59家，合计182家。上半年，完成40个家庭农场的项目申报和认定审批工作。11月，完成2014—2016年间，由市农业部门认定的123家家庭农场的扶持资金发放，有力促进家庭农场的健康发展。年内，筛选并推荐市林茂生态家庭农场等22家家庭农场，参加株洲市“百家优秀家庭农场”的评选活动。

【适度规模经营户面积核查与申报】为贯彻落实《湖南省人民政府办公厅关于印发〈湖南省农业“三项补贴”改革试点方案〉的通知》文件精神，一是核查2015年适度规模经营户面积。市人民政府组织开展2015年适度规模经营户统计申报工作，采取由村级填报公示、镇（街道、示范区）审核把关、经管站汇总的方式。为确保流转耕地面积准确、补贴资金安全有效，再通过“自查、抽查、再核查”的方式，对适度规模经营户上报面积反复核准，最终统计全市2015年适度规模经营户1144户，共流转耕地面积8384.6公顷。为充分发挥适度规模经营补贴资金的激励效益，按市有关文件精神和要求，为1144户规模经营户发放土地流转补贴。二是申报2016年适度规模经营户。为提高补贴的指向性、精准性和实效性，鼓励粮食适度规模经营，加快形成激励种粮新局面，全市统计申报耕地流转面积达2公顷以上的从事粮食作物种植的适度规模户1316户，流转耕地面积1.29万公顷。

【村级财务管理】一是开展农村集体“三资”（农村集体资金、农村集体资产和农村集体资源）清理工作。出台《关于开展农村集体“三资”清理工作的通知》，对全市249个行政村（居）的资金、资产、资源状况进行清查，全面摸清农村集体“三资”的存量、结构、分布等情况。二是开展农村集体“三资”处置和财务合并工作。为规范建制村合并过程中的资产、资金、资源处置，有序开展村级财务合并，全面推进全市并村改革工作；出台《关于开展村集体“三资”处置和财务合并工作的通知》，对财务合并的工作时间、工作程序、具体办法和工作要求作出明确规定。三是根据《湖南省农业委员会办公室关于2016年村级集体经济发展奖励项目申报有关事项的通知》精神和要求，坚持“实事求是”原则，严格标准和程序，认真组织考察、审核，经审核确定，白兔潭镇田心村、枫林镇隆兴坳村、板杉镇枫树桥村等村为年度村级集体经济发展奖励对象。（廖　莉）

种　植　业

【概况】2016年，全市全年粮食播种面积72.5千公顷，比上年增加1013.33公顷；蔬菜播种面积14.33升公顷（其中设施栽培面积5266.67公顷）、产量73.6万吨，实现产值7.4亿元；完成60公顷蔬菜基地提质增效项目建设。经济作物种植面积8400公顷，产值过3亿元；经济作物种植规模、产值均比上年有所增加，其中主要经济作物中的水果种植面积达3866.67公顷，玉米种植面积达3153.33公顷，水果套袋面积达106.67公顷。年内，经济作物种植品种得到有效推广，通过试验示范，筛选出适合推广种植的“五丰优569”等3个晚稻品种和“亮油99”“航优F8569”等7个油菜品种。全年全市实现农民人均可支配收入22419元，增长8.1%。

【行政执法】2016年，共开展农资打假专项整治行动7次，出动执法车辆233台次、行政执法人员408人次，检查农资门店593家次。抽样检测水稻品种101批次、合格率99%，农药65批次、合格率95%，肥料18批次、合格率96%。检查种子、肥料、农药标签800多张，查处案件21件。其中，种子案件4起、443千克，货值1.1万元；肥料案件2起、7000千克，货值1.2万元；农药案件15起、1860.9千克，货值7.53万元。从7月1日起，全市全面停止销售、使用百草枯水剂农药；对此，市农业行政执法大队组织开展为期15天的百草枯水剂清查清缴专项检查整治行动，查获未及时下架百草枯水剂农药的经营单位2家，没收百草枯水剂农药37瓶，查处违法经营百草枯水剂案件1起。年内，全市百草枯水剂退回生产厂家377件，上缴市农业局201件。

【科技服务】一是加大农业技术推广力度。推广水稻机械化插秧、测土配方等一批实用技术。二是加强病虫害防治。年内，病虫害专业化统防统治16.87千公顷，水稻防治面积达524.15万亩次，比上年减少156.3万亩次，挽回稻谷损失9.03万吨，比上年减少1.85万吨。三是开展新型职业农民培育和现代青年农场主培育。全年培育新型职业农民2366名（含中央、湖南省线下培训任务的686名和株洲市示范性培育任务的180名），其中生产经营型职业农民286名、专业技能型和社会服务型职业农民580名、线上培育任务1500人；共争取培训资金129万元。四是采取“以田定格、以格定人、以乡定员”的方法，严格实行网格化管理。年内,组织24个技术服务组,以“水稻集中育秧、全程机械化增产技术”为中心，深入全市各个村、组进行技术指导；开展科技下乡活动，组织万名农业科技人员服务现代农业工程、科技入户、科技特派员、党旗飘田间工程；全年编印粮食生产简报8期。

【科技示范】2016年，科技示范力度进一步加强，水稻集中育秧示范面积、高产创建示范片分别比上年有所增加。全年水稻集中育秧示范面积达23.33千公顷，比上年增加3.33千公顷，集中育秧遍布全市各镇（街道），超额完成上级分配的年度任务，有力促进双季稻生产。全年创建万亩示范片17个、面积达20千公顷，比上年增加5.33千公顷；实施“种三产四”（运用超级杂交稻的技术成果，用3亩耕地产出用常规技术种植的4亩耕地的粮食）丰产工程、面积达16.67千公顷。年内，在泗汾镇实施南方现代粮油示范工程、面积达666.67公顷；在明月、泗汾等5个镇，分别建立3.35千公顷的高档优质稻标准化生产基地；在泗汾、船湾镇等地分别建立3个总面积达400公顷的综合性新型样板示范；通过示范带动，全市各类优质稻种植面积达2.65千公顷，占全市水稻播种面积的66.3%，增加种粮产值3400万元。年内，据抽样调查统计，“湘晚籼13号”等高档优质稻亩平产值达1506元，比普通晚稻每亩产值提高68元。

【耕地修复】2016年，全市有7046.67公顷（含扩面区920公顷）耕地被列为重金属修复治理区。市农业局按照市人民政府印发的《醴陵市2016年重金属污染耕地修复及农作物种植结构调整试点实施方案》要求,坚持“因地制宜、分类指导”的原则，运用VIP+N先进技术，大力优化种植结构、改种镉低旱粮、筛选替代作物、推广降镉技术。全年全市绿肥播种面积达8666.67公顷，比上年扩大666.67公顷，增长8.3%；建有示范片39个，其中千亩示范片6个，示范片总面积达2066.67公顷；绿肥长势良好，为全市培肥地力，增加土壤有机质，提高农产品产量和质量奠定基础。年内，全市共落实治理式休耕面积686.67公顷，超额完成省下达的年度计划任务；各项休耕措施均及时落实到位。

【市场监管】2016年，市场监管严格执行国家粮食收购政策，严厉打击不法商贩损害农民利益行为，有效维护粮食市场秩序。中储粮醴陵购销公司等国有企业发挥龙头作用，与社会力量携手，在仓容十分紧张的情况下，积极为规模经营主体开通“绿色通道”,全年共收购稻谷原粮夏粮3.2万吨。

【企业培育】一是培育新型主体。2016年，全市有市注册农民专业合作社1091家,年内新增205家；有经农业主管部门认定的家庭农场123家，注册家庭农场59家；全市农民专业合作组织的发展形成一定规模，成为推动全市农村经济发展的重要力量。二是鼓励土地流转。年内，耕地流转面积达19.1千公顷，占耕地总面积的47.2%。三是扶持龙头企业。组织市11家大中型农产品加工企业加入组建湖南省农产品加工研究会；组织市有关农产品企业，参加国际（成都）、长沙市等农博会；全市有省级龙头企业2家，株洲市龙头企业11家；年末，市大众农业发展有限公司等2家企业获评省四星级休闲农庄。四是开展企业帮扶。年内，市农业局企业帮扶涉及企业11家,交办问题13个，除1个交办问题划入市企业帮扶办重新提交外，其余12个交办问题全部解决。 （刘 亮）

养 殖 业

【概况】2016年，全市发展生猪219.8万头，出栏114.74万头；发展牛3.29万头，出栏1.52万头；发展山羊68.82万只，出栏36.81万只；发展家禽1764.03万羽，出笼825.61万羽；蛋产品产量1.18万吨，肉类总产量10.9万吨，水产品产量2.5万吨。全年全市养殖业产值达27.35亿元。年内，市畜牧兽医水产局获评湖南省“养殖业工作目标管理考核先进单位”等称号。

【动物防疫】一是层层签订责任状。全市多次召开动物防疫工作会议，印发《重大动物疫病防控工作方案》。市、镇（街道、区）、村（居）委会和市畜牧兽医水产局、动物防疫站、专职动物防疫员分层签订《2016年度重大动物疫病防控工作责任书》。二是宣传方式丰富多样。全市各镇（街道、示范区）通过悬挂横幅、张贴标语、出动宣传车、村村大喇叭、电子显示屏、板报等多种形式进行宣传，共悬挂横幅87条，张贴标语568张。三是“集中免疫”全面推进。按照“分类指导管理”原则，全市规模养殖场实施程序化免疫、健全免疫记录、免疫后报告的方式；散养户按照“春秋季集中免疫、平时免疫申报和定期补免”相结合的制度，由季节性免疫向常年性免疫转变。按照“政府保密度、部门保质量”和“村组干部带路、防疫人员免疫、养殖大户自免”的要求，扎实开展政府、职能部门双重负责的“双责地毯式”春秋季集中免疫工作，对区域内免疫日程排好班，由村组干部带路、防疫员逐村逐组逐户上户免疫，并做好免疫记录，实行“痕迹化”管理。春、秋两季禽流感、口蹄疫、猪瘟、高致病性猪蓝耳病等重大动物疫病免疫密度均达100%，确保全年未发生区域性重大动物疫情。

【畜禽水产品质量监管】2016年，继续加大对畜禽水产品的监测检测力度，全年共完成兽药、饲料等各类监测抽检52批次，其中饲料27批次、水产样10批次，检测结果全部合格；兽药检测15批次，其中1批次为假兽药。严格落实产地、屠宰检疫与“瘦肉精”抽检同步制度，全年产地检疫“瘦肉精”抽样检测共1.14万头份、屠宰检疫“瘦肉精”抽样检测共2970头份，检测结果全为阴性。年内，湖南省畜牧水产局在醴陵市养殖环节“瘦肉精”专项监测工作中，共抽检生猪、肉牛、肉羊养殖场120家，采集360份尿样，检测结果均为阴性。全年立案查处经营假劣兽药案件3起，超范围经营兽用生物制品案件2起，没收假劣兽药414盒（包），没收违法所得及罚款8938元。全年全市未发生畜禽水产品质量安全事件。

【养殖污染治理】一是启动畜禽禁养工作。在科学划定畜禽养殖禁养区、限养区、适养区基础上，深入开展畜禽退养工作调研，组织市畜牧、财政、城管、国土、规划等部门分赴攸县、浏阳等县（市）考察学习。8月，正式启动畜禽退养工作，在城区范围内，退养生猪2.67万头、家禽2.84万羽、羊1358只、牛164头，共发放畜禽退养补偿金1400万元。二是加大政策倾斜，进一步完善粪污处理设施建设。全年财政投入898.5万元，治理285家生猪养殖场的粪污，添置干湿分离机176台、修建沉淀池8109立方米、沼气池4630立方米、化尸池85立方米、贮粪场150立方米、铺设排污管道7141米、堆粪池2231立方米、粪污处理厂棚3615平方米和雨污分离改造12622米。三是启动市病死畜禽无害化处理中心建设。该建设项目选址在泗汾镇石虎村万家山组，年内已完成土地调规、立项、征地和清表等手续；12月9日，主体工程建设正式开工。

【养殖扶贫】一是结对帮扶到村到户。针对板杉镇大石桥村和明月镇申明村、汪家桥村、琥玛村4个村、29户、79人的脱贫任务，安排46名干部实行点对点帮扶到户。针对全市955户、2138名养殖贫困对象，安排全市150名专职动物防疫员定点、定片落实扶贫责任，建立局、站、防疫员三级养殖技术服务体制。对联系点的23户贫困户每户发放慰问金300元，其中2户新建房和危改房户共拨款3.5万元。全年整合涉农资金556万元、自筹资金22.93万元，均用于养殖业扶贫，惠及20个贫困村、977户、2138人。年内，通过养殖行业脱贫934户2051人，分别占全市产业扶贫贫困户和贫困人口的53%、55%，养殖扶贫户户平均纯收入增加11510元，人均纯收入增加5260元。

【生猪定点屠宰】一是严密制定方案。根据市职能部门职能调整，市政府印发《关于调整醴陵市生猪定点屠宰管理工作领导小组成员和职责的通知》，明确市相关部门职责职能；市生猪定点屠宰管理工作领导小组印发《打击私屠滥宰整顿生猪定点屠宰秩序专项活动实施方案》。二是深入开展宣传。以告知书的形式，向私宰点、肉品经营户、市民广泛宣传《生猪屠宰管理条例》等有关政策及法律法规，在城区各农贸市场张贴《关于开展打击私屠滥宰和“白板肉”专项整治行动告知书》60多份，送达私宰点、肉品经营户300多份。三是开展调查摸底。对城区私宰点、市场猪肉经营户、路边摊点、流动摊点等进行全面摸底造册；经调查发现城区有私宰点7家、肉品经营户226家，其中有“白板肉”经营户65家、占比28.7%。四是开展专项打击。加大对私屠滥宰的查处力度，开展各种形式联合执法31次，全市出动执法人员612人次，没收私宰肉234.2千克、货值6557.6元，关停私宰户9户。截至12月，全市城区市场猪肉合格率达98%以上，生猪定点屠宰场日屠宰生猪量达160头，比年初增加60头。

【标准化养殖】2016年，着力引进唐人神、佳和等国内大型养殖企业，推广“公司+基地+农户”模式，示范带动全市养殖业现代化发展，石笋尖养殖有限公司、大屋垅养鸡农民专业合作社成功创建省级“畜禽养殖标准化示范场”。截至年末，全市有国家级畜禽标准化示范场2家、水产健康养殖场2家，省级畜禽标准化示范场13家；有“吉泰”“清泥湾”“绿迈”“湘天凤”等无公害农产品品牌。（蒋枚丰）

农　机

【概况】2016年，醴陵市农业机械管理局围绕“农业发展、农民增收、农村繁荣”目标，走特色农机化发展道路，各项工作取得突出成绩。全年全市农机总量达15.42万台（套）、总动力97.75万千瓦，分别比上年增长7.1%、8%；农机综合化水平达75.6%。

【安全生产】2016年，扎实推进“平安农机”创建活动，抓牌证准入关、抓常态检查，确保农村道路安全，实现全年全市农机生产零事故。开展农机安全互助保险工作，互保工作在全省位居前列。投资80多万元，全面改造升级龙门市场，加强市场全年安全日常巡查，实现龙门市场无安全生产事故、治安刑事零案件发生。全年清退原农机购置违规补贴入户资金69.97万元，落实国家补贴资金1450万元。

【科技服务】一是加速提升全市水稻生产全程机械化水平。全力以赴抓好机插、机烘等薄弱环节，新建中等规模的示范基地2个，全市水稻全程生产机械化率达75.2%，比上年提高1.8%。二是抓好农机产品供货市场管理。组织各类农机具1.38万台（套）投入农业生产，成立农机维修服务队43个，组织农机干部、技术人员下乡121人次，通过采取各种举措，保障农业生产顺利进行。三是推进农机培训工作。全年培训农机技术人员323人次，培训农机操作人员779人次，培训拖拉机、联合收割机驾驶操作人员186人次，通过培训有效提高全市农机操作人员技术水平。四是进一步促进农机合作社规范建设。全年全市农机作业服务总面积32.4公顷、总收入6.15亿元。全年新建省级现代农机合作社9家，株洲市级示范合作社13家。全年为15家市级优等合作社发放奖励资金50万元。（王　为）

林　业

【概况】2016年，醴陵市林业局设办公室（林业信息中心）、人事教育股（行政审批股、法规股）、计划财务股、造林绿化股（绿化委员会办公室）、资源管理股5个股室；下设森林资源管理保护站（野保森防站、森林病虫害防治中心）、水口山国有林场、樟仙岭国有林场、苗圃、仙岳山森林公园管理局和9个林业中心站共24个二级机构，其中森林公安局、山林纠纷调解处办公室、林业综合执法大队为副科级单位；有直接从事林业的工作人员310多人。

【造林绿化】2016年，全市完成营造林总面积4600公顷，其中人工造林2600公顷，无立木林地封山育林2000公顷。2600公顷人工造林包括中央财政造林补贴项目666.67公顷、退耕还林工程造林133.33公顷、长江防护林工程造林266.67公顷、油茶项目造林546.67公顷（含欧洲投资银行贷款造林项目260公顷）、“裸露山地”造林800公顷、其他面上造林186.67公顷）。完成森林抚育项目2533.33公顷，其中中央财政森林抚育项目866.67公顷、市级财政森林抚育项目1666.67公顷。认真组织“3·12”全民义务植树活动，完成全民义务植树210万株；配合市创建办开展“三创四化”活动，指导全市24个镇、街道、示范区，完成6.67公顷样板示范林基地选址、整地工作。截至12月，全市有林地面积12.86万公顷，林地保有量100%，森林覆盖率达55.2%。

【封山育林】一是强化宣传。通过新闻报道、报纸刊登、醴陵林业局官方网站、醴陵林业官方微信公众号印发封山育林相关资料的形式，强化封山育林宣传。二是强化管理。严格把控林材采伐审批程序和木材采伐限额管理，实行征占用林地申报、审批制度，林地使用许可证和征占用林地补偿制度。出台《醴陵市人民政府关于切实加强官庄湖国家湿地公园保护管理工作的通告》。三是开展清理整顿非法采砂采石、非法毁林等专项涉林违法犯罪打击行动。全年共查处各类涉林行政案件60多起，刑事立案8起、刑事打击8人，没收木材35立方米、活立木60株；取缔非法经营、驯养繁殖野生动物场所15处，收缴野生蛇类136千克、蛙类80多千克，处罚教育80人次。

【森林防火】2016年，市林业局多方举措，狠抓森林防火工作。一是落实责任。在春节、清明等重要节日，采取“市级领导包联系点，市直各部门到镇办点和镇村干部包村、包组、包山头地块的”方式，将森林防火责任落实到人。市政府出台《关于做好仙岳山公园森林防火工作的通告》，在清明节期间，对园区实行交通管制，实现对全市山林的全面管控。二是注重宣传。全市采取市镇客运班车视频宣传、出动宣传车、悬挂横幅、张贴标语、鸣锣、村组干部党员护林员逐户上门宣传、大走访四级网格负责人劝告走访对象等形式，全方位、大力度开展宣传，切实提高全民森林防火意识和法制意识，营造森林防火群防群治的良好氛围。三是消除违规用火隐患。全市428名护林员实行GPS手机定位管理，包村宣传、巡护，市森林消防大队每天派出2个巡查组，在防火高风险期派出4个防火督查组，逐村进行督查。四是有力打击失火违法犯罪。严厉查处野外违规用火行为，全年查处70起，行政拘留30人、罚款18人。开展“火案清零行动”等专项行动，立刑案33起，破获23起，刑事打击23人，从严从快打击失火违法犯罪。全年全市森林防火态势总体平稳，森林火灾受害率控制在1‰以内，醴陵市森林防火工作名列全省前茅，连续六年获“全国森林防火工作先进单位”。12月9日，全省森林防火现场会在醴陵市召开。

【病虫害防治】2016年，病虫害防治力度进一步加大，开展对马尾松毛虫、黄脊竹蝗、湿地松粉蚧、油茶炭疽病等林业病虫害监测工作，监测率达100%。积极推广无公害防治，采用释放赤眼蜂进行生物防治466.67公顷，人工剪梢466.67公顷，人工摘除病原体33.33公顷；全年全市森林成灾率为2.3‰，控制在上级考核指标4‰以内。

【扶贫工作】一是生态补偿脱贫。严格落实省、株洲市关于林业生态补偿项目重点向贫困村、贫困户倾斜的要求，全年生态一次性补助689户37.8万元，封山育林补偿92户7万元，第一期退耕还林405户12.2万元，第二期退耕还林22户6.6万元，生态公益林提标40%、补偿2052户33.5万元。二是护林管护脱贫。全年新调剂安排14名贫困户护林员，发放工资7万元。三是产业带动脱贫。通过“林地流转、合作经营”等方式，扶持引导贫困村、贫困户与龙头企业、农民专业合作社、家庭农场、能人大户建立利益联结机制，带动贫困户进行连片造林，吸纳贫困户劳动力就业，稳定增加收入。年内，市金鼎油茶农业专业合作社、金桥油茶种植养殖合作社，带动64户贫困户脱贫；全年共补偿扶贫资金192.69万元，其中补偿贫困村65.69万元，补偿贫困户2739户127万元。

【油茶产业发展】2016年，大力推动茶油大县项目建设，推广油茶造林的新技术、新模式、新经验，坚持把油茶作为富民强市、扶贫攻坚、生态建设的重要产业来抓，重点扶持油茶深加工企业和油茶种植专业合作社。全年全市有油茶林面积43.85千公顷，油茶籽产量达3.17万吨。有市中联天地、恒盛等油茶公司132家、油茶专业合作社24个，面积百亩以上的油茶林基地种植大户30户。年内，市金桥公司率先建成深加工生产线1条，日生产能力达1吨。市金桥、金鼎、恒盛油茶产业公司分别成功打造“湘醴”“鼎典”“清江”等茶油品牌。

（周　鑫）

水　利

【概况】2016年，全市完成水利

建设投资1.04亿元，引导民间投资1.5亿元。新建农饮工程22处，完成小（2）型病险水库除险加固48座；治理铁河（原清水江乡河段）和磨子石河（原新阳河段）2处。新建石亭鱼潭洲防洪圈保护工程和昭陵河山洪沟治理，全面提升应对洪涝灾害的抗御能力。开展沈潭生态清洁小流域治理，进一步改善农村生态环境。

【项目建设】2016年，水利项目工程建设速度进一步加快，组织精干力量，加紧上级对接，编制《水土保持规划》《醴陵市城市防洪规划续编》，调整主要河流的警戒水位、保证水位，完成中型泵站改造、27座小（2）型水库除险加固的前期工作。落地一批项目，列入市年度项目实施计划。计划投资190万元，完善山洪灾害防治项目非工程措施；计划投资300万元，启动四和生态清洁小流域治理工程；计划投资3500万元，完成酒埠江灌区醴陵片东北干渠及附建物建设；中央计划投资1500万元，完成官庄灌区续建配套和节水改造工程；计划投资1985.81万元，建设市“小农水重点县”的“五小”（小水窖、小水池、小泵站、小塘坎、小水渠）项目；计划投资400万元，开展长塘保护圈建设。

【防汛抗旱】一是防汛抗灾。3月，为应对湘江流域发生的1998年以来最大“桃花汛”，多次深入全市各镇开展安全检查，发现并整改安全隐患178个。在“6·10”“6·15”强降雨中，市防汛指挥部科学决策、指挥有序，提前开闸泄洪，并安排、部署市各级各部门认真履责，全面开展防汛救灾、灾后恢复。其间，在6月15日23时40分，渌江书院码头处重30吨的浮箱脱落，随渌水激流直奔而下，将对下游河道桥梁等造成威胁，为尽早将浮箱捞上岸，尽量减少损失，市防汛指挥部果断采取措施，制订方案，在市消防官兵等有关部门的大力协助下，迅速调来消防车、吊车和搅拌机，沿途设卡，连续打捞作业，直至16日凌晨6时，在株洲县境内河道将脱落浮箱成功拦截除险。全年组织修订、完善各类防汛预案21个，新组建近300人的专业防汛抢险队伍。二是抗旱保丰。年内，市水利局召开抗旱工作会议2次，制定抗旱预案，落实配水方案，采取“轮灌”“一把锄头放水”方式，按照“先下游、后上游，先活水、后死水”的原则科学调度，确保有限的水量发挥最大效益；安排水利工作组入驻旱情一线，每到一个村，工作人员均要入户了解村民生活用水情况，查看农作物灌溉和生长情况；各大中型水库管理所组织人员清淤、清障渠道，在用水高峰期时段，夜以继日护渠、巡渠、守水，确保主干渠、灌溉安全。年内，共修复水毁工程57处，检查维修抗旱设备32套，调配19台抽水机到全市干旱死角，确保农田有效灌溉；官庄灌区尾端的国瓷街道横店村和酒埠江灌区尾端的孙家湾镇观前村均顺利通水，确保农田稳产高产。

【行政综合管理】一是加强水资源管理。依法推进湘江保护和治理，编制《醴陵城市饮用水水源地安全达标建设方案》，加强饮用水水源地保护；起草《醴陵市水功能区划及监督管理办法》，完成水功能区划分。定期监测水质，发布《醴陵市水资源质量状况通报》；严格控制用水总量、用水效率和限制纳污、“三条红线”（严查信访案件守住“不敢腐”的底线、注重制度建设筑牢“不能腐”的防线、强化作风建设划定“不想腐”的红线）管理；严把取水许可审批程序关，依法开展建设项目水资源论证，依法征收水资源费。二是规范河道管护。严厉打击非法采砂和水域“六乱”（乱搭、乱建、乱采、乱挖、乱弃、乱排）行为，开展常态化巡查；加强河道保洁，定期对城区渌江水面垃圾进行清理打捞，实现水岸无垃圾堆、水面无漂浮废弃物，城区河道保洁坚持常态化管理；建设重要水域视频监控系统，推进河道管理数字化。三是加强水土保持监督。创新生态项目建设管理，开展生态流域治理，控制水土流失，不断提高村庄品味，生产生活条件和生态环境有明显改善。全年受理水土保持开发建设项目方案12件，批复9件；规范行政审批程序，简化审批流程，将原60天的审批时限调整为45天。四是强化安全管理。及时排查防汛安全隐患，市防汛办对各镇、街道分别下达督办函，组织市水管单位整改安全隐患42处，确保水库等安全度汛。年内，漆家坳渡槽安全隐患除险工程获铁路部门重视，在株洲市水务局和市人民政府的协调支持下，南昌铁路局和中铁二十五局，已对漆家坳渡槽重大安全隐患进行监测评估，制定渡槽拆除重建初步方案；官庄水库安全专项整治工作在市人民政府调度下，联合畜牧、交通、国土、电力、官庄镇政府、官庄水库管理局，开展安全生产整治专项行动，驱赶长期在水库大坝停靠的游船30多艘，拆除大坝违规搭建营业性建筑物2处、大坝内坡违建踏步16处、供电电缆230多米及电表12处、违法捕鱼网7处、锚固杆20多根。严厉打击水利行业违法建设、生产、经营等行为，对违法采砂船只，依法予以打击取缔。每月定期组织水管单位和规模小水电站，全面开展安全事故隐患排查，并通过水利安全生产信息系统上报，确保人员、工程、资金安全。（何春雪）

移民开发

【概况】2016年，醴陵市水库移民开发管理局设办公室、后扶股、财务股，有在职干部11人。全市共有大中型水库移民18825人，其中三峡移民375人；库区和移民安置区涉及19个镇（街道）、281个村（居）、1888个村民小组。年内，举办移民培训班6期、培训移民370人；其中实用技术培训300人、就业技能培训70人、转移就业移民70人。年末，获评2016年度全省“移民工作先进单位”“移民信访维稳工作先进单位”。

【后期扶持资金管理】一是全面加强和完善重点项目库建设。坚持“计划跟着规划走、项目跟着计划走、资金跟着项目走”的原则，确保资金落实到实处。二是继续加强资金监督管理。开展以自查自纠为主要内容的专项清理和整治，聘请专业机构对移民资金项目进行专项自查自纠。三是严格执行移民资金管理和有关财务制度。认真做好集中核算和支付工作，严格实行县级报账制，所有移民资金拨付严格按程序进行，做到不挤占、不截留、不挪用。全年核发移民直补资金1020万元，全面启动项目实施，拨付项目资金700万元。

【移民开发项目建设】一是科学编制规划计划。认真做好移民后扶“十三五”规划和2016年后扶计划的编制上报工作。二是认真组织项目实施和验收。全年申报、落实项目122个，落实移民黄桃、茶叶等产业招商项目3个；争取上级资金1200多万元，整合各类资金2320万元；修建道路84.8千米，解决5个村1220人的安全饮水问题；新建油茶基地8个166.67公顷，茶叶基地2个26.67公顷，蔬菜基地5个106.67公顷，黄桃基地1个66.67公顷。

【移民维稳】2016年，共接待来访群众13批、49人次，均及时做好化解调处工作。继续跟踪、协助解决均楚黄田航电枢纽遗留和小水库移民诉求等问题，发现苗头，立即组织化解矛盾，有力维护移民库区稳定。通过“三级”信访终结方式，解决均楚、官庄库区多年的信访积案，化解库区多起移民上访问题，有力维护移民库区稳定。

【扶贫帮困】一是看望、慰问库区、安置区移民。在“两节”期间，分别赴库区、移民安置区看望、慰问困难移民100多户，发放慰问金10多万元。二是组织开展“关爱计生特困家庭行动”认真落实省移民局、省卫计委在全省大中型水库库区和移民安置区开展的“关爱计生特困家庭行动”，全年发放移民子女升大学补助15人4.5万元，特扶补助独生子女伤残、死亡家庭和计生手术并发症人员9人金额9000元。三是移民脱贫解困。认真贯彻省、市移民脱贫解困精神，突出抓好贫困移民脱贫解困精准扶持工作，全年安排省级贫困村建设项目资金220万元，其中均楚镇周坊道路建设项目112万元、官庄镇鹅颈村项目扶持金45万元。通过避险解困搬迁、移民产业扶持、移民转移就业培训、生态政策扶助、社会保障兜底等措施，确保全市1078个建档立卡特困移民如期脱贫。（谭　利）

气　象

【概况】2016年，醴陵市气象局设综合管理办公室、气象台、农气资料室、防雷减灾办公室、人工影响天气办公室、气象行政执法队、气象服务中心；有干部职工13人，其中在职职工7人、外聘人员6人；有高级工程师1人、工程师4人、助理工程师5人、技术员3人。

【基础业务】2016年，地面测报台站错情率为零，天气预报晴雨准确率91.3%，暴雨预报准确率65%，测报、农气各月、年报表质量均为优秀。自动气象站网络专线、卫星接收等现代化设备运行良好，能有效获取中、小尺度灾害性天气的预警信息。年内，将防灾减灾气象服务作为气象工作的重中之重，成立应急管理领导机构，并与市政府及其他部门之间，建立突发气象事件协作防御及处置机制，大大增强全市防灾减灾的能力。

【依法行政】2016年，认真贯彻落实《中华人民共和国气象法》《防灾减灾管理办法》等法律法规，履行观测环境保护、安全防雷和氢气球升放的审批管理职能。开展防雷安全专项整治行动，对无防雷设施的加油站、烟花鞭炮企业不予办理安全评价和“安全生产许可证”年检及新证颁发。对新扩改建工程，按程序进行防雷装置设计、审核和竣工验收许可，保证防雷设施的安全使用性能。（陈刘庆）

水　文

【概况】2016年，醴陵市水文局辖大西滩、潼塘、董背冲、泗汾、枧头洲和石亭6个水文站，其中大西滩水文站为国家重点水文站，其余5个水文站为省级重点水文站；有水质监测点28个、省界河流监测站2个，雨量站62个，高山中继站3个、水情自动测报站20个。

【内业工作】2016年，全市属平水年，受降雨时空分布不均影响，地区差异明显。年内，完成各站点水文数据的整理工作，保证各种水文资料的连贯性，准确测报每次洪水过程。大西滩水文站是渌水控制站，全年最高水位52.82米、最大流量1990立方米/秒，最低水位46.05米、最小流量7.62立方米/秒。全年降雨量为1529.3毫米，降雨天数为153天。铁水泗汾水文站年降雨量为1644.3毫米，最高水位55.59米，最大流量846立方米/秒；最低水位达50.73米，最小流量11.1立方米/秒。南水潼塘水文站年降水量为1727.3毫米，最高水位96.43米，最大流量561立方米/秒；最低水位93.49米，最小流量4.92立方米/秒。

【水情服务】2016年，汛期坚持每日向市防汛指挥部及时、准确通报适时雨、水情。采用短信群发方式，每日向全市各有关单位发送雨、水情信息，坚持24小时值班。积极协助市防汛抗旱指挥部对可能出现的水情作出准确预报，全年在汛期中向国家防总、省、市各防汛单位拍发各类雨、水情信息6800条。每月坚持将渌水、萍水水质简报及时报送市政府有关领导及部门。（贺明春）

工 业

【概况】2016年，全市完成工业总产值1124.7亿元，增长11.1%；实现工业增加值338.8亿元，增长7.9%。工业经济拉动GDP增长4.7个百分点，对经济增长贡献率达55.2%。工业增加值占地区生产总值比重为58.3%，比上年下降1.4个百分点；园区规模工业增加值占全部规模工业增加值比重为70.1%；万元规模工业增加值能耗降低4.2%；高新技术产品增加值占工业增加值比重为36.2%；工业固定资产投资总额164亿元，比上年下降41%。年内，陶瓷、花炮两大传统支柱产业产值分别达623.8亿元、195.4亿元，比上年增长12.2%、3.5%。全年生产日用陶瓷98.5亿件、增长11.9%，工业陶瓷133.1万吨、增长11.6%，花炮5198万箱、增长3.7%。

（陈　艳）

园区经济

【概况】湖南醴陵经济开发区（以下简称“经开区”）内设党政办公室、产业发展局、招商合作局、规划建设局、社会事务管理局（正科级机构）和财政所（副科级机构）；受市委、市政府委托管理市陶瓷研究中心、市高新技术产业发展中心（正科级机构），其中市高新技术产业发展有限公司全面承担园区建设和开发任务；国土、公安在经开区设派驻机构。2016年，经开区完成技工贸总收入510亿元，同比增长16%；规模工业增加值200亿元，同比增长14%；固定资产投资175亿元，同比增长28%；高新技术产值196亿元，同比增长17%；实现税收13亿元。年内，在全省公布的2015年度园区综合评价排名中，位列全省第8位，居株洲市首位。年末，被评为国家“新型工业化产业示范基地”，省“新型陶瓷材料特色产业园”“高新技术产业示范基地”“科技成果转化示范基地”“陶瓷出口转型示范基地”“新型工业化产业示范基地”。

【总体规划】按照市委、市政府提出的“打造千亿产业园区、创建国家级经开区”的战略目标，经开区构建“一区一城一园”发展格局。一区为城北核心区，总体规划控制范围52平方千米，地处国瓷街道，是醴陵“融入长株潭、加速一体化”的首要区域；该片区的规划定位为坚持转型升级，打响“中国醴陵·瓷彩天下”区域品牌，规划建设集“产、创、展、商、游”于一体的“中国陶瓷谷”，打造成国家级经济技术开发区的核心区。一城为渌江新城，按照“溯江而上、向东发展”的总体思路，该片区总体规划控制范围21平方千米，位于醴陵大道长庆示范区范围内两厢区域；该片区的规划定位为以“城、商”为主导，以“产”为补充，形成产城融合、互动发展的格局，致力打造推动城市转型升级的综合服务中心、汇聚多样功能的产城融合示范平台、展现山水文化特质的魅力宜居新城，成为醴陵新的政治经济文化中心。一园为东富工业园，园区控规面积13.66平方千米，位于东富镇旗滨玻璃所在区域，是国家批准的湘赣边境合作试验区的启动区；该片区的规划定位为醴陵“大招商、大工业”的主战场，经开区新兴产业基地。

【项目推进】2016年，经开区大力实施“一个项目、一位领导、一套班子”工作举措，积极推进新建项目尽快落地建设，在建项目尽快投产达效。全年启动项目建设30个，总投资47.6亿元。

陶瓷会展馆项目从启动到封顶，仅用时8个月；醴陵电商产业园从开工建设到正式投入运营，仅用时2个月；旗滨·公园里10千伏电力线路项目提前35天完工；标厂三期公租房项目压缩工期，提前30天封顶；东富大道责任段60天内完成道路平基和全线拉通。“146工程”中的标厂一、二期工程续建项目建成并投入使用，入驻企业40家。旗滨玻璃5条生产线、时代金属轨道交通部件生产基地、华城铁建铁路特种建筑材料生产基地、正阳精密扩产等一批项目建成投产，图兰朵酒店开业运营，凤凰山城市中心公园启动景观大道工程施工，瓷器口文化古街项目启动古建筑结构安装，三三橡胶、金利坩埚等项目有序推进。积极对接省发改委，扎实做好中国陶瓷谷特色小镇项目申报工作。

【产业发展】2016年，经开区有企业278家，其中规模企业248家、高新技术企业30家；拥有国家专利211项、中国驰名商标10个、中国名牌产品31个以及1家国家级企业技术中心；有产业工人约6万人、区域已形成以“陶瓷、玻璃和新材料、交通装备制造”为主导的“3+X”产业格局。深入贯彻落实市委经济工作会议精神，以“推进供给侧结构性改革”为动力，拟定经开区招商引资十条政策，设立产业发展专项基金及技改、节能降耗专项奖励资金，全年争取产业发展专项资金1700万元。成立专门的产业发展工作领导小组，及时解决企业发展难题。通过不断地转型升级，培育一批核心竞争力强、带动作用明显的陶瓷骨干企业，陶瓷产业得到稳步发展，全年陶瓷产业总产值突破350亿元；其中华联瓷业实现年销售收入8.2亿元，同比增长15%。新兴产业不断培育壮大，旗滨玻璃实现年销售收入14亿元，同比增长46.5%；升华科技（二期工程）12条生产线已投入使用，实现年销售收入7.2亿元、同比增长212%，并在深圳交易所挂牌上市；恒茂高科持续开拓海外市场，年销售收入达3.2亿元、同比增长32%，该企业拟计划上市；时代金属不断扩展产品市场，实现年销售收入近3亿元。

【招商引资】2016年，经开区结合自身优势，进一步加大招商引资力度，始终坚持“大小项目并举、存量升级与增量引进并举”的方针，以“延伸产业链条、打造产业集群”为目标，坚持领导带头、部门联动、全民动手，开展精准招商。全年完成招商引资82.3亿元，签约项目42个。对接广东省湖南醴陵商会、深圳市醴陵商会，为醴籍在外人士回乡创业建立良好的沟通渠道。引进电商企业，新建的电商产业园，已与阿里巴巴、京东、苏宁易购等交易平台及宝尊、商派等一流电商配套服务商达成合作协议，有29家电商企业、6家摄影机构入驻园区。

【公司发展】高新技术产业发展集团有限公司积极推进公司集团化重构，注册资本由1.85亿元增至20亿元，设立投资经营管理、基础设施投资建设、滨城开发建设3家子公司。年内，着力开展资产归集，完成38宗政府配置资产的拍卖手续，总资产突破80亿元，新增资产25.83亿元。推进融资工作，发行企业债券10亿元，企业信用评级稳获AA级。扎实推进土地收储，年内取得建设用地指标83.2公顷，对79公顷闲置土地进行梳理归类，土地综合利用得到进一步加强。控股成立高盛物业公司，参股湖南文交所醴陵陶瓷产权交易中心，与尚方窑等项目达成合作协议，参与和扶持产业发展取得新突破。 （余　里）

经济科技信息化

【概况】2016年，经济科技信息化局（以下简称“经科信局”）按照“稳增长、促改革、调结构、防风险”的总要求，围绕市委提出的“11622”工作目标，深入开展“五大主题年”活动，确保全市工业经济在新常态下平稳有序发展。年内，醴陵市“企业帮扶年活动”工作在株洲县市考核中名列第一、新型工业化考核在株洲市排名一类。全年全市完成工业总产值1124.7亿元，同比增长11.1%；完成规模工业总产值1000.5亿元，同比增长11.7%；完成规模工业销售产值981.7亿元，同比增长11.8%；工业电力消费总量为77579万千瓦时，同比增长8%。陶瓷、花炮、服装、玻璃、汽配五大行业，分别实现产值623.8亿元、195.4亿元、44.8亿元、14.0亿元、2.5亿元，分别增长12.2%、3.5%、21.4%、46%、41.5%。

【产业政策】一是做好产业中长期规划。在市“十三五”规划开局之年，科学制定工业经济发展的中长期规划；对接湖南省、株洲市的“十三五”新型工业化规划以及醴陵的国民经济“十三五”规划，通过座谈、走访等方式，通过专家团队协作，制定醴陵市的“十三五”新型工业化规划。为指导陶瓷产业的转型升级，对接国家工业制造2025规划纲要，制定《醴陵市陶瓷产业“十三五”规划》《醴陵市陶瓷智能制造行动计划》，年内进入评审阶段。二是加大本级政策支持。根据2015年“工业十条”的兑现情况及政策在落实过程中出现的一些问题进行完善修改，年内仍然对“工业十条”予以兑现。为打响产业突围战，牵头起草《产业突围的实施意见》《陶瓷产业十条政策（草案）》。三是强化行业自律，形成有约束力的行规制度。引导各大行业协会、商会都相继发布服务绿色通道、企业（产品）分类定级制度、企业失信黑名单制度等一系列行规，发挥行业协会的指导、协调作用，积极引导行业自律。

【区域品牌建设】5月3日，醴陵陶瓷跻身“全国第三批区域品牌建设”试点名单；为落实区域品牌建设试点工作，经科信局全力开展工作，与国家工信部电子第五研究所加强对接，并委托该所编写《项目规划书》，成立以工信部电子五所、武汉理工大学专家为核心的醴陵陶瓷区域品牌项目组，力争在3年内将醴陵陶瓷区域品牌建设由“试点”打造成“示范”；截至12月，筛选并上报华联瓷业、华鑫电瓷、陶润实业等10家企业作为醴陵陶瓷区域品牌建设试点的骨干企业。

【调研与学习】2016年，坚持实地调研与外出学习相结合，为产业发展把脉。在全市经济增速疲软的环境下，深入全市30多家有代表性工业企业，了解、调研企业的生产经营情况及企业面临的困难与问题，并撰写经济形势分析报告，为市委、市政府掌握工业经济发展情况提供第一手资料。为促进全市服饰、“互联网+”产业的发展，在组织企业座谈，了解实际情况的基础上，组织市相关职能部门及行业内企业代表，分赴杭州、温州、德化、长沙等地学习、交流，根据各地的特色与优势，形成调查报告，为市委、市政府决策提供依据。

【企业转型升级】一是全力推进“互联网+”建设。年内，组织阳东电瓷、陶润瓷业、恒茂电子3家企业，申报“两化融合管理贯标”试点企业；组织华联亿嘉等4家企业，申报第一批移动互联网产业发展专项资金项目，组织恒茂电子等4家企业，申报第二批移动互联网产业发展专项资金项目，全年累计申请项目资金380万元；组织恒茂电子积极申报微软正版软件免费安装使用项目等工作，通过大力推进“互联网”建设，为更多企业、更多项目有效争取上级支持。二是加大“智能制造+”建设力度。指导醴陵市科迅自动化陶瓷机械有限公司申报全年首台（套）计划项目，湖南省醴陵市特种电瓷电器有限公司的“高铁接触网用线路瓷绝缘子的研发和应用项目”申报省中、小企业装备提升专项，并获省科技厅的立项；推荐湖南电力电瓷电器厂的智能电网项目，申报全国工业领域电力需求侧管理推荐产品和技术。醴陵市不定形耐火材料有限公司的产品被录入国家工信部编制的《工业资源综合利用先进适用技术2016年装备目录》。三是推进“创新驱动+”建设。做好高新技术企业的申报和培育工作。全年全市有7家企业进入复审，有申报企业13家，有重点培育后备企业16家；按照省经信委的要求，完成2015年度6家新材料企业的统计摸底及2016年度醴陵荟萃瓷业的申报奖励工作；推荐市陶润实业申报2016年度湖南省工业设计中心。四是“绿色生产+”。组织开展全省电机能效提升工程，推荐湖南泰鑫瓷业有限公司等3家企业，申报省经信委电机能效提升工程项目。全力推荐醴陵市科发窑炉热工设备有限公司、湖南奥特朗工业装备有限公司，申报全省重点调度协调的100家节能环保企业；全年共申报省技术改造节能专项资金项目29个，获得资金支持项目19个，获专项资金500万元；其中，技改项目14个、资金375万元，节能项目3个、80万元。年内，按照政策导向，为全市100多家企业及公共服务机构申报相关专项项目资金，其中52家企业累计获项目支持资金2720万元。

【产业平台】一是产业科研平台。扶持新世纪3D陶瓷打印研究所、时代金属国家级工程实验室等一批企业自身的重点产业研发平台；组建醴陵市陶瓷装备集团、陶瓷艺术城“全国陶瓷艺术创意设计中心”等。二是质量检验平台。依托市商检局、陶研所的资源，强化日用瓷、电瓷的质量监管，配合市场监管局积极创建国家级的“日用瓷、电瓷质量安全示范区”。争取国家电网公司认可的权威检测机构（西安国家级电瓷检测所）在醴陵设立授权点，以节约企业异地检测成本。三是营销平台。通过醴陵的电商协会，汇聚专业的互联网人才，指导企业通过熟练运用“互联网+”“云技术”“微商”等手段进行营销；协助市商务局、经开区做好电商产业园区建设，用于搭建“互联网+”的营销平台；引导全市陶瓷电商企业入驻园区，年内有华联亿嘉入驻，并正式开业；鼓励企业“走出去”，积极参展参会，组织10家艺术瓷企业参加广西北流瓷博会，醴陵参展作品荣获8金8银10铜的佳绩；组织13家陶瓷装备企业，参加2016年度中国国际陶瓷技术装备及建筑陶瓷卫生洁具产品展览会。四是完善人才培养平台。与市桃花学校、轻工技校合作，通过产业委培项目，组织企业人员举办3期培训班，主要以电子商务发展升级、中小企业惠企政策宣讲、智能制造理念培训等为内容；鼓励全市企业高、中层管理人员外出高等院校深造。五是搭建融资担保平台。1—10月，全市有在保余额1.72亿元，其中省中、小企业担保额6000万元、株洲丰叶担保公司和株洲市国信担保公司余额1.12亿元。为企业创新模式丰富的融资项目，组织企业与省兴业银行，开展“助保贷”项目。其中，花炮保贷额5000万元、陶瓷保贷额8000万元；组织协助渌江集团开展“续力贷”项目，株洲市经信委确定续贷6000万元；全年协助企业与银行组织联保联贷融资1.4亿元，支持全市66家企业的融资需求。六是抓好公共技术服务平台的建设与完善。依托湖南豹驰专利代理服务有限公司，为全市企业提供项目指导、技术咨询、专利申请等科技服务，进一步健全和完善市级科技创新体系。抓好企业研发机构建设，指导市陶润实业获批湖南省“工业设计中心”，赖氏烟花获批国家“鞭炮机械化示范生产线”建设，醴陵市陶瓷成功列入全国第三批产业集群区域品牌建设试点单位，醴陵市获批国家“出口电瓷、日用陶瓷质量安全示范区”。

【优化企业环境】一是开展企业帮扶专项行动。牵头完成市企业帮扶专项行动日常事务的相关工作，通过44名市级领导对口帮扶及98个部门单位的网格化走访帮扶，共收集全市550家“四上”企业在发展过程中的困难问题；通过汇总交办，帮助企业解决一些实际问题。二是开展“环境优化年”活动。坚持简政放权、优化服务、为企业减负、让企业轻装上阵参加市场竞争的理念。全力为企业服务，为中小服装企业开具证明320多份，未收取任何费用，简化证明手续。年初，全市20多家骨瓷企业瓷泥供应紧张，为解当务之急，远赴江西省进行商洽，帮助企业挽回经济损失500多万元。三是帮助企业申报专利。全年指导、帮助企业申请专利587件、授权291件，其中发明专利授权20件。四是强化运行调度，确保要素供给。把握经济发展动态，重点把握经济运行中的新趋势、新特点；坚持每月调度，及时了解国家有关产业政策的动向和对热点问题的调研，加强对重点行业、企业、产品及用电、气指标的监测分析和综合协调。积极做好工业企业“小升规”培育申报工作，全年全市筛选出60多家企业被确定为年度培育对象；年内，全市有市大球泥瓷艺有限公司等40家企业，递交“小升规”申报资料，其中新建新投产企业11家。

【招商引资】2016年，招商引资到位资金10720万元，其中湖南仁龙特种陶瓷有限公司引资4200万元、湖南恒凯通引资6520万元；开发陶瓷废料生产陶瓷砖、节能自动化连续化陶瓷机械装备制造等项目10个，引进湖南仁龙特种陶瓷有限公司的特种陶瓷制品、结晶碳化硅型材合作项目。全年完成工业固定资产投资164.2亿元，其中技改投资87.5亿元。

【科技项目】2016年，申报时代金属的“轨道交通散热器产品的强化传热方法与结构技术的研究及产业化”、恒茂电子的“国产网络处理芯片的研发及产业化”、阳东磁电的“高强度、高自洁性特高压智能电网电瓷材料稀土掺杂改性技术研究及产业化”3个省战略性新兴产业科技攻关与重大科技成果转化专项资金项目，累计获得项目支持金600万元。年内，醴陵市级财政安排科技专项资金1000万元，有24个项目获市级科技专项资金支持66万元。

【专利工作】2016年，通过与相关专利中介机构开展合作，积极为企业及个人提供专利申请、保护等服务，全年专利申请1412件、比上年增长32.2%，超额完成株洲市下达的年度计划任务。为保护企业及个人的创新研发热情，杜绝市场的不良竞争，加大知识产权保护执法力度，严厉打击假冒、侵权行为，保护企业及专利所有人的合法权利，全年查处假冒侵权案20件，调处纠纷案件4起；新增4人获得国家知识产权局颁发的专利执法证。

【科技培训】在市旗滨玻璃主办知识产权等相关知识培训，主办税收惠企政策解读、融资、装备和管理能力提升等培训。积极参加全省、株洲市组织举办的专利执法、专利权质押融资等专项培训。全年培训企业200多家、1000多人次。

【高新技术企业】2016年，全市申报高新技术企业20家，其中通过省科技厅组织的评审企业15家。截至12月，全市有高新技术企业34家，主要涉及陶瓷、烟花、机械、电子、贸易等行业。全年全市高新技术产业增加值占GDP比重达21%、比上年增长176%。年内，全市有104家企业的产品被纳入高新技术产品的统计范畴。对研发能力较强的13家企业（特别是服装企业）进行培育，分别给予专利、财务、研发中心建设等指导。

【科技支农】2016年，全市共接收省级科技特派员7人、株洲市级特派员7人、本级特派员19人；覆盖全市19个镇，并完成网上注册工作；特派员在种养、医疗、教育、信息化等领域，为市“三农”工作提供技术指导。开展“湘雅乡情”系列专题活动，邀请30多名醴籍湘雅名医到醴陵定期免费义诊，为百姓送去健康指导。

（王卫宇）

国企改制

【概况】2016年，驻醴株洲市国有企业改革办公室稳妥地推进驻醴株洲市市属国有企业管理及改革工作，妥善处理株洲市移交企业的遗留问题，服务基层，关注民生。依法引进深圳市智宇实业发展有限公司为国光瓷业重组方，完成国光瓷业重整工作。启动瓷业总公司机械修造厂破产工作，组织人员清理资产和债务，完成资产评估、账务审计、资产移交拍卖，并召开债权人会议。提质改造永胜瓷厂、星火瓷厂等6家企业、814户棚户区危房。筹资1100万元，对兴业公司（原国光集团）1500户职工进行水改，全面解决所属企业的水电分户问题。申报2017年度1000户困难企业棚户区危旧房提质改造项目。启动群力、陶机、醴浏、星火（二期工程）棚改项目。全年安排困难职工救济金300多万元。（谢甘霖）

陶瓷工业

【概况】2016年，全市共有陶瓷企业650家，主要有日用陶瓷、工业陶瓷、建筑陶瓷和工艺陶瓷4大类，有4000多个品种。全年陶瓷产业完成工业总产值623.8亿元，比上年增长12.2%；其中全市203家规模以上陶瓷企业完成工业总产值455.4亿元，比上年增长16.3%。实现税收5.3亿元，占全市税收比重的21.9%。陶瓷产业安排从业人员16.9万人，其中规模以上陶瓷企业安排从业人员14.8万人。全年生产日用陶瓷98.5亿件、比上年增长11.9%，其中出口陶瓷33.2亿件、增长10.3%；生产工业陶瓷133.1万吨，比上年增长11.6%。（陈　艳）

湖南华联瓷业股份有限公司

【概况】湖南华联瓷业股份有限公司（以下简称“公司”）是一家从事日用陶瓷、艺术陶瓷、新材料陶瓷和电瓷研发与生产的集团公司，拥有“华联”“红官窑”“火炬”三大驰名商标，年出口额达6000万美元；是中国出口名牌、国家认定企业技术中心、中国陶瓷工业协会副理事长单位、轻工商会陶瓷分会副理事长单位、湖南省陶瓷协会会长单位。年内，公司参与编著《中国出口日用陶瓷技术指南》《日用陶瓷质量安全手册》《陶瓷食具容器卫生标准》等多部行业标准，牵头制定《湖南炻瓷地方标准》。公司注册资金1.89亿元，总资产7.6亿元，拥有37件商标、74件专利（其中发明专利15项）、实用新型7项。2016年，公司实现销售收入59517万元，上缴税金8340万元，实现净利润4053万元，资产负债率为51.84%。年内，公司重点做好上市前筹备工作；3月，公司确定海通证券、启元律师事务所和天健会计师事务所为上市中介机构；6月，中介机构完成尽职调查，确定以2014年至2016年作为连续计算业绩的申报期；10月，完成湖南省证监局的上市辅导备案。推进日用陶瓷智能制造项目，该项目是陶瓷行业转型升级的创新型项目，年内已完成材料配方、工艺路线、设备选型及厂房规划设计等工作。（赖玉姣）

湖南新世纪陶瓷有限公司

【概况】湖南新世纪陶瓷有限公司（以下简称“公司”）创建于1982年，为国家高新技术企业，内设生产基地3个；有员工700多人，其中专业技术人员79人、高级职称5人、中级职称28人。2016年，公司实现销售收入近亿元。与茅台、五粮液、西凤、四特、今世缘等400多家知名酒厂建立良好合作关系。公司建有国内首家瓷酒文化艺术馆——新世纪陶瓷艺术馆。公司所属的新世纪陶瓷设计中心是湖南陶瓷行业首家省级工业设计中心，拥有先进的研发创新能力与自主知识产权。设计中心引进数字建模系统、激光精雕机等行业顶尖设备，获发明、外观和实用新型专利80多项。公司与湖南大学、广州美术学院、湖南工业大学、景德镇陶瓷学院等多所高校建立产、学、研合作。连续多年获评湖南省“青年文明号”“守合同重信用单位”“双文明建设红旗单位”“纳税大户”等荣誉，旗下新世纪艺术馆获评国家AAA旅游景区和湖南省涉外参观点。

湖南泰鑫瓷业有限公司

【概况】2016年，湖南泰鑫瓷业有限公司（以下简称“公司”）有员工1110人，拥有固定资产1.35亿元。主要从事精细炻瓷、中高档陶瓷酒瓶、化工陶瓷、结构陶瓷等研发、生产和销售，以及陶瓷用标准化泥、釉、模研发、规模化生产和销售。公司是省级认定的高新技术企业、新材料企业、企业技术中心；拥有国家工商总局认定的中国驰名商标“taisun”；连续10年被市人民政府评为“纳税前十强”。公司拥有发明专利30多项，外观专利420多项。全年出口日用瓷2200多万件，产品主要销往美国、德国、以色列、日本、俄罗斯与非洲、东欧、中东、南美洲、东南亚30多个国家和地区，并建立较好的出口贸易往来合作关系。公司聘请美国设计师，组建引领潮流、理念超前的设计团队。年内，参加“广交会”、国外专业展会期间，所设计的日用炻瓷产品在展会上大放异彩并获得优质订单。公司生产的中、高档陶瓷酒瓶受到多家国内一线酒企的认可，并建立长期稳定的业务合作关系，年销售中高档陶瓷酒瓶近1000万只。研发、生产的新材料、高性能结构陶瓷，广泛应用于石油钻采、原煤加工、环保设备、精密医疗设备、精密电子设备等领域，得到国际、国内多家“500强”企业的高度认可。

醴陵市醴泉窑艺陶瓷有限公司

【概况】醴陵市醴泉窑艺陶瓷有限公司（以下简称“公司”）地处醴陵市“世界·陶瓷艺术城”。2000年，由中国陶瓷艺术大师、釉下五彩瓷艺人、国家非物质文化遗产——釉下五彩瓷烧制技艺授权传承人黄小玲创办，是一家集釉下五彩瓷研究、设计、生产、贸易于一体的科技先导性民营企业。公司拥有一支由多名国家、省级陶瓷艺术大师、高校教师、高级工艺美术师、美术创作专业人才、陶瓷装饰研究创作专业人才、高（中级）工艺技术人才以及具有娴熟工艺技术的生产作业人员组成的技术生产队伍，具有足够的创新开发、科研、低碳生产能力。公司拥有先进的科研生产设备和完善的检验试验手段，具有成熟的工艺和过程控制能力，能独立完成釉下五彩瓷泥釉料开发与应用、颜料创新应用，成型工艺创新，干燥、施釉工艺创新，烧成工艺改进以及模具设计制造等生产过程。设计、制造工艺过程充分受控，质量管理体系适宜和充分，质量保证能力充足，能够完全满足顾客的产品质量和服务要求。公司能按顾客的理念设计或来图生产，产品结构为高温釉下五彩陈设瓷、收藏瓷、礼品瓷和高档日用瓷餐具；突出以古窑烧制的手工拉坯产品、仿古瓷，以瓷塑、瓷雕作为补充为特色。

湖南港鹏实业有限公司

【概况】湖南港鹏实业有限公司（以下简称“公司”）成立于1991年，是一家集研发、生产、经营为一体的日用陶瓷及工艺美术陶瓷生产企业，1995年获自营进出口权，成为湖南省首批获自营进出口权的民营企业。公司2011年打造醴陵市对外集中展示陶瓷文化的“湖南省外贸公共服务展示平台”“国家外贸转型升级专业型示范基地”窗口——醴陵国瓷馆。公司拥有完善的规范化管理体系，通过ISO 9001、ISO14001、OHSAS18001体系认证，拥有的“KIC”为湖南省国际知名品牌，“ ”商标被评为“中国驰名商标”，“KIC”商标被评为湖南省出口名牌。公司先后加入中国陶瓷工业协会、中国轻工工艺品进出口商会、湖南工艺美术协会等行业协会。2016年，公司有员工800多人，占地面积5.4万平方米，出口创汇近1000万美元。

湖南丰德利瓷业有限公司

【概况】湖南丰德利瓷业有限公司（以下简称“公司”）始建于2004年，是丰年华集团独资设立的高级日用瓷生产企业，地处醴陵市泗汾镇，紧邻106国道和岳汝高速公路，交通便利。占地面积约16万平方米，建筑面积4万多平方米。有员工640多人，其中有初、中级技术职称的工程技术人员45人。公司有贴花、烤花生产线，产品主要有中西配套餐具、杯类及异型件产品，主推各类色釉产品；产品远销欧美、东南亚等30多个国家和地区。年产值6000多万元。公司通过ISO 9001质量管理体系和ISO14000环境管理体系认证，被评为“湖南省质量信用‘AAA’企业”“高新技术企业”和湖南省“诚信企业”；“燧人氏”商标被评为“湖南省著名商标”。公司参与起草湖南省地方标准DB43/T464-2016，获9项实用新型专利、1项发明专利及多项外观专利。公司先后投资9000多万元，建成国内先进自动控制窑炉3条（其中台湾自动化窑炉一条）、自动喷釉线2条。公司具有研制、开发新产品的能力，已有多项产品获国家专利，享有自主经营进出口权。

醴陵陶润实业发展有限公司

【概况】醴陵陶润实业发展有限公司（以下简称“公司”）创立于2003年,致力于日用陶瓷研发、生产和销售；占地面积13万平方米,有员工约1000人。2016年，实现销售额1.4亿元。公司陶润设计中心被认定为“湖南省工业设计中心”，以色釉炻瓷为主打产品，产品远销50多个国家和地区，涉及200多个客户，被米其林等多家星级酒店、餐厅选用。旗下子公司湖南陶润会文化传播有限公司，主要致力于国内市场的品牌建设和陶瓷文化传播。

湖南仙凤瓷业有限公司

【概况】湖南仙凤瓷业有限公司（以下简称“公司”）是一家拥有自营进出口权，集科研、生产、销售于一体的专业化日用陶瓷企业，主要生产新骨瓷、镁质瓷等高、中档日用细瓷。公司始建于1994年,有固定资产5200多万元，占地面积3.8万平方米，有员工1230多人；年生产能力5000万件，产品出口全球60多个国家和地区。2016年，实现销售收入1.4亿元，上缴税收1286万元。多年来公司一直是市陶瓷行业纳税十强企业，通过ISO 9001:1994质量体系认证和ISO14001:2004环境体系认证，被认定为“湖南省高新技术企业”“中国质量诚信企业”。

湖南泉湘陶瓷有限公司

【概况】湖南泉湘陶瓷有限公司（以下简称“公司”）成立于1998年，主要从事日用陶瓷开发、制造和销售。公司在市陶瓷产业园和市城南有2处生产基地，总占地面积8.3万平方米，有员工800多人，年生产日用陶瓷2600万件。西餐具是公司传统产品，其色彩自然逼真、丰富，极具艺术魅力；其抗折强度、吸水率、急冷急热、抗龟裂性能、耐酸碱性等主要技术指标均优于国家标准。公司通过ISO 9000质量管理体系认证和ISO14000环境管理体系认证，并获高新技术企业认证、输美陶瓷认证和出口陶瓷认证资格；“泉湘”商标被评为“湖南省著名商标”。公司与美、欧、韩、日等60多个国家和地区的200多家客商建立良好的合作关系和贸易往来。2016年，实现产值9746万元，出口创汇1216万美元，利税1600万元。

湖南银和瓷业有限公司

【概况】湖南银和瓷业有限公司（以下简称“公司”）成立于1999年，是一家，是以陶瓷酒瓶为主导，出口环保日用瓷为配套产品的，集设计、开发、生产、销售于一体的企业。公司位于市孙家湾镇孙家湾村，与泸州老窖股份有限公司、新疆伊力特实业股份有限公司、华泽集团、茅台集团、桂林三花股份有限公司、五粮液股份有限公司等数百家企业多次合作，日用异型陶瓷远销欧美、中东等发达国家和地区。

湖南阳东电瓷电气股份有限公司

【概况】湖南阳东电瓷电气股份有限公司（以下简称“公司”）为原市阳东电瓷电器有限公司，是全国股份转让系统（新三板）挂牌企业，地处市阳三石街道办事处阳东社区境内的302国道与106国道交汇处。公司是ISO 9001\ISO14001\OHSAS18001认证企业，先后被认定为湖南省“小巨人”计划企业、质量信用AAA企业、高新技术企业、省“专、精、特、新”企业和中国质量诚信企业。公司“CLD”商标为中国“驰名商标”和湖南省“国际知名品牌”，并在巴西和美国、伊朗、意大利、俄罗斯、墨西哥等马德里协议国注册。公司拥有省认定企业技术中心，获得专利13项，其中发明专利1项、实用新型专利12项；另有2项发明专利、5项实用新型专利已提交申请。公司参与中华人民共和国出入境检验检疫行业标准《进出口高压电器检验技术要求——高压瓷绝缘子》（SN/T4125-2015）的制定和修订。公司是全省最大的高压电瓷支柱绝缘子生产企业和全国最大的线路柱式绝缘子生产企业，可年生产合格瓷2万吨以上；主要产品有110千伏～550千伏支柱绝缘子、11千伏～72.5千伏线路柱式绝缘子、40千牛～300千牛悬式绝缘子、110千伏～275千伏电瓷瓷套等；330千伏及以下开关支柱在国内拥有四分之一以上的市场份额，线路瓷产品主要出口美国、南美、欧洲、非洲、中东等国家和地区。

醴陵华鑫电瓷科技股份有限公司

【概况】醴陵华鑫电瓷科技股份有限公司（以下简称“公司”），是空心瓷绝缘子生产制造商；主要产品有10千伏～1000千伏高压特高压GIS出线瓷套、SF6断路器瓷套、变压器瓷套、电流电压互感器瓷套、电容器瓷套、电缆终端瓷套、避雷器瓷套以及实心支柱、熔断器绝缘子等九大系列、2000多个品种；年设计产能3万吨。2016年，实际销售额25555万元，纳税2640万元，出口总额12207万元。公司拥有发明专利4项，实用新型专利11项，外观专利10项；产品被评为“湖南名牌”“中国陶瓷行业名牌”“湖南省国际知名品牌”；“PK”商标被评为“中国驰名商标”；企业获评“湖南省高新技术企业”“中国质量诚信企业”，被授予“企业技术中心”。作为ABB、SIEMENS、ALSTOM等电网设备制造商的全球战略合作伙伴，产品远销20多个国家和地区，多次获ABB、SIEMENS、ALSTOM、传奇电器、思源电器的优秀供应商和优秀战略合作伙伴。公司在超（特）高压产品的设计、研发和生产规模上具有突出优势，多次承担国家1000千伏重点科技攻关课题，参与特高压标准制定，研制开发出的1000千伏特高压电力设备用空心绝缘子，首家通过九级抗震试验，为“晋东南—南阳—荆门1000千伏特高压交流试验示范工程”“皖电东送”“浙北1000千伏站和福州1000千伏站”等多项国家重点输变电工程项目提供优质绝缘子产品。

湖南正阳精密陶瓷有限公司

【概况】湖南正阳精密陶瓷有限公司（以下简称“公司”）创建于2005年8月，位于湖南醴陵陶瓷科技产业园内，占地面积1.6公顷，是一家专业从事注射成型高性能纳米氧化锆结构陶瓷异性件的研发和生产制造企业，注册资本2000万元；有员工208人，其中研发人员30人、专业技能人员42人。2016年，实现生产产值3600万元、销售收入3038万元。公司汇集一批拥有陶瓷创新技术的专业技术人员，一直与清华、中南大学及景德镇陶瓷学院等重点高校，开展不同形式的产学研交流与合作，为清华大学“产学研合作基地”和“博士研究生实习基地”。公司有30多台注射成型机、420套成型模具，12条窑炉生产线、8条排胶生产线，每月可生产陶瓷光纤套管约2500万支、陶瓷光纤插芯1000万支及少量的氧化锆陶瓷结构件。公司以有自主知识产权的“陶瓷注射成型技术”为依托，主要研发生产氧化锆陶瓷光纤套管、光纤插芯，并生产少量的陶瓷手机配件、电子元件、精密机械零配件等产品。年内，公司研发人员全力研发陶瓷手机背板和金属粉末注射成型产品，“一种氧化锆陶瓷插芯及光纤连接器连接方法”“一种光固化材料及其制备方法和应用”已申报国家发明专利。

醴陵市精陶瓷业有限公司

【概况】醴陵市精陶瓷业有限公司（以下简称“公司”）成立于2009年，位于市经济开发区釉下五彩生产基地13号，是一家专业从事陶瓷产品生产、销售与研发的现代化企业。公司占地2万平方米，有员工200多人。主要以陶瓷杯为主打产品，产品设计与研发是企业发展的核心动力；拥有30多名经验丰富的产品设计师和一整套生产、研发设备，年设计开发产品1000多种。产品远销全球40多个国家和地区，与120多家客户有业务往来。2016年，出口各类陶瓷产品近3000万件，年产值近亿元。

湖南高峰陶瓷制造有限公司

【概况】湖南高峰陶瓷制造有限公司（以下简称“公司”）位于市嘉树镇玉茶村（醴陵嘉树南部工业园），成立于2004年5月。企业类型属于港澳台与境内合资（外资比例低于25%）有限责任公司，主营业务为陶瓷系列产品及包装产品生产、销售；公司注册资本5000万元。公司有总资产15214万元，固定资产净值9560万元，资产负债率为37.5%。2016年，实现总营业收入12271.7万元，实现利润983.4万元，上缴税收690.18万元；有员工1380人，其中大专及以上学历140人。公司建有陶瓷产品新技术研究中心和实验室，有从事专业陶瓷产品研发的人员52人（其中高级工程师18人），并长期聘请国内行业专家为公司的技术顾问、技术指导，公司年均科技研发费用占销售总收入的5%以上。长期与景德镇陶瓷学院、湖南工业大学、株洲职业技术学院等科研院所、高校保持合作。年内，获“国家高新技术企业”证书。公司厂区占地面积13.33公顷，有8条陶瓷窑炉生产线，全部采用天然气作燃料。日产日用炻瓷和金玉瓷约24.5万标准件，有产品品种8000多种，装饰花面近900种，产品质量稳定，釉面美观大方，器型新颖别致，铅镉溶出量符合国际FDA认证、美国CP65标准及欧盟各国的铅镉标准。产品主要销往中东、欧洲、美洲及以色列、日本、新加坡等100多个国家和地区。

（刘桂平）

花炮工业

醴陵市烟花鞭炮管理局

【概况】2016年，全市花炮产业集群全年实现产值195.4亿元，比上年增长3.5%。完成《关于促进花炮产业发展的十条政策》《烟花爆竹企业分类管理实施办法》《醴陵市花炮产业集群“十三五”发展规划》的起草工作，策划并提出焰火燃放场和观礼台、国际花炮文化中心、仓储物流基地等一系列项目建设方案。

【营销推广】2016年，组织企业参加河南、山东、辽宁等近20个省、市的定点订货工作，协助指导市宏发烟花等企业在浙江省成立省级销售公司，联络美国爱高烟花公司与市花炮企业开展产销合作。在与宁波港签订“铁海联运”花炮出口通道战略合作协议的基础上，联合株洲港启动并开辟花炮出口水运通道工作。组织企业参加第二届中国国际烟花爆竹博览会、第十六届中越（河口）边贸会等贸易展会。策划新年祭祀爆竹祖师和纪念李畋诞辰1395周年系列活动，在央视《端午乐三天》节目中融入花炮元素。参与主产区协作，组织参加首届“2016中国（浏阳）国际烟花爆竹交易会”，签署《湘赣边烟花爆竹主产区发展协作宣言》。发动媒体平台传递花炮正能量，《花炮大世界》微信平台推送文章最高点击近万人次。

【产业扶植】一是在产业政策上向兼并收购中小企业、组建产业集团的龙头企业倾斜，全年落实奖补资金300多万元。二是鼓励企业组建集团，重点支持和推进科富花炮爆竹生产基地和环球烟花小炮弹生产基地的扩、改、建工程，充分发挥龙头企业带动作用。三是促进花炮机械产业发展，树立天马机械（新三板上市企业）等示范样板，推进金利来和赖氏烟花在全自动机械化生产线的科研攻关项目。年内，全市退出、关闭花炮生产企业63家，企业的竞争实力和综合素质得到明显提高；吸引重庆市烟花爆竹集团、湖南汇通贸易有限公司等企业到醴投资合作，产业资源配置得到有效的改良和优化。

【优质服务】2016年，多次赴浏

阳市、江西省上栗市等地学习交流先进经验，提出操作方案并争取市相关部门支持，设立办理运输车辆车牌变更登记的服务窗口，缓解运输难的问题。通过市互助发展协会，对欠贷企业依法起诉追偿，有效整顿花炮产业融资环境；继续与丰叶担保、兴业银行等单位开展合作拓宽融资渠道，引进冠群驰骋投资公司，缓解花炮企业旺季资金紧张的问题，在确保金融秩序稳定的基础上逐步化解“联保联贷”带来的融资风险。

【安全防控】一是积极参与行业标准化建设。年内，全市新增全国烟花爆竹标准化技术委员会观察员1名，有10多人入选中国烟花爆竹协会专家委员会委员。二是制定花炮企业分类管理实施办法。完成企业市场竞争能力、生产规模、安全生产标准化等级及安全状况、质量管理水平、财税贡献水平、银行信用等级等情况的摸底，制定初步分类名单。三是加强行业自律，指导组建市烟花爆竹安全标准化行业自律委员会，有20多家企业加入自律委员会，每月开展1次交叉安全巡查；通过自查自纠、取长补短，排除企业存在的安全隐患。

（郭争光）

醴陵神马花炮有限公司

【概况】醴陵神马花炮有限公司建于1979年，是一家集花炮研发、生产、燃放于一体的综合型中外合资企业。下设礼花弹、火箭、玩具烟花、响炮4个专厂和1个专业燃放公司、1个花炮研究所。占地面积80万平方米，有员工1300人，企业资产8000万元，年生产能力150万箱，生产2400多个品种，产品远销欧美20多个国家，内销北京、天津、上海等10多个省市。公司拥有一支装备精良、技术过硬的专业燃放团队，其中高级技术人员12名、中级技术人员16名、专业燃放人员16名。20多年来，公司一直与美国、德国、日本等6个国际一流的烟花公司全方位合作，成功承接国庆、香港和澳门回归等90多次国家级和1千多次省、市、县级大型焰火晚会燃放，并应邀在美国、日本等20多个国家进行近50次大型烟花燃放表演。

中洲烟花有限公司醴陵市金利来出口礼花弹厂

【概况】中洲烟花有限公司醴陵市金利来出口礼花弹厂建于2006年，占地面积100万平方米，有员工700人。主要经营夜景产品，产品远销美欧多个国家，内销北京、上海、广州等多个省市。年内，华泽集团投资1.5亿元建设的中洲金利来全自动组合烟花生产线运营良好；中洲金利来厂投资1.2亿元建设的全自动机械化组合烟花生产线第六线项目进入收尾验收阶段。

湖南省醴陵市吉利鞭炮烟花有限公司

【概况】湖南省醴陵市吉利鞭炮烟花有限公司（以下简称“吉利烟花”）成立于1997年，公司占地面积7.3万平方米。拥有固定资产5216.23万元、员工近百人。旗下拥有“传奇”“黑蝎子”两大品牌。2008—2016年，一直保持全市烟花行业纳税前三名。吉利烟花为保障销售商经营利润的持续性和产品的创新优势，按照国际标准投资建立烟花研发检测中心，聘请知名烟花专家担任产品顾问，配备有经验丰富的专业技术人才，专业化研究中国烟花产品的创新。产品涵盖大、小型烟花两大类，有日景烟花、地面礼花、火箭、冷光烟花、爆竹、花筒、旋转升空、手持类、吐珠筒等，2000多个品种。有30多个国家专利产品、1个美国专利产品。1999年加入美国烟花协会（APA）和美标所（AFSL），2000年创办烟花行业第一个专业网站www.chilifireworks.com，2004年成为国内烟花行业中最早采用信息化“ERP”系统，实施全面质量管理的企业。2016年，吉利烟花实现产值7800多万元，上缴税收492万元。

湖南省醴陵市潼塘明达鞭炮烟花有限公司

【概况】湖南省醴陵市潼塘明达鞭炮烟花有限公司（以下简称“公司”）于1989年建厂，历经花炮产业从手工生产到机械化作业发展的整个过程。公司占地68公顷，有生产线4条，其中烟花生产线1条、鞭炮生产线3条；有生产人员364人，其中管理人员42人、有资质的安全员4人，公司年产值达3000～4000万元，纳税100～200万元。公司以“安全求效益、创新求发展”为企业宗旨，建立完善的管理制度和严明的责任机制；生产设备设施齐全，管理制度健全，安全氛围浓厚，安全意识强烈，年内，全市安全事故隐患自查自改月报制度现场会在公司召开。

湖南环球烟花有限公司

【概况】湖南环球烟花有限公司（以下简称“公司”）成立于2010年10月，占地面积80多公顷，建筑面积近4万平方米，有员工500人。公司是集设计、研发、生产、销售于一体的特大型鞭炮烟花企业，年生产、销售量超100万箱。公司主要生产经营各种规格的爆竹、小型喷花、各种玩具类烟花、中高空组合烟花、钛雷、中小型家庭庆典套餐烟花，大型特效燃放产品等。产品销往海南、江苏、山东、河北、辽宁、内蒙古等20多个省市；小炮弹出口产品远销欧美地区。公司具备“A级”燃放资质，拥有一支实力雄厚的专业燃放队伍，能承接各种庆典活动的燃放业务。

湖南省醴陵市荣华烟花鞭炮厂

【概况】湖南省醴陵市荣华烟花鞭炮厂成立于2005年，占地面积约66万平方米，拥有固定资产500万元，员工60余人。公司产品主要以大地红、精品全红炮为主。2016年，实现产值1000多万元。

醴陵恒达烟花有限公司

【概况】醴陵恒达烟花有限公司（以下简称“恒达烟花”）成立于2001年，位于市孙家湾镇。恒达烟花主要生产喷花型花炮产品，年产值5000多万元；有员工300人，其中管理人员48人、省、市级工艺美术大师4人。有发明专利23项，是株洲地区首家被认定为高新技术的烟花生产企业，是国庆60周年天安门广场烟花焰火燃放、广州亚运会网幕烟花焰火燃放的供应商。2016年，恒达烟花通过各方论证和调研，制定公司3年内的发展规划，年内完成第一年的预期销售目标7000万元；公司下属的恒兴烟花有限公司整体搬迁方案经市政府和湖南省安全生产监督管理局批准，已完成选址工作。

湖南省南凤出口花炮厂

【概况】湖南省南凤出口花炮厂创建于2006年，坐落于市李畋镇，紧临106国道；有注册资金500万元，年上缴税收48万元；有厂房280幢，占地面积47万平方米；有企业技术管理人员62人、职工320多人。主要生产烟花类组合产品，烟花爆竹安全生产标准化已达三级，是一家集“科、工、贸、燃放”为一体的专业花炮生产厂家。2016年，取得第四轮安全生产许可证；收购的原虎形烟花（后变更为百凤烟花）也取得第四轮安全生产许可证。

醴陵市赖氏烟花有限公司

【概况】醴陵市赖氏烟花有限公司（以下简称“公司”）是一家集团建制的爆竹专业生产与销售企业，下辖醴陵市赖氏爆竹制造有限公司、醴陵市赖氏引线制造有限公司。公司总面积46.67公顷，有员工500多人，其中技术管理人员68人。年总产值超1亿元，上缴税收200多万元。2016年，根据国家“机械化换人、自动化减人”科技强安专项行动计划，经国家安监总局同意，下属企业“醴陵市赖吉昌爆竹制作坊”被列为国家爆竹机械自动化示范生产建设项目的承接单位，年内已完成真药实验；该项目建成投产后，既可提高生产的安全系数，又可提升生产效率。在装药工序中，机械自动化技术装备的成功推广和运用，相对于传统手工生产而言，可减少70%高危作业人员，安全事故率可下降90%，生产效率可提高50%，生产场地可节约90%，药物成本可下降20%。

醴陵彩丰烟花有限公司

【概况】醴陵彩丰烟花有限公司（以下简称“公司”）位于市长庆示范区双江村太平组68号，紧临沪昆高速醴陵东收费站，交通便利。公司创建于2000年，是一家中外合资的外贸型企业；占地面积13.33公顷，其中建筑面积2.7万多平方米；有车间6栋、仓库30栋；有职工90多人，其中管理人员20多人（管理人员中有3名专职安全员）。主要从事组合类烟花等产品包装生产和出口业务，产品均为符合国际标准的安全烟花，无任何接触药物的工序；产品销往美国、英国等多个国家；年产量达40万箱。公司采取“以安全求效益、以质量求生存、以创新求发展”的经营战略，坚持“诚信对待顾客、产品质量优良、技术行业领先、赶超国际水平”的经营宗旨，发扬“团结进取、勤奋务实”的企业精神。

醴陵市金鹏出口花炮厂

【概况】醴陵市金鹏出口花炮厂位于市李畋镇，占地面积10万多平方米，建筑面积4万多平方米；有职工300多人；年生产鞭炮烟花近100万箱。主要有烟花类的升空礼花、组合盆花、喷花、日景烟花、精品套餐、高档礼花系列等产品，有爆竹类的七彩地毯红、玫瑰红炮、高级礼炮、尺炮、满地红等以及花筒类、吐珠类、造型玩具类产品。（刘桂平）

电力工业

【概况】2016年，国网湖南电力公司醴陵市供电公司（以下简称“公司”）下设综合管理部、财务资产部、运维检修部、安全监察质量部、客户服务中心、发展建设部、乡镇供电管理部、电力调度控制分中心、三力公司9个部门；有滴水井、横店村、石子岭等22个变电站和五里墩10千伏开关站。下设输配电运检班、调控运行班、营业班、计量班、市场班、变电修试班、变电运维班7个班组、9个供电所和4个运检所。有在职人员188人，离退休人员107人；有农电人员415人。公司担负全市2157平方千米区域的供电任务，供电区域人口 103 万人。截至年末，醴陵电网共有 35 千伏及以上变电站 22 座，其中有 220 千伏变电站 2 座，主变 3 台、容量 420 兆伏安；110 千伏变电站 7 座，主变 12 台、容量 440.5 兆伏安；35 千伏变电站 13 座，主变 24 台、容量 127.3 兆伏安;10 千伏开关站 1 座，110 千伏线路 13 条、135.83 千米，35 千伏线路 24 条、235.274 千米。

【经营指标】2016 年，完成售电量 13.54 亿千瓦时，比上年增长 12.81%；售电均价为 744.3 元 / 千千瓦时，比计划值高 3.21 元 / 千千瓦时。电费回收率 100%，综合线损率 8.66%、比上年下降 0.8 个百分点、优于指标值 0.14 个百分点；台区线损率 8.82%，同比下降 1.15 个百分点、优于指标值 0.5 个百分点。内部利润 9702 万元，完成年度预算指标任务的 107.10%。电网最大负荷 32.38 万千瓦，比上年上升 18.91%；日最大用电量 608.9 万千瓦时，比上年上升 16.45%；城、农网供电可靠率分别为 99.9667%、99.8192%。

【安全生产】2016 年，安全生产工作坚决贯彻各级安全工作部署，深入开展“精益安全管理”活动，以严抓严管统领安全生产，不断提升安全水平。坚持以“三会”(周例会、日早会和工前会)管控生产秩序，取得实效；严格管控电网风险，提前做好电网事故预案，全年共发布电网风险预警 31 份。扎实做好防雷、防汛、防山火工作，积极应对恶劣天气和外部环境影响。完成春安检查、迎峰度夏、秋季大检修和春节保电四大季节性工作，电力供应得到可靠保障。实行低压抢修业务外委，进一步完善县城区低压抢修体系，提高抢修响应速度和抢修服务规范率。认真履职、齐心协力，保证安全生产局面持续稳定，截至年末，公司实现人身安全 6725 天，设备安全 4584 天，被国网湖南省电力公司株洲分公司授予“2016 年度安全生产先进单位”。

【营销服务】开展“大讨论、大走访、大整治”三大降投诉活动，严格执行“降投诉、提质量、强服务”硬性措施，做到用心服务。全面建立服务网格，实现生产营销服务末端融合，完善公司立体化服务管控格局。梳理精简业扩报装流程，明确各部门在业扩环节中职能，加快业扩报装速度。推行“掌上电力”APP，实现注册用户 4.4 万户，稳妥推广、实施费控系统上线工作，使用户逐步适应电费“先用后交”向“先交后用”模式的改变，强化网格自助缴费，全市行政村缴费网点覆盖率达 100%。

【电网规划建设】2016 年，公司紧扣“基建安全质量年”的各项工作要求，上半年完成福港变 T 接滴牵线、星湖变 T 接滴浦线主网工程，完善 110 千伏福港变电站、星湖变电站的双电源，有效解决困扰醴陵电网多年的东、西乡片区供电可靠性低的问题。全年完成配电网建设投资 8507 万元，改造行政村电网 47 个，新建、改造配电线路 148 千米，配电网得到稳步发展。扎实开展主网规划优选排序工作，解决位于核心城区五里牌变电站供电能力不足的 110 千伏变电站的立项，预计 2017 年启动前期工程建设。年内，积极对接“株醴融城”地区规划，35 千伏桥湾变电站扩建工程成功纳入 2017 年建设项目。在株洲市五县市公司中，率先推动当地县级政府与公司签订《关于醴陵市电网建设和运营供电合作框架协议》《共同推进醴陵市小城镇(中心村)电网改造升级工程合作协议》，实现区域发展规划和电力规划的有效对接，为政企联动创造良好电网建设环境奠定基础。主动服务莲株高速、东城大道、“一江两岸”等省、市重点工程建设和沩山村等政府光伏发电扶贫工作，将市经济开发区、东富工业园 2 个园区电网规划纳入省公司电网规划的统一框架。

(钟文丽)

湖南电力电瓷电器有限公司

【概况】湖南电力电瓷电器有限公司(以下简称“公司”)为中国能源建设集团旗下的专业制造高压互感器、高压电瓷、智能配网产品的重点企业，是全国制造高压电瓷电器的主要厂家之一。2016 年，公司有在职职工 660 人，其中高、中级专业技术人员 80 余人；占地面积 26 万平方米；拥护固定资产 2.3 亿元。公司内设党政工作部、市场营销部、技术质保部、生产管理部、人力资源部、企业管理部、资产财务部、物资管理部、纪检监察审计部、后勤工作部 9 个部门和电器分厂、智能成套事业部、检修工程公司 3 个分公司。全年完成市场签约 1.26 亿元，其中电网市场签约 6200 万元、大工业市场签约 4900 万元、海外市场签约 1500 万元；实现营业收入 1.02 亿元。

【市场开拓】2016 年，公司注重推进实施市场多元化战略，在充分发挥国网、南网、“五大”发电集团等传统市场的主导作用，在精心培育国际市场的同时，新增检修工程公司、智能成套事业部。年内，开展变电站及电网检修试验业务，开辟新型服务市场，与国网安徽电力检修公司签订战略合作协议，公司由原单一的制造业向制造与服务相结合的复合型转型。抢抓配网大发展机遇，重点推介智能配网新产品，成功破冰配网产品市场，在国网湖南省电力公司、吉林省电力公司持续获得订单近1000万元，形成新的经济增长点。

【科技创新】2016年，科技创新瞄准国家特高压电网、智能电网建设，积极开展±1100千伏、±800千伏全光纤直流特高压互感器项目和一体化智能检测高压互感器项目的研究，并成功推荐在国际大电网会议中进行项目推介；成功研发罗马尼亚高参数复合外套油浸式产品及美标、非洲标准系列出口产品，进一步完善110千伏、220千伏CVT出口产品（荷兰电工材料协会）资质，完成开关柜、“SF 6”环网柜国网入网资质审核，提高产品国际市场需求能力和竞标能力。APF有源电力滤波器、智能电流电压互感器、在线检测智能互感器、±1100千伏直流测量装置等产品荣获国家发明专利和适用新型专利。（朱冬祥）

服装工业

【概况】2016年，全市有服装企业139家，其中生产企业131家；完成工业总产值44.8亿元，其中规模以上企业产值34.3亿元；安排从业人员1.5万多人。全市70%的服装企业集中在船湾镇，其中服饰销售企业7家，从事服装制造、批零销售的个体户318户，配套仓储物流个体户40户，纺织服饰产业商会1个，有直接从事服装加工、销售、流通的从业人员9300多人。全市服装工业主要产品以公、检、法、司、工商、税务等系列标志服为主，有多家执法行业标志生产企业获准省部级定点生产单位。全市拥有服装注册商标40多个，30多家企业通过ISO 9001质量体系认证，涌现出“新姿”“帅欧”“韶峰”“亚西欧”等国内旗舰标志服品牌，其中“韶峰”服饰获评“中国驰名商标”“国家免检产品”“湘派服饰十大品牌”“湖南省著名商标”等称号，“帅欧”服饰被评为“湖南省著名商标”“湖南省名牌产品”。（陈　艳）

湖南省韶峰服饰有限公司

【概况】湖南省韶峰服饰有限公司注册资金5100万元，主要从事制服、西服、校服等服饰制作。2016年，获评“湖南著名商标”“守合同重信用企业”，并取得中国人民解放军军队物资采购网供应商资格。年内，公司投入2000万元，打造全新车间，并购入智能裁床、智能制版、全自动吊挂等行业先进生产设备；参与制作新疆、湖南省高速公路收费员制服和江西省市场监督管理局制服。（廖　磊）

湖南正招雨衣有限公司

【概况】湖南正招雨衣有限公司成立于1989年，厂区面积1.5万平方米，厂房面积1万平方米；有在岗员工580人，拥有镭射切割机、热缝机、电脑绘图机、电脑缝纫机、双针埋夹机、自动印刷机、热风机等先进设备；具有20多年雨具生产经验、成熟的传统市场销售网络和电子商务平台。主要产品有户外防雨套服、摩托雨衣、自行车雨衣和旅游、环卫、路政、农业、林业、渔业、水利、建筑、矿山、抢险救灾等行业专用雨衣。产品销往全国800多个城市、900多户经销商，并远销东南亚。正招雨衣结构独特，具有创造性、实用性和新颖性，产品获12项国家专利。（刘桂平）

建材工业

【概况】2016年，全市建材产品主要包括玻璃、防水材料、耐火材料、砖瓦砂石等制品；全年建材工业实现总产值近30亿元。全市以“东富工业园区”为中心，把玻璃深加工作为产业开拓重点，适度引进玻璃产业配套项目，探索“陶玻一体化”特色之路，计划用5—10年时间，打造中南部具有影响力的玻璃制造、研发、出口基地。年内，株洲醴陵旗滨玻璃有限公司5条生产线相继建成投产，年产值达14亿元。水泥预制构件、轻质建材、耐火建材、装饰材料等生产单位迅速发展，涌现出“帅旗”“神舟”“橡胶”“海豹”等规模建材生产企业。年内，在醴注册资质等级企业共完成防水施工产值5.9亿元。（陈　艳）

株洲醴陵旗滨玻璃有限公司

【概况】2016年，株洲醴陵旗滨玻璃有限公司（以下简称“公司”），生产产量2411.5万重量箱，比上年增长27.79%；完成工业总产值14.02亿元，比上年增长46.01%；全年公司销售玻璃2547.77万重量箱，产销率105.65%；实现主营业务收入14.86亿元，比上年同期增加6.28亿元；实现税收3370万元。公司拥有5条生产线，其中第五线为600吨/日全氧阳光膜玻璃生产线，采用国际最前沿的全氧燃烧技术生产阳光镀膜玻璃，该线于3月点火，4月投产。公司响应国家建立“两型”社会的号召，在能源节约上采用设计先进的熔窑、锡槽、退火炉等设备，有效降低能源消耗20%～30%；工艺冷却用水采用循环水，提高循环水水质，提升脱硫效率，降低生石灰用量，一年可节约用水13.14万吨，节约水费40.3万元；采用余热发电技术，充分回收烟气余热，每月可生产电量420万千瓦，占公司生产总用电量的30%，实现企业内部能源高效综合利用；采用全氧燃烧熔窑技术，降低天然气用量15.5%。年内，公司环保的各项指标均达到并优于国家排放标准，在国家淘汰落后产能的检查评估中被评为“先进企业”。1月，公司与中国南玻集团股份有限公司签订《投资光伏电站整体合作协议》，双方同意在福建省东山县、湖南省醴陵市、浙江省绍兴市、浙江省长兴市、广东省河源市等地，分别共同出资建设新能源公司，利用旗滨集团厂房屋顶、地面，在2年内共同投资新建光伏电站，从事光伏电站的建设及运营业务。光伏电站项目规模约140兆瓦，投资总额约10亿元。8月，已完成醴陵南玻旗滨光伏新能源有限公司的注册，启动建设装机容量32兆瓦的光伏发电站，年发电量可达3200万千瓦时。

（张　婷）

机械工业

【概况】2016年，全市机械工业主要是陶瓷、花炮、包装三大类机械产品。全市共有机构制造企业142家，其中陶瓷机械企业22家、花炮机械企业85家、其他机械企业29家。全年机械工业实现工业总产值近30亿元，安排就业人员8500多人；拥有固定资产15亿元、各种机械设备2000多台。年内，湖南元创机械有限公司、湖南坜丰、湖南全盛等汽车零部件厂家共实现产值4亿元。（陈　艳）

株洲时代金属制造有限公司

【概况】2016年，株洲时代金属制造有限公司（以下简称“公司”）内设国家级检测中心、研究院、2个技术中心、2个生产基地，公司总面积23.33公顷，有员工1000多人。公司是轨道交通行业重要部件研发和生产企业、轨道交通冷却系统行业标准制定单位之一。全年完成销售收入2.6亿元，上缴税收3000万元，发放员工工资7000万元。全年研发新项目55项，开发新产品547款，产品赢得客户认可。年内，新办公大楼投入使用，内设有现代化办公室、多媒体会议室、多功能厅、企业文化展厅等；办公大楼的启用，极大地改善员工工作环境，提升企业形象和综合实力。公司紧抓销售市场，以“走好两轨、走出两轨”为发展战略，在稳定原有轨道交通市场的同时，向国家电网、通信、汽车行业等领域全面进军，成功开发江苏经纬、亿能电子、湘潭桑顿、许继集团、国家智能电网研究院、中兴通讯等15家优质客户，实现国家电网和通信行业“零”的突破。

【产品质量工艺改善】2016年，公司狠抓产品质量和工艺改善，通过设立质控小组、推行项点交检制度，使产品外观和内在质量持续提升，攻克钎焊工艺技术难题，使6系列的钎焊合格率由原来的50%左右，稳步提升至90%以上。

【企业管理】2016年，不断改善管理水平，提升企业软实力，公司已通过IRIS国际轨道交通行业质量体系审核、EN15085国际焊接质量体系审核。3月，导入绩效管理体系并取得初步成效；5月，导入ERP系统，为推进公司信息化管理打下基础；12月，全面启动IFTA16949质量管理体系，为成功进驻汽车行业获得通行证。年内，公司建设的新基地于7月1日正式投产，该基地占地近10公顷，总建筑面积超过4万平方米，总投资超过4亿元；完全投产后，年产值可达6亿元以上，新增税收5000万元。新建三栋标准化生产车间及其他附属设施，购置激光切割机、多工位数控冲床、加工中心、焊接机器人等各型先进设备300多台套，8月，新检测中心投入使用，并顺利通过中国合格评定国家认可委员会（CNAS）评审，检测中心的正式运转，标志着公司的检测中心具备国际资质的检测服务能力。（李　啸）

采掘工业

【概况】醴陵境内矿种丰富，主要有金、银、铜、铁、锡、锑、铀、铅、锌、萤石、煤、高岭土、硅火泥、白泡石、矿泉水等30多种。其中，煤炭、高岭土储量丰富，高岭土储量在1亿吨以上；高岭土、煤炭、黄金、铅、锌、萤石、石灰岩、耐火石、硅火泥等矿产开采量较大。2016年，全市有采矿企业50家，其中规模企业10家。全年采掘工业实现工业总产值18.1亿元，安排从业人员5200多人。（陈　艳）

醴陵中油燃气有限责任公司

【概况】醴陵中油燃气有限责任公司（以下简称“公司”）创建于2002年5月，地处市工业园A区凤凰大道，占地面积5.33公顷。是由中油中泰燃气投资集团有限公司、北京帝恒房投资有限公司和北京昊和源科技有限公司共同组建的专业化燃气企业，注册资本1亿元，有固定资产近7亿元，年创产值5亿元，累计税收达3

亿元。有员工157人，其中党员15人、团员78人。下设经营管理部、工程管理部、客户服务中心、运营管理部（下设母站、门站、调度中心、维抢修队、湘醴支线、巡检队）、安全监察部、财务资产部、综合办公室。2016年公司有投运场站22座，其中门站1座、LNG气化站1座、CNG母站1座、西二线连接线首末站各1座、区域调压站17座。年内投资新建高压管线83千米、次高压管线123千米、中压管线308千米、庭院管线755千米。累计开发居民用户8万多户，工业用户318户，公福用户505户；日供气72万立方米，年供气量2.5亿立方米，累计输送和销售天然气约14.8亿立方米，城区居民气化率达90%以上；全年实现安全事故“零”。（彭　芝）

食品工业

【概况】2016年，全市有食品工业企业44家，其中有湘洲、仙都酱鸭等5家规模以上企业。全年食品工业企业实现工业总产值11.7亿元，安排从业人员2900多人。主要产品有肉食、粮油、糖果糕点、酒、调味品、方便面等17个门类、2000多个品种，拥有“旺侬”“青泥湾”等品牌。全市有新创建的农产品标准化生产基地10个，全年新增农产品标准化生产基地面积170公顷，新增无公害农产品19个、累计达84个，新增绿色食品3个，累计达5个。年内，“醴陵玻璃椒”的地理标志认证前期工作完成。（陈　艳）

湖南湘洲食品有限公司

【概况】湖南湘洲食品有限公司（以下简称“公司”）位于市城区东门塘伏子岭，成立于2006年，是一家以“生猪养殖、屠宰、肉制品深加工”为主营业务的综合出口型农业产业化省级龙头企业。公司有屠宰线3条、分割线3条，设有年屠宰加工60万头生猪的预冷间、2800吨的冷库和年产3000吨的培根生产线。公司主要产品有冷鲜肉、冻猪分割肉、深加工肉制品，包括烟熏肉（培根）、腊肠、香肠、肉丸等10多个品种。产品均采用HACCP质量管理体系生产，公司已获ISO 9001质量管理体系、ISO 14001环境管理体系认证，产品畅销国内外市场。公司旗下的市湘洲贺广农民种养专业合作社位于市泗汾镇何家垅村，是一家以“公司+基地+农户+直销店”为经营模式，主要从事种养生产、加工、贮藏、销售、技术服务的农民专业合作组织，有23个规模化养殖基地及20多家遍布城乡的生鲜超市、直销店和加盟店，拥有多名高素质养殖管理人员和市场销售人员。

（刘桂平）

化学工业

【概况】2016年，全市化学工业以橡胶制品、塑料制品、碳酸氢铵、碳素、金水、颜料、涂料、蚊香等为主要产品，主要分布在城区、栗山坝镇、东富镇、富里镇、孙家湾镇等地。全市有化工企业45家，其中颜料企业27家；全年化学工业企业实现工业总产值13.5亿元。（陈　艳）

其他工业

【概况】2016年，随着全市陶瓷、花炮两大支柱产业的快速发展，相关产业也迅速成长，冶金、窑炉热工、造纸、印刷、包装和其他加工行业大量兴起，在花炮业集中的乡镇发展尤为明显。其中，造纸业集中在王仙、均楚镇，主要产品有机制纸、箱板纸、宣纸、土纸、再生纸等品种；印刷业向彩印、瓷用纸发展，包装业有纸箱、复合包装、塑料袋等。全年其他工业实现工业总产值157亿元。（陈　艳）

湖南升华科技有限公司

【概况】湖南升华科技有限公司（以下简称“公司”）成立于2008年6月，注册资本7500万元，是一家专门从事锂电池正极材料研发、生产和销售的高新技术企业。公司位于市经济开发区，在醴陵市、江西省宜春市分别设有生产基地，有锂电池正极材料生产线22条，产能8000吨。有员工近500人，其中有博士、硕士研究生学历的研发技术人员38人。公司通过ISO 9001、ISO/TS16949质量管理体系认证、ISO14001环境体系认证。主要产品为锂电池正极材料磷酸铁锂，该产品具有比容量高、循环性能好、成本低等特性，是一种安全可靠的新型材料，广泛应用于电动汽车电池、通信基站储能电池等领域；研发的三元正极材料，属于国家“863”计划、“973”计划重点支持项目领域。公司与深圳沃特玛、光宇集团、南都电源、中航锂电等国内知名电池企业有深度合作，为广东五洲龙、上海瑞华、桂林客车、宇通客车、新乡新能、蜀都客车、山东沂星等新能源汽车提供电池材料。2016年，公司在江西省宜春市启动正极材料工程建设项目并实现投产，全面建成后年产量可达5万吨。年内，与绵阳富临精工机械股份有限公司进行重大资产重组，并通过中国证监会审核。

湖南恒茂高科股份有限公司

【概况】2016 年 10 月，醴陵恒茂电子科技有限公司经股份改制更名为湖南恒茂高科股份有限公司。是一家以计算机网络通信设备为主导、集成电路芯片共同发展的高新技术企业，为国内知名的网络通信设备（交换机、路由器、电力猫、网卡等）供应商，湖南省唯一一家具有完整网络通信产品线及其系统集成解决方案的提供商，是金融上市重点扶持企业；与华为、华硕、神州数码、D-LINK 等企业保持长期合作关系。

湖南华联亿嘉家居用品股份有限公司

【概况】湖南华联亿嘉家居用品股份有限公司（以下简称“华联亿嘉”）成立于 2013 年 8 月，位于市电商产业园；是一家依托电子商务平台，以陶瓷、塑料、不锈钢、竹制品等日用品为主体的互联网电子商务销售公司。华联亿嘉有注册资金 1912.5 万元，有经营面积 3.8 万平方米。旗下有 ijarl、lototo、sivheike、剑林、瓷魂五大品牌。公司曾获批“湖南省电子商务示范基地”，自创办以来连续多年成为互联网家居陶瓷行业的销售冠军。2016 年，公司充分发挥在产品开发、电商运营、品牌运营、互联网物流等方面的优势，新建亿嘉电商平台，通过招商加盟，整合近百家分销商、供应商、物流商、快递服务商。全年实现平台收入 1.05 亿元，本地陶瓷年度采购金额达 3000 万元，成为全市“互联网 + 陶瓷”的标杆企业，有力推动全市“互联网 + 陶瓷”转型发展。（刘桂平）

贸易·旅游

商贸旅游

【概况】2016年，全市实现社会消费品零售总额183.7亿元，增长12.5%；全市完成外贸进出口总额3.3亿美元，排名株洲市10县市区第二；新批进出口企业20家，自营出口企业达265家，实现外贸进出口总额“破零”企业18家、“倍增”企业22家。全年对外投资中方合同投资总额2150万美元，增长21%；对外承包工程和劳务合作营业额3820万美元，增长23%。完成到位外资1.8亿美元，增长11.7%；内联引资42.2万元，增长14.8%。接待游客453.17万人次，增长23.56%，实现旅游收入33.07亿元，增长24.01%。完成粮食收储1.1万吨，100%完成年度任务。春秋两届广交会期间，实现订单额1.29亿美元。

【招商提质】年内，开展上海专题招商、“沪洽周”、湘台经贸和市重大招商项目签约活动，签约项目27个，合同引资228.5亿元，实现每季有项目签约，每月有小分队在外招商，每周有客商考察洽谈。“迎老乡、回故乡、建家乡”活动成效明显，建立商会招商联盟，对接广东省湖南醴陵商会、无锡湖南商会、金华湖南商会等12个商会组织，引导恒鑫智能陶瓷装备、汇德资本、托普光学项目回归。全年全市签约招商项目89个，其中乡镇签约招商项目64个；合同资金298亿元，其中乡镇合同资金130亿元；有投资1亿元以上项目14个。年内，全市有醴陵陶瓷文化产权大数据交易平台、电商产业园等14个项目列入株洲市重点履约项目，其中有13个项目履约，履约率为92%。

【消费增长】全年新增新投产限额以上第三产业企业15家，限下升限上企业38家。电子商务持续发力，完成电子商务交易额近7.3亿元，增长28%；成功申报湖南省电子商务企业8家，淘宝“双十一”购物节期间，市华联亿嘉、陶润瓷业等23家电商企业实现线上交易额2400万元。农村电子商务推进工程项目申报工作取得突破性进展，争取到位50万元项目资金，10个村级组织电子商务门店全部建成运营。会展经济快速发展，“第八届汽车文化节”期间销售汽车300多辆，实现销售额3200万元；“第二届家居建材博览会”实现直接销售额1.1亿元，带动家电、家居等上下游消费近3亿元；“台湾美食节”活动实现销售额500多万元。市场建设提质提速，完成全市11个农贸市场改扩建工作，基本确定“十三五”规划期间拟建设的37个加油站规划选址工作。

【外贸发展】一是龙头企业支撑强劲。华联瓷业实现进出口总额4500万美元，华鑫电瓷、仙凤瓷业、港鹏实业进出口总额均在600万美元以上。二是中小企业发展势头强劲。鹏兴、华智企业外贸业绩分别增长42%、521.01%。三是高新技术企业发力外贸。恒茂电子完成进出口总额3007万美元，是上年的1.5倍，进出口业绩在全市外贸企业中排名第二。四是走出去步伐明显加快。旗滨玻璃启动对外投资，华联瓷业、吉利烟花在非洲、欧洲、南美洲等地的多个国家设立境外营销公司，裕丰烟花与美国、英国等知名烟花企业进行投资合作，举办烟花节庆燃放。

【旅游市场】2016年，醴陵市成功入选全国第二批创建“国家全域旅游示范区”名单，醴陵瓷谷获“全国工业旅游创新示范单位”。“旅游助跑年”活动高潮迭起，“美丽乡村”项目完成规划设计；宣传促销不断创新，全方位、多角度、广梭面展示旅游资源特色，邀请湖北省、江西省等地20多家旅行社到醴陵市考察线路，组织小分队赴萍乡市、浏阳市宣传，拉近景区、旅行社业务距离，签订旅客互送协议；加强旅游部门之间的合作，拉长热点线路，把醴陵旅游融合到韶山—井冈山—庐山、南岳—炎帝陵线路。

【粮油贸易】2016年，制定和完善《醴陵市关于落实粮食安全省长责任制实施意见》《醴陵市粮食应急预案》和《关于印发醴陵市落实粮食安全省长责任制考核办法的通知》。会同渌江集团完成土珠岭粮库修缮、整治工作。积极开展企业帮扶活动，重点扶持俏麦湘面业、金桥生态林农等5家企业创建品牌。积极协调民营企业参与粮食收储，确保不出现种粮农户卖粮难现象。年内，市万盛米行等5家粮油经营店成功创建株洲“放心粮油示范经销点”。

【安全监管】年内，与109家企业签订安全生产责任状，对300余家企业的经营和安全生产情况开展执法检查。协调相关职能部门开展专项检查11次，下达整改通知37份，停业整改加油站4家，取缔非法旅游网点2家和非法加油场所6处；现场督促整改安全隐患36处，下达整改通知书6份。全年“12312”举报投诉服务平台接到投诉11起、咨询服务22次，查实1起。全年办结案件4起，罚没1.7万元，协调解决旅游纠纷1起。

（曾　苗）

中国外运长航集团湖南外运醴陵市公司

【概况】2016年，中国外运长航集团湖南外运醴陵市公司（以下简称“公司”）有在岗员工18人；下设办公室、财务部、业务部等5个部室。拥有仓库面积1.2万平方米（其中危险品仓库5000平方米）、集装箱堆场1.5万平方米；拥有铁路专线1.36千米，专线月台可全天候作业；拥有完善配套的装卸设备，取得烟花爆竹经营（批发）许可证、危险化学品经营许可证和危险化学品运输资质。公司是湘东地区较大的储运企业，是经南昌铁路局批准的唯一烟花鞭炮铁路整车发运点，是商检、海关同时设立监管点的监管企业。全年，公司通过火车中转烟花鞭炮等货物69卡，其中国际联运烟花67卡。

（江剑阁）

湖南安迅物流运输有限公司

【概况】湖南安迅物流运输有限公司（以下简称“安迅物流”）是国家AAAA级综合服务型物流企业，是株洲地区规模最大的物流企业，也是全省物流骨干企业之一。专业从事国内，国际的海、陆、空货运及集装箱多式联运业务。公司始建于2004年2月，注册资本1539万元；总部设在醴陵市，在长沙市、株洲市、衡阳市、深圳市等地设有分公司或办事处，下设20多个营业网点、货场、中转仓库；拥有甩挂等大型运输车辆80台，有员工200多人。全年货运量150万吨，年发运集装箱2万标箱。安迅物流以“经济、快捷、安全、周到”为服务宗旨，按照现代物流企业的标准，采用先进的物流运作方式和运输装备，建立标准化的运输管理信息系统、ISO 9001质量管理体系以及车辆“GPS”管理系统。通过加强与深圳市、上海市等沿海各大港口地区大型货代公司、口岸紧密合作，大大缩短货物到达口岸的运输及通关时间，助力提速企业经济发展，较大幅度降低企业运输成本，为推动醴陵市外向型经济发展，实现在区域范围内整合物流资源，推动物流行业发展，为促进和谐社会和节约型社会建设发挥重要作用。

（刘桂平）

口　岸

【概况】2016年，全市检验检疫出境产品43460批、货值1.47亿美元；产地证签证3579份、签证金额8296万美元，分别同比增长30%、22.25%。企业自营进出口货物总值3.28亿美元；其中出口3.24亿美元、同比下降1.3%，进口0.04亿美元、同比下降9.3%。全年醴陵至盐田港五定班列完成11252标箱运输任务，货运总量达30.38万吨。

【口岸服务】一是醴陵湘东国际物流园（宁波舟山港·湘东无水港）项目建设，在上年工作基础上，根据协议要求，市政府与宁波舟山集团分别成立项目工作协调小组，召开第一次联席会议，制订项目推进工作方案，并组建由市口岸办、市商务局、市花炮局和宁波港国际物流公司、宁波新港集团组成的项目推进联合办公室，办公场所设在株洲海关驻醴陵办事处内。二是“醴陵—宁波”铁海联运班列项目建设。在上年工作基础上，进一步向南昌铁路局争取铁路运费下浮的政策支持。组建由宁波舟山港集团、湖南外运醴陵分公司、醴陵安迅物流、市口岸办、市花炮局、市商务局等组成的“醴陵—宁波”铁海联运线路货运协调工作小组。7月，“醴陵—宁波”普货业

务开始试运行，年内月运量基本保持在50标准箱。（何立志）

检验检疫

【概况】湖南出入境检验检疫局醴陵办事处（以下简称“醴陵办事处”）是经国家质检总局批准，直属湖南出入境检验检疫局的正处级办事机构，下设办公室、综合业务科、检验检疫一科和检验检疫二科，负责醴陵市、攸县、茶陵县和炎陵县的出入境检验检疫行政执法和监督管理职能。2016年，共受理出入境检验检疫4361批、货值14216万美元，分别同比减少0.8%、6.71%。其中出境4346批、货值14179万美元。入境15批、货值37万美元。出具各类证书16449份，较上年下降47.67%。签发各类产地证3579份、贸易金额8296万美元，分别同比增长增加30%、22.25%。

【安全示范区建设】2016年，醴陵办事处在创建省级质量安全示范区工作基础上，进一步推进醴陵出口日用陶瓷、电瓷质量安全示范区通过国家级出口工业品质量安全示范区验收工作，与市政府商议制定《2016年醴陵市创建国家级出口日用陶瓷、电瓷质量安全示范区建设推进方案》。通过信息平台建设，实现政府、相关监管部门、行业和企业的信息资源共享；通过检测平台建设，为示范区内企业提供公正、快速、便捷的检测服务；通过建设示范区多功能展厅，从多种渠道加强醴陵的外宣工作，树立醴陵日用陶瓷、电瓷产业新形象；通过制度建设，规范健全示范区各项工作；通过培训平台建设，为示范区内企业提供国内外最新技术标准、技术性贸易措施应对、质量管理等方面的培训。11月3日，醴陵出口日用陶瓷、电瓷质量安全示范区顺利通过国家级出口工业品质量安全示范区现场验收，成为湖南省首个国家级出口工业品质量安全示范区。

【示范区质量安全监管】年内，醴陵办事处对醴陵出口日用陶瓷、电瓷质量安全示范区内30多家陶瓷企业开展产品物理性能抽样检测，发现24家企业产品均存在物理性能不合格现象，醴陵办事处召集该24家企业法人代表进行质量约谈，督促整改。实验室作为安全示范区的检测平台，全年共出具检测报告1480份、检查样品2307组，其中花炮检测报告722份、样品722组，陶瓷、电瓷检测报告758份、样品1585组；首次发现省内出口陶瓷的微波炉适应性不合格情况。

【出口企业检验监管】2016年，醴陵办事处出口企业检验监管工作在确保符合性基础上，指导企业整改及申报，辖区出口烟花爆竹登记企业由28家增至38家；严格制订检验监管工作计划，全年对出口烟花爆竹的药物安全性能、燃放性能的监控与风险排查次数达700多次；督促相关出口企业建立质量安全控制关键岗位责任制，明确企业负责人为质量安全第一责任人。全年无出口通报、退运情况。

【出入境食品动植物产品检验检疫】2016年，辖区出入境食品、动植物产品业务主要为供港活大猪。8月，江西省供港澳活大猪检出违禁兽药案例通报后，醴陵办事处迅速落实监督抽检工作要求，对出口活大猪批批监装，未发现禁用药物超标案例。全年共检验检疫出口活猪98批、货值602.5万美元，分别同比增长145%、198.3%。

【外来有害生物监测】2016年，醴陵办事处在辖区内布置检疫性实蝇监测点47个，外来杂草监测点10个；主要对辖区水果集散地和批发市场、进口粮食储存和加工场所、水果和蔬菜出口基地与其相关场所开展实蝇监测、外来杂草监测工作。

【“通关”提速】2016年，辖区内出入境检验检疫无纸化申报率达95%以上，有效减轻企业负担；推进省内“三通”（通报、通检、通放）业务开展，加速通关便利化建设。做好ECIQ电子检验检疫主干系统上线工作，制定《醴陵办事处电子检验检疫主干系统上线试点工作方案》，组织全体干部职工学习和模拟演练，指导企业顺利衔接。10月11日，主干系统上线；截至年末，主干系统各项进出口业务通关顺利。

【业务培训】2016年，醴陵办事处进一步加强进出口企业检验监管业务培训工作，运用醴陵出口日用陶瓷、电瓷质量安全示范区培训平台，为出口企业举办多场出口产品质量安全分析、应对国外技术贸易壁垒和自由贸易区政策应用等方面的业务知识讲座，累计培训430多人次。5月12日，在茶陵举办的“三个一”（举办一次培训，开展一次座谈，设置一个自助报检平台）活动中，组织40多名政府和企业代表参加，有效推动辖区检验检疫工作的全面铺开。9月10日，举办出口烟花爆竹生产企业检验监管业务培训班，有效提升烟花爆竹出口企业质量安全管理水平。（刘　献）

海　关

【概况】2016年，株洲海关驻醴

陵办事处（以下简称“醴陵办事处”）有工作人员4人，其中主任1人、副主任1人、关员2人。醴陵办事处围绕海关职责定位和地方经济发展思路，实施“简政放权”“区域通关一体化”等改革措施，全年接受进出口报关单申报422份、集装箱866个标箱，征收税款42.3万元，企业注册备案累计达265家。

【进出口业务】 2016年，醴陵地区进出口货物总额为3.28亿美元，下降1.5%，其中出口3.24亿美元、进口0.04亿美元。出口产品主要有日用瓷、陶瓷绝缘子、烟花、以太网交换机、箱包等。其中出口日用瓷1.9亿美元、下降4.9%，出口陶瓷制的绝缘子3988万美元、增长14.4%，出口烟花3520万美元、下降19.6%，出口以太网路交换机2675万美元、增长52.5%，出口箱包1119万美元、增长13.6%。外贸企业中民营企业进出口总额为2.28亿美元、增长11.7%，占全市外贸出口总额的69.7%；外商投资企业进出口总额1亿美元、下降22.5%，占全市外贸总额的30.3%。年内，出口欧洲总额为1.06亿美元、增长11.2%，占全市出口总额的32.8%；出口北美洲总额为9717万美元、下降10.2%，占全市出口额的30%；出口亚洲总额9476万美元、增长1.1%，占全市出口总额的29.3%；欧洲、北美洲、亚洲三大市场占醴陵地区外贸出口总额的90%以上。

【服务地方经济】 一是解决企业通关过程中遇到的问题。年内，处理企业在口岸通关受阻问题8项，为企业归类指导5次。二是定期、集中组织企业培训。举办1期海关认证知识培训，邀请长沙海关及省知识产权保护专家进行海关知识产权保护等相关知识培训。三是进一步加强“关企QQ群”、微信群建设。年内，与全市所有进出口企业建立QQ网络联系，“关企QQ群”已成为宣传政策法规、远程服务的重要方式。四是加强企业定期检查和管理。对全市重点进出口企业定期巡查，询问企业通关难点，为企业量身定做通关方案，帮助企业解决实际困难。（童　宁）

供销合作

【概况】2016年，醴陵市供销合作总社（醴陵市行业办公室）（以下简称“社办”）坚定贯彻落实市委、市政府的工作目标，围绕保稳定、保安全、保增长、惠民生四个基本点，主动服务，严格规范管理。全年接待来访人员430人次，重点接访9起群体性上访，书面回复国家信访局等部门交办信访函3件；全系统未发生赴省、进京和群体性上访事件。

【人员管理】2016年，社办为加强系统内近2万名改制职工和93名离退休干部管理服务工作，一是切实解决离退休人员的政策待遇，确保津补贴、护理费、遗属配偶生活费和重阳节等节日慰问费及时足额发放。年内，为3个离退休党支部安排征订报纸杂志、购买学习资料、探望因病住院的老干部和开展其他活动的专用经费，提供10间办公室作为专门的办公、学习和活动场所。二是办理原改制职工的退休手续。全年为340名改制职工办理退休手续，提供档案查阅服务1300多人次，出具各类证明226份。

【基础工作】一是做好综合改革的前期工作。组织学习中央、省、株洲市关于深化销售合作社综合改革方面的纲领性文件，正确把握内涵；就社办在综合改革方面开展的试点工作和提出的建议向市分管领导作专项汇报；组织人员完成收集全市行政村名称、村负责人名单、联系电话和农民专业合作社等注册登记信息的工作。二是引导基层分社把建设乡级供销社与农联会分会结合，乡级基层社重建后，乡级农联会分会跟进设立，经营和服务同步抓。年内，板杉供销社和板杉农联会分会挂牌成立，成为全市样板基层社。重点抓好示范社培育，引导农民专业合作社和基层社规范发展。通过逐级申报、审核和公示，市金桥惠农服务有限公司获评全国“农业产业化重点龙头企业”；市板杉供销社被中华供销合作总社评为“全国基层社标杆社”，市东方绿园种植养殖农民合作社和市擂鼓桥牲猪养殖农民合作社被评为“全国农民合作社示范社”；参股企业市金桥惠农服务有限公司土地托管面积达400公顷。

【为农服务】2016年，全市种田面积大量减少，农资市场价格波动大，社办在巩固和完善联销联储机制的基础上，发挥农资配送网点多的优势，适时转变服务方式，为全市春耕生产保驾护航。一是坚持以“农资储备配送中心”为基地，发挥全市各镇272家农资加盟店、经营店的网络服务平台灵活快捷的优势，将农资网点延伸到村、组。通过电话预约、配送上门等服务，将化肥、农药直接送到农民手中；二是配合市场和质量监督管理局重拳打假，确保农资供应质量；三是送资料送技术，引导农民科学用肥。组织人员调查研究新形势下农业生产对农资的需求变化情况，及时顺应市场需求，针对不同作物以及不同生态环境，适时调整农资商品的购销结构，批量购进多养分的优质肥料以及农药投放市场，同时开展科学用肥用药的宣传和技术讲座。年内，社办农资储备配送中心共完成化肥配送1.8万吨、农药4万件、农地膜150吨，共销售各种化肥1.3万吨、农药4万件、农地膜160吨，占全市农资需求份额的80%。

【资产保值】2016年，社办利用解放路繁华地段区位优势，将原市食品公司3楼整层出租给湖南邵东客商作为仓库和办公室；动员原姜湾包装厂宿舍3家住户搬迁，腾出场地近200平方米作为商用出租；投资1040万元，置办实体"德发文具"店，并于6月开业运营；维修瓷城大厦等60多处所辖资产，聘请专业人员指导百货大楼、联华超市和新城商厦门面装修。受淘宝、苏宁等电商和微商的冲击，多数实体店的经营下滑严重，为稳定原租主的经营，在保证公允的基础上，以不低于周边门面租赁市价的租金条件与原租赁业主协商招租。在经济下行压力较大的情况下，租金收入较上年增长23%。（张滇湘）

盐务管理

【概况】2016年，醴陵市盐务局（湖南省轻工盐业集团有限责任公司醴陵支公司、湖南盐业股份有限公司醴陵市分公司）设综合科、仓储科、营销科；有在职干部职工26人，退休人员19人。全年购进各类盐4862吨，销售各类盐4781吨，各类盐库存423吨，销售非盐商品107万元。年内，市盐务局继续实行片区经理责任制，设立2名营销负责人，抓好营销片区各类商品的销售工作，指导并监督片区各项工作执行情况，确保盐和非盐商品销售目标任务顺利完成。为进一步提高市民识别假盐的能力，拒绝假盐的毅力，"3·15"消费者权益日期间，在嘉茂银座广场设立宣传点，制作车厢宣传板在市内流动宣传；"5·15"防治碘缺乏病宣传日期间，通过发放传单、板报展示、入户调查等方式，开展主题为"科学补碘、健康一生""民以食为先、食已安为先"的宣传活动。为进一步提高公司员工的专业知识和业务水平，制定全年学习计划，安排各科室业务能手，为全体干部职工授课，全年共组织培训学习15场次。（张志军）

石油供应

【概况】2016年，中国石化销售有限公司湖南株洲醴陵石油分公司（以下简称"公司"）内设立综合办公室、财务室、直销批发配送中心和业务大厅；有员工157人，其中正式工17人、劳务工140人。年内，有在营加油站24座，其中城区（城郊）加油站7座、国道加油站6座、农村加油站11座；下设IC卡发卡网点4处，IC卡充值网点7处，IC卡加油站19座。全年销售各类成品油6.6万多吨，其中汽油零售3.79万吨、柴油零售2.11万吨、直分销7000吨；便利店实现销售额859万元，IC卡充值额11407万元；上缴国税400万元，全年实现零安全事故。

【服务客户】一是加强网点建设。年内，升级和改造城东站、桎木嘴站等3个站，翻新及维护泗汾站、船湾站等5个站的输油管线、油罐设备设施，迁移和改造快活岭站、金沙站的电缆。全年新增3个IC卡充值网点，实现城区所有加油站IC卡加油全覆盖。二是加大营销力度。每月开展"一站两价"IC卡"充值送礼"和"油非互动"等促销活动，送出价值20多万元礼品。三是加强客户管理。对市场变化和需求，每月召集客户经理召开销售形势分析会议；增加大客户走访次数，以积分奖励优惠、回馈，充值送礼等方式使客户得实惠、得便利。按销量划分客户群体，做好客户档案，实施客户定期走访记录制度，将新增客户单位的业绩纳入客户档案；适时针对客户需求提供油品价格信息，以站级配送政策和优惠互动的活动方案吸引客户。通过多次的走访和调查了解客户的用油程度和消耗程度，以客户的需求量按时按量的进行提前准备和询问，将服务走在前面。通过跟踪市场，掌握市场动态，与顾客建立良好的沟通和快速反应机制，销量稳步提升。四是提高员工素质。在员工中开展"比、学、赶、帮、超"和优质服务等竞赛活动，定期组织基层员工开展业务拓展培训、新型电子设备运用培训，不定时开展员工职能考试，每月召开站务会、员工交流会。

（刘　越）

烟草专卖

【概况】2016年，醴陵市烟草专卖局（湖南省烟草公司株洲市公司醴陵分公司）内设办公室、综合室、专卖监督管理股、内管派驻组、市场服务分部和株洲烟草物流醴陵中转站6个职能股室和基建办1个临时机构，年末有在册在岗职工72人，离退休职工21人。全年销售卷烟4.38万箱，同比下降11.08%；实现销售收入11.02亿元，同比下降12.14%；实现毛利3.32亿元，同比下降7.71%；完成税收8700万元。

【市场监管】一是“网格化+2341+APCD工作法”有机结合。根据“2341”工作法（根据违法记录、所处地段、经营状况、新办经营户因素进行分类，分为20%的重点客户、30%的关注客户、40%的普通客户及10%的优质客户），开展针对性的市场走访；采用分析、计划、检查、处理四个走访步骤的APCD工作法，市场监管员对发现的市场信息进行分析，找出问题，明确监管重点，开展针对性地检查，有效查处违法违规经营行为，维护卷烟市场稳定；同时借助网格化现代终端工具“E平台”，要求稽查、营销、物流三线人员上班时间网格化手机正常开机，在各自履行职责过程中，形成市场信息互通，“三员联动”工作事项必须2个工作日内处理完毕，并及时完结每日工作日志，有效提升监管效率。二是“日常检查+专项行动”交叉进行。年初将全年的查案任务按月分解到中队，实现每月有任务、有通报、有考核。三是“工商+公安+司法+烟草”联合协作。主动对接公安、工商等部门，协作开展“春雷六号”等专项行动4次，推动烟草行政执法与刑事司法衔接机制建设，全年有5人因涉烟案件被刑拘。年内，专卖大队被省烟草局、公安厅授予“全省卷烟打假工作先进集体”称号。

【行政许可服务】一是严把证件办理环节。严格规范行政许可程序，实现公平、公正、公开办证，每月定期在省局外网向社会公开办证后续监管情况，提高烟草行政许可的社会公信力。二是强化证件后续监管。年内，对2013年1月—2016年8月的5747份行政许可卷宗进行全面自查；9月，接受国家局督查组的检查，全面整改自查发现的问题以及国家烟草专卖局督查组反馈的问题。在全市范围内开展许可证普查工作，市管员下片入户到人，整顿规范零售户经营情况，对人证不符、非法转让、经营等级与规模不符等情况进行相应处理。

【营销服务】2016年，对客户家庭、经营情况进行全面摸底，了解所辖片区的库存、卷烟动销情况、盈利水平等经营信息；每月对片区销售情况的同比、环比数据进行分析，查找销量下降的原因，并制定出相应措施。针对“老、弱、病、残、特”零售客户，开展“一对一”亲情帮扶活动，全年帮助弱势零售客户42户。规范配送服务，做到“方便、高效、快捷、周到”，深受广大零售户的好评。（李青玉）

城建·环保

城市管理

【概况】2016年，醴陵市城市管理和行政执法局（以下简称“市城管局”）机关内设办公室、人事股（督察考评室）、计划财务股、宣教股（城市管理研究室）、市容市貌管理股、环境卫生管理股、法规股（行政审批股）7个股室；下设环卫处、执法大队、查违大队、数字城管监督指挥中心4个二级机构；全系统共有干部职工416人，其中编制内人员184人、其他人员232人。年内，市城管局以“建设法治、自信、数字、全民四个城管，打造干净、有序、宜居三个城市”为工作思路，通过创新城市管理，严格推进落实，实现队伍建设向好向善发展，城市管理卓有成效。

【城管执法】2016年，城市管理行政执法大队在城区主干道开展市容市貌集中整治行动50多次，教育劝导各类违规行为2.3万次，整治各类出店、占道经营6520处，取缔盘踞多时的瓷城大道少数民族摊贩10多处；开展夜市集中整治行动10次，重点取缔火车站、瓷博馆、瓷城大道等处的夜市烧烤摊点40多个，对其他重点地段的夜市烧烤摊制定“三限一定”（限时、限点、限量，定标准）管理举措；治理车辆乱停乱放，会同市交警部门对城区停车位进行摸底，为后期划线奠定基础；劝导、整治学校周边流动摊点，稳步推进规范管理；在确保通行顺畅的基础上，不断缩小姜湾、东门上等处马路市场的经营范围，减短经营时间，确保市容有序。

【渣土管理】全年，查处渣土违章运输及撒漏污染路面案件113起，下发停工整改书110多份。建立渣土运输车辆GPS定位系统，录入处理渣土车辆信息138台，编号GPS管理132台，现场勘验渣土车辆39台次。

【户外广告】2016年，户外广告以“减量提质、打造精品”为原则，按照“减量、提质、增值、有序”的工作思路，响应“美化”工程，整合户外广告资源；对城区破损店招牌与劣质户外广告进行全面清理下架，彻底拆除城区不规范广告2万多平方米。调研户外广告规划，完善《醴陵市城市户外广告管理办法》。不断加大对存在安全隐患与逾期广告位的排查工作，建立城区广告公司档案库，明确广告公司责任、义务。

【控违拆违】2016年，市城管局查违大队具体负责城市规划区范围内存量违法建设的强制拆除，协助“四街一区”拆除新增违法建设等工作；查违大队有干部职工48人。全年查处“四街一区”新增违法建设315户、建筑面积5.6万平方米；组织30多次大型违法建设拆除行动，共拆除违法建设139户、建筑面积2.38万平方米。

【数字城管】2016年，数字城管监督指挥中心依托“数字城管”平台，开通城管网站、城管热线、短信投诉平台、市民APP和微信等多种参与途径和方式，市民可随时随地关心、关注身边的城市管理问题，上报热点、难点问题，查看办理经过，咨询便民服务，评价自己上报问题的处理结果，构建全民参与城市管理的新模式。全年数字管理指挥中心共立案1022件，处置985件，结案率为94%。年内，启动数字城管二期工程的规划建设。

城市环境卫生

【概况】2016年，醴陵市环境卫

生管理处（以下简称“市环卫处”）内设办公室、考评股等11个部门；有干部职工214人，其中编制内人员98人、其他人员116人；监管3个专业保洁公司、作业人员798人，监管1处无害化垃圾场、工作人员19人。主要负责城区主次街道300多万平方米的清扫保洁和主要街道清洗，城区约30平方千米范围内生活垃圾清运、无害化处理，城区40座垃圾收集点、13座压缩式垃圾收集站和31座公厕的管养，城区几千个果皮箱、垃圾桶的保洁维护和管理工作；全年生活垃圾无害化处理率为100%。年内，在株洲市城管委对株洲地区五县（市）城市管理工作年度考核中，获第一名。

【城市环境卫生管理】一是环卫作业市场化。将城区范围内的清扫保洁、垃圾清运、道路清洗依次公开招标，实行市场化运作。主动深入街道、区和公司进行相关业务指导，城区主次干道卫生、道路清洗明显提质；垃圾收集站点、公厕管理实现市场化，垃圾收集站点、公厕的维护管理效果良好，超出周边县（市）同类管理水平。二是环卫设施管理品牌化。美化公厕站台、完善设施设置，对照国家卫生城市标准进行全面自查，通过查漏补缺，在升级原有设施配置标准；延长站厕标段承包人的承包合同，并在原合同上提出新要求；垃圾场按国家I级填埋场的监管标准实施管理。三是环卫作业标准化。消除清扫盲区，扩大市场化清扫保洁覆盖面，形成新区新路保洁服务与财政投入同步拓展的标准模式。创新道路扫洗工艺和监管方式，优化清洗时间，加水点、清洗路线等工作流程；采取“人员轮流上班、所有车辆全日制上路”的方式，增加作业班次、人员，增设人行道清洗后用拖把收尾的新工种，增加专业车辆清洗交通标线新工艺，确保清洗提质到位；履行清洗监管职责，强化清洗考评，质检人员全天候轮流跟班作业，配备夜班专业照明工具，对整个清洗过程、标准和要求仔细监督检查到位做到不达到工作质量、不完成预计里程绝不收班。针对部分路段渣土污染，运输撒漏频率高、后果严重的情况，做到应急处置及时到位。垃圾处置达到收集密闭化、垃圾转运状态压缩化、运输密闭化标准。将垃圾桶精准划线定位，在垃圾圈点内放置统一颜色、容量、外观的垃圾桶；实行垃圾清运车辆站前呼叫进出机制，以提高垃圾站使用效率。四是实行环卫作业精细化。建立健全各项规章制度和岗位职责，先后制定《市环卫处关于成立八个专项工作组的通知》《关于进一步加强城区环境卫生管理有关工作的若干规定》，将工作责任精细分解到部门、个人、地域、时段，实行处、股、班组长三级督查、考核模式。分段包干，责任到人，依法依规纠正处理垃圾乱扫、乱丢、乱倒、乱运、撒漏及损坏、偷盗环卫设施等违章违法行为。五是在城区确定站厕的建设新址。土地权属确认后，完成新建站厕建设任务；市垃圾场二期工程建设项目完工并投入使用。（詹　婷）

住房和城乡规划建设

【概况】醴陵市住房和城乡规划建设局（以下简称“市住建局”）内设办公室、人事教育股、计划财务股、法规股（住房政策股）、技术股、城市建设股、公用事业股、建筑业管理股（建筑节能与科技股）、行政审批股、村镇建设股、规划用地股、规划工程股12个行政股室，下设市自来水公司、市园林绿化管理局、市建设工程质量安全监督站、市燃气管理办公室、市灯饰管理所、市重点工程建设管理办公室6个副科级事业单位；市市政工程管理处、市建设行政执法稽查队、市城建档案馆、市集镇办公室、市建筑装饰装修管理办公室、市污水处理管理办公室、市散装水泥和新型墙体材料改革办公室、市规划法规监察队、市规划测绘院、市规划设计院、市规划信息服务中心11个正股级事业单位；局机关有在职在编人员65人。

【城市规划】2016年，按照市委、市政府的工作部署，启动编制一系列城市规划设计。完成左权路、李畋路、醴泉路、渌江大道等示范路、样板街的“三创四化”提质改造工程设计；完成仙山公园提质改造工程及夜景亮化设计；以“水上森林、生态之洲”为主题，对左家洲进行景观改造设计；编制渌江书院桥等3座桥的亮化设计。围绕“瓷城古韵·一江两岸”重点项目，编制文庙街区、南门历史街区、礼品街、美食街、渌江广场、沿江风光带及二圣河截污工程、道路、管网泵站等子项目的详细设计，并已实施部分项目。编制《渌江书院环境整治规划》《陶瓷会馆修建性详细规划》和明月峰路、梧桐路、向阳河路、车站路—楚东桥、寨子岭路、玉屏山路等道路设计以及桥西广场交通组织设计、醴陵大道与320国道交叉口设计等；编制渌江创业创新服务中心、产业发展中心、名人文化园、陶瓷技师学院、医院、“1915”陶瓷特色街区、瓷器口古街、陶瓷花卉综合公园等一大批公共服务设施项目详细规划。

【镇村规划】2016年，根据湖南省行政区划调整的要求，按照株洲市美丽乡村规划编制工作考核任务，组织修改船湾、明月、茶山、王仙、李畋、枫林镇的总体规划和184个行政村的规划编制。完成枫林镇隆兴坳村、枫林市村、时轮村、金狮村、彰仙村，官庄镇官庄村、阳坑村、横江村，沩山镇沩山村，王仙镇李山村等10个美丽乡村建设规划工作。启动醴陵市白兔潭、左权镇“多规合一”试点工作，试点完成后将在城市推广，逐步实现“一张蓝图”统筹城乡发展。

【规划管理与服务】2016年，共完成土地报批26个、面积233.6万平方米，核发选址意见书13本、面积99.5万平方米，核发用地规划许可证31本、面积99.1万平方米，核发工程规划许可证26本、总建筑面积53.97平方米。全年共受理建房申请900多户，按轻重缓急实地调查400多户，通过明察暗访、征求各方意见，核实规划情况后，呈报私人建房联席审批会议审批132户，作出行政许可112户，核发建设工程规划许可证138本、验收换证43本。年内，新建规划建设服务大厅，面积200平方米。制定《优化办事程序细则》，制作《行政审批项目流程告知书》，编印《醴陵市住房和城乡规划建设局行政审批工作手册（试行）》；同时在全市行政机关中，率先推行行政审批“容缺受理”制度，推行“边审核边补充资料”的项目推进机制，实现项目审批“大提速”。

【城乡建设】2016年，李畋中路项目建设完工并通车。文化南路中段、瓜畲坪道路改造工程完工，泉湖体育馆工程建设竣工并验收，年底已交付市文广新局代管；城区二圣河黑臭水体治理完成规划设计、渌江河综合治理完成方案编制；污水处理厂二期及一期工程提标建设的主体工程、设备安装完工并通过验收，10号泵站工程建设启动。完成渌江河南岸挡土墙抢险工程等建设。城市地下管线普查工作，已完成招投标，并启动管线探测工作。12月，狮子坡水厂提质、扩容改造项目启动，项目被列入醴陵市、株洲市重点工程。完成五里牌变电站选址及进出线初步方案。一江两岸项目通过与社会资本18轮的谈判，完成项目立项、咨询机构采购、物有所值评价、财政可承受能力论证、PPP方案审批、资格预审等工作，即将进入社会资本公开采购程序。城市外环线项目先后完成立项、环评、可研、咨询机构采购、物有所值评价、财政可承受能力论证、PPP方案审批、资格预审，社会资本公开采购已完成挂网工作。加紧进行城市水、气、灯、排污等公用行业的提质改造工程，不断提升城市生活品质。

【新型城镇化建设】2016年年末，全市建成区面积扩展至29.8平方千米，实现城乡规划编制全覆盖。东部李畋、白兔潭、浦口、王仙4个镇以花炮产业为主的集镇组团建设全面铺开，中国醴陵花炮大市场成功招商签约，白兔潭镇玄武大道两厢工程建设有序推进。东南部以东富镇为龙头的建设玻璃产业组团顺利推进，其中旗滨玻璃全线投产，东富大道全力推进。西部茶山、石亭、均楚3个镇形成现代农业产业组团，旺农红薯加工基地、大众农业有限公司等农业项目初具规模，北部官庄、枫林、沩山3个镇形成旅游集镇组团，耿传公祠、枫溪谷等建设工程完工，旅游环线基本拉通；左权、板杉2个镇形成新兴产业集镇组团，东城大道的建设加快株醴融城的步伐。南部服饰产业组团包含泗汾、船湾、嘉树、孙家湾、沈潭、明月6个镇，已有湖南服饰企业落户园区。年内，加快新型城镇化项目申报工作，白兔潭镇被列入“全国重点镇”“省新型城镇化试点镇”“株洲市重点镇”；石亭镇被列入省“示范镇”，船湾镇被列入省“特色镇”。全力配合各乡镇抓好“四个一”行动。12月，各镇储备“一块土地”项目正在进行前期的选址勘测工作，其中泗汾、孙家湾、明月等8个镇已完成选址并出具红线图。

【建筑产业发展】2016年，建筑产业发展势头强劲，全年审核报建项目（已发施工许可证）33项、建筑面积87.88万平方米，总投资17.96亿元、比上年增加5.21亿元；全年实现建筑业总产值60亿元。全年办理施工图审查备案31项，总面积93.79万平方米；办理施工合同、监理合同、劳务分包合同备案42项、总面积74.2万平方米，总造价18.29亿元。年内，新增建筑施工企业4家，其中总承包企业1家、专业承包企业1家、劳务企业2家。截至12月，全市建筑施工企业增至54家，其中总承包企业19家、专业承包企业15家、劳务分包企业20家；有工程技术人员2633人，施工作业人员达2.5万多人。所有建筑项目均按国家有关建筑节能的法律法规及规定进行建筑节能设计，全年建筑节能设计面积93.79万平方米，设计阶段的实施率为100%，建筑节能施工面积38.9万平方米，项目施工阶段节能强制性标准实施率达97.25%；推广应用绿色建筑技术，大型公共建筑均按绿色建筑标准设计，全市绿色建筑试点工作有序推进。

【民生工程】一是农村危房改造项目。根据省为“民办实事”工作要求，全市全年农村危房改造项目目标任务为1589户，实际完成1589户，完成率100%；按照省、株洲市“扶贫攻坚”工作要求，优先考虑纳入建档立卡的农村危改贫困户435户，切实解决困难群体住房问题。二是易地扶贫搬迁工作。根据上级易地扶贫搬迁的有关政策，制订全市安置设计方案、施工图及在王仙、浦口、白兔潭、官庄、沩山、均楚6个镇的规划选址，图纸设计安置搬迁户245户714人。三是棚户区改造项目。年内，完成醴浏、永胜棚户区提质改造项目的规划设计和审批工作，核发规划工程许可证面积2.04万平方米。群力、陶机棚改、柳家湾保障性住房等3个棚户区正处设计与报建阶段。

【燃气供应】2016年，新增中压及以上管网10.3千米，新建天然气门站1座，新增用气企业5家、公建31家、居民4910户；全市有天然气高压、次高压、中低压管网1212千米；有燃气企业8家，实现通气企业290家、公建用户509家、居民用户7330户；天然气储气能力1.2万立方米，年供气2.3亿立方米、日用气量达72万立方米，燃气普及率达89%以上。

【路灯亮化工程】2016年，市灯饰管理所直接维护和管理的路灯达9864盏、线路总长296千米，其中年内改造路灯2719盏；公共照明总用电量565万度，电费529万元。在灯饰维护基数快速增长的情况下，路灯照明及景观亮化设施的日常维护和提质改造力度不断增强，确保亮灯率达98%以上。（李　优）

城市供水

【概况】醴陵市自来水公司（以下简称"公司"）有1个省级水质监测站，13个二级机构，1座水厂；城区设有服务大厅和4个缴费网点；拥有固定资产1.06亿元，有职工249人。全市年售水量为1452.99万立方米，实现营业总收入3646.78万元，比上年增加16.19万元。截至年末，全市供水管网总长702千米，供水面积约23平方千米，供水量达2198.08万立方米；有自来水用户81750户22.34万人。

【供水设施建设】2016年，公司投入供水设施建设，配合"一江两岸"棚户区改造管线工程，保证沪昆高铁连接线、李畋中路、渌江书院等重点工程供水建设的进度；为阳三新城、新华联二期、东城壹品、旗滨公园里等房产开发项目提供给水安装；全年共完成给水安装业务400多个，配合市水务局完成农村安全饮水工程项目，铺设丁家坊、石子岭村等给水管线工程，为2000多户城中村居民解决用水难题。

【水质监管】2016年，水质监管工作严格执行国家新颁布的水质检测标准，每天检测源水、出厂水感观性状等9大指标，每月2次抽取10个管网末梢点水样，检测7个指标，每月对水源水、出厂水、管网水进行常规全分析，检测106项指标，确保管网水质安全；出厂水水质综合合格率达100%。

【狮子坡水厂提质扩容改造】狮子坡水厂提质、扩容改造建设项目被列入株洲市、醴陵市2016年度重点工程项目，该项目计划投资6046万元。项目建成后，水厂占地面积2.32公顷，可达日产10万吨的制水规模。年末，该设项目已完成可研批复、环境评价，并正式立项；设计施工、监理合同已签订，厂区清表、土方外运、护坡浇注、围墙砌筑等工作完成。预计2018年3月建成投产。（邹婧滢）

园林绿化

【概况】2016年，醴陵市园林绿化管理局（以下简称"园林局"）内设综合股、绿化股、绿线管理股、园林科研所；有干部职工199人，其中高级工程师1人、工程师12人、助工25人、技师2人。截至12月，全市建成区绿地总面积959.12公顷，公园绿地面积219.79公顷，人均公园绿地面积8.3平方米，绿地率32.51%，绿化覆盖率36.63%，城市道路绿化达标率80.54%；有省、株洲市级园林式单位70家、小区15家。年内，新增各类绿地15.56公顷，其中左家洲、渌江书院、一江两岸、马新路游园等公园绿地14.29公顷，李畋中路、马新路、辕门铺路、体育路、梧桐路等道路绿地面积1.27公顷；新增绿地养护面积37.06万平方米。

【园林养护】一是加强养护人员专业知识学习。邀请国家级、省级园林专家多次到醴陵讲座，现场点评全市绿化养护情况；与湖南林业科技大学、湖南农业大学达成授课意向；组织管理层、技术层干部职工外出考察6次，参加专业技术培训4次，学习精细化养护要点、施工新技术等。投入2万多元，设立素质提升阅览室，并制定集中学习制度，逐步提升职工素质，强化园林队伍战斗力。二是推广养护新技术。推广围土保墒、滴灌、非常规栽植、地栽鲜花土壤保肥技术，为推行精细化养护提供强力的技术支撑；引进新型绿化生产垃圾处理设备，缓解绿化垃圾处理问题；推出新养护考核机制，有效巩固绿化建设成果，为打造园林景观精品，实现"建设园林典型工程、打造绿化精品品质"目标提供强力保障。三是园林职能监管全面加强。全年处理交通肇事、人为破坏等损坏绿化行为30例，办理五彩台北城房产项目开设通道、旺亿家居建材城绿化移植等行政许可2起。公开受理社区居民死、危、倒伏树木砍伐申请报告56件，处理死、危树227株，有效保障人民群众的生命财产安全；协助市政务中心完成园林行政审批调研。在市“三创四化”工作全面启动后，将城区所有绿化施工工地纳入监察范围，绿化施工质量显著提高。四是绿化精细养护上档次。继续对市内公共绿地实行网格化、精细化管理，每个网格均分别安排1名绿化除草清杂、修剪职工，实现“人员、职责、任务”三落实，做到“六个一”（清除绿带垃圾不超过1天、损绿处理及应急抢险不超过1天、修剪不超过10厘米、死缺株补植不超过10天、侧石景观灯健身器材修复不超过1天、设计审批把关不超过10天），城市园林景观、市容市貌得到进一步提高。

【园林建设】2016年，园林局投入3800多万元，提质改造仙山公园一期工程；完成左家洲1.36万平方米和渌江河沿岸3800米的绿化建设；完成梧桐路、马兴路、塔前路等道路绿化，改造长庆大道、青云南北路、左权路、渌江大道一标段、醴泉路、国瓷路、李畋路等7条样板街绿化；提质改造市建成区27条主次干道绿化及沿线“口袋公园”建设，填漏补缺2580株乔木、65万株小苗。年内，启动市数字园林平台建设，建立城市园林绿化专项数字化信息管理系统，有力提升全市绿化建设和管理水平。（翁　勇）

市政工程管理

【概况】2016年，市政工程管理处以“便民服务”为目的，加强市政设施维护，加大占破道秩序和市政设施安全隐患的步巡力度；完善应急服务预案，开通应急服务热线，增加应急服务投入。全年日常维护油路2万平方米，灌缝1万多米，改造渌江大道、前进街、建安市场、金塔市场等路段的巷道及八字口的油路4000多平方米；日常维护人行道1.37万平方米，提质改造李畋西路、国瓷南路、阳三路、立三大道、左权北路等路段人行道的14万平方米；日常维护排水泄水井4000多座次，清淤下水道1.4万多米；提质改造姜湾上正街、永胜路、渌江大道等路段井盖130多座；应急出动人员980多人次，抢修“城市陷井”370多座次，提供市民生活性服务帮助80多次。全年办理破占等行政许可36次，排除设施安全隐患184处，规劝教育损毁设施人员251人次，制止损毁设施事件44起，围挡整治170余处。（吴冬生）

城市建设投资开发

【概况】醴陵市渌江投资控股集团有限公司（以下简称“渌江集团”）有注册资本20亿元；系市政府设立的全市规模最大的国有独资公司。设董事会、监事会、经理层等高层管理机构及党委、纪委、工会等组织；下设综合管理部、计划财务部、资产经营部、规划建设部、企划投资部、审计法务部和人力资源部7个职能部室。下辖市国有资产经营有限公司、基础设施建设投资有限公司、渌江文化旅游投资开发建设有限公司、渌江新城投资开发建设有限公司、保障性安居工程开发有限公司、新型城镇化投资开发建设有限公司6家全资子公司和市振兴车辆检测有限公司、公共交通有限公司、官庄山水投资开发建设有限公司3家全资二级公司；控股渌江置业公司、市友谊商厦公司；参股市陶瓷3D打印研究所、醴陵千汇实业公司、渌江华兴公司、渌江城发公司、渌江兴旺公司、醴陵农村商业银行和沪农商村镇银行醴陵支行。渌江集团主要负责市城乡基础设施、道路、桥梁建设的投资和经营；保障性住房、商品房建设开发、销售；城市自来水、公共交通、污水处理、垃圾处理、加油（气）站、砂泥采挖、户外广告、地下管网等公用事业建设和经营；土地前期整理、开发；国有资产、资源及股权投资、产业投资及经营；机动车辆检测服务；现代物流仓储、运输等投资、经营；城市金融服务等工作。截至年末，渌江集团资产总额达190亿元、同比增长44.6%，净资产80亿元、同比增长26.9%；资产负债率为58%。全年实现主营业务收入7亿元，实现利润1.5亿元。主体综合信用评级为AA。

【项目建设】2016年，按照市“片区攻坚年”“三百会战”“三创四化”活动要求和目标任务，渌江集团承建全市重大项目78个，其中株洲市重点项目14个、醴陵市重点项目21个。全年完成投资约40亿元，拨付项目建设资金约20亿元，其中项目征拆资金约9亿元，确保全市各大重点项目有序推进。组织开展“春雷行动”“烈火行动”“金秋攻势”“冬季决胜”系列专项行动。年内，沪昆高铁连接线、醴陵东互通、梧桐路已顺利通车，小街小巷二期工程建设全面完成验收，“瓷城古韵·一江两岸”、渌江书院已部分向市民开放；珊田安置区（新都俪景）一期工程建设完工并对外发售，该项目在市第七届房交会中获“标志性楼盘”；公交南站顺利封顶正处装修阶段，2018年5月投入正式运营；组建成立新型城镇化投资开发建设有限公司，启动白兔潭新型城镇化项目建设；醴陵大道与320国道交叉口、玉瓷路、阳三安置区、醴陵西—醴陵北景观大道和瓷博会花展项目、仙山公园提质改造、“三创四化”示范路样板街项目等启动建设；“1915”醴陵·国际陶瓷文化特色街区、创业创新服务中心、渌江产业发展中心、东城大道、东富大道、醴泉路提质改造项目、向阳河路、樟仙岭路、云盘路、333 省道、道教老祖殿等项目，进展良好。

【招商融资】2016 年，渌江集团拓展融资渠道，实现到位资金 51.8 亿元，对渌江书院、东城大道、“1915”醴陵国际陶瓷文化特色街区、保障性住房和新型城镇化试点等重点工程项目进行策划包装，对接中、农、工、建行和国开行、农发行等金融机构及长城、兴业、西部、德邦证券等券商；通过银行贷款、专项建设基金申报、租赁融资、企业债券发行等方式，全年对接银行贷款项目 20 个，累计实现融资签约 64 亿元。抢抓国家发改委和证监会对政府性投融资公司发债的利好政策，全年申报发行企业债券 10 亿元；另有 13 个政府购买服务项目模式对接银行贷款项目，正在办理相关贷款手续，年末完成签约，全年可实现融资约 65 亿元；积极探索 PPP 合作及直接股权投资方式融集资金，渌江集团作为代表政府的出资方，参与 5 个 PPP 合作项目洽谈，项目总投资逾 130 亿元；成立全市第一家 SPV 公司——“渌江城发”。组织招商小分队，分赴北京、上海、广州、深圳等地积极开展招商引资活动，与中国五冶、中核华兴、湖南兴旺等实力企业达成合作意向约 75 亿元。

城市重点建设工程

【“1915”醴陵国际陶瓷文化特色街区】“1915”醴陵国际陶瓷文化特色街区是醴陵 3 个“百亿”工程之一的陶瓷博览园的子项目，是株洲、醴陵两级党委、政府为加快打造以“现代陶瓷产业文明”为主特征的历史文化名城而确立的重大战略性产业项目；拟将该项目打造成一个以“陶瓷文化”为主题、以“陶瓷创意产业”为延伸，集水街观光、文化体验、特色餐饮、休闲娱乐、文化创意等功能于一体的国际陶瓷文化创意休闲旅游目的地。“1915”醴陵国际陶瓷文化特色街区项目分为两期实施，年内已启动项目一期建设。一期规划用地面积 5.69 公顷，建筑占地面积 1.63 万平方米、总建筑面积 5.36 万平方米，计容总建筑面积 4.15 万平方米，容积率为 0.77，建筑密度 29%，绿化率 17%，设停车位 416 个。其中，项目一期由滨水商业区、艺术家村落、企业工坊、书院别馆、演艺中心、拍卖中心等组成；一期项目原立项总投资约 3.29 亿元，后因设计调整优化，总投资调整为 4.79 亿元，其中建安费用 2.1 亿元（A 区 0.37 亿元，B~F 区 1.73 亿元）。

【醴陵市创新创业服务中心】醴陵市创新创业服务中心是醴陵 4 个“百亿工程”之“醴陵渌江新城”的子项目，是按照市“一城三片区”发展格局、“溯江而上、向东发展”的发展思路而打造推动城市转型升级的综合服务中心。项目采用 PPP 建设模式，以市基础设施投资建设管理中心为实施主体，中国核工业华兴建设有限公司为社会资本方，渌江集团代表市政府为国有资本出资方。项目建成后，中心将成为集行政审批、公共服务、公共交易、规划展示、图书信息、档案管理和创客之家于一体、为创业创新者提供一站式服务的综合行政服务体，是渌江新区的地标性建筑。项目总用地面积 8.18 万平方米，总建筑面积 5 万平方米，总投资约 5.2 亿元。项目整体设计上以醴陵渌江书院、长沙岳麓书院作为创作本底，借用传统合院的建筑形式、功能组织安排形式，根据用地条件，通过现代的设计手法进行重新设计和演绎，形成功能性强、空间丰富、标志性极强的建筑形式。（侯清瑞）

房产管理

【概况】2016 年，全市共有在建开发项目 21 个，建筑面积 260 多万平方米；其中年内新开工项目 6 个，开工面积 69 万平方米。全年完成房地产开发投资 27.5 亿元，同比增长 15.9%。其中二季度开发投资增长明显、同比增长 285%。年内，先后举办“送房下乡”活动和市第七届房交会，房产交易活动期间，累计交易房屋 3147 套，成交面积 39.12 万平方米，成交额 15.47 亿元。全年实现商品房销售面积 64.81 万平方米、同比增长 17.76%，实现销售总额 31.74 亿元；其中销售商品住宅面积 55.26 万平方米，实现销售金额 20.28 亿元，住宅销售均价为 3760 元 / 平方米、同比增长 5.02%。

【房屋征收】截至 11 月 30 日，累计完成株洲市征拆考核的房屋征收 278 栋（套），建筑面积 4.4 万平方米。年内，启动一江两岸文庙片区（北岸）文化陈列街、（南岸）渌江书院二期等建设项目；根据株洲市征拆考核工作的要求，每周及时向上级报送各个项目的进展情况，对纳入株洲市考核的各个项目进行跟踪掌握，确保项目工作有序推进。

【住房保障】2016 年，全市计划

新建公共租赁住房598套，均已完成主体工程建设，配套设施建设正在建设中。全市计划实施城市棚户区改造项目7个、改造2598户。全市计划发放低收入住房租赁补贴1500户，经统计有1570户申报2016年住房租赁补贴，通过审核公示，实际发放1513户、295万元。年内，各项目进展顺利，完成全年工作计划任务。

【房屋交易】年内，根据中央、省、株洲市房屋交易的相关文件和精神，从6月30日起，全市全面实施不动产统一登记；自6月15日起，停办房屋登记业务，房屋登记职能统一划转至市不动产登记中心。市房产管理局在市委、市政府的坚强领导和全力扶持下，在最短的时间内完成原办公系统、株洲房产综合管理信息系统、交易备案系统转换的培训和学习，实现“马上就办、即办即走”的预期目标。1—6月，全市完成各类房屋登记5529宗；7—11月，完成商品房交易合同网签备案1732宗、面积38.96万平方米、成交金额11.3亿元，二手房交易合同备案634宗、面积4.41万平方米、成交金额1.02亿元，房屋抵押合同备案2126宗。

【白蚁防治】年内，在全市19个蚁害单位共安装287个心居康饵剂系统设备。白蚁防治管理所全年完成经济收入179万多元，防预施药143宗、面积41万平方米，灭治73宗、面积约8万平方米；签订防治合同216份、回访复查195宗、合同签订率达100%。如质如量完成各项工作指标和工作任务。

【房屋测量】2016年，市房产管理局完成房屋测量业务361宗，办理房屋测量面积149.82万平方米。其中，实测面积87.5万平方米，实测变更面积9.75万平方米；预测面积42.06平方米，预测变更面积10.53万平方米；完成经济收入180万元。

【房产档案管理与利用】2016年，市房产管理局档案室共调阅各类档案资料1.5万多卷次，在收费标准下降60%的情况下，收取档案利用服务费32万元。全年为社会公众调阅各类档案资料5900多户，接待查询人员2.5万多人。年内，协助办理司法扣押、解除扣押案卷256卷，开具各类无房证明6000多份，公众利用领域不断扩大，档案利用率不断提高。

【物业管理】2016年，全市有二级资质物业企业1家，三级资质物业服务企业26家，外来备案物业服务企业6家。年内，物业管理实行规范化、专业化，全年物业服务的住宅小区、综合性大楼及机关单位50多个，服务面积近400万平方米，从事物业服务行业人员3000多人；新建项目均实施前期物业管理。全年累计办理物管用房核定、变更等业务46宗，受理物业企业资质申请初审、核定、变更业务9起，组织和监督前期物业项目招投标5宗；全年处理各类物业投诉26起，现场接访4次，充分发挥业主的自治作用，保障业主合法权益。

【公产管理】2016年，市房产管理局第一房管所全年小修公产房屋185处、面积约9800平方米，投入修缮资金12.5万元；处理危险房屋4处、面积500平方米，投入修缮资金8.8万元；大修、中修房屋23处、面积2000平方米，投入使用修缮资金48.5万元；全年完成租金收入150万元。第二房管所全年小修房屋面积1200平方米，投入维修资金8万多元；大修房屋21处、面积3000平方米，投入修缮资金50多万元。保障性住房管理所清理骆家围子、桔园、立三小区的租金，并整理入册，基本做到一户一册；完成金石小区营业门面租赁手续的办理工作；办理40户廉租房住户入住手续。全年收缴租金120多万元，完成维修50多处。

【太一市场管理】2016年，市房产管理局进一步加强市场管理工作，参照创建国家卫生城市标准，制定创建实施方案，做到市场管理人员分工明确，责任到人；对经营户实施门前三包，做到商品划行归类，货物摊位及车辆摆放整齐。市场做到垃圾时产时清，日产日清，落实专职保洁，实施全天候巡回保洁制度。进一步抓好批发市场经营秩序，打击垄断经营，做到公平公正竞争，使太一市场农产品价格公正合理，市场蔬菜价格继续保持全市最低价，政府“菜篮子”工作得到进一步落实。（向　前）

环境保护

【概况】醴陵市环境保护局设办公室、计划财务股、行政审批股、污染控制股、政策法规股、总量股、生态股7个内设机构；辖市环境监察大队、环境监测站2个二级机构。年内，有干部职工113人，其中离退休人员19人；在职人员中有高级工程师4人，环评工程师5人，工程师10人。2016年，全市城市环境空气质量优良天数达到299天，优良率达81.7%；地表水水质总体保持稳定，在金鱼石、三刀石、星火断面及望仙桥水库、官庄水库5个水质监测断面中，望仙桥、官庄水库的水质基本符合地表水Ⅱ类水质标准，金鱼石等其余监测断面水质基本符合地表水Ⅲ类水质标准；城市区域声环境质量达Ⅱ类标准。全年共处理环境信访案件236件（其中市长热线81件、来访33件、红网8件、省信访系统转办件1件、来电113件），全年来信来访案件受理、处理率达100%，满意率达98.5%。

【总量控制】2016年，企业年检换证工作实行总量控制，将总量核定纳入环保前置审批，严把企业年检换证总量核定关。对造纸企业、平板玻璃、污水处理厂等17家重点排污单位，进行现场检查和总量核查；对11个工业类建设项目全部执行排污权交易，全面落实年度新建项目排污权确权和交易政策。

【环保审批】2016年，环保审批严格执行《中华人民共和国环境影响评价法》等环境管理法律法规，严格环评审批。全年共审批新、改、扩建设项目86个（其中报告书12个、报告表59个、登记表15个），否决不符合城市发展定位和环境规划的项目3个，对批准的建设项目进行跟踪督查，完成23个建设项目“三同时”（建设项目中防治污染的设施，应与主体工程同时设计、同时施工、同时投产）验收，新发、换发排污许可证269家，环境影响评价和“三同时”执行率均达100%，有效防范新污染源的产生。

【污染治理】2016年，污染处理力度进一步加大，按要求完成湘江保护和治理“第二个三年行动计划”项目；加快渌江河治理进度，完成旗滨公司废水处理设施的升级改造。推广使用清洁能源，制定燃煤窑炉改造扫尾工程计划，全年拆除烟囱12根，改造、拆除燃煤窑炉6座；开展市建成区燃煤锅炉和工业窑炉项目的调查，为2017年建成区全面淘汰10吨以下的煤锅炉和工业窑炉项目奠定基础。全面开展机动车尾气检测，对2000年以前购置经尾气检测不合格的黄标车予以淘汰，推动区域环境质量进一步好转。完成湘洲食品等重点减排项目6个，淘汰华宏耐酸瓷业、新将机砖厂等高污染企业7家，淘汰黄标车80多辆。年内，全市共有862座炉窑实施改造或采用余热利用技术，累计拆除烟囱235根，282家企业使用天然气，年用气量近3亿立方米。

【环境监管与应急处置】一是实行网格化管理。制定《醴陵市环境监察网格化管理工作实施方案》及相关考核办法，围绕“明情况、抓重点、定责任、强监管”的工作目标，科学合理划分网格；建立“三清三到位”（区域清、职责清、底数清，监管到位、服务到位、互通到位）的立体式环境监管机制和纵向到底、横向到边的网格化责任管理体系。二是完善监管措施。对53家重点污染企业进行全面环境监察和监测，对42家重点工业企业安装在线视频监控，实行24小时监管。全年共出动执法人员1000多人次，检查企业300多家，全面排查消除环境污染隐患。三是加强环境执法。年内，制定《2016年重点行业环境保护专项执法检查工作方案》《环保违规建设项目清理整治工作方案》，组织开展环保违规建设项目清理整治、重点行业环境保护和造纸行业专项执法检查、王仙镇环境污染专项整治、工业园环境污染专项执法检查、饮用水源专项检查等专项行动。全年共审查环境违法案件34件，立案处理33件，执行并收缴罚款45万元。四是制定应急预案，落实环境应急措施。积极开展各项环境应急演练工作，提高环境应急处置能力；环境监察、环境监测人员对所有涉重金属、涉危险化学品等重点单位进行全面排查，消除安全隐患，环境应急工作得到全面落实。

【城市污水和垃圾处理】2016年，市污水处理厂运行平稳，出水水质稳定达标，污泥处置规范有序。污水处理厂一期工程日处理生活废水2.5万吨，年处理生活废水913万吨，城市污水处理率达83.4%，处理后排放的污水水质稳定，达国家GB18918-2002一级B类标准；污水处理厂二期工程完工并通过验收，即将投入使用。工业园污水处理厂主体工程建设完工，管网等基础设施正在完善中。市垃圾填埋场垃圾无害化处理率达100%，日处理垃圾280吨。全年共无害化处理生活垃圾10.2万多吨，处理垃圾渗漏液3万多吨；废水处理后均达标排放。

【农村环境综合整治】2016年，农村环境综合整治重点加强饮用水水源地保护及生活垃圾、生活污水处理，强化农业污染源治理和农业面源污染防治，落实畜禽、水产养殖污染治理。以“加强工矿企业监管”为重点，防止工业污染向农村转移。年内，建立醴陵市畜禽养殖退养机制，对城区畜禽养殖场（户）进行退养，对规模以上养殖户进行治理。完成农村环境综合整治整市推进项目的招投标等年度工作任务，由中标的湖南艾布鲁公司全面组织实施。

【环境宣教】2016年，全市环境保护宣传工作充分利用广告牌、电视、网络、报纸等各种媒体，对环境保护工作动态、环保信息等进行全方位的报道，全年报送环境信息和调研文章90多篇。6月，在市嘉茂银座广场举行“改善环境质量、推动绿色发展”纪念第45个世界环境日大型主题宣传活动，现场接受群众咨询，就群众关心的环境热点、焦点及环保政策等问题进行解答；环保志愿者表演精彩的环保主题文艺节目；中学生集体创作“创意环保 DIY 二十米画卷”，制作环境宣传长廊；向市民发放宣传手册等环境宣传资料5000多份。12月，每周六在城区四大片区，以“保护母亲河”为主题，举办大型文艺会演4场。

【环境监测】一是加强环境质量监测。对城区大气质量（2个点位）、降水水质（1个点位）、渌江河水水质（4个断面、8个点位）、饮用水水源水质、交通噪声（14条道路、26个点位）、城区区域环境噪声（117个点位）进行全面监测。二是加强污染源监测。监督性监测国控重点污染源2个，对53家重点污染企业进行“双随机”监测，完成排污许可证年检换证监测、环评本底值监测、“三同时”及污染治理设施竣工验收监测等36家。三是突出应急监测。制定环境应急监测方案，全年完成应急监测和污染纠纷监测38次。（杨莹芝）

城市创建

【概况】2016年，醴陵市城市创建工作以“三创四化”为抓手，按照以城市为主，先城市后农村的创建方式；先抓点、再抓面，先抓突出问题、再抓普遍问题的指导思想，按章按节有序推进。一是领导重视，创建责任落到实处。成立由市委书记任政委、市长任组长，多名市级领导任副组长，53个涉创单位为成员单位的创建工作领导小组；领导小组下设办公室，具体负责指导、协调、督查、考核工作。对照标准将工作落实到单位和个人，并与各相关职能部门、各单位签订目标管理责任书。建立市级领导创建工作社区（村）联系点，明确各部门（单位）“一把手负总责、分管领导具体抓”的工作机制。二是狠抓宣传，创建氛围浓厚。通过《醴陵新闻》栏目共播发“三创四化”相关内容稿件120多条，《今日醴陵》报刊出稿件100多条；通过《瓷城环线》节目、广播电台、《醴陵发布》微信公众号、醴陵手机台等，不断加大“三创四化”宣传力度。各街道、长庆示范区召开创建工作专题会议248次，发放宣传册8.64万册，倡议书8.97万份，制作创建工作宣传广告牌1933块，举办创建宣传活动179次；联合市总工会、市团委、市妇联、市文明办，积极开展每周五的“全民义务大清扫”和每月1日的“文明我先行”活动160多次，参与单位和企业达400家、人数3万多人，实现创建宣传工作全覆盖。三是加大投入，创建基础逐步坚实。年内，渌江河治理、样板街和仙山公园提质改造、城区空坪隙地植绿补绿等项目，以及各街道、长庆示范区创建宣传、“四治”（治水、治脏、治乱、治堵）行动等资金投入全部到位，为全市创建工作按章推进提供资金保障。市渌江集团按照“抓项目就是抓发展、抓项目就是促跨越”的理念，通过银行贷款、专项建设基金申报、租赁融资、企业债券发行等方式，全方位筹集“三创四化”建设资金；各部门单位、企业除搞好本身的创建工作外，还按照网格化管理要求，采取“责任包干、对口支持”的方式，参与社区的创建，为创建工作出钱出力；全市上下形成部门单位、企业与社区共创共建的机制。

【城市“四治”】治水方面。市水利局在渌江河城区段上游设置水面垃圾集中打捞点，增加打捞设备及配套设施，提高水面垃圾打捞作业频率和效率；市环保局从非法排污专项治理、禁养区畜禽养殖关停和黑臭水体应急治理三项工作入手，切实加强饮用水水源地保护，改善生态环境，全年审查环境违法案件34件、立案处理33件、处罚金额45万元；市畜牧局与市环保、住建等职能部门协调沟通，会同各街道、长庆示范区强力推进畜禽退养工作，全市生猪退出完成全年任务的92.1%。治脏方面。市城管局、市环卫处、各街道、长庆示范区，对政府购买服务区域的主次干道、背街小巷的环境卫生工作，按照合同规定加强管理考核，对未纳入政府购买服务的公共区域、无物业管理的居民小区、城中村、城郊村等地域，组织社区、村自治管理，安排专人清扫保洁，辖区环境卫生干净整洁；市改制办对原改制企业国光、群力瓷厂投入20多万元，清运陈年垃圾和道路硬化；市卫计局坚持“环境治理为主、药物杀灭为辅”的原则，加大对病媒生物防制工作力度，增强市民除“四害”的意识，突出环境整治，病媒生物密度控制C级达标，为市赢得一张国家卫生城市创建门票；市住建部门加大建筑施工工地文明施工的督促力度和监管强度，全市建筑工地基本完成施工工地围挡作业、配备冲洗设备、工地出入口水泥硬化及围墙美化等工作，建筑工地环境卫生明显提升；市城管部门加大对工地工程运输车辆的监管，要求建筑垃圾、余土密闭运输，杜绝沿途遗撒遗漏现象；各街道、长庆示范区开展辖区内各部门、单位及社区、村组织集中清扫行动672次，清除陈年垃圾1.69万处、1.12万吨，清理卫生死角4160处，清除“牛皮癣”广告6.14万处，城区环境卫生签订“门前三包”协议1.23万份。治乱方面。各街道、长庆示范区、市城管、环保、市场监管、交警、城管执法等部门，开展占道经营、乱搭乱建、户外广告集中整治行动近2000次，清除违章搭建的门店、雨棚、报刊亭等729处，市城管局对不符合广告设置规划、随意张贴、陈旧破损影响建筑立面美观及有安全隐患的广告牌进行全面清理，共拆除广告牌15块、大型喷绘广告23块、店牌62块、指示牌67块，拆除横幅405条、面积4000平方米，广告乱象得到有效治理；市市场服务中心加大对阳三石农贸市场、湘东摩托车市场、新市场龙盛商业街3个国有市场的日常监管与维护，自筹资金18万元，美化、亮化、绿化市场；各街道与城管部门联合对烈士塔、姜湾、阳三石、江源4个农贸市场进行专项整治，规范经营秩序，农贸市场的卫生环境得到明显改善。治堵方面。各街道、长庆示范区在辖区内组建交通劝导员队伍，统一袖章、统一管理，负责在辖区内主要路口、路段，劝导非机动车、行人依法依规文明通行，举报机动车交通违法行为，宣传交通安全知识，传播文明交通风尚；市交警部门针对交通高峰时段特点，科学合理调整勤务，加大交通违法行为整治力度，充分利用智能交通系统，加强路面巡查，确保拥堵警情发现早、处置早、疏通早。

【创建工作督查与考核】一是公开交办创建工作重点任务。结合创建工作推进过程中的重点、难点、热点，建立“三创四化”重点工作媒体公开交办的工作机制，全年交办13期，交办涉及所有街道（示范区）和23个部门（单位），对交办内容明确办结时间、责任单位、协办单位、责任人，年内交办事项到期11期，验收合格6期，2期转为日常工作，2期继续整改，1期转为督办。二是成立创建工作考评领导小组，由市委副书记邹展晖任组长，市委常委、常务副市长邹志超，市委常委、市委宣传部部长曾毅鹏，市人大常委会副主任、市创建办主任翁菊清，市人民政府副市长石勇辉、钟国建、陈佳任副组长；考评领导小组成员由市委办、市政府办、市绩效办、市文明办、市创建办、市人大城环委、市政协联谊委等组成。遵循“客观公正、公平、公开，明检与暗检相结合、日常工作与重点交办工作考核相结合、定性考核与定量考核相结合”的考核原则，对各街道、示范区、涉创部门单位、各社区、村的创建工作进行考核。对考核对象依据涉创任务的多少进行分类，采取不同的考核方式、不同的奖罚措施，对考核排名前2名的街道进行奖励、对排名后2位的街道进行罚款，对排名前3位的社区（村）进行奖励、对排名末位的社区（村）进行罚款；并要求排名末位的街道、社区、村主要负责人公开表态发言；考核工作有效地成为创建工作的尺子、鞭子，充分发挥指挥棒的作用。

【农村环境综合整治】2016年，农村环境综合整治是开展“三创四化”、打好城镇提质战的基础工程，全市各镇以“加快农村基础设施建设、改善村容镇貌、增强人民群众参与整洁行动意识”为突破口，以“整脏治乱”为抓手，实行镇、村主要负责人负责制，大力整治环境脏乱现象，农村卫生状况大为改观、村容镇貌日趋完善。一是广泛宣传、形成共识。全市各镇、村召开农村环境综合整治专题会议235次、举办培训班86期、印发相关宣传资料45.9万份；开展“大评小奖”“小手拉大手”“创建清洁文明户”等活动，形成“抓整治、美环境”的共识。二是突出重点、抓细抓实。各镇加大渌江河城区段以外的河道及支流的保洁工作力度，确保在河道内和河道两侧不倾倒垃圾；各镇、村自筹资金，发动群众开展“三美”（美丽乡村、美丽庭院、干净人家）创建活动，进行“三边”（路边、屋边、水边）绿化，农村环境卫生整体水平明显提高。其中，明月镇“三边”植树部署早、行动快、投入大，在公路两旁种植大小桂花树和红叶石楠2600多株，绿化范围填补集镇主干道旁和居民门前的植被空白，形成“以点成线、线连成面”的绿化格局；各镇新建、改造和搬迁各自辖区内的市场加大对市场的管理力度，大力整治出店、占道经营行为，白兔潭、泗汾镇成立专门的城管中队，对镇区市场摊位进行规范化管理；各镇、村共聘请保洁员1137人，实行定区域、定时间的日常保洁管理。年内，嘉树镇卫生院等3个单位成功创建省级“文明卫生单位”，白兔潭镇田心村等7个单位获评省级“卫生村”，茶山镇东岗村等17个单位获评株洲市“卫生村”，嘉树中学等3个单位获评株洲市“无烟管理示范单位”。（易　勇）

交通·邮政·通信

交通运输

【概况】2016年，醴陵市交通运输局内设办公室、人事教育股、财务股、基建工程股、运输综合股（安全股）和政策法规股（加挂行政审批股），下辖道路运输管理所（副科级）、农村公路管理站（副科级）、航道管理站和交通行政综合执法大队4个二级机构，共有在职人员131人。年末，单位获评株洲市2016年“春运工作先进单位”“文明建设红旗单位”和“交通运输发展目标管理考核先进单位”。

【交通项目建设】全年完成交通投资7.296亿元，其中招商引资8346万元；实施PPP项目2个。做实项目前期20个，其中有106国道城区绕城线、209省道株洲章桥至攸县五丰公路、105省道株洲云龙楠山铺至醴陵塘坊公路、205省道醴陵挫断坳至大障公路、东城大道、60国道娄醴高速、渌江航道改造升级、长株潭城际轨道娄醴线（醴陵段）8个重点前期项目。扎实推进6个重点项目建设，其中东城大道、莲株公路提质改造工程均启动全线路基土石方、桥涵加宽或新建工程。105省道云龙楠山铺至富里塘坊公路已完成4千米路面、3.6千米路基工程。333省道老关至铁河口公路路基建设基本完成。“醴北人家”北部旅游公路建设完成53.63千米，启动丫株岭至王仙李山段32.7千米路基工程，东富路二期工程路基建设初步完成。

【民生实事工程】2016年，投入2.8亿元做实10大项民生实事工程。完成省级窄路加宽任务65.34千米，醴陵市级下达的150千米的村组联通公路建设的任务，实际完成230.6千米，超额完成计划任务的53.7%。完成大神线、白富线、泗嘉线大中修工程19.5千米，道路安保设施建设工程200千米。改造危桥43座（其中醴陵市级25座、省级18座），基本建成滩下渌水大桥，启动双江口渡改桥建设和猫形谭、界陂、枧头洲渡改桥前期工作，改造渡口码头4处。新建农村客运招呼站50个。开展官庄库区游船整治工作，收购86艘“三无船舶”（无船名船号、无船舶证书、无船籍港的船舶）、摩托艇和快艇，注册成立游船公司，实行公司化运营。年内，根据群众需求，对城区内3路、4路公交线路实施调整、延长，新开通高铁站至汽车西站运营的10路公交线路；全年增加公交运营里程18千米，完成巡游出租车新一轮经营许可工作。

【脱贫帮扶】全年对官庄镇5个村、651户群众开展“一进二访”走访活动20次，收集解决问题70余个。精准帮扶工作中，对20个贫困村村道路面实施水泥硬化及窄路加宽共22.2千米，下拨贫困村扶贫资金13.5万元，向贫困户发放慰问金5万元，帮助官庄镇鹅颈村和利川村19户贫困户实现脱贫。扎实开展“企业帮扶年”活动，结对帮扶企业7家，为企业解决难题21个。

【农村公路管养】2016年，扎实推进农村公路养护体制改革，养护模式由镇村养护转变为市场化运作，大中修工程采取市政府购买、专业化养护队伍服务的方式，并建立养护质量与计量支付相挂钩的工作机制。全年农村公路列养率达100%，路面技术状况指数（PQI）中等以上比例达91%，绿化率达86%；农村公路养护工作在株洲市年度考核中名列第一。

【依法行政】全年依法办理行政许可 364 件，行政处罚案件 306 件，无一例行政复议、行政诉讼案件。持续开展“打非治违”工作，查处非法营运车辆 105 台，其中货车 56 台、客车 49 台。通过“打非治违”等依法行政措施和强有力的打击，有效净化运输市场经营环境。

【车辆超限载治理】2016 年，通过入企驻守、重点路段设卡、流动执法监管和开展“春雷行动”等治理方式，进一步加强车辆超限超载治理。全年查处超限超载运输车辆 154 台，查处非法改拼装车辆 2 台，卸载货物 1395.94 吨；全市车辆超限超载率为 0.11%，道路设施得到有效保护。

【交通运输安全】年内，先后开展交通运输安全大排查、大管控、大整治行动和“扫盲清零”集中整治行动。全年修复水毁道路路面 1.2 千米、水毁危桥 3 座，设置警示标志牌 355 块；处理 166 株行道树安全隐患；查处并整改渡口船舶安全隐患 24 处，其中官庄水库安全隐患得到消除；对市 19 家客运企业、6 家客运站场，开展逐车、逐人、逐设备检查。强化企业安全主体责任落实，约谈企业（施工单位）负责人 6 人，召开集中约谈会 2 次；开展从业人员轮训班 6 期、800 人次，消防安全知识培训及演练 2 次，重点排查整治安全隐患。启动交通运输系统安全生产“保卫战”，将道路运输、公路、桥梁、在建工程、水上交通等安全工作责任落实到人。

【队伍建设】2016 年，全面落实党风廉政建设“两个责任”，开展“雁过拔毛”式腐败问题和“纠‘四风’、治陋习”专项整治工作，重点清查车船燃油补贴发放和交通运输行业营运情况，整治企业违规行为 1 起。组织党员干部学习《中国共产党问责条例》《中国共产党纪律处分条例》《党员领导干部廉洁从政若干准则》，观看教育警示片《不可触碰的底线》，通过学习和警示教育，提高党员干部防腐拒变能力。深入推进“两学一做”专题教育，在全局党员干部职工中开展践行“两学一做”，争当项目攻坚、民生实事项目建设、安全保障、旅游助跑、环境优化、扶贫帮困六个标兵活动，营造风清气正的交通运输工作氛围。（朱小军）

交通建设质量安全监督

【概况】2016 年，交通建设质量安全监督局扎实开展质量安全监督、行业管理工作，提升交通工程建设质量。全面完成全年工作目标任务。一是完成农村道路加宽 65.34 千米，完成年计划任务的 95% 以上，收到中报质量安全监督申请书 50 份，下达交通工程监督计划书 50 份。对报监路段进行全面监督检查，督促从业单位、监理单位，抓好安全生产，全年做到交通工程零事故。二是全面完成醴陵北部旅游公路“醴北人家”建设。为确保“醴北人家”公路的工程质量和施工安全，多次对“醴北人家”北部旅游公路的提质改造工程进行监督检查，督促业主单位、从业单位、监理单位按设计要求落实到位，下达整改通知书 3 份，取得很好的效果，确保平安工地零事故。该旅游公路提质改造工程，全长 37.63 千米，总投资 5939.9 万元，于 8 月 31 日竣工通车。三是农村危桥改造。全年改造农村危桥 8 座，均申请报监手续，递交质量安全监督申请书，下达质量安全监督计划书，进行研究和科学分析，明晰质量安全监督责任，创新质量安全监督机制，提升质量安全监督效率。（黄其林）

公路管理

【概况】2016 年，醴陵市公路局（以下简称“公路局”）有在职干部职工 173 人，退休人员 90 人。机关内设办公室、工务股、财务股、政工股、法规安全股、纪检监察室 6 个股室（部门），下设路政大队（渌江超限检测站、副科级）、养护应急中心 2 个二级机构。主要负责境内 230.91 千米道路管养（含桥梁 53 座），其中 106 国道 53.33 千米、313 省道 43.73 千米、县道 9 条计 133.85 千米。9 月，公路局下放到地方政府管理，改革期间，扎实推进公路体制改革，狠抓维稳工作，年内改革基本到位，人员思想稳定。

【公路养护】2016 年，在公路日常养护工作中，大力实施预防性养护，全面落实公路养护“七无三有”（“七无”：水泥路面接缝常年无积水，沥青路面常年无坑槽，路肩常年无缺损，边沟常年无积水，路基常年无缺口，护坡常年无缺损，施工路段不弃养、常年无劣等路；“三有”：集镇路段有边沟，路上有足够的养路工，养护作业有机械）要求，管养公路干线平均优良路率为 95.42%，支线为 92.13%，达到“畅、安、舒、美”标准。在公路大中修方面，加大组织、设计的力度，完成 106 国道线 11.47 千米沥青砼路面的大修计划，其中第二批 6.47 千米大修工程，仅用两个月时间完成设计、招投标和施工工作；完成 026 县道线朝辉桥、021 县道线荷叶坝桥危桥改造，完成 106 国道线安全生命防护工程 56.781 千米和 105 省道线安保工程 9.77 千米，保证群众出行安全。实现全年安全生产零责任事故。

【路政管理】2016 年，路政管理工作坚持每月平均上路巡查 22 天次以上。全年开展清障整治行动 10 次、行道树排险行动 16 次，下达《消除违法行为通知书》《违法行为整改通知书》232 份，拆除非公路用标志标牌 591 块，割除横幅 469 条，清理乱堆乱放垃圾材料等 1971 处。全年办理路政案件 27 起，案件查处结案率达 100%。年内，渌江超限检测站大力开展超限运输管理工作，先后开展“春雷行动”“扫盲清零”百日大整治行动，共投入执法力量 7500 多人次，有秩序、有组织地对擅自超限运输行为进行严厉打击，共查处擅自超限超载运输车辆 104 台，查处率、结案率均达 99% 以上，站点超限率稳控在 0.1% 以内。

（黄科虎　龙春林）

铁路运输

南昌铁路局宜春车务段醴陵车站

【概况】南昌铁路局宜春车务段醴陵车站（以下简称“醴陵车站”）是南昌铁路局宜春车务段辖内的一个三等车站，监管东冲铺站（无人站）。中心里程为沪昆线 K1060+748.9，沪昆线东端与灯芯桥车站相连，西端与东冲铺站为邻。2016 年，醴陵车站更改为三等站，主要办理客运业务和客、货列车的接发作业。有在岗职工 114 人，其中女职工 32 人、干部 7 人。醴陵车站设客运、运转 2 个班组，有正线 2 条，到发线 4 条，信号楼 1 个；其中信号楼设有调度集中系统（CTC）车务终端，信号联锁设备采用 EI32-JD 计算机联锁。客运站房设候车室、贵宾室、售票厅、行包房、出站口及广播室，候车面积 783 平方米；有旅客乘降站台 3 个、1.45 万平方米，雨棚 3 座、长 957.2 米，行人地道及行包地道各 1 座。售票厅面积 177 平方米，有售票窗口 4 个，自动售、取票机 3 个。年内，醴陵车站全面实现微机联网电脑售票；全年办理列车 101 对，其中营业旅客列车 33 列；发送旅客 57.27 万人次，实现客运收入 3976.78 万元。（唐　海）

广州铁路（集团）公司醴陵东站

【概况】醴陵东站位于醴陵市王仙镇清潭村，是沪昆高铁进入湖南省的首站，也是沪昆高铁在株洲地区设置的唯一停靠点，总占地面积 17116 平方米，最高集聚人数可达 800 人。站内设有 2 个站台、4 条轨道，站房上下二层分为售票厅、候车厅、出站通道和站台雨棚 4 个建设区段，安装有垂直电梯 2 台、扶梯 4 台、进出站检票闸机 7 台。2016 年，醴陵东站有在岗职工 32 人，办理高铁列车 38 对，发送、到达旅客 90 万人次。（朱　斌）

邮　政

中国邮政集团公司湖南省醴陵市邮政分公司

【概况】2016 年，中国邮政集团公司湖南省醴陵市分公司（以下简称“公司”）设综合办公室、市场经营部；下辖王仙、白兔潭、南桥、浦口、泗汾、清水江、大障、船湾、嘉树、神福港、均楚、黄獭嘴、阳三石 13 个支局和仙霞、板杉、解放路、火车站、车顿桥、渌江 6 个所。有从业人员 223 人，其中合同 A 类用工 74 人、合同 B 类用工 75 人、劳务用工 49 人，劳务承揽 25 人。全市共有汽车邮路 20 条、489 千米，投递段道 52 段，农村投递线路总长 3476 千米；有邮政储蓄网点 16 处、营业网点 4 处、报刊图书销售点 19 处、信报箱群 27 处、信筒信箱 490 个、信报箱格口 1120 个、妥投点 3618 个及年内新增原空白乡镇网点 12 个。累计建成综合便民服务站 367 个、邮掌柜系统 145 个、商超网点 85 个。全年完成业务收入 6402.45 万元，其中代理金融类 4485.16 万元，邮务类 1142.35 万元，速物类 717.29 万元，其他业务收入 57.65 万元；上年增加 1284 万元、增长 25.09%。年末，公司在全省县市邮政公司评级划类中由二类二级升格为二类一级。

【农村电商】2016 年，拓展农村电商市场，推广“互联网 + 特色农产品”的电商模式。一是对接政府，成功进驻电商产业园，快递包裹业务迅猛发展。二是联合泸州窖藏、青岛啤酒在市各乡镇巡回举行酒水展销活动，通过开展“产说会”“促销会”，在乡镇、农村支局和便民服务站等地域召开农资产说会 8 场。三是紧抓节日消费市场，积极开展“思乡月”、炎陵黄桃营销活动，实现销售收入 13.2 万元。四是充分利用团队营销、微信推广、走访宣传等方式，开展“车险特训营”“车险抢单营销主题活动”“金秋有好礼周周嗨翻天人保车险营销主题活动”等，累计代理车险 285 台，实现保费收入 68.17 万元。

五是代办业务规模不断扩大，全年累计代收费 3.28 亿元。

【代理金融】 2016 年年末，公司金融总资产达 29.35 亿元，其中新增资产 6.7 亿元，增长 22.19%。邮储余额突破 27.47 亿元，增长 23.95%；年净增 5.3 亿元，点均净增 3318 万元；净增规模排全省邮政系统第 30 位，增长速度排全省邮政系统县公司第 14 位。在一季度跨年度竞赛中，公司有 4 个网点进入全省“百强网点”、3 个网点进入全省“百优网点”、1 个网点进入株洲市“十优网点”。年内，公司调整发展方式，突出以“保险、理财、短信”为重点，金融总资产得到全面发展。积极开展“亮单行动”、“厅堂有礼”、产说会、理财讲座、茶话会、大客户联谊会、广场舞营销等多种营销主题活动和“平推 + 精准式”走访活动，扩大基础客户群，提升金融总资产发展水平。积极推进网点转型，加大人员和服务设施投入，改善服务环境，网点竞争能力显著增强。精减后台人员，有效充实一线力量，为每个网点配备大堂、理财经理。年内，网点自助服务设施设备进一步完善，配备 ATM 13 台和 CRS 机 17 台、补登折机 15 台、存取款机 2 台、排队一体机 16 台，邮政网点综合服务功能普遍提高。

【快递业务】 2016 年，快递业务紧扣醴陵瓷器资源特色，融入市陶瓷产业链，大力抓好瓷器电商寄递。4 月，开发华联亿嘉仓储配送一体化项目，该项目成为公司快递包裹收入的重要渠道。9 月，与醴陵电商产业园签订战略合作协议，为全面推动醴陵电商业务蓬勃发展奠定基础。全年快包业务突破 100 万件，实现收入 666.51 万元、同比增长 196.03%；有有效协议客户 60 多户，快包收寄量市场占比显著提升。在“双十一”期间，包裹日均收寄量突破 2 万件，创历史新高。

【文化传媒】 2016 年，公司在充分发挥传统渠道作用的同时，加大专业营销力度，创新发展文化传媒业务。函件业务积极融入地方经济文化，加强团队整合，以“村志编撰、文化演出、高考经济”为切入点，使函件业务市场得到有效拓展。集邮业务以“新邮预订、项目营销、品鉴会、定向邮品开发、新邮首发活动”为抓手，以“活动促销售”为目标，集邮业务成绩显著，全年累计实现业务收入 190.17 万元。报刊发行积极尝试按“时间段、跨年度订阅”等方式，满足群众需求，拓展订阅量。开展季度特训营营销活动，切实提升投递平台营销能力，全年累计完成营销收入 335.95 万元。（汤　瑜）

通　信

中国电信股份有限公司醴陵分公司

【概况】 2016 年，中国电信股份有限公司醴陵分公司（以下简称“分公司”）内设综合部、渠道销售部、网络部、3 个政企分部、4 个城市支局、11 个农村支局；有在职合同制员工 106 人、劳务派遣员工 87 人、退休员工 88 人。年内，分公司面向城区推出光纤宽带 /ITV 用户慢必赔等 6 项服务承诺，使客户满意度得到明显提升。年内，成功开通安监局烟花爆竹视频监控和环保监视系统电路 320 条，摄像头 3200 个。全年新增光网端口 1.6 万个，截至年末，全市累计光网端口达 1.42 万个，实现城区光网覆盖率 100%，行政村光网覆盖率 97%；农村平移工作完成计划任务的 98%。开通移动 LTE 800 兆 4G 基站 123 个，实现沪昆高铁沿线 LTE 800M 4G 信号全覆盖，农村 4G 信号覆盖率达 97% 以上。（易武林）

中国移动通信集团湖南有限公司株洲市醴陵市分公司

【概况】 2016 年，中国移动通信集团湖南有限公司株洲市醴陵市分公司（以下简称“分公司”）内设综合部、市场部、网络部，有员工 107 人。年内，分公司重点在网络覆盖、营业服务网点提质、宽带提速降费、手机实名制方面开展攻坚战。一是进一步加强基础设施建设。完成 628 个 4G-LTE 基站建设和 460 个 2G 基站建设。完成 308 个小区和 41 个行政村的宽带覆盖建设，累计建设 6 万多个端口，基本实现城区、乡镇等人口密集区的信号、宽带覆盖，为客户提供优良的网络支持。二是着力规划渠道的合理分布，打造标杆厅，不断提升优质渠道的核心竞争力，为城乡客户提供星级服务。全年全市城乡新建一级渠道 75 家，全市城乡一级渠道累计达 273 家，实现所有乡镇、村、组渠道全覆盖。三是实施“宽带中国”战略。初步建成宽带、融合、安全、泛在的信息网络，初步实现“城市光纤到楼入户，农村宽带进乡入村，信息服务普惠全民”；全年宽带用户总量达 1.6 万多户。年内，完成 45 家单位、116 条专线建设，为全市城乡经济发展注入新的活力。四是落实手机实名制管理。根据工信部有关管理精神和要求，建立闭环监督管理机制，加强违规处罚和问责的力度，新增客户实名登记率持续保持 100%，存量客户实名登记率同比大幅提升，切实维护客户的合法权益。

（龙丽莎）

中国联合网络通信有限公司醴陵市分公司

【概况】2016年，中国联合网络通信有限公司醴陵市分公司（以下简称“分公司”）下设综合部、市场营销部、建维部、集团部，在醴陵市东、南、西北片区乡镇均设有营销部，共有员工100余人。分公司坚持以市场为导向，以服务为中心，统一规划网络建设，合理利用资源，保持持续、健康、快速发展。年内，新增4G基站240座，基本实现醴陵城区及乡镇4G信号覆盖；固定电话及宽带业务覆盖城区及大部分乡镇。

（丁晓芳）

财政·税务

财　　政

【概况】2016年，醴陵市财政局内设20个股室、下辖4个全额拨款事业单位和24个财政所，全系统有在编干部201人。全年全市公共财政预算总收入达50亿元，比上年增长11.1%，首次突破50亿元大关。其中，完成地方收入40.1亿元，比上年增长16.6%。全市完成税收收入24.2亿元，同比增长5.29%。全市一般公共预算支出67.9亿元，比上年增长14%。财政实力不断壮大，为全市经济社会发展提供坚实的财力保障。

【民生支出】2016年，全市一般公共预算支出中，用于教育、“三农”、社保、医疗等民生领域的支出达47.5亿元，民生支出占比达70.5%。一是整合各类涉农资金，支持打好脱贫攻坚战。全年整合资金15432万元，用于重点支持307个扶贫产业项目，做到“帮扶一个点、辐射一大片”。成立扶贫开发公司，设立金融产业扶贫小额信贷风险补偿金，支持发放金融扶贫贷款5918.3万元，对接省扶贫公司易地扶贫搬迁贷款1亿元。二是加大强农惠农力度。完成农林水支出6.91亿元，比上年增长15.38%。组织发放强农惠农补贴项目28个，金额2.79亿元，涉及全市20多万户农民。三是支持社会事业发展。完成教育支出8.8亿元，比上年增长14.2%；社会保障和就业支出7.8亿元，比上年增长2.3%；医疗卫生与计划生育支出6.2亿元，比上年增长12.8%；文化体育与传媒支出2.5亿元，比上年增长128.8%。四是支持党建工作。安排并拨付基层党建经费5685万元，比上年增长51.8%，巩固基层党组织的战斗堡垒作用。

【财政改革】2016年，推广运用PPP模式，全年入库PPP项目6个，总投资达163亿元；该模式具有示范效应强、落地率高、资源整合利用力度大、贯彻落实上级政策不走样、项目整体质量较高等五个特色。设立市产业发展基金有限公司，主要发挥财政资金杠杆效应，撬动银行等信贷资金规模数亿元。全年全市完成政府存量债务置换50亿元，节约利息近3亿元，减轻政府债务利息负担，优化债务结构，降低财政风险。推进投融资体制改革，成立投融资决策委员会，设立金融债务管理机构，拟定全市融资规模，发布成本上限，确定“总额控制、结构合理、成本优先、按需到位”的原则，推动出台融资管理办法。

【财政管理】2016年，严格依法履行财政监管职能，进一步完善财政管理制度建设，大力推进依法理财。强化财政资金监督检查，对财政资金实行全过程监管，落实“纠‘四风’、治陋习”“雁过拔毛”式腐败问题专项整治工作。出台《醴陵市国有投融资企业财政财务管理暂行规定》，完善并理顺投融资公司管理体制。开展行政事业单位国有资产清查，全面摸清“家底”。完善政府集中采购目录及政府采购限额标准，全年完成采购金额3.9亿元，节约采购资金0.6亿元，节约率为13.92%。加强政府投资评审监管，前移评审关口，全年市财政投资评审审减金额6.8亿元，审减率为20.4%。

【队伍建设】打造学习型、服务型、廉洁型机关，通过请进来和走出去的方式，邀请省厅专家、院校学者到市财政局授课，组织全体中层干部和40岁以下的中青年干部赴省财经学院进行财政业务培训，提高财政干部的专业素质。热情接待部门、基层人员和群众，落实《首问责任制》《限时办结制》，提高办事效率。开展警示教育，筑牢思想防线，提高拒腐防变的能力。认真遵守《中国共产党党员领导干部廉洁从政若干准则》，党员干部以身作则，守住廉洁底线，不断加强自身修养。

2016 年度醴陵市一般公共预算收支总表

表 4　　　　单位：万元

预算科目	决算数	预算科目	决算数
一、税收收入	143323	一、一般公共服务支出	90965
增值税	28567	二、外交支出	
营业税	12205	三、国防支出	530
企业所得税	8206	四、公共安全支出	22558
企业所得税退税		五、教育支出	88072
个人所得税	2227	六、科学技术支出	2674
资源税	788	七、文化体育与传媒支出	24866
城市维护建设税	10353	八、社会保障和就业支出	78120
房产税	4388	九、医疗卫生与计划生育支出	62060
印花税	1779	十、节能环保支出	9441
城镇土地使用税	3653	十一、城乡社区支出	111368
土地增值税	41773	十二、农林水支出	69138
车船税	1651	十三、交通运输支出	11155
耕地占用税	5412	十四、资源勘探信息等支出	71229
契税	22321	十五、商业服务业等支出	3850
烟叶税		十六、金融支出	
其他税收收入		十七、援助其他地区支出	
二、非税收入	258155	十八、国土海洋气象等支出	4798
专项收入	12025	十九、住房保障支出	18574
行政事业性收费收入	6886	二十、粮油物资储备支出	310
罚没收入	9032	二十一、预备费	
国有资本经营收入		二十二、其他支出	90
国有资源（资产）有偿使用收入	226663	二十三、债券付息支出	4532
其他收入	3549	二十四、债务发行费用支出	
本年收入合计	401478	本年支出合计	674330

（黄俊博）

农业综合开发

【概况】2016 年，醴陵市农业综合开发办公室（以下简称“开发办”）内设综合股、土地治理项目股和产业化项目股；有干部职工 14 人,其中专业技术人员 3 人。年内，开发办在市委、市政府的领导下，深入落实科学发展观，围绕“建一流队伍、树一流形象、创一流业绩”的工作目标，按照国家、省、株洲市农业综合开发的标准,以“农业增效、农民增收、农村发展”为目标，全面创新工作思路，加大农业综合开发项目工程和产业化建设力度，以“实施农业综合开发项目”为依托，积极争取项目和资金，加大农业综合开发投入力度，规范资金和项目管理，抓好项目制度建设和干部队伍建设，全年各项工作取得良好的成效。

【农业综合开发项目】一是完成沈潭项目的扫尾和清水江项目的建设工作。2014 年度的沈潭项目评审结余资金 200 多万元，被纳入 2015 年的清水江项目招投标，原沈潭项目划分为 2 个标段。2015 年下半年，开始实施的清水江项目，划分为 12 个标段；年内，加入原沈潭项目 2 个标段后，清水江项目共有 14 个标段同时开工，共计建设高标准农田 800 公顷，总投资 1764 万元，完成衬砌渠道 29.85 千米,改建拦河坝 1 座,山坪塘防渗 21 口,新修机耕路 8.53 千米。二是推进沩山项目建设。沩山高标项目建设任务为 666.67 公顷，工程招标资金为 1444 万元，共 10 个标段，涉及 8 个行政村，9 月 24 日正式动工；年末，项目主体工程竣工。三是做好年度农业产业化项目的申报工作。全年申报龙头化企业1家、农民专业合作社5个，申请财政资金308万元。年内，代表株洲市农业综合开发办公室申报的优势特色产业园项目进展顺利，申请财政总投资1000万元。（张水良）

国家税务

【概况】2016年，醴陵市国家税务局（以下简称“市国税局”）内设12个行政科室，有1个直属局（稽查局），下辖5个税务分局；有在职人员185人，离退休人员64人。主要负责全市增值税、消费税、企业所得税、个人利息所得税和车辆购置税的征收管理，担负着全市1609户一般纳税人、13335户小规模纳税人的税收征管工作。全年共组织税收入库10.89亿元，比上年增收509万元，为醴陵经济社会发展提供有效财力保障。

【税收现代化建设】一是抓好税收执法督察。切实开展政策执行调研和反馈，通过“税收宣传月”、纳税人学校、“一对一”上门培训等手段，广泛做好政策宣传辅导。全年办理各种减免税1.8亿元、出口退税2.69亿元，有力促进醴陵经济社会纳税服务发展。二是推进征管体制改革。先后召开国税局、地税局联席会议3次，并联手开展“税收宣传月”“营改增专题访谈”“纳税信用等级评定”等工作；联合开展个体户巡查、外出经营管理、风险评估等工作，全年共同核定纳税人791户，联合评估税费18.47万元，督促外埠纳税人缴纳地方税费1035万元，有效提升征管效率。三是推进营业税改增值税改革。全面推开“营改增”试点工作，接收市地税部门移交纳税人3668户，下户核查后确认2120户纳入国税管理；通过电视、报纸、网站等媒体，及时做好政策宣传和舆情引导，印制“营改增”宣传手册下发给试点纳税人，组织12次分行业“营改增”专题培训，安排干部上门为纳税人提供“一对一”业务辅导；做好后续管理，出台预约办税、场地分流、绿色通道、延时服务、应急车辆等5项举措，以应对“营改增”申报“洪峰”；组建4个专业团队分析“营改增”税负，确保税收改革平稳落地。年末，市国税局被株洲市国税局评为“营改增工作先进单位”。

【依法治税】2016年，遵循“依法治税”原则，进一步完善行业税收管理办法。全年内销鞭炮入库税收4839万元，入库企业所得税1.78亿元。抓好税收执法督察工作，规范行政执法。开展税收专项检查，严厉打击发票违法犯罪行为，实施高风险重点税源企业检查，加大税收稽查力度。开展个体税收大清查，提高纳税遵从度。全年入库稽查税款1612万元，有效规范税收秩序，营造法治、公正、健康的税收环境。

【纳税服务】一是优化窗口建设。全面推行纳税服务规范2.0版，优化表单证书90余项。精简办税流程，窗口即办涉税事项达65项，占所有涉税事项的63%，较上年提高近13个百分点。落实首问责任制、局长值班制，树立高效、便民、规范的窗口形象。二是优化便民举措。推进“便民办税春风行动”，结合“营改增”节点，实行网络、电话预约办税，分解人流压力；增设4个服务窗口，设置4条绿色通道和2个“营改增”咨询服务岗，减少纳税人等候时间；落实限时办结、首问责任等制度，实行中午、晚上、周末延时服务；出动应急服务车为“老弱病残”纳税人上门办税，共为87户次纳税人解决各类问题100多起，受到一致好评。三是优化服务大局。落实“企业直通车”“班子成员挂点”服务制度，定期走访重点税源企业，帮助协调解决发展难题。开展“服务大走访”，实地走访纳税人4048户，收集问题建议9条，解决问题6起；开展“企业帮扶”专项活动，帮助港鹏实业、指上美食等30多户纳税人解决“工业园用地”“农产品发票领用”等问题10多起，为20多户企业提出发展建议30多条。

【队伍建设】2016年，完善陶瓷文化墙、廉政瓷板画、廉瓷屏风、社会主义核心价值观板报、文化招贴等文明标示，凝聚思想共识。组织“营改增”、金税三期等业务培训10多次，参训600多人次；举办“岗位比武”“七五普法”等竞赛考试，全局参考覆盖面达100%。积极推行“数字人事”管理，实行绩效管理和工作竞赛“双轮驱动”，将32项日常工作纳入绩效管理范畴，严格考核评价；针对加分项目、业务技能等12项重点内容，开展工作项目竞赛评比，营造人人向上氛围。落实“两个责任”“一岗双责”制度，完善党风廉政建设责任制；开展“特色纪检日”活动，不定期组织明察暗访，针对税容风纪、涉税中介等现象深入查纠，严厉追责。年内，政风行风评测获驻醴单位第一，树立风清气正国税形象。

2016年醴陵市国家税务局税收分行业完成情况一览表

表5　　　　单位：万元

项目	累计入库				
	税额	为计划的（%）	上年同期	比上年同期	
				增加额	增长（%）
各项收入总计	108927	91.92	108418	509	0.47
一、两税合计	91161	93.02	89345	1816	2.03
中央级	55220	–	68791	–13572	–19.73
省级	8985	–	5158	3827	74.20
县级	26956	–	15396	11560	75.09
1. 增值税	84947	95.45	82212	2735	3.33
其中：一般纳税人	68843	–	71194	–2351	–3.30
纺织品	3	–	4	–1	–25.00
纸制品	901	–	860	41	4.77
服装	1644	–	4297	–2653	–61.74
化学化工产品	764	–	762	2	0.26
非金属矿物制品	5678	–	3721	1957	52.59
陶瓷制品	27492	–	37736	–10244	–27.15
其中：日用瓷	16479	–	24021	–7542	–31.40
其他瓷	11013	–	13508	–2495	–18.47
机械制造	1843	–	1600	243	15.19
鞭炮烟花	3910	–	4388	–478	–10.89
煤炭	146	–	157	–11	–7.01
供电	2650	–	2962	–312	–10.53
商业	14294	–	12500	1794	14.35
其中：批发业	7460	–	8947	–1487	–16.62
零售业	6834	–	3553	3281	92.34
橡胶制品	255	–	260	–5	–1.92

续表 5-1

单位：万元

项目	累计入库				
	税额	为计划的（%）	上年同期	比上年同期	
				增加额	增长（%）
营改增	15971	–	2737	13234	483.52
其他	9399	–	10228	–829	–8.11
2. 消费税	6214	69.04	7135	–921	–12.91
其中：酒	0	–	0	0	0.00
鞭炮烟花	6163	–	7100	–937	–13.20
贵重首饰	31	–	38	–7	–18.42
二、企业所得税	17766	86.66	19071	–1305	–6.84
其中：陶瓷	3502	–	1182	2320	2642.86
鞭炮	19	–	26	–7	–26.92
商业	2408	–	2893	–485	–16.76
房地产	656	–	876	–220	–25.11
三、个人所得税	0	–	0	0	0.00
四、车辆购置税	6763	81.48	7511	–748	–9.96
附注：		–			
鞭炮税收合计	10035	–	11396	–1361	–11.94
其中：内销	4839	76.81	5502	–663	–12.05
外销	5196	–	5894	–698	–11.84
工业税收	63287	–	78911	–15624	–19.80
免抵增值税	10442	–	18866	–8424	–44.65
出口退增值税	21160	–	29160	–8000	–27.43
出口退消费税	4189	–	4357	–168	–3.86
文化建设事业费收入	157	–	72	85	118.06

2016年醴陵市国家税务局税收分税种完成情况一览表

表6　　单位：万元

项目	增值税					消费税				
税额／单位	年度计划	累计完成	上年同期	为计划（%）	同比（±%）	年度计划	累计完成	上年同期	为计划（%）	同比（±%）
全　局	89000	84945.83	82212	95.44%	3.33	9000	6214	7135	69.04%	-12.91
管理一科		31127	37583		-17.18		0	0		
管理二科		18686	22519		-17.02		3326	3956		-15.92
王仙分局		4028	3708		8.63		2436	2624		-7.16
泗汾分局		5665	5681		-0.27		80	113		
板杉分局		6257	1898		229.66		124	150		-17.33
渌江分局		9426	6197		52.10		210	248		-15.32
四塘分局		8145	3359		142.47		38	49		-23.37
稽查局		1612	1251		28.85		0	0		

续表6-1　　单位：万元

项目	两税合计					企业所得税				
税额／单位	年度计划	累计完成	上年同期	为计划（%）	同比（±%）	年度计划	累计完成	上年同期	为计划（%）	同比（±%）
全　局	98000	91161	89347	93.02%	2.03	20500	17766	19071	86.7%	-6.84
管理一科		31127	37583		-17.18		2879	1151		150.13
管理二科		22012	26475		-16.86		13671	16543		-17.36
王仙分局		6464	6332		2.09		24	30		-19.88
泗汾分局		5745	5794		-0.84		57	71		-19.21
板杉分局		6381	2048		211.57		231	235		-1.62
渌江分局		9636	6445		49.51		405	364		11.14
四塘分局		8183	3408		140.11		500	676		-26.11
稽查局		1612	1251		28.85		0	0		

（张伟琪）

地方税务

【概况】2016年，醴陵市地方税务局（以下简称“市地税局”）内设办公室、人事教育科、监察审计室、税政法规科、征管和科技发展科、收入规划核算科、财务管理科；下辖办税服务中心、信息中心、稽查局3个直属机构和5个税务分局；有在职干部职工135人。主要担负全市3499户企事业单位、12071户个体工商户的地方税收征收管理工作。年内，市地税局以党的十八大和十八届三中、四中、五中、六中全会精神为指导，深入贯彻落实科学发展观，坚持建设“三个地税”（责任、阳光、幸福地税）目标愿景，大力组织收入，夯实征管基础，推进依法治税，规范内部管理；开展“两学一做”学习教育，加强队伍建设，圆满完成各项工作任务。

【税费征收】2016年，全市累计入库地方税收、两个附加、文化事业建设费、残疾人保障基金及水利建设基金14.16亿元，比上年同期增收1.46亿元、增长11.51%，为省局收入调整目标口径12.57亿元的112.66%；累计入库地方税收和教育费附加、地方教育附加14.08亿元，为市政府“营改增”前下达年度计划14.51亿元的97.01%。全年累计征收社会保险基金1443万元，代征工会经费760万元，征收价格调节基金2万元；累计征收各项税费（金）14.38亿元，比上年增收1.48亿元、增长11.49%。

【税收征管】2016年，以“金税三期”为平台，积极推动征管转型。一是加强风险管理，突出纳税评估。对水电、学校、医院行业进行全面评估；试点“专业评估+税源管理”，全年评估税款约2000万元。二是加强国地合作。严格落实《深化国税、地税征管体制改革方案》，制订下发一系列文件，在纳税服务、风险应对联合评估、联合稽查、联合税收分析等方面进行合作，创建合作微信群，印发宣传手册2000份，有力推动合作的制度化、常态化。三是加强综合治税。充分发挥市综合治税平台的堵漏增收作用，按季推送预警数据，加强财政拨款监管，不断改进征管薄弱环节。四是建立与工商信息交流的渠道。开展工商股权登记信息比对，对250笔股权转让情况进行调查；通过平台信息比对、核实，全年入库税款约1000万元。五是个体户征收扩面成效明显。全年个体征税户达3774户，比上年增加1412户、增长59.78%。

【税政管理】2016年，圆满完成“营改增”任务，共清理“营改增”试点纳税户1215户，清理地方税费15.68亿元，清理房地产、建安项目893个，清缴地方税收9099.42万元。建立分层级所得税风险管理专家团队，实行重点事项团队审核，对跨年度、高风险事项实施动态跟踪管理。做好12万元以上个税自行申报工作，全年申报人数823人、申报税款1676.94万元，均实现两位数增长。加强股权转让、转增股本、非货币性资产投资、股权奖励、销售类人员等个税征管；大力推进个人所得税全员全额扣缴申报。年内，通过税源信息比对、GPS定位等措施，实现土地使用税增长60%；加大土地增值税清算力度，完成清算项目8个。首次查处反避税案件，1个案源获总局立案处理；反避税工作得到省局、株洲市局的表扬和肯定。

【税务稽查】2016年，推进稽查阳光公开，在全市系统内首次使用摇号系统随机选案68户。突出大要案查处，结合税收专项整治和打击发票违法犯罪活动，切实加大稽查力度，全年查办大要案3起，查补各项收入377万元，其中1起案件移送公安机关处理；全年共接到举报案件3起，查补税费151.04万元。加强发票违法打击力度，查处发票违法案件5起。落实“一案双查双报告”制度，共稽查、检查72户，查补税款2100万元。加大税收违法案件的媒体曝光力度，有效震慑税收违法行为。

【纳税服务】2016年，深化“便民办税春风行动”，推出便民办税新举措，落实办税事项“二维码”一次性告知，推动“互联网+纳税服务”；加大错峰提醒力度，分批量主动预约纳税人错峰申报，通过“12366”平台发送短信2000条。推行同城通办，实行国地联合办税；联合搭建税银平台，向纳税信用良好的小微企业授信2900万元。深入开展“问需求、优服务、促改革”专项活动，走访纳税人、人大政协委员等60户，收集意见、建议40条。

【税收宣传】2016年，市地税局通过建立2015—2019年普法清单、完善学法普法制度、开展法治宣传、加强法律培训和执法检查等方式，加大税收普法及宣传。组织全局干部参加“如法网”学法和考法，充分发挥税务机关在普法工作中的职能作用，营造良好税收工作环境，增强社会公众对税收工作的认知度。在税收宣传月中，围绕“聚焦‘营改增’试点、助力供给侧改革”宣传主题，与市国税局联合开展税收宣传活动，在醴陵电视台开辟“营改增”专题访谈节目；联合开展税收政策咨询暨税收知识问答活动，发放税收宣传资料2500多份，接受“营改增”、二手房交易纳税、“三证合一”等税收政策咨询300多次，进一步提高税法遵从度。

【服务社会】2016年，认真贯彻落实国家、省、株洲市一系列税收优惠政策，更好地服务纳税人和地方经济社会发展。大力开展“企业帮扶年”活动，承办企业问题40个，问题解决率和纳税人满意率均为100%。做好2015年纳税信用等级评定和各级代表委员候选人的涉税信息核查工作。落实各项税费优惠政策，全年减免税费（金）约3500多万元。

2016 年醴陵市地方税收收入分单位完成情况一览表

表 7 单位：万元

项　目	年度累计	较上年同期		年度计划	为年度计划（%）
		增加额	增长率（%）		
地方税收合计	143820	14826	11.49	127540	112.76
1．增值税	1118	1118	–	–	–
2．营业税	18812	–6735	–26.36	15891	118.38
3．企业所得税	11540	2490	27.51	9474	121.81
4．个人所得税	7239	8	0.11	7509	96.40
5．资源税	1051	273	35.09	836	125.72
6．城市维护建设税	10165	1690	19.94	9353	108.68
7．房产税	4388	–3766	–46.19	8906	49.27
8．印花税	1779	141	8.61	1769	100.57
9．城镇土地使用税	5218	2269	76.94	3185	163.83
10．土地增值税	41773	11098	36.18	33629	124.22
11．车船税	1651	233	16.43	1531	107.84
12．契税	22321	502	2.30	23665	94.32
13．耕地占用税	5413	2444	82.32	3311	163.49

（朱睿敏）

住房公积金管理

【概况】2016 年，株洲市住房公积金管理中心醴陵管理部围绕全市住房公积金管理工作会议的部署，严格执行住房公积金提取、贷款的相关政策，推进住房公积金归集扩面，进一步提升为民服务水平。全年归集住房公积金 2.44 亿元，新增缴存人数 1510 人；发放个人住房贷款 426 户 1.063 亿元；全年个人提取住房公积金 2772 笔 9441 万元。（熊思思）

湖南建业会计师事务所有限公司醴陵分所

【概况】湖南建业会计师事务所有限公司醴陵分所主要从事会计账目审查、注册资金验证、代拟财会制度、担任会计顾问，办理破产、结业清算，鉴别经济案件、代理纳税申报、其他经济会计服务等业务。有各类从业人员 15 人，其中执业注册会计师 10 人，其他各类从业人员 5 人。全年完成各项业务 104 项，其中审计业务 46 项、专项审计业务 35 项、验资业务 13 项、咨询业务 10 项。（谭　娟）

银行·保险

银　　行

中国人民银行醴陵支行

【概况】中国人民银行醴陵支行（以下简称“支行”）设人秘、国库会计、货币信贷与统计、货币金银、保卫和外汇管理6个股室；有在职干部职工24人。年内，支行强化支付结算、国库、发行、调统、外汇五项服务的“12345工程”工作思路，传导货币信贷政策，深化金融服务创新，强化金融监管和内控管理。支行助推地方经济发展经验被中国共产党新闻网、红网、株洲新闻网等多个媒体报道。年末，支行获中国人民银行“标杆职工之家”和湖南省“文明卫生单位”称号。

【货币信贷】2016年，支行加大对民生工程、基础设施、产业项目和“三农”经济的信贷投入，不断优化信贷结构，信贷总量合理增长。其中“三个百亿”工程签约信贷投入40多亿元，到位资金12.7亿元。支持小微企业和涉农经济发展，全年发放支农再贷款6笔、3.7亿元；为法人机构提供短期融资，成功办理全省首笔业务1000万元，为法人机构灵活融资拓展新的工具，《金融时报》以《人行醴陵支行为小微企业争取政策助发展》为题进行专题报道。年末，全市金融机构各项存款321.1亿元，比年初增加58.9亿元、增长22.4%。各项贷款137.8亿元，比年初增加6.4亿元、增长4.8%；考虑债券置换（22.05亿元）因素，贷款实际增加28.35亿元、增长21.56%。年内全市各金融机构通过基金、信托等表外业务，为企业增加融资超10亿元。

【维护金融稳定】2016年，金融机构的监管严格落实“综合评价和综合执法，开业管理和营业管理、重要事项重要信息报告”制度，强化金融风险隐患早发现、早处置。开展对金融机构支付结算、反洗钱和人民币收付业务现场检查，规范金融机构经营行为，维护辖区公平竞争有序的金融秩序。加大对民间金融监测力度，协助政府打击和处置非法集资行为。严打电信诈骗活动，协助冻结涉案账户10户、冻结资金3.94万元。大力推广信用报告应用，协助市人大、政协核查候选人员信用报告1032人次。联合市人民法院对150名失信人进行公告。通过对全市金融机构的进一步监管，营造诚实守信的社会氛围。

【精准扶贫】2016年，根据市“精准扶贫”工作的精神和要求，进一步组织贯彻落实各项工作任务，为贫困村脱贫搭建平台，全年新建17个金融扶贫服务站，实现金融扶贫服务站贫困村全覆盖；组织有关人员对全市11845户已建档立卡的贫困户进行评级，其中授信10139户、金额2.11亿元；对1354户贫困户发放小额扶贫信用贷款5920万元；全面完成市贫困农户评级授信和小额扶贫信用贷款指标任务。年内，创新扶贫信贷“分贷统还”模式，在全市13个镇中推广运用。进一步发挥支农再贷款导向作用，全年发放产业项目扶贫贷款800多万元。

【金融服务】一是保持辖区合理现金供应。全年办理商业银行现金出入库业务1598笔83.69亿元。其中出库业务392笔45.85亿元，入库业务1206笔37.84亿元，确保辖区内流通中人民币的整洁和现金的合理供应。二是发挥经理国库职能。全年办理会计业务318208笔、收纳预算收入252327笔，金额526444.8万元；办理预算支出29322笔，金额1130493.68万元；办理预算收入退库29419.75万元。组织发行储蓄国债14期、金额602.08万元，较上年增加26.24万元。三是为外向型企业提供外汇服务。全年办理16家出口企业名录登记，截至12月，全市有累计名录登记企业207家。全年有出口总额3.47亿美元，出口收汇3.47亿美元；进口总额398万美元，进口付汇510万美元。全年办理国际收支统计业务14826笔、2.95亿美元。跨境人民币业务发展取得成效，年内主办2期大型涉外企业金融服务研讨会，形成支持推广合力，全年全市25家企业办理跨境人民币业务金额达6793万元，有效支持外向型经济发展。（廖亚会）

中国工商银行股份有限公司醴陵支行

【概况】2016年，中国工商银行股份有限公司醴陵支行（以下简称“支行”）内设综合管理部、业务营销部、营业管理部。下辖解放路、阳三石、胜利路分理处和新街储蓄所、支行营业间5个对外营业网点，设青云路和湘东医院自助银行2个，有在册员工85人。全年实现营业利润7420万元，净利润5860万元，交纳各项税收1950万元。

【存款业务】2016年，支行各项存款余额242982万元，较年初增加10273万元。其中储蓄存款余额196483万元，较年初增加16258万元；对公存款余额46499万元，较年初减少5985万元。

【贷款业务】2016年年末，支行各项贷款余额138915万元，较年初减少14609万元。其中公司贷款余额19439万元，较年初减少4463万元；个人贷款余额119476万元，较年初减少10146万元。全年办理票据贴现1767万元，不良贷款余额为3761万元。

【新型业务】新增“e支付”10865户，开通“融e联”25978户、“融e行”15104户；营销信用卡3204张。完成个人理财19115万元，代理保险5815万元，完成国际业务1500万美元。

（谭辉玲）

中国农业银行股份有限公司醴陵市支行

【概况】2016年，中国农业银行股份有限公司醴陵市支行（以下简称“支行”）内设综合管理部、个人金融部、公司业务部、风险管理部和运营财会部，下辖支行营业部和瓷城、城东、国泰、火车站、城南、白兔潭、王仙、泗汾8个分理处，设浦口镇、船湾镇、醴泉路3个自助网点；有在职员工139人，离退休员工70人，内退员工7人。年内，在醴泉路国瓷一号购置340平方米门面用于国泰分理处营业办公，并收回原新江南商业广场房产自用。

【金融业务】2016年年末，支行各项存款余额35.32亿元，比年初净增4.56亿元。其中储蓄存款余额29.69亿元，比年初净增3.03亿元；对公存款5.63亿元，比年初净增1.53亿元。支行各项贷款余额12.98亿元，比年初增加5.44亿元。全年实现中间业务收入2219万元，比上年增加794万元；实现账面利润5361万元。

（黄雄飞）

中国建设银行股份有限公司醴陵支行

【概况】2016年，中国建设银行股份有限公司醴陵支行（以下简称“支行”）内设业务部、营业部，下辖中心街、火车站支行，有在职员工44人。年末，支行一般性存款余额25.65亿元，比年初新增1.71亿元。信贷余额10.04亿元，其中公司贷款余额7.86亿元、个人贷款余额2.19亿元。全年发放贷款2.88亿元，不良贷款余额970.74万元，比年初增加887.55万元；其中公司不良贷款870万元，不良率为0.97%。

（何亦卿）

中国农业发展银行醴陵市支行

【概况】2016年，中国农业发展银行醴陵市支行（以下简称“支行”）内设客户业务部、办公室，有在职干部职工17人。年内，在各类新闻媒体发布调研文章4篇、信息21篇，其中《信贷管理系统应用中存在的问题及对策》的调研文章在《株洲农业政策金融参考》上刊登，《醴陵农发行投放5.7亿元支持城镇化建设和产业转型升级》等6篇信息在《湖南日报》上刊登，《醴陵农发行投放2.2亿元支持项目建设》等5篇信息在新华网发布，《基层行拓展基金业务的难点与对策》《醴陵市支行支持该市陶瓷产业向千亿产业集团群迈进》等5篇信息在农发行总行、湖南省行的刊物上发表。年末，支行各项贷款余额8.84亿元，比年初减少4.03亿元，主要由于年内醴陵市政府通过债券提前归还贷款11.95亿元；各项存款余额11.18亿元，比年初增加5.19亿元、增长86.6%；日均存款10.4亿元，比年初增加5.16亿元，存贷比为126%。全年完成国际结算业务量216万美元；实现中间业务收入195万元，实现账面利润4820万元、较上年增加1203万元；不良贷款继续保持为“零”。

【支持地方经济】一是加大已审批项目贷款投放力度。向渌江集团发放整体城镇化建设项目贷款8.02亿元，支持渌江新城核心区基础设施建设，贷款投放量为全市金融系统第一。二是继续做好农发重点建设基金业务。投放基金1亿元，支持华鑫电瓷和株洲时代金属公司轨道交通产业化项目，助力醴陵陶瓷产业发展和重点企业转型升级。三是以重点基金业务带动其他业务。争取企业后续的项目资金通过支行拨付，并对有出口业务的企业营销国际结算，截至年末，在支行开户的陶瓷企业达6家，其中5家实现结汇。四是做好易地扶贫搬迁工作。主动与市扶贫办、财政、发改等部门衔接，争取市扶贫开发公司在支行开设基本账户，为后续扶贫项目资金落地到农发行打下基础。五是积极主动做好储备项目营销。年内，支付完成对经济开发区新型城镇化建设9亿元的项目资金前期受理工作；省分行完成对“一江两岸”棚户区和玉瓷路棚户区共计11.58亿元的改造项目资金的调查工作。

【存款管理】2016年，支行存款管理牢固树立“存款增效”理念，努力拓宽存款组织渠道。一是投放增存。积极向上级行争取信贷资金规模，已审批的渌江新城12亿元整体城镇化贷款，实现投放8.02亿元。二是多措引存。加大财政性存款营销，全年累计营销1.72亿元。加强与信贷客户的沟通衔接，引存客户发债资金1.9亿元；深化与战略伙伴的业务合作，引存低利率同业存款4亿元；营销市扶贫公司、产业发展基金公司资金0.53亿元。三是严管留存。严格资金支付管理，确保支付申报资料真实有效，资金专款专用。

【贷款管理】一是明确职责，从严要求，构建信贷管理长效机制。二是全面自查，不留死角，促使基础管理工作上台阶。针对有贷款和基金余额的企业全方位开展自查，全年检查企业11家，贷款和基金共24笔、金额18.76亿元。清理信贷档案16册，基金协议5份，合同13份。三是对照问题，立行立改，确保发现问题得到有效整改。全年接受内外部检查27次、162人次，均无重大问题和风险。四是锁定存量，优化增量，切实将风险防范落到实处。年内，支行2016年以前的存量贷款全部纳入市政府一类债务，保证存量贷款零风险。年内新投放的贷款，企业提供的抵押担保覆盖率达90%，第二还款来源充足。（罗明艳）

中国银行股份有限公司醴陵支行

【概况】2016年，中国银行股份有限公司醴陵支行（以下简称“支行”）内设综合保卫部、营业部，下辖上正街、瓷城大道、青云南路支行。有干部职工61人，合同制员工1人。全年实现税后利润4400多万元。年度绩效考核86.31分，在中国银行株洲地区的36个单位中排名第一。

【存贷业务】2016年年末，支行人民币各项存款余额299710万元，比上年新增46381万元。其中储蓄存款余额178014万元，比上年新增20138万元，完成全年计划任务的91.54%；公司存款余额121696万元，比上年新增26243万元，完成全年计划任务的190.2%；外币储蓄存款余额551.64万美元，较年初增加154.26万美元；外币公司存款896.41万美元，较年初增加616.68万美元。年末，支行人民币各项贷款余额98953万元，较年初增加12639万元。其中公司贷款余额30622万元、较年初减少9322万元，实际新投放26204万元；个人贷款余额61157万元、较年初增加20541万元，实际新投放29053万元；银行卡透支4059万元、较年初增加128万元，票据贴现余额1985万元、较年初增加559万元；非应计贷款余额1130万元、较年初增加733万元。全年实现中间业务收入1166万元，完成业务净收入6862万元。

【外企融资】2016年，支行高度重视中小微外贸企业无抵押式担保出口融资业务的发展，先后举办中小微外贸企业出口融资业务恳谈会和业务对接会，积极宣传该产品，得到市相关企业的高度认可。全年共叙做该业务10多笔，为8户中小微外贸企业融资2800多万元。

【精准扶贫】年内，支行本着“担当社会责任、做最好的银行”的战略目标，推进官庄镇贫困村瓦子坪村的精准扶贫工作。一是确定扶贫工作队员，支行领导和中层干部、全体党员均确定为扶贫工作队员，分别与瓦子坪村12户贫困户结对帮扶。二是上门走访，扶贫工作队员坚持每月分赴贫困户家中进行走访，全年累计走访贫困户180多人次。三是为贫困户办实事，先后购买贫困户养殖的蜂蜜1.3万元，拓宽贫困户蜂蜜的销路。四是争取上级行资金2.5万余元，倡议员工捐款2.71万元，用于慰问贫困户和解决实际困难。

中国邮政储蓄银行股份有限公司醴陵市支行

【概况】2016年，中国邮政储蓄银行股份有限公司醴陵市支行（以下简称“支行”）内设综合管理部、三农金融部和公司业务部，下辖4个二级支行；有在职员工64人，其中正式员工55人、劳务派遣员工9人。全年实现业务收入6127万元，实现利润3662万元。

【金融业务】2016年年末，支行各项存款余额14.59亿元，比年初净增4.16亿元。其中个人存款余额8.44亿元，比年初净增1.22亿元；对公存款余额6.15亿元；比年初净增2.94亿元。各项贷款余额9.15亿元，比年初净增2.65亿元。年内，支行为市烟草、石化、电信、电力及商贸流通企业，提供营业资金归集、销售货款电子结算、集团现金管理、代收客户费用、POS收单、网上银行等服务；为市财政、社保、教育、住房公积金等各类单位，提供代理非税、集中支付、代发工资、代发补贴等服务。年内，开展“金融知识进千村入万户”活动，通过召开金融产品推介会、银企对接会、理财沙龙、投资者座谈会等形式，先后开发集体土地抵押贷款、医院贷、税货通、烟草贷、烟花鞭炮行业等贷款新产品，提高服务“三农”的能力，支持地方经济力度不断加大。（林　英）

湖南醴陵农村商业银行股份有限公司

【概况】2016年，湖南醴陵农村商业银行股份有限公司（简称“醴陵农商银行”）内设12个职能部门，下辖1个营业部、29个支行、16个分理处；46个营业网点遍布城乡，其中“全国五星级服务网点”1个；设离行式自助银行4个，全市布放自助设备99台、助农金融服务终端11台，设置有无障碍通道网点2个；有员工501人。年内，获株洲市“文明单位”、2015—2016年度省、株洲市“消费维权先进单位”。营业部被湖南省银行业协会评为“百佳优秀团队”，1人被中央金融工作委员会评为（银团合作）优秀个人，1人被评为醴陵市“第三届道德模范（见义勇为类）”。

【存贷业务】醴陵农商银行是醴陵存、贷款规模最大的金融机构。截至年末，各项存款余额104.09亿元，比年初净增17.03亿元、增长19.56%，成为全市第一家存款超100亿元的银行；全市11家金融机构中，存款市场份额占32.41%。各项贷款余额49.37亿元，较年初净增4.1亿元、增长9.06%，贷款市场份额占35.83%。积极帮扶市陶瓷、烟花、服饰、箱包、电子等小微企业，有小微企业贷款客户数5603户，贷款余额25.81亿元；有效支持现代优质粮茶、健康生猪、特色家禽、水产养殖、苗木培育等特色产业，涉农贷款余额40.81亿元。

【金融扶贫】全年完成14个省级扶贫服务站的建设，对全市11845户贫困农户进行评级，评级面达100%。对符合条件的贫困农户授信10139户、金额2.11亿元。发放扶贫小额信用贷款1354户、5918万元，其中发放“分贷统还”扶贫贷款1003笔、4607万元。

【金融创新】2016年，醴陵农商银行进一步加大电子银行推广力度，抢占移动支付先机，加快互联网金融创新，提高电子业务替代率；在白兔潭、均楚等11个镇建立助农金融服务点，打造村口自助银行，提供转账、缴费、查询、小额取现等金融服务，优化“最后一公里”农金服务。创新信贷服务方式，灵活开展循环贷款、整贷零偿、差别定价等信贷服务，利用福祥便民卡的贷款管理功能，对专业化农户、商户、农民专业合作社推行集中授信，批量发放便民卡，提高贷款效率；不断扩大金融服务范围，完善金融服务功能。9月，外汇业务申报通过省银监局审批，填补醴陵农商银行在外汇存款、结算、贷款等方面的业务空白。（柳漫利）

长沙银行醴陵支行

【概况】2016年，长沙银行醴陵支行（以下简称“支行”）有在岗员工24人，下设营业部、市场营销部、综合保卫部和醴陵荟萃社区支行。全年支行各项业务继续保持稳健发展的态势，金融服务水平和群众满意度不断提升。截至年末，支行各项存款余额12.5亿元，比年初增加3.96亿元，增长46.37%；其中储蓄存款3.96亿元，比年初增加1.61亿元，增长68.51%。各项贷款余额7.74亿元，比年初减少0.04亿元；全年累计投放贷款5.77亿元，不良贷款连续五年保持零记录。全年实现营业收入4974.54万元，上交地方税费423.29万元。（田国富）

中信银行株洲醴陵支行

【概况】中信银行株洲醴陵支行（以下简称“支行”）是中信银行长沙分行在湖南区域的第32家网点，标志着中信银行完成湖南区域的“中国百强县”布局。2016年，支行下设公司部、零售部、营业部，有在岗职工17人。年末，支行各项存款余额13亿元，对公存款9亿元，储蓄存款4亿元，各项贷款余额5亿元。年内，通过融资租赁方式，募集企业债资金10亿元。（邹瑞志）

华融湘江银行醴陵市支行

【概况】2016年年末，华融湘江银行醴陵市支行各项存款余额11.8

亿元，较上年增加3.8亿元。各项表内贷款余额4.5亿元，其他表外授信余额3.69亿元。（阳　敏）

保　险

中国人民财产保险股份有限公司醴陵支公司

【概况】2016年，中国人民财产保险股份有限公司醴陵支公司（以下简称“支公司”）内设车险部、非车险部、营销部、农险部、理赔分部及综合部，有在编员工46人、营销员78人。支公司主要提供机动车辆保险、企业事业单位财产保险、农业保险、工程保险、家庭财产保险、国内及远洋货物运输保险、各种责任保险、人身意外伤害保险、短期健康保险等保险服务，全年完成保费收入6200万元。（晏莉莎）

中国人寿保险股份有限公司醴陵支公司

【概况】中国人寿股份有限公司醴陵支公司（以下简称“支公司”）内设综合部、个险部、银保部、团险部、客户服务部，下设10个营销服务部；年末有在编员工28人，专职代理人1500多人；全年纳税4411.01万元。年内，与市各大商业银行、农村商业银行建立合作代理关系，被评为全国系统百强县和株洲市消费维权先进单位。

【业务发展】2016年，支公司实现总保费收入2.48亿元，各项指标完成比例均超过年度计划任务指标。个人营销和小额贷款业务排名全省系统县域第一，公司整体市场份额达60%以上。年内，开办养老、医疗、意外、理财等五大类保险，并在全市范围内率先开展老年人保险、村干部保险、学生险及计划生育家庭险等惠民保险业务。

【诚信服务】2016年，支公司为提高理赔时效，对资料齐全且无争议的满期及理赔在3～10天内给付。全年理赔2600起，日理赔件数超过7起，赔付金额近1200万元，为客户及其家庭缓解经济压力。为提升服务质量，开展保单免息复效服务工作，为2000名失效客户进行保单免息复效；同时集中人力、物力开展收集客户资料活动，共收集完善客户信息2万多条，更好地为客户提供服务。加大“国寿1+N”服务力度，全年举办与财富握手、企业资产与家庭财富管理、健康生活等理财及健康知识讲座、服务活动近30场。5月，组织VIP客户免费体检。6月，推出“6·16”客户节大型客户答谢会，为2000余名客户进行防癌筛查体检；不断推出客户保单升级、金账户回馈等活动。

【内务管理】2016年，内务管理继续施行零现金收付费，首期、续期保费及客户返还金均采取银行转账，既方便快捷又能有效防范风险。严格单证、印章、宣传资料的管理和使用，全年未发生一起违规案例。年内，根据实际情况制定多项综合管理制度，并多次组织员工进行法制教育、反洗钱、打击非法集资、杜绝小金库、杜绝销售误导和代签名等业务知识学习。

【扶贫帮困】年内，支公司在献爱心活动中，为均楚镇贫困村周坊村捐赠扶贫资金2万元，在“一对一结对帮扶”中发放慰问金2800元、并为7户贫困家庭免费投保，总投保金额72万元。在大走访活动中，为嘉树镇贫困户捐赠春节慰问金3000元、扶残款1600元；在“爱心献功臣”活动中，为退役军人捐赠资金1600元，慰问离任村干部1000元，并捐赠慰资金1万元。在配合全市开展的“三创四化”活动中，为渌江社区捐赠创建经费5000元。

（夏昌银）

民政·社保

民　　政

【概况】2016年，醴陵市民政局内设办公室、信访法制股（行政审批股、信访室）、计划财务股、优抚安置股（市退伍军人接收安置办公室、市“双拥”工作领导小组办公室）、社会救灾救助股、社会福利和社会事务股（市老龄办公室）、基层政权股（社会工作股）、纪检监察室8个机构；下设市慈善办公室（副科级）、市烈士陵园管理所、市社会福利中心、市军队离休退休干部休养所、市婚姻登记处、市殡仪馆、市救助管理站、市地名委员会办公室、市社会救助服务中心、市福利彩票销售管理中心10个二级机构。年末，全市民政工作以“建设幸福醴陵”为目标，在保障民生、改革创新、服务社会等方面取得新成绩，为全面建成“小康醴陵”发挥骨干作用。年末，民政工作获湖南省“乡镇区划调整改革先进市”“福利彩票销售先进县（市）”；市民政局被湖南省委、省政府、省军区评为“爱国拥军模范单位”，被省民政厅评为全省“民政新闻宣传信息工作先进单位”“寒冬送温暖先进单位”。

【城乡低保】2016年，醴陵市全面推进城乡低保“阳光行动”专项清查和“社会保障兜底一批”对象认定工作。投资100多万元，在全市各镇（街道）统一规范社会救助窗口，建立“一门受理、协同办理”平台，困难群众求助、受助更加快捷方便。年内，市财政投入专项经费140万元，在全省率先以购买第三方机构服务的方式，对新申报城乡低保对象和拟兜底脱贫对象进行上户调查和评估认定，该工作经验在全省得到推介。经村、镇、第三方机构、民政四方联席会议认定后，清退不符合条件低保对象1725户2146人，纳入社会保障兜底脱贫2146户5071人。12月，对兜底脱贫对象按照每人260元/月标准，共发放脱贫兜底资金545.89万元。全年累计为54407名城乡低保对象发放资金1.2亿元，城乡低保人均救助标准分别达286元/月、112元/月。

【特困供养】2016年，全市共有特困供养人员7474人，发放供养资金2923.46万元；发放农村“五保”丧事一次性补偿费用55万元。其中分散供养5322人，供养标准300元/月；集中供养2152人，供养标准480元/月。全市共有敬老院35所，有集中供养床位数3566张，“五保”集中供养率达40%，超全省平均水平。年内，拨付资金150万元，完成沈潭镇第二敬老院、枫林镇第三敬老院新建和沩山镇第一敬老院的改扩建工作，新增床位180张。会同市消防、食品、药品安全监督管理部门组成联合工作组，对全市敬老院进行多次安全大检查，排查安全隐患，制定整改措施。年内，投入30多万元，在市福利中心新设光荣院康复理疗室，进一步改善供养环境。

【社会救助】2016年，全市城乡医疗救助保障有力，为符合条件的3026户医疗救助保障对象实施救助，共发放救助金1033.65万元；资助城乡低保、农村“五保”对象及“三无”人员（民政部门收养的无生活来源、无劳动能力、无法定抚养义务人或法定抚养义务人丧失劳动能力而无力抚养的公民）等贫困对象62749人参合参保，共资助702.7万元；对符合条件的特困供养人员发放住院民政补助11247人次、315.15万元。联合出台《关于印发〈醴陵市困难残疾人生活补贴和重度残疾人护理补贴发放操作办法（试行）〉的通知》，全面启动残疾人“两项补贴”（护理补贴、生活补贴）发放工作，全市有6471人享受残疾人护理补贴、4589人享受生活补贴，共发放资金473.9万元。继续推动“救急难”试点工作，集中力量解决群众急难问题，为237人次开展急难救助，发放救助金92.1万元。规范临时救助审批，实现“一站式”服务，方便求助对象；全年临时救助968人次，共发放救助金74.89万元。广泛开展“寒冬送温暖”“夏季送清凉”等专项救助活动，做好城市生活无着落人员的救助管理工作，全年救助各类人员2185人次，帮助46名流浪未成年人回到父母身边，为245名身患疾病求助人员提供医疗救助。对因节育手术丧失劳动能力导致生活困难的对象，给予城乡低保、临时救济和大病救助，凡违反计划生育规定的，不得享受各类救助待遇，全年救助计生家庭680余户2158人，发放救助金165.7万元。

【救灾救济】2016年，做好汛期救灾减灾工作，全年境内发生4起洪涝灾害，紧急转移安置5376人。开展冬春期间生活救助，下拨冬令春荒救助资金400万元、因灾倒房恢复重建资金29.5万元，发放棉被2000多床，救助群众7878人，有效解决受灾群众基本生活问题。做好737名20世纪60年代精减退职老职工的稳定工作，下发生活救济费45.1万元。以全国第八个“防灾减灾日”及宣传周活动为契机，发放防灾减灾日主题宣传挂图50余套、宣传手册3000份、防灾减灾无纺布购物袋600多个，受教育群众达1000余人。防灾减灾示范社区试点创建工作成效明显，阳三石街道渌江社区和国瓷街道车顿桥社区分别成功创建湖南省“综合防灾减灾示范社区”、株洲市“综合防灾减灾示范社区”。

【福利事业】2016年，全市有福彩投注站96个、中福在线销售厅2个。全年新增站点6个，其中新增的中福在线国瓷南路销售厅投资200多万元，规模和档次成为全省标志性的销售厅。国庆期间，组织开展即开型福利彩票社会卖场销售活动，为10名孤儿发放2万元福彩公益救助金，销售即开型福利彩票510万元。全年共销售福利彩票10447.6万元，为全市筹集福彩公益金1100多万元，福彩销售工作连续6年获评全省先进。年内，新增1家福利企业，严格按照《福利企业资格认证办法》，对全市12家社会福利企业进行规范管理，确保残疾职工安置比例不低于25%，残疾职工上岗率不低于80%；另根据上级有关精神和要求，自2016年6月起，福利企业归属于市国税局管理。继续抓好孤儿保障政策贯彻落实，进一步规范孤儿认定、档案建设和保障资金管理发放工作，全市发放孤儿生活费97万元。年内，成立关爱留守儿童和留守老人工作联席会，在全市范围内开展农村留守儿童、留守老人摸底排查工作，为全市4325名留守儿童进行登记造册。

【优抚安置】2016年，发放抚恤补助金6293万元。将符合安置条件的15名转业士官全部安排至全额拨款事业单位上岗。为2015年301名以自主择业方式退出现役的士兵，发放一次性经济补助386.1万元；举办4期退役士兵免费技能培训，共培训558人，合格率、获证率和推荐就业率均达100%；全市安置工作经验在全省安置培训会上以典型发言的方式得到推广。投入200多万元，对左权将军纪念广场、诗文碑廊等设施进行提质改造。在第三个“烈士纪念日”中，举行庄严、隆重的烈士公祭活动。军休老干部“两项待遇”（政治待遇、生活待遇）得到有效落实，年内，接收安置1名军休士官。携手北京志远功臣关爱基金会，开展“功臣关爱·醴陵英雄”捐助活动，为329名抗战老兵发放价值近100万元的功臣关爱基金和物资。12月，市退役军人服务中心正式挂牌成立，中心兼并优抚安置股职能，这是全市在加强退役军人的职业教育培训、就业指导、特困救助、政策解释等服务工作方面的创新举措。

【慈善事业】2016年，共募集慈善资金778万元，其中捐赠物资折合人民币5.5万元。组织全市相关单位和社会组织，开展“天使在人间”儿童公益摄影展等各类慈善关爱活动，广泛开展“大爱瓷城、金秋助学”、慈善大病医疗救助、“关爱地贫儿童基金”、“功臣关爱醴陵英雄”等慈善救助活动，全年共救助对象1万余人次，累计支出838万元。

【区划调整】2016年，在全市乡镇区划调整中，全市撤并为19个镇、4个街道办事处，行政村由343个合并为215个，率先在株洲市完成乡镇区划调整工作，并获评全省先进。“李畋镇”“左权镇”“国瓷街道”等一批极富醴陵文化特征和产业特色的地名，成为对外形象展示的新名片。全面启动第二次全国地名普查，外业工作基本完成。加大社区建设力度，居民参与度和幸福感均得到提升。组织开展“最美家乡地名故事”征文活动，深度挖掘全市地名文化，为“千年古县”申遗做好前期工作。

【社区建设及社团管理】2016年，全新优化社区组织的办公用房和居民公益服务设施，扎实推进“五彩社区”建设，对城区19个社区进行新建和改建，均配置“一厅七室”（多功能活动厅、文化活动室、综合阅览室、娱乐活动室、医疗卫生服务室、残疾人康复室、老人日间照料休息室、志愿者服务室）、“4点半课堂”、爱心超市、“五彩书吧”等服务设施，新型“五彩社区”品牌效应初步显现。全年全市有17个社区社会工作站投入使用。8月，推进行业协会、商会与市行政机关脱钩，全市有涉及脱钩的社会团体39家，均按上级要求完成脱钩任务。截至年末，全市有社会团体115家，民办非企业316家。年内，对全市418家社会组织进行年检，年检率、合格率均为100%。

【老龄工作】2016年，出台《醴陵市社会养老服务发展意见》，支持神福小城镇建设有限公司等8家民营企业资金参与养老服务。全市共建立36个农村日间照料中心、25个社区居家养老服务站和15个老年活动中心，设置养老床位456张。完成老年人意外伤害险工作，共收取保费268.3万元；参保金额在全省排名第三，株洲地区排名第一。

【婚姻登记】2016年，推进婚姻登记的正规化建设力度，继续开展婚姻登记优质服务活动，组织申报AAA级婚姻登记机关创建工作。全年共计办理结婚登记6689对、离婚登记1934对、收养登记19例；整理婚姻档案1.7万多份。

【殡葬管理】2016年，开展“文明祭扫、生态安葬”的主题宣传活动，组织群众自愿签名及免费发放鲜花；举行市首届“殡仪馆开放日”活动，让各界代表充分了解并支持殡葬改革，自觉形成殡葬改革新风尚。提供便民利民惠民的殡葬服务，实现殡葬非税收入578万元，共为118人次困难群众免除基本殡葬服务费25万元。

【信访维稳】2016年，以“新常态、新发展”的理念，探索基层社会管理体制改革，健全和完善城乡基层群众自治机制；切实做好刑释人员帮教和预防青少年违法犯罪工作，经常性地开展禁毒禁赌和艾滋病防治宣传活动；抓好普法学习教育，组织干部参加普法考试，普及安全生产和“防火、防盗、防事故”知识。推进创建“平安醴陵”活动，共接待来信来访对象7000多人次，回复56件，走访慰问信访对象520余人，化解矛盾纠纷70多起，帮助660多人次信访对象解决实际困难。

【信息宣传】2016年，加大民政民生工作宣传力度，民政信息、工作经验被各级信息简报、网络及新闻媒体采用181篇次，其中《中国社会报》13篇次、《中国社区报》3篇次、《中国民政》2篇次、中国文明网12篇次、《湖南日报》2篇次、省《福彩天地》2篇次、《株洲日报》24篇次、醴陵市级刊物55篇次，各大信息网站70余篇（幅），营造良好的社会氛围。

（丁时伟）

人力资源和社会保障

【概况】2016年，醴陵市人力资源和社会保障局（以下简称“市人社局”）下设市劳动就业管理局、工伤保险局、社会劳动保险局、城乡居民医保管理服务中心（10月，市医疗保险局与市新型农村合作医疗管理委员会办公室合并为城乡居民医保管理服务中心）、人力资源服务中心（干部考试培训中心）、劳动监察队6个副科级全额拨款事业单位和城乡居民社会养老保险中心、绩效评估委员会办公室2个正股级全额拨款事业单位；内设办公室、计划财务股、基金监督股、仲裁股、公务员管理办公室、事业单位人事管理股、工资福利股、工伤认定股、信息中心、劳动人事档案管理股、城乡居民医保股11个行政股室，共有在职在编人员88人。年内，全市人力资源和社会保障工作紧扣“民生为本、人才优先”的主线，围绕“人有所事、老有所养、病有所医、伤有所治、失有所保、规范用工”目标，圆满完成各项目标任务。年末，获全国人社系统《中国劳动保障报》新闻宣传工作先进单位、醴陵市“安全生产工作先进单位”，市劳动人事争议仲裁院获评湖南省“示范仲裁院”。

【人事管理】2016年，市人社局全面完成10244名机关事业单位工作人员年度考核奖惩工作，评选优秀等次1300人，记三等功43人，基本称职12人，不称职19人，不定等次70人；全年办理辞职2人，开除6人，调出30人，及时将公务员队伍异动情况进行登记。年内，按照上级要求做好2名军转干部及家属的安置工作。承办提请市人大常委会决定的人事任免2项、市人民政府决定的人事任免2项，完成全市机构改革人员划转调整安置。完成年度公务员考录计划申报、考察和分配等工作，全年共申报6个计划职位，通过笔试、面试、体检、考核等程序，共录用公务员和参照管理公务员16人。按照《湖南省事业单位公开招聘人员试行办法》要求，全市事业单位公开招聘率达100%。年内，首次主办市教育、卫生系统事业单位工作人员的招考工作，公开招聘教育系统工作人员293名、卫生系统工作人员70名、市直事业单位工作人员62名、“三支一扶”（大学生在毕业后到农村基层从事支农、支教、支医和扶贫工作）

支农岗位人员5名。职称评审公开透明，全年有1228人申报各系列职称评审，其中483人获高级职称、297人获中级职称、448人获初级职称。

【工资福利】2016年，市人力资源和社会保障局完成全市机关事业单位在编工作人员年度工资晋档晋级，实现全市事业单位工作人员工资动态管理。全年审批办理机关事业单位退休手续380例，死亡抚恤金及遗属困难补助150例；办理转正定级670人，正常晋级晋档12678人；顺利完成全市机关事业单位工资标准调整工作；全面推进公务员职务与职级并行工作，兑现公务员职务与职级并行工资待遇1000多例；完成全市5家单位、578名人民警察警衔津贴标准调整工作。配合市相关部门做好车改工作。

【人才培训】2016年，举办第三期中层干部执行力提升培训班，对36名中层干部进行培训。对194名初任公务员、新聘事业单位工作人员和114名卫计系统新进人员进行培训。对89名专业技术人员开展以保密意识和保密常识教育为主题的公需科目培训。

【人才管理服务】2016年，人才管理服务以“人才是第一资源”的工作宗旨，加强“人才服务社会”的工作理念，推动人才服务工作发展。一是助力就业创业。年内，全市新增城镇就业人员6828人，新增农村劳动力转移就业人员4512人，失业人员再就业3424人；建设就业创业保障平台7个，零就业家庭动态援助率达100%，城镇登记失业率控制在3.2%。健全创业培训体系，扶持20名高校毕业生微创业，为300名劳动者提供免费创业培训。优化醴陵人力资源和社会保障网（原醴陵人事人才网）的招聘与求职平台，网站日点击量达1000多人次；每月20日定期在市人力资源市场面向求职者举办招聘会；全年举办“春风行动”系列招聘会17场，为4万多名求职者提供就业服务，提供就业岗位2.2万个，其中达成就业意向1.4万多人。二是抓好技能培训。技能培训以“产业结构调整和用人单位用工需求”为出发点，围绕“脱贫攻坚”重点工作，共举办家禽饲养员、农作物植保员、保安员等各类培训班80期，有3800人次参加培训。有1942人次参加职业技能鉴定，1845人次获技能资格证书，合格率达95%。三是做好人才档案管理工作。全年办理档案管理业务5000多人次，新增档案807份；办理人员流动手续400多人次。

【实事考核】2016年，市人社局承办省实事指标17项、株洲市实事指标53项，市级实事指标28项。按照“年初动员交办、年中督查调度、年底考核验收”的工作思路，扎实稳步推进，各项指标均全面完成或超额完成全年目标任务。省、株洲市考核指标中有31项超额完成考核任务，涌现国光棚户区改造、田心村美丽乡村示范村建设、白富公路提质改造、醴陵市社区矫正中心等一批亮点工程。

【社会保险】2016年，全市社会保险基金总收入16.7亿元，支付各类待遇16亿多元，基金累计结余8亿余元；社保基金的规范运作率和安全完整率均达100%。全年企业养老保险新增扩面单位66家、参保64732人，实现基金收入58534万元，发放养老金64237万元。全年参保养老保险的机关事业单位200家，参保11807人，实现基金收入16770万元，为6398名离退休人员累计发放离退休养老金16204万元；离退休人员养老金做到按时足额发放，养老金社会化发放率达100%。全年失业保险参保28600人，实现基金收入669万元，为失业人员发放失业保险金170万元。全年基本医疗保险参保单位634家，参保66800人，实现基金收入13748万元，支付医疗保险费13183万元。全年城镇居民医疗保险参保97958人，实现基金收入5343万元，支付医疗保险费5727万元，住院费补偿率达70%以上。全年新型农村合作医疗参保75.4万人，实现基金收入40977万元，支付医疗保险费38647万元。全年生育保险参保24850人，实现基金收入701万元，支付生育保险待遇519万元。全年被征地农民养老保险基金收入5550万元，基金支出3373万元。全年工伤保险参保单位1080家，参保70600人，实现基金收入4056万元，支付工伤保险待遇4135万元。全年城乡居民基本养老保险参保55.08万人，实现基金收入19574万元，为符合条件的14.4万人发放养老金13699万元。

【劳动关系执法】2016年，市劳动人事争议仲裁院处理各类劳动争议案件305起，立案率、结案率、准确率均为100%；全年依法认定工伤815起；劳动监察队共受理投诉案件289起，受理来电来访咨询或投诉举报案件289件，涉及人数1565人、工资1450万余元。年内，联合市公安、住建部门，对42家在建工程项目开展农民工工资支付专项检查行动，对全市“四小”企业（小煤矿、小非煤矿山、小危化生产企业、小烟花爆竹生产企业）的用工情况进行拉网式排查，对违规违法企业进行教育或责令整改，情节严重者给予处罚。（张育瑶）

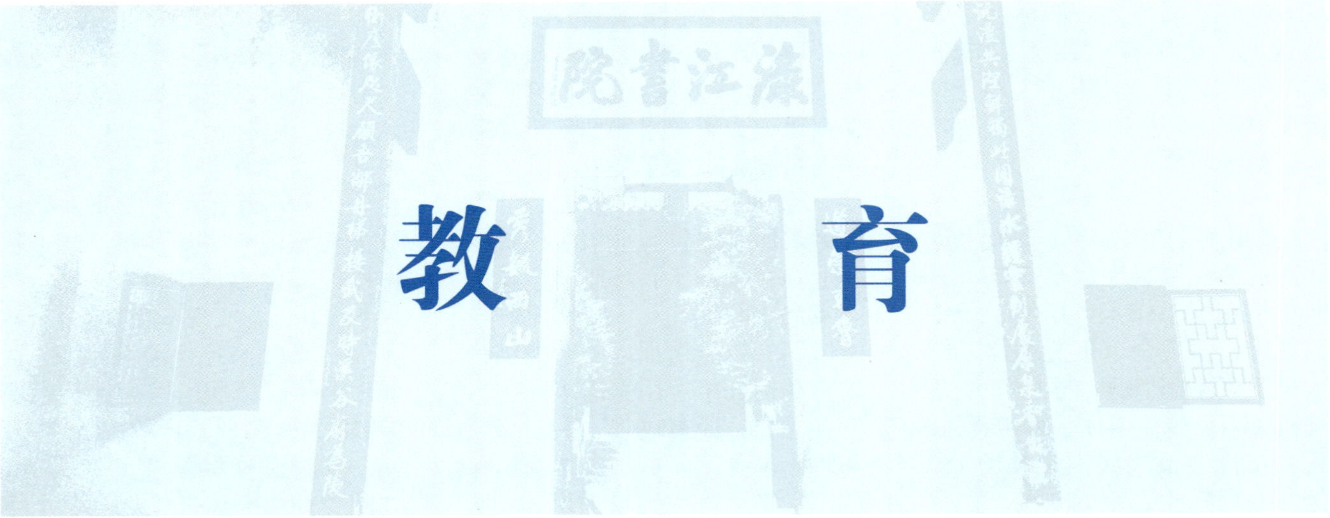

教　　育

综　　述

【概况】2016年，全市有中、小学校267所,其中小学(含教学点)213所、初中44所（含九年一贯制学校)、高中9所（普高5所、中职4所)、特殊教育学校1所；有公、民办幼儿园309所（含小学附属学前班)。在校学生、在园幼儿共137130人，其中中学生（含中职学生）35540人、小学生62647人、在园幼儿38846人、特殊学生97人。学校、幼儿园教职工共9497人。

【教育协调发展】一是学前教育普惠发展。继续实施《第二轮学前教育三年行动计划》，坚持学前教育的“公益性、普惠性”原则，构建覆盖城乡、布局合理的学前教育公共服务体系。规范学前教育办园行为，停办小学附设学前班48个，新建公办幼儿园适龄残疾儿童随园就读试点园——泗汾公办中心幼儿园；2016年全市学前一年入园率达100%、三年入园率达92.6%。二是义务教育均衡发展。以“薄弱学校改造、标准化学校建设”为契机，优化资源配置，提升学校品质，缩小城乡、校际之间教育差距，推进义务教育高水平均衡发展。严禁举办任何形式的重点班、实验班、特长班，均衡编平行班。初中、小学入学率均达100%、小学六年巩固率为100%、初中三年巩固率为99.91%。三是高中教育优质发展。围绕新课程改革和新高考方案，因校制宜，以课程建设创特色、增活力、提质量。2016年高考上线率为99.23%，其中本科上线人数2250人；一本上线人数617人、比上年净增145人，上线率为20.92%；二本以上（含二本）上线人数1734人（不含职高对口升学107人)、比上年净增156人，上线率为59.19%；二本以上（含二本）上线人数、上线率均为醴陵历史最高且连续第三年蝉联株洲地区第一,一本上线率首次跃居株洲各县市第一；市第四中学学生汪嘉莉被清华大学经管学院录取。四是职业教育创新发展。以“服务产业”为宗旨，以“促进就业”为导向，主动对接产业需求，优化专业结构，推进产教融合、校企合作，搭建“升学有望、就业有门、致富有路”的人才成长立交桥。全年有350名职教学生通过对口高考，获得进入高等院校继续深造的机会，其中二本以上一次性上线107人；职校学生98%以上顺利就业。年内，醴陵陶瓷烟花职业技术学校通过“国家中职教育改革发展示范校”验收，湖南工业大学醴陵陶瓷学院成功签约并挂牌。五是终身教育惠及全民。构建社区学院、镇（街道）社区学校、社区教学点三级联动的终身教育服务体系。开展农民技术、农村转移劳动力、创业培训等，共培训15万人次、培训率31.4%。成功举办2016年省“全民终身学习活动周”“社区教育活动周”总开幕式暨株洲市启动仪式，成为株洲地区唯一成功创建“全国社区教育实验区”的县（市、区)。六是民办教育优质发展。加大对民办教育扶持力度，引导民办教育优质、特色发展；小哈佛幼稚园、三之三七色光2所民办幼儿园，获2016年度省教育厅“规范民办学校建设奖”、株洲市“民办幼儿园优质资源建设奖”。

【挂牌督导】2016年，醴陵市积极申创“全国中小学责任督学挂牌督导工作创新县”。为认真贯彻申创工作精神和要求，市教育局十分重视申创工作，组织召开专项工作会议5次，网传资料近

600页，拍摄专题汇报片2部，整理县级资料23本、片区资料300本，组织督学进行多方面的培训、演练，创新责任学校“五个一”（一牌、一室、一箱、一卡、一长廊）制度。11月，专家组对东、南片督学责任区和浦口中学、天符小学、市第二中学进行实地核查，在专家组成员核实后，给予高度评价。申创工作中，涌现出杨新苗、柳凯平、方勇等多名“名星督学”，教育督导行为进一步规范、专业。

【民生实事】2016年，市教育局承办的各级民生实事项目进展顺利。一是完成株洲市实事项目。投入306万元，用于购买普惠性民办园服务，共认定112所普惠性民办幼儿园；投入245.84万元,完成135所村小“校校通”“班班通”硬件基础设施建设，实现村小班级优质教育资源全覆盖；培训信息技术骨干教师75人、村小骨干教师106人，教师利用资源组织教学率达80%，教师应用资源率达85%，开发、遴选、推送村小资源752条；总投资5800万元，全面改善农村义务教育薄弱学校基本办学条件，提质改造浦口镇天符小学、白兔潭镇峤岭小学等45所办学条件相对薄弱的学校；资助家庭贫困学生7200人，全年资助各阶段家庭困难学生和大一新生共计35916人次、2847.27万元。二是推进醴陵市民生实事项目。投资1740万元，扩容改造白兔潭镇长庆小学、王仙镇司徒小学等15所学校，增加学位3500多个；投资610万元，新建白兔潭、枧头洲中学等5所学校教师公租房120套、总建筑面积5980平方米。

【基层党建工作】2016年，市教育系统新设立教育片区党总支5个、成立基层教育党支部37个，并将其整建制转移到新成立的教育片区党总支（原属乡镇党委、街道党工委管辖）。完成基层党组织阵地标准化建设28个。全年全系统上交党费157.6万元，其中补缴98万元。扎实开展“两学一做”学习教育，教育系统获市“两学一做”学习教育知识竞赛决赛第一名；嘉树镇中心学校党支部在省委组织部对株洲市的党建工作考核中获好评。

【教师队伍建设】2016年，全市新增教师305人，是上年自然减员的93%。一是强化师德师风建设。加大在职中、小学教师有偿补课的专项治理力度，按照教育部划出的6条师德“红线”，开展廉洁从教行为的专项督查，坚决制止有偿家教、体罚和变相体罚、接受宴请、收受礼品礼金等师德失范行为，严格实行师德表现“一票否决制”。枫林镇双井中心小学校长唐自能被评为“湖南最美乡村教师”，船湾中学王秋中等5名教师被评为“株洲最美乡村教师”，另有18名教师被评为株洲市“优秀教师”“优秀教育工作者”。二是加强教师培训工作。制订《2016—2020年醴陵市中小学教师继续教育学分管理实施细则》，认真落实教师“国培、省培、市培”计划，2016年国培、省培教师21批次、1360人，参培率100%，合格率100%；市级培训项目19个，参培人数6441人，合格率100%，有效促进教师业务素质的提升；定向送培优秀师范生76人，进一步优化教师结构，增强队伍活力。

【教育精准扶贫】2016年，全市教育系统投入扶贫资金4370.58万元。其中，市教育局学生资助中心发放助学金2885.26万元，资助学生37411人次。为638名大学生办理生源地信用助学贷款。各中小学校筹资307.82万元，资助贫困学生2816人。投入1172.5万元，维修改造9所省级贫困村学校、幼儿园5所。年内，市教育局结对帮扶均楚镇李婆塘村4户贫困户，拨付扶助资金5万元，送鸡苗、洋鸭苗200多只。（汤向荣）

醴陵市陶瓷烟花职业技术学校

【概况】2016年，醴陵市陶瓷烟花职业技术学校（以下简称“学校”）占地7.33万平方米，有教学楼3栋、实训楼1栋、实训中心3个、学生公寓4栋、食堂1栋，校舍建筑面积3.7万平方米；拥有固定资产7032万元。学校有全日制在校学生3543人，教师231人（其中专任教师200人、兼职教师31人）；有省陶瓷艺术大师6名、省高级工艺美术大师3名、株洲市核心专家1人、“双师型”教师108人。年内，学校经专业结构优化调整后，共开设专业12个，撤销原建筑工程与管理、电子电器应用与维修、汽车车身修复、计算机网络技术、计算机应用、会计6个专业，新增国际商务、电子商务2个专业，构建以服务陶瓷产业的“陶瓷工艺、陶瓷机械、陶瓷服务”三大专业群，专业结构紧密契合全市陶瓷、花炮产业发展需求。

【校企合作】推进校企合作共建共管的生产性实习实训基地建设，有陶瓷、花炮、汽修、机电、酒店服务、电子商务6个生产性实习实训基地，实训实习工位数达1689个。新增校外实训基地3家、校内生产性实训基地1家，年末共有校外实训基地127家、校内生产性实训基地6家。引入企业真实产品和案例共59个，校企共同开发实践性教学培训资源包 2 套，各专业实践教学课时数占专业课时数的比例平均达 60%，有力促进学生技能水平的提高。现代学徒制班由 2 个增至 5 个，试点培养学生由 87 人增至 203 人。新增合作院校 2 所，新增中高职衔接专业 2 个，中高职衔接班 42 名学生进入湖南工艺美术职业学院学习。

【师生培育】2016 年，学校重视学生心理健康教育，设立心理咨询室，建立健全学生心理健康档案，邀请专家讲座 17 场，发放宣传资料 7000 多份，编制《心理健康报》6 期。学生中有共青团员 2420 人，占学生总数的 68.3%；学生参加志愿服务的人数达 1500 人次；学生犯罪率为零、品德操行合格率 100%。学校搭建国培、省培、企业实践、参赛参评、校本培训等教师成长平台，参加国培 4 人、省培 5 人，市级培训 6 人、企业实践 45 人，开展全员校本培训 27 次、专项校本培训 31 次，共培训人员 4700 多人次。年内，学校教师获全国说课比赛一等奖 2 人、获省信息化教学竞赛一、二等奖 6 人；教师作品获国家、省级金、银奖 36 人，3 名教师作品入选“湖南文化走进法国”活动巡展，教师朱虹获“全国陶瓷技术能手”称号。

【教训项目建设】2016 年，学校通过国家“改革发展示范学校”项目建设验收。全年学校申创 7 个项目，其中 4 个项目被株洲市列为重点建设项目立项，“陶瓷烟花中小企业中、高层管理人员培训”项目通过湖南省经信委审核立项。年内，“十三五”规划产教融合发展工程规划项目的“陶瓷综合实训楼”和省经信委部门组织的“陶瓷烟花产业人才培训基地”项目仍处于评审阶段；“名师教学空间”获省教育科学研究院立项，学校釉下五彩陶瓷彩绘专业申创全国“第二批职业院校民族文化传承与创新示范专业点”。

【教学改革】一是学校公共基础课程建设有新进展。初步建立德育、语文、数学、英语和艺术 5 门课程的资源库，开发公共基础课程题库 7 门，新建《醴陵陶瓷起源与发展》《陶瓷、烟花诗词选读》地域文化课程 2 门，通过公共基础课程建设的扩展，进一步强化学生人文素质培养。二是专业群课程体系建设有新突破。以“产品（作品）导向、能力递进”为原则，构建“共享式、模块化”的专业群课程体系，全年整合、建设专业共享课程 8 门、专业领域课程 14 门、专业拓展课程 9 门，课程与岗位前沿技术的紧密度显著增强。三是大力推行信息化教学方法改革。探索“微信课堂”“翻转课堂”等信息化教学模式，课堂学习效率明显提升；年内，学校有 3 个信息化教学应用试点项目获省、株洲市立项。

醴陵市陶瓷烟花职业技术学校 2016 年教师获奖及论文发表情况一览表

表 8

姓　名	竞赛（作品）及论文（课件）名称	获奖及发表情况	颁奖或发表单位
陈　娟	《中职旅游酒店管理专业实训教学模式改革的探讨》	发　表	《教师》杂志
肖海祥	课本《语文导学基础模块》（下册）	出　版	北京理工大学出版社
颜小梅	2016 年全国中等职业学校语文课程“创新杯”教师信息化教学说课大赛	一等奖	中国职业技术教育学会
黄小芳	2016 年全国中等职业学校工美服装课程“创新杯”教师信息化教学说课大赛		
唐　婷	全国职业教育信息化优秀论文评审	三等奖	
黄小芳	湖南省职业院校信息化教学大赛中职专业一组教学设计大赛	一等奖	湖南省教育厅
凌欣颖	湖南省职业院校信息化教学大赛中职专业课程二组课堂教学大赛	二等奖	
常　峰 吴小娇	《计算机专业如何在就业与升学中找出口》	三等奖	湖南省职业教育与成人教育学会
朱树桃	《陶瓷工艺专业群建设实践与探索》		

续表 8-1

姓 名	竞赛（作品）及论文（课件）名称	获奖及发表情况	颁奖或发表单位
林芳媛	《中高职数学教学衔接》	三等奖	湖南省职业教育与成人教育学会
廖 维 郭平凡 唐 荣 黄 刚	株洲市 2016 年优秀网络学习空间评选	一等奖	株洲市教育局
朱树桃	《中职学校专业群建设实践与思考》		株洲市职业教育与成人教育学会
易清云	《中职生校园暴力行为产生原因及解决办法浅析》		
孙 锐	株洲市“创新杯”信息化教学说课大赛		株洲市教育科学研究院
梁武英	株洲市 2016 年优秀网络学习空间评选	二等奖	株洲市教育局
何小乐	《关于如何提高实训教学质量的探索》		株洲市职业教育与成人教育学会
杨湘钧	《浅谈用主题日记点燃学生积极向上之热情》		
陈细平	《陶瓷文化之窗》		
黄 刚	《浅谈中高职衔接的意义与方法》		
易清云	《信息化教学〈清塘荷韵〉教学设计》		
常 锋	《中职对口计算机应用专业教学的思考》		
黄 刚	《中职学校教学目标质量标准研究》		
吴小姣	《浅谈创客教育在中职计算机课程中的运用》		
张 毅	《让语文的基因植根职业教育的生命中》		
邓兰芳	《浅议中小学教师信息素养培养途径》		
黄小芳	《浅谈雕塑作品创作过程》		
刘 星	株洲市中职学校“创新杯”教师信息化教学设计和说课大赛		
丁冬梅	《谈谈如何构建中职数学高效课堂》	三等奖	
颜小梅	《浅谈中职语文教学的“生活化”》		
陈 敏	《中职生礼仪培养的探究》		
易 彤	《情境教学在中职旅游专业对口升学教学中的应用》		
林芳媛	《巧用微课，打造数学高效课堂》		
瞿江林	《中职学校教师如何提高教育科研能力》		
徐丽云	《略谈班主任的批评技巧》		
唐 婷	《浅谈中高职衔接的实践探索》		
林秀兰	《浅谈民办幼儿教师专业成长的困惑》		
彭小平	《浅谈职业高中阶段开设英语选修课的见解》		

续表 8–2

姓 名	竞赛（作品）及论文（课件）名称	获奖及发表情况	颁奖或发表单位
文 宇	《中等职业教育质量监控指标体系的探究》	三等奖	株洲市职业教育与成人教育学会
陈海根	《浅谈中职英语教学中专业特色的渗透》		
胡 莎	《浅谈信息化与计算机应用基础教学》		
匡世南	《浅谈如何提高职高数学教学质量》		
林秀兰	《如何提高中职幼教专业学生学习〈幼儿教育学〉能力》		
杨晖红	《英语教学中如何活跃课堂气氛之我见》		
刘 娴	《浅谈如何利用多媒体打造高效中职英语课堂》		
欧阳雪	《浅谈中职数学教学中课堂气氛之激活》		
蒋香英	《关于中职计算机专业双师型教师队伍的思考》		
张旖旎	《团体心理辅导在中职首次主题班会中的应用探究》		
胡牡丹	《中职社会主义核心价值观教育的举措》		
张 沙	《吟诵知诗味》		
瞿 蓓	《醴陵釉下五彩瓷的工艺性及装饰特点》		
郭米红	《“产品导向、项目递进”的工学结合人才培养模式研究与实践》	株洲市 2016 年“华晨创新之星”三等奖	株洲市教育基金会
邓 龙 陈细平	《大汉陶艺馆 DIY 印象园》	株洲市 2016 年“华晨创新之星”三等奖	

（黄天云）

市第一中学

【概况】2016 年，醴陵市第一中学坚持“创新、协调、绿色、开放、共享”五大发展理念，主动适应教育改革和高考改革的新常态，扎实有效地开展各项工作，学习型学校、和谐型学校、节约型学校、小康型学校建设卓有成效，学校得到稳步、和谐发展。年内，全校有 928 人参加高考，二本以上一次性上线 808 人，二本以上一次性上线率达 87.07%；一本一次性上线 423 人，一本一次性上线率达 45.58%。在全省 600 分以上考生人数大幅减少的情况下，学校共有 49 人达 600分以上。有艺体专业考生 92 人，专业文化双上线 65 人、双上线率为 70.7%。其中，音乐专业 18 人参考，14 人专业文化双上线，双上线率为 77.8%；美术专业 45 人参考，37 人专业文化双上线，双上线率为 82.2%；体育专业 16 人参考，9 人专业文化双上线（其中 1 人保送、3 人特招），双上线率为 56.3%；其他艺术类专业 13 人参考，5 人专业文化双上线。有 985 人参考高二学考，其中 977 人一次性合格、一次性合格率为 99.19%，681 人为优秀、优秀率为 69.06%。学校连续第四年被株洲市教育局评为“质量建设先进单位”。

【教研教改】2016 年，学校经过三年时间打造的以提高学生能力和学习效率的“魅力课堂”体系基本成型，特色课程文化在株洲地区乃至全省有较大的示范引领作用。12 月，学校召开化学课程基地建设会议，被评为株洲市“化学课程基地”，并获株洲市教育局前期 10 万元的经费支持。年内，有 50 多篇教师论文在省级以上刊物发表或获省级以上奖励，教师参加教学业务竞赛获国家级奖励 4 人、省级奖励 21 人、地市级奖励 11 人，学校获评株洲市“教育学会先进单位”。

【特色教育】2016年，学校田径队、健美操队参加省级、市级比赛屡获大奖，健美操队被遴选为湖南省唯一一支中学队伍参加2016全国啦啦操创意展示大会，并获集体冠军和“最佳编排奖”。学生参加第23届中华圣陶杯中学生作文大赛、第十五届全国创新英语大赛、全国高中数学联合竞赛、全国高中化学竞赛等比赛，获全国奖92人次、省级奖170人次、市级奖励420人次。13名学生参加株洲市首届青少年科技创意设计大赛，均获奖项，综合积分居株洲市高中组第一名，获“株洲市首届青少年科技创意设计大赛优秀组织奖”。

【基础设施建设】2016年，学校基础设施建设再上台阶，百年古建筑“遵道楼”抢救性维修完工。暑假期间，改造学校田径场；在来龙门街道办事处协作下，拆除南校门危房，解决学校长达11年的历史遗留问题，规范建设和搬迁行政处室，修缮民主广场，学校办学条件得到改善。年内，新图书馆投入使用，市教育局为学校配备图书2万册。由学校校友捐款近60万元的“校史馆”修缮完工，并被评为省级“优秀校史馆”。

市第一中学2016年教师获奖及论文发表情况一览表

表9

姓　名	竞赛（作品）及论文（课件）名称	获奖及发表情况	颁奖或发表单位
兰　健	《用智慧敲击学生的心灵——〈老子〉五章教学思考》	发　表	《生活教育》2016年3月25日
曾佑辉	《岳阳龙舟传统体育文化资源开发对民族传统体育国际化推广研究》		《体育科技文献通报》2016年第24卷第10期
唐　珍	《论高中英语教学中学生自主学习能力的培养》		《中外交流》2016年27期
李克月	《美人如玉——玉堂春形象分析》		《语文报》2016年第20期
李克月	《经风历雨一枝梅——〈雷雨〉中侍萍形象的暗示性分析》		《语文报》2016年第42期
		二等奖	湖南省基础教育学会
涂飞虎	《合作学习在高中物理教学中的应用对策研究》	发　表	《教育现代化》2016年4月
曾妞妞	《“五好”让IT课堂形散而神不散——〈用智能工具处理信息〉磨课记》		《教育信息化》2016年3月
曾佑辉	《小学1～3年级体育游戏创编原则与方法分析》		《青少年体育》2016年2月25日第34期
徐学军	《历史教学中学生思辨能力的培养》		《教育学》2016年第5期
	《合理课堂结构设计是实现历史课堂教学高效的良方》		《教育科学博览》2016年第5期
涂飞虎	《如何优化高中物理实验教学》		《中学课程辅导》
易祖溪	《给语文教学加点“营养土”》		《中学课程辅导》2016年第8期
李克月	《雨霖铃》教学设计	一等奖	湖南省基础教育学会
曹小芳	《高一物理高效课堂如何创设》		
曾妞妞	《网络巧利用　信息素养自提高》		
邹玲花	《神经调节与体液调节专题》教学设计		
兰　健	《句子补写衔接题》课件		
胡　湘	《解放战争》课件		

续表 9-1

姓　名	竞赛（作品）及论文（课件）名称	获奖及发表情况	颁奖或发表单位
翁开云	必修三　第 2 章第 4 节《免疫调节》课件	一等奖	湖南省基础教育学会
张　莹	《4.3 楞次定律》课件		
涂飞虎	《曲线运动》课件		
谢明桂	《DNA 分子的复制》课件		
李楠楠	人教版必修四第二单元《定风波》课件		
夏　聪	《羽毛球正、反手发球教学》课件		
黄益民	高三英语一轮复习牛津高中英语模块二《unit 2 wish you were here》课件		
曹小芳	《从听课中学到的物理课堂教学》	二等奖	
贺明星	《故都的秋》教学设计		
黄益民	牛津高中英语模块十一《Unit 1 Reading　So many job to choose from》教学设计		
汤其军	《创新方法之一——缺点列举法》		
邹玲花	《种群的特征》教学中生物学概念教学的实践		
丁　友	《矛盾的含义及其基本属性高三复习》教学设计		
丁　友 张　维	《2016 年高考政治新课标全国文综卷 I 政治卷浅析》		
张　维	《社会主义市场经济二轮复习》教学设计		
熊利平	《Reading in Unit 2 Module2》课件		
李楠楠	人教版选修中国古代诗歌散文欣赏《项脊轩志》课件		
曾　静	《Be a volunteer》课件		
谢明桂	《通过激素的调节》课件		
吴　汁	《铁的化合物》课件		
周雄艳	《乙烯》课件		
钟胜昔	《等温线的判读》课件		
兰　健	《登岳阳楼》课件		
胡　湘	《资政新篇》课件		
	《建国以来的重大科技成就》课件		
邹玲花	《植物芳香油的提取》课件		
翁开云	必修三 第 5 章第 5 节《生态系统的稳定性》课件		
	必修三 第 4 章第 1 节《种群的特征》课件		

续表 9-2

姓　名	竞赛（作品）及论文（课件）名称	获奖及发表情况	颁奖或发表单位
王水英	《Unit2 Project Period 1 Reading》课件	二等奖	湖南省基础教育学会
张白霜	《导数的几何意义》课件		
周　香	《囚绿记》课件		
骆盈盈	《牛津高中英语译林出版社模块四 第一单元阅读 Advertisement 第一课时》课件		
万明星	《教育教学改革创新之课堂教学》		湖南省教育科学研究工作者协会
谢　丹	《巧妙扩句，提高作文“颜值”》		湖南省教育学会 中小学实验教学研究专业委员会
范彩红	《高中英语写作教学中存在的问题及策略探究》		
廖兰芳	《空间向量的数量积运算》课件		
范彩红	《高中英语写作教学中存在的问题及策略探究》	三等奖	湖南省教育科学研究工作者协会
廖成辉	《全球气压带和风带的分布及移动规律》教学设计		湖南省教育学会 中小学实验教学研究专业委员会

（江　哲）

市第二中学

【概况】2016 年，醴陵市第二中学（以下简称“学校”）有 50 个教学班、学生 2941 人；教职员工 223 人，教师中有研究生 12 人、株洲市学科带头人 3 人，醴陵市学科带头人 7 人和醴陵市名师 3 人。学校占地面积 78.4 万平方米，生均面积 26.65 平方米；有 400 米标准跑道 1 个、标准足球场 1 个，室外篮球场 6 个，室内篮球场 1 个，室内体育馆 1 个。年内，学校新增校内督导员 4 人，出版《醴陵二中行政简报》4 期。5 月，赴船湾中学开展教学督导和资金帮扶活动。11 月，学校代表醴陵市接受教育部督导创新县检查。年内，学校副校长、民盟醴陵总支主委瞿孝林当选为政协株洲市第九届委员会委员、政协醴陵市第十四届委员会常委。

【教学教研】2016 年，学校高二年级学考合格率为 99.5%，被评为株洲市“学考质量先进单位”。2016 年高考，学校一本上线 98 人，比上年净增 18 人；其中文科生 33 人、理科生 65 人。二本以上上线 429 人，比上年净增 3 人，二本以上上线率达 51.6%；其中文科生 161 人、理科生 193 人、特长生 75 人。高考一本、二本上线人数位居株洲市“省示范性高中”第六名。教师朱世荣主持的《用大历史观统率中学历史校本研修的研究》课题获省级一等奖、唐新秋主持的《中学生汉英思维转换研究》课题获省二等奖。余艳飞的《诗歌朗读技巧指导》、汪建平的《导数的运用（二）》、宋庆宇的《春夜宴从弟桃花园序》优课被评为“省级优课”，并入围“部级优课”评审。语文组瞿明斓主持的《农村示范性高中深度教学对语文素养的培养研究》《农村示范性高中语文作业改革实践研究》，历史组郭颖峰主持的《以循环课堂思维推高中历史教学变革的研究》，综合组杨祎主持的《不同家庭教养模式下高中生学业成绩和主观幸福感的关系研究》、体育组潘伟主持的《生态体育视域下农村高中体育与健康课堂开展定向运动的实践研究》，经省教育学会专家评审批准立项，其中《农村示范性高中深度教学对语文素养的培养研究》被评为省级重点课题。

【基础设施建设】2016 年，学校基础设施建设进一步强化校园的绿地植物管理、养护和绿化维护，在校园新栽樟树 8 颗，完成 U 型楼的绿植移栽和办公楼后空地、高三楼前坪的绿化、美化、亮化工程。对全校 50 间教室、10 处功能室，按国家教育考试标准配置，分别加装交互式多媒体设备；完善室内体育馆装修、翻修田径场看台与栏杆。年内，学校宿舍楼新建工程项目被列入市“民生 80”工程项目，其项目立项的国土预审、规划红线及平面设计、环保报批、可研编制等工作均已完成，获市财政预算投入500万元。

【党建工作】2016年12月，中共醴陵二中党总支升格为中共醴陵二中党委，王建林当选为第一届书记，下设高一、二、三及行政后勤、离退休5个支部。年内，被中共株洲市委、醴陵市委评为“先进基层党组织”，在市教育局年度绩效考核评比活动中，被评为“红旗单位”。全年新发展中共党员1人，何志刚等10人被评为党建工作先进典型，何志刚、郭建明被评为市教育系统“优秀共产党员”，高三年级党支部被评为市教育系统“先进基层党组织”。

【德育工作】2016年，学校分季度开展消防安全演练和知识讲座活动，对校园安全隐患每月进行一次集中排查和整治。3月，全学校开展“我是二中人、我为二中代言”主题教育活动，高一年级完成以“绿色·和谐·自然”为主题的25千米远足活动，学校团委组建志愿者服务队，开展扶孤敬老、环境保护、志愿服务、祭扫先烈等主题活动。4月，组织团员代表赴泗汾镇陈觉烈士墓和醴陵南四区革命纪念馆开展祭扫活动；开展“心理健康教育月活动”，制作心理健康教育展板，召开心理健康主题班会，对高三学生进行考前心理健康辅导；制作为高考加油呐喊的祝福墙，组织开展首届“醴陵二中主题班会竞赛”活动。6月，40名学生青年志愿者在“高考和高二学业水平考试”期间坚守服务岗位。11月，开展“纪念红军长征胜利70周年”图片展。年内，出版2016年《弄潮》第一、二期校刊。

【艺体教育】2016年，举办高一新生艺体专业招生考试，择优录取音、体、美特长生60人。在参加市“两型”书画、摄影比赛活动中，有17名师生获一等奖。校田径队参加株洲市“三好杯”田径比赛，获高中组团体总分男子组、女子组第五名，摘2金、1银、2铜；教职工参加市第二届教职工趣味运动会，获2项第六名。在年度高考中，学校有音、体、美、播音主持、书法、体育、舞蹈等科目参考学生158人，二本专业成绩上线94人、文化成绩上线75人。11月，学校举行校园科技艺体节，并首次采用全新声光电舞美技术进行节目会演。

市第二中学2016年教师获奖及论文发表情况一览表

表10

姓　名	竞赛（作品）及论文（课件）名称	获奖及发表情况	颁奖或发表单位
瞿明斓	《高考作文，要善于将其酿造“二锅头”》	发　表	《当代中学生报·教师用报》
	《文学作品教学中的情感诱导》		《当代教育实践与教学研究》
	《现代文阅读“表达特色题”答题建模》		《当代中学生报·教师参考》
刘和平	《过程不同，产品各异》		《当代中学生报·编辑部》
	《高中化学课堂教学的有效性探讨》		《文理导航》
瞿明斓 宋庆宇	《“换位·集成·催化”——高中语文教学模式研究》		《当代教育实践与教学研究》
刘仕新	《多媒体数学课件的制作策略》		《新教育时代》
欧阳中艳	《吃透过程洞悉原理》	一等奖	湖南省教育学会
丁传军 刘和平	《给学生倾注满腔的爱》		湖南省基础教育学会
潘　赞	《今日的习惯决定明天的我们》		
凌剑虹	《汝果欲学诗，功夫在诗外》		
江来香	《浅议高中思想政治课教学应如何培养学生的问题意识》	二等奖	湖南省教育学会

续表 10–1

姓　名	竞赛（作品）及论文（课件）名称	获奖及发表情况	颁奖或发表单位
易　钢	《重视初高中数学的衔接教学》	二等奖	湖南省教育学会
陈　香	《以学情为出发点合理创设课堂结构》		
漆迎芬	《语法填空动词教学对策》		
谢许生	《2016 年高考全国新课标 1 卷历史试题的特点及启示》		
刘和平	《农村学生厌学原因分析及建议》		湖南省教育学会 中小学实验研究中学委员会
凌剑虹	《巧设“三维”追求完美》		
易建林	《提高高三政治试卷讲评课效果之我见》		湖南省基础教育学会
刘和平	《醴陵市农村中学生厌学心理分析及对策研》		
凌剑虹	《古来圣贤皆寂寞，惟有死者留其名》		
何非凡	《浅析思想政治教学“导”的艺术》		
潘伟	《论街头篮球对醴陵市篮球发展的影响》		
黄艳花	《论义务教育对青少年运动员成长的重要性》		
欧阳中艳	《高三地理复习之浅见》		
何非凡 贺明战	《开启思维潜能智慧之树挂硕果》	三等奖	湖南省教育学会
叶　玉	《一节作文讲评课之痛》		
杨爱清	《战后资本主义的新变化》教学设计		
易　钢	《数学概念教学的深入思考》		
刘新虎	《在历史课堂教学中如何渗透情感态度与价值观教育》		
漆迎芬	《读题预测，阅读印证——谈知识前结构在阅读中的作用》		
刘金山	《信息技术环境下高中通用技术课程资源建设研究》		
刘仕新	《例谈转化与化归思想的应用》		
潘　伟 彭　锦	《高中女生跨栏跑时“恐惧心理”现象的初探》		
兰铁军	《以问激趣增活力　以镜明理求实效》		
黄艳花 尹小平	《竞技健美操 C 组难度屈体分腿跳动作教学》		
唐新秋	《如何利用教材训练阅读策略——Skimming》	一等奖	株洲市教育科学研究院
曾韶林	《学校督导工作的一点体会》	三等奖	株洲市人民政府教育督导室

（朱世云）

市第四中学

【概况】2016年，醴陵市第四中学（以下简称“学校”）有3个高中年级、每个年级有18个班，有成建制教学班54个，有学生2959人；有教职工263人，其中专业一线教师224人、高级教师66人、中级教师110人。校园占地面积近10公顷。年内，学校投入近700万元，改造、升级田径运动场、排球训练场，新建封闭式足球训练场，全面改造2栋男生宿舍和学生食堂；按照省级标准装配供学生使用的计算机室2间、电子阅览室1间，调整和装配理化生实验室。学校高考二本以上上线436人，其中1人保送清华大学。年末，学校被株洲市教育局评为“2016年高考质量突出贡献单位”；成功创建“湖南省食品安全示范学校”。

【队伍建设】一是注重发挥党员的先锋模范作用和党支部的战斗堡垒作用。在全体党员中，开展“两学一做”学习教育活动。3月，学校党委组织全体党员观看《中国共产党纪律处分条例》《中国共产党廉洁自律准则》宣教片。“七一”前夕，结合“两学一做”学习教育活动，学校党委成员慰问一批离退休老教师。二是注重教研队伍的培训与管理。8月，组织行政管理干部进行为期3天的封闭式培训。建立每2周组织1次的学术委员、教研组长学习研讨机制，4次选派学术委员、教研组长分赴株洲市、长沙市等地进行学习、培训、交流，暑假期间组织教学骨干进行封闭式集中培训。学校通过开展“教师阅读行动计划”，举办“教师读书论坛”6次，主讲教师通过论坛与全体教师分享个人的读书心得。2016年选送教师参加国培、省培300多人次。开展“醴陵四中第四届明星班主任”评选活动，评选出郭智、林静、刘云英等8名“明星班主任”；开展第五届“我最喜爱的教师（员工）和十佳优秀团队”评选活动，有35名教师和10个团队分别受到表彰和奖励。

【创新办学】2016年，学校创新办学机制，在原二级管理的基础上推行深度融合，用机制创新推动学校创新发展，使学校“二级四化三维一督导”（二级：校级、年级，四化：基础管理标准化、过程管理精细化、评价机制数据化、激励机制人文化，三维：学生成功、教师成功、学校成功，一督导：由校级领导、教务主任、教研主任、学术委员、教研组长组成的课堂教学督导）管理机制进一步优化，将职能处室正、副主任到年级部蹲点，协助年级把握发展方向，参与和指导蹲点年级教育教学及其管理工作。

【德育教育】2016年，学校开展系列大型的励志教育活动。4月，高一、二年级分别进行“青春、励志、环保”为主题的35千米远足活动，使学生磨炼意志，挑战极限；邀请当代青年励志成才的典范杨孟衡、青年英语演说家丁可到学校，为学生作题为“青春正能量美丽中国梦”的励志报告会，邀请湖南语学堂到学校作“梦想与爱同行”“我要考好大学”的励志教育报告会。年内，将学生行为习惯量化考核工作常态化，学生思想品德合格率100%，未出现重大安全事故，学生犯罪率为零。

【艺体特色】2016年，学校继续坚持特色发展之路，在“抓好艺体常规、深挖艺体文化、实现特色引领”的基础上，突出抓好“特色上档次、学生上名校”工程，在全省100多所“省示范性高中”独立组团参赛的省中学生田径锦标赛上，学校运动队获团体总分第二；连续23次夺株洲市中学生田劲运动会男女团体总分第一。8月，学校学生运动员代表株洲市参加省青少年田径锦标赛，夺6枚金牌。艺体专业高考再次领跑株洲，音乐、美术专业实现历史性突破，取得株洲市领先位置；书法专业成绩囊括全省文、理科专业第一、二名，特长生汪嘉莉被保送清华大学。年内，组织学校有关专业教师，对全市44所初中学校的音、体、美教学调研，创立艺体基地学校，并及时与初中基地学校的专业教师交流教学心得。年内，学校成为株洲市“自主招生学校”，开设艺体创新实验班。8月，学校举办“魅力潇湘·五彩醴陵”2016年专场民族音乐会，学校足球队获株洲市“市长杯”校园足球比赛三等奖。

市第四中学2016年教师获奖及论文发表情况一览表

表11

姓　名	竞赛（作品）及论文（课件）名称	获奖及发表情况	颁奖或发表单位
李正勇	《2016年全国高考地理试题（Ⅰ卷）分析和高效教学探究》	一等奖	湖南省教育学会
李　能	《让“批驳”更有力——突破文综政治“批驳性主观题”》		
张申德	《微课及翻转课堂》		

醴陵市房产管理局

LI LING SHI FANG CHAN GUAN LI JU

党总支书记、局长　余建明

市长康月林视察房产项目

扶贫工作

“三创四化”

第七届房交会开幕式

召开房屋征收工作“百日攻坚”动员大会

醴陵市公安局

LI LING SHI GONG AN JU

宣传劝导

夜查酒驾

交通秩序维护

2016年末，全市道路通行里程3181.8公里，注册登记机动车182376辆、驾驶人190361名。年内，市公安局交警大队（以下简称“大队”）有在岗民警85人，交通协管员112名；下设16个二级机构和单位。全年接处警18621起、较上年增长83.4%，处罚交通违法行为97518起、较上年增长47%，电子警察纠违187886起、较上年增长96%；交通肇事逃逸发案5起、破获4起，侦破刑案100起、刑拘10人、移诉102人；查获酒驾169起，醉驾追刑56人。全年全市上报事故发案下降48.7%，死亡人数下降26.3%，伤人数下降41.7%。

交通警察大队

JIAO TONG JING CHA DA DUI

安全宣传

车管所服务窗口一角

开展摩托车上门送考

智能交通指挥中心

开展渣土车源头管控

规范摩托车停车位

交通设施改造

醴陵市园林绿化管理局

LI LING SHI YUAN LIN LV HUA GUAN LI JU

市委书记胡湘之调研园林工作

开展“关爱儿童守望成长”走访日主题走访活动

提质改造后的西山公园一角

举办园林技能竞赛活动

夜间作业

醴陵市畜牧兽医水产局

LI LING SHI XU MU SHOU YI SHUI CHAN JU

领导班子

省、株洲市专家到石笋尖养殖公司指导

组织参观学习粪污固液分离技术

石亭镇农户放养的肉牛

全市养殖业工作会议

醴陵市农业机械管理局

LI LING SHI NONG YE JI XIE GUAN LI JU

省农机局副局长黄育忠到醴陵督导农机安全工作

局长谢建林慰问贫困户

召开建党 96 周年庆祝大会

开展免费农机技能培训

举办水稻生产全程机械化暨“三减量”行动现场演示会

植保无人飞机喷洒农药

醴陵市文化市场综合执法大队

LI LING SHI WEN HUA SHI CHANG ZONG HE ZHI FA DA DUI

大队长　何柳望

全队工作人员合影

扶贫工作

对网吧进行执法检查

查处某小区非法广播电台

在渌江社区开展文化市场“扫黄打非”进基层工作

醴陵市文化市场城镇提质暨“三创四化”集中攻坚战推进会

荣誉榜

醴陵市水务集团

LI LING SHI SHUI WU JI TUAN

市领导到公司视察

醴陵市自来水公司成立于1981年，现已成为一家集制水、供水、售水、工程设计与安装于一体的国家四类供水企业。公司现有省级水质监测站、水厂等十三个二级机构。拥有固定资产1.06亿元，职工249人。先后获得“全国县镇供水企业先进单位”“省供水卫生先进单位”“省集中式供水先进单位”“省供水行业思想政治工作先进单位”“湖南省供水行业企业文化建设先进单位”“省园林式单位”“省级模范职工之家”等荣誉称号。

水厂全貌

（醴陵市自来水公司）

（LI LING SHI ZI LAI SHUI GONG SI）

总经理　吴礼阳

党总支书记　巫值良

安全生产 优质供水

工程建设

管网维修

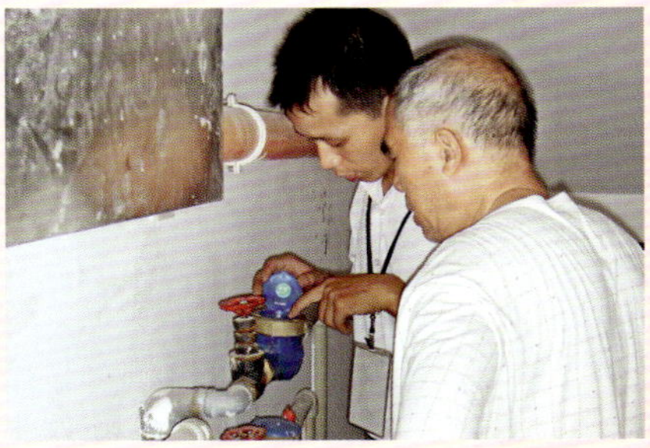

优质服务

社区服务

综合服务大厅一角

公司员工风采

企业文化

醴陵市渌江投资

LI LING SHI LU JIANG TOU ZI

领导班子

项目工地

新春团拜会

企业高管调研创新创业服务中心

控股集团有限公司

KONG GU JI TUAN YOU XIAN GONG SI

市委书记胡湘之调研集团城建项目

党委书记、董事长黄小勇调研易地搬迁安置工作

渌江书院

一江两岸

醴陵大道与320国道交叉口项目效果图

东富大道效果图

醴陵市高新技术产业

LI LING SHI GAO XIN JI SHU CHAN YE

董事长易勇陪同国家发改委国土地区所副所长申兵调研陶瓷会展馆建设情况

市委副书记邹展晖到集团视察

办公大楼航拍图

发展集团有限公司

FA ZHAN JI TUAN YOU XIAN GONG SI

2017 年工作动员大会

集团学习两会精神

中国陶瓷谷项目建设调度会

陶瓷会展馆项目建设调度会

扶贫工作

创新创业小区一期

开展户外活动

醴 陵 市 长

LI LING SHI CHANG

党工委书记　汤　文

主　任　汤铁龙

召开双述双评暨“三创四化”工作会议

召开脱贫攻坚决胜年动员大会

市新三中建设项目开工仪式

庆示范区

QING SHI FAN QU

党工委书记汤文陪同市经济开发区管委会主任谢圣才督查安置区建设工作

示范区获评“醴陵市 2016 年征拆工作红旗单位”，图为受表彰现场

辖区新建楼盘

拆违工作

沪昆高铁醴陵东站

醴陵市来龙门

LI LING SHI LAI LONG MEN

株洲市委常委、市纪委书记赖馨正到街道调研

市委书记胡湘之到街道调研

市长康月林一行到街道指导工作

党工委书记彭亿安慰问五保户

开展“七一”党日活动

街道办事处

JIE DAO BAN SHI CHU

党政领导班子会议研究征拆工作

便民服务中心一角

开展警示教育活动

开展企业帮扶

醴陵市商业步行街

醴陵市阳三石

LI LING SHI YANG SAN SH

市委书记胡湘之到街道渌江社区调研网格化管理工作

市委常委、宣传部部长曾毅鹏到辖区企业调研

开展全民大清扫活动

重点项目工作推进会

开展法制宣传活动

街道办事处

JIE DAO BAN SHI CHU

党工委书记孙平慰问贫困户

依法关停非法企业

拆违工作

举办工贸企业安全生产培训会

"五问工作法"汇报会

召开换届风气监督工作会议

醴陵市仙岳山

LI LING SHI XIAN YUE SHAN

市委书记胡湘之到街道调研

市委副书记邹展晖到街道讲党课

党工委书记周细平调研工程项目

党工委书记周细平慰问贫困户

南门社区居民到市委、市政府送锦旗

“七一”表彰大会

举办募捐活动

街道办事处

JIE DAO BAN SHI CHU

新一届“两委干部”集体亮相

办事处工作人员上门做拆迁工作

便民服务中心一角

开展“三创四化”活动

醴陵市国瓷

LI LING SHI GUO CI

党工委书记　赖　洪

市委书记胡湘之到街道调研指导工作

经开区党工委书记黎平到街道督查“三创四化”工作

主任李友鹏在陶瓷艺术城召开“三创四化”现场办公会

机关全体工作人员合影

街道办事处

JIE DAO BAN SHI CHU

领导班子

机关支部党日活动

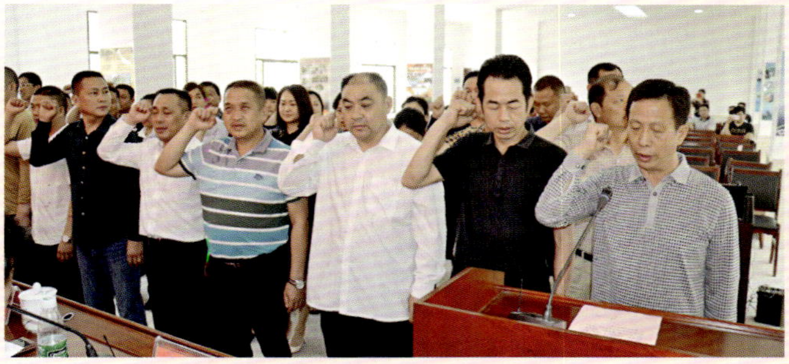

新任支村“两委”集体宣誓

办公大楼

醴　陵　市

LI LING SHI

市委常委、常务副市长邹志超为全镇党员干部上党课

镇安监站工作人员合影

召开基层党建工作业务培训会

新一届村（居）“两委”班子成员集体谈话宣誓大会

李畋镇

LI TIAN ZHEN

党委书记杨翔带队考察招商引资项目

党委书记杨翔慰问贫困户

辖区企业产品展示

机关办公大楼一角

萍浏醴起义旧址麻石龙王庙

便民服务中心一角

醴 陵 市

LI LING SHI

领导班子

贫困户给镇党委、政府送锦旗

开展“植树节”活动

玄武大道实景图

现代农业示范基地

白兔潭镇

BAI TU TAN ZHEN

市长康月林到镇视察扶贫工作

党委书记胡炼红调研贫困户危房改造工作

驻村工作队员查看贫困户农作物

集镇新区鸟瞰规划图

蔬菜种植基地育苗图

醴　陵　市

LI LING SH

开展“七一”宣誓活动

党委书记王平走访企业

荣坪蔬菜基地

镇第一届文化艺术节

燕子崖

浦口镇

PU KOU ZHEN

举办关爱留守儿童活动

辖区农业龙头企业浦缘蔬菜种植农民专业合作社

辖区新安装的太阳能路灯

辖区荣坪村新建的泵站及水渠

辖区在建小学

辖区合水村新修的水泥路

醴 陵 市

LI LING SH

党委书记　郭中阁

镇　长　文　庆

株洲市委常委、组织部部长羊贵平到镇调研工作

开展乡村文体活动

“平安创建杯”拔河赛

王 仙 镇

WANG XIAN ZHEN

市委书记胡湘之到镇督查环保工作

市长康月林到镇召开河流治理现场调度会

党委书记郭中阁督查换届选举工作

镇长文庆带队巡查安全生产

镇村干部重温入党誓词

召开大学生座谈会

取缔马路市场

醴陵市沩山镇

LI LING SHI WEI SHAN ZHEN

市委书记胡湘之到沩山村指导扶贫工作

全国重点文物保护单位——沩山古窑

副市长王吉祥调度望仙桥水库综合治理工作

副市长谭艳到湘成陶瓷考察慢炖锅

党委书记苏凯和驻村办点单位指导面上村扶贫工作

沩山古窑（彭雪飞/摄）

续表 11-1

姓 名	竞赛（作品）及论文（课件）名称	获奖及发表情况	颁奖或发表单位
何辉龙	《“五环教学法”各时段教学方式策略研究》	一等奖	湖南省教育学会
王小平	《让体育成为心理健康教育的有益载体》		
何辉龙	《消除高中生历史学习过程中厌学情绪的有益尝试》		
钟水泉	《后进生转化三部曲》		
李云希	《激活内驱力　让“问题学生”自救》		
易湘礼	《社会暖心、教师才不会寒心——学生暴力伤害教师事件的冷思考》		
欧阳永	《读欧文亚隆有感》		
瞿　意	《尊重隐私权，突出正能量——从两个案例看家校微信群》		
陈平文	《用“三心”“理”好一个班级》	二等奖	
李正勇	《浅谈高二文科生学习地理的心理问题及对策》		
王利军	《代理班主任的日子》		
钟水泉	《变说教为倾听》		
何辉龙	《师生同心学好历史》		
胡　庆	《历史课要有历史课的味》		
曾立霞 曾艳琼	《变式教学与五环教学相结合实践探究》		
谭兴和	《新民主主义革命的崛起教学设计与反思》		
易　辉	《向英语课堂要快乐》		
王　辉	《有一种教育　叫北京十一中学 Style》		
	《浅谈班主任如何当得不“难受”》		
黄永庚	《浅谈后进生的转化技巧》	三等奖	
武伟云	《好习惯，送给孩子最好的礼物》		
瞿　意	《浅谈增强自信心在提高学生英语表达能力的运用》		
彭　威	《立足基础，能力导向——湖南省 2016 年理综化学试题分析》		
彭　柳	《浅谈在分层教学中如何实施素质教育》		
黄桂芬	《自主学习，做学习化学的主人》		
何辉龙	《历史课如何做到有效互动》		
何辉龙	《2016 年高考全国卷 I 历史试题 41 题的思考》		
胡　庆	《2016 年全国卷 I 历史选择题中的历史学科核心素养》		
易艳良	《历史高考试题之感悟》		

续表 11-2

姓　名	竞赛（作品）及论文（课件）名称	获奖及发表情况	颁奖或发表单位
汪建凡	《近三年历史高考试题的分析与启示》	三等奖	湖南省教育学会
杨毅鑫	《变中有稳，活中含基——透过 2015 年、2016 年生物高考浅谈 2017 生物高考备考策略》		
陈莉明	《浅析 2016 年高考英语试题全国卷 I》		
何　芳	《2016 英语全国卷 I 改错题给我们的启示》		
瞿　意	《浅谈优化高中英语导学案》		
瞿　意	《巧用多媒体激发高中生学习英语的兴趣》		
张芳兰	《从 2016 年全国卷高考题谈谈如何指导学生做好语法填空题》		
武伟云	《2016 年全国卷阅读语篇分析与语篇教学建议》		
周　静	《主观题概括类试题增分复习指导》教学设计		
汪智慧	《用心管理出一个优秀班级》		
丁国庆	高三一轮复习课人教版必修《美术的辉煌》教学设计		
何辉龙	《浅谈历史主体下串珠式情景创设》		
陈　君	《近年全国高考新课标历史试卷研究及高三复习策略》		
屈明华	复习课教学设计		
兰　杰	株洲市高中地理微课现场教学比赛	一等奖	株洲市教育学会
汤　琼	《太平天国运动》竞赛课	二等奖	
姚　芳	《对高中音乐鉴赏教学价值的再思考》	三等奖	

（何开思）

湖南轻工高级技工学校

【概况】2016 年，湖南轻工高级技工学校（以下简称“学校”）招收全日制新生 1347 人，共有在籍学生 4992 人；有在编教职工 217 人。全年实现财务总收入 6693.24 万元，年末拥有资产净值 9191.59 万元。年内，学校设 3 大专业系、27 个工种，分设普通高中教育、社会培训和预备技师、高级技工、中级技工学历教育，全年完成各级各类职业技能培训 5435 人次。年末，被省经济和信息化委员会授予“企业人才培训基地”，被国家体育总局体操管理中心授予“阳光排舞进校园示范学校”（湖南省四个基地之一）。组织师生排舞队参加地市、省级、国家排舞大赛均获一等奖，成功举办 2016 年校园技能节和元旦文艺晚会。

【教学教研】2016 年，学校进一步推进工学一体化教育模式，大力开展校企联合“订单式”办学，完善技能竞赛长效机制，引导师生积极参加各级各类竞赛，确保教学质量稳步提高。普职兼容对口升学人数再创新高，一次性本科上线 67 人，其中 600 分以上 38 人、重点本科院校录取 13 人。全年学生参加地市级技能比武获一、二、三等奖 27 人次，学校获团体二等奖；教师积极参加各级各类竞赛、课题建设、校本开发等活动，有 40 多名教师撰写的论文获株洲市级、省级、国家级大奖；教师傅德毛获“中国陶瓷艺术大师”称号，教师徐曼冰、王群、刘淼获“湖南省陶瓷艺术大师”称号。

【新校区建设】学校新校区选址于市长庆示范区渌江新城核心区域内，规划用地面积 20 公顷；2016 年 12 月正式开工建设。湖南陶瓷技师学院筹建和新校区建设各项工作有序推进。

湖南轻工高级技工学校 2016 年教师获奖及论文发表情况一览表

表 12

姓　名	竞赛（作品）及论文（课件）名称	获奖及发表情况	颁奖或发表单位
夏召青	《关于中职语文古诗词教学的几点思考》	发　表	《探索科学》
谭文桃	《在行为导向课堂教学中激发学习动机—以绩效英语课堂小组合作探究教学模式为例》		《中小学教育》(杂志)
	《浅谈中职升学导向的英语教学与复习策略》		
管祥久	《再论清季“海防”与“塞防”之争》		《社科纵横(社科核心)》
	《论李端棻的社会教育思想》		《兰台世界(中文核心)》
	《薄弱高中学考复习方略刍议》		《中学教学参考》
	《论薄弱高中历史教学的信息化》		
朱石山	《中学体育教学中的学生个性培养策略研究》		《东方教育(杂志)》
唐　兵	《解密高考生物答题技巧》		
伍育光	《湖南对口高考数学教学初探》		
	《职业中专数学教学中多元化教学模式的应用分析》		《现代职业教育》
胡江鸿	《基于学生满意度提升中职教育吸引力的策略研究》		《中小学教育(杂志)》
	《杜威美学思想观点下中职英语审美教育实践研究》		《好家长》
颜志康	书画作品	选　登	湖南省直书画家协会
谭文桃	《在行为导向课堂教学中激发学习动机—以绩效英语课堂小组合作探究教学模式为例》	一等奖	中国教育教学研究会
	《浅谈中职升学导向的英语教学与复习策略》		
朱石山 何长军 何井凤	全国排舞比赛(规定曲目)(串烧曲目)		国家体育总局
管祥久	《再论清季“海防”与“塞防”之争》		湖南省教育学会
	《薄弱高中学考复习方略刍议》		广西教育学院
朱石山	《中学体育教学中的学生个性培养策略研究》		《东方教育》(杂志)
伍育光	《湖南对口高考数学教学初探》		
	《职业中专数学教学中多元化教学模式的应用分析》		
邓少杰	《2015 年湖南省中学数学教师解题比赛》	三等奖	湖南省教育学会
刘　力	《论高三学生心里压力产生原因及其缓解措施》		
贺琼卿	3D 打印机制作	二等将	株洲市科学技术学会、株洲教育局
何利军	《对口高考语文高分突破策略的思索》		株洲市教科院教育科学研究院

续表 12-1

姓 名	竞赛（作品）及论文（课件）名称	获奖及发表情况	颁奖或发表单位
汤其泉	2016 年株洲市地理原创题征评大赛	三等奖	株洲市教科院教育科学研究院
李米兰	《对数学课堂教学模式的几点思考》	一等奖	醴陵市教育局教研室
朱山丹	《近三年学考题分析及对普通高中英语学考教学的几点思考》		
周 秦	《如何有效地提高英语偏科学生的高考成绩》	二等奖	
陈红梅	《借问创新何处》		
郑双燕	《原电池的工作原理》		
周佳佳	《如何判断直线与平面平行》		
尹乔莉	《高中英语学考语法真题之提示词（动词）解题技巧》		
谭初发等 19 人	《陶瓷工美专业大师导师制高技能人才培养模式研究》	一等奖	湖南省教育科学院教育学会
颜志康	2016 年中国技能大赛——第二届全国陶瓷职业技能竞赛总决赛	全国陶瓷行业技术能手	中国陶瓷工业协会
	第六届“大地奖”陶瓷创新评比大赛	银 奖	
	第七届湖南省工艺美术精品大奖赛	铜 奖	湖南省工艺美术协会
	第十七届中国工艺美术大师作品暨手工艺术精品博览会“百花杯”评比	优秀奖	中国工艺美术协会
	2016 年广东全国“金凤凰”陶瓷创新评比大赛		
	福建莆田“百花奖”陶瓷创新评比大赛		中国陶瓷工艺美术学会
颜志康等 15 人	《陶瓷工艺美术专业大师导师制高技能人才培养模式研究》	一等奖	湖南省教育学会
盛 敏	株洲市首届临帖展、篆刻展	最高奖	株洲市书法家协会
	纪念建党 95 周年常德市书画作品展	三等奖	常德市书画院
	醴陵市两型诗书画摄影展	一等奖	中共醴陵市委宣传部
	醴陵市书法临帖大赛	优秀奖（最高奖）	醴陵市书法家协会
逄 威	首届陶瓷行业拉坯大赛	铜 奖	醴陵市人力资源部和社会保障局
	东亚非物质文化遗产博览会	铜 奖；收 藏	东亚非物质文化遗产博览会
	中国第三届陶瓷设计大赛	优秀奖	中国陶瓷工业协会
	湖南省首届创意陶艺大赛		湖南省教育厅

续表 12–2

姓　名	竞赛（作品）及论文（课件）名称	获奖及发表情况	颁奖或发表单位
盛　敏	湖南省爱国主义主题书法篆刻展入展	入　展	湖南省书法家协会
	湖南省首届篆刻艺术展		岳麓印社
	株洲市首届艺术节书法美术摄影精品展		株洲市宣传部
	常德市首届篆书篆刻刻字艺术展		常德市书法家协会
李瑞生	醴陵市书法临帖大赛		醴陵市书法家协会
盛　敏	书画作品	选　登	《北方文学》
李瑞生	东亚非物质文化遗产博览会	铜　奖	东亚非物质文化遗产博览会
	河南省第二十五届群众书法展	优秀奖（最高奖）	河南省书法家协会
	河南省第二十二届美术新人新作展		河南省美术家协会
	首届陶瓷行业拉坯大赛	优秀奖	醴陵市人力资源部和社会保障局
	东亚非物质文化遗产博览会	收　藏	东亚非物质文化遗产博览会
	商丘市三县书画联展	二等奖	商丘市文学艺术联合会
王　彦	2016 年湖南省教育厅职业院校论文竞赛《中职学校电子商务专业人才培养现状及对策研究》	三等奖	湖南省教育厅
肖陆军	2016 年湖南省教育厅职业院校论文竞赛《浅谈中职数控专业的工学一体化改革》		
陆　唐	2016 年湖南省教育厅职业院校论文竞赛《浅谈工学一体化教学模式中的复式教学法》		
王　彦	教材《经济政治与社会》	出　版	东北师范大学出版社

（李　超）

市机关幼儿园

【概况】2016 年，醴陵市机关幼儿园紧紧围绕市教育局“弘扬主旋律、凝聚正能量”“规范管理、彰显特色、促进均衡”的精神和要求，以“保教结合”为原则，以“安全”为抓手,以“硬件建设”为保障，全体教职员工团结协作，确保在园幼儿健康快乐成长。全年共有幼儿 1059 名，教职工 68 人，其中中学高级教师 1 人、小学高级教师 12 人。年内，被市列为“三创四化”第一批示范单位，通过省“文明卫生单位”复评；安全综治工作在市城区片督学责任区会议上作典型发言；与瓦子坪幼儿园的结对帮扶精准扶贫工作，在全市教育系统精准帮扶工作会议上作典型发言。年末，被市教育局评为“2016 年教育工作先进单位”“安全综治工作红旗单位”。

【教学教研】一是抓师资队伍建设。年内，全园新增 10 多名青年教师，针对新进的年轻教师，采取“师徒结对”的方法，以老带新，以骨干带全面。为提高教师专业水平，要求全体教师分别制定《三年发展计划》，为自己制定目标。开展“区域优秀案例评析”“青年教师技能比武”等活动，促进教师成长。组织教师有针对性地进行业务进修、参观学习与培训，学习先进教学经验和教改理念。在株洲市举行的“好习惯优秀案例评选”活动中，选送的《礼貌教育》教案获株洲市一等奖，音乐活动《小矮人和大巨人》《拍蚊子》教案分别获湖南省一、二等奖。二是抓幼儿教育教学工作。根据《幼儿园教育与发展纲要》《3 ～ 6 岁儿童学习与发展指南》，科学安排幼儿一日生活常规，进行“五大领域”（健康、语言、社会、科学、艺术领域）主题教学，丰富幼儿户外、生活和区域活动。利用“六一系列活动”“亲子游艺会”“好习惯、我最棒”等活动及各种节日教育，引导幼儿感知社会。三是发挥示范引领作用。组织骨干教师与瓦子坪、狮子坡中心幼儿园、明月镇幼儿园结对帮扶，在幼小衔接方面作重点指导，引导农村幼儿园纠正“小学化”倾向。全年承办全市大型幼教活动、“株洲市送教下乡”活动12场次。

【基础设施建设】2016年，维修改造园内设施，更换存在安全隐患的栏杆和门窗，安装安防系统；搭建幼儿户外活动场所，增添教学玩具柜；安装广播系统、智能电视“班班通”，新增教师办公桌椅、电脑、钢琴等教学设施；增添幼儿床上用品、洗衣机和食堂用具；粉刷教室走廊墙面，更换阳台地板。通过一系列环境改造与设备添置，使幼儿园面貌焕然一新，为教职工提供优良的办公条件，为幼儿打造安全、舒适、温馨的教学环境。

【幼儿安全管理】2016年，市机关幼儿园将幼儿安全作为首要工作目标来抓，全园上下树立“关爱生命、关注健康”的意识，杜绝一切安全事故发生。以防范为本，全面排查、消除隐患；积极开展安全综治工作“三大行动”（大排查、大管控、大整治），建立各类安全检查台账，全面加强安全管理，不留安全管理死角。加强保育保健工作，及时对园内幼儿活动和生活场所、物品进行定期消毒。在冬春季呼吸道疾病高发季节和防流感期间，采取有效措施，加强疫情预防、控制工作。通过召开安全知识讲座、分发给家长的一封信、出安全宣传墙报、滚动播放安全标语等形式，认真开展安全宣传教育工作。结合“全国安全教育日”“交通安全、防溺水安全教育周”“防灾减灾安全教育周”“安全生产月”“食品安全周”等安全专题活动，进一步加强全体师生安全教育，增强师生的安全防范意识和安全自救能力。

市德才外语学校

【概况】2016年，醴陵市德才外语学校设有教学班12个，有在籍学生805人；教职工54人，其中专任教师42人；专任教师中有中学高级教师5人、一级教师9人、二级教师12人。学校设商务英语专业，学制三年；按学生志愿，分设就业班、对口升学班。其中，就业班学生毕业后可直接就业，就业分出国就业、国内就业，出国就业目的地城市主要是新加坡，国内就业领域有对外贸易公司、企业对外贸易部门、教育培训机构等。学校2016届有毕业生156人，其中出国直接就业14人，国内直接就业71人，通过高考进入高等院校深造71人，就业率和升学率均为100%。年内，郭利红等3名教师代表学校参加株洲市中职学校创新杯信息化说课比赛，均获三等奖；教师吴小红获评市“高考功勋教师”。学生参加全国公共英语二级考试，过级率达72%；参加全国信息化办公office考试，过级率达100%。6月，高二学生参加株洲市组织的中职学生文化基础科目抽考，语文合格率100%、数学合格率80%、优秀率25%；在株洲市中职学校中名列第一。12月，参加株洲市中职学生技能竞赛，学校2组学生分获二等奖和三等奖。

【教育教学】2016年，学校坚持以“养德育才、德才兼备”的办学宗旨，培养具备英语专业知识和技能的应用型人才。为提高教育教学质量，学校研究完善课程计划；在课程结构上，分专业课程和实用公共课程2个系统，以“基础课程”为核心，设置拓展课程和特力课程系列；课程内容以“学生就业需求、高校对口招生要求及学生生活实际”为依据，研究制定《课程实施三年计划》，按计划开设课程。年内，强化以“培养学生好习惯为重点”的德育工作，将“没有教不好的学生”确立为教育指导思想和要求，汇编《德才学生100个好习惯》，要求教师把每一个学生放在心里，以教好每一个学生为己任，全年学生巩固率达98.89%，毕业率100%。开展各学科单项比赛、辩论会、故事会、演讲、表演、交流等学习活动，以比促学、以赛促学、以用促学、以帮促学，让学生在活动中不断提高。探索高效教学模式，重点推广应用“小组合作学习”教学方式，通过探索实践，形成以“小组合作学习方式”为主的课堂教学方式。坚持“校企合作、顶岗实习”的人才培养模式。9－12月，高三就业班学生全部到企业，进行为期3个月的顶岗实习，并完成实习任务。（顾美玲）

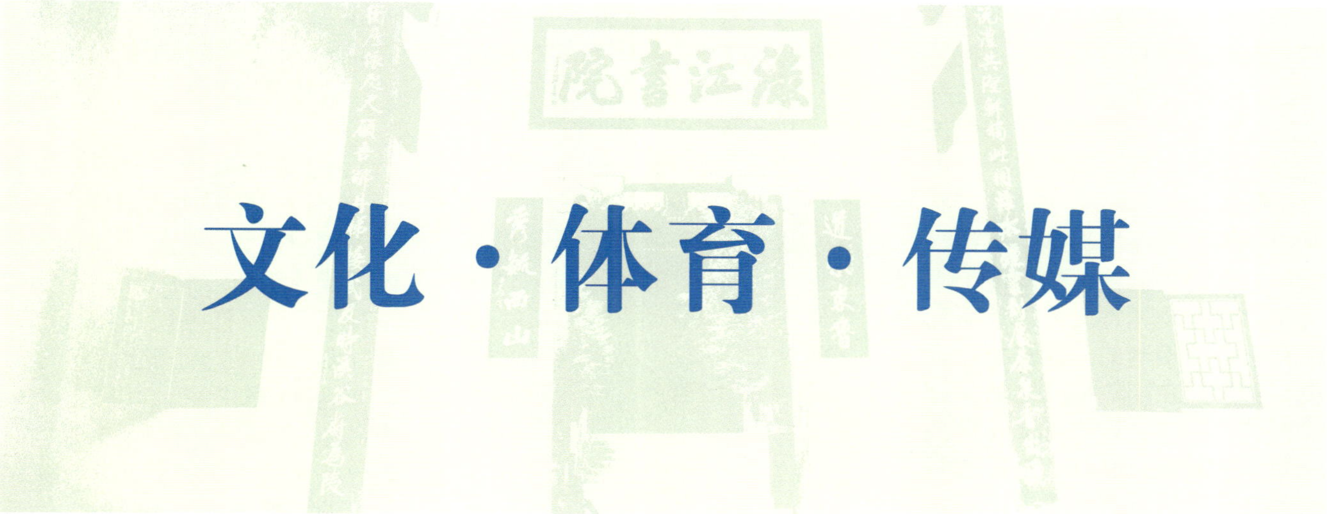

文化·体育·传媒

文　化

【概况】2016年，市文体广电新闻出版局内设办公室（计划财务股）、社文股、群众体育股、文化市场股（行政审批股）、广播电视事业管理股5个内设机构。辖市文化市场综合执法大队、市文物局、市李铎艺术馆、市文化馆、市图书馆、市李立三同志故居管理所、市体育运动学校、市电影事业管理站、市“醴陵窑”管理所、市全民健身指导中心、市剧院、市花鼓戏剧团、市电影公司共13个二级机构。全年全市共举办大型文化体育活动160场次，送戏下乡147场，送电影下乡4092场；结合乡镇综合文化站建设，开展“一周一乐、半月一赛”系列活动84场次；市文化馆、图书馆、博物馆、纪念馆和乡镇综合文化站全部免费开放。高质量的承办2016年环中国国际公路自行车赛（湖南站）醴陵赛段，2016年全国大众跆拳道巡回赛暨湖南省跆拳道大奖赛总决赛和“端午三天乐”之龙舟大赛等国际、国家级大赛；组织醴陵户外运动爱好者参加“重走红军路，穿越大湘西”活动，组织醴陵市游泳队训练、选拔和参加湖南省成人游泳锦标赛等省级比赛和健身活动20次；组织实施醴陵市快乐荧光夜跑暨篝火晚会、迎国庆健身广场舞比赛、“全民健身日”系列活动等市级比赛和健身活动40余次；完成农民健身工程25套，全民健身路径61套。全市有电视用户11.71万户，广播、电视综合覆盖率均为100%。

【文艺创作】2016年，市五彩艺术团在2016“舞动中国——排舞联赛”总决赛中，获得单人、双人、大集体串烧、规定项目和团体总分五个第一名；市灵感艺校在“成达杯”2016年全国大学生国际标准舞邀请赛暨第三届湖南省中小学生国际标准舞锦标赛中，有10余人获得不同年龄组别的奖项；市宗宗艺校在田慧杯2016中国湖南省青少年国际标准舞锦标赛暨全国公开赛中获得冠军、一等奖等多个奖项，在校园未来星·第十三届中国优秀特长生展示湖南活动中获得金奖17个；市第一中学骄阳健美操培训基地参加第四届中国南京啦啦操国际公开赛获得小学组集体花球冠军，代表湖南省参加全国啦啦操创意展示大会获得“最佳编排奖”。本土创作的以“两学一做”教育为题材的花鼓戏轻喜剧《组织生活会》广受好评，在“红网”、《株洲日报》、《湖南日报》、省文化厅网站上报道，并登上首届株洲艺术节舞台。全年全市共有70余件文艺作品在各类比赛中获奖，其中国家级金奖17个、第一名6个、第二名1个，省级冠军1个、一等奖1个、第一名5个、银奖3个、铜奖3个。

【群众文化】2016年，市文体广电新闻出版局举行各项群众文化活动35场次。其中“端午乐三天·精彩看醴陵”大型群文活动、两省三地市“歌舞闹罗霄”大型群众文艺会演、“欢乐潇湘·五彩醴陵之难忘岁月·温馨记忆——我们的节日·端午暨第十一个国家文化遗产日”大型群众游园活动、“欢天喜地过大年”2016醴陵文化团年饭、“欢乐潇湘”之“七大艺校　同台献艺　百花齐放　共创繁荣”、醴陵市第五届文艺社团优秀节目调演、“五彩飞歌”醴陵市2016年欢乐潇湘群众文艺展演等欢乐潇湘五彩醴陵系列活动最具影响力。

【文物管理】一是完成渌江书院

修缮工作。本体修缮工作严格按照文物修缮的规范与要求，按照“修旧如旧胜如旧”原则，高标准施工修复。二是加强文物保护规划工作。完成“国家保护”单位渌江桥、渌江书院“四有”（有保护范围、有保护标准、有记录档案、有保管机构）档案电子版制作。同时委托省文博设计研究院有限公司编制的《渌江桥保护规划》《渌江书院保护规划》持续跟进。完成《醴陵窑文物保护规划》初稿，6月，市人民政府组织召开《醴陵窑文物保护规划（初稿）》地方研讨工作会议；会后，市相关部门根据研讨会建议，深化修改规划方案。年内，李立三故居被湖南省委宣传部评为“爱国主义教育基地”。

【文化市场】2016年，全市文化市场各企业均顺利通过年审、年检工作。全年办理各项行政审批事项88件次，更换登记112家互联网上网服务营业性场所，换证登记24家娱乐场所（其中卡厅14家、游艺娱乐场所10家）。对全市印刷、书刊市场、音像制品出版物市场和打字复印市场开展年检换证工作，完成75家单位年检换证，其中印刷企业53家、打字复印商户10家、书刊及音像制品市场12家。

【非物质文化遗产保护】2016年，组织开展国家非物质文化遗产——醴陵釉下五彩瓷传承人邓文科的抢救性记录保护工作，收集《邓文科八十寿辰陶瓷书画作品集》《当代醴陵陶瓷名家作品集》《中国陶瓷》《醴陵釉下彩瓷》《醴陵瓷业人物》《庆祝建所四十周年论文集》等文献、视频资料。《花炮制作手工技艺》项目已申报省级名录项目并进入公示期，“醴陵釉下五彩瓷烧制技艺”申报株洲市级传承人工作进入筹备阶段。

【全国文化遗产日】2016年6月，在状元洲文化公园举行“欢乐潇湘·五彩醴陵”大型群众游园活动，庆祝第十一个全国文化遗产日。游园活动中展示影戏、糖画、星子灯、巫家拳、毛笔制作、“思情鬼歌”等10余项“非物质文化遗产”项目，市民近距离体验糖画、毛笔制作等传统技艺，亲身感受皮影戏、“思情鬼歌”等“非物质文化遗产”项目的独特魅力。（曾 丽）

文学艺术

【概况】2016年，全市有文学艺术界联合会会员1200多人，其中省级会员80多人、国家级会员12人，有作家协会、书法家协会、美术家协会、音乐家协会、摄影家协会、舞蹈家协会、影视戏曲艺术家协会、诗词楹联协会、青年美术家协会9个专业协会。年内，市文学艺术界联合会（以下简称“市文联”）加强对全市文学艺术界协会的引导和管理，重视协会会员发展和培养工作，出台相关管理办法，明确会员入会条件。为充分发挥公安民警文艺力量，筹备组建醴陵市公安系统“文学联合会”。

【新“醴陵八景”评选】2016年，为挖掘全市自然资源，丰富本土文化，助跑醴陵旅游，由市委人才工作领导小组办公室主办、市书画院承办新“醴陵八景”评选活动。社会各界积极参与，参与网络投票的网友超过5万人。6月15日，经专家评审和综合网络投票统计，状元芳洲、渌江书院、陶瓷新城、仙岳圣境、云岩古寺、沩山古窑、黄乡民居、官庄平湖被评为新“醴陵八景”。评选后，市书画院和美术家协会等共同组织开展关于新“醴陵八景”的相关创作活动。

【诗词楹联有奖征集活动】2016年，市诗词楹联协会围绕渌江书院改扩建工程，先后2次面向海内外华人组织“渌江书院新建建筑征联”“渌江书院山门楹联有奖征集”活动。征集活动自1月发布至11月结束，其间共收到作品7000副，并在11个月内完成收稿整理、专家评选、筛选结集、颁发奖金证书等工作。赛后将参赛作品整理编辑成《渌江书院楹联选辑》，由市委、市政府主要领导题写书名和作序，年内筹备出版工作。

【重大文艺活动】1月，市文联组织开展“义务送春联”活动，其间在市城区设6个点，农村主要集中在黄獭嘴、孙家湾、王仙镇等地，免费向市民赠送送春联3000幅。3月，市文联组织诗词楹联协会在市阳三石、泉湖小学开办诗词楹联讲座和辅导，听课人数达80多人。4月，中华诗词学会副会长李树喜为醴陵市颁授“中华诗词之乡”牌匾，醴陵市第一中学、姜湾小学被评为“中华诗教先进单位”。市委副书记、市长康月林，市委常委、宣传部部长曾毅鹏出席授牌大会。8月，为呈现醴陵本土文化，培养下一代健康的审美情趣和良好的艺术修养，市文联联合舞蹈家协会及市蓓蕾文化艺术学校举办“湘情醴韵”文化艺术活动，活动分设内外2个主场，其中外场活动在市新华联广场举办。10月，俄罗斯、葡萄牙、西班牙等国驻华参赞使节与参加2016中国（长沙）雕塑文化艺术节的雕塑家到醴陵交流采风，市文联主席唐青柏全程陪同并组织座谈。（邓 丹）

醴陵市作家协会

【概况】2016年，醴陵市作家协会有会员475人，其中新发展会员26人。年内，通过与《湖南之窗》等媒体联手、与湘潭市等地市作协结成友好协会，分赴市美田桥等地，开辟作家网上服务平台、作家创作基地、成立女作家部等有效方式，大力推进醴陵文学事业发展。主办的《文笔峰》杂志全年发行4500份，开展各类文学活动、作家采风32次，其中湘潭文学交流（潭醴一家亲）、株洲县文学采风（朱亭）、茶溪古镇采风、官庄文学交流等均为较大的文学采风。全年在省级以上刊物发表作品12篇，丁发明、桂新华和肖业武等作家分别出版个人著作，会员在参加全市“最美家乡地名故事征文”“我的家族故事演讲大赛”等竞赛中获多个奖项。（屈继元）

2016年醴陵市主要文艺作品一览表

表13

作品名称	作　者	获奖大赛（刊载期刊）	获奖（发表）情况
小说《茶溪》	桂新华	《鸭绿江》	刊发
散文集《傻人斋随笔》		团结出版社	出版
报告文学《张运：80后英雄》	肖晓菲	《湖南报告文学》2016年第二期	刊发
微小说《勇士的考虑》	肖邦祥	福建少儿出版社《中国当代微寓言精品》	入选
微小说《遇到强盗之后》			
微小说《心里很累的青年》			
寓言《一杯水的力量》		《故事大王》2016年第4期	刊登
寓言《骗子被骗与小偷被偷》		《故事大王》2016年第5期	
散文集《人类之梦》	丁发明	团结出版社	出版
散文集《泡桐花开》	肖业武	江苏人民出版社	
小说《翠鸟》	屈继元	《文艺窗》2016年第5～6期	刊发
独舞《春闺梦》	范雅思	“小荷风采”第十届湖南省青少年才艺大赛湖南总决赛	金奖
独舞《笛中花》	刘　萱		银奖
独舞《剪纸姑娘》	曾依凡		优秀奖
音乐作品《青春挥洒在阳光路上》	史晓林	《文化大视野——全国群文系统文艺作品选集》	优秀作品奖
舞蹈《窑火》	钱继明 罗　茜	湖南省“欢乐潇湘”全省群众文艺会演决赛株洲市专场	三等奖
书法作品	余　冰 王泽民 钟　伟 瞿卫军	株洲市人防建设防空书法大赛	
	王泽民	株洲市廉政建设书法大赛	一等奖
	唐日辉		二等奖
	张虎稀	株洲市残疾人书法大赛	
	汤耀文 周云生	株洲市廉政建设书法大赛	三等奖

（邓　丹）

图书发行

【概况】2016年，湖南省新华书店有限责任公司醴陵市分公司（以下简称“公司”）以“厚义薄利、播文启智”为宗旨，全心全意为读者服务。以“构建现代化企业”为管理目标，持续抓好队伍建设、制度建设和财务建设，全力打造务实高效、文明服务、读者满意的文化传播窗口。公司继续严格贯彻落实国务院关于义务教育阶段学生全部享受免费教科书的政策，严格兑现“课前到书，人手一册”的承诺，免费送书上门298车。全力做好教材的余缺调剂工作，及时解决因学生增减而产生的课本余缺，保证学校正常的教学秩序。在新华园仓库设立课本零售点，实施课本零售“一站式”服务，满足学生对零售课本的需求。做好政治理论读物的发行，积极宣传党的路线、方针、政策。全年发行《习近平总书记系列重要讲话读本》《胡锦涛文选》等政治读物1.97万册。年末，公司再次被省国税局、地税局联合授予“纳税信用A级单位”称号。

【“献爱心送温暖”活动】2016年，公司积极发扬优秀文化企业传统，始终把社会效益放在第一位，继续在全市中小学校开展对特困生的“献爱心送温暖”活动，对家庭经济困难的学生进行对口教辅捐赠。全年捐赠特困学生599人，捐赠书籍价值17万余元。截至年末，全市累计有2876人获免费捐赠、损赠书籍价值70余万元，捐赠对象惠及城乡贫困学子和留守儿童。

【科普活动】4月，中共醴陵市委宣传部、市教育局和公司共同举办第九届株洲醴陵读书月之“科普活动进校园”活动，邀请央视节目主持人“芝麻哥哥”刘洋，在市姜湾小学开展讲座。通过讲座不仅丰富孩子们的视野，同时提高孩子们对科学知识的兴趣。

【爱心公益活动】4月，由公司倡导策划，中共醴陵市委宣传部主办“倡导全民阅读，共建书香醴陵——暨爱心无限·共享阅读”爱心公益活动启动仪式在市东岸小学举行，市委宣传部、市文体广电新局等相关单位领导及市实验、阳三石小学等10所学校代表列席。启动仪式现场，公司代表宣读爱心公益活动倡议书，并为东岸小学捐赠爱心图书350册，市教育局、水利局等10家单位捐赠爱心基金2.4万元。4月23日—7月31日，其间共收到捐赠图书4165册，码洋达8.28万余元。

（汤海珊）

文化市场执法

【概况】2016年，全市共有文化市场经营单位400家，其中网吧117家、农村信息站30家、电游室13家、印刷企业61家、卡厅28家、打字复印店16家、音像书刊经营点19家、农村小片网108家、有线电视节目传输经营单位4家、影院2家、媒体单位2家。市文化市场综合执法大队（以下简称“执法大队”）核定编制15人，其中领导职数1人，主要承担全市文化、广播影视、新闻出版、“扫黄打非”等综合执法工作，内设办公室、计财股、执法一中队、执法二中队、政策法规股5个职能股室；年内，完成办公场地装修和搬迁工作。年末，执法大队获评湖南省“文化执法综合考评先进单位”，株洲市“文明创建先进单位”“文化执法工作先进单位”“‘扫黄打非’工作先进单位”和醴陵市“文明创建先进单位”。

【文化市场执法监管】2016年，文化市场执法监管工作坚持整治和引导两手抓，促进全市文化市场健康发展。一是严整治。坚持一个季度一个主题，一个月一次检查，先后开展“闪电”“飓风”“雷霆”“亮剑”专项行动，重点检查网吧、娱乐、演出等场所安全责任制落实情况，确保安全隐患整改到位。开展“阳光暑期健康上网”“利剑”等娱乐游艺市场暑期专项整治行动，对印刷市场经营秩序开展不定期检查，对小片区网进行“百日”集中整治。在“两会”、高考、“换届”、“G20”等特殊时段，有针对性地开展文化执法专项行动。全年累计检查文化经营场所近2000家次，出动执法人员6430多人次，收缴淫秽光碟1950多盘，收缴非法书刊1780多册；共落实查处举报4起，立案查处违规经营单位42家，关闭规模小、档次低的网吧、卡厅近20家。二是重引导。在暑假期间举办市首届英雄联盟电竞精英赛，更好地满足人民群众多样性、多层次、个性化的文化消费需求。鼓励文化经营单位在资源相对闲置时段，面向中老年人、低收入人群及特殊群体免费开放。多家网吧、“KTV”等文化经营场所，在“七一”、教师节、老年节期间，分别组织开展文化惠民免费上网、K歌活动，使人民共享文化资源和发展成果。

【“扫黄打非”工作】2016年12月，醴陵市召开首次“扫黄打非”与文化市场管理工作会议。市委常委、宣传部部长曾毅鹏，市人民政府副市长钟国建等出席会议，市公安、工商、消防、镇（街）领导和220多家业主参会。积极参与湘赣边区域联防协作“扫黄打非”与文化市场管理工作机制建设，与江西省上栗市、万载县建立三县（市）联防协作机制。开展“扫黄打非”与文化市场管理工作进基层、进社区、进学校活动，确立1个社区、1所学校为示范联系点，设立30个文化市场监管和“扫黄打非”监督岗。先后开展“清源”“净网”“秋风”“护苗”4个专项行动，牵头组织市公安、工商、消防等部门开展联合执法，成功打掉2家非法电台、1家私设小前端有线网络，关掉1家非法出版物。

【“8·22”网络传播淫秽物品牟利案】8月22日，执法大队接到报案，有人利用微信贩卖淫秽视频资料。经查，自2016年1月，犯罪嫌疑人杨某（女）利用2个微信账号，通过微信朋友圈大肆发布出售淫秽视频的广告信息，并以每部5～10元不等的价格向微信好友贩卖，采取微信红包的形式收款。案件破获后，从杨某所持手机中提取疑似淫秽视频79部，经鉴定71部为淫秽视频。经查明，杨某共向微信好友出售淫秽视频达3600多部次，获利1.3万元。9月7日，犯罪嫌疑人刘某以涉嫌制作、复制、出版、贩卖、传播淫秽物品牟利罪被抓获；该案被湖南省新闻出版局列为全省四大重点案件之一。（王美玲）

体　　育

【体育赛事】2016年，举办“红色记忆·骑聚醴浏”ACP-ROCN 200千米不间断骑行挑战赛、“端午乐三天”之龙舟大赛、迎国庆健身广场舞比赛、醴浏围棋友谊赛、谁是“大力士”比赛、首届英雄联盟电子竞技精英赛和攀岩比赛。承办2016环中国国际公路自行车赛（湖南站）醴陵赛段，全国大众跆拳道巡回赛暨湖南省跆拳道大奖赛总决赛。组织市游泳队参加省成人游泳锦标赛，获金牌32枚、银牌10枚；市机关干部男子篮球队参加首届湘赣边“公仆杯”男子篮球邀请赛；市男子篮球队参加长沙县首届“县域经济强县（市）”男子篮球赛。

【群众体育】全年全市拥有公共文化体育设施790个。年内新增体育场地104个。其中农民健身工程25套、全民健身路径61套、健身步道7条、体育馆1个、室外游泳池5个、羽毛球馆3个、健身房2个。开展“新华联广场”醴陵快乐荧光夜跑暨篝火晚会、市“全民健身日”全民健身系列活动，组织醴陵户外爱好者参加“重走红军路、穿越大湘西”活动等全民健身活动。

【“体彩”发行】2016年，全市召开体彩工作会议5次。全年新增传统店6个、竞彩网点3个，为40个站点安装支付宝支付功能，全年体彩发行首次突破1000万元大关。

【体育运动学校】2016年，醴陵市体育运动学校秉承“培育体育人才，促进体育事业发展”的宗旨，推进各项工作顺利开展，促进全市体育事业全面、协调、可持续发展。5—9月，体校组织市游泳、冬泳协会在游泳馆进行集训。9月，市游泳队参加湖南省第七届全民健身节成人游泳锦标赛，获金牌35枚（含游泳接力赛），获团体总分第一名。（宋玲巧）

【怕不怕不间断骑行挑战赛】3月19日上午8点，湖南省首场怕不怕不间断骑行挑战赛——“红色记忆·骑聚醴浏”ACP-ROCN 200千米不间断骑行挑战赛在醴陵世界陶瓷艺术城鸣枪出发。不间断骑行活动是源于法国的一项骑行活动，以挑战自我为特色，全程自助、自主安排骑行速度和中间休息，分赛段设定关闭时间，只需在规定时间内完成赛程即获得认证；同时具有参加下一级别挑战赛资格。本次挑战赛全程200千米，从醴陵瓷谷出发，途径醴陵市官庄镇，浏阳市普迹镇、城区、中和镇胡耀邦故居等5个签到点，最后返回醴陵市李立三故居前坪；全赛程规定在13.5小时内完成骑行。此次怕不怕不间断骑行挑战赛有来自全国各地128名选手参加，80%以上选手来自株洲地区以外，其中年龄最大的58岁、最小的仅16岁。（徐　进）

传　　媒

广播电视

【概况】2016年，醴陵市广播电视台（以下简称“电视台”）由台机关、电视频道、广播频道、声屏广告公司、今日醴陵报社、智慧醴陵手机台、湖南有线醴陵网络有限公司6大块、22个部室组成；经营广播电台、电视台、今日醴陵报社、智慧醴陵手机台、《醴陵发布》官微平台五大媒体，有从业人员388人。年内，电视台各媒体紧扣市委、市政府中心工作，形成全面宣传覆盖态势，为“四个醴陵”建设提供坚强的舆论支撑。全年开辟专题专栏200多个，推出“赢在开局”“重点关注·四个百亿工程”“环境与发展大家谈”“城镇提质”等系列报道300多组。做好市委全会、“两会”、党代会和“端午乐三天”、环中国自行车赛等重要会议和重大活动的宣传报道。摄制各类专题汇报宣传片100多个，其中《重温书院情节 共筑文化殿堂——渌江书院》《激情创业勇争一流》《定要扶出新天地》《大美醴陵瓷天下》等专题片受到广泛赞誉。电视频道全年开办《醴陵新闻》《安全在线》《法治正前方》《瓷城环线》《瓷城房产》《健康相约》等栏目，广播电台每天不间断播出18小时以上，共开辟栏目22档，交警直播室在引导交通、平安创建中发挥越来越明显的作用。年末，电视台获醴陵株洲市“创建文明城市工作先进单位”，醴陵市“安全生产工作先进单位”；新闻中心获市“文明建设工作先进单位”。年内，在央视发稿4条，其中“中国醴陵·瓷彩天下”5秒形象宣传片在央视一套和新闻频道播出。在湖南卫视、湖南经视等省级主要媒体发稿60多条。其中向省党代会献礼的特别报道《初心璀璨：复活瓷魂》被选送湖南卫视，报道主要推介醴陵陶瓷辉煌的历史和强大的产业，播出效果好。在株洲市级主要媒体发稿100多条，在《株洲新闻联播》推出《向政策要红利》《向节约要空间》《向体制要活力》3期醴陵国土资源典型经验系列报道，《大力推进强基工程，加快融入株醴都市圈》《贯彻落实党代会精神，醴陵再塑形》《醴陵：深化改革 固本培元》贯彻落实株洲党代会精神的系列报道3期。《今日醴陵》报记者在株洲市以上纸质和网络媒体发稿100多条。在2015年度株洲广播电视创优作品评选中，市广播电视台选送的社教专题《醴北人家：龙凤窑·夫妻坊》获一等奖；长消息《缔造心灵“约会”空间：我市打造30所公益性“五彩书吧”》获二等奖；广播专题《他们养我少，我养他们老》、播音主持作品《为你读诗》、系列报道《点赞醴陵人》分别获评三等奖。（汤梦琼）

【智慧醴陵手机台】2016年11月，智慧醴陵手机台首次开播（试运行），手机台设立“瓷城快讯、新闻18点、魅力醴陵、掌上政务、党政机关、直通镇街、醴陵风纪、党建工作”等版块，精准传播党政信息，及时宣传党政决策，充分展示市各单位、部门的工作动态和先进经验。实现随时随地尽享当地广播电视等传统媒体直播栏目及新闻资讯的便利，并推出大型活动、重要事件的图文和视频同步直播。试运行以来，手机台总访问量71万多次，已成为广电全媒阵线的新生力量、坚实力量和内外宣传的重要平台。

【《醴陵发布》微信平台】《醴陵发布》微信公众号是由市委宣传部主办、由市广播电视台承办的官微平台，设有《今日头条》《民生关注》《醴陵城事》《三创四化》《精准扶贫》《新闻聚焦》等栏目。其中《产妇大出血全城救援》《央视明星玩转醴陵 端午乐三天录制》《法国摄影师团来醴采风》等多条报道获得市民高度关注，并被上级多家媒体转载。12月，全程直播醴陵首届创新创业大赛决赛，近万市民在线收看直播赛况，完成“直播首秀”。《醴陵发布》微信公众号以发布快、形式新、高点击、高关注等优势成为本地域最权威、最专业、最具公信力和影响力的官方微信平台。截至年末，有6万多人关注。（黄 频）

【广播电台交通生活频道】“FM 102.7”醴陵交通生活频道是全市唯一一家官方电台媒体，范围覆盖全市城乡及湘东南、赣西北、长株潭等毗邻县（市）。频道每天不间断播出18小时以上，融“交通话题、及时路况、整点新闻、天气预报、娱乐”等信息于一体，开设《新闻早班车》《瓷城整点新闻》《港港醴陵事》《警方时空》《法院在线》《市场监管零距离》《好车好房》《汽车音乐榜》《1027路路通》《下班GOGOGO》《听世界》《乡约》等22档栏目，享有较高收听率和支持率。同时开通“交警直播室”，直播室准确、及时播报醴陵的综合路况信息，在引导交通、平安创建中发挥的作用越来越明显。（邱 红）

【《今日醴陵》报】2016年，《今日醴陵》报发行160期（其中增刊15期），每期发行量2万份。报道内容围绕市委、市政府中心工作，弘扬主旋律，服务全社会，突出深度报道、典型人物、重大活动，充分发挥党媒“喉舌”作用。全年在上级纸质、网络媒体共发稿280多条。其中在“红网”《网易》《新华网》等国家级网络媒体发稿62条，在《湖南日报》等省级主流媒体发稿90多条，在《株洲日报》等地市级主流媒体发稿近130条。（周 刚）

【有线网络管理】湖南有线醴陵网络有限公司是全市唯一合法的广播电视节目传输单位。下设综合部、财务部、审计监督部、市场营销部、城网管理部、农网管理部、工程技术部。有城网数字电视用户5.6万户（机），其中高清电视用户近3万户；农网数字电视用户3万户，宽带用户2万户。全年实现经营收入4173万元。（丁洪波）

卫生·计划生育

市卫生和计划生育局

【概况】2016年年末，全市有各级各类医疗卫生机构644个；其中，驻醴医疗卫生单位1个、市直医疗卫生单位6个、民营医疗卫生机构8个、乡镇卫生院19个、卫生院分院14个、街道社区卫生服务中心4个、村卫生室511个、诊所73个、厂矿和企事业单位医务室8个。设置24个基层卫计办，接受镇（街道、示范区）与市卫生和计划生育局（以下简称“市卫计局”）双重管理。有执业（助理）医师1880人、执业护士2185人，每千人口拥有医生1.7人、护士2.3人；有全科医生67人，村卫生室人员571人；有编制床位4450张，每千人口拥有床位4.6张；基层公卫专（兼）职专干271人，其中妇幼专干65人、防疫专干39人。

【机构改革】 2016年，根据醴陵市人民政府办公室关于印发《醴陵市卫生和计划生育局主要职责内设机构和人员编制规定》的通知文件要求，全市卫计系统完成“组建、挂牌、‘三定’、分工、整合、调整”工作。将原市卫生局、原市人口和计划生育局领导与管理的事业单位调整为市卫生和计划生育局所属事业单位。组建市妇幼保健计划生育服务中心（市妇幼保健院、市儿童医院），为市卫计局所属正科级差额拨款事业单位，不再保留市妇幼保健院（醴陵市妇女儿童医院）；不再保留市计划生育服务站，原核定的全额拨款事业编制划入到新组建的市妇幼保健计划生育服务中心（市妇幼保健院、市儿童医院）。组建市卫生计生综合监督执法局，为市卫计局所属副科级全额拨款事业单位；不再保留市卫生监督所、市计划生育执法局，原核定的全额拨款事业编制划入到新组建的市卫生计生综合监督执法局。组建30个乡镇卫生院（妇幼保健计划生育服务站），为市卫计局所属正股级差额拨款事业单位；不再保留26个乡镇卫生院、30个（乡镇、街道）计划生育服务所，原核定的差额拨款事业编制、全额拨款事业编制划入到新组建的30个乡镇卫生院（妇幼保健计划生育服务站）。原所属的全额拨款事业单位市疾病预防控制中心（市健康教育所）机构规格由正科级降为副科级。原属的副科级全额拨款事业单位市新型农村合作医疗管理委员会办公室，划转至市人力资源和社会保障局。市卫计局内设办公室（宣传股、规划信息办）、人事教育股、计划财务股、法规股（行政审批股）、医政股（医改办）、计划生育基层指导股、计划生育家庭发展股、公共卫生股（科技股、爱卫办）和流动人口计划生育服务股9个股室。

【队伍建设】一是加强党风廉政建设。分别组织召开党风廉政建设工作专题会议和“五问工作法”汇报会各2次，局党组提出“五个时刻”（时刻绷紧思想防线、时刻架起高压电线、时刻守住廉洁底线、时刻不逾言行红线、时刻抓好分管战线）工作要求。精心制作廉政文化墙，印发“落实‘两个责任’，推进反腐倡廉”、“两项法规”（《中国共产党廉洁自律准则》、《中国共产党纪律处分条例》）等知识读本3000多册，“三湘风纪”官方微信关注率达100%。建立局党组班子成员联点负责制，将联点单位党风廉政建设工作的责任、内容、举措、程序，分别纳入每个班子成员的日常工作之中。市卫计局围绕重大决策、重点项目、重要岗位进行监督，创新基本公共卫生服务项目的监督方式，制度性推进离任审计和财务审查。全力推进“雁过拔毛”式腐败问题、“纠‘四风’、治陋习”专项整治工作，对8家镇卫生院、4家社区卫生服务中心的财务进行全面检查。三是促进业务水平提升。公开招聘70名医卫类专业技术人员，选派3名干部参加市委党校中青年素质提升班、10名基层年轻干部到局机关股室跟班学习。全年向省委组织部争取3名医卫类科技特派员到醴陵帮扶指导，挑选4名优秀医务人员到均楚镇中心卫生院、嘉树镇卫生院、枫林镇枫林市卫生院、船湾镇卫生院开展科技特派员工作。推荐、挑选副主任医师林清启赴藏工作；并顺利完成援藏任务。采取“面授与自学相结合”的方式，举办系统新进人员入门培训班，完成114名新进人员转正定级工作。

【项目建设和信息采集】2016年，市卫计局编制“十三五”区域医疗卫生发展规划，渌江新城、高铁片区等医疗项目被列入规划，16个项目被列入国家项目建设库。左权镇、王仙镇的2个卫生项目和乡镇卫生院的8个中医馆投入使用。湖南师范大学附属湘东医院，阳三石、长庆社区卫生服务中心，左权镇新阳卫生院、石亭镇卫生院建设加速推进。按照风格、色调统一的原则，对官庄镇、嘉树镇等卫生院进行外立面改造设计。年内，启动全市居民健康卡发行应用，已采集、录入信息99.63万条，信息采集有效率达95.98%。

【卫计执法】2016年，市卫计局对21项行政许可和公共服务事项进行梳理，审查审核各类计生证明240多份，未出现一例行政执法错案和行政诉讼案件。市计划生育领导小组制定整治“两非”（非医学需要的胎儿性别鉴定、非医学需要的人工终止妊娠）专项行动实施方案，与市相关单位签订目标管理责任书。市卫计局对全市从事产科专业的7家医疗机构、从事妇科专业和计划生育专业的24家医疗机构，进行2次预防“两非”工作的现场指导，全市查处“两非”典型案例5例。全面落实首接责任制、承诺制、代办制，未出现因拖延审批事项造成的信访投诉件。全年审批再生育申请239例，发放多孩生育证239本；审批医疗机构执业许可2例，发放医疗机构执业证2本。市卫计局联合市教育局等单位，对全市218家中小学校（含托幼机构）自备供水设施管理进行监测抽检，对19家二类疫苗预防接种机构开展专项检查，对692家医疗卫生机构进行专题监督。全年受理投诉举报案件5件，取缔非法行医场所3处，打击取缔无证诊所1家，取缔无任何医疗资质的“游医”案件1起，立案处理超范围执业行医2家。

【医政管理】2016年，市卫计局完善医疗纠纷第三方调处机制，成功调解医疗纠纷20起。泗汾镇中心卫生院、沈潭镇卫生院成功创建全国“群众满意乡镇卫生院”。组织业务培训与应急演练，全年组织精神麻醉药品、临床用血、院感管理等培训，参培人数达1200多人次。全年争取国家专项资金50万元，加强对5家基层医疗卫生机构中医馆建设。选派9名乡村医生参加全省本地化乡村医生培养。严格执行医疗机构干部请假制度、医疗设备采购管理制度和审批工作申请受理“一周办结”制度。圆满完成年度征兵体检、“两考”期间、体育赛事、党代会、“端午乐三天”、“房交会”等15次医疗保障工作任务，做好“9·23”交通事故等医疗应急救助工作。

【健康扶贫】2016年，市卫计局全面完成全市20个贫困村、24985名贫困对象的体检和建档，其中有114名贫困对象在镇卫生院、兆和医院享受“兜底”医疗。扎实推进17个贫困村卫生室标准化建设，完成官庄镇大口坪村52户贫困对象“五个一批”（发展生产脱贫一批、易地扶贫搬迁脱贫一批、生态补偿脱贫一批、发展教育脱贫一批、社会保障兜底一批）归类。

【公立医院改革】2016年，市卫计局推进公立医院改革，积极推动湖南师范大学附属湘东医院纳入株洲市城市公立医院改革，取消药品加成。年内，市中（一）医院和妇幼保健计划生育服务中心的公立医院药占比降至30%，比上年同期下降12%。坚持“多劳多得、优绩优酬”原则，建立以公益性为核心的医院绩效考核体系，重点向关键岗位、业务骨干和成绩突出的工作人员倾斜，全员实行岗位绩效工资制度。年内，建立省湘东医院·泗汾镇中心卫生院、中（一）医院·茶山镇神福港卫生院的医联体，全年医联体医院之间上转病人327人次、下转病人68人次。

【基本药物管理】2016年，市卫计局建立平台监管、日常监管、现场监管等机制，定期统计分析基本药物零差率销售和临床用药情况。市卫计、发改、财政等部门，定期开展基本药物制度实施的督查与调研，对采购行为、价格执行等情况进行督查。全市统一配备非处方药25个品规，确认备案基层医疗卫生机构采购药品60个品规，2家公立医院备案采购药品46个品规；挂网确认常用低价药380种。组织基层医疗卫生机构的医、药、护、技人员参加国家基本药物处方集、国家基本药物临床应用指南的省级培训。

【公共卫生服务】2016年，公共卫生服务力度进一步加大，全年推进13大项、45小项基本公共卫生服务项目。全市适龄儿童预防接种建证、建卡率达100%，国家扩大免疫规划疫苗接种率达98.17%；在全省首创县级政府购买服务模式，成功实现社会组织参与防艾项目。全年发放各种健康教育宣传资料30万份，制作和更新宣传栏519块，举办健康知识讲座和公众咨询活动873场次，居民健康知识知晓率达88.71%，服务满意度达93.54%。全年排查重性精神疾病患者461名，成功救治贫困重性精神疾病患者131名，未发生因漏管导致重性精神疾病患者肇事肇祸事件。对白兔潭镇、明月镇、茶山镇、枫林镇、国瓷街道的1600户、3726人进行居民疾病谱调查，数据录入及时、准确、完整率均达100%。开展全国群众满意社区卫生服务中心、艾滋病防治示范县等创建活动，全面落实重点传染病防控措施，全市无传染病暴发流行，未发生突发公共卫生事件。

【爱国卫生】2016年，全市39个单位通过省级文明卫生单位复查，4个单位成功创建株洲市文明卫生单位。新增省级卫生村7个、文明卫生单位3个、株洲市卫生村17个、无烟管理示范单位3个。全面落实病媒生物防制措施，顺利通过"灭鼠、灭蟑、灭蚊C级达标先进市"复查和"灭蝇C级达标先进市"创建，全市"四害"密度常年控制在国家标准范围之内。全年全市完成改厕任务800户，大力开展城乡环境卫生创建工作，推动爱国卫生工作深入开展。

【基层医疗财务核算】2016年，市卫计局将33家基层医疗卫生机构纳入集中核算，配备基层卫生医疗机构集中核算工作人员9人，设会计组、银行支付组、审核组。制定基层医疗卫生机构财务管理制度，完善基层医疗卫生机构的报账制度，严格按财经纪律，确保系统单位会计核算工作顺利开展。加强对支出审核和"三公"经费〔财政拨款支出安排的出国(境)费、车辆购置及运行费、公务接待费〕管理力度，基层医疗卫生机构"三公"经费比上年同期下降16.36%。加大费用审核力度，全年退回报销金额40万元。

【卫计服务管理】2016年，市卫计服务管理以计划生育"保省优、创国优"为目标，创新卫生计生层级服务管理新机制，指导全市村、企卫计站设置，将原村计生专干、村计生协会骨干、村医整合为一体，创新建立卫计网格化联组信息员与村级无职党员分片包户的网格化管理模式。严格执行"一票否决"制度，全年审查单位52个2876人，对88名违法生育对象、2个单位进行"一票否决"。加强基层业务工作指导，全年清理人口信息数据7200条，新录入电话号码2.3万条。加强各项出生人口信息比对核查，村直报系统上报数据21.2万条。全年全市出生人口13765万人，符合政策生育率达96.29%，性别比为100 ∶ 105.72。

【计生宣传】2016年，市卫计局全力推进卫生计生宣传教育工作，设立大型公益宣传牌113块，刷新标语1900多条，制作宣传栏2000多块；开展咨询及讲座40场次，发放宣传资料50多万份。全年在株洲市级以上媒体刊登信息50多篇，其中《中国人口报》2版头条2篇、《湖南日报》整版推介"醴陵模式"卫计服务改革、《株洲日报》刊登20多篇。年内，"健康醴陵"专栏开播2期；微信平台开辟专栏6个，共发布181期、信息559条，总点击量达50万人次；《卫计通讯》刊发6期，发送健康短信20多万条、健教资料50万册。年内，市卫计局联合市妇联、文体广新局、文联、计生协会等部门和单位，深入开展卫计主题日宣传活动。

【妇幼健康服务】2016年，市卫计局推进妇幼健康服务管理，在湖南师范大学附属湘东医院设立市孕产妇急救中心、新生儿急救中心，组织开展危重孕产妇、新生儿救治的组织协调、抢救、会诊、转诊和培训等工作。成立市孕育咨询服务中心，集合市内5家二级以上助产医疗机构的妇产科专家、教授17名，组建孕育服务团队，对一孩生育对象提供5项免费服务，对二孩及再生育对象提供7项免费服务。投入30多万元，在全省率先建立专业"两癌"(宫颈癌和乳腺癌)筛查信息系统。全面落实计划生育技术优质服务，避孕节育措施落实率达95%以上。年内，全市孕产妇死亡率控制在14.61/10万以内，5岁以下儿童死亡率5.48‰、婴儿死亡率3.58‰，孕产妇系统管理率95.02%，7岁以下儿童健康管理率86.9%，孕产妇住院分娩率99.76%，婚前医学检查率90.38%，叶酸服用率98.33%、服用依从率88.93%，产前筛查率85.94%，新生儿遗传代谢性疾病筛查率90.08%、听力筛查率96.54%，国免优生健康检查目标人群覆盖率、实验室室间质评结果合格率、产前筛查高危孕产妇妊娠结局随访率、早孕随访率、辖区内出生缺陷监测上报率均为100%。全年全市无违反《计划生育技术服务管理条例》事件发生，无一例手术差错事故发生。

【计生家庭发展】2016年，全市确认新增计划生育奖扶对象3004人，特别扶助对象133人，符合农村部分计划生育家庭奖励扶助条件的对象9292人，符合计划生育家庭特别扶助条件的对象652人。全市有独生子女保健费发放对象5068人，城镇独生子女父母奖励发放对象14721人。全年发放农村计生奖励扶助金892.03万元、计划生育特别扶助金368.16万元、独生子女保健费121.63万元。全市有84名计划生育特殊对象享受集中供养，64名计划生育特殊对象纳入低保。年内，市医疗卫生机构为计划生育特殊家庭就诊开设“绿色通道”，认真落实“四优先二减免”（享受优先咨询、住院、治疗、转诊等医疗服务，享受免费挂号、免费常规检查）服务；调整基本医疗费用和大病保险补偿起征线，在市内定点医疗机构就医的基本医疗费用，执行同级定点医疗机构报销比例提高10%的标准；计划生育特殊家庭成员大病保险补偿起付线降低50%；全年有48人享受报销政策，补偿14.22万元。

【流动人口服务】2016年，流动人口服务工作进一步加强，深入开展关怀关爱活动，发放宣传资料3万余份，电子显示屏滚动播出标语600多条。与市计生协会联手，走访慰问空巢老人、留守儿童2000多人次，发放慰问金14万多元。与陕西省渭南、江西省吉安、山西省运城等12个县（市、区）分别签订区域协作协议，加强流动人口服务管理的双向协作。市沈潭镇与江西省萍乡市湘东区广寒寨乡开展区域协作，建立“点对点”流动人口基本公共卫生计生均等化服务区域协作机制。创新建立“卫计专干带路、医生服务到家”组团服务模式，上门信息采集、政策宣传、技术服务，由进家门延伸至进社区、进企业、进店铺、进学校，及时掌握流动群众需求，灵活调整服务时间地点，为群众的生产生活提供便利。全市协查反馈信息1800条、反馈率达100%。年内，省卫计委委托株洲市卫计委对醴陵市4个街道进行流入人口专项调查，调查流入人口信息入库率达98.96%，服务到位率达90.85%。

【计生协会】2016年，市计划生育协会新增1个参公编制，调剂1人从事计生协会专职工作。全市设置基层计划生育协会组织24个，村级计生协会组织建设均做到“有牌子、有机构、有任务、有阵地、有人员”。建立村计生专干、计生协会秘书长、村医的协同工作机制，计生协会工作纳入全市计划生育工作的阶段考核和年度考核。深入开展第五阶段“婚育新风进万家”活动和“关爱女孩”活动，促进新型生育文化建设。充分利用“5·29”协会日等主题日，与市红十字会等单位共同开展大型宣传活动10次，发放新政策解读、计生系列保险等宣传折页11万份。深入开展大街小巷送政策、特殊家庭送温暖、计生家庭送爱心、独生子女送保险、育龄妇女送健康等生育关怀行动，全市走访慰问计生特困家庭168户、特扶家庭88户，发放慰问金25.98万元；走访慰问贫困母亲、贫困学子444人，发放慰问金21.96万元。投入19.47万元，为652名计生特殊家庭和计生手术并发症对象办理综合保险；投入30万元，为1万户独生子女家庭办理意外伤害保险；投入14.92万元，为652名计生特殊家庭办理特殊护理保险，全市累计完成计生系列保险295.29万元。受理理赔案件112例、理赔145万元，其中协议理赔3例、理赔5.5万元。年内，创建2个省级示范村、4个株洲市级示范村、24个醴陵市级示范村，逐步将基层群众自治工作引向深入。全力推进市金桥生态农林实业有限公司、市云山茶叶种植农民专业合作社的“三结合”项目（计生工作与发展农村经济相结合，与帮助群众勤劳致富奔小康相结合，与建设文明幸福家庭相结合），解决计划生育困难家庭生产生活问题。

【红十字会工作】2016年，市红十字会认真抓好无偿献血工作，共无偿献血4291人次、151万毫升；全市临床用血100%来自无偿献血。地中海贫血产妇谭俐产后大出血命悬一线，171名市民献血239袋，全力救治的行为感动全城。年内，在湖南师范大学附属湘东医院、市中（一）医院启动无偿献血者及其直系亲属临床用血医院直报工作。在均楚镇李婆塘村、白兔潭镇洣塘村小学，分别开展“博爱家园项目”工作。大力推进红十字救灾救助工作，为23人申报省红十字会人道救助金，为3人申请中国红基会小天使基金。组织100多名老年人，在市茶山镇神福港卫生院进行白内障手术免费筛查，为26人进行免费白内障手术。开展初级卫生救护培训，在株洲时代金属制造有限公司、市恒茂有限公司和均楚镇李婆塘村，举办卫生救护培训3期；协助市东富镇花木村新建组村民张林，完成自愿无偿眼角膜捐献。（柳　叶）

市中（一）医院

【概况】2016年，醴陵市中（一）医院（以下简称“医院”）占地面积1.87公顷，建筑面积8.2万平方米，其中医疗业务用房6.7万平方米；开放床位1000张。有在职在岗职工955人，其中博士研究生1人、硕士研究生55人、本科学历326人。有卫生专业技术人员798人，占职工总人数的84%；其中有高级职称101人、中级职称224人；有湖南省名中医1人，株洲市名中医5名，株洲市首届中青年知名医师2名、醴陵市名医10多人。全年实现业务总收入2.5亿元，比上年增长28%。其中，门诊收入5627万元，比上年增长22.7%；住院收入1.94亿元，比上年增长29.6%。全年收治住院患者3.04万人次，比上年增长21.7%；完成门诊人次21.41万人，比上年增长18.4%；实施手术5905台次，比上年增长22%。

【医院建设】年内，医院开设国药堂、建立标准化煎药室，在所有临床科室设立中医综合治疗室；打造康复大厅，添置飞利浦1.5T超导磁共振、飞利浦FD20血管造影系统、飞利浦16排螺旋CT机、臭氧射频、针灸治疗仪、熏蒸治疗机等一大批中医诊疗与康复设备。新设经典科、儿科、重症医学科、心血管病二科、疼痛科、康复科，聘请省内外名老中医到院培训、查房、坐诊；引入省内一流团队，设置心血管介入科，能自主完成冠脉腔内成形术+冠脉内支架植入术等心脏微创介入手术，弥补醴陵医疗领域的空白；疼痛科运用中医传统疗法，结合现代无痛微创射频消融和椎间孔镜技术，为重度颈腰椎间盘突出患者解除痛苦。年内，医院基础设施全面升级，诊疗环境焕然一新。一、二住院楼投入使用，行政楼完成改造并顺利搬迁，120急救中心完成提质改造，中医药文化墙建设完成。医院的综合实力进一步增强，成为湖南中医药大学教学医院。成功立项全国基层名老中医药专家传承工作室，心血管病科、肛肠科、康复科成为湖南省中医重点专科。举办醴陵市首届“西学中半脱产学习班”，承办湖南省中医经典年会，与省中医药研究院附属医院建立中医专科联盟，成立“湘雅乡情醴籍专家工作室”，“湘雅乡情·专家醴陵行”活动开展顺利。 （张孟芳）

醴陵市妇幼保健计划生育服务中心（醴陵市妇幼保健院、醴陵市儿童医院）

【概况】2016年，醴陵市妇幼保健计划生育服务中心（以下简称“中心”）总占地面积7933.33平方米，建筑面积1.01万平方米；开设床位159张。有在岗人员334人，其中专业技术人员291人（高级职称18人、中级职称83人、初级职称190人），专业技术人员占总人数的87.13%。内设孕产保健部、妇女保健部、儿童保健部、计划生育技术服务部；主要有产科、妇科、内儿综合科、新生儿科等科室。有进口数字化X线摄影（DR）、光散射乳腺筛查仪、安珂乳腺微创旋切系统等重大医疗设备150台件。中心全年服务住院1.06万人次，服务门诊17.6万人次；实现总收入8794万元。全年产科分娩量排名全市第一，占全市分娩总量的28%；产前检查服务量和妇产科B超总量排名全市第一。年内，中心通过“国家妇幼健康优质服务示范工程”“湖南省妇幼健康优质服务示范工程”评估。

【机构整合】3月，市卫生和计划生育局组织召开市妇幼保健及计划生育服务站整合会议，为实现机构的融合发展，更突出公益性质，为妇女儿童健康提供坚实保障，整改和流程优化原计生服务站，更新实验室设施设备，引进苓医系统软件，建立国免优生检查全电子化信息、婚检孕检一体化信息系统。将原计生服务站技术人员合理调派到临床一线轮训轮岗，有力促进“两癌”、高危筛查等工作任务的组织和落实，提升工作效率。

【群体保健】2016年，群体保健工作始终坚持以“保健为中心、保健与临床相结合”的方针，各项保健指标控制在标准范围内。全年全市孕产妇死亡率10.59/10万，5岁以下儿童死亡率5.48‰，婴儿死亡率3.58‰，围产儿死亡率5.89‰，孕产妇系统管理率95.02%，孕产妇住院分娩活产率99.81%，剖宫产率37.84%，3岁以下儿童系统管理率92.51%，新生儿疾病筛查率95.02%，新生儿听力筛查率96.45%。预防HIZ、梅毒和乙肝母婴传播取得明显进展，规范叶酸发放渠道，叶酸服用率达98.33%、叶酸服用依从率为88.93%。基本公共卫生服务项目全面推进，按《醴陵市2016年基本公共卫生服务项目考核办法》，各乡镇卫生院开展产前检查、产后访视、产后42天检查、新生儿访视等9大基本公共卫生服务的抽查、考核，查找问题并及时整改到位。依法开展妇幼保健技术服务，婚前医学检查率90.38%，免费孕前优生健康检查覆盖率达100%。严格执行《出生医学证明》管理制度，孕产妇艾滋病检测率86.45%，艾滋病母婴阻断工作逐渐规范，新生儿疾病筛查率90.08%，新生儿听力筛查率96.45%；孕产妇、儿童保健系统管理取得良好成绩，规范各医疗保健机构产科质量管理，加强儿童保健工作管理和指导，实施儿童保健八项技能的理论及操作考核，提升技能。“两癌”筛查成效显著，克服多重困难，在省内率先建立“两癌”免费检查适龄妇女电子档案信息库，填补省内空白；强化信息管理，历时151天，筛查2.43万人次，完成年计划任务的100.5%，被株洲市卫计委推荐参加湖南省民生工程评优活动。

【孕育服务】2016年，组建孕育服务团队，成立株洲地区首家孕育咨询服务中心，该中心集合市内5家二级以上助产医疗机构的妇产科专家、教授17人，该中心为一孩生育对象提供5项免费服务，为二孩及再生育对象提供7项免费服务；将婚前医学检查与国家免费孕前优生健康检查结合起来，并深入乡村开展生育知识讲座26场，解决生育风险飙升、出生缺陷多发的现实问题。

【队伍建设】2016年，中心以“卫计机构整合”为契机，继续深入开展“绩效管理”服务，考核分设绩效管理、医德医风、医疗管理、护理管理、保健管理5个项目，考核结果直接与津补贴发放、评先评优、晋升晋级挂钩。大力推行出院病友回访制度，回访率97.39%。每2个月开展一次病友座谈，收集问题后及时回复解决，对被回访对象进行针对性健康教育指导。抓医疗质量管理，制订和完善《三级医师查房制度》《疑难病例讨论制度》等相关制度，每月对制度落实情况进行绩效考核管理；每周对环节质量、终末质量、医疗核心制度等进行检查、评分；每月对医疗及医辅科室进行分类考试，开展医疗质量检查，召开医师医疗质量及安全分析会议。组织、召开护理业务学习、业务查房、质量安全分析会和护士长例会等。制定和实施《2016年技能大比武活动实施方案》，按季度组织开展技能大比武活动4次，通过比武，有效提升医疗急救技术水平。以市委组织部、市卫计局牵头组织的“湘雅乡情·专家醴陵行”活动为契机，邀请邬玉辉、余小河、张瑜、胡蓉、彭国庆等妇产科、乳腺科、儿科专家，到中心进行坐诊、手术、讲学和业务查房。同时，邀请省中医附一名医堂主任、中医儿科教授张涤，每月到中心坐诊和带教收徒，以促提中心的医疗质量水平。

【党建工作】以“‘两学一做’学习教育”为契机，成立学习教育工作领导小组，下发《2016年党建工作计划》《“两学一做”教育实践方案》，充分利用宣传栏、LED屏、微信等载体进行宣传教育。开展“四讲四有”（讲政治、有信念，讲规矩、有纪律，讲道德、有品行，讲奉献、有作为）专题讨论，抓好“三会一课”（“三会”：定期召开支部党员大会、党支部委员会和党小组会，“一课”：按时上好党课）制度，开展“党员示范标兵”“急救演练技能大比武”“护理服务明星”评选等主题活动，引领党员立足岗位做贡献。5月11日，在市卫计局党委的指导下，中心成功完成党组织换届选举，选举产生新一届的党总支，任命一批党建领导班子，下设行政医辅党支部、医疗、保健计生、老年党支部。全面完成基层党建七项重点工作任务，全面排查对92名党员的关系，建立《排查信息登记表》《流动党员台账》，进一步规范党员的组织关系。精准扶贫工作中，中心扶贫点为官庄镇阳坑村和李畋镇，结对帮扶贫困户22户，工作人员采取一对一上门走访帮扶，全年拨付扶贫资金11万元。（漆生生）

市疾病预防控制中心

【概况】2016年，醴陵市疾病预防控制中心（以下简称“中心”）紧紧围绕县级疾控机构等级达标创建任务，牢牢守住免疫规划和卫生应急两条工作底线，圆满完成各项业务工作任务。年末，获评“实施《湖南省结核病防治规划（2011—2015年）》先进集体”、湖南省“‘十二五’重点传染病监测先进单位”；年内，“县级甲等疾控机构等级达标”顺利通过省级评审验收并授牌。

【传染病管理】2016年，全市共报告法定传染病22种，发病数3484例、死亡6例，报告发病率、死亡率分别为328.67/10万、0.57/10万。全年无甲类传染病病例报告；乙类传染病报告共17种、1935例，死亡5例，发病率、死亡率分别为186.05/10万、0.48/10万；无传染性非典型肺炎、人感染高致病性禽流感、脊髓灰质炎、登革热、炭疽、流脑、白喉、新生儿破伤风、布病、血吸虫病病例报告；丙类传染病报告共5种、计1549例，死亡病1例，发病率、死亡率分别为148.17/10万、0.09/10万。报告发病数居前三位的分别是手足口病1156例、肺结核930例、乙肝466例，共计2552例，占传染病发病总数的73.25%。为进一步加强传染病防控，坚持24小时卫生应急值班，完善应急物资储备，组织全市卫计系统开展突发公共卫生事件应急处置大演练。全年无甲、乙类传染病暴发疫情，无突发公共卫生事件报告。开展法定传染病报告质量和管理现状调查，抽查病例565例，漏报率为零。

【急性传染病防治】2016年，急性传染病防治重点是传染病监测，完成霍乱内外环境检索260多样次，均未检出霍乱弧菌，无霍乱或疑似霍乱病例发生。采集送检手足口病病例标本62份，经株洲检测反馈呈阳性的31例；对浦口镇李洲村1起手足口病聚集性疫情和石亭镇1例重症手足口病死亡病例及时调查处置。全年各预防接种门诊为2685名狂犬病暴露人员接种狂犬病疫苗，未发生狂犬病病例；人禽流感防控采集活禽市场环境样本38份，检测出H7N9阳性结果6份，并对市场环境进行消毒和有关人员进行健康教育与宣传。钩端螺旋体监测捕鼠100只，未检出阳性样本；重点人群血清学监测共分5个年龄段采集散发点、周围部分人群血清标本100份，经抗体水平检测，阳性数为5个，阳性率为20%。全年报告肾综合征出血热病例2例，无病例死亡，并按要求做好核实诊断和个案调查。每月对全市传染病发病进行分析，对未来流行趋势进行预测预报和风险评估，全年完成发病趋势总体预测2次、适时预测1次、季度日常风险评估4次、专题风险评估1次，为市政府、卫生行政部门的科学决策提供依据。

【免疫规划】2016年，中心开展冷链运转6次，及时下发各类疫苗，确保全市适龄儿童得到及时、有效的预防接种服务。开展常规接种和0～6岁儿童查漏补种工作，摸底目标儿童57670人，应补种18062人，实际补种15357人；应际补证358人，实际补证328人；应补卡58人，实际补卡58人。在春秋两季，开展入托入学儿童预防接种证查验，共督导幼儿园、学校408所，查验儿童19667人，查验率达100%；应补证424人，实际补证424人，补证率达100%；应补种3468人，实际补种3456人，补种率达99.63%。年内，开展接种率调查，现场抽查适龄儿童300名，调查结果显示建证率为100%、建卡率为99.68%、卡证相符率为88%、“六苗”（卡介苗、乙肝疫苗、脊髓灰质炎疫苗、百白破疫苗、麻疹疫苗、流脑疫苗）全程接种率为99.67%，安全注射率为100%。以镇为单位，完成儿童预防接种信息化系统客户端软件转换与使用，全年上传2005年1月1日后出生的儿童信息15.42万份，其中2016年出生的儿童个案信息资料4263份。按国家疾病预防控制中心要求，从5月1日起停用三价脊髓灰质炎疫苗，按时完成脊髓灰质炎疫苗策略转换。继续加大麻疹监测力度，全年全市麻疹监测系统累计报告疑似麻疹29例，其中外地报告8例、本地报告21例；实验室确诊6例，排除23例。全年共报告AFP（甲胎蛋白）疑似病例3例、百日咳2例、乙脑1例，均及时做好个案调查；报告AEFI（疑似预防接种异常反应）病例59例，其中异常反应1例，其他均为一般性反应病例。

【结核病防治】2016年，结防门诊共接诊初诊病人2617人，免费摄片2304张、查痰5168人次、系统管理病人856例，其中新发涂阳109例、复治涂阳3例；新发涂阳治愈率达96.7%。耐多药肺结核可疑者筛查125例，发现耐多药病人1例。年内，筛查阳性病人密切接触者133人，筛查率达100%；结核病患者艾滋病筛查856例，查出HIV阳性2例、阳性率为0.23%；全市各医疗机构结核病疫情报告率100%，及时追踪网报结核病人，追踪到位率为92.5%、总体到位率为91.6%。在做好结核病人治疗和规范管理的同时，针对学校结核病上升疫情，积极开展学校结核病筛查，共筛查学生结核病患者密切接触者（师生）946人，其中阳性17人，后经摄片确诊继发性肺结核1例；将筛查结果向教育局、学校进行通报，并对学校结核病防控提出工作建议，确保学校结核防控各项工作落实到位。

【公共卫生监测】2016年，完成农村饮水安全工程、城市集中式供水、城市自建供水水质卫生监测及市自来水公司水质监测点常规分析等监测工作。对以自备水源为源水的学校和托幼机构开展生活饮用水监测，共监测学校及托幼机构300家，检测水样420份，涵盖19个镇，受益学生近6万人。开辟食品生产企业用水和学校管道直饮水的委托监测检验，共受理委托检验的食品生产企业20多家、学校管道直饮水10多所。对医疗、托幼机构开展消毒效果监测，完成医疗机构监测66家、托幼机构监测29家，共采集样品592份。按株洲市疾病预防控制中心要求，对食品安全风险进行监测，共采集蔬菜样品40份、米粉样品16份。督促市级3家哨点医院完成食源性疾病病例监测与上报。

【职业病防治】2016年，中心开展“因病致贫、因病返贫”尘肺病人生存状况调查，全市共有贫困人口37929人，市卫计局调查统计共有职业病患者9358人，其中疑似尘肺病人40人，株洲市劳动卫生职业病防治中心对建档立卡贫困户40例疑似尘肺病人进行核查评估。全年完成重点职业病健康检查1001人，其中疑似职业病人数159人、职业禁忌人数47人。收集14名重点职业病人的工伤保险待遇落实情况，完成数据收集、评估报告和信息上报工作。完成职业健康检查网络直报企业20家，体检人数1561人；重点职业病职业健康检查个案1001例、疑似职业病个案信息173例、农药中毒47例。针对职业病危害较为严重、具有代表性的企业，开展职业健康监护工作，187家企业的3101人参加职业健康检查，筛查职业禁忌症143人，疑似职业病人220人，其他临床异常1616人。

【地寄慢病防控】2016年，全市各基层医疗单位开展高血压、糖尿病患者健康管理，65岁以上老年人体检和健康档案管理等工作。全市有常住人口97.07万人，新建居民健康档案52611份，累计建档79.63万份，建档率为82.77%。全年登记管理65

岁以上老年人78515人、健康管理率达81.61%，累计完成体检人数64564人，健康体检率达82.23%。新发现高血压患者6056人，累计管理高血压患者50914人，健康管理率为35.28%，规范管理人数42916人，规范管理率为84.29%；血压控制达标人数30903人，血压控制率为60.69%。新增糖尿病患者2902人，累计管理糖尿病患者16927人，规范管理病人14790人，规范管理率为87.37%；血糖控制达标人数9696人，血糖控制率为57.28%。死因监测按户籍地址、终审时间统计报告死亡6244人，报告粗死亡率为6.37‰，审核率100%。社区诊断完成调查户1705户、3815人，数据库录入3815份，实际有效数据3764份；居民期望寿命共调查6736例死亡病例，得出全市全人群期望寿命为77.7岁，男性期望寿命为75.79岁，女性期望寿命为79.92岁。完成碘盐监测样品300份，合格率100%；八步桥村饮水型氟中毒监测水源水和末梢水检测结果均小于0.1毫克/升，对8～12岁学生氟斑牙调查统计，患病率为1.75%。开展麻风病治愈存活者调查，截至12月，新中国成立以来全市24例麻风病治愈存活者已死亡13例、失访1例、外迁1例，在醴陵生活9例，其中2级畸残1例需要康复治疗。稳步实施《醴陵市2010—2017年消除疟疾行动计划》，各医疗机构"三热"病人（发热在38.5℃以上的临床诊断为疟疾、疑似疟疾、不明发热原因者）血检691人次，未发现阳性病例；完成传疟媒介按蚊的种群与密度监测工作。

【艾滋病防治】2016年，新发现HIV/AIDS60例，全市累计报告246例；其中AIDS99例、HIV感染者147例；男女比例为2.24∶1；年龄分布在9～75岁，其中18～49岁青壮年占77.2%、50岁以上老年人占23.47%；传播途径以性传播为主、占94.8%，其中异性传播占75.82%、同性传播占24.18%；流行特点为青壮年为主，中老年人、男男同性恋上升趋势明显。年内，醴陵市作为国家第三轮艾滋病综合防治示范区，通过积极开展各项艾滋病防治工作，认真落实防治措施，各项任务指标均达到上级的标准和要求，并超过全省平均水平。积极开展高危人群行为干预，共干预失足妇女855人次，检测580人次；药物维持治疗门诊累计入组332人，在治65人，平均每天服药38人；深入看守所、社区对吸毒人员进行干预检测485人次；对务工人员进行干预检测465人次，对监管场所羁押人员检测1409人次，干预MSM455人次，检测255人，发现阳性12例；3个自愿咨询检测门诊接待自愿咨询600多人次，筛查HIV阳性23例；产前、术前、婚前、孕期、献血前检测得到全面落实，全市8家医疗单位共检测HIV18.63万人，初筛阳性47例、确认阳性30例。12月，醴陵市召开艾滋病防治社会组织参与项目启动会议，在全省率先试行政府购买服务、社会组织参与艾滋病防治的工作模式，中国疾病预防控制中心性病艾滋病预防控制中心宣传教育与信息室主任、博士生导师王璐在启动会上作专题讲座。

【检验检测基础设施建设】2016年，中心投资110万元，改造检验检测大楼、面积1310平方米；投资55万元，安装操作台面、通风系统、净洁用具；投资10万元，安装空调31台。按照《湖南省县级疾病预防控制机构等级验收标准（试行）》的要求，在省、株洲市有关主管部门和市人民政府的支持下，投资400多万元，增添全自动微生物鉴定及药敏系统、PCR仪、原子吸收分光光谱仪等仪器设备56种、76台（套）；投资近40万元，采购480余个品种的检验试剂和标准物质。年内，中心检验检测项目由原有的128项增至230多项。全年完成各类检验检测2万余样次，未出现责任或实验室安全事故。

【健康教育】2016年，中心组织开展大型卫生主题宣传活动15次，结合联系点帮扶，强化对基层健康教育工作的督查指导。开展健康巡讲和全民健康生活方式宣传行动。完成居民健康素养及成人烟草流行监测调查项目工作，开展无烟单位创建，通过短信平台累计群发健康教育短信635条，受众达6.5万人次。完成1200名居民（职工）、299名学生、310名门诊及住院病人的"两率"调查（健康知识知晓率、健康行为形成率），城乡居民（职工）总体健康知识知晓率为83.23%，健康行为形成率为70.52%。（王婷）

市卫生计生综合监督执法局

【卫生行政许可】2016年，市卫生计生综合监督执法局（以下简称"市卫计执法局"）对全市旅店业、文化娱乐场所、公共浴室、理发美容店、游泳场所等公共场所实施卫生行政许可，实行承办监督员负责制，按照"谁许可、谁监督、谁负责"的原则，严格实行行政过错责任追究制度，切实做到依法许可、依法监管。年内，全市共受理卫生行政许可申请104户；其中公共场所卫生许可101户、二次供水2户，放射诊疗许可1户。发放健康证、卫生知识培训证12838本；其中公共场所从业人员2997人次，食品从业人员9493人次，药品从业人员348人次。

【医疗机构监督管理】2016年，市卫计执法局共监督检查医疗机构692家，对检查中发现的违法医疗行为予以及时纠正，责令整治。受理并审批发放《放射诊疗许可证》1家，现场审查新设置医疗机构4家，受理变更事项医疗机构3家。受理投诉举报案件5件，取缔非法行医场所3处。组织医疗广告培训1次，参与卫生监督协管培训1次。打击取缔无证诊所1家，取缔无任何医疗资质的游医1起，立案处理超范围执业2户次。

【公共场所卫生监督】2016年，根据《公共场所卫生管理条例实施细则》，对辖区380家公共场所行业进行全面的监督检查，其中住宿业182家、美容美发业135家、足浴和洗浴业26家、游泳场所12家、歌舞厅11家；对公共场所无卫生许可证擅自营业，从业人员无健康证上岗等违法经营的单位实施行政处罚，分别给予警告、责令整改和罚款。开展住宿业、美容美发业、游泳场所等专项整治行动，加大对公共场所违法经营行为的查处力度。

【生活饮用水卫生监督】2016年，醴陵市农村有“千吨万人”规模自来水厂14家，日供水2.25万吨，供水人口34.5万人。农村水厂逐步走向规范化，14家水厂均有完善的净化、消毒水处理设施且运转正常，均具备9项水质指标的自检能力。卫生管理措施基本到位，全年水质抽检合格率达90%，较上年有大幅提高，农村集中式供水安全获保障。

【餐饮具消毒机构卫生监督】2016年，全市共有餐饮具消毒企业38家，其中生产规模较大、为城区餐饮单位提供消毒餐具的5家，约占全市消毒餐具总生产量的70%，为农村“一条龙”餐饮服务经营者提供消毒餐具的小型消毒企业33家，约占全市消毒餐具总生产量的30%。市卫生计生综合监督执法局从以下几方面着手，抓一次性消毒餐具的管理，一是加强对餐饮具集中消毒服务单位负责人的业务培训，5月20日，举办“醴陵市餐饮具集中消毒服务单位负责人卫生知识培训班”。二是对5家生产规模较大、为城区餐饮单位提供消毒餐具企业强化卫生监督专项整治并取得成效。三是加强对农村小型餐具消毒企业卫生监督检查，共检查33家次，下达责令整改卫生监督意见书33份。

【监督协管与保障】2016年，全市共有卫生监督协管单位29家，卫生监督协管员60名，通过加强对协管员公共场所、医疗卫生、生活饮用水、学校卫生等方面培训，协管员的履职能力得到进一步提升，协管员业务水平不断增强，协管工作质量进一步提高。市卫计执法局每季度对各协管单位进行一次工作考核与督导，全年共开展各类巡查5368家（次）。

【计生监督】2016年，在各镇、街道的配合下查处违法生育案件40起。启动整治“两非”工作机制，深入基层摸底调查。查获“两非”案件线索50余条，查处“两非”案件5例。对全市各单位进行督查，立案上报2013年10月1日以来的所有违法生育对象。

（周玲红）

市精神病医院

【概况】2016年，醴陵市精神病医院（以下简称“医院”）占地面积7119平方米，总建筑面积1.7万平方米，是市新农合、城镇职工医疗保险和居民医疗保险的定点医院。有在职职工184人，其中中高级职称以上技术人员37人；开设病床497张。年内，新开设精神科男一病区、老年一科、老年二科3个临床科室。全年门诊治疗2.13万人次、住院治疗2891人次，分别比上年增长6.4%、13.2%；实现收入3263多万元，其中医疗收入3056万元、比上年增加661万元、增长27.5%。年内，医院启动晋升二级精神病专科医院筹备工作。

【重性精神病防治】2016年，医院质控重性精神疾病患者健康档案1160份，电话随访患者580名。国网录入患者4193名，管理患者3829名，规范管理率81%。依据省和醴陵市《2016年重点民生实事项目“重性精神疾病患者救治救助工程”实施方案》的要求，按照“公平、公正、公开”的原则，确认救治对象131名。为认真贯彻落实实施方案的要求，成立救治救助项目专家组，制订救治救助临床路径规范，并进行技术指导和临床会诊；全年投入项目救治救助总医疗费292.63万元，其中“三项医保”（城镇职工基本医疗保险、城镇居民基本医疗保险和新型农村合作医疗）报销230.19万元，专项救治救助费56万元，医院救助医疗费6.44万元；11月，救治的131名患者全部出院，取得良好的社会效应。

（谭　钢）

湖南师范大学附属湘东医院

【概况】2016年，湖南师范大学附属湘东医院（以下简称“医院”）占地22公顷，建筑面积11万平方米。有编制床位1000张。内设36个临床医技科室、10个教研室和2个研究室；有2个湖南师范大学重点实验室、3个临床硕士学位点。有职工1400多人，其中高级职称人员140多名、硕士研究生导师15名、博士和硕士研究生50多人。全年共接诊患者58万多人次，收治住院患者3.6万多人次，完成手术6100多台次。年内，医院新增设市危重孕产妇急救中心和新生儿急救中心，主要承担全市及湘东地区危重孕产妇及新生儿抢救任务。

【重点工作】2016年，医院各项重点工作稳步推进。多次组织人员分赴省内外学习三甲医院创建经验。修订、编印医疗、护理、医技、输血、后勤以及行政党群管理制度；梳理、审核120多项应急预案和近百项各类工作流程。多次与省、市相关部门及湖南师范大学汇报、沟通，理顺医院综合改革管理思路，按属地管理原则参加株洲市城市公立医院综合改革。以“启动药品零差价、建立医疗联合体”等工作为重心，推动医院综合改革等工作。10月1日，启动以取消药品加成为标志的城市公立医院改革，有效遏制医疗费用的过快增长。年内，与泗汾中心卫生院组建的医疗联合体正式签约揭牌，医院采取“技术支持、人才培养、巡回医疗、双向转诊”等方式，与泗汾中心卫生院开展全方位、深层次合作，促进分级诊疗机制的建设，为人民群众提供优质、连续、全程的医疗服务。门急诊综合大楼项目主体工程建设框架已封顶，项目相关配套建设同步推进；拆迁安置房和园林绿化等附属设施建设已交付使用。医院编制的“十三五”发展规划进一步明确医院未来五年的发展思路、目标与任务，顺利通过职代会审议。

【医院管理】一是抓好人才队伍建设。全年招聘硕士研究生13名、大中专毕业生39名；年内，专业技术人员职称晋升考试与聘任工作中，有16人晋升高级职称，5人被评为市首届“好医生”“好护士”。二是深化“满意服务、从我做起”优质服务创建活动。在巩固上年优质服务创建活动成果的基础上，通过第二轮查找存在的问题，收集、发现各类型问题115条；对各类问题进行归类整理、分解，年内已基本整改到位。三是加强安全生产工作力度。严格执行“安全生产、预防为主、综合治理”的方针，坚持“分级管理、谁主管、谁负责”的原则，建立健全安全生产“一岗双责”工作机制，医院与分管院领导、各科室分别签订《安全生产责任书》；定时开展安全隐患排查，全年未发生安全生产事故。四是规范资产和资金管理。组织专门班子和人员进行资产清查核实，建立健全账卡，对实物、资产实行“一物一卡一条码”制度，将相关信息录入资产动态管理信息系统，年内，顺利通过省财政厅组织的第三方审计。开展内部控制基础性评价工作，在梳理业务流程、评估经济活动风险和完善规章制度的基础上，制定《内部控制工作手册》，进一步规范日常经济活动。加强医院各类重大经济活动的管理，医院所有基建、维修项目工程、物资设备的采购等，严格执行国家、省相关部门与医院的有关规定，实行集体研究、集体决策。五是做好信息化建设和后勤服务保障工作。完成居民健康卡受理环境改造，并顺利通过省卫计委验收；投资近1000万元的PACS系统正式投入使用；设立市心电会诊中心，让老百姓在家门口就能享受到专业的诊断和治疗，进一步拓展医疗市场。全年采购各类物资、设备计6000多万元，优化医用耗材库房管理，加强出入库验收管理，维护保养和修理医疗仪器设备和特种设备等，基本保证各类仪器、设备的正常运转。整体改造一住院大楼冷、热供水管道，升级改造配电间双电源柜、二污水处理站，并顺利通过相关部门验收。加强对物业公司的监管力度，新建临时停车场2个，医院环境进一步改善。

【业务建设】2016年，医院稳步提升医护服务能力，保障医护安全，以“抗菌药物临床应用管理”等专项活动为载体，切实加强医疗质量管理。一是加强核心制度的落实。为进一步规范医疗管理和督查15项医疗核心制度的落实，坚持每周一次的业务查房，发现问题及时反馈，督促科室限期整改。坚持每季度一次的全院性医疗质量分析会，指出问题，总结教训；同时对下一季度的质量控制重点进行部署。坚持每周不定期到科室抽查环节病历，每月不定期到病案室抽查终末病历。全年组织抽查病历1万多份、护理病历2万多份，合格率均达100%。二是健全管理机制，保障医疗安全。成立医疗质量管理领导小组，妇产科、儿科分别成立危重病人抢救领导小组，实施三级管理制度，做到层层把关，确保医疗质量与安全。实施院内多学科会诊制度。加强院内、科室之间的会诊和疑难病例讨论制度。加强医患沟通，及时处理医患纠纷，构建和谐医患关系；全年接待医疗投诉28起、处理医疗纠纷10起，未发生重大医疗纠纷及事故。三是抓好抗菌药物临床应用管理。根据省卫计委要求，及时调整医院抗菌药物采购目录，提高抗菌药物临床合理应用水平。四是应对各类公共事件。在地方重大事故发生后，能迅速启动绿色通道机制，积极组织展开抢救工作，年内成功抢救1名地中海贫血产后大出血产妇。五是开展对口支援工作。年内，分别与汝城县人民医院、君山区人民医院重新签订对口支援协议，提高受援医院的管理和医疗技术水平。六是深化优质护理服务，提高护理、临床护理质量。加强业务学习，提高业务技能，根据市卫计委新入职护士培训大纲有关要求，加强新进护理人员和专科护士的培训。深化优质护理服务，创建优质护理服务病房，全年评选出“优质护理服务”标兵4人、优质护理服务先进个人67人。建立岗位责任制，优化窗口服务。进一步明确门（急）诊护理服务职责，分别在医院门诊的各楼层设立护士导诊、急诊和儿科门诊的发热预检分诊。对急、危重症患者实行优先诊治及护士全程陪伴护送入院，严格落实交接制度，确保患者安全。

【科教规培】2016年，加强对住培基地和学员的管理，出台《住院医师规范化管理办法（修订）》《住院医师规范化培训学员人事管理规定（修订）》等文件，严格按照住院医师规范化培训管理实施方案，加强对住培基地、带教老师和学员的管理，年内新招收住培学员17名。制定硕士研究生指导教师培训计划，与省人民医院联合开展硕士研究生导师培训工作，1名教师通过学校评审成为硕士研究生导师，对全院所有硕士研究生导师先后进行一轮以上培训。医院选派的2名青年教师，在参加湖南师范大学举办的附属医院2016年青年教师课堂教学竞赛中，均获“三等奖”。年内，有6个课题获批省教育厅、卫计委立项。临床教学、继续教育工作稳步推进，全年承担师大医学院临床、预防等专业122人的临床理论教学、临床见习、临床实习教学任务；同时，接收安排其他医学院校实习生77名、进修人员5名。邀请省内一批有较大影响的专家、教授到医院讲学，共组织各种讲座12场次。选送10人外出进修学习，组织42人次参加各类专业学术会议与业务培训。（晏　波）

株洲市中心血站醴陵分站

【概况】2016年，株洲市中心血站醴陵分站在市城区设立第一中学和嘉茂银座献血屋2个固定献血点，在市东、南、西、北乡区域内定时定点设立流动采血点。全年采集无偿献血4762人次，血液量167.65万毫升；供应血浆5099.5单位，机采血小板239治疗量，冷沉淀2016.5单位，手工血小板200单位，红细胞11083.5单位。年末，市人民政府获评株洲市“无偿献血先进城市”，株洲市红十字无偿献血志愿者大队醴陵分队获评湖南省“2016学雷锋志愿者百强社团”。（陈　媛）

南华附二醴陵兆和医院

【概况】2016年，南华附二醴陵兆和医院（以下简称“医院”）有病床450张；有职工400人，其中高级职称35人、中级职称90人、初级职称180余人；有医疗业务用房面积2.2万平方米。内设内分泌科、呼吸内科、心血管内科、消化内科、神经内科等20多个临床、医技科室。年末，医院获评全国“诚信民营医院”。

【制度建设】2016年，医院规章制度建设力度进一步加强。一是规范各项制度。制订《科室目标责任管理考核标准》，分别与科室签订《科室目标责任管理责任状》，量化、细化考核内容，实行精细化管理。完善并启用《医疗风险保证金制度》，严格落实《十六项医疗核心制度》《总值班制度》《科主任晚值班制度》等，加强并促进全院会诊、协调外院会诊。二是加强监督检查。按照《科室目标责任管理考核标准》，每月对各科室开展质量督查与考核，对考核情况进行通报，重点反馈科室目标责任管理中发现的问题和缺陷，提出整改意见和措施，并将整改项目列入下一次督导检查的重要内容，提高督查和整改效果。严格控制药比与次均费用，加强内部病历质控，减少农合、医保扣款。三是提高医疗质量。改革病历质控管理办法，成立病历质量控制小组，每月对抽查结果进行通报，从农合医保稽查、院级质控、科级质控、病历归档等方面对科室质控员进行考核，并纳入科室目标责任管理考核。强化并督促科室质控工作，要求各科每月科室质控病历不得少于当月出院病人数的10%，发现问题必须及时纠正，医务部每月对科室质控工作进行考核。督促出院病历及时归档，全年病历归档率达100%。全年组织户外拓展业务训练2次，管理培训2次、职工体检1次。在端午、中秋、重阳、除夕等传统节日，采用茶话、座谈会、现场探望等多种形式，分别对职工及患者进行慰问。（程　洁）

泰安医院

【概况】2016年，醴陵市泰安医院（以下简称“医院”）有职工252人，其中高级专业技术人18人（正高职称4人，副高职称14

人），享受国务院政府特殊津贴2人、市首届“十大名医”2人，市“好医师”1人。有西门子CT、三星四维彩色B超、开普DR机、美国佳乐前列腺电切镜、德国椎间孔镜等一批先进的诊疗设备，拥有7间高标准洁净手术间，医疗设施齐备。医院注重人才的培养,从“三基”（基本理论、基本知识、基本技能）培训教材抓起，采用自身培训、送出去进修等方式提高职工业务素质。分科室组织学习，分阶段组织考试，派遣医务人员到中南大学湘雅医院、省人民医院、株洲市一医院等上级医院进修。积极开展党的群众路线教育实践活动，采取理论与实际相结合、组织医院领导班子成员专题集中学习，提高认识。医院党支部每月组织不少于2课时的中心组织专题学习，先后学习习近平总书记系列重要讲话精神和中央政治局专门会议精神、活动教育读本等，组织观看教育片、开展“做群众贴心人”等专题讨论，党员干部思想认识不断提高。（杨胜求）

区·街道·镇

长庆示范区

【概况】2016年，长庆示范区（以下简称“示范区”）托管珊田、马脑、黄沙、长庆寺、清潭、双江6个行政村，有179个村民小组。全年完成国税2548万元，地税1110万元；完成固定资产投资21.15亿元，较上年增长165.9%。

【综治维稳】一是大力开展平安创建。评选出平安家庭“文明建设示范户”100户、“尊老爱幼示范户”200户、“助人为乐示范户”100户、“环境清洁示范户”500户。加大对平安创建示范户先进事迹和经验的宣传推广，弘扬社会正能量。二是高度重视民意调查。积极开展综治民调工作，了解百姓诉求，倾听百姓心声，宣传民调工作及政策法规。以开展多种形式、不同对象的座谈会获取反馈信息，查找日常工作不足，进行整改，取得良好效果。三是积极调处矛盾纠纷。全年开展排查47次，共调解矛盾纠纷45起，调解率95%。全年接待信访件58件，接待信访人员来访130多人次，化解张某信访积案，解决高铁连接线、醴陵大道项目历史遗留问题15件。

【安全生产】一是领导重视。党政主要领导主持示范区安全生产及食品药品安全管理工作会议14次，带队检查安全工作20次，积极参与安全隐患排查与整改。二是加强宣传，组织培训。在示范区醒目地段设置大型永久性宣传栏3处，宣传横幅50幅，宣传标语100多条，营造安全生产氛围。组织烟花爆竹企业及人口密集型企业作业人员进行安全生产集中培训和实地消防培训200多人次。三是明确责任。严格履行“一岗双责”制度，层层抓落实。年初签订各类安全生产目标责任书，对示范区35家涉危企业检查、督查230多次，完成现场检查记录180份，下达整改指令34条、限期责改安全隐患文书18份、整改复查意见书18份。四是严密监督。加大查违控违工作力度，全年共依法强制拆除违法建设72处，强拆建筑面积达1.21万平方米，违法建设得到有效控制。密切配合市安监局，组织开展“打非治违”“闪电行动”等；示范区安全生产形势总体平稳，全年没有发现重大安全隐患，已发现的非法生产经营点全部取缔到位。

【卫计服务】2016年，示范区实行对村和村卫计专干的计生业务目标考核，与各行政村签订人口计划生育专项目标管理责任书；每月召开例会，定期分析、总结和安排工作，确保人口计生信息统计及时、准确；依法对违法生育户进行教育和处理。加强对孕产妇的系统管理，开展免费孕前健康检查200对；组织65岁及以上老年人体检900多人次。慰问贫困母亲、贫困学子20户、发放慰问金4000元。

【创建工作】全年共清运建筑垃圾45车，生活垃圾105车。集中开展春季爱国卫生运动，动员300多人，清理村民垃圾乱倒点32处，清理河道3.5千米，疏通水渠5条，整治废品回收点4家；使用灭蚊喷剂7箱，发放灭蟑螂药物400盒、灭鼠药物440千克。开展高铁广场摊点、黄沙中学路口早市摊点的专项整治；开展户外广告、牛皮癣清理专项行动，共清理小广告282处、乱涂乱画152处、违规设置店外广告30处、破损广告28处，通过专项整治，城市面貌显著改善。专项整治双江村卫生问题，出动人工300多次，利用挖机、装机清理垃圾74车，采购并安置垃圾桶200只；与市专业垃圾清运公司签订协议，负责该村垃圾日常清运。年内，市创建办拨专款3万元，补贴该村日常村组道路垃圾清扫；示范区拨付14万元，用于创卫专项工作经费和改善该村卫生状况。

【集体经济】年内，珊田集团完成总产值2.19亿元，实现利润216万元，村民股东的投资分红比例为12%，比上年增长2%。马脑村组建村级公司，以公司为建设主体，参与渌江新城云盘山路建设。年内，全村10个村民小组、343户、1423名村民获500元/人的先期红利分红；村民以1.2公顷土地入股黄沙农贸市场，年内已完成投资320万元，一期工程接近尾声。

【基础设施建设】2016年，依托渌江新城项目征地拆迁资金积累，山峰村拓宽村级主干道2千米，亮化道路7千米，新修组道7千米；整改渠道5千米，自来水、天然气全部入户。马脑村整村推进项目和钟鼓、庄埠等4个村的供水、供气、道路等配套基础设施建设全面完成。黄沙村筹资100多万元，修缮主渠道2600米，水泥硬化组级道路4千米，安装节能环保路灯200盏，自来水安装、天然气管道铺设全面完成，村民的生活质量不断提升。

【产业扶贫】2016年，针对示范区的实际状况，积极推动产业发展。山峰村开展土地流转工作，完成高标准双季稻田建设，大力发展优质水稻种植；新修山塘水库1座，解决村级经济发展水源问题。庄埠村利用部分农户闲置土地，扩大芋头种植产业，促进农民增收。截至年末，示范区有89户198人顺利脱贫。

【项目建设】2016年，示范区有重点建设开工项目20个。为确保重点项目顺利推进，示范区以"片区攻坚年"活动为契机，推行"每周一调度、半月一小结"的调度机制，全面统筹推进项目建设，全年征地17.93公顷，腾地78公顷，签订协议55份，拆除房屋41栋；双创中心、老祖殿征地、拆迁任务全面完成。5月1日，示范区主干道梧桐路建成通车。彰仙岭路、云盘山路路基工程仍在进行，沪昆高铁连接线醴陵东互通竣工。珊田安置区一期工程和公租房地下室工程基本完成，已启动主体工程建设。老祖殿一座主殿主体工程建设竣工，其他分殿主体工程正在快速推进。创新创业服务中心被列入株洲市2016年重点项目，作为第一批挂网的PPP项目，已启动建设；陶瓷技师学院项目地下停车场建设工程启动；渌江产业发展中心等在建项目有序推进。新区学校、医院、名人文化园、明月峰路、高铁片区整体开发、总部经济区等7个项目如期建设施工。（田瑞宜）

来龙门街道

【概况】来龙门街道地处城区中心，是全市经济、文化、商贸活动中心。2016年，来龙门街道原辖的3个村、7个社区经建制村合并后，调整为7个村、7个社区；其中，黄沙村和庄埠村合并黄沙村、山峰村和钟鼓村合并为长庆寺村、上洲村和丁家坊社区合并为丁家坊社区，珊田、马脑、清潭、双江、东岸5个村和四塘、狮子坡、马放塘、北门、胜利、文庙6个社区维持不变，除东岸村外，其余6个村由长庆示范区代管。有21823户76711人。年内，来龙门街道主要经济指标在高基数的基础上实现新增长，完成规模工业总产值10.5亿元，同比增长42.4%；固定资产投资33.95亿元，同比增长3%；限额以上商业及住宿餐饮业营业收入60.38亿元，同比增长29.7%；重点服务业营业收入4.12亿元，同比增长28.6%。成功引进润鲨奥特莱斯等3个项目，到位资金6.41亿元，是年计划任务的117%，同比增长109%。全年完成税收任务2.92万元，为全年计划任务的101.2%。完成"小升规"企业20家，占全市任务的20%；重点服务业、限上商业等指标在全市以绝对优势领先其他街道、镇。年内，来龙门街道成功创建省级"文明单位"和省"流动人口公共卫生计生均等化服务示范街道"，被株洲市评为"政法综治工作先进单位"，获评醴陵市"安全生产工作先进单位"；来龙门街道司法所获评"省级规范化司法所"。

【重点工程建设】2016年，来龙门街道完成重点工程项目建设征地、腾地24.87公顷；签订"瓷城古韵·一江两岸"、李畋中路、莲株公路改扩建等项目拆迁协议150栋(套)，拆除房屋137栋(套)；实现320国道与醴陵大道平交、莲株公路建设、金色锦城等项目清零工作目标，辖区内的重点项目建设进展顺利。

【安全维稳】2016年，来龙门街道安全维稳工作坚持网格化社会治理模式，以"扫黄、禁赌、缉毒、保畅"霹雳行动为契机，配合市公安局严厉打击各类违法犯罪活动。自2015年11月至2016年9月，辖区共发刑事案件778起，比上年同期下降26.1%。全年调处各类矛盾纠纷56起，调处成功率99%，调解履行率100%。积极配合市相关部门做好"9·23"交通事故秩序维护工作，妥善化解医患纠纷2起。结合市"监管执法年”“安全保障年”活动，深入开展“闪电”“飓风”行动和“大排查大管控大整治”“安全生产保卫战”专项整治，组织工作人员对辖区内非法生产经营、储存、运输和燃放烟花爆竹行为开展地毯式排查和打击取缔，检查鞭炮烟花生产企业6家（次），检查烟花爆竹门店20家（次），发放取缔通知10份，取缔四塘社区的10家无证非法经营烟花爆竹门店。积极配合市公安、消防等部门，对辖区内的大型超市、网吧、宾馆、酒店、娱乐场所等人员密集公共场所，开展火灾隐患排查整治专项行动10次，共检查单位198家，发现安全隐患38处，整改到位30处。每月例行检查辖区内的2家经营危险化学品门店和1家加油站，制作相关检查文书17份。全年辖区安全生产形势平稳，未发生重特大安全生产和食品安全事故。

【城市创建】2016年，来龙门街道以“三创四化”为抓手，促进城市管理和创建工作常态化。一是加强宣传。采用发放宣传手册和倡议书等形式，开展“三创四化”宣传，共印刷宣传图册2.2万份，出动宣传车辆26台次，长期在辖区各窗口单位的电子屏滚动宣传“三创四化”标语。二是深化“两改六化”工作。配合市相关部门全面完成东风巷、九洲巷、瓷城大道支一路等13条小街小巷提质改造工程，共改造面积1.57万平方米。组织各村、社区，集中清理辖内主次干道、水域、河道周边环境卫生、背街小巷、楼栋院落，共出动铲车、挖机、运输车200多台次，清运垃圾1300多吨；清理卫生死角232处、楼道内杂物70多吨；拨付资金200多万元，用于辖区四标段及丁家坊社区、东岸村、上洲村的清扫、保洁、垃圾清运工作。建立“分片包干责任制”，率先完成畜禽退养工作，共签订畜禽退养协议49份，退养生猪4836头、牛7头、羊70头，提前完成市级交办的工作任务。三是加大城管执法力度。年内组织开展集中整治行动100多次，拆除违章广告150多块，纠正占道经营和出店经营700多起，纠正乱停乱放400多起，制止乱牵乱挂200多处，规范定点擦鞋和早点摊贩70多个，取缔流动摊点65处。组织开展集中拆违行动20多次，出动挖掘机、氧割机等拆除设备25台（次），控违31户、控违面积约2350平方米，拆除违法建筑11户、面积3200平方米。协助30多户申请拆建居民户办理建房手续；受理违法用地、违法建筑投诉与举报1件。

【社会事业】2016年，来龙门街道社会事业工作以“推进民生服务”为出发点，进一步创新社会管理，提升辖区人民群众归属感。落实“全面二孩”政策，圆满完成各项卫计工作指标任务。积极申报就业创业保障平台提质升级，全面落实创业优惠政策，拓宽就业渠道，全年新增就业人员2615人；新安置下岗失业人员再就业1105名，其中就业困难对象304名；申报“零就业”家庭6户，实现辖区内“零就业”家庭100%就业。年内，新增职工养老保险扩面人数310人；工伤保险扩面人数2900多人，全额完成工伤保险征缴任务；组织和督促行政村、社区抓好社会保障卡的制卡信息采集、核对、发放和应用工作，共摸底3100多人，配合发卡3100多张。组织开展社会救助“阳光行动”，辖区有城镇低保对象1347户2451人，发放低保金719.7万元；有农村低保对象96户196人，发放低保金22万元；有分散“五保”供养对象8人，发放供养金1.9万元。落实伤残、优抚及退役士兵奖励等工作，开展各类涉军慰问340人次，发放慰问金169.55万元。发放90岁以上高龄补贴89人、补助金6.4万元。在春节及冬春等救助中慰问困难群众1000户，发放慰问金39.1万元、花生油和米面等生活用品1000多份。发放重度残疾人护理补贴316人13.77万元；发放困难残疾人生活补贴281人、11.77万元。开展“爱·行”轮椅项目救助行动，救助3人；发放医疗救助卡7张，价值0.35万元；开展“爱心助残”帮扶24人，捐助资金1万元；发放贫困精神病患者补贴45人2.25万元。

【党建工作】2016年，来龙门街道党建工作以“两学一做”学习教育和“连心解困”大走访活动为载体，扎实开展干部“三联三促”活动，营造凝心聚力、共谋发展的良好局面。创新运用专题演讲、知识竞赛、微信“QQ”等多种形式，扎实推进“两学一做”学习教育活动，年内代表城区片参加市组织的“两学一做”知识竞赛，获第二名。进一步巩固“两新组织创建”成果，年内新增市金盾保安公司党支部、市千金影城党支部2个非公经济组织和1个机关离退休支部。组织村、社区专干开展关于发展党员的业务学习，将2012—2015年发展的党员档案资料清查核实，集中归档管理；进一步规范发展党员程序，全年分别组织19名入党积极分子和10名建党对象参加培训，新发展党员8人，预备党员转正18人。（黄远水）

阳三石街道

【概况】2016年，阳三石街道原辖的11个行政村、3个社区经建制村合并后，调整为8个行政村、3个社区；其中，荆潭村和潭湾村合并为荆潭湾村，阳东村和向阳社区合并为阳东社区，立三村和东门塘村合并为立三村，泉湖、伏龙、石里浦、立新、玉屏山、企石村和渌江、阳三石社区维持不变。有党员1602名，设党委1个、党总支4个、党支部59个和非公企业党支部29个。有各类法人单位500多家，企业3000多家，其中规模以上企业43家。辖区内以湖南三电、阳东电瓷为代表的电瓷产业，以泉湘瓷业、泰鑫瓷业为代表的日用瓷产业，以达越特、兴联为代表的箱包产业，以安迅物流为代表的物流产业等产业集群初具规模。全年完成工商税收2.46亿元；完成固定资产投资总额48.38亿元，比上年增长7.5%；完成规模以上工业产值102.04亿元，比上年增长10.8%；完成限额以上商业服务业营业收入12.64亿元，比上年增长26.7%。年末，阳三石街道获评株洲市“安全生产先进单位”，醴陵市“社会管理综合治理工作先进单位”和“人口和计划生育工作优秀单位”；阳东社区网格化管理的创新服务管理模式的先进经验在全市推介。

【重点项目建设】2016年，阳三石街道配合市重点工程建设的征拆工作效率高，全年征地拆迁签约46户，拆除房屋146栋，征腾地39公顷；其中“瓷城古韵·一江两岸”文化休闲带项目需征拆的30栋（套）房屋在2天时间内全部拆除，土地矿产交易市场与旗滨路重叠处的14户居民房及2家工厂的拆迁工作在1个月内完成。年内，辖内的14个重点项目中，旗滨路、阳三安置区、园区污水处理厂、东方电瓷智能化、城市风景（二期工程）、兆荣瓷业改扩建用地、莲株高速7个项目全面完工。

【城乡环境优化】2016年，阳三石街道以“三创四化”为切入口，深入持久开展城市创建工作，基本实现市容秩序整治深入化、立三故居整治有序化、农贸市场整治持续化、二圣河环境整治标准化、三边环境治理显著化的目标。农村生产生活环境不断改善，农民生产生活用水及管道天然气入户率均达70%以上，原阳东村成为湖南省率先全面使用天然气的行政村。

【民生保障】全年新增就业2006人，其中有362名就业困难人员和3户“零就业”家庭实现再就业。全年为2453户4380名城乡低保“五保”对象和341名优抚对象，发放民政救济资金946万元。贯彻落实市委、市政府关于脱贫攻坚的决策部署，严格实施“七个一批”，顺利完成41户149名贫困对象的脱贫任务。（刘　琼）

仙岳山街道

【概况】2016年，仙岳山街道原辖的4个社区、9个行政村经建制村合并后调整为4个社区、6个行政村；其中，枫树塘村和江源村合并为江源村，五里墩村和滴水井村合并为五里墩村，石门口村和石成金村合并为金石村，河西、碧山、万宜3个村和财源塔、碧山、南门、书院4个社区维持不变。全年完成税收12582万元，其中国税5799万元、地税6783万元；完成工业总产值73亿元，比上年增长19.52%；完成农业总产值1.8亿元，比上年增长5.2%；完成规模工业总产值35亿，比上年增长13.79%；完成固定资产投资42.97亿元，比上年增长29.9%；农民人均纯收入达26639元，比上年增长8.6%。全年完成重点工程项目征地5.55公顷，腾地14.27公顷，拆迁房屋57栋（套）、拆除房屋85栋（套）。年内，渌江书院、一江两岸及公交南站、西站改造等一批重点项目顺利推进；其中渌江书院一期工程完工。市人民法院旁城中村改造和市电器厂棚户区改造项目正在洽谈，市旺亿家居市场二期工程和烟草物流中转站工程启动，银山御园、蔚蓝国际等原有项目完成后续工程建设。

【城市创建】一是组织“三创四化”活动，与各村、社区签订目标责任书，严格执行日督查、月考核、季通报、年总评制度。以多种形式加大宣传力度，发放倡议书1.2万多份、宣传册9600份，制作宣传版面2000平方米，将每月1日定为“文明我先行”活动日，每周五定为“全民大清扫”日。二是做好样板街提质改造工作。将全体城管控违队员按照责任网格分片分区的方式，安排到样板街每个路段，开展为期半个月的全面整治。通过整治，临街门面的出店经营、占道经营、“六乱”（乱搭、乱建、乱停、乱放、乱涂、乱画）等问题得到有效解决。年内，样板街街面铺设和绿化等工程基本竣工，城市品位有效提升。三是加大查违控违工作力度。采取堵疏结合的方式，做到“见违就拆、有违必拆”。实行网格化管理，做到网格管理横向到边，纵向到底，不留死角。在确保存量违法建设不动工的基础上，严格控制新增违法建设，对新发现的违法建设确保在3天内拆除到位。全年组织开展大型拆违行动8次，拆除违法建设面积2800平方米，实现违法建设为零的目标。

【安全维稳】一是开展“平安创建”活动。发放民调问卷、创建“平安家庭”倡议书1.2万多份，发放“致企业朋友的一封信”3000多份。联合市仙岳山派出所深入开展“霹雳行动”，全年破刑事案件9起，查处行政案件10起，刑事拘留9人，行政拘留25人，强制戒毒1人，社区戒毒3人。二是做好涉军群体的信访维稳工作。健全各类涉军人员台账，逐一排查了解各类涉军人员的动态。在“两会”、国庆等特护期，未出现赴京集访和非正常上访。三是排查各类矛盾纠纷。全年开展排查24次，排查各类矛盾纠纷52起、调处纠纷52起，调处成功52起，调处成功率100%。四是落实安全工作严查严管制度。全年发放各类宣传资料1.75万余份，制作安全生产公益广告牌48平方米，出动巡游宣传车9台次。突出对重点行业领域的整治，对辖区各生产经营单位进行安全监管200多次；下达各类检查文书100多份，其中责令整改指令书20份；整改各类安全隐患41条；全年实现安全生产零事故。五是严把食品安全关口。坚持把日常监管和专项整治有机结合，在各村、社区分别设立食品药品安全宣教室，配备食品安全专干。开展食品安全知识“进机关、进社区、进学校、进企业、进农村、进家庭”和创建“示范企业、示范街、示范村、示范店、示范食堂”活动，带动全社会参与食品安全工作。

【社会事业】2016年，仙岳山街道各项社会事业齐头并进。一是扶贫帮困卓有成效。共收到精准扶贫捐款35万元，有40户120名贫困对象成功脱贫。救济和帮扶困难、残疾群体近150人次，发放慰问物资40余万元。二是社会救助“零遗漏”。全年承接社会救助业务287项、其他业务类型161项。审核“金秋助学”申请98人次，审批临时救助55人次，发放救助金6.7万元，各种社会救助申请办结率达100%。开展“亲情关爱——走访慰问失独家庭”活动，实现经济、生活、精神三重关爱。三是卫计服务工作到位。全年“国免”任务285对，完成340对；“两癌”筛查任务663人，完成1249人。做好辖区内174名农村空巢老人、36名留守妇女和90名留守儿童的关爱、帮扶工作。“5·29”计生协会活动日期间，对辖区内26名贫困学生、贫困母亲进行慰问，中秋节前联合帮扶单位和志愿者，对辖区31户特护家庭开展慰问帮扶。四是社保水平不断提高。全年完成工伤保险征缴基金315万元，新农保参保人数8544人、征缴基金98万余元，养老保险新增扩面380人、征缴基金达9000万元，征缴城乡医疗保险金370.01万，全面完成各项工作任务。年内，新增就业人员1002人，享受大病医疗救助70人；成功申报城乡低保户64户145人。五是教育事业优先发展。投资15万元，改造、改建万宜、碧山、南门小学，学校面貌焕然一新；江源小学获全市六年级统考综合第一名，南门中学中考优秀率综合排名全市第五。六是“马上就办”行政提效。代开税票等事项做到当场办结，对民政救助、低保申报、残疾人“两项补助”、建房审批做到定期办结，并严格执行“首接负责制”，首接全面答复、全力协调、全程服务。年审退休人员100多人次，发放生育服务证75本，接待各类政策咨询上百次。

【党建工作】年内，书院社区完成“五彩社区”建设，各村（社区）配备3万元党建工作经费，圆满完成并村改革；开展“一个党员、一面旗帜”等党员活动，以活动促党建。抓党风廉政建设，积极开展“雁过拔毛”式腐败问题和“纠‘四风’、治陋习”专项整治活动，发放宣传资料3000多份，上户宣传3000多户。在自查自纠中发现违规线索2条，立案2例，处理2人。加大教育力度，组织观影学习6次、1200多人，筑牢党员干部思想道德防线。抓党员干部队伍建设，组织10名村（社区）支部书记进行党建工作述职评议。（罗海娟）

国瓷街道

【概况】2016年，国瓷街道原辖的10个行政村、5个社区经建制村合并后，调整为7个行政村、5个社区；其中，石子岭村和老龙井村合并为玉瓷村，姜村村和樟塅村合并为姜东村，华塘村和竹湖村合并为华塘村，石塅、古城、土珠岭、横店4个村和八里庵、姜湾、车顿桥、国光、五里牌5个社区维持不变。有耕地面积1064.8公顷，山林面积2010公顷；森林覆盖率达42%。有246个村民小组，17073户、56783人。辖区有7个村级党总支，16个支部，共有党员786人；有非公企业党支部6个、联合支部3个，有非公企业党员57人。辖区交通便利，320国道、醴潭高速、上瑞高速在境内经过；凤凰大道、国瓷路、玉瓷路、东城大道、株醴路等构成辖区内的城区主体交通网络。辖区产业齐全，有港鹏、环宇、瑞祥等18家规模以上企业。国家级工业旅游景点——“红官窑”、醴陵·世界陶瓷艺术城成为全市标志性景点；釉下五彩瓷、醴陵巫家拳被列为株洲市“非物质文化遗产”项目。

【经济发展】2016年，国瓷街道税收任务总额为12369万元，其中国税4832万元、地税7537万元。截至11月，完成全年计划任务的96.46%，是全市4个街道中完成情况最好、完成率最高的街道。年内，辖区有工业固定资产投资项目28个，计划投资16.2亿元，实际完成投资21亿元，比上年同期增长66.7%；其中湖南醴陵市红玉红瓷陶瓷有限公司打造湘瓷文化与科技融合工程项目，完成投资1.6亿元。市鑫宏纸箱厂、市三鸿畜牧发展有限公司、市国昌电瓷电器制造厂3家规模以下小型微型工业企业升级为规模以上企业。积极开展企业帮扶，为32家企业建立帮扶档案，上报市企业帮扶办；协助8家企业解决融资困难，帮助3家企业解决征地腾地问题，企业满意率100%。年内，引进台北城房产开发、今日酒店和大润发超市3家企业投资立项或设立店面，3个项目实际到位资金5.5亿元；有国光瓷厂50～60项目、市安沙尼传质科技有限公司理疗水项目和湖南铁航教育发展有限公司投资醴陵铁路科技职业学校项目在谈。

【"三农"工作】2016年，共种植水稻838公顷；有存栏生猪1.6万多头、牛30头、羊300头，存栏畜禽疫苗注射率达100%。配合市相关部门开展治理耕地重金属污染，对800多公顷农田进行深翻耕、施生石灰等。开展畜禽禁养清理退养工作，与78户养殖户签订《退养协议》，占应退养户的86.67%。全年硬化道路35千米，安装路灯60多盏。争取以奖代补资金项目，清淤、疏通渠道10.5千米，硬化水圳2.43千米，修复水损工程6处；硬化山坪塘坝体6口，开挖山坪塘1口，修复河坝4处，加固千金水库坝体。积极开展防汛抗旱工作，准备抢险袋5000多只，木桩1000多只；加大汛前排查力度，对全骨干山坪塘、水库进行全面排查，把防汛安全责任制度落实到人，确保安全度汛。

【创建工作】2016年，国瓷街道根据市创建工作有关精神和要求，积极动员，狠抓落实，印发宣传手册、倡议书1.5万份，与1500多个门店签订门前"三包"（包卫生、包绿化、包秩序）责任状。采取网格责任化管理，制作网格化地图，将辖区12个板块按区位责任划分到人。全面清理辖区主次道路、背街小巷的陈年垃圾、卫生死角、墙面小广告、花坛绿地；各村、社区共出动挖掘机8台、吊车1台、铲车8台、拖运车15台。清运垃圾1000多车。玉瓷村大力整治老醴官路脏乱现象，在道路两侧种植树木1000多株，经整治和绿化后，道路面貌彻底改观。投资近100万元，投入人工4000多天次，大规模清理辖区内河道、水渠、水沟、水塘漂浮垃圾和坡岸垃圾，境内水环境得到有效改善。坚决遏制和查处打击违法建设，全年依法查处违法建设113起，对38户"钉子户"实施强制拆除，拆除违法建设面积1.53万平方米。全年创建工作成果显著，在全市创建工作季度考核中1次排名全市第一，2次排名全市第二。

【安全维稳】2016年，国瓷街道安全维稳工作以"安全保障年活动"为切入点，积极服务群众、落实稳控措施，全力维护辖区和谐稳定。一是抓信访维稳。全年接待群众来信来访50件131人次，其中集访5批70人次；回复网上信访12件。妥善处理辖区进京赴省上访等突出问题，共进京接劝访15批18人次，赴省接劝访4批9人次，到株洲市接劝访3批5人次。做好两会、"五一"、G20峰会、"党代会"等特护期间重点稳控工作。二是抓平安创建。全年开展禁毒、防邪、国防等专项宣传活动7次，组织开展5项示范村、社区创建活动，为辖区8800户居民家庭粘贴平安家庭标牌、评选出200栋"平安楼栋"、10个"平安小区"及15户"平安家庭示范户"。三是抓安全整治。全年开展安全生产执法检查115次，下达执法文书201份，消除安全隐患127个；立案查处市创佳烟花制造出口有限公司擅自改变工房用途和超量储存亮珠的违法行为。开展"闪电"行动、危险化学品整治、燃气安全专项整治等行动，消除各类安全隐患。

【卫计服务】2016年，共登记办理一二孩生育服务证、申报三孩生育证739户，开具相关计生证明800多份。全年在辖区新设总面积超200平方米的大型卫计公益广告牌6块、大型横幅2条，涂刷固定墙体标语47条，发放宣传资料6000多份。组织1281名育龄妇女赴市妇幼保健计划生育服务中心参加"两癌"检查；经审核，辖区共有享受计生相关奖扶政策的对象5235人，全年慰问计生贫困家庭户50多人，发放慰问金3万多元；居民健康卡办卡登记率达97.9%。抓好公共卫生服务，建立完善居民健康管理档案，社区卫生服务中心建档居民人数达3.16万人，规范有效管理档案2.68万人。

【社会保障】2016年，国瓷街道共有城市低保对象1023户1739人，发放城市低保金615.22万元；有农村低保对象514户856人，发放农村低保金112.95万元；有农村"五保户"103户104人，发放"五保"金35.05万元；有社会保障兜底对象户23户65人。年内，按要求清查核减城市低保对象139人、农村低保对象71人；新增城市低保对象45人、农村低保对象87人。全年走访慰问特困户、"五保户"、涉军对象475户，发放慰问金30多万元。

严格落实优抚政策，有优抚对象379人，发放优抚金210.7万元。实施慈善救助10户10人，发放医疗救助卡10张5000元。城乡低保医疗救助48人，发放救助金15.57万元；有90周岁以上老人88人，发放高龄补贴6.34万元；申报基本养老服务148人。全年新增城镇就业人员1205人，就业困难对象再就业183人，失业人员再就业710人。帮扶援助“零就业”家庭6户，“零就业”家庭动态援助100%；提质升级就业创业保障平台4家，征缴工伤保险438万元，为年计划任务的108.3%。

【国土管理】2016年，国瓷街道切实加强土地管理工作，下发《关于进一步加强辖区土地管理的通知》，就加强国土管理工作召开大规模专题会议。年内，为确保项目用地，需征地64.11公顷，腾地138.33公顷，拆迁房屋139户（栋）。截至年末，完成征地30.76公顷，腾地66.16公顷，拆迁协议签订81户（栋），拆除房屋52户（栋）。全年符合建房审批条件的居民有200多户，截至11月，上报符合建房条件的居民50多户，最终获批38户。

【党建工作】2016年，党建工作结合“下村入户”活动，继续开展“与百姓连心、为百姓解困”大走访活动。国瓷街道254名走访干部共走访10124户，收集各类问题1559个，解决836个，其余723个问题均作答复处理；群众满意率达99.5%。走访慰问老党员、困难党员51人，发放慰问金2.5万元；慰问困难离任村干部28人，发放慰问金1.4万元。全年受理来信来访案件8起、答复4起，另外4起仍在调查处理中；受理党员违纪案件2起，处理2起。协助市纪委处理违纪党员案件2起。深入开展精准扶贫工作，从多方面着手，帮助贫困户增收脱贫。发展特色产业，建成无花果基地、茶叶基地各1个，葡萄园基地2个，各基地规模均达6.67公顷以上。引导就业，有35户80人贫困对象实现劳动力转移。落实帮扶政策，帮助5户贫困户改造危房；资助贫困母亲、贫困学子15人、计1.4万多元；资助地中海贫血症患者谭俐1000元。组织349名贫困户对象参加免费“两癌”筛选。积极组织农民培训，全年举办农业实用技术等培训班2次，培训100人次，通过培训切实增强自主脱贫能力。

（谭　斌）

李 畋 镇

【概况】李畋镇位于醴陵市东北部，地处湘、赣两省和浏阳市、醴陵市、萍乡市三县市交汇处，距醴陵市城区30千米，是花炮祖师李畋和爱国将领陈明仁的故里。2016年，李畋镇原辖的21个行政村、2个居委会经建制村合并后，调整为14个行政村、2个居委会；其中，富里村和海棠居委会合并为富里居委会，南桥村和南园居委会合并为南桥居委会，石溪村和明兰村合并为石溪村，双江村和麻石村合并为麻石村，星火、东塘、潼塘、将塘4个村合并为潼塘村，塘坊、华埠、利群、车上、新树、清水、大草坪、凤形、裕民、洪源、花麦11个行政村维持不变。有16236户68340人。全镇产业特色明显，以烟花爆竹及其相关配套产业和黄金矿产开采为主，是全市花炮企业最多、花炮产业集聚度最高的镇。全镇共有涉危企业104家，其中烟花鞭炮生产企业83家、烟花鞭炮机械制造企业7家、加油站8家、造纸印刷企业3家、非煤矿山3家，有高危产业从业人员3.5万多人。

【产业发展】2016年，李畋镇实现地区生产总值87.5亿元，比上年增长8.5%；完成财税总收入5212万元；农民人均纯收入达22419元，比上年增长8.1%。年末，有规模企业75家，其中年内新增7家；全年实施重点项目7个，完成项目投资9000万元。年内，按照“扶优扶强、并小并散、退乱退弱”原则，兼并重组花炮企业6家。成功研发全国首条“烟花自动化生产线”并投入生产，全市首条鞭炮二级标准示范生产线投产，标准化机械设备应用于生产，大为提高全镇花炮行业生产力。大力推动农村合作社发展，全镇13家农村合作社均实现统一种植、销售。不断扩大养殖业规模，市中泽牧业集团招商引资3000万元，建设1000头黄牛养殖基地。年内，镇区有新的提质，“四个一”工程成效显著，产业项目方面有投资5000万元的金利来第五期自动化生产线建设项目，民生项目方面有投资330万元潼塘村农贸市场新建工程，城建项目方面有投资580万元的李畋花炮文化景观大道项目，盘活土地方面有原富里花炮产业园土地包装项目落地动工，完成率达90%。

【安全维稳】2016年，李畋镇大力推广“五包一”（一个高危企业由市级一级网格负责人、镇领导班子成员、机关干部、村支两委、安监员分级负责）责任制、安监员绩效考核制、安全员例会制、企业季度考核制和分类管理法，将安全隐患和企业分别划分为A、B、C三类，逐级增加管理强度。制定出台鞭炮、烟花、黑火药和引火线企业管理办法，细化管理措施。实行“双随机一公开”（随机抽查企业，随机派执法检查人员，及时公开抽查结果）措施，对所有企业派驻班子成员、机关干部、安监员，规定责任人下企业次数和要求，层层落实责任。年内，有20家企业成功通过第四轮安全生产行政许可。相继开展“亮剑”“闪电”“飓风”行动，实现打非工作的制度化、规范化、常态化；共打击非法生产窝点19家，刑事拘留6人、治安拘留13人，刑事立案3人，销毁成品420件、半成品870件、药物350千克，拆除非法工棚5栋14间、机械设备16台。深入开展“两打三治”“扫黄禁赌缉毒保畅”霹雳行动，组织3次缉毒行动，行政拘留吸毒人员7名。积极开展平安创建，发放《致全镇群众的一封信——我骄傲，我是李畋人》宣传资料2万多份，在全镇各村、组分别召开村民会议评选平安家庭，共评选出72户“平安家庭模范户”、429户“平安家庭示范户”。

【村镇建设】2016年，李畋镇党委、政府狠抓新农村建设，镇容村貌大幅改观。凤形、洪源、花麦等14个村共投入713万元，修补、硬化道路路面20千米。塘坊、麻石、裕民等7个村共投入150万元，新装路灯700多盏。南桥、华埠、利群等6个村（居）共投入60多万元，修整、清理山塘和水圳。麻石村投入80万元新建村办公楼，投入80万元新建自来水厂。车上村投入20万元，铺设道路栏杆，保障村民出行安全。潼塘村投入330万元新建农贸市场。富里、潼塘、石溪村和南桥居委会组建工作队，解决集镇车辆乱放、摊担乱摆、出店经营、交通堵塞等集镇顽疾。利群村投入200万元，整治66.67公顷土地。塘坊、潼塘村和富里居委会共投入37万元，修建3个村级文化广场；洪源村投入50万元，修建村级活动中心及卫生室；裕民村投入13万元，新建养老服务站。镇机关投资200万元，新建1栋3层、建筑面积430平方米的便民服务中心。

【社会保障】2016年，李畋镇坚持公共财政向民生倾斜，压缩“三公”经费44%，民生支出达1725万元。社会养老保险、医疗保险做到应缴尽缴、应保尽保，全年收缴社保、医保基金995万元。全年发放低保、救助金316万元，临时救助285人；供养“五保”老人432人、发放供养金178万元；发放残疾人补助金32.4万元、慰问金1.3万元；慰问优抚对象36人，发放优抚金近130万元；为100户困难群众解决危房改造问题，为2188名老人参保老年人意外伤害保险。投入2000余万元，新建或改扩建南桥、富里中学和将塘、石溪、光明、联新、车上等小学，新增本科教师53名。

【党建工作】2016年，扎实开展建整扶贫工作。对贫困对象实行点对点帮扶，落实小额贷款260万元，减免参合资金33万元；帮助56户72人进入镇或城区就业，19户60人享受易地搬迁，帮助25户贫困户享受国家退耕还林政策，150户349人获低保兜底；对所有在册贫困户家庭在校学生实行救助和减免政策，全年成功脱贫493人。开展“两学一做”学习教育，常抓组织生活，严抓党员管理，抓实基层党建工作。开展评选先进支部和优秀党员活动，共评选出6个先进支部，49名优秀党员。“七一”期间，慰问老党员和困难党员50名，发放慰问金2.81万元。落实党委在党风廉政建设中的“主体责任”，推动纪委的“监督责任”，深入推进反腐倡廉建设，全年查办各类违纪案件11起，处理11人。（李亚莉）

白兔潭镇

【概况】2016年，白兔潭镇原辖的14个行政村、2个居委会经建制村合并后，调整为10个行政村、2个居委会；其中，金牛居委会和星湖村合并为金牛居委会，白市居委会和湖下村合并为白市居委会，黄甲村和栎塘村合并为黄甲村，蛇青村和峤岭村合并为峤岭村，田心、佘溪、洙塘、泉沅、山水、柏大、长庆、荷田8个行政村维持不变。有12349户51304人，农民人均可支配收入23837元。年末，获评株洲市“安全生产先进单位”“安全生产示范乡镇”；白兔潭卫生院获评全国“先进卫生院”

【产业发展】2016年，全镇有企业103家，其中新增规模以上企业18家；个体工商户900多户。全年完成工农业总产值68.5亿元，完成税收3507万元。农业基础稳固，在试点推进国土整理、农业开发项目的基础上大力推进土地流转。截至年末，共扶持种植面积26.67公顷及以上的种粮大户1户、3.33公顷以上种粮大户15户。建立面积73.33公顷的水稻高产示范基地和面积386.67公顷的有机大棚蔬菜种植基地。工业优势明显，全镇烟花鞭炮企业年生产能力达34.5亿元。以烟花鞭炮企业申请行政许可为契机，督促烟花鞭炮企业整改扩建、技术升级。实施干部“五包一”责任制和企业分类重点监督制度。加大招商引资力度，成功引进年产值上亿元的金牛电瓷厂和年产值5000万元的金辉石矿。第三产业繁荣，玄武大道东乡民居特色街、白金路商业街及25层的金牛购物广场大楼、大润发超市等商业综合体和专业市场落户辖区。华迅物流等一批仓储物流和印刷包装、餐饮娱乐等优质产业网络初具规模。

【城镇建设】2016年，城镇建设以“创新、协调、绿色、开放、共享”为发展理念，强化规划引领，扎实推进小城镇项目建设。年内，玄武大道、中央商业广场、白金路、天然气入户工程、污水处理厂等在建的重点工程项目均得到有效推动。玄武大道一、二期工程商铺住宅总建筑面积18万平方米，投资总额近2亿元，拟建设成集金融、物流、信息等功能为一体的商住中心。中央广场项目投资约1亿元，拟建成镇商贸购物中心，总建筑面积5.7万平方米，高25层，是株洲地区乡镇最高房地产项目。依据《白兔潭镇总体规划》，形成“三纵四横”交通格局，改造广湖老桥；白金路完成路基施工，道路两厢商铺住宅项目总建筑面积6.77万平方米，投资约8000万元。集镇天然气管网建设完成立项、设计工作，进入项目施工招投阶段；全年新增雨污分流管网8千米，污水处理厂完成前期工程的国土、规划、发改、环保等相关手续和厂区设计工作，进入征地拆迁和招标阶段。按照“建好一个市场、支撑一个产业、繁荣一个集镇、富裕一方百姓”的目标，扎实推进株洲市重点工程项目——醴陵国际花炮物流中心的建设，年内确定市渌江投资控股集团有限公司为业主单位。年内，组织编写白兔潭镇新型城镇化建设宣传册，协助编写白兔潭镇城镇建设采风报告，并在《株洲工作》杂志上发表。

【集镇管理】2016年，白兔潭镇集镇规划区面积为6.6平方千米，集镇建成区面积为4.2平方千米。为改善集镇环境、提升集镇品味，镇党委、政府从多方面着手，强化集镇管理。一是抓集镇规划。完善镇《总规》《控制性详细规划》《村庄规划》，规范农村建房，全力打击违法违规建设行为。二是抓经营秩序。组建40人的城管、消防、环卫等集镇管理队伍，对金牛街开展集中整治，拆除私搭乱建遮雨棚16处，清理流动摊位46个。三是抓环卫建设。引进专业公司，对集镇实行“定时清扫＋全天保洁”；完成农贸市场和公共厕所提质改造。四是抓交通畅通。增强澄潭江东西两岸运力，设置交警岗点，增派协警人数，加强重点地段交通秩序确保交通通畅。

【社会事业】2016年，白兔潭镇各项社会事业稳步推进。一是强化工作保障。通过岗位培训、工作例会、督促检查等方式，加强卫计队伍建设。着力加大投入，建设基层阵地，新建佘溪村、白市居委会等村（居）级卫计站，优化乡村两级工作环境。改扩建镇卫生院，更新硬件设备。二是深化服务水平。落实计划生育家庭各项奖励扶助政策，确保各项优惠政策落到实处，全年落实奖扶303人、特扶25人。利用人口信息平台，抓好“湖南省居民健康卡”的信息采集和录入，共采集上报常住居民信息47037人，成功匹配45049人。三是文教工作有新进展。改扩建泉源、白市、峤岭、荷田、长庆、柏大、金牛等小学，优化办学条件。举办镇篮球联赛，成立篮球、象棋、民乐、艺术等协会组织12个，丰富乡村文娱活动；加大对田心村省级非物质文化遗产“星子灯”的保护力度，年内获中央电视台推介。四是脱贫攻坚有新作为。全镇共有农村贫困人口502户、1759人，通过发展特色农业带动、就业带动、信贷带动等举措，全年帮助118户451人成功脱贫。

【村级基础设施建设】2016年，白兔潭镇完成佘溪、金牛、白市、泉源、黄甲等5个村主干道路沥青改造；修建1座垃圾中转站；投入2000余万元，提质改造白富公路7.8千米，拉通直达江西省的又1条交通要道。田心、佘溪、洙塘3个村启动安全饮水工程，自来水入户率达90%；峤岭村投资100多万元，水泥硬化盆头公路。（吴　坚）

浦　口　镇

【概况】浦口镇位于醴陵市东部，距醴陵大道和沪昆高铁站12千米，是醴陵市的近郊乡镇。2016年，浦口镇原辖的20个行政村、4个居委会经建制村合并后，调整为12个行政村、4个居委会；其中，贯古村和官山居委会合并为贯古居委会，天符村和大桥居委会合并为天符居委会，王坊村和三角坪居委会合并为王坊居委会，联盟村和桥头居委会合并为联盟居委会，碧泉村和冷水村合并为浦口村，花椒村和山塘村合并为花椒村，泮川村和石山村合并为泮川村，仙石村和东方村合并为仙石村，茅坪、李洲、三铺、保丰、河泉、荣坪、合水、荷花8个行政村维持不变。全镇有480个村（居）民小组，13923户、57995人。全年完成工业总产值约81.8亿元，比上年增长14.56%；完成国税4571万元、地税1997万元；是全国三大电瓷生产基地之一。

【工业经济】2016年，浦口镇工业经济发展坚持“电瓷电器、烟花鞭炮、建筑建材、鞭炮机械”四大支柱产业不动摇。鼓励以市华鑫电瓷电器有限公司为首的电瓷行业向科技要生产力，积极推动该企业电瓷产业窑炉技术改造项目；项目总投资1500万元，历时半年完成相关技术改造，实现烧制过程的电脑自动化控制，能耗降低60%，烧成合格率提高3个百分点，有效提升浦口电瓷的市场竞争力；年末，市华鑫电瓷电器有限公司获评全省“文明建设先进单位”。大力扶持烟花爆竹等传统企业，实现机械化换人、自动化减人，促进生产专业化、标准化；启动赖氏烟花自动生产建设项目，被国家安监总局列入国家爆竹生产机械化示范性建设项目唯一承接单位，被株洲市人民政府列为“重点工程”。烟花鞭炮企业抱团发展战略大力推进，促成市环球烟花有限公司与湖南汇通贸易公司强强联合，整合8家生产小礼花弹的鞭炮企业，年内签订首个协议。

【农业生产】2016年，镇农业生产工作立足镇情、因势利导，充分调动农民对农业产业结构调整的积极性。重视“优质水稻、早熟黄瓜、早熟葡萄、蔬菜育苗”四大农业产业基地的建设，在浦缘农业合作社、浦口荣坪村蔬果基地的带动下，全镇涌现出一批农业合作社，农业规模化、规范化和产业化程度进一步提高。年内，浦缘农业合作社流转土地120公顷种植双季稻，成功申报全国“种植大户”；荣坪蔬菜育苗基地流转土地80公顷，成为全市唯一一个被株洲市授予“育苗基地”的农产品基地；湘天凤特种养殖农民专业合作社成为全市唯一一家“绿色无公害认证”企业。

【安全维稳】2016年，浦口镇始终对安全生产保持严查严处态势。全面安装视频监控，实现企业作业人员、药房、工库房用途实时掌控，“四超两改”(超人员、超药量、超能力、超许可范围和擅自改变厂房用途、擅自改变生产工艺)现象得到有效遏制。年内，重点整治辖区非法生产烟花、鞭炮、引线，非法开采小煤窑，非法经营烟花、鞭炮药物材料等行为，查获非法生产户42户，刑事拘留3人，治安拘留7人；销毁引线类产品2650万米，烟花爆竹成品579件、半成品1500余件，线香类产品265件。通过变上访为下访，整合综治力量，加强综治管控面，将矛盾纠纷消除在萌芽状态；全年调处各类矛盾65起、成功调解65起，调处率和成功率均为100%；全年破获刑事案件10起，刑事打击11人。

【社会事业】2016年，浦口镇投资80万元，修建新泵站和水渠，筹资400多万元，除险加固6座小（2）型水库，解决荣坪村80公顷农田灌溉问题。投入5000多万元，维修集镇道路4.5千米；仙石、合水村沿河路段安装护栏3400米。投入近10万元，将原王坊镇辖内自来水普及到每个组；合水、花椒、荣坪、河泉等村硬化村组道路10千米。加大学校硬件设施建设力度，投入1400万元，为浦口、王坊中学和仙石、保丰、荣坪小学及天符中心小学建设教学楼、铺设塑胶跑道。配合市上级主管部门开展医疗、药品、食品专项整治行动，有效净化辖区的医疗和食品、药品市场。进一步改善村级卫生室和卫生院的硬件设施、医疗设备，建设花椒、浦口、华鑫卫计站，全镇农村卫生机构覆盖率达100%。加大文化工作力度，荷花垅村农家书屋被省新闻出版广电局评为“示范性书屋”，成为全市农村文化建设的排头兵。

【党建工作】2016年，浦口镇党建工作以“两学一做”为抓手，落实“党建摆在前”的统领观，坚持党政联席会议通报和研究党建工作，将基层党建与项目建设等工作同研究、同调度、同推进，实现党建工作常抓常紧；全年镇班子成员深入联系点50多次，参加支部会议30多次，接访70多次；扎实开展集中学习和专题研讨,镇党委及各支部共开展“四个主题”（群众路线怎么走、改进作风怎么办、“五好”干部怎么当、创先争优怎么干）讨论近100场次，上主题党课30场次；广泛开展问题排查，共排查出党员个人问题99个、党组织问题25个，针对排查出的问题，镇党委逐一整改落实到位。年内，全镇有建档立卡贫困对象106户、235人。其中，7人获“雨露计划”扶持，69人获义务教育阶段助学补助，7人通过小额信贷贷款30万元。为11户34人确定易地搬迁，8户33人获危房改造扶持建设。

王　仙　镇

【概况】王仙镇地处醴陵市东部，东临浦口镇，南濒渌江与东富镇隔河相望，西连沩山镇，北接李畋和官庄镇，南部与江西省接壤。有12671户47696人。2016年，王仙镇原辖的14个行政村、3个居委会经建制村合并后，调整为10个行政村、2个居委会；其中，中心居委会和王仙村合并为王仙居委会；新民居委会和瓷泥矿居委会合并为仙瓷居委会；马桥村一分为二，一部分并入李山村、另一部分并入观口村；石燕村和三狮村合并为三狮村；渌口村和杨林村合并为申熙村；书堂、司徒、香水、灌冲、温泉、大屏山6个行政村维持不变。年内，全镇有企业180多家，其中陶瓷企业47家、花炮企业36家；从业人员2.8万多人；主要有电瓷、日用瓷、瓷泥加工、造纸业、烟花鞭炮、活塞环制造等支柱产业；日用瓷以“仙凤”为龙头，鞭炮烟花以“北塘出口、实业工厂”为龙头，其中小型旋转升空烟花出口份额占全球的90%。全镇完成工农业总产值107亿元，完成固定资产投资18.1亿元，完成税收4860万元；居民人均收入达29440元。

【安全维稳】2016年，王仙镇深入开展“监管执法年”活动，按照“全覆盖、零容忍、严执法、重实效”的要求，全面开展安全生产大检查，深化“打非治违”和专项整治工作。镇政府与市公安局危爆大队及派出所先后25次联合执法，共捣毁非法生产窝点6处，刑事拘留9人，行政拘留13人。全面实现安全生产零事故、零伤亡，年末被评为市“2016年度安全生产红旗单位”。始终把维护社会安定稳定工作摆在突出位置，深入倾听群众诉求，及时化解各种矛盾纠纷，高效处置突发事件，密切联系稳控对象，全年调解民事纠纷31起，跨乡镇纠纷2起，调处率达100%，有效维护全镇安全稳定。开展“平安创建杯”全民拔河比赛，营造凝心聚力、和谐发展的良好氛围。在全市电话民意调查中，王仙镇社会综合治理群众满意率高于全市平均分2.7分，被评为株洲市“2016年度政法综治工作先进单位”。

【社会事业】2016年，全镇共有中小学9所（其中中学1所、小学8所），幼儿园12所，医院2所，敬老院2所。为进一步加强全镇文教卫等社会事业工作，一是改善出行条件。全年共筹集资金1000多万元，硬化村组道路48千米，观口村、司徒村新建新型钢筋水泥平板桥2座，各村安装太阳能路灯、反光镜等。二是改善就学条件。为王仙中学争取300套课桌椅，为王仙幼儿园安装防护栏30米，王仙村和观口村水泥硬化学校门口的学生出入主干道。三是改善医疗条件。完成市恒泰医院立项、选址、征地工作，该院建成后可增加200多个床位。四是推进卫计基础工作。组织开展国家孕前免费检查和“两癌”筛查活动，有2000多名妇女受益；在司徒村、仙凤瓷业有限公司分别新建卫计站，于10月率先通过市级验收。五是完善保障措施。全年发放医疗救助金24万元，有82人受益。对全镇396个残疾人按时发放护理和生活补贴，做好重度残疾人调查摸底及补助发放工作。抓好农村安居房建设和高铁风貌改造补贴发放工作。

【党建工作】2016年，全镇有党支部42个，有党员1345人。镇党委围绕“以党建促发展”的工作思路，采取“书记抓、抓书记”的工作方式，开创党建工作良好局势。一是抓学习。通过开展“千人集中春训、千名党员手抄党章”等一系列党建教育活动，在全镇党员中营造学党史、讲纪律的良好氛围。12月，在株洲市党建考核中，王仙镇位居醴陵市第一。二是抓作风。通过“五问工作法”，落实党建责任，结合群众路线“回头看”、民主评议党员、开民主生活会，抓作风、传正气、树新风。三是抓典型。年内共表彰优秀共产党员73名，处分不合格党员2名，开除违纪党员5名。重点创建司徒、李山村党建工作示范村，其中司徒村被评为市“党建示范点”。集中推进精准扶贫工作，李山村建立的中蜂养殖基地的产业扶贫做法被《中国组织人事报》和人民网刊登报道。年内，全镇共有80户223名贫困对象顺利脱贫。（谭　铮）

沩山镇

【概况】沩山镇位于醴陵市北部，东接王仙镇，南邻来龙门街道，西邻国瓷街道，西北接枫林镇，北邻官庄镇，地势北高南低，属丘陵地貌。2016年，沩山镇原辖的12个行政村经建制村合并后，调整为7个行政村；其中，大林村和泉源村合并为大林村，东坑村和赤竹村合并为泉水村，沩山村和望仙桥村合并为沩山村，大塘坳村和土埠桥村合并为青泉村，东堡村和新庵村合并为新东堡村，老鸦山村和漏水坪村维持不变；镇政府驻东堡村黄土坳组。有257个村民小组，5620户20385人。有耕地面积708.4公顷，其中水田面积632.5公顷；山地面积6784.5公顷，森林覆盖率达71%；境内的望仙桥水库为全市城区居民饮用水源；境内有丰富的瓷泥、耐火石等矿产资源。沩山镇是醴陵瓷业的发祥地，沩山村曾是古代道教重要活动地，“沩山古洞天”是国内道教36小洞天之一。沩山镇工业经济以陶瓷、采矿为主；农业生产以种、养殖为主，无公害蔬菜、老鸦山蜂蜜、新安奈李、沩山豆腐等产业初具规模；沩山村、原东坑村和赤竹村休闲旅游产业发展迅速。年内，全镇实现国民生产总值33.2亿元，同比增长8.5%；规模工业生产总值15.5亿元，同比增长10.3%；完成国税1800万元，同比增长10.2%。年末，沩山镇获株洲市“文明村镇”“计生工作先进单位”“安监工作先进单位”，获醴陵市“计生工作优秀单位”、“旅游助跑年”二等奖。

【农业生产】2016年，沩山镇农业生产从实际出发，加大发展特色农业和高效农业。一是建立蔬菜种植基地。以市委、市政府提出的“融城战略”为契机，采取“政府＋超市＋基地＋农户”模式，在漏水坪村、原新庵和泉源村等建立蔬菜种植基地，帮助当地群众拓宽增收途径。年内，全镇有果树蔬菜示范基地3个、种植面积近10公顷；有科技示范户200户，种植面积153.35公顷。二是抓好“一村一品”建设。坚持以市场经济为导向，在漏水坪、老鸦山村分别成立养蜂专业合作社，对蜂蜜进行标准化生产，发挥集聚效应。三是发展特色种植业。沩山村高山茶业、原东坑村油茶林、原赤竹村杉木及油茶林等特色种植项目，有效帮助农户增收致富。

【精准扶贫】一是“输血”同时抓“造血”功能，增强内生发展动力。会同市联合驻村帮扶队，为东坑村、赤竹村分别免费提供鸡苗1000只、3000只，为沩山村免费提供种羊40头、鸡苗4000只。对部分确实无劳动能力的贫困户，采取困难补助和社会保障兜底措施，同时鼓励贫困户通过自力更生，勤劳致富。二是将精准扶贫同特色产业项目建设相结合。年内，沩山村引进高山茶业种植项目，完成开发种植20公顷，茶叶种植收益和村集体分成；东坑村油茶林项目，开垦山林地20公顷，为村贫困户免费提供油茶苗8000株。赤竹村杉木及油茶林种植面积21.33公顷、香芋种植面积6.67公顷，村民以土地参股或自主经营的方式，加入项目经营，为家庭创收搭建平台。三是发展集体经济。投资65万元，在沩山村老屋组新建光伏发电站，占地面积1000平方米；安装太阳能发电板230块，建设容量为60千瓦，年发电量6万千瓦时，年内与市电力局并网并投入正常运营。按市电力部门回购电价0.98元/千瓦时计算，该光伏发电站年收入可达5.8万元；按25年的设计使用年限，可实现累计收入120万元。

【安全维稳】2016年，全镇共排查各类矛盾纠纷79起，其中基层化解74起、由镇司法所等职能部门参与调处5起；调处率100%。成功阻止1起民转刑事件，2起群体性事件，1起集体上访事件。解决大塘坳村村民喻大香上访、集镇马路市场整治问题。坚持发挥排查调处机制作用，定期组织开展望仙桥水库周边违规违建巡查活动，有效遏制水库周边违建行为。

【基础设施建设】2016年，全镇投资140万元，硬化道路13.9千米；其中沩山村新修道路7千米、硬化道路1千米，耗资60万元。投资261万元，拓宽道路21.8千米，其中大林村拓宽道路3.5千米，耗资40多万元。投资80万元，修筑河堤、清淤7.6千米；投资35万元，加固山坪塘、水坝5座；投资17万元，安装路灯200盏。投资115万元，新建占地面积2600平方米、设摊位346个的新东堡集贸市场，该市场于8月建成并投入使用，彻底解决“马路市场”问题。贯穿沩山村、新东堡村的北部旅游专线沥青路面铺设完工，全线通车。

【社会事业】年内，投资120万元，扩建东堡中心小学，建筑面积1100平方米，极大地改善原有教学环境。全年共走访慰问残疾家庭、留守儿童、离退休困难老干部和贫困户等困难群众105户，发放慰问物资价值3.5万多元。年内新增低保对象168户441人，新增“五保”对象20人，有社会保障政策兜底119户197人；有医疗救助对象33人，全年拨付医疗救助资金7.37万元。

（汤　赛）

东　富　镇

【概况】东富镇位于醴陵市东部，距城区5.6千米。地处湘赣边界，是连接湘东赣西的咽喉之地。2016年，东富镇原辖的20个行政村、1个居委会经建制村合并后，调整为10个行政村、1个居委会；有10254户39307人。全年完成税收1888万元，为年计划任务的105.53%；其中国税1332万元，地税556万元。有规模以上工业企业21家，实现年产值47.49亿元；有限额以上商业企业3家。

【项目建设】2016年，东富镇项目建设多点发力，全面发展。加速推进东富工业园园区建设，形成“一轴、一心、两带、多节点”（一轴：沿东富大道布置的公共服务轴，一心：工业园南部综合服务中心，两带：贯穿东富的公共绿带、沿朝阳路分布的防护绿带，多节点：广泛分布的绿地、广场、地标等景观节点）的空间规划布局。先后启动莲珠高速、东富大道、333省道、污水处理厂、工业园预留地、“堰塞湖”、酒埠江东干渠11千米硬化、第二安置区等项目工程建设。其中，污水管网提前完成任务，东富大道比原计划提前半年完成全线路最好标段的建设。年内，在市“征拆百日攻坚”活动中，东富镇拆迁房屋47栋，征地腾地93.33公顷，任务完成情况排名全市第一。

【农业生产】2016年，全镇种植早稻面积321.33公顷，在东富、西林、森冲、莲石、横新、芷泉村确立粮食高产示范片；流转土地666.67公顷。全镇有市级优秀种粮大户3户、镇级种粮大户28户，年内通过市粮食生产办验收。

为进一步加强防汛抗旱工作，强化境内小（1）型水库小洞塘水库及8座小（2）型水库的管理，明确责任人，在汛期实行24小时值守，确保水库、骨干山坪塘保持安全水位，全年未发生水库、山坪塘冲垮事件。

【基础设施建设】2016年，东富镇道路交通不断完善，形成“一环三路”（城市外环线、320国道、313省道、旗滨大道）交通格局，为境内商贸流通打下坚实基础。年内，将333省道（城市外环线）修建延伸至新莲村，整体修复境内313省道路面。采取“以奖代补”的方式鼓励道路硬化，全年投资100万元专项资金，硬化村、组道路50多千米，受益群众达8000多人。通过“以奖代补”的方式“一事一议”政策，加强农田水利设施建设，水泥硬化酒埠江东干渠，解决东富镇近400公顷农田的灌溉用水问题。加快农村饮水安全工程建设，切实改善人居环境。教育设施提质进档，全年新增课桌和教师办公室桌椅1000套；累计筹资400多万元，启动东富中学等学校的修缮、改建工程。

【平安创建】2016年，东富镇平安创建工作以“五星评选”（平安家庭之星、爱心公益之星、孝亲敬老之星、爱岗敬业之星、模范党员之星）为抓手，开展平安创建活动，营造和谐社会氛围，共制作各类宣传展板、横幅、固定标语等200多条，发放平安创建倡议书3000多份。全镇共评选出平安家庭之星、爱心公益之星、孝亲敬老之星、爱岗敬业之星、模范党员之星50名。全年共调处涉军信访维稳事件10多起，未出现涉军人员进京赴省上访事件，年度综治工作跻身全市先进行列，获评市“综治工作先进单位”。

【安全生产】2016年，东富镇进一步落实包厂干部责任制，要求包厂干部每月进企业督查安全生产。年内，全镇共有17家企业生产许可证到期，安监站与包厂干部严抓共管，保证企业整改落实到位，未出现安全事故。更新镇安全生产事故应急救援指挥中心和安全生产动态监控中心，全镇29家烟花爆竹企业中，有21家完成视频监管安防设备安装，5家成功接入市安监局指挥中心。协助9家企业完成第四轮行政许可整改，帮助10家退出企业争取上级补助资金近1000万元。建立企业生产运输台账，汲取京港澳高速公路爆炸事故教训，严格监控花炮企业运输资质，要求建立运输台账。实行定期督查、奖惩机制，每个季度进行一次督查，对标杆性企业给予奖励，落后企业予以停产整改。

【卫计服务】2016年，全镇共有已婚育龄妇女9565人，新出生人口512人，计划生育率98.63%，男女比例为107.1 ∶ 100。年内，完成国家孕前优生健康检查330对、超额完成11对；完成补救措施28例。全年办理一孩生育证175本、二孩生育证365本、再生育证7本，开具各类计生证明118份。发放避孕药具1.1万人次、叶酸523人，早孕随访率、妊娠结局随访率、药具随访率均达100%。年内，新增计划生育奖励扶助对象139人、特别扶助对象1人，为59人发放独生子女保健费。慰问贫困母亲23人、特困学子1人，共计发放救助金5000多元。充分发挥计生协会作用，加大计生宣传，倡导树立科学生育观，全年向群众发放“计划生育优质服务指南”“婚育知识一百问”等宣传资料8000多份，举办公众健康教育咨询活动6次、各类健康知识讲座6场；制作大型广告牌3块、宣传横幅60条，新增墙体标语100条，出动宣传车辆20台次。建立居民健康档案3.55万份。为456名适龄儿童建立预防接种证，共接种1.12万人次。年内，镇卫计办获评湖南省“依法办事示范窗口”。

【社保帮扶】2016年，全镇共发放医疗救济金34.21万元；助残19人，为8名残疾人提供技能培训，为260位群众申请重度残疾人护理补贴。成功激活社保卡10290张，结合市大走访活动，实行社保年审进村到户，共完成60岁老人年审6259人。全镇共有建档立卡贫困户502户1423人，其中未脱贫344户1038人；年内预脱贫153户459人。创新金融扶贫方式，根据市小额贷款政策，联合市农村商业银行和辖区企业，采取“企业+贫困户”的信贷帮扶措施，将贷款资金以“农户入股企业”的形式注入企业，企业年终分红，年内有140户扶贫对象累计领取分红利息70万元，该“农户入股企业”的贷款模式在全省得到推广。（刘　靖）

孙家湾镇

【概况】孙家湾镇位于醴陵市南郊，镇政府距城区7.5千米，有耕地1156公顷，山地面积3000公顷。2016年，孙家湾镇经建制村合并调整后，辖文家湾、观前、龙虎湾、孙家湾、李家山、西岸6个行政村，有199个村民小组、5912户、22478人。境内106国道、湘东铁路、醴茶高速纵穿南北、省道333（城市南环线）横贯东西。域内资源优势明显，天然气已入园区和镇区。2016年，全镇有注册企业93家，其中规模以上企业12家、合资企业4家，就业职工9000多人；形成“陶瓷、花炮、防水、彩印、贸易”五大产业；全年完成税收5286万元。年内，引进银和高新环保陶瓷、株洲时代新材料科技股份有限公司“FRP”小产品生产基地等一批项目，引资达6120万元。全镇有省、株洲市级种粮大户各1户，省级家庭农场8户；全年免疫接种生猪1.54万头、家禽5.08万余羽、牛5头、黑山羊420头。年末，孙家湾镇获评株洲市“安全生产工作先进单位”“档案工作示范乡镇”，获评醴陵市“人口和计划生育工作优秀单位”“道路交通安全管理工作先进单位”；孙家湾村支部书记叶志钢被评为湖南省“优秀党务工作者”。

【项目建设】2016年，孙家湾镇积极推进“四个一”项目建设。民生项目方面，完成镇敬老院提质改造；产业项目方面，市玉润毛刷厂1万平方米的厂房和3000平方米的综合楼建设工程；城建项目和土地包装项目方面，年内完成前期基础工作。333省道（城市环线）项目在辖区内长14.44千米，涉及47个村民小组，为确保该项目顺利推进，镇党委、政府高度重视，积极解决333省道道路施工过程中的矛盾纠纷。

【安全维稳】2016年，孙家湾镇形成大安全管理格局，实现安全生产零事故。一是监管高危企业。对4家高危企业实行重点监管，强化企业主体的安全意识，加强安全预防教育，重生产行为监管，突出对重点时段、重点部位和重点生产环节监管。二是普查工贸企业。对辖内企业进行地毯式隐患大排查，共发现49家企业存在各类安全隐患67处，责任到人，完成督促、整改、验收。三是重视交通安全。在主要交通道口、危险路段设立警示标志，完善交通设施。监管校车、厂车，重点检查司机和车辆证件、保险和行驶路线。四是开展食品药品“四查”行动。组织机关干部和市党代表、人大代表、政协委员，对企事业单位食堂、经营餐馆、药店和农村酒席“一条龙”队伍进行专项检查，全年报市场监督局处理6起。五是抓森林防火和汛期安全。坚持广泛宣传提高村民意识和日常巡逻，在特殊时段和重点地段安排专人值班值守。六是注重平安创建。年内共评选出平安家庭模范户64户、平安家庭640户和平安单位15个，形成浓厚的争创氛围，发挥平安创建模范带头引领作用。

【社会事业】2016年，孙家湾镇卫计工作创新工作方法，在村级、企业分别设立卫计站，为群众提供便捷服务。年内，镇卫计办代表醴陵市接受“保省优、创国优”检查，并获省、株洲市检查组好评。孙家湾中学有121人参加中考，重点高中上线54人、上线率为44.6%，在全市中学中综合排名第一。脱贫攻坚基础进一步夯实，通过结对帮扶，全镇有46户贫困户成功脱贫。（何　江）

泗　汾　镇

【概况】2016年，泗汾镇原所辖的12个行政村、3个居委会经制村合并后，调整为7个行政村、3个居委会。其中，经堂村和茂田村合并为花茂村，茶埠塘村和淇田村合并为茶田村，双塘村和车站居委会合并为双塘居委会，林田居委会和何家垅村合并为何田居委会，枧上村和农场居委会合并为枧上居委会，符田、陈家垅、石虎、泗汾、石湾村维持不变。有10187户、39977人。全镇有工业企业108家，其中规模以上企业18家。实现工农业总产值34.33亿元。其中，工业总产值29.29亿元、比上年增长10%，农业总产值5.04亿元、比上年增长4.4%。完成固定资产投资7.34亿元，为年计划目标任务数的113%；完成招商引资（合同引资）1.3亿元，为年度任务数的209%；农民人均纯收入达22515元，比上年增长8.6%。泗汾镇初步形成以陶瓷、花炮、信息科技、户外产品、服装五大产业为支柱的产业体系，以市丰德利瓷业、明维烟花等规模企业为龙头的工业企业群。

【项目建设】2016年，泗汾镇项目建设以“企业帮扶年”为抓手，优化企业发展环境，制定“十条禁止性规定”，明确每个班子成员联系2～3个企业或重点工程项目；深入企业开展调研走访，为企业解决光缆搬迁、道路整修等难题12个；有效打击阻工、堵门等行为，确保项目成功落户或建成投产。年内，新引进投资项目4个，有9个项目有序推进。恒凯通信息科技有限公司投产运营，花溪雨霖千亩牡丹花基地启动建设，喜森奥特莱斯商业广场的道路、下水道等配套基础设施建设完工，湖南金帅智能穿戴服饰有限公司土地调规、征地等工作完成，即将启动围墙建设，佳和农牧项目已签订协议、土地租用工作启动。湖湘防雨服饰、市华瑞兴邦实业、市金湖湾生态农庄二期工程项目有序推进。年内重启瓷城服务区建设，拓宽、改造泗嘉公路路基，策划陈觉大道项目。

【农业发展】2016年，泗汾镇粮食生产稳步发展，以“水稻集中育秧”为突破口，以“土地流转”为重点，推进水稻生产全程机械化。全年共流转土地近700公顷，水稻集中育秧面积59.11公顷；

扶持种粮大户64户，种植早稻1464.67公顷、中晚稻1637.47公顷；粮食总产量达2.7万吨。特色农业不断壮大，以“引进规模农业企业”为抓手，以“农民专业合作社”为平台，发展壮大生猪、黑山羊、瓜果、蔬菜、苗木等传统种养殖产业，扶植香菇、草莓、油葵、特色鱼苗繁殖等特色种养殖基地，全镇有规模养殖户126家,农业专业合作社28家。除村企共建项目——市金湖湾生态农庄外，新的休闲农业项目佳和农牧公司亦定位休闲农业，拟规划建设以种养结合、生态环保为特色的现代农业循环经济产业园，设置杨梅、荷花、葡萄、良种油茶、垂钓休闲、母猪扩繁六大功能区。土地确权扫尾工作顺利完成。

【城镇建设】2016年，全镇基础设施进一步完善，开挖、整修山塘37口，维修、改造机埠10多处，整修酒埠江北干渠，除险加固卫星水库。全面启动泗嘉公路提质改造，将路面拓宽至8～10米，硬化拓宽村、组道路20多千米，安装路灯130盏。深入开展“三创四化”，做实“示范”创建工作，每个村（居）创建一个卫生“示范组”；百亩“示范林”完成土地整理,10千米的“三边”绿化完工。沈泗公路“示范街”创建工作完成规划设计。投资40多万元，改造垃圾填埋场，在集镇范围内新添置垃圾桶100多个；开展出店经营取缔、违规遮阳雨棚拆除、牛皮癣及广告清理等专项整治行动。国土管理进一步加强，全年拆除违规建筑5处，下达违规用地整改通知书18份。加快农村集中居住点用地试点推广，拟在茶田村横岭组试点，年内签订用地协议。

【民生事业】一是扎实推进脱贫攻坚。通过“结对帮扶”“金融帮扶”“教育帮扶”等一系列举措，帮助83户283人成功脱贫。3户贫困户获市农商行、农业合作社的小额贷款11万元，另有40户贫困户成功申请贷款200万元；2户贫困学子成功申请雨露计划，126名贫困学子享受义务助学。通过“企业+农户”的模式，帮助2名贫困青壮劳动力实现就业；6户贫困对象享受危房改造资金的扶持；有93户269名贫困对象享受兜底脱贫帮扶政策。二是不断提高社保水平。新增低保对象164户590人，核减低保对象163户217人；实施医疗救助66人。办理参合农民报销9399人次，补偿金额734.43万元。新农保参保15658人、参保率94.16%，新增劳动力转移就业人数220人。组织辖区企业、党员、机关干部自筹资金20多万元，慰问困难党员、离任村干部和群众；帮建安居房42栋（不含扶贫对象）。三是发展文教卫事业。投资150多万元，改造枧上小学，恢复茂田小学教学点。积极开展国家文化示范区创建工作，新增体育健身器材4套。抓好卫计合并机构调整工作,在原枧上村投资15万元，新建卫计站。全年完成“国免”215对，“两癌”筛查1617例，人流、上环等202人次。做好居民健康卡信息采集录入工作，完成建档3万多份、建档率为83.31%；录入电子档案2.97万份、录入率为82.3%。

【综治维稳】2016年，泗汾镇党委、政府对安全生产工作常抓不懈，连续7年未发生安全生产事故。实施科技兴安，辖区内所有烟花爆竹企业监控系统全覆盖；先后淘汰龙平鞭炮厂等3家落后花炮企业。深入学校、宾馆、歌厅、超市等场所，开展消防专项排查和食品安全检查，重点排查整治校车隐患。落实班子成员“接访日”制度，调处各类矛盾纠纷70多起，全年无进京赴省上访事件，社会局势平稳可控。

【党建工作】2016年，泗汾镇新建非公企业党组织3个，4个村级组织活动中心基本建成。严格把关党员发展程序，培养入党积极分子19名，其中10名入党积极分子经组织考察成为预备党员;12名党员转正。深入开展“两学一做”学习教育和大走访活动，着力提升机关形象、支部表率力、班子战斗力。抓党风廉政建设，组织学习《中国共产党廉洁自律准则》《中国共产党纪律处分条例》等党纪党规，观看《不可触碰的底线》等影片，把好党员思想关。坚持从严治党，全年查处违规发放福利案件2起，2名党员干部受党纪处分。开展“纠‘四风’、治陋习”“雁过拔毛”式腐败问题专项整治，干部作风进一步好转。（李　芳）

沈　潭　镇

【概况】沈潭镇位于醴陵市东南部，距城区21千米。东接江西省萍乡市，南邻船湾镇，西邻泗汾镇，北连东富、孙家湾镇。有耕地面积1432公顷，其中水田1223公顷、旱土209公顷；有山地面积2200公顷。2016年，沈潭镇原辖的12个行政村、3个居委会经建制村合并后，调整为7个行政村、2个居委会；其中，鳌仙村和新塘村合并为鳌仙村，美田桥村和荆仙村合并为美田桥村，江口村和新田村；合并为江田村，夏星村和坪里居委会合并为夏星居委会，沈潭村和星湖居委会合并为沈潭居委会，柞市、双垅、庞龙、三星里4个行政村维持不变。有294个村民小组，7371户28935人。全年实现国民生产总值25.3亿元，比上年增长12.4%；完成国、地税收入1348万元，实现固定资产投资1.7亿元。年内，沈潭镇获评株洲市“安全生产先进单位”“卫生镇”和醴陵市“文明单位”“粮食生产先进单位”。

【农业生产】2016年，沈潭镇种植业以水稻种植为主，畜牧业以生猪养殖为主。全镇有水田面积1346.67公顷，全年早稻播种面积966.67公顷，基本无撂荒农田。镇农业站向全镇12户市级种粮大户、68户镇级种粮大户共发放稻种1.25吨。通过整合，引导群众依托铁河沿线建设以“优质无公害蔬菜种植”为龙头的现代农业产业片区，建成蔬菜种植示范基地40公顷，主要种植丝瓜、苦瓜、黄瓜、茄子等。涉及原沈潭、鳌仙、美田桥等5个村、约53.33公顷水果种植基地全面投产。全年举办农业技能培训班6期，发放农业信息、技术资料4000份，农机农艺水平大幅提高。大力推广机械化种植，全力打造粮食高产示范片。新增大中型拖拉机10台，收割机15台，插秧机2台，其他各类农业机械26台（套）；新建钢结构蔬菜大棚13.33公顷，粮食干燥处理站2处。全镇农业机械化率达76%，比上年增长15%。全年流转土地666.67公顷，土地确权登记颁证工作基本完成。全年出栏生猪15万头，兼有麻鸭、土鸡、黑山羊、鲜鱼等繁育基地。原夏星村黑山羊养殖基地不断发展壮大，有存栏羊650头；原江口村养猪大户贺江平有存栏生猪340头。

【非农产业发展】2016年，沈潭镇工业以化工陶瓷和烟花鞭炮为主，新材料产业强势发展。全镇有企业近40家，从业人员近5000人，全年实现工业总产值11.8亿元、比上年增长10.24%。年内，重点规划以原三星里村为中心，向原夏星、沈潭村发展的化工陶瓷及新型材料产业园。通过招商引资，株洲友合新材料有限公司成功落户沈潭镇，并于7月1日正式投产，计划年产值1.5亿元；湖州新材料科技有限公司已完成项目申报，进入试运营阶段，计划年产值逾2亿元。依托会真山风景区优美的自然风光和美田桥深厚的文化底蕴，建设包括原美田桥、荆仙、双垅、鳌仙、柞市等村在内的农业休闲观光旅游片区。总投资7.5亿元的市天瑞会真山文化旅游开发项目动工兴建。

【社会事业】2016年，沈潭镇全年救助贫困、受灾等各类人口320人，发放救助物资共计64万元。完成农村危房改造32户；资助残疾人120人，每人每月发放补助金100元。投资160万元的沈潭镇第二敬老院竣工并投入使用，有近100名“五保”老人入住。双垅村的东塘等5个村民小组完成支渠修缮；鳌仙村拓宽村级道路5.4千米，夏星居委会硬化道路3千米；沈潭居委会完成百盏路灯建设；集镇样板路建设项目全面完工。组织121对夫妇参加优生优育孕前检查，全镇人口出生率控制在8‰以内，出生统计准确率达99%以上，政策内生育率达94%以上，避孕措施落实率稳定在95%以上。6月，结合“关爱留守儿童”主体月，开展“关爱儿童、守望成长”主题活动，全体机关干部和大走访联系单位干部踊跃参加，为美田桥小学的留守儿童奉献爱心。

【安全维稳】2016年，沈潭镇安全维稳按照安全生产责任网络划分区域，深入开展安全生产隐患排查治理，重点排查9家烟花爆竹生产企业和1家危险化学品企业，对发现的安全隐患监督整改到位；全年全镇未发生安全生产事故。建立班子成员和村干部坐班制，机关干部每周不少于3天驻村工作，主动排查和化解矛盾，有效控制越级上访和集体上访事件的发生。（殷　广）

船　湾　镇

【概况】船湾镇地处醴陵市最南端，南临攸县皇图岭镇，北连泗汾镇，东接江西省萍乡市，西靠明月镇；距市城区30千米。有耕地2418.73公顷、水田2087.53公顷、旱土330.6公顷。2016年，船湾镇原辖的17个行政村、2个居委会经建制村合并后，调整为10个行政村、2个居委会；其中，东山村和垅塘村合并为东山村，荆村和界陂村合并为荆村村，清水江村和文山村合并为清水江村，大界村、丽山村、四方居委会合并为四方居委会，国强富村和杨木档村合并为杨木档村，金子坪居委会和乐家村合并为乐家居委会，玉堂、星桥、船湾、狮力、台前、增加滩6个行政村维持不变。有480个村民小组，13082户、52181人；有基层党支部38个，党员1886人。全镇银行存款余额7.16亿元，人均存款13420元；农民人均纯收入17998元。船湾镇以服装、建筑、陶瓷、烟花鞭炮、生态农业和旅游为主导产业，有服装生产企业63家，建设工程公司2家，陶瓷企业2家，烟花鞭炮企业6家，生态农业企业5家。全年全镇规模以上工业实现产值37.97亿元、比上年增长5%，服装产业总产值12.49亿元、比上年增长1.05%；完成国税3297万元、地税279万元，完成率分别为101.5%、114.8%。其中，湖南省通达建设工程有限公司完成产值5.7亿元，实现税收2100万元；市远泰建设工程有限公司完成产值4500万元，实现税收250万元。

【卫计服务】2016年，船湾镇制定《船湾镇计划生育工作考核评估方案》，每月召开一次镇、村两级计划生育专题会议，落实工作举措，全年新增计划生育奖扶对象151人，新增特扶对象6人；慰问计划生育特困家庭33户、发放慰问金1.65万元，慰问贫困母亲32人、发放慰问金1.6万元。开展国家免费孕前优生健康检查和各种形式的宣传教育活动，产前筛查率达73%，早孕随访率、妊娠结局随访率均达100%；完成380对国家免费孕前优生健康检查任务。截至10月，超额完成市局下达的"两癌"筛查工作任务，应检1350人，实检1636人。全年实施各类节育手术357例，其中上环194例、女性结扎63例、人工流产100例。全年出生726人，其中计划内出生700人，出生性别比为100∶103，计划率96.4%，出生率13.51‰，死亡率4.74‰，人口自然增长率为8.77‰；全年处理违法生育案例64例。

【基础设施建设】2016年，船湾镇基础设施建设进一步加强，维修村、组道路18千米，水泥硬化、拓宽道路22.6千米；投入35万多元，修缮、改造桥梁3座；除险加固骨干山坪塘6口，维修、硬化加固渠道8千米，新修、加固水坝2座；恢复灌溉面积10公顷，改善灌溉面积73.33公顷。

【社会保障】2016年，全镇有新农合参合人数45992人，参合率95%以上；共补偿16902人次，其中住院补偿6411人次、469万元，门诊补偿5369人次、12万元。有敬老院2所、"五保"之家3所，"五保"对象441人，其中分散供养309人、集中供养132人，共发放"五保"金164万元；有低保对象868户、1758人，发放农村低保金182万元。全年有大病医疗救助对象176人次，发放救助金51.5万元，其中46名低保对象获大病医疗救助金18.3万元。发放90周岁以上老人补贴125人8.9万元；发放重度残疾人补贴394人26.3万元；发放参战退伍优待抚恤补助483人186万元。有65户贫困家庭被纳入危房项目，共发放补助金66.75万元。年内，召开协调新农保参保工作会议4次，在各村（居）现场办公20多次，张贴新农保集中征缴通知1000份，在镇各主干道及村口悬挂横幅50条，出动宣传车辆10台次；上报参保信息2.06万条，为8632名60岁以上的老人发放新农保养老金。镇财政安排3万元预算支出，用于开展武装工作。投入1万多元，完善基层阵地建设；完成民兵整组任务，编组20人的应急分队一个、50人的军区阵地抢修分队一个。（邹素群）

明　月　镇

【概况】明月镇地处醴陵市、攸县、株洲县三县市交界处，距市城区30千米。2016年，明月镇原辖的25个行政村、6个居委会经建制村合并后，调整为15个行政村、5个居委会；其中，潇湘居委会、申明村合并为申明村，寺冲村、洪罗村、妙泉村、云岩居委会合并为云岩居委会合，新联村和柴冲村合并为新联村，双桥村、白果居委会合并为白果居委会，马恋村、西林村、建湘居委会合并为马恋居委会，弹子坑村和斋江村合并为天华村，贺市村、琥玛村、明月居委会合并为贺家桥居委会，其他村（居）维持不变。有561个村民小组，18920户、74698人；有中共党员2549名。共有耕地2600公顷，林地面积10.4千公顷。镇域产业结构以农业为主，为水稻高产区；养殖业以生猪、黑山羊为主；工业以烟花鞭炮产业和矿产开发为主，企业总量不大，规模以上企业较少。

【经济发展】2016年，明月镇坚持"走出去、请进来"的经济发展策略，扩大项目建设成果，使工业经济进一步发展壮大。投资2000万元、符合国家二级安全标准的瑞丰烟花有限公司厂房建设工程全部完工；投资1500万元的华盛新型建筑材料项目进入设备采购阶段；碳酸钙深加工项目完成投资800万元，用于基础设施建设和前期安全生产设施改造。农业经济成效凸显。粮食生产形成"以线为主、以面为辅、以大户为示范"的格局，全年新建符新线水稻高产示范带，培养和扶持农业大户66户。积极发展地方特色农业，着力建设千亩药材、万亩油茶、辣椒种植、蔬菜种植、吉泰养殖五大基地。

【基础设施建设】2016年，明月镇基础设施进一步完善，完成《醴陵市明月镇》设计编制和新一轮建设用地规划调整工作。全年水泥硬化村组道路24.3千米，整治大小交通隐患100多处。大障、马恋、贺市3个集镇全面完成道路硬化和电网改造，新修下水道2.6千米，安装路灯1200多盏。白果居委会新建镇级文化站和农民文化广场。

【三创四化】2016年，明月镇"三创四化"工作有成效，开展以"治水、治脏、治乱、治堵"为主要内容的专项整治行动，共清理镇城主干道沿线大型广告牌320块、不规范小型立式广告480多块和牛皮癣3600多处，拆除各类晴雨棚430个，割除两旁杂草9.8千米，清运道路两旁建筑垃圾及陈年废弃物50多车，整顿占道经营350多处；在道路两旁种植大小桂花树和红叶思楠2600株。打击商铺占道经营现象，道路交通秩序有效改善，集镇街道面貌明显改观。

【安全生产】2016年，明月镇安全生产工作始终坚持“安全第一、预防为主、综合治理”的工作方针，严格落实安全生产责任制，切实加强安全监督和培训。从严、从重、从快打击非法生产经营，取缔非法开采煤夹石3处、非法生产狗尾草窝点15家，收缴和销毁成品、半成品200多件；取缔非法炼油加工厂2家、非法提炼金刚石厂2家，关闭非法塑料加工厂3家，关闭并退出烟花爆竹企业4家。全年实现“非法生产零报告，安全生产零事故”目标。

【社会事业】2016年，明月镇小学适龄儿童入学率和小升初入学率均达100%，初升高（含职高）升学率为85%。加大硬件设施投入，教学硬件设施条件有较大改善。年内，大障中学投资近600万元，完成教学楼改造和运动场建设；马恋中学投资100多万元，完成教学楼改造；申明、梓山、洪罗、盐山等小学分别改造教学楼和食堂。社会保障工作持续推进。开展低保“阳光行动”，共清理不符合条件的低保对象158人。年内，为2536名低保对象发放低保金371万元，为726名优抚对象发放优抚金151万元，为573名“五保”对象发放“五保”金227万元；发放临时救助金10万元；共申报残疾人护理补贴对象517人、困难生活补贴338人，共发放补贴金52万元。

（汤　东）

嘉树镇

【概况】嘉树镇地处醴陵市南部，东邻泗汾镇，南接明月镇，西接茶山镇，北与孙家湾镇西岸村、茶山镇筱溪村相邻。2016年，嘉树镇原辖的12个行政村经建制村合并后，调整为7个行政村；其中，荆林村和乌石村合并为豆田村，里都村和玉茶村合并为玉茶村，枫林村和杉仙村合并为杉仙村，新大塘村和井冲村合并为新井村，嘉树村和荷树村合并为嘉树村，罗儒和渗泉村维持不变；镇政府驻嘉树村群力组，距市城区13.8千米。全镇有208个村民小组，5876户24585人。镇区工业经济发达，主要以生产炻瓷为主，属外向型经济，产品远销180多个国家和地区，是全国闻名的“炻瓷之镇”。全年全镇实现工业总产值9.1亿元，比上年增长9.2%。完成国、地税收入10380万元，比上年增加1140万元。农民年人均纯收入2.26万元，比上年增长2.5%。年末，嘉树镇被评为醴陵市“文明建设红旗单位”“社会综合治理红旗单位”“支持产业发展先进单位”“森林防火工作先进单位”“水利建设先进单位”“治理车辆超限超载工作先进单位”。

【项目建设】2016年，完成泗嘉公路路面拓宽改造、酒埠江北干渠水泥硬化工程和渗泉民主桥、豆田村丁家桥危桥改造工程；乌石小学改造项目整体架构完工。联合炻瓷产业协会打造炻瓷文化长廊，将岳汝高速嘉树互通口打造成为嘉树炻瓷文化和美丽乡村的一张风景名片。年内，炻瓷文化休闲广场第一期工程完工，健身器材、景观石、路灯均安装到位，周边绿化基本完成，成为周边群众休闲和文化生活的重要场所。以嘉树村为重点，打造新农村建设示范点，拟在嘉树村岳汝高速嘉树互通出口处，规划建设一个布局合理、生态协调、设施完善、环境优美的“嘉树新村”，年内已完成用地选址工作。

【农业生产】2016年，嘉树镇共培育市级种粮大户8户、镇级种粮大户23户。农业水利基础设施建设进一步加强，新挖山坪塘6口，水泥防渗衬砌山坪塘35口；新修渠道1.5千米、水泥衬砌渠道9千米，改建抽水机埠4座。植树造林、防火护林工作持续发力，在罗儒、新井、杉仙等村共植树造林18.67公顷；完善森林防火应急队伍建设，加强护林员队伍日常监管，全年辖内未发生森林火灾。动物防疫工作以“治理养殖场周边环境”为重点，改造养殖场化粪池220口，未发生动物疫情。

【安全维稳】2016年，嘉树镇开展形式多样的“安全生产月”活动，在集镇人口密集地及主要干道悬挂横幅30条，在“赶集日”设置安全生产服务点，接待群众咨询提问；全年发放安全生产宣传资料1000多份，营造良好安全生产氛围。持续组织召开月安全生产例会和季度安全生产培训；每月19日组织企业法人、安全员及一线员工参观警示教育基地；开展企业隐患排查和安全教育培训，员工培训到位率100%。以“安全执法年”为契机，扎实开展“飓风”“亮剑”“闪电”等专项整治行动。每月对镇高危企业、校车厂车运营情况、食品药品安全进行全面排查，确保安全生产零事故。加大矛盾纠纷排查力度，各类社会矛盾调处率达100%。开通微信平台，广泛发动群众参与平安创建活动，共评选出“平安家庭模范户”25户、“平安家庭先进户”219户，3个村获评市“平安村”，3家企业获评市“平安企业”。开展“信访百案化解、维稳百日整治”活动，全镇维稳形势平稳可控，民调满意率逐年提升。

【三创四化】2016年，嘉树镇设立“三创四化”宣传栏9块，张贴宣传标语280条，印发倡议书9000多份、宣传手册2000份；召开村、组会议30多次，群发短信1万条，出动宣传车辆20多台次。率先在桎马线沿线开展以“治水、治脏、治乱、治堵”为主要内容的专项整治大行动，沿线各村均配备专门环卫工作人员，镇区及主干道沿线实行全天候保洁，共清理沿街立式广告牌237块，“牛皮癣”1860处，清除主干道两旁杂草5.1千米，清运建筑垃圾34车次，整顿占道经营118处。联合市公路、交警、工商等职能部门，规范镇区街道沿线商户的经营行为和交通秩序。年内，分别在嘉树、渗泉、新井村村道沿线种植桂花树和红叶石楠1000多株，形成“以点成线、线连成面”的绿化格局。

【文教卫工作】2016年，嘉树镇开展“一对一结对帮扶”活动，帮扶学困生、贫困生130人，帮扶教师27人，走访慰问老党员教师22人次。努力改善办学条件，杉仙中心小学、乌石小学新建高标准综合楼；嘉树中学、玉茶小学等完善硬件设施改造。嘉树中学重点高中上线50人，上线率达38.4%，居全市农村中学第二。加强计生宣传阵地建设，大力推进“阳光计生”工程，投入90多万元用于计生政策宣传与服务。及时采集流动（入）人口信息入库，入库率达100%。积极服务育龄妇女，组织已婚妇女进行“两癌”筛查及国家免费孕前优生健康检查；全镇避孕药具应用率、药具避孕措施落实率均达98%。

【党建工作】2016年，嘉树镇共有基层党组织29个，其中非公有制经济党总支2个（下辖党支部17个）、村级党支部7个，机关单位党支部3个；有中共党员1125人。年内，整合高峰、益嘉、恒辉等10家企业支部，联合组建炻瓷协会企业党总支，新建华智、良盛、泰湘、企业联合等4家非公企业党支部；设立企业党员示范岗76个。全年发展党员11名，预备党员转正12名。扎实开展精准扶贫工作。组织24家企业与24户贫困户结对帮扶，投入帮扶资金3万多元；组织对159户贫困户评级授信，签订“四方协议”72户，共发放贷款360万元。对全镇预脱贫的贫困户住房情况进行调查，帮助7户贫困户成功申请危房改造项目、申报易地搬迁对象23户。帮扶建档立卡贫困学生151人，补助金额8.03万元；为44名学生成功申报“雨露计划”。全年明确兜底帮扶贫困户56户，其中通过新识别增加到建档立卡系统的兜底贫困户6户22人。帮助16户贫困户解决医疗救助问题，7户贫困户根据政策增加新农合报销比例，有效缓解贫困户因病致困问题。（仇白云）

均　楚　镇

【概况】均楚镇地处市西南部，东接茶山镇，南邻明月镇，西与株洲县毗邻，北连石亭镇。2016年，均楚镇原辖的19个行政村、2个居委会经建制村合并后，调整为11个行政村、2个居委会。其中，青山、赵公岭、潘家冲3个村合并为青山村，马家垅村和荷叶坝村合并为马家垅村，大垅洲村、岱兴桥李婆塘村合并为大垅洲村，长岭坳村和日新桥村合并为长午新村，周坊、殷家冲、樟桥、老湾、黄田、黄谷、军山7个行政村和均楚桥、金山2个居委会维持不变。镇政府驻地金山居委会，距市城区30千米，距株洲市45千米。有399个村（居）民小组，11637户、41911人。全镇有林地1.2万公顷，森林覆盖率达70%；有耕地2357.4公顷。有中、小型水库27座，地表与地下水资源充足。工业以“电瓷制造、采矿、造纸、烟花爆竹”为主，主要农产品有茶叶、薯片、山茶油等。镇党委下设村（居）党支部13个，机关事业单位党支部3个，企业、非公经济组织、农民专业合作社党组织11个；有中共党员1766人。辖区有行政部门、站、所、医院、学校、敬老院等行政企事业单位25个；有农村集市5个，私营企业和个体工商户600多家。年内，全镇实现社会总产值30亿元，比上年增长5%。完成固定资产投资总额2.92亿元；完成社会消费品零售总额2.38亿元，比上年增长4%；农民人均纯收入达28337元，比上年增长6%。完成国税964万元、地税261万元。

【农业生产】2016年，均楚镇积极推广“公司＋基地＋合作社＋农户”模式，大力发展特色产业，周坊茶叶、殷家冲瓜蒌、新立红薯、潘家冲桃形李及红心猕猴桃种植基地等产业稳步发展，逐渐形成规模。不断改良土壤结构，对全镇2333.33公顷耕地进行深耕，施放石灰3100吨、面积2066.67公顷；施种绿色肥料105吨、面积266.67公顷；治理式休耕黄谷村354.67公顷耕地。全面落实粮食生产扶持政策，大力推行农业机械化模式，在金山—均楚桥、黄田—黄谷等片区开展集中育秧。全年，种植早稻面积1266.67公顷，水稻种植面积3266.67公顷，并连续三年获市“粮食生产红旗单位”。

【基础设施建设】2016年，均楚镇投资400多万元，新建周坊水库环库公路，加宽改造公路3.2千米，新修硬化道路5千米。结合水库优美的自然风光和周坊茶叶、蜂蜜等特色农产品，引导库区周边农村旅游休闲产业的发展。积极优化道路交通环境，共水泥硬化、拓宽村组道路29.1千米,改造危桥5座。全年维修“五小”工程（小塘坝、小灌区、小井、小泵站和喷灌）项目达45处。大力推进镇区亮化工程，维修损毁路灯，在镇区主干道君子街安装LED路灯；投资70万元，改造集镇市场。

【三创四化】2016年，均楚镇发放《携手“三创四化”共建“四个醴陵”倡议书》1万多份，制作大型宣传牌4个，悬挂横幅20多条，出动宣传车辆20多台次。积极组织学校开展“与文明同行”实践活动。成立镇城管中队，开展拆违专项行动，共拆除晴雨棚、违规广告牌60多处。集中整治户外广告、“牛皮癣”，清理“牛皮癣”1万多处，清除大型医疗广告宣传牌60多处、小型医疗广告牌300多块。整治违规摆摊、出店经营现象，在赶集日开展专项治理，对乱摆乱放、出店经营、占道经营行为进行劝解引导，规范市场经营秩序。积极推进生态文明建设，全年投入80多万元，作为农村环境综合整治、基础设施配套专项资金，全力营造整洁优美、规范有序、文明和谐的镇村环境。

【安全维稳】2016年，均楚镇牢固树立“大安全”意识，对企业生产、校车安全、道路交通安全等进行排查整治，狠抓安全生产领域“打非治违”，开展闪电、“飓风”等各类专项整治行动，共组织执法活动170多次，下达执法文书190多份。为群众提供法律咨询110多次，发放“平安均楚”宣传单1万多份，张贴宣传标语600多张，悬挂横幅50多条。组织开展“扫黄禁赌缉毒保畅”霹雳行动、“3·28”中小学生交通安全日、应急管理月、“6·26”禁毒日、“12·2”交通日等集中活动。以“平安村居”创建为契机，运用新媒体，在微信公众平台开展“平安村居”评比投票，投票人数达1.4万人次。积极开展社会矛盾纠纷排查调处工作，共调处各类矛盾纠纷54起，使矛盾最大限度化解在基层。年内，未发生安全生产责任事故，安全形势平稳。

【社会事业】2016年，均楚镇积极开展农村电视网络“户户通”和农村广播“村村响”工程。为1100户农户免费安装电视网络设备，全镇13个行政村（居）“村村响”设备布点达104组。进一步改善办学条件，投入1000多万元改扩建高桥中学和2所幼儿园，校园环境得到明显改善。免费组织1000多名妇女开展免费“两癌”筛查，完成国家免费孕前优生健康检查项目321对；有643人享受国家计生奖励扶助政策，34人享受城镇独生子女奖励政策，20人享受独生子女特别扶助政策，643人获独生子女保健费。45名低保对象获大病救助。扶贫帮困工作有成效，全年上报危房改造对象81户；通过“雨露计划”助学120人，对义务教育阶段贫困学子实施全覆盖式助学帮扶；易地搬迁帮扶贫困户74户201人；兜底扶贫127户275人；通过金融扶贫，帮助贫困户获取贷款104万元。通过成立种养农民专业合作社，以养殖土鸡、生猪、蜂蜜，种植桃形李、猕猴桃、茶叶等特色产业，对有发展意愿和能力的贫困户按各自需求，采取相应扶持措施，帮扶贫困户自主生产致富。年内，共有177户583人顺利脱贫。　（黄廖俊弘）

石亭镇

【概况】石亭镇位于市西部，与株洲县接壤，距醴陵市区27千米，距离株洲市区18千米，具备良好的区位交通优势。2016年，石亭镇原辖的12个行政村、1个居委会经建制村合并后，调整为9个行政村、1个居委会；其中，长岭村和高冲村合并为长岭村，妙泉村和聂湖村合并为姑仙村，石亭居委会和渔潭洲村合并为石亭居委会，长塘村、石塘岭村、苏家垅村、永红村、樟树村、花溪村、上保村维持不变。有10636户、39048人。全镇有耕地面积2101.1公顷，其中水田2020公顷、旱土81.1公顷；有山林面积5571.3公顷，森林覆盖率达98%。有小（1）型水库2座，小（2）型水库11座。全镇种养业以优质水稻、荸荠、湖鸭、鲜蛋、黑山羊、蓝莓、葡萄、油茶为主产品，工业产品以鞭炮、烟花、化工产品为主。年末，石亭镇获评市“道路交通安全管理工作先进单位”“维护稳定工作先进单位”“社会管理综合治理工作先进单位”。

【农业产业化建设】一是传统农业发展有突破。全镇共有水田2020公顷，早稻种植面积1200公顷；有2公顷以上的规模种植经营户115户，33.33公顷以上的种植大户1户。依托优质粮油棉、畜牧、水产、蔬菜和瓜果五大优势产业，加大农业产业结构调整力度，形成各类农民专业合作经济组织；上保村的旺达水稻种植农民专业合作社全年种植水稻面积达73.33公顷，并申请绿色无公害产品及注册商标。全镇有兼顾灌溉和养鱼的山坪塘、水库650多口（个）、水域面积300多公顷；镇充分利用广阔的水域面积，发展网箱养鱼业，年内初步形成水产养殖科技化、规模化和合作经营。二是现代农业示范基地逐步形成。种植面积约70公顷的蓝莓种植基地，以长岭、花溪等村为主的万亩油茶基地，以大众农业公司为龙头的生态农庄示范基地等农业生产示范基地建设初显成效。三是招商引资实现新突破。成功引进温州商人陈青海在长岭村流转土地约70公顷，建立猕猴桃种植基地。引入"互联网+农业"模式，进一步畅通农产品销售渠道，积极鼓励友乾农业发展公司搭建电商平台;5月，友乾商城正式上线，网上销售形势喜人，其中石亭居委会居民冯金花成为农村淘宝全镇第一个合伙人。四是农业基础设施不断完善。年内，整修老屋塘、石塘岭、妙泉3个渡口码头，加宽渡口码头的进出道路，重新设计和建设候船亭。除险加固水库2座、山坪塘8口、河坝6处，清淤渠道15.6千米，为水利灌溉打下基础。

【集镇建设】一是完善基础设施建设。启动313省道和集镇连接线工程，投资1000多万元，新修长550米、双向4车道的集镇出入主干道。启动集镇商居开发项目，拟开发商居楼100栋；开发连接线道路两厢土地1.67公顷。投资20多万元，综合整治集镇垃圾场，新建围墙200多米，整修出入道路860米，填埋覆盖5000多平方米，整治后，垃圾场出入有序，环境整洁，无裸露垃圾。新建污水管网1.2千米，覆盖集镇中心区域。加大农村亮化工程建设，投资85.2万元，在永红、上保、姑仙等村和石亭居委会分别安装80～150盏路灯，实现集镇亮化美化。二是加强集镇环境综合整治。规范集镇道路车辆停放，整治占道经营户90多户。投资60多万元，用于集镇"四化"改造，清除各类"牛皮癣"1000多处。投资35万元，综合整治农村环境；配备城管队员4人，成立10人的保洁队伍；集镇执行每天12小时清扫保洁，313省道沿线垃圾清运由专人承包；有专业垃圾清运车1台，建立垃圾分类回收点10个。

【社会事业】2016年，全镇各项社会事业齐头并进。人口出生率为14‰，人口自然增长率5.6‰，计划生育率97%，综合节育率93%；实施长效节育措施338例，流出人口2161人。加大对"全面两孩"政策的宣传力度，"全面两孩"生育证补发工作完成。继续推进"四项手术"（输卵管结扎术、引产术、人工流产及放置、取出宫内节育器）、国家免费孕前优生健康检查、"三查"（查环、查孕、查病）等基本工作的落实，为育龄群众提供优质服务。开展"社保服务月""爱心助残""关爱贫困母亲、关爱孤残儿童""关爱儿童　守望成长"等系列专题活动，为2512名老人办理年审手续，激活社保卡4290张，慰问20名贫困母亲、15位孤残儿童。为长岭小学募集"贫困儿童助学金"2万元并捐赠一批文体用品；改造全镇各学校的安全饮水工程，让学生饮上"放心水"；新建长岭小学教学楼，改善学校教学环境。落实困难群众和农村低保困难补助的发放、农村危房改造、重度残疾人"两项补贴"摸底上报等惠民工作，切实解决贫困人口温饱及住房问题。截至12月5日，全年新申报重度残疾人员护理补贴228人、困难残疾人生活补贴149人、农村最低生活保障户204户576人。稳步推进精准扶贫工作，全年发放扶贫资金33万元，对26户贫困户发放扶贫贷款108万元；改造贫困户危房11户,易地搬迁3户11人，其中有1户贫困对象迁入新居、2户贫困对象完成新居主体工程建设。全年全镇有175户654名贫困对象脱贫。

【安全维稳】2016年，石亭镇安全维稳工作重点抓好花炮企业、交通、消防和非煤矿山等安全管理，辖区未发生安全生产事故。开展安全生产宣传月活动，悬挂横幅100多条，出动宣传流动车辆12台次，在集镇"赶集日"期间，设立安全生产咨询台，分发安全生产宣传单3200多份。深入开展"闪电行动"，打击非法违法生产行为；烟花鞭炮复工企业视频监控安装率100%。构建社会管理绩效考核体系，全面提升社会管理创新能力。科学划分责任网格，配备网格队伍，以"网格"为单元,按照"不漏一人、不掉一户"的要求，逐户登记辖区内的实有人口、重点人群、实有房屋、经营场所、公共物件等信息，实现"社情全掌握、矛盾全化解、服务全方位"，社会大局和谐稳定。

茶　山　镇

【概况】2016年，茶山镇原所辖的21个行政村、5个居委会经建制村合并后，调整为13个行政村、5个居委会；其中，筱溪村和龙虎村合并为筱溪村，铁河口村和枫树山村合并为铁河口村，转步村和下三洲村合并为转步口村，梅筱村和双滂村合并为梅霞村，长马村和南源村合并为长马村，东岗村和营田村合并为东岗村，龙井居委会和南塘村合并为龙井居委会，栗山坝居委会和大石桥村合并为栗山坝居委会，冷水、上湖、石均塘、茶溪、汤家坪、西塘坪、大西垅7个行政村和茶山、长沙岭、神福港3个居委会维持不变；镇政府驻茶山居委会。有村民小组593个，16693户65845人；有党支部40个，党员1953名。11月，圆满完成人大换届工作，依法选出17名市人大代表，84名镇人大代表。全年全镇完成工业产值16.97亿元、农业产值5.52亿元，完成国、地两税收入1584万元。

【农业经济】2016年，新成立各类农业合作社9个，流转土地1596公顷。继续巩固和发展水稻种植，提高蔬菜瓜果、畜禽生态养殖、特种水产、花卉苗木等四大农业特色产业，农业产业化建设渐成规模。新建村级集体经济样板——东岗村生态农庄，推进生态休闲农业与乡村旅游融合发展，形成"一村一品"的农业产业新格局。西塘坪村的绿水印象农业科技发展有限公司采用公司加合作社的形式，以垂钓、养殖休闲为主，总投资1500万元，年内投资500万元的一期工程建设完工。

【工业经济】2016年，茶山镇工业经济继续做强老工业，做大增量，积极引进技术含量高的新兴产业，打造"新兴产业园区"。辖区万财坩埚等一批传统产业供销两旺，其中金利坩埚厂在工业园征地0.66公顷，准备扩大生产规模。欣义源新材料及辉泰电子建设全面启动；中太泵业公司完成征地，准备动土建设；湖南金木陶瓷有限公司签订征地协议；时代鑫湘科技高铁动车硅橡胶绝缘子系列产品正式投产。

【项目建设】2016年，茶山镇"四个一"项目建设进展顺利。其中，产业项目方面，欣义源新材料、辉泰电子项目进入全面建设时期；民生项目方面，茶山岭集镇改造项目完成大神线破损路段修复，新建罗铺氹桥项目即将竣工，人民桥新建工程完成50%的建设任务；城建项目方面，神福新城建设项目完成神福、福兴大道的路面硬化，文化广场建设竣工投入使用，基础设施工程、商业街道的规划建设工程已启动；选址长沙岭集镇，拟建一个占地约2公顷，集旅游、休闲、健身、餐饮于一体的生态休闲体验中心，年内已完成征地工作。

【村级基础设施建设】2016年，全镇水泥硬化道路42千米，安装路灯1186盏，修复山坪塘69口、水库13座，整修渠道22.4千米。新建东岗、冷水和茶溪自来水厂，解决3万群众饮水安全问题。强力推进"三创四化"工作，下发倡议书1.8万份、宣传海报300多份，拆除333省道沿线大型广告牌、广告灯箱和"牛皮癣"480多处，在313省道、大神线沿路栽种约6千米的桂花树、中国红。致力打造长沙岭、茶山居委会2条"示范街"，对2个集镇进行集中整治，将东岗、铁河口村创建为市"示范村"。

【安全维稳】2016年，茶山镇深入推进安全生产责任体系建设，严格落实"三级五覆盖"("三级"：县、乡镇和开发区、行政村和社区，"五个全覆盖"："党政同责"全覆盖、"一岗双责"全覆盖、"三个必须"全覆盖，政府或行政主要负责人担任安委会主任全覆盖，县、乡镇安委办定期向本级纪检、组织部门报送安全生产情况全覆盖和县、乡镇安委办定期向本级纪检、组织部门报送安全生产情况全覆盖)、"五到位五落实"("五到位"：安全责任到位、安全投入到位、安全培训到位、安全管理到位、应急救援到位。"五落实"：明确企业董事长、党委书记、总经理对本单位安全生产同时担责；企业安委会主任由董事长或总经理担任；企业领导班子成员承担相应的安全生产工作职责产，做到一岗双责；企业安全生产情况定期向董事会、业绩考核部门报告，向社会公示；企业内部配齐配强专门的安全生产机构和注册安全工程师等专业人员)，按期完成视频监控系统安装，深入贯彻落实各项安全生产工作制度，开展"三大行动"(大排查、大整治、大管控行动)，打击安全生产违法行为。全年共接收社区矫正人员46人，其中解矫人员28人、在矫人员18人；深入开展宣传禁毒知识，多次对辖内养殖场、隐蔽山林地等进行全面排查，消除毒品犯罪死角；开展"平安家庭"模范户、先进户等评选活动，对评选出的750户平安家庭户实施奖励。

【社会事业】2016年，全镇共有建档立卡贫困户880户，是全市贫困户最多的镇。年内，脱贫316户，累计脱贫514户。其中省级贫困村——石均塘村94户贫困户，累计脱贫65户，年内脱贫29户88人。抓好卫计服务，落实农村奖扶、特扶等补助政策和"两癌"免费筛查等惠民工程；全面完成新农合、新农保筹资缴费任务，全镇60岁以上老人享受养老待遇全覆盖；全面落实"三无"对象的集中供养；落实困难群众帮扶各项政策，保障困难群众的基本生活；加大农村危房改造力度，完成133户农村危房改造任务(其中有59户为建档立卡贫困户)。 (曾　敏)

板 杉 镇

【概况】板杉镇地处醴陵市北部城乡结合部，东临国瓷街道，北靠沩山镇，南濒渌江河与株洲市茶山镇隔河相望，西接左权镇，西北与芦淞区白关镇接壤，镇政府驻长坡口村。2016年，板杉镇原辖的17个行政村经建制村合并后，调整为10个行政村；其中，枫树桥村和黄塘村合并为七里山村，大石桥村和杨家湾村合并为板杉村，擂鼓桥村和唐家冲村合并为擂鼓桥村，夏坪桥村、红光和上坪冲村合并为夏坪桥村，流碧桥村和耿境村合并流碧桥村，八步桥村和大屋垅村合并为八步桥村，原长坡口村、东冲铺村、竹花山村、寨下村保持原有建制不变。全镇有357个村民小组，10040户40230人；有党支部16个，中共党员1285名。工业以陶瓷、建材、烟花鞭炮产业为主。完成国、地税收入1475万元。年内，完成招商引资5200万元，成功引进文化焊接材料项目、金马烟花鞭炮厂改扩建项目和桃花冲腊制品加工厂、封母电瓷厂、宏盛花纸厂。

【重点工程建设】2016年，辖区重点工程项目建设进展顺利，东城大道（板杉段）全长4.56千米，途经4个村，征地面积26.53公顷，需拆迁房屋22栋。年内，完成第一批征地23.33公顷，拆迁房屋14栋；第二批征地增加的3.2公顷和8栋房屋拆迁任务，至年末全部到位。莲株高速改扩建工程（板杉段）顺利推进。

【镇村建设】2016年，板杉镇提质改造乡村公路21千米，农村道路网络建设更加完善。投资150万元，改造黄泥坳中心小学，新建1100平方米的综合楼，提质改造和水泥硬化操场1600平方米。启动长坡口集镇整体提质改造工程，安装路灯110盏，改造镇区道路1千米，下水道建设按计划有序开展。全面开展“三创四化”工作，推进镇区亮化，安装路灯500多盏，实现辖醴官线和005县道路灯全覆盖。加大农村环境综合治理力度，集中清运醴官线两旁、集镇出入口等交通沿线的暴露垃圾，使醴官线沿线“脏、乱、差”现象得到切实改变。村环境大为改观，基本实现主次干道两旁看不见垃圾、农户房前屋后看不见垃圾、市场和门店看不见商品出店摆放现象。年内,擂鼓桥村成功创建省级“卫生村”。

【安全生产】2016年，镇安全生产形成以市网格化负责人、乡镇、村级、供电所、安监站为主体的“五包一”监管责任分解体系，全年开展安全生产大检查、专项督查10多次，镇党委书记主持召开安全生产工作例会4次，多次组织辖内的烟花包装企业、工贸企业、学校进行应急救援演练；全年悬挂宣传横幅130条，发放安全生产知识手册1万份，镇安监管理人员下企业、学校280多次，发现安全隐患180处，下达整改指令130份。打击非法生产、经营、运输、储存行为30起，立案打击1起，行政拘留1人。

【卫计服务】2016年，投入近2万元，在岳汝高速旁设立“全面两孩”政策大型广告牌1块；投入近4万元，按省级标准更新各村计划生育宣传栏；充分利用微信、广播、宣传车等方式，加大政策宣传，提高新卫计政策的群众知晓率。全年实施计划生育手术461例，其中上环137例、落实补救措施108例，期内落实避孕措施及时率为100%。年内，新增奖励扶助对象133人、特别扶助3人，发放独生子女保健费103人；完成无偿献血20人，完成国家免费孕前优生健康检查310对，“两癌”筛查1300人，产前筛查188人，0～6岁儿童疫苗接种2100人，65岁老年人体检1528人。

【党建工作】2016年，板杉镇顺利完成党委、人大换届工作，升级改造村级组织活动中心3个，新建村级活动中心1个。新成立非公经济党组织1个，发展预备党员5人。年内，全镇共有建档立卡贫困户465户1631人，其中省级贫困村大石桥村有建档立卡贫困户48户171人。通过抓党建促脱贫，组织办点单位、机关及村干部分赴帮扶对象家庭走访慰问，全方位了解帮扶对象基本情况，根据实际情况制定“一户一策”帮扶措施；全年发放扶贫金130.5万元，申报易地搬迁扶贫贫困户13户、危房改造贫困户21户。（龙　鹏）

左 权 镇

【概况】左权镇位于市西北部，西接株洲县渌口镇，北连株洲市芦淞区白关镇。2016年，左权镇原辖的19个行政村、1个居委会经建制村合并后,调整为11个村、1个居委会；其中，狮形岭村和清安铺村合并为清安铺村，莫家嘴居委会和篋织街村合并为篋织街居委会，杉仙店村和仙霞村合并为仙霞村，赵高塅村和玉潘村合并为玉皇阁村，东江冲村和陈家湾村合并为陈东村，鱼梁桥村和花桥村合并为花桥村，荷塘村和楠竹山村合并为永兴村，将军村和湖潭村合并为将军村，石羊、新阳、青泥、油田4个行政村维持不变。有11823户46988人。有耕地面积2266.67公顷，山地面积9400公顷；森林覆盖率50.8%。有小（1）型水库1座，小（2）型水库15座。

【项目建设】2016年，全镇新签约项目5个，合同引资2.9亿元。东城大道在镇境内长10.86千米，占醴陵段的60%，左权镇在10天时间内完成项目拆迁44户、征地59.13公顷。养老公寓项目是全市签约的重点项目，也是镇“四个一”活动的产业项目，该项目于12月正式动工建设。引资建设的“左权镇中小企业产业园”，一期工程规划用地116.67公顷，年内完成土地调规48公顷、平整土地3公顷；截至12月，有7家企业入园，其中6个食品加工企业竣工并试投产。

【农业产业化建设】2016年，辖区规划占地300多公顷的泽域美景生态园，首期总投资2000多万元，拟打造成湘东地区最大的高端生态养老基地，已获批湖南省、株洲市农业产业化龙头企业，年内完成园区总体规划设计和山地苗木栽种，并被国家财政部农业司确定为“两学一做”联系点。湖南青泥湾生态农业投资发展有限公司发展步入正轨，德福居生态园、篾织街苗木基地、油田村德福青蛙养殖基地等一批农业基地建设颇具规模。

【镇村建设】一是完善基础设施建设，提升城镇功能。全年修建村级道路22千米；联合市公路局投资500多万元，重新铺设集镇排水管道；投入200万元，在集镇新建自来水厂，集镇的水、电、路等基础设施不断完善。二是镇村环境卫生实现规范管理。大力开展“三创四化”环境整治工作，每村聘请3—4名保洁员，购置垃圾车、垃圾桶等清洁工具；投入3万多元，在集镇新建20个中型垃圾池；对全镇各村主干道路路面进行全面养护。（陈　君）

枫　林　镇

【概况】枫林镇位于醴陵市北部，地处株、醴、浏三县（市）结合部，距醴陵市城区18千米。有11012户41469人。2016年，枫林镇原辖的19个行政村、2个居委会经建制村合并后，调整为11个行政村、2个居委会；其中，枫林市村与白眉冲村合并为枫林市村，唐家坳村与五石村合并为五石村，马家冲村与黄村合并为时轮村，太阳桥村与肖家冲村合并为金阳村，金鸡村与狮形山村合并为金狮村，彰仙岭村与杨家垅村合并为彰仙村，台洲村与黄獭嘴居委会合并为黄獭嘴居委会，社冲居委会与株抱樟村合并为金桥居委会，大湾村、双井村、隆兴坳村、蒋家桥村、蕉源村维持不变。枫林镇区位优势明显，地理位置优越，岳汝高速在境内设互通口，株洲市12路公交车穿越境内直达株洲市城区。全年实现地区生产总值22.85亿元，比上年增长8.5%；完成地税259万元、国税271万元。年末，获评省“残联工作示范乡镇”，株洲市“卫生乡镇”，醴陵市“文明建设工作先进单位”“安全生产工作先进单位”；镇武装部获评株洲市“先进基层武装部”。

【旅游产业】2016年，枫林镇作为醴北人家生态旅游休闲片区的主场区，重点打造“黄乡民居”“枫林印象”旅游品牌，完成境内16.46千米的旅游环线建设。年内，完成醴官线镇境内8.1千米的美化亮化工程建设，安装路灯300多盏，培植观赏花卉带7000多米。隆兴坳村开发建设杜鹃谷项目20公顷、樱花坡项目13.33公顷；耿传公祠前将军湖、荷花塘项目建设完工，改造第三期民居房16栋；金桥社区“千亩荷花里”和时轮村“枫溪谷”对外开放；五石村永盛山庄获评省五星级乡村旅游单位。“黄乡民居”积极申创AAA景区，年内通过株洲市旅游局评审。举办旗袍秀、瑜伽秀等活动，参与拍摄“醴陵新八景”，积极推界旅游，逐渐形成“赏荷采莲来枫林、周末休闲来枫林”的旅游品牌。

【工业发展】2016年，枫林镇坚持“既要金山银山、又要绿水青山”的工业发展原则，成功引进并建成枫林商贸物流工业园，该项目建有5栋、约6万平方米的高标准钢结构厂区，其中占地2.3万平方米的一期工程B区配套工程项目仍在建设中。开展选择型招商，做强园区经济，成功引进深圳美铂林精密电子有限公司。坚决淘汰落后产能，成功劝退烟花鞭炮企业3家。

【农业项目】2016年，枫林镇成功培育市级种粮大户5户、镇级种粮大户53户；打造五石村、黄獭嘴社区早稻生产示范片。金桥社区四海特种养殖合作社投入300万元，扩大生产规模；大湾村新开发油茶林20公顷；双井村的猕猴桃基地、隆兴坳村的中棚水果种植合作社和孔雀养殖基地、金阳村黑山羊养殖基地、三友乌骨鸡和小龙虾养殖基地等农业合作社颇具规模。年内，台湾现代农业园有机蔬菜智造工厂项目成功签约，完成土地流转80公顷。

【基础设施建设】2016年，枫林镇拓宽、新建村组道路20多千米，新修桥梁2座、水渠3.6千米，硬化水沟8.4千米，渠道清淤5

千米，硬化多处山坪塘。枫林大道一期工程3.3千米沥青路面铺设完工，二期工程3.8千米路基工程完成；长7.8千米、宽6米的永盛大道路基建设工程接近扫尾。中央财政农田水利建设项目总投资1985万元，年内完成总工程量的85%，该建设项目惠及金桥、黄獭嘴居委会和双井、金狮村。持续开展农村环境综合整治工作，成立枫林保洁公司，购买洒水车、垃圾车各1辆。新建垃圾焚烧圈14个、垃圾池57个。开展“三创四化”活动，对醴官线、五杨线等主干道两旁的“牛皮癣”广告、集镇临街乱搭乱建等进行专项清理。全年新增“三边”绿化3.2千米。

【安全维稳】2016年，枫林镇安全生产工作以全市“安全保障年”“监管执法年”活动为总揽，突出抓好安全生产监管执法，坚持“党政同责、一岗双责”的原则，深入全镇17家高危企业进行执法检查，完成现场检查记录170多份、处理决定书34份、责令限期整改指令书27份。组织集中执法行动231次，出动执法人员577人次，检查生产经营单位227家次，排查隐患129处、整改121处，整改率达93.8%。发放安全知识小手册1000份、传单600份，出动宣传车辆52台次、悬挂各类宣传横幅103条、接受群众咨询200多人次。大力开展信访排查和矛盾化解，全年受理信访11批、80多人次；处置赴市上访2批次，无进京上访。排查、调处矛盾纠纷72起，其中重大矛盾纠纷5起、防止民转刑4起。镇综治办、派出所、城管队联合开展麻将馆、宾馆、歌厅等场所集中整治行动6次，出动各部门执法人员70多人次，教育引导经营人员及其他相关人员100多人次，有效净化社会环境。成立镇党员治安摩托巡逻队，开展巡防活动，及时预防、制止和处理各种危害社会治安的行为。开展“平安创建”宣传活动，发放宣传资料300多份，对集镇60多家商户实行进店入户宣传。举办“平安枫林·平安家庭”中小学生摄影大赛、“平安家庭”模范户评选等活动。

【民生保障】2016年，枫林镇落实惠民助民政策。有1332户享受低保、“五保”政策，550人享受残疾人生活补贴或护理补助；有危房改造户86户，高铁沿线风貌改造户151户。年内，慰问残疾困难家庭16户，抗美援朝老兵44人，退伍军人75人；发放各类救济款19万元。扎实开展“全面两孩”政策宣传，推进居民健康卡信息采集工作。突出优质卫计服务，在镇范围内开展老年人体检、免费向孕妇发放叶酸、接种婴儿疫苗和疫苗随访等活动。

【党建工作】2016年，枫林镇发展新党员17人，预备党员转正19人，顺利完成镇党委换届工作。镇、村开展“两学一做”学习动员大会23次，领导干部在党支部上党课23次、集中学习讨论72次。加强阵地建设，投入300万元，新建面积1200平方米的办公大楼，食堂、厕所、澡堂、图书室、文体活动室等设施和便民服务中心建设均已完善。新建双井村村级活动中心，13个行政村（居）均兴建便民服务站，全年为群众代办事项20多类300多件。狠抓作风建设，组织集中观看《不可触摸的底线》25场，组织任前廉政谈话38人次。广泛开展“雁过拔毛”式腐败问题和“反‘四风’、治陋习”专项整治活动，悬挂横幅18条，张贴宣传海报3块。全年完成自办案件2起，协助市纪委办案2起，3人受党纪处分。（范嘉佳）

官庄镇

【概况】官庄镇位于醴陵市北部，西北部与浏阳市接壤，距醴陵市城区30千米，距株洲市45千米。有5007户17889人。2016年，官庄镇原辖的14个行政村经建制村合并后，调整为7个行政村，其中，半边山村与瓦子坪村合并为瓦子坪村，大口坪村与潭塘村合并为潭塘村，大阳坑村与小阳坑村合并为阳坑村，桃花村与利川村合并为桃花村，大横江村与小横村合并为横江村，鹅颈村与长连村合为官庄村，大坝村与新桥村合并为大坝村。全年全镇实现社会生产总值8.91亿元，工业总产值达7.13亿元、农业生产总值1.78亿元；完成国税65万元、地税263万元。全年发展党员9名，预备党员转正10名；新建非公有制企业党组织2个。3月，召开中共醴陵市官庄镇委员会第一次代表大会，选举产生新一届党委领导班子和纪委班子。11月，完成镇人大代表换届选举，召开镇人民代表大会第一次会议。

【精准扶贫】2016年，全镇共有5个省级贫困村，有建档立卡贫困对象697户2169人，其中贫困低保人员545人。有59个帮扶单位、433名帮扶队员参与官庄镇扶贫攻坚；其中，株洲市级单位13个、帮扶队员52名，醴陵市级单位45个、帮扶队员381名，镇政府帮扶队员32名。根据市“七个一批”帮扶政策，全镇贫困户中有269户800人实施易地搬迁，185户375人享受保障兜底，198户232人享受补助助学，另有291人获劳务输出帮扶。以“渌江集团”为依托，利用分贷统还政策贷款1608万元，所得利息惠及340名贫困户；为

1453位贫困人口代缴21.8万元新农合参保资金。年内，有159户、542人顺利脱贫；完成26名贫困户大学生就业。以奖代补鼓励村民修建组道13条20.5千米；新修水圳1.3千米、饮水管网2.6千米。

【农业生产】2016年，全镇有农业专业合作社22个，建立种养基地11个。粮食播种面积保持稳定,全年水稻播种面积613.2公顷，旱粮面积58.4公顷；垦复油茶林1000多公顷，种植百合、金银花共计13.33公顷,种植黄桃、杨梅、猕猴桃等水果80多公顷，种植红薯达200多公顷；养殖黑山羊1.6万头，年产蜂蜜7.5吨、鸡蛋190万个、红薯1120吨。年内，扩大食用肉鸡养殖规模近1.5万羽，扩大蜂蜜产量达700多桶。

【库区旅游开发】2016年，官庄镇依托官庄水库及周边旅游资源，共接待游客12万人次。承接环中国国际公路自行车赛醴陵赛段中途径官庄镇镇区的服务与安保工作，举办乡村农事体验等旅游活动12次。成立官庄山水投资有限公司，采用公司化经营模式，经营管理库区游船。完成官庄水库船舶收购任务，征收个体经营船舶48艘，快艇、摩托艇等39艘；综合整治水库大坝，解决水路安全问题，整顿旅游环境；完善环库公路安全设施32千米。“官庄湖国家湿地公园”建设仍在规划设计中。年内，开展土地测量、水质测评、动植物观察等科研活动7次。完成水库路匚至原村委会3.2千米路基拓宽、桥梁加固、护栏浇筑工程。北部旅游专线的沥青路面铺设、安防设施安装完工；完成19千米挂沙线路面拓宽、改造及安防设施安装。

【安全维稳】2016年，官庄镇共召开安全专题会议16次，出动检查人员163人次，累计排查安全隐患400多个，隐患整改率达100%。启动环官庄水库巡查小组，降低水上安全隐患；组织厂矿管理及生产人员400多人，举办安全生产轮流培训3次，在长连小学、官庄中学分别举行安全知识宣讲会，主要普及安全生产知识。全年组织集中执法行动121次，共出动打非执法人员727人次，查处非法采金矿洞2处,销毁非法生产的“狗尾草”200多箱；全年安全生产零事故。印发“平安和谐官庄”倡议书1万多份，制定固定民调宣传窗14个，出动宣传车辆10台次，对1000多户“平安家庭”户进行张榜公示并悬挂门牌。组织开展矛盾纠纷排查活动12次，排查纠纷12起，获取各类涉稳信息3起。年内，破获“地下六合彩”赌博案件1起，刑事拘留1人；打架斗殴治安拘留3人，刑事打击1人；故意损毁他人财物刑事打击1人；查处非法枪支4把，刑事打击3人。打击涉毒违法犯罪，社区戒毒2人，收纳社区矫正人员18人。

【社会事业】2016年，官庄镇投入300多万元，新修官庄中学教师公租房，总面积1300平方米，共有套房28间。通过“雨露计划”“程星龄助学基金”等活动，帮助150名贫困学子继续学业；奖励优秀教师50多人次，资助贫困学子300多人次；镇九年义务教育普及完成率达100%。完成卫生、计生机构合并，改造潭塘、阳坑村卫生室，新建原鹅颈村卫生室。全年合作医疗参保率达85.2%，养老保险参保人数8085人、缴费7810人；计划生育率95.8%。建立并完善镇文化站，利用镇文化站举办各类活动8次。发放各类扶助资金100多万元。修缮桃花敬老院，在原大口坪村、潭塘村分别新建“五保之家”“幸福院”，集中供养老人84人。完成库区移民年度审核工作，共核减移民26名。投入102.2万元，完成新桥村道路堤坝工程。投入171万元，完成12个移民项目。

【基础设施建设】2016年，官庄镇完成集镇路面改造和铺设沥青，整治集镇道路两旁及民房前坪环境，种植花草、苗木近2000株；新增路灯130个、垃圾桶82个。投入92.2万元，水泥硬化半边山、利川、鹅颈、瓦子坪、大横江村总长3.21千米的道路；投入25万元，完成80米大口坪背防洪堤加固工程，解决13.4公顷农田灌溉问题；投入37.8万元，拓宽大阳坑小港桥至早禾田共3000米道路。投入25万元，完善原小横江村学一组至下湾组的水圳、水坝工程，解决13.6公顷农田灌溉问题。（屈贝儿）

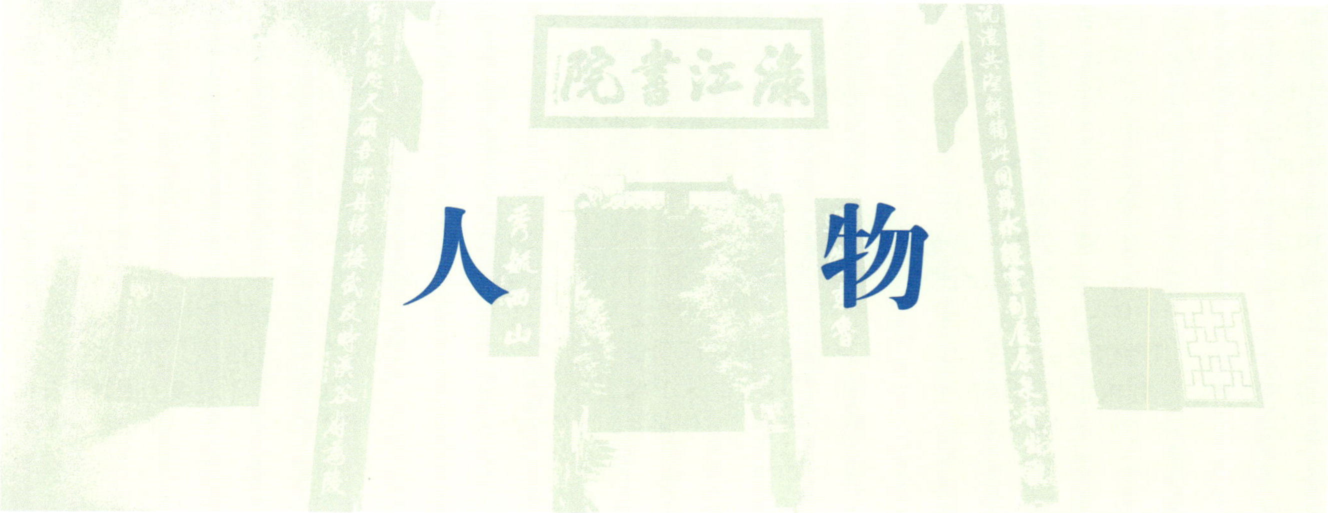

人　物

先进人物

陈自绪　男，1935年5月生，小学文化，醴陵市国瓷街道办事处五里牌村人。从1999年开始，陈自绪开始专注于扶贫助学志愿服务活动，自费从事农村贫困学生的社会调查，为捐资济困四处奔走呼号，足迹遍布醴陵所有的行政村、学校，累计帮助1364名贫困学子圆上学梦，其中大学生345人。筹集资助款700多万元，骑坏单车、电动车11辆，行程10万多千米，走访中、小学校449所，写下500多万字的文字、电话记录和日记。2006年，接受中央教育电视台及香港凤凰电视台许戈辉采访，并在《光明日报》《中国政协报》《中国老年报》以及各省、市、地区50多家媒体报道，中国文明网、中国红网、中国慈善网及香港慈善网20多个网站有网页介绍。2009年，获中共中央、国务院全国建设社会主义新农村的风范人物，中央关工委、中央精神文明办“先进工作者”称号；获湖南省“十大杰出青年”特邀代表、“希望工程优秀志愿者”、“关爱女孩十大新闻人物”，省关工委“突出贡献奖”；获第一届、第二届“感动株洲十大新闻人物”，株洲市“首届道德模范”，株洲市关工委“先进个人”；醴陵市“十佳文明市民”“首届道德模范”。2012年9月，出席全国道德模范评选，获“中国好人榜”好人。2013年，获醴陵市“重教兴学功勋人士”，株洲市“株洲好人”“2013年学雷锋优秀志愿者”。2014年10月，获全省“社会扶贫工作先进个人”。2015年10月，获株洲市首届“五老之星”和湖南省“五老突出”贡献奖，被湖南省第三届慈善总会授予“最具爱心慈善楷模”。2016年5月，获“全国最美五老”先进代表。

刘天健　男，1975年10月出生，中共党员，醴陵市板杉镇竹花山村人。刘天健祖母刘凤英生育8个儿女，四世同堂，全家上下42口人。刘凤英从60岁开始，逢年过节慰问村里“五保户”、高龄老人，近30年不间断。刘天健的父亲刘明春小学学历，靠外出务工挣钱，是村子里第一个万元户，并获得过9项专利。刘天健与父亲一起研发“余热”利用装置，于2008年创办湖南顺通能源科技有限公司，并成功研制出陶瓷窑炉余热利用及陶瓷坯件烘干成套设备，获7项国家专利；其设备已推广到湖南华联、湖北陶星、河南嘉信等40多家大型陶瓷企业，窑炉余热利用率超过75%、综合能耗降低14%以上、陶瓷成品合格率提高5%。刘天健解决学校的用水难题，走访看望“五保户”、特困户、高龄老人、敬老院老人，资助寒门学子，捐助村小学改善办学条件，累计达13万元。2016年12月，刘天健家庭获首届“全国文明家庭”。　（陈　灏）

逝世人物

黄炎俊　男，汉族，1923年8月出生，湖南醴陵人，中共党员，原醴陵第一中学校长、党支部书记、副县级离休干部。1946年6月湘东中学毕业，同年在长岭遐化中心小学从教并参加党的地下工作。1948年6月，加入中共醴陵地下党。1949年9月，任醴陵第十八完全小学校长、党支部宣传委员。1950年9月—1951年8月，任中共醴陵县委宣传部宣传干事。1951年9月—1952年10

月，任醴陵县人民武装部政工干事。1952年11月，任醴陵第三中学团委书记、教导主任。1956年9月—1959年12月，任醴陵第四中学校长兼党支部书记，被评为省“模范教师”。1960年1月—1976年11月，任醴陵第一中学教导主任、副校长兼党支部副书记。1976年12月—1978年3月，任毛泽东同志考察湖南农民运动醴陵先农坛陈列馆馆长。1978年3月至1986年2月，任醴陵第一中学副校长兼副书记、校长、党支部书记；在校工作期间，被评为湖南省“先进教育工作者”。1986年3月离休，享受副县级待遇。2016年8月8日因病去世，享年93岁。

姚志科　男，汉族，1943年2月出生，湖南醴陵人，中共党员，原醴陵市城区管理委员会副主任、副县级退休干部。1962年6月，应征入伍，历任班长、排长、参谋、营长、副参谋长、参谋长、副团长；获三等功一次。1984年3月—1985年8月，任醴陵县城关镇副镇长。1985年9月—1987年7月，任醴陵市工商局局长。1987年8月—1995年，任醴陵市城市工作委员会副主任、党委委员。1998年—2003年7月，任醴陵市城区管理委员会任副主任、党委委员。2003年7月退休，享受副县级待遇。2016年3月9日因病去世，享年73岁。（李春玲）

荣誉谱

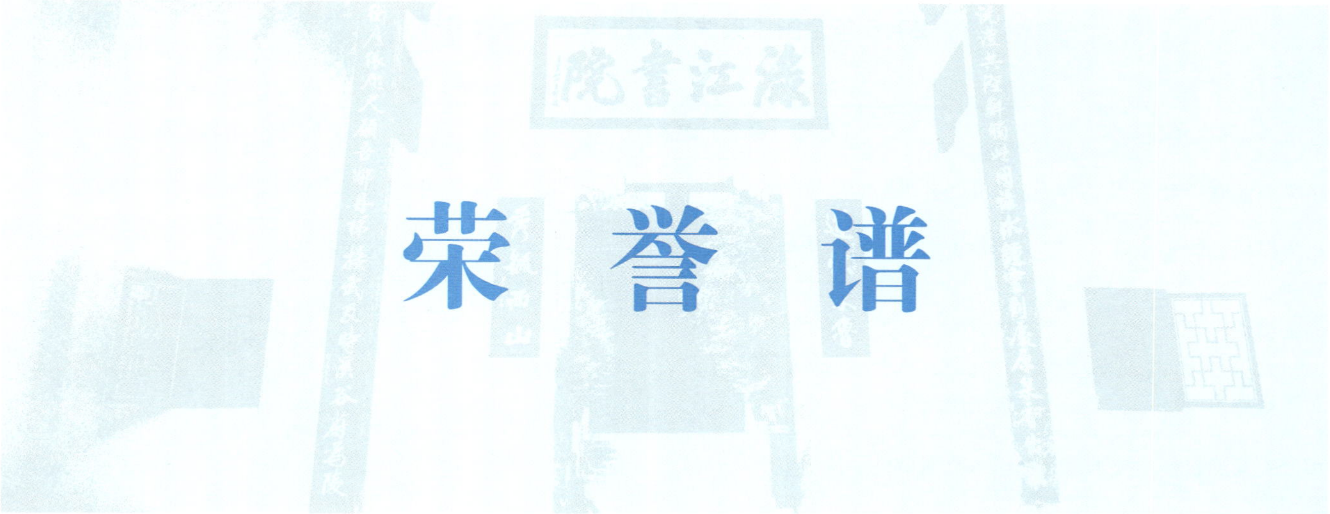

先进集体

2016年醴陵市所获综合荣誉一览表

表14

获奖单位	奖励（命名）名称	授予（命名）单位
醴陵市	全国社区教育实验区	教育部
	2016年全国社区活动周优秀组织奖	
	全国产业集群陶瓷区域品牌建设试点地区	工业和信息化部
	国土资源节约集约模范县（市）	国土资源部
	全国妇幼健康优质服务示范县	国家卫生和计划生育委员会
	国家全域旅游示范区	国家旅游局
	全国中小学校责任督学挂牌督导创新县	国务院教育督导委员会办公室
	中华诗词之乡	中国诗词协会
	2016年全省福利彩票销售先进县（市）	湖南省民政厅
	2016年全省区划调整改革先进单位	
	2016年度美丽乡村建设先进县（市）	中共湖南省委农村工作部 湖南省人民政府农村工作办公室
	2016年度全省养殖业工作目标管理考核先进市	湖南省畜牧水产局
	株洲市加速推进新型工业化先进县（市）	株洲市人民政府
	2016年度交通运输发展目标管理考核先进单位	
	株洲市加速推进新型工业化先进县（市）	
	2016年度全市交通运输发展目标管理考核红旗单位	株洲市人民政府办公室

2016 年全国（条线）先进单位、集体名录

表 15

获奖单位	奖励（命名）名称	授予（命名）单位
市工商业联合会	全国五好县级工商联	中华全国工商业联合会
市人民检察院未检科	未成年人刑事检察工作先进集体	最高人民检察院
白兔潭镇	2016 年度全国重点镇	住房和城乡建设部 国家发展和改革委员会
黄泥坳派出所	一级派出所	公安部
市公安局刑事科学技术室	全国示范刑事科学技术室	
市农业技术推广中心	全国农牧渔业丰收奖三等奖	农业部
沈潭镇卫生院泗汾镇中心卫生院	全国群众满意乡镇卫生院	国家卫生和计划生育委员会
市卫生和计划生育局	全国计划生育优质服务先进单位	
白兔潭中心卫生院	全国基层卫生岗位练兵和技能竞赛团体三等奖	国家卫生和计划生育委员会 中华全国总工会
湖南出入境检验检疫局醴陵办事处	国家级出口日用陶瓷电瓷质量安全示范区	国家质量监督检验检疫总局
市森林防火指挥部办公室	2013—2015 年度全国森林防火工作先进单位	国家林业局、国家森林防火指挥部
醴陵瓷谷	国家工业旅游创新单位	国家旅游局
原孙家湾乡	2014 届全国文明村镇（2016 年复查合格）	全国精神文明建设指导委员会
市科学技术协会	2016 年全国科普日活动优秀组织单位	中国科学技术协会
国瓷街道国光社区	全国科普示范社区	
仙岳山街道财源塔社区	2016 年全国科普日特色活动优秀单位	
市司法局	人民调解先进单位	中华全国人民调解员协会
市民政局	第二届全国敬老文明号	全国老龄工作委员会办公室
孙家湾镇	中华诗词之乡	中国诗词协会
市第一中学、姜湾小学	中华诗教先进单位	
湖南醴陵农村商业银行股份有限公司营业部	五星级服务网点	中国银行业协会
市中（一）医院	创建三甲中医医院	国家中医药管理局
市人力资源和社会保障局	2016 年度《中国劳动保障报》新闻宣传工作先进单位	人力资源和社会保障部办公厅
市教育局	全国啦啦操创意大会最佳编排奖	教育部体育卫生艺术司

2016年湖南省（条线）先进单位、集体名录

表16

获奖单位	奖励（命名）名称	授予（命名）单位
市卫生和计划生育局	全省人口和计划生育工作优秀单位	中共湖南省委、湖南省人民政府
市司法局来龙门司法所、市国土资源局东富国土资源中心所、市卫生和计划生育局、市市场和质量监督管理局行政审批股、市商务旅游和粮食局综合执法大队	湖南省依法行政示范窗口	中共湖南省委
市人民检察院	省级宣传工作先进集体	湖南省人民检察院
	省级检察技术工作先进集体	
	人民监督工作先进集体	
	检务保障工作先进集体	
市委老干部局	全省老干部宣传工作先进单位	中共湖南省委老干部局
市委政法委	全省县市区优秀国安办	湖南省国家安全工作领导小组
市档案史志局	湖南省第四届年鉴奖县市区级地方综合年鉴一等奖	湖南省地方志编纂委员会
市第四中学	2016年湖南省中学生田径比赛团体总分第二名	湖南省教育厅
市陶瓷烟花职业技术学校	2016年湖南省黄炎培创业规划大赛三等奖	
市教育局	湖南省送教下乡先进单位	
市经济科技信息化局	省电力行政执法示范单位	湖南省经济和信息化委员会
	2016年度全省工业经济运行监测协调工作先进县市区	
农业部烟花爆竹质量监督检验测试中心（醴陵）	湖南省中小微企业核心服务机构	
市公安局刑侦大队	全省优秀刑事技术室	湖南省公安厅
市公安局交通警察大队	2016年春运道路交通安全保卫工作成绩突出集体	
市公安局	全省公安机关210工程建设先进集体	
	全省卷烟打假工作先进集体	湖南省公安厅、湖南省烟草专卖局
市民政局	2016年全省民政新闻宣传信息工作先进单位	湖南省民政厅
	2016年全省寒冬送温暖先进单位	
	2016年湖南省爱国拥军模范单位	
市社会福利中心	2016年省文明优抚事业单位	
市军队离退休干部休养所	2016年湖南省第二届星级军休服务管理机构	
市司法局来龙门司法所	湖南省第六批模范化司法所	湖南省司法厅

续表 16-1

获奖单位	奖励（命名）名称	授予（命名）单位
市财政局	2015 年度市县财政部门预算绩效管理优秀单位	湖南省财政厅
	2015 年度全省财政监督检查工作先进单位	
	湖南省财政监督工作省级示范点	
	2014—2015 年度财政投资评审工作先进单位	
	2015 年度全省财政综合工作目标考核管理先进单位	
市人民防空办公室	全省人民防空先进集体	湖南省人力资源和社会保障厅 湖南省人民防空办公室
市人力资源和社会保障局	湖南省示范仲裁院	湖南省人力资源和社会保障厅
市人民政府办公室	全省政府法制工作先进集体	湖南省人力资源和社会保障厅 湖南省人民政府法制办公室
市国土资源局	全省国土资源系统信访工作先进集体	湖南省国土资源厅
市商务旅游和粮食局	2016 年市场秩序工作先进单位	湖南省商务厅
	2016 年商务行政执法优秀队伍	
市文化市场综合执法大队	全省 2016 年综合执法考评先进单位	湖南省文化厅
来龙门街道办事处	湖南省流动人口公共卫生计生均等化服务示范街道	湖南省卫生和计划生育委员会
市卫生和计划生育局	省“六五”普法工作先进单位	
市地方税务局	全省地税系统文化建设工作先进单位	湖南省地方税务局
市文体广电新闻出版局	“奥康达”杯全省首届县域经济强县（市）篮球赛体育道德风尚奖	湖南省体育局
	2016 年湖南省第七届“体彩杯”全民健身节暨成人游泳锦标赛团体总分第一名	湖南省体育局
市水库移民开发管理局	2016 年度全省移民工作先进单位	湖南省水库移民开发管理局
船湾镇、官庄镇	全省档案宣传工作先进单位	湖南省档案局
市档案史志局	全省档案宣传工作先进集体	
市农业机械管理局	全省水稻育插秧机械化技术推广先进单位	湖南省农业机械管理局
	全省油菜生产机械化工作先进单位	
	全省农机综合信息工作先进单位	
	全省农机安全生产目标管理先进单位	
市农业机械技术推广管理总站	全省农业机械化技术推广先进站	

续表 16-2

获奖单位	奖励（命名）名称	授予（命名）单位
市畜牧兽医水产局	2016 年度全省养殖业信息宣传工作先进单位	湖南省畜牧水产局
国家统计局醴陵调查队	2016 年度市县国家调查队综合考核优秀单位	国家统计局湖南调查总队
市公路局	全省公路系统文明建设先进单位	湖南省公路管理局
石亭镇	2012 届湖南省文明村镇（2016 年复查合格）	湖南省精神文明建设指导委员会
长庆示范区珊田村	2014 届湖南省文明村镇（2016 年复查合格）	
市人民检察院	2012 届湖南省文明标兵单位（2016 年复查合格）	
市地方税务局、中国农业发展银行醴陵支行	2012 届湖南省文明单位（2016 年复查合格）	
市教育局、国网湖南省电力公司醴陵市供电分公司	2014 届湖南省文明单位（2016 年复查合格）	
市青少年校外活动中心	2015 届湖南省文明窗口（2016 年复查合格）	
醴陵老百姓饭馆	2015 届湖南省文明餐饮示范店（2016 年复查合格）	
茶山镇东岗村	2016 届湖南省文明村镇	
市国家税务局	2016 届湖南省文明标兵单位	
来龙门街道、市城市管理和行政执法局、华鑫电瓷科技股份有限公司	2016 届湖南省文明单位	
市公安局、市国土资源局、市委党校、市住房和城乡规划建设局、市农业局、市陶瓷烟花职业技术学校、李畋镇	省级文明卫生单位	湖南省爱国卫生运动委员会
来龙门街道上洲村	省级卫生村	
市卫生和计划生育局	省 2016 年病媒生物密度控制 C 级达标单位	
市委宣传部	全省网络舆情信息报送先进县市区	湖南省网络安全领导小组
市文学艺术界联合会	2016 年度全省文联系统先进单位	湖南省文学艺术界联合会
市残疾人联合会	全省县市区残联教就工作甲等优秀单位	湖南省残疾人联合会
湖南醴陵农村商业银行股份有限公司	先进基层党组织	湖南省农村信用社联合社
市教育局	湖南省教育学会系统先进单位	湖南省教育学会
市人民检察院行装科	2015 年湖南省检察机关检务保障工作先进集体	湖南省人民检察院政治部

2016 年株洲市（条线）先进单位、集体名录

表 17

获奖单位	奖励（命名）名称	授予（命名）单位
东富镇、浦口镇、 孙家湾镇、阳三石街道	株洲市安全生产工作先进单位	中共株洲市委、株洲市人民政府
嘉树镇	2015 年株洲市计划生育工作考核模范单位	
沩山镇	2015 年度株洲市计划生育工作先进单位	
沩山镇、嘉树镇、 石亭镇、枫林镇	2015 年度株洲市综治工作先进乡镇	
石亭镇	2015 年株洲市平安乡镇	
市卫生和计划生育局	株洲市依法行政示范窗口	中共株洲市委
阳三石派出所党支部	先进基层党组织	
沩山镇	2016 年度株洲市计划生育工作先进单位	株洲市人民政府
	株洲市区划调整先进单位	
官庄镇	2016 年度株洲市计划生育工作良好单位	
市经济科技信息化局	株洲市加速推进新型工业化先进县市	株洲市人民政府
茶山法庭	株洲市法院先进法庭	株洲市中级人民法院
市人民检察院监察室	2015 年全市检察机关纪检监察工作考核第三名	株洲市人民检察院
市人民检察院政工科	2015 年度全市检察机关政工工作先进集体	
市人民检察院林检科	2015 年度全市检察机关林检科先进集体	
	林业检察工作考核先进集体	
市人民检察院技术科	2015 年度全市检察技术、信息化工作先进集体	
市人民检察院监察室	全市综合工作嘉奖集体	
市人检察院政研室	检察理论研究工作考核先进集体	
	2015 年度全市检察理论研究工作考核先进集体	
市人民检察院	2015 年度全市检察机关新闻宣传工作先进单位	
	2016 年全市先进检察院	
	宣传工作先进单位	
泗汾派出所	2015 年度全市政法工作先进集体	中共株洲市委政法委

续表 17-1

获奖单位	奖励（命名）名称	授予（命名）单位
市委统战部	2016 年度全市统战调研工作先进单位	中共株洲市委统战部
	2016 年度全市统战信息工作先进单位	
白兔潭镇余溪村	株洲市先进基层党组织	中共株洲市委组织部
中国国民党革命委员会醴陵市委员会	民革红旗基层组织	中国国民党革命委员会株洲市委员会
市公安局团总支	2015 年度株洲市五四红旗团总支	共青团株洲市委
来龙门街道四塘社区	株洲市十佳妇女之家	株洲市妇女联合会
市人民检察院公诉局	株洲市巾帼文明示范岗	
市妇女联合会	2016 年度株洲市妇联系统先进单位	
市机构编制委员会办公室	株洲市编办信息工作先进单位	株洲市机构编制委员会办公室
市委党校	株洲市第十二届哲学社会科学成果二等奖	株洲市社会科学成果规划评审委
	2016 年度株洲市党校行政学院系统科研工作先进单位	株洲市委党校、株洲市行政学院
市交通运输局工会、市公安局工会	株洲市模范职工之家	株洲市总工会
市总工会	株洲市工会工作红旗单位	
市交通运输局	株洲市交通运输系统 2015 年度安全目标管理先进单位	株洲市交通运输局
市公安局	2015 年度全市公安机关命案侦破工作先进单位	株洲市公安局
	2015 年度全市公安机关打击涉毒犯罪工作先进单位	
	2015 年度全市公安机关治安重点案件侦破工作先进单位	
	2015 年度全市公安机关工作绩效与队伍建设评估优秀单位	
	2015 年度全市公安机关警务督察工作成绩突出集体	
来龙门派出所	2015 年度株洲市公安系统人口与计划生育综合治理工作先进单位	
来龙门街道胜利社区	株洲市普法依法治理先进单位	株洲市司法局
市人民防空办公室	株洲市人防工作先进单位	株洲市人民防空办公室
市农业机械管理局	株洲市农机安全生产工作先进单位	株洲市农业机械管理局

续表 17-2

获奖单位	奖励（命名）名称	授予（命名）单位
市畜牧兽医水产局	2016 年度株洲市养殖业工作先进单位	株洲市畜牧兽医水产局
	2016 年度株洲市动物防疫工作	
	2016 年度株洲市畜禽水产品质量安全工作先进单位	
	2016 年度株洲市重大动物疫病防控绩效考核先进单位	株洲市重大动物疫病防治指挥部
市国家税务局	株洲市国税系统营改增工作先进单位	株洲市国家税务局
	株洲市国税系统金税三期工作先进单位	
	2016 年度株洲市国税系统绩效管理先进单位	
市渌江投资控股集团有限公司	株洲市 2016 年度文明建设标兵单位	株洲市精神文明建设指导委员会
阳三石街道、市卫生和计划生育局、市国土资源局、市文体广电新闻出版局、市审计局、来龙门街道四塘社区、株洲醴陵旗滨玻璃有限公司、湖南华联股份有限公司、湖南醴陵釉下五彩城开发建设有限公司、湖南醴陵农村商业银行股份有限公司	株洲市 2016 年度文明建设文明单位	
沩山镇、东富镇、仙岳山街道江源村、国瓷街道华塘村、板杉镇擂鼓桥村、孙家湾镇孙家湾村、白兔潭镇余溪村	株洲市 2016 年度文明建设文明村镇	
市政务服务中心	株洲市 2016 年度文明建设文明窗口	
市广播电视台、市公安局交通警察大队	2016 年度株洲市创建文明城市工作先进单位	
国瓷街道国光社区	2016 年度株洲市创建文明城市工作文明社区	
来龙门街道	市级文明卫生单位	株洲市爱国卫生运动委员会
	无烟管理示范单位	
市科学技术协会	2016 年度科协工作先进集体	株洲市科学技术协会
来龙门街道狮子坡社区	株洲市科普示范社区	
市文化市场综合执法大队	株洲市建设文明城市工作先进单位	株洲市创文工作领导小组
	株洲市“扫黄打非”先进单位	株洲市“扫黄打非”办公室
市道路运输管理所	2015 年度全市运管系统目标管理先进单位	株洲市道路运输管理处
市公安局治安大队	2015 年度全市消防工作先进单位	株洲市消防安全委员会

2016 年醴陵市级先进单位、集体名录

表 18

获奖单位	奖励（命名）名称	授予（命名）单位
市财政局、市经济科技信息化局、市公安局、左权镇、嘉树镇、阳三石街道阳东社区、官庄镇横江村、市金利来出口礼花弹厂、湖南醴陵农村商业银行股份有限公司、湖南恒茂高科股份有限公司	2016 年度文明建设红旗单位	中共醴陵市委 醴陵市人民政府
枫林镇、白兔潭镇、沈潭镇、市人民法院、市食品药品工商质量监督管理局、市统计局、共青团醴陵市委、市陶瓷烟花职业技术学校、市文化市场综合执法大队、市气象局、市人民法院泗汾人民法庭、市广播电视台新闻中心、市商务综合执法大队、市环境监察大队、市公路局路政大队、市信访局办公室、市政务服务中心、市国库集中支付核算中心、市社会经济调查中心、市樟仙岭国有林场、市规划设计院、市不动产登记中心、市卫生计生综合监督执法局、石亭镇中心学校、市兽药监督检验所、市食品药品工商质量监督管理局仙岳山管理所、市高新技术基础设施投资建设有限公司、湖南升华科技股份有限公司、湖南金塔集团实业总公司、湖南醴陵通达建设工程有限公司、醴陵陶润实业发展有限公司、市赖氏烟花有限公司、市明维鞭炮烟花出口有限公司、来龙门街道胜利社区、仙岳山街道河西村、仙岳山街道书院社区、阳三石街道立三村、国瓷街道车顿桥社区、国瓷街道横店村、长庆示范区珊田村、长庆示范区马脑村、王仙镇司徒村、石亭镇永红村、板杉镇八步桥村、东富镇龙源村、嘉树镇嘉树村、左权镇永兴村、白兔潭镇汆溪村、沈潭镇卫生院、明月镇七星村、枫林镇金狮村、茶山镇转步口村、均楚镇长午新村、沈潭镇鳌新村、沩山镇老鸦山村	2016 年度文明建设先进单位	

先进个人

2016 年全国（条线）先进个人名录

表 19

获奖个人	奖励（命名）名称	授予（命名）单位
唐　慧	未成年人刑事检察工作先进个人	最高人民检察院
李锦田	2014—2016 年年度全国农牧渔业丰收奖	农业部
全小云	全国先进老干部工作者	人力资源和社会保障部
张本忠	全国模范司法所所长	司法部
刘天健、袁新美家庭	2016 年度首届全国文明家庭	全国精神文明建设指导委员会

2016年湖南省（条线）先进个人名录

表20

获奖个人	奖励（命名）名称	授予（命名）单位
陈志奇	“十二五”时期信息化工作先进个人	湖南省人民检察院
唐　慧	湖南省2016年“最美青年卫生”	
刘湘陵	检察技术工作先进个人	
章英伟	司法警察工作先进个人	
欧阳向辉	纪检监察工作先进个人	
王邦武	全省公安队伍建设工作成绩突出个人	湖南省公安厅
谭　敏	2016年度全国两会安保维稳工作成绩突出个人	
彭昕炜	2016年春运道路交通安全保卫工作成绩突出个人	
郭蛟龙	二等功	
谭　华	三等功	
张妍明	湖南省交通运输行政执法评议考核工作先进个人	湖南省交通运输厅
张　忠	2016年度全省养殖业信息宣传工作先进个人	湖南省畜牧水产局
黄申炎、唐　慧	全省关心下一代先进工作者	湖南省关心下一代工作委员会
刘　毅	全省检察机关反贪侦查业务竞赛优秀侦查员	湖南省人民检查院政治部 湖南省人民检查院反贪局
何立林	2015年度全省优秀法律服务工作者	湖南省基层法律服务工作者协会

2016年株洲市（条线）先进个人名录

表21

获奖个人	奖励（命名）名称	授予（命名）单位
李红霞	株洲市优秀党务工作者	中共株洲市委
胡炼红	株洲优秀乡镇党委书记	中共株洲市委组织部
曾湘纯、郭蛟龙、陈志高、江东风、杨　坚	2015年度全市政法工作先进个人	中共株洲市委政法委
杨　坚	株洲市公正执法标兵	
刘午平	三等功	株洲市中级人民法院
唐力波、何晓明	先进个人	
何　成、叶敏洁、易　平、曾　峰、帅罕文、周高尚、周小毛、熊伟平、黄建文、邓静如	岗位标兵	

续表 21-1

获奖个人	奖励（命名）名称	授予（命名）单位
陈伟民	2015 年度全市检察机关林检科先进个人	株洲市人民检察院
	五佳公诉之星	
	林业检察工作考核先进个人	
何秋花、邓　枫	2015 年度优秀检察干警	
胡春花	2015 年度全市检察机关政工工作先进个人	
刘飞良	案件管理工作先进个人	
	“陈明宪”特大受贿系列案个人三等功	
胡戴明、彭石明	“陈明宪”特大受贿系列案个人嘉奖	
郭秀峰	2015 年度全市检察理论研究工作考核先进个人	
	2015 年度全市检察机关新闻宣传工作先进个人	
	全市综合工作嘉奖个人	
	全市综合工作记功个人	
	检察理论研究工作考核先进个人	
	宣传工作嘉奖先进个人	
何秋花、汤维和	全市优秀检察干警	
郭　琳、盛亚峰、刘　霞	全市检察机关公正执法能手	
蒋　磊	全市检察机关公正执法标兵	
陈云平、黄　辉、彭　伟、黄长景、刘志强、曾丽娜、巫飞涛、蔡志宏、彭述军、杨　辉、杨　杰、易　明、谭　敏、朱光宇、谢洪秋、黄　勇、周　敏、袁军民、程寿生、黄　旺、付　文、李　玲、马丰林、兰朝辉、刘影霞、伍　剑、戴小明、杜　军、王根源、黄建国	三等功	株洲市公安局
陈云平	全市公安机关第二届忠真卫士	
张伟航	2015 年全市公安机关党风廉政建设工作先进个人	
苏兆清	2015 年度全市公安机关警务督察工作成绩突出个人	
徐秋珍	2015 年度人口与计划生育综合治理工作先进个人	
吴　杰	2015 年度全市公安机关优秀兼职教官	
马润年	株洲市交通运输系统 2015 年度安全目标管理先进个人	株洲市交通运输局
卢　军、杨飞良	2015 年度优秀桥梁养护工程师	
甘学清	株洲市交通运输系统 2016 年度安全目标管理先进个人	

续表 21–2

获奖个人	奖励（命名）名称	授予（命名）单位
郭业林、张志强、王玉玲、唐　苇、王　亮、贺建辉、王雪明、肖建文	三等功	株洲市国家税务局
钟　宏、黄明华、廖理觉、钟　琼、潘尧生、林迪辉、陈桔香、瞿志英、杨自立、姚先君、顾福生、邓立泉、陈自绪、黄廖俊弘	2016 年度株洲市文明建设文明公民	株洲市精神文明建设指导委员会
邓绍生、黄显兵、王晓靖	2016 年度株洲市创建文明城市工作先进个人	
李剑波	株洲市文化市场综合执法先进个人	株洲市文化市场综合执法大队
文　丹	2015 年度住房公积金管理优秀专管员	株洲市住房公积金管理中心
许志良、张　宁	株洲市“扫黄打非”先进个人	株洲市“扫黄打非”办公室

2016 年醴陵市级先进个人名录

表 22

获奖个人	奖励（命名）名称	授予（命名）单位
彭亿安、丁际秋、王太忠、左孟良、温国战、谢新国、吴远香、余波玲、黎　俊、黎　波、王　宇、杨少武、张国文、彭晓明、丁　瑜、李自力、苏　凯、陈振江、彭湘陵、黄小龙、陈长贵、杨　庆、岳德安、周玉梅、张建平、易桢华、叶建明、刘　敏、李潜滋、邓鸣九、刘海林、钟　方、易辉平、王伏云、田春耕、杨春来、丁　力、黄永刚、李炳徽、刘　军、张　昊、廖志高、阳继先、方家良、李迪辉、黎建辉、钟武福、阳　纯、易　慧、刘如山、卢明耀、童　宁、邱许良、唐海威、钟绍兵、兰　芳、张　洪、张本桥、陈志坚、李响林、曾洪波、龙丽娟、陈族军、钟　洁、田国富、陈　娟、潘　丽、王清波、易雪辉、雷　慧、贺劲松、刘　亮、兰运平、刘立春、廖　鑫、聂育林、刘礼江、张致轶、朱小军、邓春兰、张　利、彭　伟、焦　玉、杨爱龙、周春芳、张清月、林勋根、张　珂、刘　琼、丁海平、丁木根、何莎莎、刘　蛟、杨颖异、谭　斌、黄　燕、陈建莫、田瑞宜、石水平、谭平贵、胡　建、王运生、刘　婧、唐　军、钟伏泉、甘　瑶、晏守明、谢龙山、彭昌凯、刘天平、谭　铮、罗立新、陈建华、李　芳、刘开生、巫恢珊、李子成、何建华、许均朋、凌雪梅、朱建新、李敦雄、程增武、杨小辉、黄玉国、宋　豪、杨大生、王　威、朱振甲、黄　伟、刘　艳、叶志刚、肖俊彦、付明平、胡小庆、何秋花、彭建国、邱玲洁、黎牛知、欧阳秋生	2016 年度文明建设先进个人	中共醴陵市委、醴陵市人民政府

说明：荣誉谱内 2015 年度的奖项以授奖或发文时间在 2016 年 1 月 1 日至 2016 年 12 月 31 日为列入标准

（兰　芳　朱　斌　汪建平）

醴陵市泗汾镇

LI LING SHI SI FEN ZHEN

市委书记胡湘之到镇调研

党委书记颜少龙部署集镇建设工作

党委书记颜少龙到企业督查安全生产工作

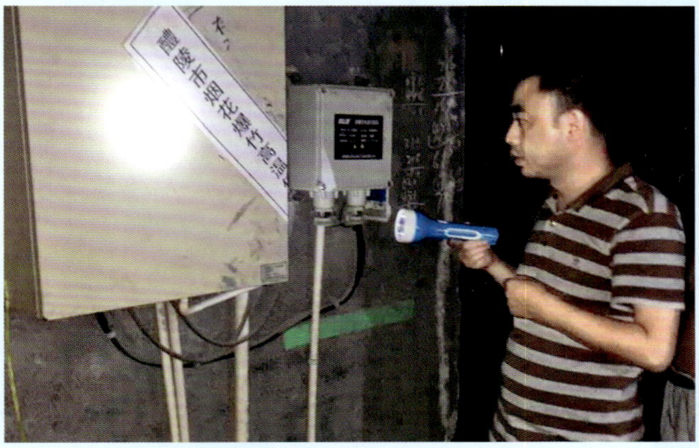
镇长唐尚昆夜晚督察企业安全生产

脱贫攻坚工作紧急会议

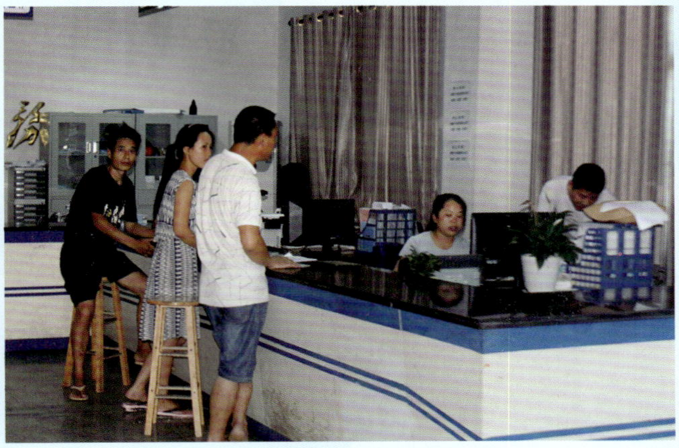
便民服务中心一角

醴 陵 市

LI LING SH

党委书记　杨冬发

镇　长　温水淋

株洲市委书记毛腾飞率队视察东富工业园

株洲市委常委、组织部部长羊贵平视察东富特色小镇建设情况

党委书记杨冬发、镇长温水淋视察产业园企业建设情况

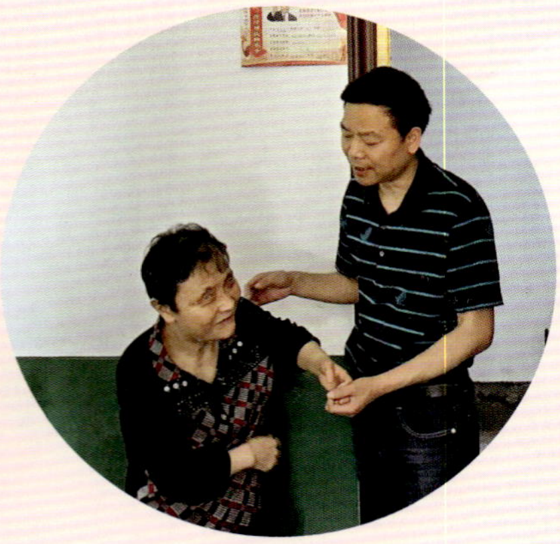

扶贫工作

镇第十四届人民代表大会第二次会议

东　富　镇

DONG FU ZHEN

市委书记胡湘之视察 333 省道项目

市委常委、市纪委书记易文星调研东富大道项目建设

“五星“评选活动合影

开展“三创四化”拆棚行动

毛泽东同志考察农民运动旧址——东富寺

醴　陵　市

LI LING SH

省人民政府副省长戴道晋检查恒达烟花安全生产情况

株洲市人民政府市长阳卫国到辖区企业调研

市委书记胡湘之到镇企业调研

镇人大换届会议

举办红色讲堂

孙家湾村党员夜校被中共中央组织部编入《三会一课创新案例》

孙家湾镇

SUN JIA WAN ZHEN

市长康月林到陶润实业走访调研

市委副书记邹展晖到镇敬老院调研

市委常委、人武部部长李云星到镇开展企业帮扶

召开“七一”党员大会

城市南环线 333 省道项目（孙家湾段）顺利推进

“迎老乡、回故乡、建家乡”招商引资项目

示范街建设

醴陵市沈潭镇

LI LING SHI SHEN TAN ZHEN

2016年，沈潭镇原辖的12个行政村、3个居委会经建制村合并后，调整为7个行政村、2个居委会；有294个村民小组，7371户、28935人。全年实现国民生产总值25.3亿元，比上年增长12.4%；完成国、地税收入1348万元，实现固定资产投资1.7亿元。年内，沈潭镇获评株洲市“安全生产先进单位”“卫生镇”和醴陵市“文明单位”“粮食生产先进单位”。

市委书记胡湘之调研镇“三创四化”工作

市委常委、市纪委书记易文星到镇开展企业帮扶

脱贫攻坚动员大会暨业务培训会

集镇样板街

醴陵市船湾镇

LI LING SHI CHUAN WAN ZHEN

党委书记　彭庆纪

市人大常委会副主任李亿平到辖区企业调研

举办中国职业服装名镇发展论坛

村干部踊跃义务献血

开展安全生产大检查

举办湘赣边（醴陵）首届桃花节

醴陵市明月镇

LI LING SHI MING YUE ZHEN

市委书记胡湘之到镇视察

副市长王吉祥到镇督查扶贫工作

党委书记郭晖实地查看辣椒种植基地

开展村（居）“两委”班子成员集体谈话宣誓活动

贺家桥辣椒

醴陵市嘉树镇

LI LING SHI JIA SHU ZHEN

党委书记　丁武华

镇　长　黄志强

党委书记丁武华慰问贫困户

组织机关干部开展献血活动

镇第一届人民代表大会第二次会议

醴陵市茶山镇

LI LING SHI CHA SHAN ZHEN

领导班子

市人大常委会副主任廖宏力到镇慰问贫困户

镇长彭湘陵督修水利建设

扶贫工作

神福港莲藕

醴陵市均楚镇

LI LING SHI JUN CHU ZHEN

市委书记胡湘之到镇调研工作

领导班子民主生活会

召开脱贫攻坚现场经验推介会

产业扶贫——瓜蒌项目

周坊水库

老年协会活动

文体艺术节

醴陵市石亭镇

LI LING SHI SHI TING ZHEN

市委书记胡湘之到镇督查防汛救灾工作

市长康月林到镇调度防汛工作

党委书记陈林、镇长胡修文夜访贫困户

“两学一做”特色党日活动

集镇一隅

石亭镇鸟瞰图

醴陵市左权镇

LI LING SHI ZUO QUAN ZHEN

从左至右为人大主席文万艳、党委书记何柢、镇长张卫根、政协联络工作主任委员姜丹

市委书记胡湘之考察东城大道（左权镇段）项目

党委书记何柢到辖区企业调研

清安铺古村

中塘水库

醴　陵　市

LI LING SHI

市委书记胡湘之到镇检查基层党建工作

市委常委、统战部部长刘海龙到镇调研企业安全生产工作

新一届“村支两委”干部合影

镇召开千人党员大会

“为荷而来”首届乡村旅游节

板　杉　镇

BAN SHAN ZHEN

党委书记刘淼走访离任村干部

镇长刘敏检查安全生产

党员活动日

“为荷而来”首届乡村旅游节之北乡农林土特产交易会

金桥生态林农有限公司万亩油茶林

醴陵市枫林镇

LI LING SHI FENG LIN ZHEN

株洲市人民政府市长阳卫国到镇调研

市委书记胡湘之到镇视察

市长康月林走访辖区企业

市人大常委会主任贺小玲调研辖区企业

开展学校食品卫生安全督查

镇首届清荷旅游文化周旗袍秀

美丽新村——双井村综合服务中心

醴陵市官庄镇

LI LING SHI GUAN ZHUANG ZHEN

党委书记姚飞勇向省农业厅领导介绍全镇发展情况

省司法厅领导到镇调研司法工作

市长康月林实地考察镇金银花加工情况

镇长王成根主持“三创四化”工作现场学习会

镇第一届人民代表大会第二次会议

精准扶贫工作会议

醴陵市广播电视台

LI LING SHI GUANG BO DIAN SHI TAI

市委书记胡湘之在第 17 个记者节到台指导工作

“交警直播室”为平安醴陵助力

“文明醴陵 爱心助考”活动启动仪式

全媒体关注宣传央视“端午乐三天”活动

航拍“醴北人家”首届山地马拉松比赛现场

报道 2016 环中国国际公路自行车赛（湖南站）醴陵赛段比赛

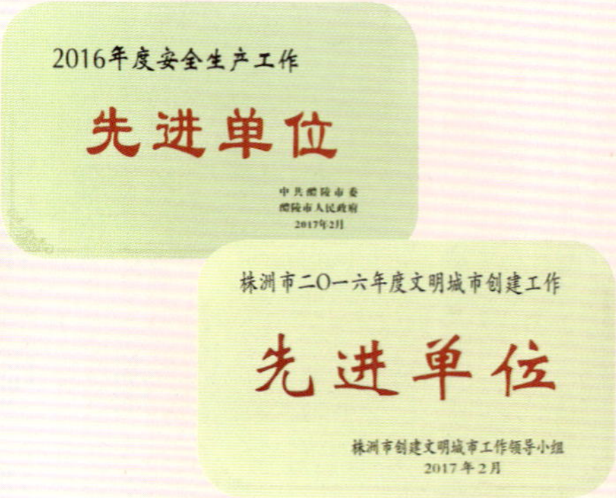

醴陵市国家税务局

LI LING SHI GUO JIA SHUI WU JU

湖南省国税局党组成员、副局长皮本固到局调研指导“两学一做”工作

株洲市国家税务局党组书记、局长傅淼河到醴陵开展“大走访”活动

党组书记、局长肖国平走访企业

开展“税收宣传月”活动

扶贫工作

税银合作助力小微企业签约仪式

开展所得税知识培训

醴陵市邮政局

LI LING SHI YOU ZHENG JU

领导班子民主生活会

“陪你一起成长”参与关爱留守儿童公益活动

参加全市“学雷锋、爱文明看我行”卫生整治活动

举办第12个书信文化比赛活动，并向渌江中学捐赠图书。

召开首届电子商务和邮政快递协同发展交流会

举办励志儿童剧《七色花》文化演出活动

跨年表彰大会

中国人寿保险股份有限公司醴陵支公司

ZHONG GUO REN SHOU BAO XIAN GU FEN YOU XIAN GONG SI LI LING ZHI GONG SI

现场理赔，送款到客户手中

客服大厅一角

办公大楼

2016 年环中国国际自行车赛（湖南站）醴陵赛段，中国人寿是最大的赞助商，开赛前与醴陵市委、市政府领导一起参加荣誉骑行

湖南醴陵农村商业

HU NAN LI LING NONG CUN SHANG YI

党委书记、董事长凌光武（左二）陪同省农村信用社联合社副主任陈治文（右一）到醴陵企业调研

开展金融产业扶贫工作会议

开展精准扶贫政策宣传

开展“两扫五进”外拓营销培训

银行股份有限公司

YIN HANG GU FEN GU XIAN GONG SI

党委书记、董事长凌光武到白兔潭镇走访慰问贫困户

“省消维权先进单位”授牌

到沩山村送金融知识

开展“点燃激情，熔炼团队”拓展训练

组织员工参加“醴北人家”首届山地马拉松赛

员工义务献血

醴 陵 市 中

LI LING SHI ZHONG

全国基层名老中医彭泽龙教授到医院指导工作

湖南中医药大学“西学中半脱产学习班”开班暨教学医院授牌仪式

“湘中医”医疗联盟单位授牌

举办首届糖尿病大型义诊讲座活动

第二届肾友会

（一）医院

（YI）YI YUAN

“湘雅乡情 醴籍专家工作室”授牌

醴陵市健康大讲堂开讲仪式

与湖南省中医药研究院附属医院建立中医专科联盟签约授牌仪式

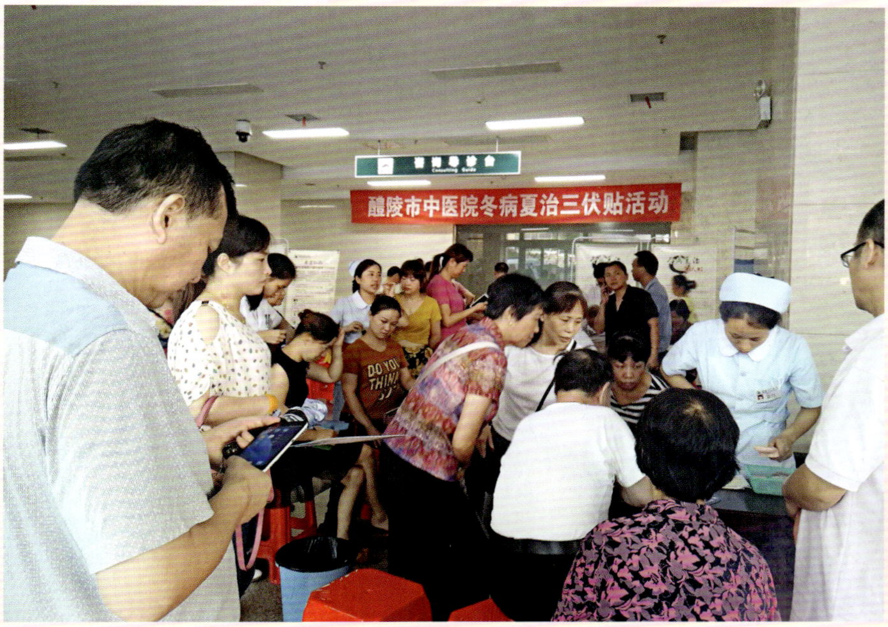

冬病夏治三伏贴活动

基层中医适宜技术培训班

全市“现场救护——第一目击者行动”

醴陵市妇幼保健计划生育服务中心

LI LING SHI FU YOU BAO JIAN JI HUA SHENG YU FU WU ZHONG XIN

省卫生和计划生育委员会妇幼健康处处长王若平现场考核妇幼健康优质服务示范工程创建

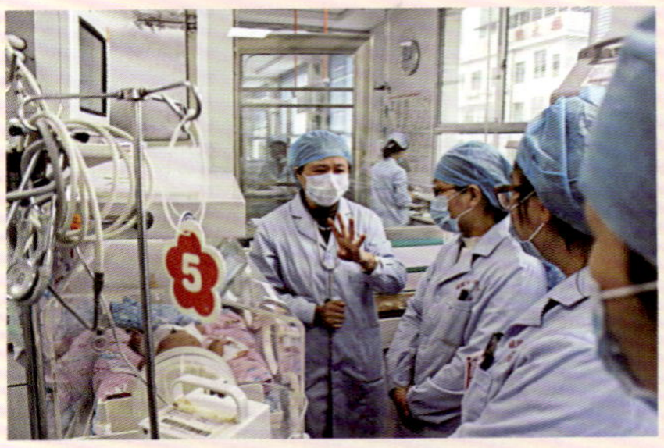

省科技特派员——湘雅医院儿科副教授余小河到中心查房与现场教学

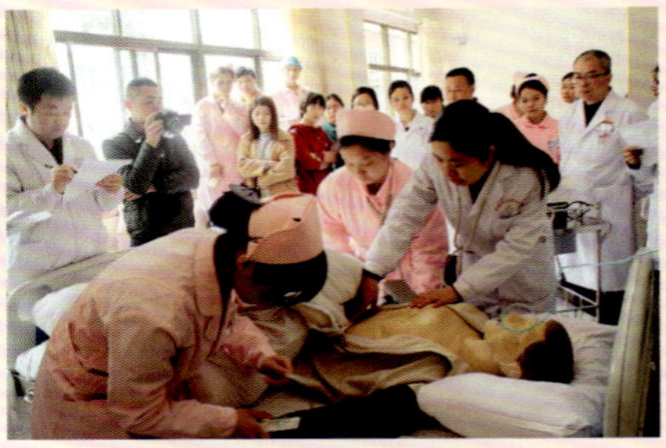

过敏性休克急救演练

省中医药大学第一附属医院张涤教授助学带教授牌仪式

“两癌”检查信息登记

送医下乡，健康扶贫

醴陵市陶瓷烟花职业技术学校

LI LING SHI TAO CI YAN HUA ZHI YE JI SHU XUE XIAO

领导班子

“书香校园”学生读书日活动

著名画家杨国平教授到校讲学

校园足球联赛

花炮企业管理干部订单班签约现场

醴陵市档案史志局

LI LING SHI DANG AN SHI ZHI JU

湖南省委党史研究室主任庄超（前排右四）到醴陵调研

市委书记胡湘之到局调研

中央党史研究室原巡视员、研究员王新生到醴陵调研

株洲市档案局局长莫大德到局调研

副市长石勇辉参加“6·9”国际档案日活动

中共醴陵市委
关于印发《中共醴陵市委常委会议事规则》的通知

醴发〔2016〕7 号

各镇党委，各街道党工委，长庆示范区党工委，市直各单位、驻醴各单位党组（党委）：

现将《中共醴陵市委常委会议事规则》印发给你们，请遵照执行。

中共醴陵市委
2016 年 10 月 9 日

中共醴陵市委常委会议事规则

第一章　总　则

第一条　为进一步加强市委常委会自身建设，进一步贯彻执行民主集中制，不断提高市委常委会议事决策水平和领导科学发展能力，根据《中国共产党章程》《中国共产党地方委员会工作条例》《中国共产党党组工作条例（试行）》《中共中央组织部关于学习贯彻习近平总书记重要批示精神加强党委（党组）领导班子建设的通知》（中组发〔2016〕8 号）等有关规定，结合本市实际，制定本规则。

第二章　主要职责

第二条　市委常委会在市委全会闭会期间，行使市委职权，主持经常工作。其主要职责是：

（一）研究部署贯彻执行党的路线、方针、政策，传达上级党委的重要会议、文件和上级党委领导同志的重要指示和批示精神；组织实施上级党委的决策部署和市委全会决议、决定。

（二）讨论决定须向株洲市委请示报告的重要事项。

（三）召集市委全会，向市委全会报告工作并接受监督；对拟提交市委全会讨论和决定的事项先行审议、提出意见。

（四）对全市经济社会发展和宣传思想文化工作、组织工作、纪检工作、群众工作、群团工作、统战工作、政法工作、武装工作、信访维稳等工作中的重要问题作出决定。

（五）定期听取市人大常委会党组、市人民政府党组、市政协党组、市纪委、市人武部党委、市人民法院党组、市人民检察院党组的工作汇报，决定其提请市委常委会研究的有关重要事项。

（六）讨论决定全市重大事项、重大项目安排及大额度资金使用；讨论决定全市财政预决算、财政追加预算。

（七）按照有关规定推荐、提名、任免干部。

（八）对市管党员干部的纪律审查工作进行审核。其中，对正科级党员干部立案应征求市委意见；对市管党员干部给予撤销党内职务、留党察看、开除党籍处分的，报市委常委会批准。

（九）定期研究党建工作，每年至少向市委全会和株洲市委专题报告1次抓党建工作情况。

（十）对应当由市委常委会决定的其他重要事项作出决定。

第三条　市委书记主持市委全面工作，组织市委常委会活动，协调市委常委的工作，对市委工作负主要责任。担任市人民政府市长的市委副书记主持市人民政府全面工作，组织市人民政府党组活动。市委专职副书记主要协助市委书记抓党建工作，同时可以根据需要协调和负责其他方面的工作。市委常委会其他成员应当根据分工负责有关工作，履行从严治党责任。

第三章　议事原则

第四条　市委常委会应当遵循以下议事原则：

（一）坚持正确政治方向，高举中国特色社会主义伟大旗帜，坚决贯彻党的理论和路线、方针、政策以及上级党组织的决策部署，始终同党中央保持高度一致。

（二）坚持民主集中制，按照“集体领导、民主集中、个别酝酿、会议决定”的要求，发挥市委常委会的整体作用和每个成员的积极作用。市委常委会其他成员应当支持市委书记开展工作，自觉接受市委书记对其工作的督促检查。

（三）坚持总揽全局、协调各方，充分发挥市委的领导核心作用。

（四）坚持立党为公、执政为民，践行全心全意为人民服务的宗旨，切实做到为民、务实、清廉。

（五）坚持解放思想、实事求是、与时俱进、求真务实，结合醴陵实际创造性开展工作。

（六）坚持科学决策、民主决策、依法决策，尊重客观规律，重大事项决策前，必须经过系统调研和论证，充分听取各方面意见。

（七）坚持党要管党、从严治党，严肃党内政治生活、净化党内政治生态，始终保持党的先进性和纯洁性。

（八）坚持在宪法和法律范围内活动，依据党章和其他党内法规履职尽责。

第四章　议事形式

第五条　市委常委会会议是市委常委会议事和决策的主要形式，每月至少召开2次，时间相对固定，遇有重要情况可以随时召开，会议时间由市委书记确定。必要时市委常委会可以召开扩大会议，但不得代替市委全会、市委常委会作出决策。

市委常委会会议由市委书记召集并主持。市委书记不能出席会议时，可以委托市委副书记召集并主持。市委常委会会议应当有半数以上市委常委到会方可召开，讨论和决定干部任免事项必须有三分之二以上市委常委到会。

市委常委会会议的出席人员为市委书记、市委副书记和其他市委常委。市人大常委会主任、市政协主席、经开区党工委书记固定列席会议；根据议题和工作需要，经会议召集人批准，可通知有关市领导和部门主要负责同志列席会议。

市委应当有计划地邀请部分市党代表大会代表列席市委常委会会议。邀请的党代表人员范围，由市委办公室会同市委组织部协商提出建议，报会议召集人确定。

市委常委会会议由市委办公室安排专人负责记录，对会议议题、出席人员、列席人员、发言、表决等情况作如实记录。讨论干部任免事项或者重大案件时，实行双记录制度，除市委办公室明确专人记录外，相关单位也应当明确1名工作人员负责记录。

第六条　书记碰头会议由市委书记召集并主持，市委副书记和其他有关市委常委参加，可以对需要提交市委常委会会议审议的重要事项进行酝酿。涉及干部任免事项、重大案件等方面的议题，参会人员为市委书记，市委副书记，市委常委、市纪委书记，市委常委、市委组织部部长；涉及其他方面的议题，参会人员由市委书记确定。书记碰头会议坚持“以沟通情况、酝酿协调”为主，不得代替市委常委会会议作出决策。

书记碰头会议由市委办公室安排专人负责记录。涉及干部任免事项或者重大案件的，实行双记录制度，除市委办公室明确专人记录外，相关单位也应当明确1名工作人员负责记录并做好相关后续工作。

第七条　市委常委办公会议或协调调度会议由市委常委根据工作需要主持召开，对市委常委会会议议定由市委常委负责的具体事项、市委主要领导交办或者委托的事项、属于其职责范围内的有关工作进行具体的安排部署，研究解决有关问题，但不得超越权限作出决策。市委常委办公会议或协调调度会议，由参加会议的市委常委协商后确定时间、议题、参会人员并召集。

市委常委办公会议或协调调度会议有关材料由相关部门准备和提供。会议应当由专人负责记录，会议议定事项应当及时编发会议纪要。会议议定事项的督促落实由会议明确的事项牵头部门负责，并及时将督办落实情况报相关市委常委。

第八条　遇有重大突发事件、抢险救灾等紧急情况，来不及召开市委常委会会议的，市委书记或者市委副书记或者有关市委常委可以临机处置，事后应当及时向市委常委会报告或者边处置边报告。

第五章　市委常委会会议议事程序

第一节　会前准备

第九条　确定议题。市委常委会会议议题可由市委书记提出，市委常委建议或者部门提请，由市委书记综合考虑确定。市纪委、市委各工作部门、市人武部党委和其他由市委常委分管或者联系的单位党组织向市委常委会提请议题，必须经分管或者联系的市委常委审定同意；市人民政府所属工作部门和机构提请议题，原则上应当经市人民政府市长同意；市人大常委会、市人民政府、市政协提请市委常委会会议讨论的议题由其党组提出。

向市委常委会会议提请议题时，须填写《市委常委会会议议题审批表》，并准备好相关材料。会议议题由市委办公室（秘书二科）负责收集汇总并按照要求对相关材料、提请程序进行初步审核，对符合要求的提出安排建议，按照程序报市委常委、市委办公室主任审核，最后由市委书记确定。会议议题应当适量安排，重要、紧急议题优先。会议议题确定后，一般不再变动，对确有必要提交市委常委会会议研究的临时性议题，由市委书记决定并及时安排会议研究。

第十条　征求意见。提交市委常委会会议研究的议题，决策前必须做好政策协调，进行科学分析论证，征求有关方面和党组织的意见。

对应当经市人民政府事先研究而未研究同意的，不得提请市委常委会会议研究。涉及全市经济社会发展全局的重大事项，应当征求市委委员、候补委员和下级党组织、人民团体的意见，听取市人大常委会、市政协和各民主党派、工商联、无党派人士的建议，开展合法性论证。涉及多个部门的，牵头部门应当在会前与相关部门进行沟通协调，如沟通意见不一致的，应当请分管市领导进行协调，仍不能达成一致意见的，提请单位应当提出倾向性意见，并附上其他单位意见供决策参考。

讨论下级党组织有关重要问题，应当事先征求下级党组织的意见。对专业性、技术性较强的重大事项，应当认真进行专家论证、技术咨询、决策评估。对与群众利益密切相关的决策和重大民生决策，应当实行公示、听证等，形成比较成熟的意见。对在实施过程中可能出现各种风险的重大事项、重大决策议题，市委常委会应当指定相关市委常委或者职能部门作为评估主体先期进行预测、研判、评估。

提交市委常委会会议审议的市委文件稿，除时限要求急或者其他特殊情况外，议题呈办单位应当于会议前5个工作日报送市委办公室（秘书一科）进行前置审核。

第十一条　会前酝酿。一般采用书记碰头会议形式进行酝酿。议题呈办单位应当提供详细背景资料（包括中央、省、株洲市相关精神及权威解读，外地先进经验和做法，本地本部门工作实际、工作方案及建议等）并作全面汇报。商议问题时，参会人员应当充分发表意见，如有较大分歧，一般应当缓议，经进一步交换意见后再进行研究。

第十二条　准备材料。确定列入市委常委会会议研究的议题，有关单位应当事先准备好汇报材料和相关背景资料。汇报材料应当主题明确、重点突出、简明扼要，经分管或者联系市领导签字同意后，按照统一要求和格式印制，字数一般不超过2000字，于会议前3天报送至市委办公室（秘书二科）。对涉及全局重大议题的汇报材料，应当提前5天报送，以便市委常委会成员和固定列席人员有较充分的时间审议。

第十三条　会议通知。市委常委会会议除临时召集的外，市委办公室一般应当提前1~2天将会议时间、议题通知到市委常委会成员和固定列席人员，会议有关材料一般应当同时送达。特殊原因或不宜提前送达的会议材料可在会议开始时分发。市委常委会成员接收到会议材料后，要认真研究分析，必要时可适当开展调研，做到“胸中有数”。

第二节　会中决策

第十四条　汇报。一般先由议题提交单位主要负责人汇报，再由分管市领导作说明。汇报要突出重点，简明扼要，时间控制在会议通知限定的时间内，一般不得超过10分钟。

第十五条　讨论。市委常委会会议在讨论问题时，应当充分发扬民主，实行市委书记末位表态制度。发言要围绕主题、积极主动、言简意赅、控制时间。无新的意见可仅作表态性发言。未到会的市委常委可用书面形式表达自己的意见。

第十六条　表决。按照“少数服从多数”的原则进行表决，以赞成票超过应到会市委常委人数的半数为通过，未到会市委常委的意见不计入表决票数。表决可以根据讨论事项的不同，采取口头、举手、无记名投票或者记名投票等方式进行。会议决定多个事项时，应当逐项表决；讨论干部任免事项时，应当逐个表决。对少数人的不同意见，应当认真考虑。对于意见分歧较大的议题，除紧急事项外，应当暂缓作出决定，待进一步调查研究、交换意见后再提交市委常委会会议讨论表决。

市委常委会按照有关规定推荐、提名、任免干部时，必须按有关程序进行。对重要干部任免事项，应当根据职位和人选的不同情况，分别听取市委常委和市人大常委会、市人民政府、市政协有关领导意见，由市委组织部形成初步动议方案，征求市纪委（监察局）意见后，在书记碰头会上酝酿，再提交市委常委会会议讨论，市委常委会成员对提拔、重用的对象以无记名投票表决的方式进行表决，根据表决意见形成任免决定或推荐、提名意见。

第三节　会后落实

第十七条　对市委常委会会议讨论通过的事项（除人事议题和少数不宜公开的事项外）应当及时形成会议纪要，印发有关领导和单位贯彻落实。会议纪要通常由市委办公室负责拟稿，按程序报市委常委、市委办公室主任审核后，由市委书记签发，也可由市委书记授权市委副书记或市委常委、市委办公室主任签发。

第十八条　市委常委会会议通过的决议和文件，经会议批准，应当及时传达到规定的范围。宜于公布的决议和文件，经批准后，可以通过媒体公布。市委常委会会议的报道要坚持适度的原则，对确有必要公开报道的议题，经会议召集人同意，可以安排新闻媒体进行报道，报道稿件由市委办公室按照程序报审。

第十九条　市委常委会会议作出的决策，由市委常委按照分工负责组织实施，市委书记对决策实施工作负总责，市委常委、市委办公室主任负责督促检查。市委办公室（市委督查室）负责跟踪督办决策落实情况，采取一事一报、专项汇报或者综合汇报等形式，及时向市委书记报告，重要情况向市委常委会报告。决策在执行过程中需作重大调整的，应当由市委常委会会议决定。

第二十条　市委常委会会议作出涉及全局性的决策后，市人大常委会党组要通过法定程序使市委的主张成为人民的意志；市人民政府党组要把市委的决策变成具体的政策措施加以实施；市政协党组要把市委的决定变成政协参政议政的共识。

第二十一条　市委常委会会议研究决定的重大问题和重要事项，会后由市委办公室（干部任免事项由市委组织部、重大案件由市纪委）负责及时向请假未参加会议的市委常委和固定列席人员通报。

第六章　纪律要求

第二十二条　市委常委会应当在其职责范围内进行决策，不得决定须经市党代表大会、市党代表会议或者市委全会决策的事项。

第二十三条　凡属应当由市委常委会会议讨论和决定的事项，必须由集体研究决定，任何个人或者少数人无权擅自决定。对市委常委会会议形成的决议和决定，所有市委常委必须坚决执行，个人不得改变。市委常委个人对集体决议如有不同意见，在坚决执行的前提下，可以保留意见，也可以向上级党组织报告，但不得公开发表同集体决定相反的意见，不得在行动上违背集体决定。

第二十四条　市委常委应当根据分工和集体决定，勇于担当、敢于负责，带头自觉服从、贯彻执行市委常委会决议和决定，督促相关单位抓好贯彻落实，并及时报告贯彻落实情况。对不属于自己分管的工作，也应当从全局出发关心和支持，加强研究，积极提出意见和建议。

第二十五条　市委常委会会议研究的事项除经组织同意可以在党内传达或者对外公布外，其他内容不得向外传播或者泄露，违者按照有关规定处理。

第二十六条　市委常委会会议讨论有关事项，如涉及市委常委或者列席人员需要回避的，有关与会人员应当主动申请回避。讨论干部任免事项或者重大案件涉及市委常委本人及其亲属的，由市委组织部或者市纪委事先告知市委办公室通知该市委常委回避。

第二十七条　市委常委和固定列席人员要按要求准时出席会议，因故不能出席时，应当事先当面或者以电话形式向市委书记请假，经同意后及时告知市委办公室（秘书二科），再由市委办公室（秘书二科）以书面形式汇总报告市委书记及相关领导。

第二十八条　严格执行市委常委会会议纪律“十不准”：

（一）不准无故缺席、迟到、早退、中途无故离开会场，特殊情况下，市委常委和固定列席人员向市委书记请假，其他列席人员向市委常委、市委办公室主任请假；

（二）不准在会场内接打电话、发送短信，特殊情况应到会场外接听电话；

（三）不准安排人员顶会、替会、代会；

（四）不准发言冗长啰嗦，原则上谁主管谁先发言，其他人有序补充，与会人员必须认真准备发言，讲新话、讲实话、讲真话，不讲官话、套话、废话；

（五）讨论问题可争论，但不准争吵、指责或人身攻击；

（六）不准相互推诿塞责；

（七）允许个性存在，不准个性张扬，个性必须服从党性，个人必须服从组织，少数必须服从多数，下级必须服从上级，全党必须服从中央；

（八）不准临时动议干部；

（九）不准阳奉阴违，会上不说，会后乱说；

（十）不准在任何时间、任何场合泄露会议秘密。

第七章　附　则

第二十九条　本规则由市委常委会负责解释。

第三十条　本规则自发布之日起执行。此前有关规定与本规则不一致的，以本规则为准。

中共醴陵市委办公室　醴陵市人民政府办公室关于印发《醴陵市不动产统一登记工作实施方案》的通知

醴办发〔2016〕3号

各镇党委、人民政府，各街道党工委、办事处，长庆示范区党工委、管委会，市直各单位，驻醴各单位：

《醴陵市不动产统一登记工作实施方案》已经市委、市人民政府同意，现印发给你们，请认真遵照执行。

中共醴陵市委办公室
醴陵市人民政府办公室
2016年1月31日

醴陵市不动产统一登记工作实施方案

为贯彻落实《不动产登记暂行条例》（国务院令第656号）文件精神，加快推进全市不动产统一登记工作，特制定本方案。

一、指导思想

贯彻落实党中央、国务院关于全面深化改革，建立不动产统一登记制度的部署，按照登记机构、登记依据、登记簿册和信息平台“四统一”的要求，加快构建权属清晰、分工合理、权责一致、便民高效、法治保障的不动产统一登记体系，提高行政效能，保障不动产交易安全，保护人民群众的合法财产权，为全面建成小康社会提供基础支撑。

二、基本原则

（一）服从大局，形成合力。建立不动产统一登记制度是政府机构改革和职能转变的重要内容，是提高政府治理效率和水平的重大举措。各级各部门各单位要统一思想，凝聚共识，破除利益藩篱，密切分工协作，形成工作合力。

（二）统一部署，各负其责。各级各部门各单位要在市人民政府的统一领导下担负起改革的重任，按照“四统一”要求，落实省和株洲市在职责整合、机构设置、流程设计、政策制度、平台建设、实施步骤等方面的统一部署，充分发挥主动性和创造性，确保改革任务落到实处。

（三）改革创新，稳妥推进。立足实际，大胆创新，加快构建适合我市特点的不动产统一登记管理体制和运行机制。正确处理改革、发展、稳定的关系，注意新旧制度的衔接过渡，妥善解决好改革过程中出现的矛盾和问题，确保业务有效衔接、社会大局稳定。

三、工作目标

以“组建机构、整合职能”为工作要求，将土地、房屋、林地、土地承包经营、水域滩涂等不动产登记职责整合由市国土资源局承担，实现登记机构、登记簿册、登记依据和信息平台“四统一”，从而减少办证环节，减轻群众负担，建立便民高效的不动产统一登记制度。

四、实施步骤

到2015年年底，完成不动产登记职责整合工作；到2016年6月，完成机构设置、人员培训、窗口建设等准备工作，并初步建立不动产统一登记制度，实现统一登记发证；到2017年年底，不动产登记信息管理基础平台投入运行，并将不动产登记窗口延伸到建制镇；到2020年年底，形成政事政企事企分开，管理规范、运行有序、便民高效，覆盖城乡的不动产统一登记法律制度体系和工作机制。

五、主要任务

（一）整合登记职责，组建登记机构

1. 整合不动产登记职责。根据国土资源部、中央编办《关于地方不动产登记职责整合的指导意见》（国土资发〔2015〕50号）、省编办《关于整合省级不动产统一登记职责有关事项的通知》（湘编办〔2015〕14号）和省编办、省国土资源厅联合下发的《关于整合市县不动产登记职责的实施意见》（湘国土资发〔2015〕32号）文件精神，结合我市实际，将市房产管理部门承担的房屋登记、市农业部门承担的土地承包经营权登记、市林业部门承担的林权登记、市畜牧兽医水产部门承担的水域滩涂登记职责整合划入市国土资源局，由市国土资源局负责我市的不动产登记工作。农村土地承包经营权纳入不动产统一登记设立五年过渡期，在过渡期间，由农业部门会同国土资源部门负责农村土地承包经营权的登记工作。

2. 理顺登记与其他行政职责的关系。各部门各单位在职责整合中要确保不动产登记职责的完整性，将不动产登记的申请、受理、审核、登簿、发证等不动产登记职责完整地统一到不动产登记机构，严禁随意拆分。厘清登记与审批、监管等行政职责的边界，对不动产物权的设立、变更、转让和灭失需要行政审批或许可的，仍由各职能部门承担审批、许可职责，不动产统一登记机构根据当事人的申请及相关部门出具的审批或许可文件，依法审核登记。对不涉及审批、许可职责，又与登记紧密相关、无法分割的事项，应按照政事分开、便民高效要求将其整合至不动产统一登记服务平台，实行“一站式”服务。

3. 设立不动产统一登记机构。市国土资源局为我市的不动产统一登记机构，负责我市不动产统一登记工作，接受上级不动产登记主管部门的指导、监督。在市国土资源局设立不动产登记股，承担不动产登记的相关行政管理工作。整合设立市不动产登记中心，为市国土资源局下属全额拨款股级事业单位，为我市唯一承担不动产登记相关工作的登记机构，涉及有关机构编制事项按规定权限和程序报批。按照“人随事走、编随人走”的原则，从相关部门划转相应的不动产登记人员、编制、设备和相关经费，具体数量由市不动产统一登记联席会议提出，报市人民政府审定。

4. 加强统一登记窗口建设。市国土资源局要尽快落实办事场所，加强软硬件建设，优化办事流程，科学设置登记办理及与其相关的权籍调查、交易服务、税费征缴等办事窗口，加强人员业务技能的岗前培训，形成统一发证的有效能力，实行规范化“一站式”服务。要结合乡镇区划调整，整合乡镇土地、房屋、林地登记等相关工作，设立机构和配备人员，将不动产统一登记窗口延伸到各镇。到2017年实现所有建制镇设置办事窗口。

（二）优化业务流程，统一登记发证

1. 确定统一登记范围。不动产统一登记范围应包括土地以及房屋、林木等定着物，覆盖集体土地所有权，房屋等建筑物、构筑物所有权，森林、林木所有权，耕地、林地、草地等土地承包经营权，水域滩涂养殖权，建设用地使用权，宅基地使用权，地役权，抵押权以及法律规定需要登记的其他不动产权利类型。

2. 优化工作流程。按照省制定的统一登记模式、工作流程和技术规范，优化不动产申请、受理、审核、登簿、缮证、归档等各环节的职责要求、岗位设置、业务流程等，形成符合我市实际的统一登记模式、工作流程和技术规范。

3. 做好工作衔接过渡。在不动产登记机构组建到统一登记发证的过渡期内，市国土资源、房产、林业、农业等部门要制定好现有登记系统和登记资料的移交方案，将土地、房屋、林地、水域滩涂等登记信息系统及相关资料整体移交至不动产登记机构，并密切配合，在各自清理的基础上，编制详细移交清单，有序做好移交工作。承担审批、交易监管职能的部门要根据《不动产登记暂行条例》及其实施细则的要求，适应不动产统一登记的需要，合理调整与登记有关审批、许可事项的业务流程以及相关文件的内容和格式。同时，不动产登记机构要主动对接，通过数据交换接口或数据抄送等方式与相关部门实现土地、房屋、林地、水域滩涂等审批、交易和登记信息实时共享。过渡期间，不动产登记机构仍然依托现有各类不动产登记信息系统，按照原有登记类型、审核要求、证书式样等开展不动产登记业务，确保不断档、不延误，不因改革影响群众办事。

4. 稳妥实施统一登记发证。不动产登记机构要根据登记发证的准备情况，合理确定时点，拟定登记方案，报政府统一发布公告，按照新的登记类型、内容、程序、簿册和证书样式实施统一登记发证，停止本市原有各类不动产登记证书的发放，做到发新证停旧证。对原已发放的各类不动产权证书按照“不变不换”原则，在依法办理变更、转移等登记时，按依申请原则更换新的证书，不得强制要求统一更换不动产权证书，不得增加当事人的负担。

（三）搭建信息平台，推进互联共享

1. 加强不动产基础数据采集。要加快大比例尺正射影像图、数字线划图等基础图件的制作，加快城镇地籍调查，推进农村宅基地、集体建设用地使用权确权登记发证工作和房地一体调查试点工作，提高不动产登记的基础数据支撑能力。加快实施不动产统一登记基础数据建设工程。统一不动产登记地理坐标系，从2016年开始，全面实施2000国家大地坐标系，做好坐标系的转换和新旧数据的衔接。

2. 加快不动产登记数据整合建库。按照国家统一的数据库标准和数据整合建库技术规范，对现有土地、房屋、林地、水域滩涂等登记数据进行规范化整理，以宗地为基础建立关联关系，建设涵盖不动产空间信息、登记簿证信息、登记业务信息在内的不动产登记数据库。按国家要求完成现有土地、房屋、林地、水域滩涂等登记信息系统中已有电子档案和数据的整合建库，2020年前完成所有纸质档案的数字化扫描和登记信息的录入，形成完备的不动产统一登记信息数据库，为不动产登记业务和信息共享查询服务提供支撑。对历史形成的不动产登记数据缺失，须在办理转移、变更登记等业务时补充完善权籍图、登记簿册、登记档案等资料，并及时入库。

3. 建立统一登记应用平台。按照国家、省、市、县四级互联互通的要求，根据国家统一标准和规范，部署建设不动产登记数据库管理系统、登记信息系统、统一接入系统、信息共享查询分析系统、平台管理系统和安全系统。加大对包括计算、存储、网络在内的软硬件系统的投入，优化平台运行环境。建立不动产登记平台应用终端，在平台建设中预留数据接口，逐步实现与全国统一信息平台对接。

4. 推进信息共享与应用。建立部门间信息共享机制。市国土资源、房产、林业、农业等部门要协商信息互联共享方案，确定互联共享的各自职责、共享方式和流程，实现不动产审批、交易、登记信息实时互联共享。市国土资源部门要加强与公安、民政、财政、税务、市场和质量监管、金融、审计、统计等部门的协同，推动信息共享交换与应用。建立登记信息依法查询机制，明确查询主体、查询范围、内容、方式和程序，面向社会公众，为权利人、利害关系人提供便捷的登记信息依法查询服务。建立不动产登记信息监测、统计和分析机制，为科学决策提供基础数据。

（四）完善工作制度，提升服务水平

1. 完善登记相关管理制度、规范和标准。市国土资源局负责编制全市统一的不动产统一登记流程、格式文本、办事指南、工作规则等规则规定，逐步建立全市不动产统一登记的标准、规程、规范体系。完善登记岗位职责和责任追究机制，建立监督检查制度，提高不动产登记服务质量。

2. 建立不动产权属纠纷调处机制。对实施不动产统一登记前产生的权属纠纷，由原主管部门牵头负责，对实施不动产统一登记后因登记产生的新的权属纠纷，由不动产登记机构牵头负责，其他相关部门配合进行调处。因不动产审批产生的权属纠纷，以及不动产市场交易、农村土地承包经营权合同纠纷，由相应的主管部门牵头负责，其他相关部门配合进行调处。对有权属纠纷的不动产，登记机构不予登记。

六、保障措施

（一）加强组织领导。建立市不动产统一登记联席会议制度（见附件），负责协调解决全市不动产统一登记工作中的重大问题。不动产统一登记联席会议下设办公室，具体负责整合机构职责、划转人员编制情况调查摸底，拟定不动产登记职责机构整合、不动产登记机构建设、职责界定、人员编制划转等改革实施方案。加强领导，落实责任，建立政府主要领导亲自抓，分管领导具体负责，相关部门密切配合的工作机制，采取有力措施，将不动产统一登记的改革任务落到实处。

（二）落实工作责任。市不动产统一登记联席会议成员单位要按照职责分工，加强协作配合，共同推进不动产统一登记。市编办要加强对全市不动产登记职责整合、机构设置工作的指导和督促；市法制办要加强对涉及不动产登记的规范性文件的立改废工作，及时审查涉及不动产登记的规范性文件；市财政局要安排专项工作资金，落实经费保障；市房产局、市林业局、市农业局要协同指导不动产统一登记工作，配合做好职责整合、工作交接、资料整理移交、信息互联共享等工作；市国土资源局要牵头研究制订有关工作方案和指导意见，建立和完善相关管理制度，牵头做好不动产登记职责整合、工作交接、人员调配、窗口建设、资料移交、制度建设、信息整合、平台搭建等具体工作。各相关部门各司其职、各负其责、协作配合，确保不动产登记工作有序衔接、稳妥推进。

（三）加强队伍建设。从分散登记到统一登记对登记人员的知识结构、业务能力提出更高要求，市国土资源局要把建设一支高素质的登记人员队伍作为重要任务，加强不动产登记人员的选拔、调配、教育、培训和管理，有针对性地开展统一登记相关政策法规、业务技能、职业道德与执业纪律、安全保密等方面的教育，提升登记人员队伍的整体素质，提高为民服务的质量和水平。

（四）营造良好舆论环境。市联席会议办公室要会同宣传部门及时发布不动产统一登记工作的有关信息，正确引导舆论。组织开展形式多样的宣传、政策解读和咨询服务活动，利用电视、广播、报纸，以及微信、微博、APP 等新媒体平台，全方面介绍不动产统一登记工作，引导社会各界关注支持该项工作，为推进改革营造良好社会舆论环境。

附件（略）

中共醴陵市委办公室　醴陵市人民政府办公室关于印发《醴陵市 2016 年“片区攻坚年”活动实施方案》的通知

醴办发〔2016〕8 号

各镇党委、人民政府，各街道党工委、办事处，长庆示范区党工委、管委会，市直各单位，驻醴各单位：

《醴陵市 2016 年“片区攻坚年”活动实施方案》已经市委、市人民政府同意，现印发给你们，请认真遵照执行。

中共醴陵市委办公室
醴陵市人民政府办公室
2016 年 3 月 24 日

醴陵市 2016 年“片区攻坚年”活动实施方案

为全面推进“一城三片区”“一心六组团”建设，市委、市人民政府决定在全市范围内开展“片区攻坚年”活动。为确保活动顺利开展，特制定本方案。

一、攻坚目标

围绕提质老城区、升级经开区、开发示范区和六大以产业发展为主的小城镇组团开发，努力推动溯江而上、向东发展、产城融合、城乡联动，有效提升城市承载力、辐射力、竞争力。重点推进 104 个重点项目和 3 个“百亿”工程，带动全市固定资产投资突破 440 亿元，同比增长 20% 以上。

二、攻坚任务

（一）新城区开发攻坚行动。按照“溯江而上，向东发展”的发展思路，围绕打造新的政治经济文化中心定位，强化规划引领，全面推进渌江新区建设，带动流星潭片区和高铁片区发展。启动湖南陶瓷技师学院新校区、新城新天地（一期）A 区、长庆公交站、地下综合管廊等 7 个重点项目建设。完成渌江新区路网、老祖殿、珊田安置区（一期）和渌江产业发展中心等 5 个重点项目主体工程建设。抓好核心区路网延伸段以及学校、医院等 7 个重点项目的前期工作。全年完成 12.71 亿元的重点项目投资。

牵头市级领导：周晓理、谢圣才；

责任单位：渌江新区、长庆示范区、市国土资源局。

（二）经开区升级攻坚行动。立足“融入长株潭，加快一体化”的发展思路，推进规划升级，完善经开区发展规划。重点打造陶瓷文化片区、交通装备片区，延伸产业链条，壮大产业规模，全力争创国家级经开区。推进管理升级，进一步理顺经开区管理体制，完善高新公司法人治理结构，全面完成高新公司改革。规划建设花卉旅游综合体、慧心园等 3 个项目，推进园区污水处理设施、10 万平方米标准化厂房等建设。启动陶瓷会展馆、工业设计中心、创客中心、电商产业园等 14 个重点项目建设。全年完成 12.66 亿元的重点项目投资；完成固定资产投资 167 亿元，增长 23%；实现技工贸总收入 461 亿元，增长 15%，引进企业 20 家。

牵头市级领导：康月林、江曙明；

责任单位：经开区、国瓷街道。

（三）旧城区提质攻坚行动。围绕宜居宜业城市，推进“瓷城古韵”百亿工程，全面提质旧城区。以“提升城市通畅效率、完善城市居住环境”为重点，启动文化南路、寨子岭路和 333 省道城市环线道路建设，提质瓷城大道，推进公交港湾、公共停车场、人行立交桥建设、狮子坡水厂提质扩容改造、醴浏等棚户区改造、阳三安置区、茶塘安置区建设等项目。

以提升城市形象、完善基础设施为中心，完成一江两岸项目、文庙修复工程和五大城市门户建设，将醴陵大道、玉瓷路、渌江大道建成陶瓷、烟花文化展示路；完成李畋中路建设、醴泉路改造和245条小街小巷提质；完善供水、排水、污水处理、电力、燃气、通信等市政设施。全年完成8个重点项目建设。做好“海绵城市”、青云桥建设等项目的前期工作。全年完成42.1亿元的重点项目投资。

牵头市级领导：刘海宾、廖宏力；

责任单位：市住建局、市房产局、仙岳山街道、来龙门街道、阳三石街道、国瓷街道。

（四）小城镇组团开发攻坚行动。按照“一心六组团”整体布局，以集镇为中心，以产业为依托，出台支持政策，制定产业发展规划，引导社会资本参与组团发展、片区开发。支持白兔潭、泗汾、东富、李畋、船湾、枫林等新型城镇化试点示范镇建设，增强中心城镇的辐射带动功能。推进“五小”水利工程、病险水库除险加固、饮水安全、中小河流治理、灌区节水续建、水土保持、通畅工程、危桥改造、农村电网改造等基础设施建设，构建覆盖乡村、设施配套、安全高效的基础设施网络。

1. 以花炮产业为支撑的东部集镇组团攻坚。引导花炮企业向东乡片花炮产业组团集聚，加快自动化生产、集团化扩张、品牌化经营。坚持“扶优扶强、并小并散、退乱退弱”原则，加快花炮企业的整合重组。建设醴陵国际花炮物流中心，打通醴陵至宁波港烟花爆竹铁海联运出口通道，做大花炮物流，打造花炮出口集散中心。

牵头市级领导：邹志超；

责任单位：市安监局、市花炮局、市口岸办、李畋镇、白兔潭镇、浦口镇、王仙镇。

2. 以现代农业体系为支撑的西部集镇组团攻坚。大力推广集中育秧技术和双季稻全程机械化，建设示范基地。提升西部集镇农业产业化水平，建设2个农业产业化示范点。

牵头市级领导：廖宏力；

责任单位：市农业局、市水利局、茶山镇、均楚镇、石亭镇。

3. 以玻璃产业为支撑的东南集镇组团攻坚。放大湘赣开放合作试验区示范效应，优化东富工业园区建设规划和产业规划，加快旗滨路、东富污水处理厂等项目建设。制定完善玻璃产业发展规划，以旗滨玻璃为龙头，引进培育相关配套产业，加快形成玻璃产业集群。

牵头市级领导：刘海宾、江曙明；

责任单位：经开区、市经科信局、东富镇、沈潭镇。

4. 以服饰产业为支撑的南部集镇组团攻坚。启动船湾服饰产业园建设，打造泗汾、孙家湾、嘉树工业特色园区。

牵头市级领导：李荣佳；

责任单位：市经科信局、市住建局、船湾镇、明月镇、泗汾镇、孙家湾镇、嘉树镇。

5. 以承接产业转移为核心的西北集镇组团攻坚。推进东城大道建设和株醴高速改造，融入“株醴都市圈”空间布局，规划建设“株醴新城”。推进左权镇中小企业园区建设，打造承接产业转移的特色园区。

牵头市级领导：廖胜云；

责任单位：市经科信局、市商务局、左权镇、板杉镇、经开区。

6. 以旅游业为支撑的北部集镇组团攻坚。抓好旅游名镇、名村申报工作，以“美丽乡村”建设为抓手，创建一批特色星级乡村旅游区（点）。将“枫林印象”“官庄山水”“黄乡民居”“沩山古窑”等旅游项目“串珠成链”，打造北乡旅游组团；举办具有本地特色的旅游节会活动，提高醴陵旅游知名度。

牵头市级领导：王志强；

责任单位：市商务局、市交通运输局、官庄镇、枫林镇、沩山镇。

三、攻坚措施

（一）实行对口联系机制。实行“一个片区、一名牵头市级领导、一个以上服务责任单位”的工作机制。牵头市级领导主要负责协调解决牵头片区攻坚中存在的困难和问题；镇（街、长庆示范区）、经开区、渌江新区要为本区域内项目推进提供全程服务。各有关单位要负责本行业及所负责攻坚片区项目的整体推进，及时调度和协调解决项目推进中出现的各类问题，定期将项目进展情况报告项目联系领导和领导小组办公室。

（二）完善调度讲评机制。采取“月调度、季讲评、年度考核”的调度机制。原则上领导小组分别在4月、7月、10月集中三次讲评活动，采取现场查看进度、集中汇报、市主要领导讲评的方式进行。各有关单位要积极参与月调度、季讲评工作，负责解决攻坚中涉及本行业、本部门的相关问题，并按要求及时向领导小组办公室报送有关情况。领导小组办公室负责组织季度讲评排名、通报、年终考核。

（三）健全问题交办机制。对攻坚中出现的重大问题，由片区牵头市级领导或项目联系领导牵头，有关责任部门和项目业主单位参加，现场办公解决。同时，实行问题交办制度，领导小组办公室每月根据项目业主请求解决的问题，形成交办函，明确任务内容和完成时限，交由市直有关单位、行政审批及服务责任单位及相关部门承办，承办结果及时报送领导小组办公室。

（四）落实通报约谈机制。实行“一通报、三约谈”〔“一通报”：每个季度对进展情况进行内部通报。“三约谈”：市委、市政府主要领导约谈排名靠后的镇（街、长庆示范区、渌江新区）主要负责人，市委组织部约谈排名靠后的各有关单位负责人，市纪委约谈行政许可推进缓慢的市直相关行政许可单位负责人〕的推进机制。

（五）强化考核问责机制。领导小组办公室按照分类考核的原则，采取定性与定量相结合、日常考核与集中考核相结合的方式，制定和出台考核办法，统一组织考核工作。市征管办负责制定征地拆迁考核细则及日常考核；市商务局负责制定引资引项考核细则及日常考核。考核结果纳入年度绩效考核体系。对“片区攻坚年”活动中的先进单位及先进个人给予通报表扬。对工作不力、敷衍懈怠、不能按期完成任务计划的单位和个人，按有关规定予以问责。

四、攻坚步骤

（一）动员部署阶段（2016 年 3 月）

制定“片区攻坚年”活动实施方案及考核办法，分解工作目标任务。召开动员大会,对“片区攻坚年”活动作出整体安排部署。

（二）组织实施阶段（2016 年 4—12 月）

在全面抓好项目日常管理工作的基础上，集中举办相关主题活动，深入推动“片区攻坚年”活动，确保工作实效。

（三）考核总结阶段（2017 年 1 月）

组织年度考核评比，召开总结大会，全面总结活动开展情况。研究建立片区发展、项目建设的长效机制。

五、攻坚保障

（一）加强组织领导。成立醴陵市 2016 年“片区攻坚年”活动领导小组，领导小组办公室设在市发改局，具体负责“片区攻坚年”活动的日常管理、调度、协调和考核等工作。各责任单位要成立相应工作机构，坚持“突出重点、分类指导、分级推进”的原则，认真履职，加强协作，形成全市上下齐抓共管的强大合力。

（二）优化建设环境。树立审批服务于片区攻坚、项目建设的意识，进一步简政放权，全面清理各类审批、核准、备案、收费等事项和办理程序，优化保留项目内容，严禁在工程建设审批程序中“搭车加载”与审批无关联的事项。进一步优化审批程序，缩短审批时间，限时办结。供电、供水、供气、供油、道路交通运输等特殊行业和部门，要开辟服务“绿色通道”，主动搞好衔接，优先予以保障。项目所在地镇（街、长庆示范区）、经开区、渌江新区要搞好重点项目施工现场周边环境的综合治理，有关执法部门要对破坏、干扰重点项目建设的行为进行严厉查处和打击，保证项目建设顺利推进。

（三）营造浓厚氛围。利用多种宣传方式开展“片区攻坚年”宣传活动，形成浓厚宣传氛围。新闻媒体要定期安排栏目，对“片区攻坚年”活动先进典型进行报道，对工作进展不力、被约谈的单位进行集中曝光。领导小组办公室要将活动情况及时进行通报，并将每季度讲评排名情况在新闻媒体上公布，营造“各片比进度、部门比服务”的比学赶帮超氛围。

附件（略）

中共醴陵市委办公室　醴陵市人民政府办公室关于印发《醴陵市 2016 年“旅游助跑年”活动实施方案》的通知

醴办发〔2016〕9 号

各镇党委、人民政府，各街道党工委、办事处，长庆示范区党工委、管委会，市直各单位，驻醴各单位：

《醴陵市 2016 年“旅游助跑年”活动实施方案》已经市委、市人民政府同意，现印发给你们，请认真遵照执行。

中共醴陵市委办公室

醴陵市人民政府办公室

2016 年 3 月 24 日

醴陵市2016年“旅游助跑年”活动实施方案

为推动我市旅游产业发展，着力培育适合产业发展的市场环境和具有区域影响力的旅游产品，努力打造“绿色瓷城、休闲胜境”旅游品牌，市委、市人民政府决定在全市范围内开展“旅游助跑年”活动。为确保活动顺利开展，特制定本方案。

一、目标任务

突出项目建设重点，瞄准“两个市场”（本地市场、长株潭及周边市场），做热“三个区域景区”（陶瓷文化旅游区域、生态休闲旅游区域、人文文化旅游区域），全力推动旅游产业健康稳定发展，将我市打造成为长株潭城市后花园和湘东赣西旅游目的地。2016年，力争实现全市旅游接待400万人次以上，实现旅游总收入32亿元以上，旅游业对三产贡献率力争达到30%。

二、工作重点

（一）以规划为龙头，完善旅游产业发展规划编制

按照全域旅游理念，以“操作性强”为原则，对《醴陵市旅游发展总体规划》进行审查调整，完成终审。深入调研，充分认证，高起点、高标准、高水平做好官庄山水、“醴陵窑”、10个“美丽乡村”项目控制性规划的修编工作，为推动旅游产业跨越发展奠定良好的规划基础。

（二）以项目为抓手，做热三个区域景区

1.加快以陶瓷博览园为核心的陶瓷文化旅游区域建设。

依托醴陵·世界陶瓷艺术城的影响和功能辐射，推进陶子湖、陶瓷生态花卉主题公园、五彩广场旅游休闲项目建设；突出瓷文化和酒文化融合特色，抓好新世纪艺术馆旅游配套设施建设；突出“红色官窑”文化，加大国家级工业旅游示范点——“红官窑”的建设和市场开发；策划推广亲子游、毕业游、自驾游等DIY陶瓷体验活动，打造陶瓷文化旅游区域系列产品；推广陶瓷灯具、陶瓷路灯，引入陶瓷雕塑等城市小品，将陶瓷元素融入城市建设。

2.加快以“醴北人家”为核心的生态休闲旅游区域建设。

一是完善“耿传公祠”景区的游客接待中心、旅游公共厕所、旅游标识标牌等基础设施建设。二是整合官庄旅游资源，做好“瓦子坪片漂流基地”“环库户外运动基地”等旅游发展片区规划。三是推动“枫溪谷生命科学园”建设，促成“丹枫小镇”年内完工。四是完成“醴陵窑”文物保护规划，启动“醴陵窑”地面古建筑（一期）修缮工程及“醴陵窑”月形湾古窑址、熊希龄考察“醴陵窑”纪念馆等陈列设计工作。五是加快北部旅游环线建设，争取10月全线通车，做到景区、景点之间的无缝链接。

3.加快以“渌江书院、名人故居”为核心的人文文化旅游区域建设。

加快推进渌江书院改造项目进度，按照“形神兼备”的原则，围绕“形象展示、文化传承、教化后人、市民休闲”四个目标，将书院打造成醴陵历史文化的殿堂、实用主义精神的高地、醴陵城市认同的名片。启动文庙改造工程，进一步完善李立三故居、陈明仁故居等景区（点）交通设施建设，确保进出景区景点道路通畅。

根据市场需求，按照节点、功能、市场特点，重点推出瓷城醴陵体验一日游、瓷城醴陵休闲二日游旅游线路，形成特色鲜明、优势叠加、吸附力强的旅游市场环境。

（三）以活动为支撑，加大旅游资源宣传推介力度

1．开展创建旅游特色品牌活动。启动醴陵·世界陶瓷艺术城AAAA级景区创建工作。创建一批特色星级乡村旅游区（点），推动金湖湾生态农庄创建湖南省五星级乡村旅游区（点）。

2.组织开展节庆活动。办好醴陵第二届瓷博会，举办第二届“黄乡民居、田园乐翻天”大型户外娱乐竞技活动和官庄民俗文化节。组织开展以“美丽乡村、风光无限好”为主题的醴陵市旅游摄影大赛。

3.开展区域旅游资源宣传推介活动。对接沪昆高铁、平汝高速沿线重点景区，分享沿线旅游市场、旅游资源，推动我市旅游产品走出去。做好高速公路广告宣传工作，打响醴陵品牌。

4．抓好“美丽乡村”创建活动。按照“一村一品”原则，启动美丽乡村创建活动，年内完成10个“美丽乡村”建设。

（四）以政策为引导，积极开展旅游产业招商

1.出台《醴陵市旅游市场促销奖励办法》，调动全市涉旅企业参与旅游市场营销与客源招徕的积极性，吸引更多旅游团队入醴，进一步拉动旅游综合消费。

2.做好重大旅游项目的策划包装。重点做好“醴陵窑”、官庄山水等重大项目的开发包装工作。

3.做好重大旅游产业项目招商工作。按照“走出去与请进来、定点与定向”的原则大力开展招商活动，年内开展2次旅游产业专题招商活动。主动对接、引进大型专业旅游企业，参与旅游资源的开发和旅游配套设施的建设。

三、实施步骤

“旅游助跑年”活动时间为2016年3月—2017年1月，分三个阶段进行。

（一）动员部署阶段（2016年3月）

制定“旅游助跑年”活动实施方案，分解工作任务，组织召开动员大会。

（二）组织实施阶段（2016年4月—2016年11月）

按照实施方案的时间节点要求，统筹安排各项工作，层层落实，确保“旅游助跑年”活动各项工作的完成。

（三）考核总结阶段（2016年12月—2017年1月）

组织对“旅游助跑年”活动开展情况进行考评，全面总结活动开展情况，对成绩突出的单位和个人进行表彰，研究建立加快发展旅游产业的长效机制。

四、工作要求

（一）加强领导，周密部署。成立醴陵市2016年“旅游助跑年”活动领导小组，负责全市“旅游助跑年”活动的统筹协调和组织工作，研究制定相关政策，协调、解决工作中的重大问题。领导小组办公室设在市商务局，负责“旅游助跑年”活动的日常管理、工作调度和考核。各相关单位要相应成立工作机构，明确专人负责，制订符合本辖区、本部门、本行业、本领域实际，操作性比较强的工作方案，着力抓好组织实施，确保活动有成果。

（二）部门联动，齐抓共管。坚持“突出重点、分类指导、分级推进”原则，各相关单位要按照实施方案的要求，各负其责，密切配合，通力协作，形成推动旅游产业发展的强大合力。

（三）强化督查，严格考核。领导小组要围绕活动整体安排，加强对活动开展情况的跟踪督查，不定期听取有关单位的情况汇报，进行工作调度和通报，确保活动扎实开展，取得实效。领导小组办公室要制定出台考核办法，按照“分类考核、日常考核与集中考核相结合”的原则，对“旅游助跑年”活动开展情况进行考核。

附件（略）

中共醴陵市委办公室　醴陵市人民政府办公室关于印发《醴陵市2016年“环境优化年”活动实施方案》的通知

醴办发〔2016〕10号

各镇党委、人民政府，各街道党工委、办事处，长庆示范区党工委、管委会，市直各单位，驻醴各单位：

《醴陵市2016年“环境优化年”活动实施方案》已经市委、市人民政府同意，现印发给你们，请认真遵照执行。

中共醴陵市委办公室

醴陵市人民政府办公室

2016年3月24日

醴陵市2016年“环境优化年”活动实施方案

为进一步转变政府职能，解决企业生产经营和重点项目建设中的困难和问题，营造“激情创业、勇争一流”的良好环境，市委、市人民政府决定在全市深入开展“环境优化年”活动，结合我市实际，特制定本方案。

一、指导思想和工作目标

认真贯彻落实中央、省、株洲市优化环境相关工作要求，坚持“稳中求进、进中求快、快中求优”总基调，紧扣“全省县域经济发展最佳环境”目标，以着力打造务实高效的政务环境、公平正义的法治环境、规范有序的建设环境、安全稳定的金融环境、促进发展的舆论环境为重点，进一步加大环境优化工作力度，通过开展一系列专项整治行动，营造“重商、亲商、安商、富商”的浓厚氛围，为促进我市经济社会又好又快发展提供有力保障。

二、主要任务及责任分工

（一）着力打造务实高效的政务环境

1.进一步优化审批事项。减少对正常经济活动的行政干预，最大限度下放经济社会管理权限，简政放权，放管结合，优化服务，有效激发各类市场主体的活力。推行网上办理和网上咨询，加快推进“三证合一、一照一码”登记模式。通过科学整合审批环节，合理分类审批事项，压缩审批服务时限，优化联合审批和联合验收，落实行政审批“两集中、两到位”。

牵头单位：市政务服务中心；责任单位：市发改局、市经科信局、市住建局、市财政局、市国土资源局、市交通运输局、市市场和质量监管局、市编办、市房产局、市优化办。

2. 进一步推进政务公开、公共服务部门办事公开。各相关职能部门必须在政府门户网站上公开行政审批事项、审批流程、审批依据、审批结果。各类公共服务单位（供水、供电、供气、电信、金融等）必须向社会公布法定依据、办事程序、服务指南、收费标准、时限结果，推进公共服务标准化建设，确保工作公正透明、优质高效、便民利民。

牵头单位：市政务服务中心；责任单位：市优化办、市编办、市财政局、各镇（街、长庆示范区）、各类公共服务单位。

3. 进一步优化园区发展环境。建立园区环境优化办公联动机制，建立投资项目定期协调、督办机制，实行季度通报制度。

牵头单位：经开区；责任单位：市优化办、市发改局。

4. 坚决整治不作为、乱作为、慢作为问题。严肃整治对属于职权范围内的事项不解答、不受理、不办理、不一次性告知，或者放弃、拒绝履行职责的不作为问题。严肃整治乱罚款、乱检查、乱收费、乱摊派的乱作为问题。严肃整治工作不认真、不主动、不积极的慢作为问题。严格执行《湖南省优化经济发展环境十条禁止性规定》，对违反禁止性规定的单位和个人，根据有关法律法规和《湖南省影响机关效能和损害经济发展环境行为处理办法》严肃查处。

牵头单位：市监察局；责任单位：市优化办、各镇（街、长庆示范区）、市直各单位、驻醴各单位。

（二）着力打造公平正义的法治环境

5. 进一步规范行政执法。对国土、规划、环保、安全生产、质量监督、治安管理、劳动监察、城市管理等重点部门和热点问题开展执法监督，促进执法行为规范化。建立财政专项资金安排与使用情况的报告、检查、评估问效制度，建立检查联动机制，加强跟踪审计和监督问效，确保财政资金安全高效使用。

牵头单位：市优化办；责任单位：市监察局、市审计局、市财政局。

6. 进一步规范涉企检查。认真贯彻落实《湖南省规范涉企检查若干规定》，清理涉企收费项目，严查严惩未经公示的收费行为。落实《湖南省规范行政裁量权办法》，实行涉企行政处罚向同级优化办备案制度，切实减轻企业负担，优化发展环境。

牵头单位：市优化办；责任单位：市经科信局、市公安局和涉企检查、收费的单位。

7. 进一步规范中介服务。进一步理顺政府部门和中介组织的关系，消除中介组织垄断经营、强制服务、暗箱操作现象。严查行政部门与中介机构、营利性二级机构利益捆绑，强迫企业接受指定中介机构有偿服务以及强迫企业参加学会、协会等社团组织并缴纳会费等行为。全面清理和规范各类评审中心、服务中心等中介机构、营利性二级机构。全面公示中介机构服务事项和收费标准，确立中介机构的市场主体地位，由企业自主选择中介服务。

牵头单位：市优化办；责任单位：市财政局、市审计局、市市场和质量监管局、市民政局、市发改局、市政务服务中心。

8. 进一步加大惠农减负政策落实工作的监管力度。加强对惠农减负政策落实的监督，确保各项惠农补贴补助补偿落到实处。加强对涉农收费部门和涉农收费项目的监管，推进涉农行政事业性收费和经营服务性收费的规范管理。加强对村级组织负担的治理，防止农民负担向村级组织转移。

牵头单位：市农业局；责任单位：市农民权益维护和农民负担监督管理领导小组成员单位。

（三）着力打造规范有序的建设环境

9. 进一步优化征地拆迁环境。以征地拆迁系列专项行动为契机，坚持“权力下放、责任下移、任务下沉、利益下得”原则，严格执行征地拆迁安置政策，优化工作程序，妥善解决遗留问题，依法高效推进征地拆迁。严厉打击利用征地拆迁安置补偿谋取私利和部门利益的行为，严厉查处截留克扣征地拆迁安置补偿资金和为抢进度乱开政策口子等行为，维护征地拆迁安置补偿对象合法权益，确保征地拆迁安置补偿工作任务顺利完成。

牵头单位：市征管办；责任单位：市公安局、市人民检察院、市人民法院、市国土资源局、市房产局和各镇（街、长庆示范区）、经开区。

10. 进一步推进控违拆违整治工作。完善控违拆违体制机制，充分发挥查违大队主体责任，加强司法保障，形成工作合力，依法依规开展拆除行动，保持高压态势。各街道、长庆示范区及所辖村（居、社区）重点负责对新增违法建设（含存量违法建设的扩建和加层）的巡查发现、报告、教育、制止，防止出现反弹，并协助市查违大队对违法建设进行拆除。

牵头单位：市城管局；责任单位：市人民法院、市人民检察院、市公安局、各街道、长庆示范区、各村（居、社区）以及相关职能单位。

11. 进一步优化项目建设环境。建立重大项目定期调度督办制度，重点督办重要工程、重大产业、重点基础设施建设，加强与项目建设相关的行政许可、服务质量、政策执行、完成进度、责任落实、资金利用效率等方面的效能监察，进一步优化项目建设环境。开展重点项目施工环境专项整治，依法严厉查处发生在重点项目施工工地及其周边的刑事治安案件。依法严厉打击强揽工程、垄断地材、恶意索要、阻工闹事等扰乱重点项目施工秩序的违法犯罪行为。完善项目落户地优化施工环境工作责任制。完善项目业主、施工单位与镇（街）、村（居、社区）、组联席议事制度。完善工程项目法治宣传教育机制。

牵头单位：市征管办；责任单位：市发改局、市公安局、市司法局、市人民法院、市人民检察院、市优化办，重点工程项目所在地镇（街、长庆示范区）、经开区，各重点工程协调指挥部和项目建设公司。

（四）着力打造安全稳定的金融环境

12. 防范和处置非法集资行为。持续深入开展“处非”宣传教育工作，各镇（街、长庆示范区）要认真做好宣传手册发放工作，确保“一户一册”。按照属地管理和“谁审批、谁主管、谁负责”的原则，认真组织开展集中排查活动，掌握情况，发现苗头及时组织查处。要进一步强化组织领导，强化责任落实，健全长效机制，确保不发生系统性区域性金融风险。

牵头单位：市金融办、市人民银行；责任单位：市打击和处置非法集资工作领导小组成员单位。

13. 严厉打击恶意逃废银行债务行为。金融机构要进一步规范自身业务行为，各职能部门要依法处置和打击骗取贷款、贷款诈骗、违法发放贷款等行为。按照有关规定曝光“失信被执行人名单”。对借款人拒不履行还款义务的依法提起诉讼，并按司法程序强制执行，加大对违约诉讼案件的判决执行力度，加大信用报告的使用力度。通过行政、法律、金融、舆论监督等综合手段，营造恪守信用的社会氛围，形成打击恶意逃废银行债务的强大社会声势。

牵头单位：市公安局、市人民银行；责任单位：市人民法院、市人民检察院、市金融办、各金融机构。

14. 进一步推进金融生态环境建设。加大镇（街、长庆示范区）、经开区、村（居）居委会各级组织参与信用环境建设工作的力度，大力开展不良贷款的清理、清收，引导促进全市信用环境全面改善，建设诚信醴陵。

牵头单位：市金融办；责任单位：市人民银行、各镇（街、长庆示范区）、经开区、各金融机构。

15. 防范融资平台债务风险。深化投融资体制改革，拓宽市场化融资渠道，完善法人治理结构和内部控制制度，建立责权利相统一的管理机制。加强融资平台资金使用监管，增强资金安全和使用效益。开展融资平台资产、负债、损益情况审计监督和项目绩效评价，定期进行业绩考评，促进融资平台公司健康、可持续发展。

牵头单位：市财政局；责任单位：市审计局、市人民银行、市发改局、市渌江集团、市高新公司。

（五）着力打造促进发展的舆论环境

16. 开展“环境优化年”活动主题宣传教育活动。加强“环境优化年”活动的舆论宣传，在全市重要地段、重点项目醒目位置设立宣传广告牌，并公布投诉电话；在主要媒体进行“环境优化年”活动主题报道，宣传创业发展的成功典型，曝光损害经济环境的反面典型。

牵头单位：市委宣传部；责任单位：市优化办、市广播电视台。

17. 开展重点工作和重大项目、特色产业的宣传工作。围绕经济发展思路，狠抓深化改革、招商引资、市场融资、片区攻坚、项目建设、征地拆迁、旅游助跑等重点工作的宣传；以重大项目建设和特色产业为主要内容开展集中宣传，为经济发展造势蓄势。

牵头单位：市委宣传部；责任单位：市优化办、市广播电视台。

三、工作步骤

“环境优化年”活动时间为 2016 年 3 月—2017 年 1 月，分宣传动员、整改推进、考核验收三个阶段进行。

（一）宣传动员阶段（2016 年 3 月）。安排部署工作任务，明确职责分工。各牵头单位结合实际制定工作方案，做好前期各项准备。各级各部门各单位要组织开展学习讨论，广泛征求意见和建议，统一思想，增强工作的积极性、主动性和自觉性。

（二）实施推进阶段（2016 年 4—12 月）。各牵头单位要定期召开工作调度会，听取工作进展情况、政策落实与目标完成情况，研究工作推进措施，部署阶段性重点工作。各牵头单位对发现的问题要及时反馈，提出整改建议，对典型案件公开曝光。要统筹安排，周密部署，确保取得实效。

（三）考核验收阶段（2017 年 1 月）。对活动进行系统总结，市优化办依据考核细则组织对各单位活动开展情况进行综合考评，考评结果纳入绩效考核、政府年度目标责任考核。对在活动中涌现出的先进单位和个人进行表彰奖励，对考核不合格的单位进行通报批评。同时，要在落实好各项工作任务的基础上，总结经验，从源头治理入手，整章建制，健全完善长效机制，使优化经济环境工作走向制度化、规范化、可持续化轨道。

四、工作要求

（一）提高认识，加强领导。成立醴陵市 2016 年“环境优化年”活动领导小组，负责全市“环境优化年”工作的统筹协调和组织工作，研究制定相关政策，协调、解决工作中的重大问题。领导小组办公室设在市优化办，具体负责“环境优化年”活动日常工作。各级各部门各单位要充分认识此次活动的重要性，切实把此项工作纳入重要议事日程，指派专人负责，做到主要领导亲自抓，分管领导具体抓，形成一级抓一级、层层抓落实、人人抓环境的工作格局，真正把干部职工的思想统一到优化经济环境，实现平稳健康较快发展的决策部署上来，切实做到认识到位、组织到位、措施到位，迅速在全市掀起环境优化的热潮。

（二）严肃纪律，落实责任。各级各部门各单位要增强责任意识，认真落实“环境优化年”活动的各项任务要求，严格遵守各项工作纪律，对工作不到位甚至破坏经济发展环境的，要追究有关领导和当事人的责任。

（三）强化督导，务求实效。市委督查室、市政府办政务督查组、市优化办等单位要加强对环境优化工作的监督检查，严明工作纪律，确保每个阶段的工作取得实效。要充分发挥组织协调、综合指导作用，及时了解各部门各单位工作进展，通力合作，整体推进，形成优化环境的强大合力。

附件（略）

中共醴陵市委办公室　醴陵市人民政府办公室关于印发《醴陵市2016年“安全保障年”活动实施方案》的通知

醴办发〔2016〕11号

各镇党委、人民政府，各街道党工委、办事处，长庆示范区党工委、管委会，市直各单位，驻醴各单位：

《醴陵市2016年“安全保障年”活动实施方案》已经市委、市人民政府同意，现印发给你们，请认真遵照执行。

中共醴陵市委办公室
醴陵市人民政府办公室
2016年3月24日

醴陵市2016年“安全保障年”活动实施方案

为大力实施安全发展战略，有效防范生产安全事故，进一步加快实现全市安全生产形势根本好转，促进安全生产与经济社会同步协调发展，市委、市人民政府决定在全市范围内开展“安全保障年”活动，特制定如下实施方案。

一、指导思想

以党的十八大、十八届三中、四中、五中全会精神和习近平总书记、李克强总理关于安全生产的重要指示批示精神为指导，坚持人民利益至上，牢固树立科学发展、安全发展的理念，坚持“安全第一、预防为主、综合治理”的方针，以“落实企业主体责任”为重点，以“加强监管执法”为主线，严格落实安全生产“属地管理、分级负责”“党政同责、一岗双责、齐抓共管”“管行业必须管安全、管业务必须管安全、管生产经营必须管安全”的工作机制和责任追究制度，创新监管手段，完善工作机制，严格监管执法，深化“打非治违”，强化隐患治理，推进专项整治，夯实基层基础，为“打造发展升级版、建好湖南东大门”奠定坚实的安全保障基础。

二、目标任务

醴陵市2016年“安全保障年”活动的工作目标是：全市安全生产形势根本好转，安全生产保障能力显著增强，全年事故指标不突破控制目标，坚决杜绝较大以上事故发生，力争事故起数、死亡人数、受伤人数、经济损失“四下降”。

围绕工作目标，重点抓好以下各项工作，确保“安全保障年”活动取得实效。

（一）加强监管体系建设，着力推动责任落实

1. 强化“一岗双责”和“党政同责”。坚持“党政同责、一岗双责、失职追责”的原则，完善和细化各级各部门各单位安全生产职责，消除监管盲区和漏洞。全面落实“管行业必须管安全、管业务必须管安全、管生产经营必须管安全”的要求。建立负有安全生产监管职责部门和行业管理部门的安全生产责任清单和权力清单，日常照单监管，失职照单追责。

2. 强化企业主体责任落实。以省“安全监管执法年”为契机，推动企业建立健全“五落实五到位”安全生产责任制。督促企业加大安全投入，加强现场安全管理，逐级落实管理责任，重点落实隐患自

查自改、领导带班值守、作业现场安全管理等制度及规章规程，依法保障企业员工安全健康。

3. 建立责任落实推动机制。把安全生产纳入小康社会建设、政府绩效考核、干部监督等重点工作之中。完善挂牌督办和“约谈”机制，严格落实督查通报、季度考评、年终考核、安全生产约谈、事前追责、“一票否决”等制度，严肃责任追究，推动工作落实。

4. 完善责任体系建设。按照走访网格安排，健全网格化管理，推进安全监管全覆盖。理顺安全监管体系，完善委托执法机制，出台分级分类监管和执法监督制度，突出镇（街、长庆示范区）、经开区产业发展局的安全监管地位，在全市村（居、社区）推行安全生产信息员制度，在高危企业推行门卫和专职安全员制度。

（二）强化安全监管执法，着力推进依法治安

1. 加强监管体制机制建设。重点建立以下六项制度：一是建立领导干部干预安全生产监管执法、插手具体案件处理记录制度，坚决做到不执人情法、不办关系案；二是建立“四不两直”和“双随机”抽查机制，确保执法效果；三是建立向公安机关、检察机关案件移送制度，克服有案不移、有案难移、以罚代刑现象；四是建立重大行政处罚案件合法性审查和听证制度，做到公正、公平、文明、廉洁执法；五是建立行政处罚决定书公示制度；六是建立企业安全生产信用记录制度。

2. 全面推行安全生产计划执法。各负有安全生产监管职责的部门要全面开展分层级、分类别、全对接的日常监管执法。科学编制执法计划，坚持定点执法、双随机抽查执法和执法监督相结合，严格执法，从严处罚。

3. 建立常态化执法检查机制。严格落实“四不两直、暗访暗查”制度，深化领导干部带队检查工作机制，开展安全生产暗访督查、突击检查、交叉检查、随机抽查复查，完善联合执法机制，推动安全生产检查常态化、制度化、科学化。市、镇两级成立常年检查组，市级每季度至少开展1次安全生产大督查，镇（街、长庆示范区）、经开区产业发展局每月至少开展1次安全生产大检查。各级各部门每两月组织开展一次安全生产专项执法行动。

4. 强化刚性执法力度。建立常态化记分管理制度，开展刚性执法，对存在重大安全隐患和非法违法行为坚持“零容忍”，一律予以记分管理，并立案查处，严格落实查封、扣押、停电、停止火工品供应、吊销执照、关闭取缔等执法措施，坚决查办一批大案要案并公开曝光。

（三）开展安全专项整治，健全隐患治理体系

1. 全面推进企业隐患自查自改。深化隐患自查自改月报制度，通过记分管理、公开曝光、责任追究、重奖重罚、诚信管理等手段推动企业隐患自查自改，建立隐患排查治理常态化机制。

2. 深化重点行业（领域）安全整治。各负有安全生产监管职责部门针对监管行业（领域）安全隐患严重的重点地区、重点企业、关键环节和要害部位，分阶段制定专项整治工作方案，深入组织开展烟花爆竹、煤矿、非煤矿山、建筑施工、道路交通、水上交通、校车安全、危险化学品、食品药品安全、电力、消防、特种设备、城镇燃气、有限空间作业、粉尘防爆、劳动密集型企业消防安全等行业（领域）专项整治，做到每季度开展1次专项整治活动，确保全员、全过程、全方位排查治理隐患。全力以赴打好煤矿、非煤矿山、烟花爆竹、油气输送管道隐患整治攻坚战。

3. 推进“打非治违”深入开展。建立“打非治违”常态化、制度化机制，扎实推进矿山、烟花爆竹、危险化学品、油气管道、粉尘防爆、建筑施工、客货车船、道路交通、人员密集场所和劳动密集型企业消防安全等“九打九治”打非治违专项行动。对安全生产重点镇和重点行业领域实行市级领导驻点督导、包干负责。按照“真停、真查、真改、真关”和“四个一律”措施要求,持续保持“打非治违”高压态势。强化以村（居、社区）为基本网格、以镇（街）为责任片区、负有“打非”工作职责的部门各司其职、政府组织领导的“打非”责任片区网格化实名负责制。采取集中交办、联合督办、综合执法、严管重罚等措施，严厉打击取缔各类非法违法生产经营建设行为。

4. 持续开展烟花爆竹综合整治。坚决落实“三化引领”“三法强疗”“三个一律”，强力推进烟花爆竹整顿关闭攻坚战。积极实施烟花爆竹安全生产攻坚克难各项措施，按照“扶优扶强、并小并散、退乱退弱”的原则，做好企业兼并重组，促进全市烟花爆竹产业安全、健康、有序发展。

（四）实施宣教兴安，促进全民意识提升

1. 加强安全生产大宣传。利用广播、电视、网络、报纸、杂志等各类媒体，突出“安全生产月”和特殊时段、重要节点，持续开展全方位、多层次、立体式的安全生产大宣传。开展安全知识进企业、进社区、进农村、进学校、进家庭“五进”活动，提高全社会安全意识。推动建立实时播报安全生产事故信息、定期向领导干部和企业负责人发送安全生产短信等制度。

2. 开展安全生产大培训。推进安全大培训工程，对全市各级领导干部、企业从业人员和管理人员、班组长等进行全方位的教育培训，年培训人数达3万人以上。严格落实持证上岗、先培训后上岗制度，

建立“三项岗位人员”和高危行业从业人员信息库，确保“三项岗位人员”100%持证上岗。全年至少举办1期党政领导干部安全生产专题培训班，完善烟花爆竹实操考试基地建设。

3. 强化安全生产警示教育。农历4月18日举办全市各界公祭李畋活动。9月22日召开全市安全生产工作大会，开展一系列纪念日活动，强化警示教育。持续推进开展每月19日“企业安全教育日”活动，进一步强化“企业安全教育日”停产制度，组织知识学习、隐患排查、问题整改、设备检修和应急演练。

4. 加强社会监督和舆论监督。广泛发动，积极动员，发挥广大职工对本单位安全生产工作的内部监督作用。畅通举报渠道，充分发挥“12350”热线作用，重奖举报有功人员，鼓励和引导人民群众参与、支持安全生产工作，强化社会监督。各新闻媒体曝光安全生产违法违规行为和重大事故典型案例，强化舆论监督。

（五）夯实安全基层基础，强化安全保障建设

1. 持续抓好“四大三基”和“三三”重点工作。加快建设在线监控与应急指挥系统，加强矿山、危险化学品和烟花爆竹、道路与水上交通三大高危行业安全基础工作。推进烟花爆竹等高危行业“机械化换人、自动化减人”项目建设，推进煤矿、非煤矿山采掘机械化。

2. 持续强化基层建设。认真编制实施全市安全生产“十三五”发展规划，完善隐患排查治理体系和安全预防控制体系，实施重大安全隐患整改挂牌督办。全面完成市、镇、企三级联网视频监控系统建设，实现安全生产视频全程监控。开展安全生产工作站标准化建设，加大镇（街）安全生产基础装备建设，强化基层安全监管执法能力提升，狠抓安全监管队伍建设，打造一支懂安全、善管理、会执法、尽职责的安全监管队伍。

3. 开展安全生产示范性创建。开展安全生产示范镇（街）、示范社区、示范村组、示范工地、平安交通、平安农机、平安校园等创建活动，以点带面推动安全生产工作上台阶。全市安全示范镇（街）创建面达90%以上。推进企业安全生产标准化建设、安全生产工伤保险和安责险工作，重点行业保险覆盖面达到90%以上。

4. 提升应急救援保障能力。加强应急管理体系建设，完善预案管理工作，建立完善企业安全生产动态监控及预警预报体系，加快重大危险源监控信息系统和市级应急指挥平台建设，抓好应急救援队伍建设，广泛组织开展各类分行业的应急演练活动，强化应急救援能力，全年至少举办1次市级应急救援预案演练，企业至少开展1次综合性应急演练和不少于1次专项演练。

三、实施步骤

“安全保障年”活动时间为2016年3月—2017年1月，分三个阶段进行。

（一）动员部署阶段（2016年3月中下旬）

1. 做好组织准备工作。确定2016年全市安全生产重点工作任务，制定“安全保障年”活动实施方案，分解工作目标任务。

2. 召开全市动员大会。组织召开各有关部门和单位以及企业主要负责人参加的“安全保障年”活动动员大会。

（二）深入实施阶段（2016年3月底—2016年12月）

1. 各级各部门各单位按照活动方案要求，结合各自职责制订本辖区、本部门、本行业、本领域具体实施方案，实施方案于2016年4月1日前报领导小组办公室。

2. 各级各部门各单位统筹安排各项工作的实施进度，层层落实，全面开展“安全保障年”各项工作。

（三）考核总结阶段（2017年1月）

组织对“安全保障年”活动开展情况进行考核评比（考核细则由市安委会另行下发），全面总结活动开展情况，对成绩突出的单位和人员进行表彰，研究建立安全生产长效机制。

四、工作要求

（一）统一认识，加强领导。为确保“安全保障年”活动顺利开展，成立醴陵市2016年“安全保障年”活动领导小组。领导小组办公室设在市安监局，具体负责“安全保障年”活动日常工作。各级各部门各单位要成立相应工作机构，党政领导特别是主要领导要亲自抓、负总责，严格按照方案要求，落实各项工作，抓好具体组织实施，确保“安全保障年”活动各项工作有序开展。

（二）部门联动，齐抓共管。各级各部门各单位要按照实施方案制定的工作任务和要求，积极履责，在分工负责的基础上加强协调配合，组织开展联合执法、综合治理，形成分工明确、部门配合、社会支持、协调高效的工作机制。

（三）加强督查，严格考核。领导小组要围绕活动整体安排，突出重点，采取针对性措施，加强对活动开展情况的跟踪督查，每月不定期抽查听取有关部门（单位）的工作情况汇报，进行工作调度和通报，确保活动任务扎实开展，取得实效。坚持客观实用、分类考核、定性与定量相结合、日常考核与集中考核相结合的原则，对“安全保障年”活动开展情况进行考核。

附件（略）

中共醴陵市委办公室　醴陵市人民政府办公室
关于印发《醴陵市建制村合并工作实施方案》的通知

醴办发〔2016〕18 号

各镇党委、人民政府，各街道党工委、办事处，长庆示范区党工委、管委会，市直各单位，驻醴各单位：

《醴陵市建制村合并工作实施方案》已经市委、市人民政府同意，现印发给你们，请认真遵照执行。

中共醴陵市委办公室
醴陵市人民政府办公室
2016 年 4 月 28 日

醴陵市建制村合并工作实施方案

根据《中共湖南省委湖南省人民政府关于开展乡镇区划调整改革工作的意见》（湘发〔2015〕15 号）、《湖南省乡镇区划调整改革领导小组关于切实做好建制村合并工作的通知》（湘区改发〔2016〕2 号）和《株洲市乡镇区划调整改革领导小组关于切实做好建制村合并工作的通知》（株区改发〔2016〕1 号）等文件精神，为全面推进我市建制村合并工作，进一步加强农村基层组织建设，提升行政服务效能，结合我市实际，制定本实施方案。

一、工作任务

以党的十八大和十八届三中、四中、五中全会精神为指导，深入贯彻落实省委、省人民政府关于开展乡镇区划调整改革工作的指示精神，结合我市经济社会发展实际，进一步优化农村资源配置，激发改革发展活力，确保在 2016 年 5 月底前，全面完成合并 128 个建制村的工作任务，为推进我市全面深化改革工作做出积极贡献。全市建制村合并工作结束之前，暂停村委会改居委会工作，更不能将村改居抵扣建制村合并任务。

二、工作原则

（一）坚持责任导向。各镇（街、长庆示范区）具体组织实施建制村合并工作，要切实加强工作领导，精心部署安排，统筹处理辖区内建制村合并工作中出现的重大问题。镇（街、长庆示范区）党（工）委书记是建制村合并工作的“第一责任人”。

（二）坚持统筹兼顾。各镇（街、长庆示范区）要按照我市建制村合并工作任务分配表（见附件 1），按时完成任务，可以多合并，但不能少于任务数。同时，要综合考虑历史沿革、风俗习惯、人文渊源、河流水系、山脉走向、资源分布和产业布局等具体情况，在充分征求村民和有关方面意见的基础上，合理确定建制村合并工作方案。

（三）坚持合大并强。坚持“以大帮小、以强带弱、以富扶穷”的原则，综合考虑全面深化改革、全面建成小康社会、新型城镇化建设、村级换届选举、扶贫攻坚和党建帮扶等因素，通过建制村的撤销合并，实现优势互补、规模适度、实力增强、班子更优、机制更活的目标。原则上，全市 2000 人以下（含 2000 人）的村必须合并，基层党组织软弱涣散的村必须合并，经济实力弱、长期无集体收入来源的村必须合并。

（四）坚持依法推进。要严格按照《中国共产党农村基层组织工作条例》《中华人民共和国村民委员会组织法》《湖南省村民委员会选举办法》等有关法律法规要求，有序推进建制村合并工作。要坚持“三个不变”（农民享受的政策不变，农村山林、土地及其附着物、水利、资源等权属不变，农业经济利益关系不变）原则。要依法保护农村集体经济组织成员的合法权益，依法保护和开发利用历史文化名村、历史文化遗址遗迹和具有地域特色的村庄。

三、工作步骤

（一）前期准备阶段。

一是宣传发动（2016 年 5 月 5 日前）。市委、市人民政府召开全市建制村合并工作动员大会，安排部署全市建制村合并工作。各镇（街、长庆示范区）要召开动员会，对建制村合并工作进行安排部署。通过广播、电视、网络等媒体宣传及印发宣传资料、发放公开信、召开座谈会等多种形式，向基层干部和广大群众宣传建制村合并工作的重要性和必要性，营造良好工作氛围，确保工作顺利进行。

二是清产核资（2016年5月6日前）。各镇（街、长庆示范区）要启动所辖村集体“三资”和村干部任期财务清查审计工作，组织专门班子和力量对各村资金、资产、资源进行全面清理核查。自清查之日起，各镇（街、长庆示范区）要在不影响正常开支的情况下，冻结村级所有财务账目、现金、存款，加强对印章、合同洽谈、工程项目实施等工作的监管。冻结期间，村级财务支出由镇（街、长庆示范区）分管农业的领导负责审查。按照“界定权属、分清类别、分类处置、利益不变”的原则，保证村民小组和群众的债权债务不变；山林、土地、电力、水利设施等权属不变。村级集体所有的资产，已有管理办法的按原管理办法执行，没有管理办法的要召集原村集体经济组织成员商议制定管理办法，并予以公开，确保集体资产不流失。

（二）制定方案阶段。

一是征求意见（2016年5月10日前）。各镇（街、长庆示范区）在制定建制村合并方案前，要深入开展调查研究，广泛征求意见，重点摸清现有各村规模、地域面积、耕地、人口户数、自然条件、历史沿革、人文渊源、资源分布、发展现状、村级集体资产、债权债务和群众意愿等基本情况，就建制村合并的基本思路、新村布局、选址、命名、资产及债权债务处置等群众关心的问题广泛听取各方面的意见，充分论证，做到意见基本一致。

二是拟订方案（2016年5月12日前）。各镇（街、长庆示范区）要在深入调查研究、反复协商、充分论证的基础上，综合考虑各方面因素，提出科学合理的实施方案。要规范新村命名，按照《地名管理条例》有关规定，充分尊重地域特征、历史沿革、文化渊源，考虑地方知名度和群众认同感，选择著名地名、历史用名、文化特色名，尽可能以原有建制村为中心村，以当地历史文化名村命名，或者使用融合名。要合理选择新村办公场地，按照“方便群众办事和发挥现有资产作用”原则，选择交通比较便利、群众办事方便、人口相对集中、半径距离相对中心、现有村级组织活动场所可发挥作用的地方作为新村办公场地，选址要经村民会议认可。无合适的村级组织活动中心，可以纳入提质改造三年行动计划。

三是通过方案（2016年5月16日前）。各镇（街、长庆示范区）建制村合并方案要按照《中华人民共和国村民委员会组织法》有关规定，依法依规经村民会议以适当形式表决通过，要做好会议签到、统票、记录等工作。各村级党组织要加强领导，做好群众工作，确保村民会议合法有效。如遇紧急、重大情况要及时上报上级党组织研究决定。

四是报批方案（2016年5月20日前）。以镇（街、长庆示范区）政府（办事处）名义上报市人民政府关于建制村合并的请示及其他相关资料，要经市乡镇区划调整改革领导小组办公室审核后，报市人民政府批准。相关资料应当包括：关于建制村合并工作的请示，村民会议记录，村民会议决议，村民签字意见表，建制村合并前后有关村地域面积、耕地、人口、户数、党员人数、村“两委”干部等基本情况，建制村合并前后行政区域图。

（三）组织实施阶段（2016年5月26日前）。方案经市人民政府审批后，由各镇（街、长庆示范区）组织实施。

一是公布实施方案。召开村组干部、党员会议和村民代表会议，公布建制村合并方案，让群众知晓。原村委会牌子由镇（街、长庆示范区）统一收回。

二是设立新村党组织领导班子。建制村合并后的新村要根据党员人数等情况及时设立党组织（支部、总支部、党委），从原村党组织班子成员中择优指派新村党组织书记，负责主持新村全面工作，各镇（街、长庆示范区）党（工）委要选派优秀机关党员干部到新村任第一书记，协助新村党组织书记开展工作。2016年年底前不进行新村村民委员会选举。过渡期间，原村“两委”成员的任期不断、补贴不停，协助新合并的建制村党组织开展工作，任期至2016年12月31日，误工补贴发至新村“两委”正式选举月。

三是接管集体资产财务。新村成立后，要根据市农业、财政等部门制定的村集体资产及债权债务处置办法，由镇（街、长庆示范区）经营管理机构、财政所负责主持村集体资产移交、财务合并工作。原村集体经济组织收益的使用和分配，原则上不变；原村集体经济组织债务按性质分类处理，逐步化解；原学校、村级组织活动场所、集体山地等集体资产一并转入新村资产，分类统一管理。村级财务合并后，由镇（街、长庆示范区）与新村党组织商定村级财务审批人。

（四）检查验收阶段（2016年5月底前）。建制村合并工作结束后，市将组织对各镇（街、长庆示范区）建制村合并工作进行检查验收。检查验收内容包括：移交手续办理情况，国有集体资产是否有流失；村干部配备、补助标准及落实退任干部奖补情况；新的村级班子工作规则及运行情况，各项规章制度建立情况。检查验收后，各镇（街、长庆示范区）要将建制村合并工作情况总结报市乡镇区划调整改革领导小组办公室。

四、工作要求

（一）加强组织领导。市乡镇区划调整改革领导小组要切实加强对建制村合并工作的组织领导，民政部门要切实担负领导小组办公室职责，当好参谋，加强协调，争取支持；宣传部门要加强建制村合并工作宣传与舆情处置；政法、信访、维稳部门要加强建制村合并工作中群体事件的处置；农业、财政、农村经营管理部门要加强村级集体资产及债权债务处置指导工作，及时纠正违规处置和变相侵吞集体资产的行为；财政部门要切实保障建制村合并工作所需的工作经费；纪检、监察部门要加强对建制村合并工作中违规违纪人员的追责工作，涉嫌违法犯罪的移送司法机关追究法律责任；公安、档案、国土资源、统计、林业、水利、交通运输、卫计、住建、审计、民族宗教等部门要密切协作，形成工作合力。各镇（街、长庆示范区）要切实担负领导责任，确保建制村合并工作任务圆满完成。

（二）落实网格责任。按照“确保稳定、顺利交接、平稳过渡、促进发展”的要求，以“连心解困”大走访活动网格责任划分为依据，实行建制村合并工作责任“四包四到位”（“四包”：市级主要领导包片、驻点市级领导包镇、市直单位包村、干部回原籍包组，“四到位”：包政策宣传到位、包思想工作到位、包矛盾化解到位、包依法合并到位）。驻点市级领导、各相关部门（单位）要按照建村制合并工作网格责任安排表，全面负责建制村合并工作的指导和推进。要按照有关纪律规定，督促镇（街、长庆示范区）做好各村的财产、财务、档案等清理交接工作；要协助镇（街、长庆示范区）化解建制村合并工作中所引发的各类矛盾纠纷，协调处理建制村合并工作后续问题。要全程指导、全程监督、全程协调建制村合并工作，责任“一包到底”，直至村级班子到岗到位。

（三）抓好新村农村社区建设工作。各镇（街、长庆示范区）要认真谋划和组织实施合并后新村的农村社区建设工作，建制村合并方案中要体现新村农村社区建设规划，重点推进被合并镇人民政府原驻地村以及被合并选址为村部驻地的中心村社区服务中心建设。被合并建制村原村部应当设立便民服务点，与中心村社区便民服务中心、镇便民服务中心形成公共服务、自我服务、便民服务网络。要指导新村按照规划统筹使用新村运转资金、项目奖补资金，多方争取社会资金投入，完善农村社区服务体系建设，落实政府公共服务，强化村民自我服务，培育社会组织服务，逐步实现政府服务与村民自治良性互动，促进农村社会现代化多元治理格局。

（四）加强新旧村级组织印章管理。新村成立后，原相关村委会印章由镇（街、长庆示范区）统一保管留作备用；新村村委会印章按规定制作，在2017年选举产生新一届村委会后启用；新村党组织成立后即使用新印章，原相关村党组织印章由镇（街、长庆示范区）党（工）委根据调整情况决定是否保留或收回；村级其他组织印章在新一届组织换届后进行更换。

（五）妥善做好信访维稳工作。各镇（街、长庆示范区）要高度重视群众来信来访接待工作，要安排懂政策、作风实、态度好的精干人员负责政策咨询和接访答复工作，及时解决建制村合并工作中发生的问题，将矛盾和问题化解在基层。要加强与市直有关部门的沟通，上下联动、口径一致，避免越级上访。要重视做好现任、退任、离任村干部思想稳定工作，关心关爱他们的生产生活，鼓励他们积极参与和支持建制村合并工作，确保建制村合并工作稳妥推进、规范有序。

附件（略）

中共醴陵市委办公室
关于印发《醴陵市2016年“圆满换届年”活动实施方案》的通知

醴办发〔2016〕22号

各镇党委，各街道党工委，长庆示范区党工委，市直各单位、驻醴各单位党组织：

《醴陵市2016年“圆满换届年”活动实施方案》已经市委同意，现印发给你们，请认真遵照执行。

中共醴陵市委办公室

2016年5月4日

醴陵市2016年“圆满换届年”活动实施方案

为圆满完成今年我市市镇两级领导班子同步换届工作，营造风清气正的换届环境，经市委研究，决定在全市范围内开展“圆满换届年”活动，为确保活动顺利开展，特制定本实施方案。

一、指导思想

高举中国特色社会主义伟大旗帜，全面贯彻落实党的十八大和十八届三中、四中、五中全会精神，以马克思列宁主义、毛泽东思想、邓小平理论、“三个代表”重要思想、科学发展观为指导，深入学习贯彻习近平总书记系列重要讲话精神，坚持党的领导、发扬民主和依法办事有机统一，统筹谋划，精心组织，有序推进，绘出思路清措施实的好蓝图，选出忠诚干净担当的好干部，配出结构优功能强的好班子，换出心齐气顺劲足的好面貌，为贯彻创新、协调、绿色、开放、共享的五大发展理念，顺利完成“十三五”规划，实现“打造发展升级版、建好湖南东大门”目标提供坚强组织保证。

二、主要措施

2016年，我市市委、人大、政府、政协领导班子和19个镇党委、人大、政府领导班子将进行同步换届。按照上级要求，4月底前，完成镇党委换届；7月底前，完成市委换届；10—11月，完成市人大、市人民政府、市政协换届工作。为严格规范程序，风清气正进行选举，圆满完成换届工作任务，主要做好以下几方面工作。

（一）绘出发展美好蓝图。“十三五”是我市率先全面建成小康社会、开启基本实现现代化新征程的关键期，也是经济社会全面转型升级的决战期。各级领导班子要实事求是地总结运用好过去五年积累的经验，肯定成绩、查找差距。树立创新、协调、绿色、开放、共享的发展理念，以“工业强市、三产旺市、组团兴市、环境立市”发展战略指导新的实践，科学规划未来五年的经济社会发展。要深化对市情、镇情的认识，按照市委“以现代陶瓷产业文明为主特征的历史文化名城”定位，结合实际，科学分析，精确施策，一年接着一年抓，一任接着一任干，一张蓝图干到底。

（二）树立良好用人导向。坚持德才兼备、以德为先的用人标准，大力提拔重用谋划发展有思路、开拓创新有实效、推进项目有业绩、稳定安全有办法、忠职担责有勇气、攻坚克难有突破、务实干事有激情、扎根基层有耐心、不事张扬有贡献、团结协作有胸怀的“十类人才”。加大调整不适宜担任现职干部的力度，积极推进干部能上能下。选好配强领导班子。坚持好中选优、优中选强，配好党政正职；按照老中青相结合的梯次配备优化领导班子结构；积极选拔女干部和党外干部，改善领导班子专业、知识结构，稳妥有序推进干部交流。注重选拔乡镇事业编制人员、优秀村干部、大学生村干部和企事业单位领导人员、市直单位有发展潜力的年轻干部，作为镇领导班子换届人选，选好配强镇领导班子。改进换届考察工作。换届前，要结合年度考核和平时掌握的情况，对领导班子进行全面分析研判，做到心中有数。民主推荐按照领导班子职位设置全额定向推荐，防止简单以票取人。注重把考察情况与考察对象的一贯表现进行比较、相互印证，全面客观地评价干部。落实干部选拔任用工作责任，出现“带病提拔”的要倒查追责。

（三）做好代表选举和委员协商提名工作。党代会代表、人大代表和政协委员懂规矩守纪律顾大局、政治素质过硬是开好会议的前提条件。要坚持党组织主导人选推荐提名，突出政治标准和道德品行要求，严格人选资格条件，注重改善结构，认真考察把关，切实提高代表、委员政治素质和质量。党代会代表人选应当体现政治上的先进性和纯洁性。人大代表人选应当坚持正确政治立场，模范遵守宪法法律，坚决维护祖国统一、民族团结和社会稳定，自觉践行社会主义核心价值观，密切联系群众，有较强履职能力。政协委员人选应当拥护中国共产党的领导和中国特色社会主义制度，维护民族团结和国家统一，遵守政协章程，有良好道德品行和社会形象，具备较强参政议政能力。要严格人选要求，统筹考虑代表、委员人选结构和数量规模。准确认定代表、委员人选身份，以参加选举或协商提名时所从事的职业为准，具有多重身份的，按代表性和工作性质主次认定，党外代表人士的身份认定要注意听取市委统战部的意见。要进一步优化结构，保证代表、委员的广泛性和代表性，注重从基层一线推荐代表、委员。坚持依法律按章程用好人大代表推荐权、政协委员提名权，做好代表、委员的推荐、提名工作。要广泛讨论研究、充分酝酿协商，重视听取人大、政协党组以及各有关方面的意见，依法做好代表候选人的推荐、考察、介绍和资格审查等工作，认真履行政协委员推荐人选的酝酿提名、推荐考察、民主协商和审议决定等程序。

（四）精心组织大会选举。坚持把党的领导、发扬民主、依法按章办事贯穿选举工作全过程，制定科学合理的选举办法，严格工作程序，周密组织实施，确保选举规范有序进行。充分发挥党组织作用。党委要牢牢把握选举工作的领导权和主动权，及时研究解决选举中的重大问题。在人大会议、政协会议期间，要成立大会临时党组织，认真贯彻党委意图，及时了解情况，加强思想引导。党委领导班子成员是人大代表、政协委员的，应参加大会主席团和大会临时党组织，积极主动开展工作。市委将向每个镇派驻由市委常委牵头，市纪委、市委组织部有关同志参加的联系督导组，切实加强工作指导。改进候选人介绍办法。要增进代表、委员对候选人的了解。积极探索改进候选人的介绍方式，让代表、委员进一步了解候选人的情况，做好人事安排方案说明，认真回答代表、委员提出的问题，让代表、委员充分了解人事安排相关情况，认真负责地参与选举。完善选举方式。党的委员会、纪律检查委员会由党代会选举产生，书记、副书记由委员会选举产生。规范差额选举，党委委员、候补委员候选人差额比例不低于上次换届。各镇可不通过预选，一次选举产生党委委员。人大会议选举，尊重和保障代表依法联名提出候选人的权利，代表可从差额考察人选中联名提出人选。代表联合提名候选人不愿接受提名的，应尊重本人意愿，经向联合代表说明，可不列为候选人。政协会议选举，提名人选要充分酝酿协商。改进投票方式，创造有利于选举人充分表达意愿的环境和条件。引导代表正确行使民主权利。引导代表、委员正确处理民主与集中、权利和义务的关系，依法行使选举权和被选举权。要充分发挥大会临时党组织作用，代表、委员中的党员要自觉贯彻党组织的意图，带头依法按章办事，正确履行职责，确保换届人事安排方案顺利实现。

（五）营造良好换届风气。把纪律和规矩挺在前面。严明政治纪律和政治规矩，严禁违背组织决定搞阳奉阴违、团团伙伙等行为。严明组织人事纪律，严禁拉票贿选、跑官要官、买官卖官、跑风漏气、说情打招呼等不正之风，严禁突击提拔调整干部等违规用人行为。严格执行换届选举有关法律法规，严防敌对势力、黑恶势力、家族和宗教势力干扰破坏选举，严防代表选举中的权钱交易、弄虚作假等行为。坚持正面教育与反面警示相结合。突出教育在先、警示在先、预防在先，增强党员干部和代表、委员遵规守纪的自觉性坚定性。采取务实有效方式，深入学习贯彻干部选拔任用和换届选举工作的政策法规，认真组织学习《中国共产党廉洁自律准则》《中国共产党纪律处分条例》和“九个严禁”“九个一律”“五不”换届纪律要求，强化纪律意识和规矩意识。加大警示教育力度，组织干部群众认真学习党中央关于湖南衡阳破坏选举案和四川南充拉票贿选案的通报精神，汲取深刻教训，举一反三、引以为戒。强化监督检查和责任追究。充分发挥组织监督作用，市纪委和市委组织部将联合派出督查组开展督查。畅通群众监督渠道，利用“12380”举报平台，畅通信访、电话、网络、短信“四位一体”的举报受理渠道，充分发挥群众监督作用，及时受理反映违反换届纪律的问题，实现换届监督无禁区、无盲区、无特区。对换届中的违规违纪问题实行“零容忍”，发现一起、查处一起，并及时通报曝光。加大问责追责力度，对换届风气不正、监督查处不力、造成恶劣影响的，将严肃追究有关党委（党组）和有关部门主要领导干部责任。

三、工作要求

做好今年的换届工作，必须把加强党的领导贯穿全过程，落实全面从严治党要求，发挥党委统揽全局、协调各方的作用，确保换届工作的正确方向。必须充分发扬民主，坚持民主集中制，尊重和保障民主权利，改进和完善政治参与，让各方面的意愿和主张得到表达。必须严格依法按章办事，自觉维护国家法律和党内法规的权威性，善于运用法律法规解决问题。必须坚持从实际出发，综合考虑地域、层级和班子差异，突出问题导向，加强分类指导，保证换届工作有序健康平稳进行。

（一）加强组织领导。为切实落实换届工作主体责任，成立市换届工作领导小组，对“圆满换届年”活动有关工作进行统筹协调、宏观指导。领导小组下设办公室和换届风气监督工作小组，办公室设在市委组织部，换届风气监督工作小组设在市纪委。各镇党委要成立相应工作机构，党委书记要履行第一责任人责任，带头抓、具体抓、不能当“甩手掌柜”。要坚持分级负责，加强对镇领导班子换届工作的指导，及时研究解决问题。市纪委、市委组织部、市委宣传部、市委统战部、市委政法委等部门要明确任务、各负其责，密切协作、形成合力。各有关部门（单位）都要积极参与，组织本部门（单位）干部职工依法依纪有序参与换届。

（二）做好思想工作。教育引导领导干部讲政治、顾大局、守规矩，特别是要遵守换届纪律，正确对待个人进退留转，自觉服从组织安排。着力解决因换届产生的思想和现实问题，对有明确政策要求、可以解决的问题，要尽力解决；对因政策原因不能解决的问题，要善于通过耐心的思想政治工作，确保干部下的平稳、留的高兴、转的舒心。换届前，领导班子可通过召开专题民主生活会等方式，统一思想认识。要关心爱护干部，普遍开展谈心谈话。对换届中调整下来和选举中落选的干部，党委（党组）书记要亲自谈话，有针对性地做好思想工作。

（三）强化舆论引导。充分发挥主流媒体作用，积极宣传经济社会发展成就、党的建设成效和先进典型，宣传换届工作的重大意义、重要政策、纪律要求以及好经验好做法，凝聚全社会推进改革发展、维护和谐稳定的共识和力量。严格新闻宣传纪律，密切关注舆情动态，加强网络舆情监控和引导，防止不当炒作，营造良好舆论环境。要增强政治敏锐性和工作主动性，注意掌握党内和社会动态，善于发现换届工作中的问题，及时提出解决办法和措施。

附件（略）

醴陵市国民经济和社会发展第十三个五年规划纲要

醴陵市人民政府
2016 年 1 月 18 日

“十三五”时期（2016–2020 年）是醴陵市全面建成小康社会的决战时期，是全面深化改革的攻坚时期，是全面推进依法治市的关键时期。把握醴陵市情和发展特征，坚持战略思维、问题导向和目标导向，科学编制和有效实施“十三五”规划，对于推动醴陵经济社会持续健康发展，不断提高全市人民的福祉，都具有重要意义。

第一篇　发展目标　全面建成小康社会

第一章　基础和环境

“十二五”时期（2011–2015 年）是醴陵市经济快速增长、社会和谐发展、城乡面貌显著改善、各项社会事业加速进步、人民生活水平大幅提高的五年。五年来，市委、市政府团结带领全市人民共同努力，坚持以毛泽东思想、邓小平理论和“三个代表”重要思想为指导，深入贯彻落实科学发展观和党的十八大精神。围绕彰显山水人文特色的宜居城市定位，实施优势产业带动、城镇发展带动、先进文化带动战略，建设绿色醴陵、人文醴陵、创新型醴陵、和谐醴陵，积极促进稳增长、调结构、促改革、惠民生，形成了经济社会又好又快、率先发展的良好局面，为“十三五”加快发展奠定了坚实基础。

1.“十二五”奠定的坚实基础

经济综合实力大幅跃升。十二五末，地区生产总值达 532 亿元（预计数，下同），五年平均增长 10.5%；人均 GDP 突破 48423（来自全面建成小康社会短板指标倒排表）（统计局 55000）元，年均增长 14% 以上；财政总收入 45.03 亿元，年均增长 17.2%；公共财政支出超过 52 亿元，比 2010 年增长 108%；税收收入 23.01 亿元，年均增长 17.8%；规模以上工业企业实现利润总额 28.6 亿元，年均增长 10.8%；社会消费品零售总额达 163 亿元，年均增长 13%；县域经济竞争力在全国百强排名上升到第 82 位，综合经济实力排名全省靠前。

结构调整扎实推进。产业结构更加合理。农业基础地位进一步巩固，预计完成农业生产总值 50 亿元，比 2010 年增加 48%；农业生产规模化、专业化、机械化水平进一步提高，连续七年荣获“全国粮食生产先进县（市）”称号。新型工业化加速推进，工业发展质量明显提高，2015 年完成工业增加值 339 亿元，五年年均增长 9.3%，传统产业升级发展、新型产业快速壮大，园区集聚集群发展和组团式发展并进，2015 年陶瓷、花炮产业产值预计分别达 556 亿元、189 亿元，五年年均增长 21.4%、14.8%；装备制造业和高技术产业增加值五年平均增长 23.4% 和 25.1%。第三产业快速发展，2015 年实现增加值 143 亿元，五年年均增长 14%，现代金融和电子商务产业不断发展，全市共有银行业金融机构 36 家，休闲旅游业持续升温，现代物流业逐步壮大。

生态环保成效突出。“十二五”期间，醴陵市始终坚持“绿色醴陵”发展思路，全市环境整治成效明显，生态建设取得重大进展，成功创建省级园林城市。减排工作成绩显著，“十二五”期间，万元 GDP 能耗降低 20%；城市空气、水等环境质量得到明显改善，主要污染物排放总量下降 12%，城区空气质量年均值保持在Ⅱ级标准范围内；工业废气废水排放达标率分别达到 95%、85%；城市污水处理率达到 95%，集中式饮用水源地水质、城市水域功能区水质达标率 100%；城镇生活垃圾无害化处理率达到 85%，工业固体废物利用率达到 99% 以上，医疗废物、危险废物的集中处理率为 100%。绿色资源总量有所增加，全市森林“碳汇”功能明显增强，环境质量保持良好，森林覆盖率达到55%，空气质量二级以上天数保持在350天以上。农村环境综合整治步入常态化，浦口镇成功创建省级卫生镇，栗山坝镇东岗村、板杉乡擂鼓桥村获评省美丽乡村示范村。

基础设施不断完善。2015年，全社会固定资产投资达365.2亿元，5年累计投资突破1200亿元。交通网络不断完善，新增高速公路通车里程61.5千米，完成农村通畅道路总里程264千米的建设，改造危桥31座；沪昆高铁醴陵段、岳汝高速建成通车；沪昆高铁和岳汝高速城区连接线、玉瓷路一期、长庆大道顺利通车，醴陵车站投入使用；S313、大神线改造完成，北乡旅游环线初具雏形，S333城市环线项目启动建设；水利建设不断加强，新增治理水土流失面积20.92平方千米。重点水库除险加固、中小河流治理、水土流失治理任务如期完成，不断完善酒埠江、官庄两座大型灌区续建配套及节水改造工程。信息基础设施建设稳步推进，以"智能交通、数字城管、平安醴陵"为主要内容的"数字醴陵"工程基本建成。渌江新城建设稳步推进，城区"两改六化"取得成效，一批重要街道路口设施改造和形象提升工程完工，城区重要建筑物亮化工程正在稳步推进，推进小街小巷与城乡农贸市场提质改造。农村路、水、电等基础设施建设得以加强，供水、污水处理、有线电视等配套设施加快向农村延伸，土地综合治理、农业综合开发、农村电网升级改造成效显著，基本实现村村公路互通，基本完成农网全面升级改造，农村邮电通讯等基础设施逐步完善，乡村面貌大为改观。

改革开放不断深化。"十二五"时期，醴陵将深化改革与扩大开放并重，发展动力和活力进一步增强。城镇管理体制改革取得突破性进展，城镇管理纳入法制化轨道，乡镇机构改革、医疗卫生体制改革、农村养老保险改革均走在株洲市前列。对外开放与招商引资工作取得新进展，积极参加港洽周、湘商大会、湖南两岸文化创意产业合作周等活动，成功签约醴陵国际汽车文化贸易城等多个项目。2015年3月，醴陵成功举办中国陶瓷艺术大展暨首届湖南（醴陵）陶瓷博览会。同年，湘赣边区域开放合作正式启动。

人民生活大为改善。城乡居民收入大幅提升，2015年城镇居民、农村居民人均可支配收入预计达到31156元、21097元，五年分别增长0.9倍、1.4倍。消费结构加快升级，汽车、电脑、旅游、健身等现代消费比重大幅提高，人民生活质量不断改善。社会就业水平明显提高，5年累计新增城镇就业和新增农村劳动力转移就业分别突破40000人和60000人。城乡社会保障体系逐步完善，我市企业养老保险、机关事业养老保险、城镇职工医疗保险、城镇居民医疗保险、失业保险、工伤保险和生育保险的参保人数分别达到5.30万人、1.20万人、8.10万人、9.50万人、2.86万人、7.05万人和2.40万人。社会住房保障能力有效提高，多层次住房保障体系建立健全，5年累计新建廉租房超过2000套、改造农村危房超过5000户。

社会事业全面进步。科技创新能力不断增强，5年累计申请专利约4000件，科技计划项目立项申请约160件，拥有高新技术企业34个，高新技术产品近40个，省级工程技术研发中心2个，科技工作与经济建设深度融合发展，成功建立了《醴陵市科技计划项目库》。公共文化设施不断完善，市、乡、村三级公共文化网络更加健全。教育质量稳步提升，一批城乡中小学办学条件得到有效改善，城乡免费9年义务教育全面实施，小学适龄儿童入学率100%，毕业生升学率100%，"两基"成果巩固提高，高考二本以上上线率居株洲市首位，陶瓷烟花职业技术学校获评"全国教育系统先进集体"。卫生医疗服务体系不断健全，全市共有各级各类医疗机构873家，全市每千人医生数达到1.93人，每千人拥有3.03张床位；卫生科技水平明显提高，全市有卫生系列高级职称56人；基层医药卫生体制改革稳步推进，初步实现城乡医保广覆盖，小病不出乡、大病不出市。居民健康状况不断改善，人均预期寿命76.1岁。社会救助保障水平得到提升，截止到2015年全市共有敬老院34所，五保之家22所。全民体育健身蓬勃发展，农民健身工程、市民健身广场等基层体育运动设施日益丰富，全民健康素质明显提高。计生优质服务水平不断提升，连续12年获评"全省计划生育模范单位"。食品药品安全专项整治稳步推进，"十二五"期间，全市未发生一起重大食品安全事故和药害事件，涉食涉药（械）单位监管覆盖达到100%。民主法制建设不断深入，村委会换届工作顺利完成，"六五"普法深入推进。社会管理不断创新，扎实开展"连心解困·大走访"活动，广泛动员和组织社会力量，致力解决群众的诉求，法治醴陵、平安醴陵创建持续深化，人民群众安全感和满意度进一步提高，取得了"发展速度明显加快、信访量明显下降、民调满意率明显上升、干部作风明显转变""四个明显"的成效。社会大局和谐稳定，其他各项事业均取得新进步。

"十二五"期间，醴陵市取得了显著成就，并积累了宝贵经验：一是必须始终坚持把发展作为第一要务；二是必须始终坚持把产业建设作为第一重点；三是必须始终坚持把项目建设作为第一抓手；四是必须始终坚持把创新创业作为第一动力；五是必须始终坚持把民生改善作为第一目标；六是必须始终坚持把发展环境作为第一要素。尽管“十二五”期间全市经济社会发展取得了显著成就，但仍存在着一些矛盾和问题，主要表现在以下方面：经济增长缺乏强劲动力；经济转型升级任务艰巨；服务环境、法治环境、市场环境均有待改善；基础设施和公共服务建设依然欠账较多；对外开放的广度和深度不足。（图 1）

2. “十三五”面临的发展环境

“十三五”时期，是现代化建设进程中的关键五年，是实现全面建成小康社会宏伟目标的最后冲刺阶

醴陵市国民经济与社会发展第十三个五年规划

图 1

区位条件分析

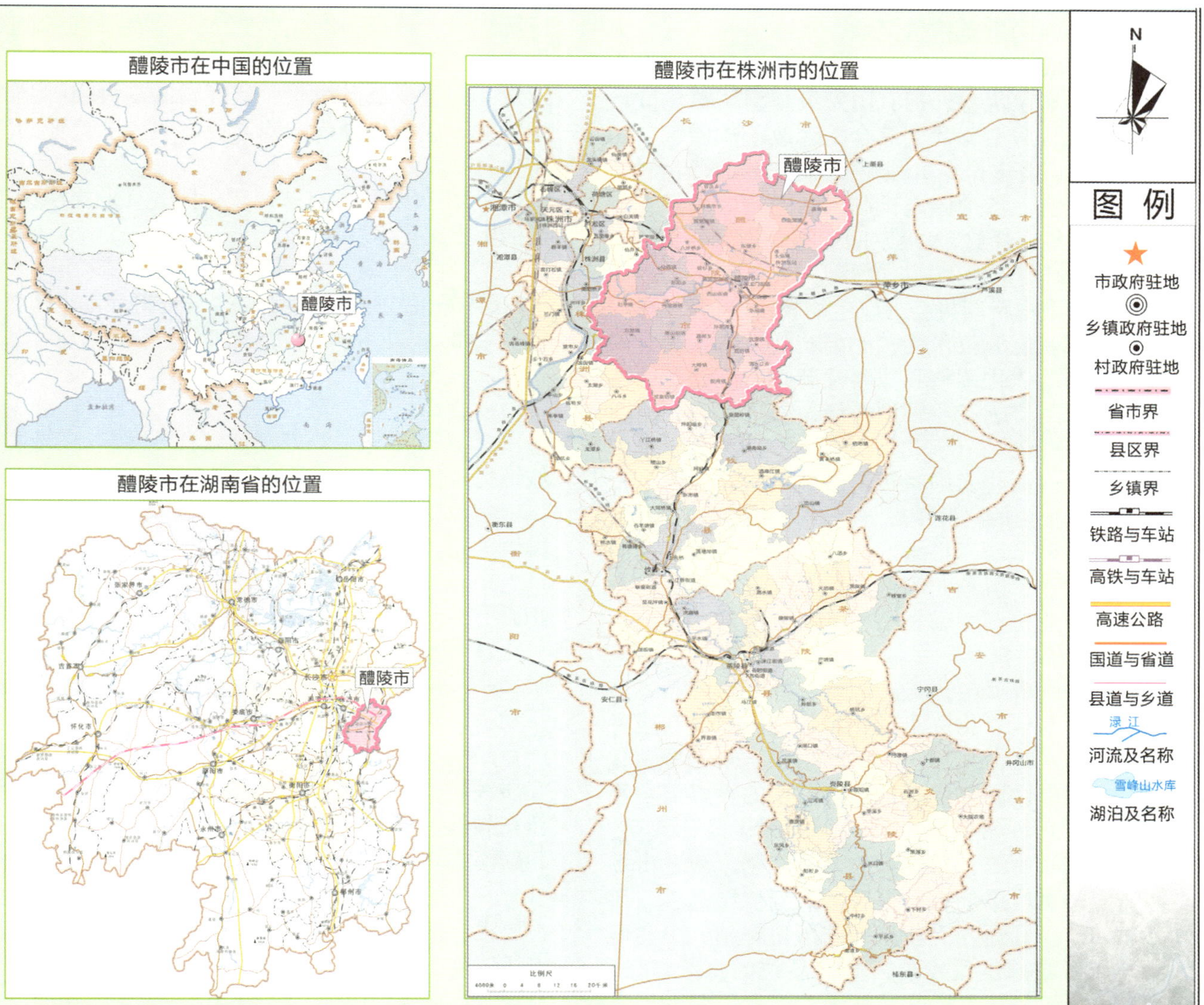

醴陵市位于湖南省东部，株洲市东北部区域，是湖南省对接江西省，东联长三角的“东大门”。东距江西省萍乡市50公里，西距株洲市区50公里，距中部重要交通枢纽株洲北站40公里，距省会长沙及黄花国际机场80公里。北与浏阳市毗邻，西与攸县接壤。醴陵市作为湖南省“东大门”及湘赣交通要冲，是与长株潭城市群核心区距离最近、联系最为密切的城市之一，亦有成为省际区域中心的区位条件和增长空间。

醴陵市交通四通八达。“三铁四高一港一航”的综合交通体系已形成。其中，铁路有东西向的沪昆高速铁路、浙赣线、南北向的醴茶线。浙赣铁路在境内设有醴陵站，沪昆高速铁路设有醴陵东站。高速公路包括上瑞高速、平汝高速、醴韶高速、莲易高速等。国省道有320国道、106国道、313省道等。水运方面，可经渌江500吨级航道入湘江，出洞庭，对接长江经济带。正在建设的株洲通用机场距离醴陵城区仅25公里。通过综合交通体系，醴陵市将与华东、华南、华中和西南经济区保持密切联系。

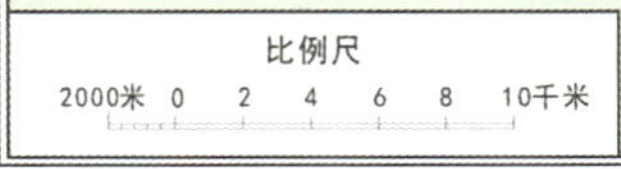

段，是确保全面深化改革在重要领域和关键环节取得决定性成果的关键时期，既蕴含着诸多战略机遇，又面临矛盾问题叠加、风险隐患增多的严峻挑战。

战略定位孕育新发展。党的十八大明确提出要坚持走中国特色自主创新道路、实施创新驱动发展战略，“互联网+”、“中国制造2025”等新理念，成为了“十三五”发展的关键词。2014年，长株潭地区被国务院正式批准为自主创新示范区；2015年，株洲被列为国家级新型城镇化试点城市。醴陵作为株洲发展升级的重点推进区域，承东启西，具有中西部地区过渡带、长江开放经济带和沿海开放经济带结合部的区位优势，拥有国家级新型城镇化试点城市、国家“两型”社会综合配套改革试验区、湘赣合作试验区等多个重大战略平台，多元政策叠加，多方共同推进，各种体制机制创新的效应和各类政策红利将会集中释放，发展空间更大、发展动力更强，发展前景更好。

改革转型蕴藏新机会。以生物技术、信息技术、纳米技术和新能源技术为核心的产业技术革命，湖南产业结构的优化调整和战略性新兴产业的加速推进，将为醴陵传统产业转型升级，引进发展战略新型产业带来机遇。“十三五”期间，我国将处于由中高收入国家向高收入国家迈进的关键阶段、处于全面建成小康社会的决胜期，居民收入水平普遍提高，城乡发展协调平衡，将激发加快发展新潜力，为醴陵商贸旅游业、服务业等三产的发展提供契机，为打造三次产业协调带动和结构优化升级的“醴陵发展升级版”提供机会。

创新发展成就新优势。陶瓷、烟花鞭炮、玻璃等传统产业与信息化逐步融合，先进制造业与服务业双轮驱动，将催生加快发展新引擎。新型城镇化与新农村建设协同并进，将创造巨大的投资需求和消费需求，拓展发展新空间。全面深化改革攻坚，破除机制体制制约，持续释放改革红利，激发市场主体活力，将增添加快发展新动能。沪昆高铁、岳汝高速的全线开通，交通格局的历史跨越；中心城区、渌江新城的迅猛发展，城市品位的持续提升，将有利于集聚人才、资金、技术、信息等各类生产要素，打造创新创业新洼地，大幅增强醴陵的综合实力、投资环境和市场竞争力。

格局调整暗含新挑战。“十三五”时期，世界政治经济格局将进入深度调整期。发达国家“再工业化”和低成本国家工业化将使我国制造业发展面临更加严峻的双重挤压形势。我国经济处于增速的换挡期，经济增速从高速增长转向中高速增长，将有可能加剧财政金融的风险，短期内加大结构性的就业压力。中国的汇率继续升值，将导致醴陵传统出口导向型产业竞争优势继续下降。醴陵的产业发展和项目引进面临由全球价值链低端向高端攀升的新挑战。

第二章　重点和目标

3. 指导思想。全面贯彻党的十八大，十八届三中、四中、五中全会和中央、省委经济工作会议，株洲市委全会精神，坚持稳中求进、进中求优总基调，围绕“三一”格局，实施“工业强市、三产旺市、组团兴市、环境立市”发展战略，突出“片区攻坚、三产提升、招商引资、民生优先”发展重点，统筹推进城乡发展，切实保障民生民利，全面加强党的建设，打造发展升级版，建好湖南东大门。努力把醴陵建设成为以现代陶瓷产业文明为主特征的历史文化名城。

4. 发展定位。打造以现代陶瓷产业文明为主特征的历史文化名城。

5. 发展主题。激情创业，勇争一流。

6. 发展战略。工业强市、三产旺市、组团兴市、环境立市。

7. 发展格局。“三一”发展格局，即“一城三片区”、“一心六组团”、“一环三纵横”。

8. 发展要求。当好湖南省县域崛起、产业振兴、城镇提质扩容和两型示范的排头兵。

9. 发展重点。片区攻坚、三产提升、招商引资、民生优先。

10. 发展思路。融入长株潭，加快一体化；溯江而上，向东发展。

11. 发展理念。

——创新发展。坚持把创新作为转型升级的第一动力，加快产业振兴，突出创新驱动，着重解决产业结构不优和发展动力不强问题，推动发展方式实质性转变，加快建设先进制造业集聚区和自主创新先导区，形成以创新为主要引领与支撑的新体系和新模式。

——协调发展。坚持把协调作为转型升级的内在要求，注重城乡统筹，着重解决发展不平衡问题，走正走实新型城镇化道路，加快建设新型城镇化示范区，形成区域协同、城乡一体的发展新局面。

——绿色发展。坚持把绿色作为转型升级的必要条件，突出“两型”社会建设，着重解决发展不可持续问题，推动生产方式和生活方式绿色化，加快建设“两型”社会引领区，形成人与自然和谐发展的生态文明建设新格局。

——开放发展。坚持把开放作为转型升级的战略支撑，扩大对外开放，着重解决开放型经济发展不足问题，主动对接、深度融入国家区域发展战略，加快建设湘赣边试验区，形成内陆开放合作新高地。

——共享发展。坚持把共享作为转型升级的本质要求，注重共建共享，着重解决不符合社会公平正义的问题，顺应和满足人民群众新期待，增进民生福祉，形成惠及全市人民的包容发展新机制。

12．发展目标

定性上讲，就是“打造发展升级版，建好湖南东大门”。定量上讲，就是确保实现“5986”的工作目标，5 年时间，实现 GDP900 亿元、财政收入 80 亿元，进入全国县域经济百强前 60 名；力争实现“5115”的奋斗目标，5 年时间，实现 GDP1000 亿元、财政收入 100 亿元，进入全国县域经济百强前 50 名。稳居株洲县市第一，确保在全省第一方阵。

争创国家卫生城市、国家旅游城市、省级文明城市，率先在全省建成小康社会，率先建成“两型社会”示范区，率先开启踏上实现现代化的新征程。

——经济水平大幅提高。到 2020 年，地区生产总值达到 900 亿元，年均增长 11.1% 以上；财政收入为 80 亿元，年均增长 12.2% 以上；全社会固定资产投资为 1200 亿元，年均增长 26.9% 以上；社会消费品零售总额为 350 亿元，年均增长 16.5% 以上；旅游综合收入达到 65 亿元,年均增长 20% 以上；金融机构各项贷款增长率、税收占财政总收入的比重稳步提高，完成税收总量 50 亿元。

——经济结构更趋合理。到 2020 年，三次产业结构比调整为 8:57:35，二、三产业增加值占 GDP 的比重超过 92%，高新技术产业增加值占 GDP 的比重超过 30%，文化旅游产业增加值占 GDP 的比重超过 10%，园区规模工业增加值占规模工业增加值的比重超过 70%。

——人民生活幸福美满。到 2020 年，全市城镇化率提高到 65% 以上，城镇登记失业率控制在 5% 以内，人口自然增长率控制在 9‰以内，全市总人口控制在 111 万人以内。“十三五”期间，全市新增城镇就业 4 万人，每年新增农村劳动力转移就业 6000 人，劳动技能性人才培训及零就业家庭培训 4 万人次以上。城镇居民人均可支配收入和农村居民人均纯收入分别突破 60000 元和 50000 元，分别年均增长 14%、18.9%。城乡居民基本养老保险参保率达到 95% 以上，城镇职工、城镇居民基本医疗保险和生育保险参保率分别达到 95%、90%、90% 以上，失业保险参保人数达 3 万人以上。生育三项保险和新型农村合作医疗、新型农村养老保险基本实现全覆盖，居民幸福指数大幅度提升。

——社会事业全面进步。科技、教育、文化、卫生各项社会事业建设水平明显提升，到 2020 年，九年制义务教育完成率达到 100%，高中阶段毛入学率超过 98%，人均拥有公共服务设施用地面积大于 16m2，每千人拥有床位数超过 4 张，5 岁以下儿童死亡率低于 8‰。行政村客运班线通达率全覆盖，农村居民安全饮水比率、广播综合覆盖率、电视综合覆盖率全部达到 100%。

——生态环境持续改善。到 2020 年，全市万元地区生产总值综合能耗下降 8% 以上，二氧化碳排放量基本持平，化学需氧量排放量下降 8%，二氧化硫排放量下降 5%，氨氮排放量下降 9%，氮氧化物排放量下降 5%。全面推广新能源公交，公交出行分担率达 30% 以上，新建节能建筑占新建建筑总量的 2/3 以上，城市污水处理率达到 92% 以上，城镇生活垃圾无害化处理率达到 100%，森林覆盖率、森林蓄积量在 2015 年的基础上有所增加，地表水源水质达标率 100%，空气质量二级以上天数保持在 340 天以上。

——民主法治更加健全。到 2020 年，全市法治建设取得明显成效，社会治理体制更加完善，服务型政府建设全面推进，基层民主更加健全，人民权益得到依法保障，人民生活更加尊严和体面。全市万人刑事犯罪率、道路交通万车事故死亡率、万人火灾事故死亡率、群体性食品安全事故年报告发生率分别控制在 0.5‰、0.07‰、0.002‰、6%以内。

专栏 1　醴陵市“十三五”经济社会发展指标体系

表 23

类别	指标	单位	“十三五”规划目标		指标属性
			2020 年预计	年均增长（%）	
经济发展	地区生产总值	亿元	900	＞11.1	预期性
	财政总收入	亿元	80	＞12.2	预期性
	旅游综合收入	亿元	65	＞20.0	预期性
	全社会固定资产投资	亿元	1200	＞26.9	预期性
	社会消费品零售总额	亿元	350	＞16.5	预期性
	金融机构各项贷款余额	亿元	322	＞17.0	预期性
	税收占财政总收入的比重	%	≥80		预期性

续表 23-1

类别	指标	单位	“十三五”规划目标		指标属性
			2020 年预计	年均增长（%）	
结构调整	三次产业结构比例	%	8:57:35		预期性
	二、三产业增加值占 GDP 比重	%	≥ 96		预期性
	高新技术产业增加值占 GDP 比重	%	≥ 30		预期性
	文化旅游产业增加值占 GDP 比重	%	≥ 10		预期性
	园区规模工业增加值占规模工业增加值比重	%	≥ 70		预期性
	城镇化率	%	≥ 65		预期性
民生事业	城镇居民人均可支配收入	万元	＞ 6	14.0	预期性
	农村居民人均纯收入	万元	＞ 5	18.9	预期性
	新增城镇就业人数	万人	[4]		预期性
	新增农村劳动力转移就业人数	万人	[3]		预期性
	城镇居民基本养老保险覆盖率	%	100		约束性
	城镇居民基本医疗覆盖率	%	100		约束性
	新型农村社会养老保险覆盖率	%	100		约束性
	新型农村合作医疗覆盖率	%	100		约束性
	城镇调查失业率	%	＜ 2.5		约束性
	人口自然增长率	‰	＜ 9		约束性
	人均住房使用面积	m^2	≥ 45		预期性
	居民文教娱乐服务消费支出占消费总支出比重	%	≥ 16		预期性
	农村居民安全饮水比率	%	100		预期性
	行政村客运班线通达率	%	100		预期性
	广播综合覆盖率	%	100		预期性
	电视综合覆盖率	%	100		预期性
科教文卫	科技进步对经济增长的贡献率	%	＞ 50		预期性
	专利申请量和授权量增长率	%	—	20	预期性
	九年制义务教育完成率	%	100		预期性
	高中阶段毛入学率	%	≥ 98		预期性
	人均受教育年限	年	≥ 14		预期性
	人均拥有公共服务设施面积	m2	≥ 16		预期性
	每千人拥有床位数	张	≥ 4		预期性
	5 岁以下儿童死亡率	‰	≤ 8		预期性

续表 23-2

类别	指标		单位	"十三五"规划目标		指标属性
				2020 年预计	年均增长（%）	
资源环境	森林覆盖率		%	＞ 55.8		约束性
	活木蓄积量		万立方米	＞ 320		约束性
	城镇生活污水集中处理率		%	＞ 85		约束性
	农村生活垃圾无害化处理率		%	85		约束性
	城市饮用水水源地水质达标率		%	100		约束性
	城镇建成区绿化覆盖率		%	≥ 42.5		约束性
	主要污染物排放减少	化学需氧量	%	[8]		约束性
		二氧化硫	%	[5]		约束性
		氨氮	%	[9]		约束性
		氮氧化物	%	[5]		约束性
	万元 GDP 综合能耗下降		%	[8]		约束性
	单位地区生产总值水耗下降		%	[30]		约束性
	工业用水重复利用率		%	95		约束性
	新建节能建筑占新建建筑总量的比例		%	＞ 66		约束性
	空气质量二级以上天数		天	＞ 340		约束性
民主法治	城镇居委会依法自治达标率		%	≥ 96		预期性
	农村村委会依法自治达标率		%	≥ 98		预期性
	万人刑事犯罪率		‰	≤ 0.5		预期性
	道路交通万车事故死亡率		‰	≤ 0.07		预期性
	万人火灾事故死亡率		‰	≤ 0.002		预期性
	群体性食品安全事故年报告发生率		%	≤ 6		预期性

说明：[·] 表示五年累计数。地区生产总值、人均生产总值年增长率按可比价测算。本规划指标分为预期性和约束性两类：预期性指标是体现政府实现意愿的指标。要通过适时调整宏观调控方向和力度，综合运用财政、货币、产业、投资和价格等政策引导社会资源配置，努力争取实现。约束性指标是在预期性基础上进一步强化了政府意志的指标，主要是公共服务和公众利益领域对各级政府和有关部门提出的工作要求。政府要通过合理配置公共资源和有效运用行政力量，确保实现。

第二篇　发展动力　创新改革开放

第三章　全面创新　驱动发展

大力推进大众创业、万众创新，激发全社会的创业创新活力，加快实现经济发展由要素驱动为主向创新驱动为主转变，推动醴陵经济社会全面发展。

第一节　激情创业，勇争一流

紧扣"新创业新醴陵"总体目标，以激情创业，勇争一流为发展主题，营造积极向上的创新创业文化，让一切创新活力竞相进发，让一切创业源泉激情涌现。积极做好醴陵创业型城市工作，助推醴陵经济腾飞。

13. 培养创业主体。鼓励精英创业，引导创业能人特别是企业家推进“二次创业”，扩规模、提档次、上水平。开辟创新人才落户“绿色通道”，设立“一站式”服务窗口。鼓励大众创业，引导市外资本和人员来醴创新创业；引导外出农民工等人员返乡创业。鼓励草根创业，引导失地农民离土不离乡，在本地或所在城镇从事个体经营、创办或联合创办企业。

14. 创新创业空间。加强创业载体建设，发展“互联网 +”创业模式，推动大型互联网企业和基础电信企业向创业者开放计算、存储和数据资源。新建、完善一批创业孵化基地，为创业者提供低成本办公场所和居住条件。完善创业服务体系，鼓励各类创业孵化基地加快创新创业服务体系建设，为入驻企业提供技术支持、人才培养与交流、营运咨询与商务推广、投融资、生活配套与基础保障等各项服务。优化创业环境，实行统一的市场准入制度，积极推行负面清单管理。

第二节 增强科技创新能力

适应新一轮的科技革命和产业变革趋势，加强重大科技研发、搭建创新平台、构建多元创新体系，实现科技自主创新能力的战略性跨越。

15. 构建多元化投入体系。加大科研经费的预算及拨付力度，支持创新研发和新技术、新成果的引进推广工作。到 2020 年，实现市财政对科技费用投入占市级年财政预算支出的 1.8%，全社会研究开发投入占国民生产总值的比重达到 2% 以上，规模以上工业企业技术开发经费 23 亿元以上。努力争取国家、省、市科技攻关项目和其他科技投入资金及信贷资金。

16. 完善技术研发体系。完善以企业为主体、市场为导向、产学研相结合的技术研发体系，加强重点骨干企业市级工程技术研发中心的建设工作。推进企业的技术革新，不断加快新产品的开发和新技术、新工艺的引进、消化、吸收、创新。到 2020 年，实现专利授权数 780 件以上，高新技术增加值占工业增加值的比重达 25%。

17. 共建创新服务平台。围绕优势产业和战略性新兴产业发展需求，打造一批创新平台。依托龙头企业，建设国家级企业技术中心、省级工程技术研究中心。实现政府科技管理职能由研发管理向创新服务转变。完善市乡村组科技推广网络，健全科技服务体系和科技中介服务机构，形成技农工贸一体化的新格局。到 2020 年，实现农民科普知识普及率达 95%，农村适用技术应用率达 85%，建设醴陵市科技信息网。

18. 着力培育创新人才。加大人才培养力度，围绕产业转型升级和社会事业发展需要，加大生产研发、科技创新、教育文化、医疗卫生、社会管理等领域管理和专业技术人才培养力度。通过职业教育培养适用型和技术技能型人才。着力培养精通企业管理、熟悉战略经营、善于资本运作的优秀企业家。

专栏 2 “十三五”时期醴陵市产业创新重点工程

表 24

1、陶瓷行业瓷泥标准化工程。以湖南泰鑫瓷业有限公司为主体，建设好醴陵陶瓷标准瓷泥场，科学制定醴陵市陶瓷行业瓷泥应用标准。
2、800KV—1000KV 特高压无机粘接出线瓷套制造技术研发与应用工程。以醴陵华鑫电瓷科技股份有限公司为主体，针对长距离跨省、区特高压电网建设需求，推动专业产品的研发和产业化应用。
3、陶瓷产业和先进陶瓷技术创新战略联盟工程。以 10 家院校科研机构及 20 家陶瓷及陶瓷配套企业为核心，加强研发资源的有效整合和共享，积极开展产学研合作。
4、中国醴陵花炮机械研发中心建设工程。以天马花炮机械制造有限公司、陈氏花炮机械集团、勇敢机械有限公司为骨干，与南京理工大学开展科研合作，共同进行新产品开发、新工艺推广、全员科技培训。

第四章 深化改革 激发活力

坚定不移深化改革，锐意创新，突破体制机制障碍，进一步激发和凝聚全社会创造创新活力，为稳增长、调结构注入不竭动力。

第一节 经济体制改革

进一步处理好政府和市场的关系，更加尊重市场规律，更好发挥政府作用，推动经济体制改革。

19. 健全现代产权制度。遵循“谁投资，谁拥有产权”的基本要求，科学界定产权归属。依法保护各类产权，有效保障所有市场主体的平等法律地位和发展权利。加强产权交易市场建设，加大产权交易监督监管力度。推进公共资源交易体制改革，建立集中统一的公共资源交易体系。

20. 激发市场主体活力。全面实行国有企业分类分层管理，完成全市党政机关、具有行政职能的事业单位与下属企业政企分开、政资分开。基本处理完上轮国有工业企业改革遗留问题。发展混合所有制经济，有序稳妥推进国有资本、集体资本、非公有资本等交叉持股、相互融合。鼓励有条件的非公有制企业加快股份制改造和建立现代企业制度。推动企业进入资本市场，探索建立政府注资或国有资本参股的民营企业股权投资基金。

21. 完善现代市场体系。加快工商登记制度改革，完善市场主体许可审批监管信息共享平台，加快推进市场主体工商营业执照、组织机构代码证和税务登记证“三证合一”登记制度。落实国家、省级价格主管部门修订的定价目录，继续放开已经形成充分竞争的商品和服务价格。完善行政事业性收费、涉企服务收费、政府定价、政府指导价前置审批服务收费目录清单。深化医药、资源环境价格改革。

22. 推进供给侧结构性改革。减少对正常经济活动的行政干预，进一步激发各类市场主体的动力活力，扩大有效供给；清理涉及企业负担的各项收费，帮助企业降低成本；深入开展企业帮扶活动；推动同行企业兼并重组，化解产能过剩。加快产业结构优化升级，按照"高端化、智能化、绿色化、服务化"的方向，着力培育发展新兴产业。加强软硬基础设施投资有效性和准确性，提高全要素生产率。

第二节　行政体制改革

切实转变政府职能，创新管理方式，推进"管理型政府"向"服务型政府"转型。

23. 推进组织机构改革。积极稳妥实施大部门制。严格控制机构编制,严格控制财政供养人员总量。实行机构编制实名制管理，推进机构编制管理科学化、规范化、法制化。探索依法委托下放县级部分行政执法权到有人口规模和经济实力的乡镇。

24. 深化行政审批制度改革。深化行政审批制度改革，最大限度精简行政审批事项，减少政府对微观事务的管理。制定并完善"三个清单"，用刚性制度管权限权。进一步减少审批环节、优化审批流程，推行"阳光审批"、网上审批。

2. 创新政府管理方式。深化投资体制改革，确立企业投资主体地位。加强事中事后监管，有效履行职责，避免管理缺位，防止"一放就乱"。着重加强公共服务、市场监管、社会管理、环境保护等方面的职责。严格执行国家法律法规、发展规划和产业政策，加强对投资活动中土地使用、能源消耗、污染排放等方面的管理。优化发展成果考核评价体系，强化考核结果运用。

第三节　财政投融资体制改革

建立现代财政制度，推进预算管理、投融资管理和绩效管理，打造法治财政、阳光财政、高效财政和公平财政。

26. 完善收入征管机制。紧跟中央、省税收制度改革动向，稳步实施税制改革。突出财政收入质量考评，在完成收入增长预期目标的同时更加注重提高财政收入质量，实现财政收入健康转型。创新财源涵养模式，建立财政收入与经济协调增长机制。进一步规范财税优惠政策。

27. 深化预算管理制度改革。建立跨年度预算平衡机制和项目预算机制，实行中期财政规划管理。建立健全预算支出标准体系，探索建立分类分项的项目支出定额标准体系。清理规范重点支出同财政收支增幅或生产总值等挂钩事项。深入推进财政预决算公开。

28. 规范政府投融资管理。理顺和规范政府与国有投融资平台公司之间的关系，严格规定债务界限。建立规范的政府债务管控制度，完善政府性债务风险预警及化解机制。科学合法开展国有投融资平台公司注资工作，增强平台公司经营能力，实行资源资产化、资产资本化、资本证券化。积极推进政府融资模式转型，利用平台公司推动与社会资本开展 PPP 合作模式。鼓励支持社会资本参与公共领域项目建设。

29. 提高财政资金绩效。完善财政专项资金管理制度，规范财政专项资金的设置、分配、审批和监督管理。建立健全结余结转资金定期清理收回机制,加大财政资金统筹使用力度。严格预算执行管理，平衡预算执行进度，盘活存量资金。

第四节　土地制度改革

完善农村土地制度，激发农村经济社会发展活力，健全城乡发展一体化体制机制。

30. 合理利用土地资源。按照国家统一部署，推进不动产统一登记，构建信息管理基础平台。优化国土空间格局，划定永久基本农田、城市发展边界和生态保护红线，耕地保有量 5.1 万公顷，基本农田保护面积 4.5 万公顷。促进土地节约集约利用，开展城市建设用地节约集约利用评价工作，积极盘活存量建设用地，加快闲置土地的认定、公示和处置。实施片区开发模式，完善周边配套基础设施和公共服务设施，坚持土地精品出让，提高土地出让价值。

31. 深化"三块地"改革。全面深入以农村土地征收、集体经营性建设用地入市、宅基地制度改革为代表的"三块地"改革。缩小土地征收范围，规范土地征收程序，完善对被征地农民合理、规范、多元保障机制。在符合规范、用途管制的前提下，推进农村集体经营性建设用地出让、租赁、入股，实行与国有土地同等入市、同权同价，释放土地收益红利。完善宅基地权益保障和取得方式，探索农民住房保障新机制，明确界定农民住房财产权，探索宅基地的有偿使用制度和自愿有偿退出机制，探索农民住房财产权抵押、担保、转让的有效途径。

32. 深化农村集体产权制度改革。针对不同类型集体资产推进分类改革。对于资源性资产，抓紧土地承包经营权确权登记颁证工作，探索发展土地股份合作等合作形式；对于经营性资产，以明确债权债务、资产量化、股权设置、股权管理、收益分配为主要内容，推进农村集体产权股份合作制改革。对于公益性资产，探索集体统一运营管理的有效机制。

33. 深化农业经营制度改革。按照依法自愿有偿的原则，规范有序引导农民以多种方式流转承包土地的经营权。构建以农户家庭经营为基础、合作与联合为纽带、社会化服务为支撑的立体式、复合型现代农业经营体系。发展土地流转、土地入股、土地托管等多种形式的农业适度规模经营。

第五章 扩大开放 拓展空间

实施开放带动工程，主动对接、全面融入国家重大战略，培育合作和全面开放竞争新优势，构筑高水平的开放开发平台。到2020年，全市进出口总额超过6亿美元，培育新增自营外贸出口主体50家，外贸进出口超1000万美元企业达10家以上。

第一节 构建对外发展新格局

推进经贸合作、产业对接以及体制机制创新，对接“一带一路”、长江经济带和长江中游城市群等国家区域战略。

34. 株醴融城。全面把握长株潭一体化发展趋势，探索建立重大项目对接、政策共享机制，强化区域协同，形成互补效应。加快推动株醴融合发展。发挥陶瓷、花炮、服饰等产业优势，加快融入长江经济带产业发展链条，开展与长江中游城市群其他城市的有序分工与合作。

35. 湘赣合作。积极探索省际合作与开发管理新机制、新模式，高标准规划建设湘赣开放合作试验区。打破行政界线，优先推进试验区内产业同链、交通同网、信息同享、环境同治、金融同城、旅游同兴、人才同育、制度同构等建设。加快东富工业园建设，促进长株潭城市群与萍乡等赣西城镇群重点产业向园区转移，重点培育新材料、新能源、节能环保、生物生化、先进装备制造等产业集群。

36. 对外联通。依托沪昆高铁，向东直通21世纪海上丝绸之路，向西南直通丝绸之路西南经济带，连接中南半岛经济走廊、孟中印缅经济走廊，拓展经济辐射力。开拓“湘欧快线”与醴陵—宁波港出海通道，配合建设咸韶铁路工程，实现长株潭城市群、长江中下游经济带、泛珠三角经济圈的互通互联；加快建设千吨级水运物流码头，至湘江经城陵矶入长江；培育东城大道发展轴和岳汝高速发展轴，形成高效率的对外公路网络系统。

第二节 发展外向型经济

发展外向型经济，发挥内陆地区开放新优势，为醴陵发展注入新动力、新活力。

37. 打造对外开放平台。以经开区为载体，整合引进境内外资本合作发展“飞地”园区，打造承接产业转移的平台。以渌江新区建设为突破口，汇聚多样功能的产城融合示范平台，构建国际化新城区。打造陶瓷、烟花等产品海外重点展销平台。

38. 促进对外贸易稳步发展。进一步发挥商检海关优势，简化货物进出口手续，提高对外贸易效率。巩固欧美等地区国际市场，培育外贸增长点，拓展东盟、南美、非洲、俄罗斯、中东等新兴市场。鼓励企业自营出口，推动企业“破零倍增”工作。搭建“云销售”等电子商务平台，大力发展跨境电商，完善“走出去”发展战略。

第三节 招商引资

39. 拓展招商引资渠道。建立全要素招商理念，大力推进招商引资市场化，大力开展小分队招商、以商招商、合作招商。进一步加强与重点行业协会、区域重点商会的合作，在重点产业转移区域搭建投资促进平台，建设企业引进通道和招商渠道。开展“迎老乡、回故乡、建家乡”活动，充分发挥本地企业的联络效应、醴籍人士的牵线效应和醴籍工商界人士回归效应。利用省、市投资促进载体开展宣传推介醴陵，重点把握“瓷博会”、“花炮节”等经贸合作平台开展招商推介，定期举办中国陶瓷艺术大展、花炮艺术节、湖南（醴陵）陶瓷博览会等会展活动。

40. 加大招商引资力度。推进特色产业集群招商，组建交通装备、服饰加工、陶瓷生产等产业“互联网+”招商平台，主动参与“港洽周”、“沪洽周”、“广交会”等系列招商会展活动。推进技术招商，主动对接长株潭地区高校及科研院所，及时获取高新项目资源，推进技术成果在醴陵转化为产业项目。推进人才招商，主动对接各类产业高层论坛、人才交流会和研讨会等平台，吸引优质人才集聚醴陵。紧盯世界500强、国内100强和行业前10强企业，承接引进一批带动性强、竞争力大的大项目、好项目。

第三篇 发展战略 加快转型升级

第六章 工业强市

构建陶瓷、花炮、玻璃、装备制造、服饰的传统产业加电子信息、新材料等新兴产业的“5+X”工业支撑体系，培育工业经济新增长点，实施园区攻坚战略，推动县域工业再上新台阶。“十三五”期末，实现工业增加值达510亿元。

第一节 提升传统产业

改造提升陶瓷、花炮、玻璃、装备制造、服饰等产业，实现传统产业由粗放型增长向集约型增长升级。

41. 陶瓷。按照“存量扩容、增量突破”的思路，转型升级陶瓷产业，推进日用陶瓷个性化和体验化、陶瓷工艺自动化和智能化、原材料定制化、销售网络化，形成以新型陶瓷、电瓷电器、工程陶瓷、釉下五彩陶瓷为主体，上下游配套的发展格局。加强品牌建设，打响“中国醴陵·瓷彩天下”品牌，重点建设集生产、销售、展示、旅游、休闲功能为一体的陶瓷博览园。到2020年，陶瓷产业产值力争突破1000亿元。

42. 花炮。坚持技术改造，打造科技、环保、安全型烟花。加速产业升级，提高花炮产业机械化、信息化水平，争创“醴陵花炮”地理品牌。建设集生产、商贸、仓储、物流于一体的中国醴陵花炮大市场，实现花炮产业集约化生产和集群式发展。做优做强安全生产达标企业。优化花炮产业空间布局，整合湘赣两省边界的花炮产业资源。到2020年，花炮产业产值力争达300亿元。

43. 玻璃。立足玻璃—陶瓷产业一体化，引进玻璃产业上下游企业入驻，延伸产业链条，打造中部地区规模最大的玻璃工业集群。以东富玻璃工业园为中心，打造国家级“玻陶循环经济工业园”。重点发展节能玻璃、光伏太阳能玻璃、特种玻璃、优质硅砂等拳头产品。到2020年，玻璃产业产值力争达100亿元。

44. 装备制造业。对接株洲轨道交通、通用航空、新能源汽车三大千亿产业，引进一批轨道交通部件、汽车零部件、电气机械相关企业，打造长株潭地区交通装备零部件产品主要生产、采购地。重点推进交通装备制造产业园建设，建成省级重点装配制造基地。培育发展陶瓷装备、花炮装备等高效节能装备制造业，大力发展陶瓷、花炮等装备制造产业，引进或组建2–4家大型装备制造集团。到2020年，装备制造业产值力争达100亿元。

45. 服饰。承接株洲芦淞服饰市场及沿海地区服饰产业转移，打造“中国职业服装生产基地”、“中国服装名镇”。建设船湾职业服饰产业园，打造集职业服装研发设计、生产加工、辅料供应、展示等为一体的集约化产业园。引进战略投资者和服饰品牌，延伸和完善服装产业链，实现服饰产业集群化发展。到2020年，服饰产业产值力争达50亿元。

第二节　发展新兴产业

落实“中国制造2025”纲领，推进移动“互联网+”行动，重点发展电子信息、新材料等新兴产业，加快培育新的工业经济增长点。

46. 电子信息。发展通信设备制造、光伏电子与光纤通讯材料、电子元器件、半导体照明、汽车电子等领域，建设湖南信息技术和应用电子技术的重要创新基地。引进2–3家大型电子信息企业入驻醴陵，建设先进电子器件和软件孵化基地。到2020年，电子信息产业销售收入力争达50亿元。

47. 新材料。建立新材料技术创新服务体系，整合现有科研资源，发展路面材料、防水材料、高温材料、环保材料等先进陶瓷材料，发展光纤、电池、建材等新型材料。深化与省内外科研单位合作，创建国家级重点实验室、新材料重大专项研究平台、若干企业研发中心以及新材料的国家级测试认证中心。到2020年，新材料产业产值力争达50亿元。

第三节　实施园区攻坚

加快推进园区建设，促进集群化发展。全面建成“一区多园”发展格局，实现产城一体化发展。到2020年，园区技工贸总收入突破1000亿元，其中，陶瓷产业500亿元，装备制造业产值100亿元，玻璃产业产值100亿元，其他二产业产值100亿元和配套服务等三产业实现总收入200亿元，实现工业增加值260亿元。力争中国驰名商标和中国名牌产品达到10个，湖南省著名商标、名牌产品和中国陶瓷行业名牌产品达到50个。引进境外投资100亿元、高新技术企业每年研发投入占销售收入比重达到5%以上、万元工业增加值能耗和碳排放较目前分别下降14%、12%。

48. 优化园区空间布局。按照“以产兴城、以城托产、产城一体、产城融合”的思路完善园区规划，巩固壮大“一区多园”格局。以醴陵经开区为主体，着力打造东富工业园、交通装备生产基地等小园，建好陶瓷博览园。加快乡镇工业集聚建设，形成“大园+小园+工业小区”的发展态势。探索产业发展与城镇发展相互依托、相互促进，构建产业、城市、生态融合发展的模式。

49. 加强园区基础建设。建设园区配套基础设施，标准化厂房。加大园区景观绿化、美化建设，进一步提升园区形象和发展环境。启动东富工业园铁路专线建设，完善水、电、路、气等基础设施，推动相关配套设施建设。

50. 培育“骨干企业”。加速资源整合，在陶瓷、玻璃、交通装备制造等领域培育一批领军企业。加快企业上市步伐，促成华联瓷业、华鑫电瓷、时代金属制造等企业成功上市。引进2–5家投资规模达亿元企业，培育10个以上年主营业务收入过10亿元、20个过5亿元、300个过1亿元的企业。

第七章　三产旺市

大力发展生产性、生活性服务业，着力培养旅游业竞争能力，推动现代服务业转型升级。“十三五”

期末，实现第三产业生产总值达370亿元。

第一节　振兴旅游产业

以陶瓷、花炮文化体验为内核，文化生态休闲为主线，实施“文脉、城貌、乡居、产业、智慧”五大工程，打造集观光休闲、宗教文化、商务会议等多功能于一体的国际文化生态休闲旅游目的地。“十三五”期末，实现旅游综合收入总额达65亿元。

51. 整合旅游资源。以产业融合、文化塑魂和生态育景、旅游惠民为重点举措，推进旅游资源有机融合。发扬产业文化，开发以沩山古窑、陶瓷博览园、新世纪陶瓷艺术馆、李畋殿及陶瓷特色街区、醴陵国际陶瓷文化创意公园为代表的工业旅游。挖掘红色历史，发展以李立三故居、左权将军纪念园、醴陵名人文化园等为代表的红色旅游。弘扬生态文化，丰富以官庄山水，枫林印象，黄乡民居，渌江文化休闲带、沩山世界陶瓷文化遗址公园、仙岳山（西山）文化休闲旅游度假区、云岩寺禅修养生休闲度假区等为代表的生态旅游。重点打造“游官庄山水、观沩山胜景、逛陶瓷新城、听渌江夜话、登文化西山、谒曹洞祖庭”六大旅游景点，把李立三故居、醴陵·世界陶瓷艺术城、渌江书院、醴北人家打造成国家4A级景区。

专栏3　“十三五”时期醴陵旅游振兴项目

表25

引擎项目	诗意水乡——醴陵北部山水生态旅游发展先导示范区
龙头项目	沩山胜境——沩山世界陶瓷文化遗址公园。渌江夜话——渌江文化休闲带
重点项目	工业记忆——醴陵国际陶瓷文化创意公园。大美仙岳——仙岳山（西山）文化休闲旅游度假区。曹洞祖庭——云岩寺禅修养生休闲度假区。艺术之境——世界陶瓷艺术城。
辅助项目	服务之核——湘赣旅游集散服务中心。醉美乡村——均楚绿色农业示范基地。陶瓷超市——新世纪陶瓷购物公园。渌江小镇——流星潭商务休闲度假区。奇幻梦境——潘家冲工业漫游小镇。花炮之乡——白兔潭中华花炮文化休闲小镇。时尚之都——船湾服饰文化休闲小镇。青莲水乡——船湾镇乡村休闲示范区。归田园居——孙家湾城市郊野乡村休闲示范区。汽车之家——汽车文化主题公园。

52. 开拓旅游市场。着力推动“转型增效”、“品牌醴陵”的跨越发展。加快省际之间，县市之间，景区景点之间优势互补、品牌共铸、资源共享、联动发展，推进规划区域联动旅游线路。规划景德镇－醴陵－长沙铜官窑陶瓷文化旅游线路、萍乡－浏阳－醴陵烟花金三角旅游线路、井冈山－永新－茶陵－醴陵－韶山红色旅游线路。建设平汝高速醴陵段自驾游线路。巩固长株潭、衡阳市、江西萍乡市等近程市场，积极拓展以长江中游城市群为主的中远程市场。

专栏4　“十三五”时期醴陵旅游精品线路工程

表26

一日游线路	醴陵国际陶瓷文化创意公园——沩山世界陶瓷文化遗址公园——枫林印象乡村休闲度假区
	云岩寺禅修养生休闲度假区——仙岳山（西山）文化旅游休闲度假区——渌江夜话
多日游线路	沩山世界陶瓷文化遗址公园——枫林印象乡村休闲度假区——官庄山水生态旅游度假区——白兔潭中华花炮文化休闲小镇——渌江小镇
	云岩寺禅修养生休闲度假区——仙岳山（西山）文化旅游休闲度假区——渌江夜话——醴陵国际陶瓷文化创意公园——官庄山水生态旅游度假区
区域联动旅游线路	景德镇高岭古矿区遗产、湖田古窑遗址——醴陵沩山陶瓷遗址公园、陶瓷文化创意公园——长沙铜官窑遗址、铜官窑综合旅游度假区
	井冈山黄洋界、井冈山烈士公园——永新三湾改编旧址——茶陵第一个县级红色政权——醴陵萍浏醴起义旧址－韶山毛主席故居

第二节　发展生产性服务业

以促进产业转型升级、支撑企业健康发展为导向，大力发展现代物流、商务服务、金融服务、科技服务等市场化、专业化、社会化的生产性服务业，提升对新型工业化的服务支撑能力。

53. 现代物流业。发挥交通区位和渌江水道的优势，发展滚装运输、道路货物甩挂运输，形成“铁、海、公”综合物流体系。培育或引进物流龙头企业，发展第三方综合性物流，发展冷链等专业性、行业性特色物流。加快安迅物流园、经开区物流园等项目建设，构建以大型物流基地为核心、综合性物流配送区和专业性物流配送区为节点的高效物流网络体系。发展智能物流基础设施，支持农村、社区、学校的物流快递公共取送点建设。培育同城快递业务，组建以“电商＋物流”模式运行的农村物流配送企业，计划建设50个农村物流服务站。

54. 商务服务业。培育法律、会计、审计、财务、评估代理、管理咨询、人才中介等专业服务机构，集中打造一站式商务服务平台。努力打造基于陶瓷花炮等传统产业的品牌龙头展会，发展会展服务业和总部经济，支撑产业品牌升级和市场开拓。落实“互联网 +”行动，鼓励支持行业、区域、企业建设第三方电子商务平台。规划建设电子信息产业园，加快推进与阿里巴巴、京东等龙头电商企业的合作洽谈，引进和培育一批知名度高、带动力强的电子商务龙头企业。

55. 金融服务业。围绕扩大总规模、完善金融体系，鼓励各类银行来醴陵设立法人机构和分支机构，支持长沙、华融湘江等区域性股份制银行在醴分支机构的发展。支持民间资本进入金融领域，发展村镇银行、小贷公司等地方小型金融组织。积极创新金融产品和服务，引导发展中小企业投资公司、信用担保公司，规范发展各种民间信贷机构，完善担保机制，降低融资成本。加快发展保险服务业，拓展保险服务功能，积极发展中小微企业贷款保证保险和信用保险。稳步发展农村金融业，推动农村“三权”抵质押贷款，大力发展农村普惠金融。

56. 科技服务业。重点开展自主研发、工业产品设计、创业孵化、知识产权管理、技术交易及评估咨询等科技服务，培育一批专业、规范、高效的科技服务机构。

第三节　提升生活性服务业

繁荣文化产业，优化商贸服务发展布局，科学发展房地产业，加大健康养老产业支持力度，着力提升生活性服务业发展品质。

57. 文化产业。实施广播电视精品工程。支持发展移动多媒体广播电视、数字多媒体广播、移动文化信息服务等业务。发挥历史文化遗产资源优势，改造渌江书院，完善配套设施，打造醴陵文化名片。实现文化与商业的有机融合，建好文化产业特色街区。

58. 商贸服务业。构建现代商贸服务业体系，大力推进市场改造提升，推动传统批发市场从单一交易市场向多功能市场、“线上线下”两种模式、专业化等新型业态转变，提高市场的辐射力和影响力。优化城市大型商场、综合超市、购物中心、批发市场等商业网点结构和布局，大力发展连锁经营和统一配送，鼓励发展专业店、专卖店，完善社区商业便利消费体系。推进生活性服务业进社区，积极发展便利店、中小超市等社区商业。推进“万村千乡市场工程”和“农超对接”工作，支持城市商业向农村延伸设置网点，引导农产品进城直销。

59. 房地产业。构建以政府为主提供基本保障、以市场为主满足多层次需求的住房供应体系，力争到“十三五”期末，人均居住面积达到 42 平方米。建设 300 万平方米商品房，满足住房刚性和改善性需求。加大保障性住房建设力度，推进旗滨、渌江新区等一批房地产项目。开发养老地产。整顿和规范房地产开发市场。鼓励房地产开发企业顺应市场规律调整营销策略，化解房地产库存。鼓励房地产业兼并重组，提高产业集中度，到 2020 年，培植 5 家二级房地产开发企业，培育 2 家一级房地产开发企业。

60. 健康养老产业。支持发展健康体检咨询、体育健身等多样化健康服务。推行养老服务政府补贴制度和政府购买服务制度，每千名老年人拥有床位数达 40 张以上。转变养老模式，支持建设医护合一的养老机构，提高社区医疗机构为老年人医疗服务的能力，完善养老服务供给和购买的产业链条。

第八章　组团兴市

按照“融入长株潭，加快一体化”的发展方向，明确“溯江而上，向东发展”的整体思路，确立“一城三片区”、“一心六组团”、“一环三纵横”的整体布局，凸显地方特色和亮点，促进区域统筹协调发展。

第一节　一城三片区（图 2）

推进“一城三片区”建设，扩大中心城区发展容量，提升城市建设水平和质量，提高城区首位度。

61. “一城”。主要指中心城区。坚持“以水为源，以绿为美，以文为魂，以人为本”理念，加强山水保护，将绿化理念融入城市规划与建设，挖掘城区历史文化，优化城市服务功能，加快形成“一街一景、一街一品”的城市布局，推进城市门户升级改造。

62. “三片区”。提质老城区，按照“仙岳山旅游、阳三物流、来龙门商贸、国瓷文化”的原则，清晰定位老城区功能。升级经开区，根据“以产兴城、以城托产、产城一体、产城融合”的原则，打造布局合理、建设有序、配套完善的现代化园区。开发示范区，紧扣“城市中心、发展主轴”定位，重点推进渌江新城建设，打造“见山看水记乡愁”的生态自然、宜居和谐新城，带动流星潭片区和高铁片区共同发展。

第二节　一心六组团（图 3）

以市区为中心，以产业为依托，在全市打造六个集镇组团。

63. “一心”。以醴陵城区为中心，以旧城区、经开区和示范区为着力点，全面改造陶瓷、花炮、服装等传统产业，大力发展电子信息、生物制药、现代家居、新材料等新兴产业，构建现代化的产业集群，打造以新型产业为支撑的城市组团。

64. “六组团”。以花炮产业为主导，以花炮产业园建设为载体，引导白兔潭、李畋、浦口等乡镇的花炮生产企业向园区“大集聚，小分散”

式发展，打造醴陵东部以花炮生产为核心，以花炮研发、设计、销售、服务等为配套的集镇组团。以旗滨玻璃为龙头，提升醴陵玻璃产业园的集群实力，依托东富镇位于湘赣边界的区位优势，大力发展现代物流等第三产业，打造以玻璃产业为支撑的东南集镇组团，建成湘赣合作试验区的“启动区”。以船湾镇等城镇为主体，以服饰设计、生产、销售为产业重点，大力引进国内外知名服饰品牌企业入驻乡镇，打造以服饰产业为支撑的南部集镇组团。以株醴新城为载体，以东城大道为发展主轴，加强醴陵市与长株潭的连接，积极承接航空、轨道、汽车、电子、新材料等新兴产业，打造醴陵西北的产业转移承接组团，长株潭都市圈的卫星城。以均楚、石亭、茶山等西部乡镇为发展重点，依托本地生态资源和农业基础优势，大力发展特色产业、观光农业、休闲农业，打造醴陵西部以现代农业体系为支撑的集镇组团。以“枫林印象”、“黄乡民居”、“沩山古窑”、“官庄山水”等特色风光为依托，积极发展生态旅游产业，打造以旅游业为支撑的北部集镇组团。

第三节　一环三纵横（图 4、图 5）

以 G320、S313、G106 为骨架，构建环绕城区的环线交通网，缓解城区交通压力。以 G320 和 S313 为依托的城镇横向发展轴，作为东西向主轴，串联板杉、中心城区、东富、茶山、石亭，向西对接芦淞区、渌口开发区、南洲新区，向东对接萍乡、宜春，推动城区溯江而上、向东发展。G106 纵贯南北，串联李畋、白兔潭、王仙、孙家湾、泗汾、船湾等

醴陵市国民经济与社会发展第十三个五年规划

图 2　　城区发展功能分区

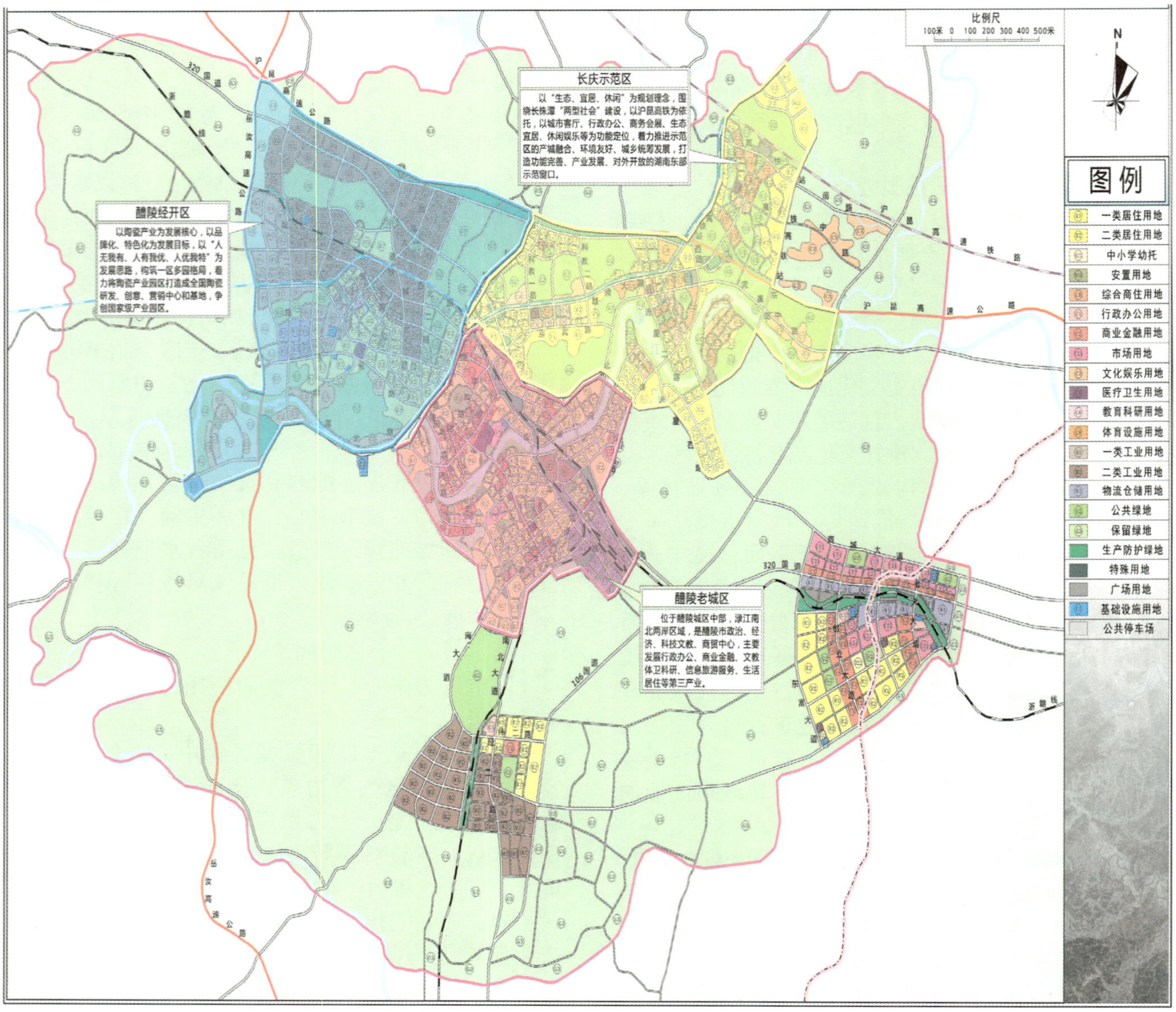

乡镇，作为南北向主轴。

65．铁路。改造提升醴陵站，建设醴茶铁路北接长沙－韶山铁路，南接衡茶吉铁路，与浙赣铁路形成东西和南北“十字”型相交的铁路网。规划株洲至醴陵段城际铁路线，配合娄醴城际轨道建设。开通醴陵站至宁波港的烟花鞭炮特殊商品出海通道，完善铁路运输系统。

66．公路网。建设 G106 醴陵城区绕城线、醴陵

醴陵市国民经济与社会发展第十三个五年规划

图 3　　发展组团结构

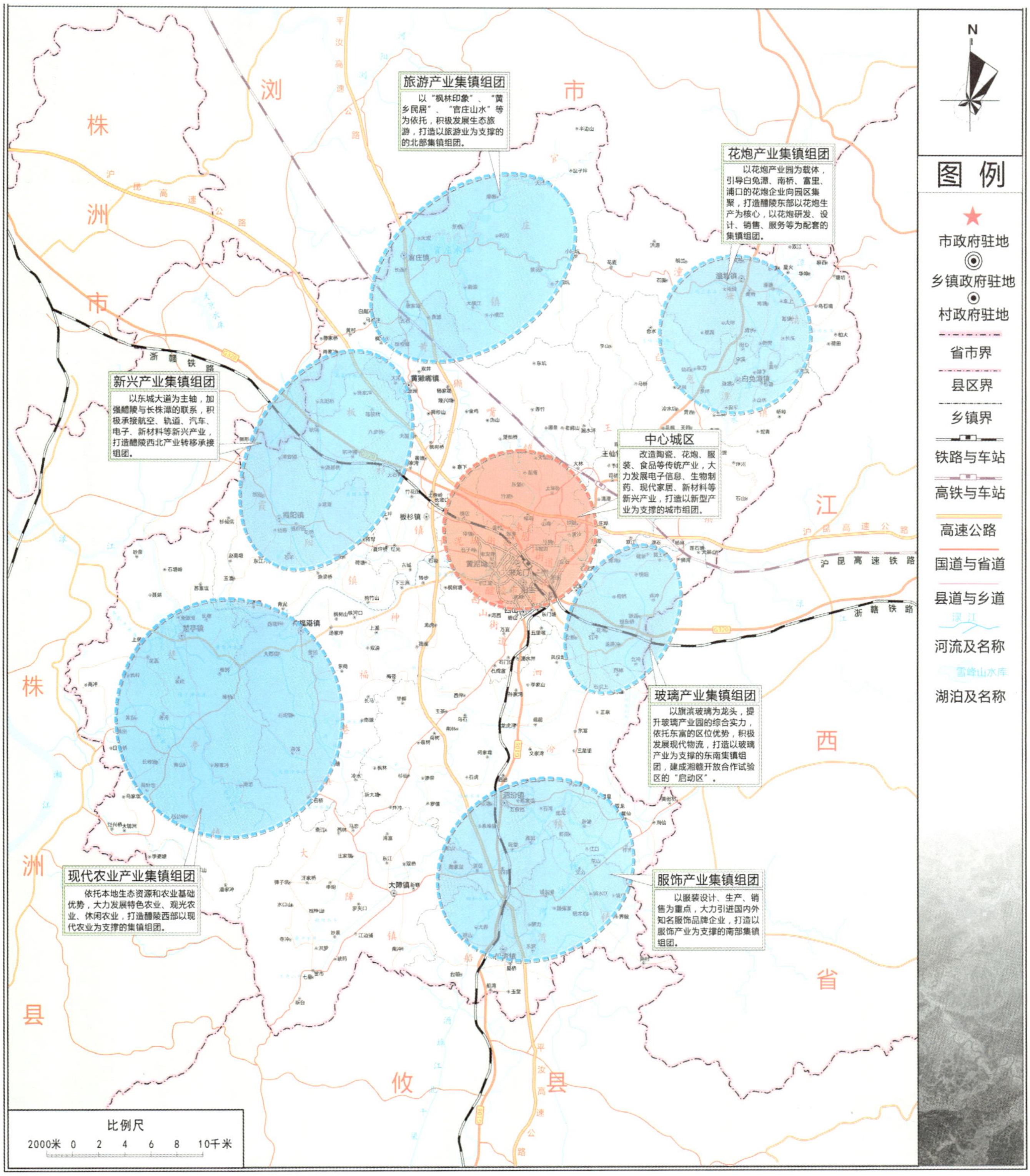

至韶山（G60 复线）段扩建工程、城市外环线 S333 老关至铁河口段、S105 云龙楠山铺－醴陵富里塘坊干线公路、S205 醴陵挫段坳－大障以及 S209 株洲章桥－攸县五丰，建成城内便捷城外联通的交通网。打造株醴快速通道。建设 S331 东城大道及株醴高速公路，推进株醴半小时交通经济圈。拉通醴陵城市路网。打通断头路，提质改造一批小街小巷。完善渌江新城路网建设项目，建设向阳路、彰仙路、梧

醴陵市国民经济与社会发展第十三个五年规划

图 4　　行政区划调整

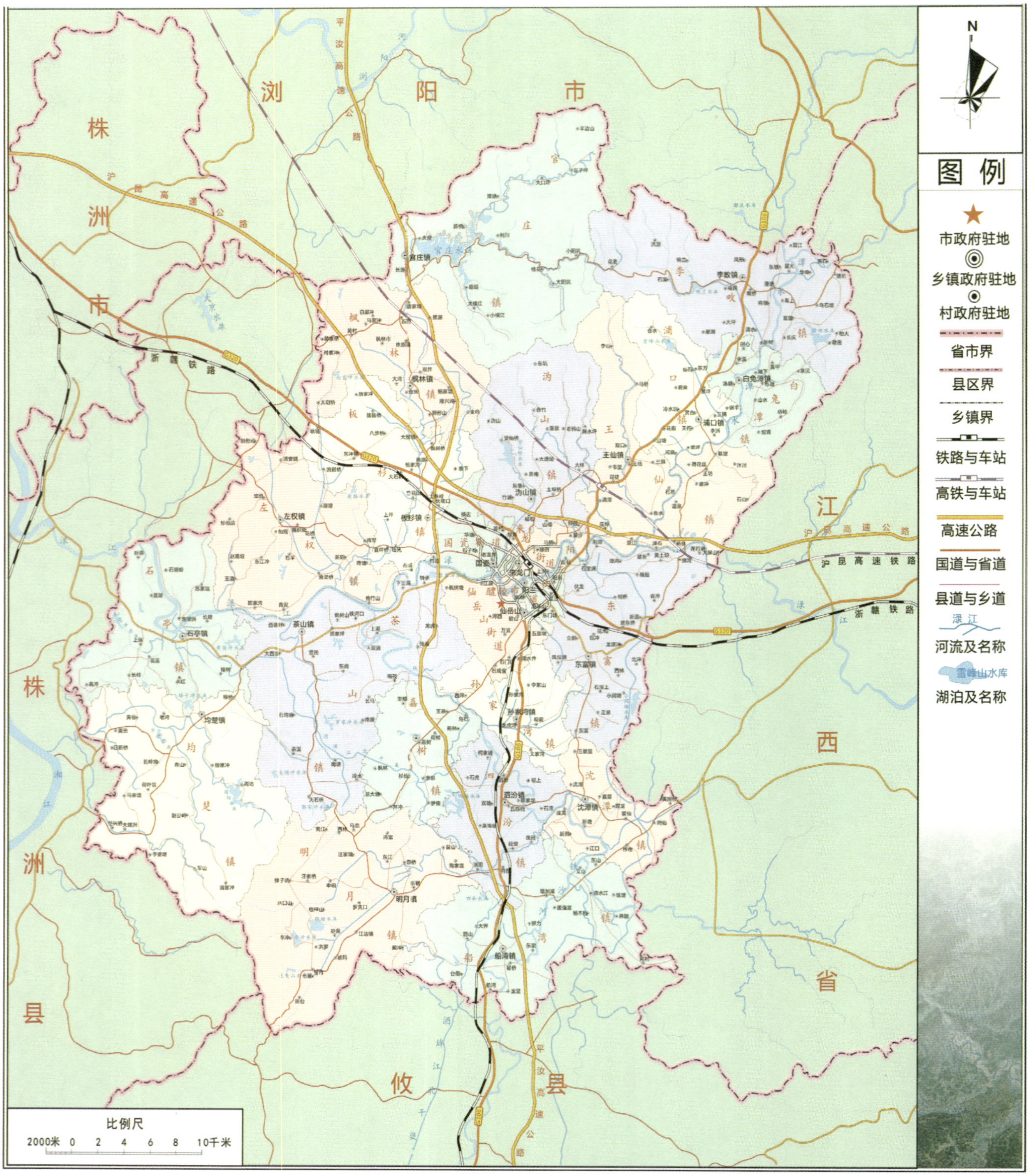

桐路、云盘路与已完工的长庆大道形成完善的新城核心区道路环线。畅通农村交通路网。加大农村公路网的改造力度,重点打造两个“半小时交通经济圈”即村到镇半小时交通经济圈和各镇到高速公路或干线公路半小时交通经济圈。建设旅游路网。打造北部环线旅游风情道、城市快速外环旅游线及两横一纵旅游快速通道，打通多条旅游景区景点连接支线，为发展旅游业打造便捷通道。

醴陵市国民经济与社会发展第十三个五年规划

图 5

发展轴线结构

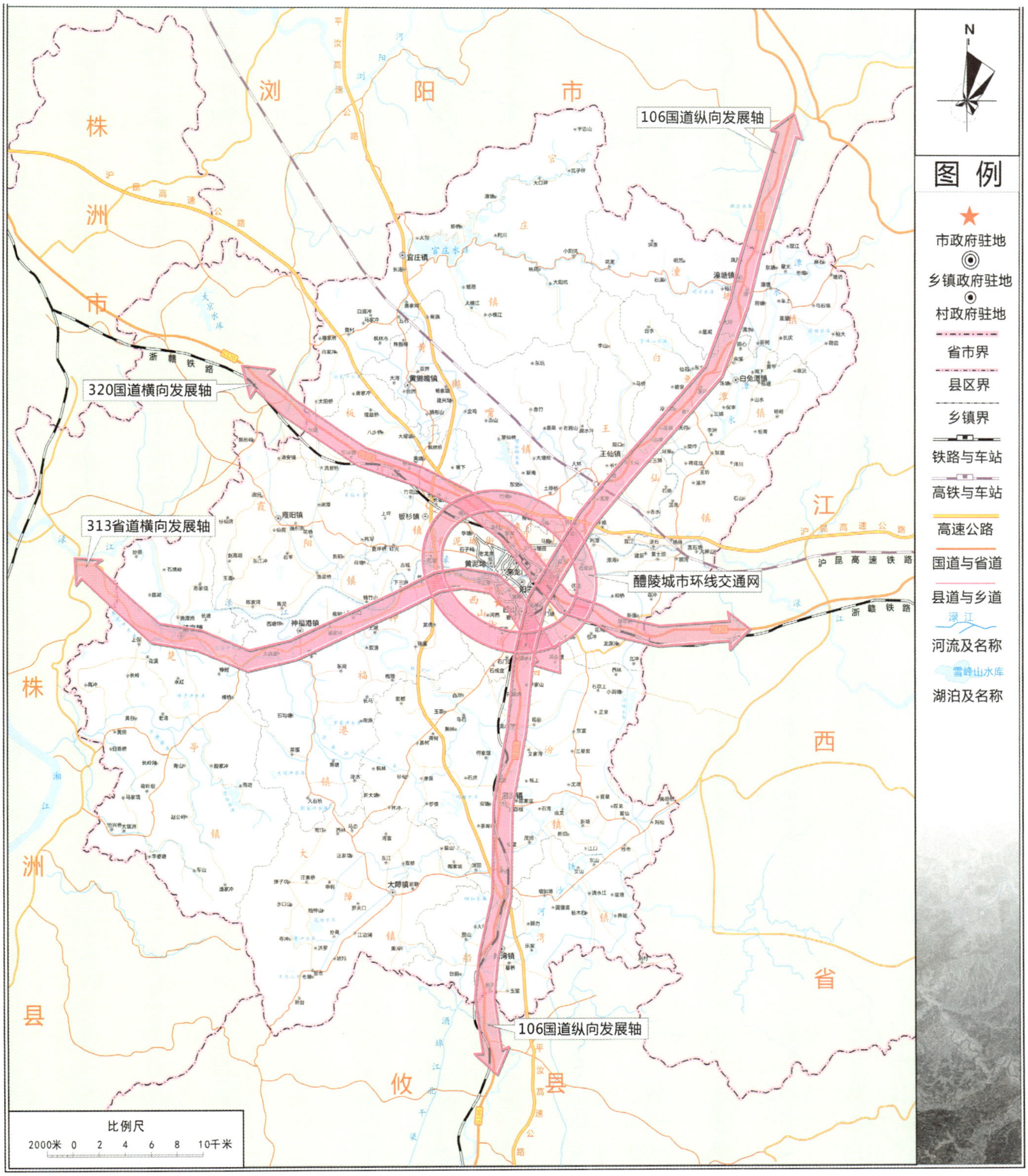

专栏 5　醴陵市"十三五"干线公路项目表

表 27

路线组成	规划等级	建设里程
G60 醴陵至韶山段扩建工程（醴陵段）	高速公路	41
株醴高速公路	高速公路	31
S333 老关至铁河口段	一级	27.6
S331 东城大道	一级、二级	38.6
G106 醴陵城区绕城线	一级	18
S105 云龙楠山铺－醴陵富里塘坊干线公路	二级	58
S205 醴陵挫段坳－大障	二级	46
S209 株洲章桥－攸县五丰	一级	34.1

67. 水路航道。疏通水路航道，启动渌水大西滩至渌口段航道疏浚工程。推进醴陵港区建设工程。提升运输能力，新建渌水航电枢纽工程。

专栏 6　醴陵市"十三五"水路航道项目表

表 28

名称	地址	建设性质			
		性质	等级	泊位个数	吞吐能力（万吨）
渌水大西滩至渌口段航道疏浚工程	渌水	IV 级航道		50.2	
醴陵港区建设工程	枫树塘村	件杂货	500 吨级	5	300
渌水航电枢纽工程	渌水	枢纽建筑物等级为三等、船闸设计为 IV 级，最大船舶吨级为 500 吨			

68. 航空运输。开展醴陵机场前期规划工作，争取建设醴陵民用机场；增加联接黄花机场的快速通道，预留市区与规划株洲机场、炎陵机场的对接通道。

69. 城市公交。建设、改造一批设施先进、管理科学、功能齐全、效益优良、规模适当的客运站和物流货运中心，基本形成以市区为中心，连接周边中心城市和铁路客货站，连通农村乡镇客运站点的站场网络。完善公交网格，整合公交市场资源，优化现有公交线路，对部分线路进行延伸和调整，根据实际情况，新增公交线路。大力发展城市大容量公交，加快构建快速、便捷、高效、安全、大容量、低成本的互联互通综合交通网络。积极推行健康、绿色的出行方式。力争在"十三五"期末，解决我市交通拥堵，市民出行不便的"城市病"。

第九章　环境立市

坚持建设环境友好型、资源节约型社会，抓紧污染源治理，加强生态环境保护力度，引导生态文明建设。从政府主导向社会共治、多方制衡转变，政府市场两手发力，倒逼与激励并重，逐步实现政务、法治、生态环境质量总体改善的目标。

第一节　政务环境

推进效能政府、阳光政府、服务政府建设，为全社会提供便捷、高效、廉洁、规范的行政服务，营造良好政务环境。

70. 建设效能政府。完善政府权力清单，推进政府事权规范化、法制化。依法界定和规范政府经济调节、市场监管、社会管理和公共服务职能，加快非政府职能向社会和市场转变。健全依法决策机制，保证重大行政决策法定程序的有序进行。

71. 建设阳光政府。充分运用现代信息技术创新行政权力运行方式，将适宜公开的行政权力及其运行集中网上公开。全面推进电子政务建设，加快完善电子监察平台建设，推动行政权力规范、公开、透明、高效运行，形成权责清晰、程序严密、运行公开、结果公正、监督有力的行政权力公开透明运行机制。

72. 建设服务政府。按照服务机制便民化、服务体系标准化、服务要素集约化、服务手段信息化的要求，创新政务服务运行方式。推行"一站式服务"，建立高效的政务服务体系。通过政府购买，增加公共产品和服务供给。树立多元共治理念，通过适当放权，与企业、社会组织、公众等共同进行社会治理。

第二节　法治环境

坚持依法治市，把民主和法治贯穿于社会经济发展各领域，加强社会主义民主法治建设，维护社会和谐与稳定，到 2020 年全市社会安全指数达到 100%。

73. 加强基层法治建设。探索建立社区、社会组织和社会工作者联动的工作机制。开展村（居）务民主管理示范创建和村（居）民主评议活动，加强村（居）议事协商制度和村（居）务监督委员会建设，不断提高全市村（居）依法自治达标率。引导全市广大干部群众牢固树立法律观念。健全公民和组织守法信用记录，完善守法诚信褒奖机制和违法失信行为惩戒机制。

74. 公正司法。建立领导干部违法干预司法活动的预防和惩处制度，确保依法独立公正行使司法权。依法公开审理案件，构建开放、动态、透明、便民的司法机制，树立和维护人民法院司法公信力。加大司法救助和法律援助，降低法援门槛，逐步普及法律顾问制度。

第三节　生态环境

控制资源总量，优化能源结构，提高资源利用率。坚持低碳发展，倡导健康文明、节约资源的生产生活方式。

75．加快能源设施建设。优化能源结构，构建稳定、经济、清洁、高效、安全的能源供应体系和服务体系。建设节能环保型智能配电网设备，实现全市域电网智能化。新建一批液化天然气接收站，修建天然气门站。继续推进天然气全覆盖惠民工程。推进“气化湖南”工程及西气东输醴陵段的开工建设。开发利用明月镇、官庄镇风能，开发利用太阳能、垃圾发电、污水处理和余热循环等再生能源项目。加快农村新能源设施建设，促进沼气池、天然气管道、高效生物质炉灶的全面覆盖。“十三五”期间，实现沼气用户新增1200户、小型沼气工程300处、大中型沼气综合利用工程10处以上。

76．加强大气污染防治。控制建筑施工扬尘，严格治理餐饮业排污，推广餐饮油烟净化设施。推行用煤脱硫治理，加快工业燃煤锅炉污染治理。淘汰黄标车，加强机动车环保管理，推广新能源汽车。到2020年，空气质量二级以上天数达340天以上。

77．加强水污染综合整治。科学划定集中饮用水源保护区，将官庄水库、望仙桥水库、渌江三刀石河段纳入法定保护范围。对接省湘江流域污染治理工程，推进湘江支流渌江流域水污染治理和生态保护。加强流域内涉重金属企业的污染治理，集中、深度治理现有工业污染源。落实农村饮用水源综合评估，规范饮用水源地周边的环境行为；建设乡镇污水处理厂，加大生活污染和畜禽养殖污染治理力度。实现饮用水源水质稳定达到Ⅱ类，达标率100%；工农业用水水质达到Ⅲ类，水功能区水质达标率达到90%。

78．加强土壤污染防治。制定实施土壤污染防治行动计划，保护耕地土壤环境，强化工业污染场地治理。治理67.5万亩重金属基本超标耕地，确保8000亩严重超标区域全部实现非食用农作物种植。推进农业面源防治，扩大低毒生物农药补贴项目实施范围，加速生物农药、高效低毒低残留农药推广应用，减少化肥农药不合理使用。着力实施“沃土工程”、农作物化肥使用量零增长行动。

79．推进重点地区生态修复。重点开展森林、湿地和生物多样性保护工程，做好野生动植物保护和林业病虫害防治工作。实施第二轮封山育林，建成西北、西南、东部和市区外围四大片森林集中区，控制水土流失。推进“三边造林”，开展生态“三防”工程。实施渌江河道和流域生态修复工程。

80．强化生态环境红线管控。以国家、湖南省、株洲市主体功能区规划为指导，加快制定醴陵市主体功能区规划，确定主体功能定位，明确开发方向，控制开发强度，规范开发秩序，完善开发政策。建立空气、水污染自动监控监测和预警预报系统。加大环保执法力度，健全完善生态保护、监测、执法、惩处以及责任追究等制度。科学设置覆盖全市的环境监控点，完善环境动态数据库。

81．节约和高效利用资源。严守红线，落实最严格耕地保护制度。建立健全耕地保护与补偿机制，加快推进现代标准农田建设，做好土地整治工作。到2020年，全市耕地保有量不少于51247公顷，基本农田保护面积不少于44500公顷，旱涝保收高标准基本农田不少于27164公顷。建立健全土地节约集约用地机制，实行资源总量控制和供需双向调节。到2020年，全市建设用地总规模控制在27208.17公顷以内，城乡建设用地控制在24200公顷以内。加强重点行业和企业的节能工作，集中处理和回收利用工业固化物和余热。推广应用高效节能产品和设备。加快推进工业节水、农业节水和城镇节水工程建设，构建节水型生产消费模式。积极开展矿产资源开发利用与保护。

第四篇　发展任务　推进县域崛起

第十章　推进农业产业化

营造厚植重农氛围，树立和贯彻创新、协调、绿色、开放、共享的发展理念，加大强农惠农富农力度，深入推进农村各项改革，破解“三农”难题、增强创新动力，积极推进农业现代化。

第一节　提升农业生产水平

调整优化农业结构，挖掘农业内部潜力，发展高效优质生态农业，形成结构合理、保障有力的农产品有效供给。“十三五”期末，实现第一产业生产总值达36亿元。

82．粮食生产。建立“企业＋基地＋大户＋农技”社会化服务组织的水稻产业化生产经营体系，形成规模种植5000亩以上的农业公司和农民专业合作社10个，200亩左右的家庭农场200家。到“十三五”期末，全市粮食播种面积常年保持在105万亩以上，粮食总产保持在52万吨以上，实现粮食产业总产值17亿元。

83. 经作蔬菜。调整经作结构，发挥本地特色经济作物优势，开发名优特新产品。以发展蔬菜和瓜果为重点，发展特色蔬菜产品大型生产基地，巩固和适度发展柑桔、葡萄、草莓等水果和茶叶。开展区域化布局，标准化生产，扶优扶强 1–2 个经作产品加工龙头企业，打造醴陵经作品牌。到“十三五”期末，全市经济作物总面积力争达到 37.7 万亩，总产值达 15.5 亿元。

84. 林业。加快绿化造林步伐，全面加强林业经营，努力提升森林资源质量。大力培养珍贵树种和优质良才，积极发展木本粮油、林下经济、森林旅游、花卉苗木等绿色惠民产业。丰富林业经营权，引导林业规范有序流转和适度开发经营，鼓励各类组织、企业、个人积极投资开发林下种植、养殖产业，建立几个高效示范点。全力打造优质油茶品牌。

85. 养殖业。抓好生态化养殖、标准化生产、资源化利用，加快转变养殖方式。积极推广应用先进的监测技术，严格执行监测技术规程，对全市生猪生产现状实施长期动态监测。构建基层动物防疫体系，完善建设国家、省级标准化规模生猪、黑山羊、鸡养殖场和水产健康养殖场。加强养殖环境污染治理，配套无害化处理设施。到“十三五”期末，创建生猪 5000 头以上规模场 25 个，健康水产养殖场 5 家，建成 500 头以上草食动物场 20 家。

第二节　提高新农村建设质量

加快农村基础设施建设，推动新型城镇化与新农村建设协调发展。推动城乡公共服务均等化，提升农村居民幸福指数，提高社会主义新农村建设水平，全力打造美丽乡村。

86. 农村水利建设。建设水资源监测系统及水资源保护与水生态修复工程，完善山洪灾害防治系统。有效治理渌水干流、铁河等 7 条主要支流和中小河流。建设供水水源点和配套工程，保障农村居民饮水安全，城镇居民生活用水保证率达 95%。提高城市防洪标准，建好防洪治涝工程城区防洪工程。新增抗旱应急水源工程，完成 78 座小型病险水库、1 座大型水闸、2 座中型水闸、5 座小型水闸除险加固。继续完成酒埠江、官庄两座大型灌区续建配套与节水改造工程，完成荷田、望仙桥等 5 座中型灌区的续建配套与节水改造工程。加固石亭、星火 2 座电站拦河水闸。到“十三五”期末，灌溉水利用系数从 0.48 提高到 0.53，灌溉保证率由 70% 提高到 80%。

87. 加快美丽乡村建设。加强农村规划管理，优化农村居民点和公共空间布局，保护传统名村名镇。推进基础设施建设提质改造，实施农村公路畅通和通达工程，推进危房改造，促进电网升级及广播电视全覆盖，完善农村清洁能源服务体系。改善农村人居环境，深化城乡同治工程，从农村环境污染的点源、面源治理入手，开展环境综合整治工作，逐步实现农村垃圾无害化处理全覆盖，解决散乱污染到集中污染难题，构建优美农村环境生态体系。发展农村体育文化事业，每年建设 5 个规划科学、村容整洁、乡风文明、管理民主的美丽乡村。

第三节　促进农民增收致富

以素质提升和减轻负担为着力点，开展农民技术培训，落实惠农富农政策措施，拓展农业农村发展新空间、农民增收致富新渠道。

88. 提升农民素质。围绕农业产业化和农民增收，创造性地开展农民职业技能培训和实用技术培训工作。依托现有的试验示范基地、良种繁育场、种植大户、涉农企业、农民专业合作组织基地等，新建一批新品种、新技术、新机具的试验示范基地，提高农业科技培训效果。

89. 拓宽增收渠道。引导农民本地就业，结合新型城镇化开展支持农民工等人员返乡创业，激发农民创业创新活力，培育新产业新业态。依托现有农业资源，挖掘内部生产潜力，发展特色农产品；利用景观资源，因地制宜发展休闲、观光、旅游等农村服务业，培育支持有一定规模的农业休闲农庄 200 家以上，促进一二三产业融合发展。

第十一章　推进新型城镇化

尊重城市发展规律，按照新型城镇化建设要求，重点发展中小城镇。促进农村转移人口的市民化转变，形成城市规模与资源环境承载能力相适应，人口和用地相匹配，城乡共建、优势互补、相互促进的良好局面。

第一节　强化规划引领

统筹空间、规模、产业三大结构，提高城市工作全局性。科学规划城市空间布局，突出陶瓷花炮文化元素，优化城乡空间结构与形态，实现紧凑集约、高效绿色，生产、生活、生态空间和谐发展。

90. 多规融合。按照行政区划调整，综合考虑城市功能定位、文化特色、建设管理等多种因素制定规划。加强对城市的空间立体性、平面协调性、风貌整体性、文脉延续性、全域安全性等方面的规划和管控，留住城市特有的地域环境、文化特色、建筑风格等“基因”。完善新型城镇化规划体系构建，对接上位规划，完善县域城镇布局，确保规划延续执行。实施国民经济和社会发展规划、城市总体规划、土地利用规划等不同规划在功能定位、规划体系、实施路径等方面的融合，推进“多规融合”。

第二节　推动城镇建设

统筹规划、建设、管理三大环节，提高城市工作的系统性。坚持项目引导，推动老城区、示范区开发建设，加强城市地下和地上基础设施建设，建设海绵城市。

91．提质老城区。推进东门上商业文化路、渌江风光带、陶瓷特色街区建设。完善城区道路网络，增加城市桥梁，打通断头路及散流排污管道，加快瓷城大道等道路的人行道、公交港湾改造。对道路节点、广场增植补绿，增加绿色空间。对街道、特色建筑实行亮化，提高城区亮化水平。保护先农坛、文庙西厢老街、老牌坊、文昌阁等文物古迹，恢复三刀石至泗洲寺片区老醴陵风貌，保留湘东民居特色。加大老城区厂矿企业、棚户区、老旧小区、危房、城中村的改造和搬迁力度。

92．建设新城区。启动并完成新城新天地、创新创业中心、长庆中心学校、陶瓷技师学院、珊田安置区、总部经济区等项目建设。以服务业为重点，突出品牌效应，着力培育渌江新城、社会服务、商贸服务、旅游休闲四个经济增长点。“十三五”期间，基本完成渌江新城、醴陵商贸城建设，实现建成区面积达10平方千米，人口达10万，招商引资达150亿元，财政税收过亿元的总体目标。

专栏7　“十三五”时期长庆示范区开发工程

表29

渌江新城	加快渌江新城项目建设，着力实施现代产业园区、产业配套社区、产学研孵化平台、高尚居住社区、名人文化园、渌江湾旅游度假小镇、金融中心、五星级酒店、生态康体养生区等项目，打造醴陵市政治经济文化中心。
社会服务	围绕“两型”社会建设，依托老年服务中心、长庆医院等项目，推进医疗事业建设。
商贸服务	依托总部经济区、智能化物流港、醴陵商贸城等项目，大力发展高档次商贸现代服务业。
旅游休闲	依托长庆寺、沩山古窑的保护和开发，梧桐山城市公馆项目建设，在示范区周边启动生态农庄试点，打造休闲旅游品牌。

93．发展特色集镇。按照分类引导、择优培育、以点带面的发展模式，以乡镇区域规划调整和建制村合并为契机，规划和建设一批规模适度、布局合理、功能配套的工业强镇、商贸大镇、旅游名镇、边贸小镇等特色集镇，把特色集镇建设成为城乡协调发展的重要节点。（图6）

醴陵市国民经济与社会发展第十三个五年规划

图6　城区发展空间结构

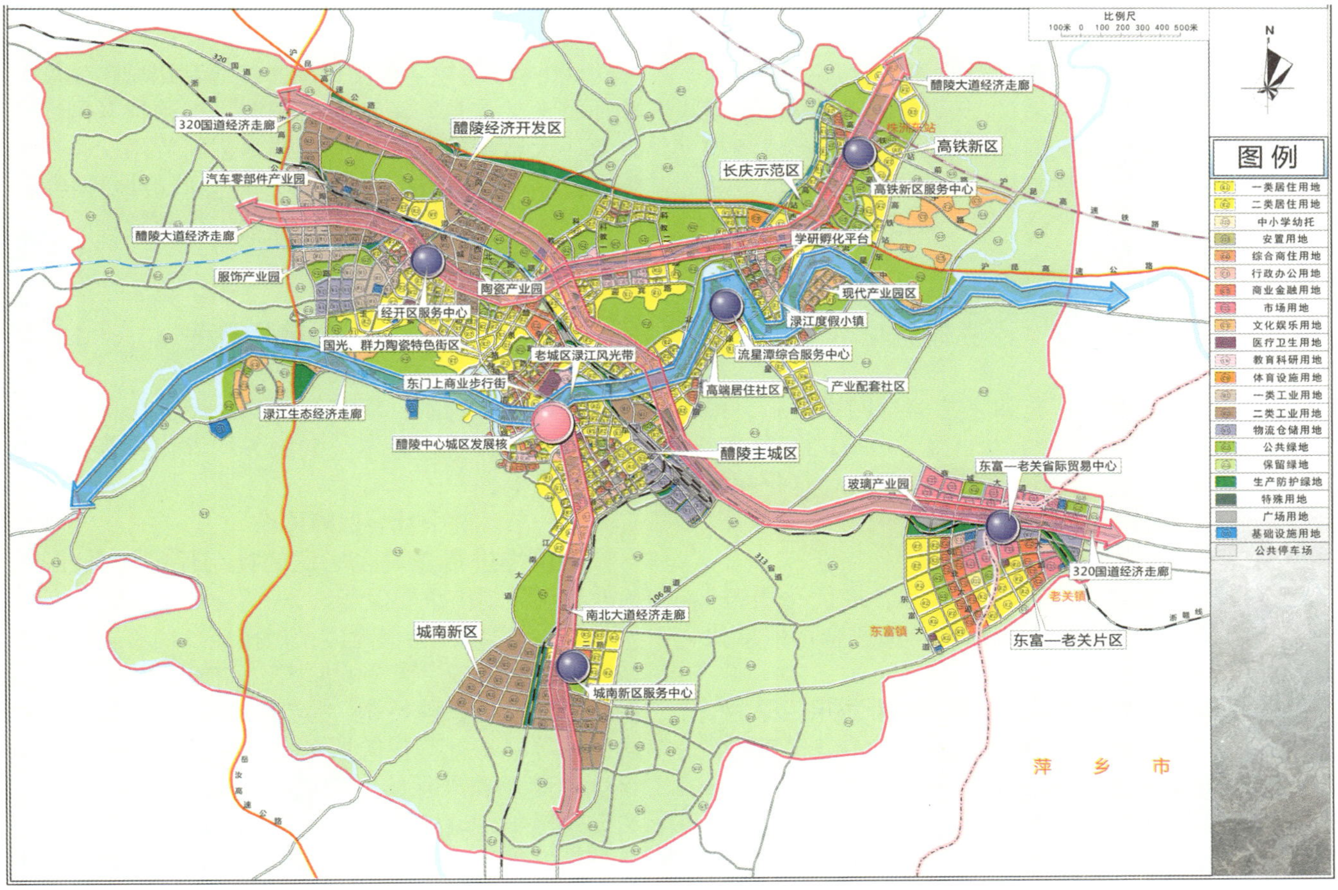

94. 提高城镇化率。深化户籍制度改革，全面放开落户限制，吸引周边城市居民落户醴陵。建立健全居住证制度。制定农业转移人口管理办法，鼓励吸引高素质、高贡献人才来醴陵生活和创业。建立农业转移人口市民化分担机制。制定财政转移支付与农业转移人口增减挂钩机制。到2020年，实现城镇化率达65%以上。

第三节　优化城市管理

统筹生产、生活、生态三大布局，提高城市发展的宜居性。完善城市管理，构建权责明晰、服务为先、管理优化、执法规范、安全有序的城市管理体制，建设和谐宜居、富有活力、特色明显的现代化城市，让城市成为人民追求更加美好生活的有力依托。

95. 完善市政设施。推进供水、供气、污水处理、垃圾处理等基础建设。开展地下综合管廊建设，科学规划线路，优化管网布局，落实新建小区雨污分流管道标准。推进电力基础设施改造。完善城市电网，推动电力建设与城市建设、经济发展相衔接，确保电网建设与重点项目建设、重点区域发展同步，电力供应与经济社会发展相适应。加快农村电网升级改造。

96. 构建管理体系。构建数字城管体系，提升城市管理网络化、数字化、精细化和标准化水平。完善数字城管平台，全面建设体系完备、手段先进、功能强大、便于操作、管理科学、智慧高效的科技管理体系。开展GIS应用、行政执法管理、园林绿化管理、治安防控等领域的子系统建设，稳步推动排水、户外广告、公交候车等领域的管理。将清扫保洁等领域向市场有序放开，加快推进城镇环卫一体化进程。严格安全监管，健全城市智能应急体系，保障人民的生命财产安全。

第十二章　推进信息化

加大投入力度，扩充和完善信息网络设施，提升信息基础设施的规模、容量、服务水平，推进“三网融合”。实现信息资源优化配置，推进信息化在农业、工业、城镇化等领域的应用。

第一节　夯实信息化发展基础

按“高端化建设、数字化管理、最优化服务”的原则，扩大现代通信覆盖地域，加速全市信息化建设进程。

建设和完善宽带通信网、数字电视网和互联网，积极推进“三网融合”。重点发展综合化、宽带化、智能化的多媒体信息网络。完善政务、企业、电子商务、经济与科技、社会公共服务等信息服务系统。建立醴陵市经济社会和生态环境基础数据库，搭建集中共享的公共服务信息平台和数据开放平台。

第二节　推动“互联网+”

利用互联网技术和思维，强化技术应用，创新服务模式，提升产业发展水平，增强行业创新能力，构筑网络化、智能化、服务化、协同化的“互联网+”产业体系。

97. 发展生产型“互联网+”经济。加快推进现代农业、智能制造、能源环保等重点领域互联网融合发展，在研发、设计、制造、市场销售等环节再造生产流程，推动传统产业转型升级和提质增效。

98. 推动服务型“互联网+”经济。发挥云计算、大数据和互联网等创新成果作用，培育新兴服务模式和服务业态。提升医疗健康、文化教育、旅游交通、金融物流等领域的网络化和智能化水平。提升相关部门对“互联网+”经济形态的服务能力和监管能力。打造形成若干具有特色的“互联网+”服务产业集群。

第三节　加快数字城市建设

加强政府管理与民生服务的数字化建设，推进和协同信息化建设与应用，形成具有醴陵特色的数字城市建设典范。

99. 推进电子政务建设。推进建设政府内部综合门户网站、政府协同办公及公文交换系统、行政审批及电子监察系统、信访业务综合处理系统、政务视频会议系统。建立全市统一的包括智慧政务、新闻资讯、便民信息等在内的可移动化的城市门户综合应用平台。

100. 推动数字惠民行动。统筹利用城市发展的物质资源、信息资源和智力资源，推动物联网、云计算、大数据等新一代信息技术创新应用，实现与城市经济社会发展深度融合。完善城市地理信息、智能交通、社会治安、环境管理、市容管理、灾害应急处置等智能化信息系统。

第十三章　民生优先

坚持以人为本，切实解决与人民群众息息相关的利益问题，推进基本公共服务均等化，着力保障和改善民生。

第一节　健全社会保障体系

加快推进覆盖城乡居民的社会保障体系建设，为改善民生提供重要保障。

101. 完善社会保险体系。按照“广覆盖、保基本、可持续、多层次”的原则，实施全民参保计划。适当降低社会保险费率，提高保障水平，实现城乡居民均等享有社会保险服务。发展职业年金、企业年金和商业养老保险。完善工伤和失业保险体系。扩大农民工、城镇个体工商户、灵活就业等人员的社会保险覆盖面。到2020年，企业职工基本养老服务参保人数达6万人以上，城乡居民基本养老保险参保率达到95%，城镇职工、城镇居民基本医疗保险分别达到95%、90%以上，生育保险参保率达到90%以上，工伤保险参保人数达10万人以上。

102. 完善城乡社会救助体系。健全城乡最低生活保障制度，实施统一的城乡低保指导标准。完善低收入群体价格补贴与物价上涨联动机制。建立特困人员供养制度，科学制定供养标准，创新供养机构运营机制。完善医疗救助制度，抓好医疗救助政策与各类医疗保险有效衔接，适当拓展医疗救助对象范围。建立健全灾害突发等临时救助制度，加快发展公益慈善事业。

103. 健全住房保障供应体系。加大保障住房建设力度，基本建立起多层次、全方位、广覆盖的保障体系。健全以廉租住房、经济适用住房和公共租赁住房为主的住房保障机制。严格保障标准，扩大保障范围，完善住房保障管理机制。

104. 保障妇女儿童等群体基本权益。提高性别平等意识，切实保障妇女合法权益，特别是留守妇女的合法权益，加强未成年人保护，促进妇女就业创业。构建家庭教育指导、困境儿童福利、留守儿童关爱三大服务体系，关爱青少年健康成长。

105. 其他社会事业。做好统计、老龄、人防、档案、文史、残疾人等工作。加强民兵、预备役以及民族、宗教、拥军优属等工作，加强民族团结和军政军民团结。

第二节　提升医疗卫生服务水平

完善公共卫生和基层医疗服务体系，深化公立医院改革，缩小城乡医疗卫生差距。到2020年，每千人口拥有医疗机构床位4张、医生1.88名、注册护士2.1名、专业公共卫生机构人数0.68名。

106. 健全医疗卫生服务体系。加强卫生基础设施建设，提升卫生应急和医疗救助水平，完善卫生应急救治体系建设，优化城乡卫生服务功能，健全社区、农村医疗卫生体系。全面推进医院信息公开制度，加强医疗质量管理，健全医疗服务监管体系。完善地方病和寄生虫病、慢性非传染性疾病、艾滋病等疾病预防措施，实施国家扩大免疫规划，构建以各级医疗卫生服务机构为基础的疾病预防控制体系。启动建设渌江新区医院。全面落实降低孕产妇、婴幼儿死亡率等措施。实施公共场所卫生监督量化分级管理制度，建立健全精神卫生、重点职业病防治工作体系和信息网络报告体系。切实推进13大类基本公共卫生服务项目，促进基本公共卫生服务均等化。到2020年，卫生院、村卫生室标准化建设比例达到98%。

107. 提高医疗保障能力和水平。完善基本医疗保障制度，扩大医疗保障覆盖面，提升医疗保障水平，建立健全医疗保障体系。加强应急、精神等急需紧缺人才培养的医疗队伍建设，完善医师多点执业政策，推动卫生人才合理流动。

108. 抓好人口和计生管理。稳妥推进“全面两孩”政策，健全计生家庭健康服务体系，落实计生特殊困难家庭扶助关怀政策措施。独生子女意外伤残死亡，政府就当给予必要的帮助。“十三五”期间，年均人口出生率控制在15.5‰以下，符合政策生育率达85%以上。

第三节　促进教育公平均衡发展

以促进教育公平为出发点，实施素质教育，提升发展学前教育、义务教育、职业教育，巩固“全国两基工作先进地区”和“全省教育强县”成果与地位。到2020年，教育发展整体水平和综合实力稳居全省前列，进入全国先进行列。

109. 均衡发展义务教育。加强农村中小学建设，有计划恢复一批农村中小学或教学点，实现村村有小学的目标，及时改造薄弱学校，增加农村学位。建设渌江新城省示范高中、初中、中心小学三所学校，抓好城镇学校扩容改造，解决“大班额”问题。改善特殊教育学校办学条件，满足残疾儿童就读需求。均衡教育资源，鼓励优秀教师、师范类大中专毕业生到乡村中小学工作。全面提升义务教育软硬件设施，提高现代化教学水平。建设渌江小学、国瓷小学、长庆示范区九年一贯制学校，完成东岸小学二期建设。到2020年，小学六年、初中三年巩固率分别达到100%、98%以上。

110. 多元发展普通高中。加强省示范性普通高中能力建设，全面普及高中教育，合理布局城市区教育资源，完善一、二、四中办学条件。合理增加农村高中学位，恢复七、八中普通高中招生。到2020年，建设省级特色高中2所、市级特色高中1所，高中阶段毛入学率达98%以上，学业水平考试合格率达98%以上，全面提高教育教学质量。

111. 优先发展职业教育。加强陶瓷烟花职业技术学校管理建设，创建“湖南省卓越职业院校”。新建湖南陶瓷技师学院，推进产、学、研结合。继续办好全民终身教育、社区学校及职业技能培训，创建“国家级农村职业教育示范县”、推进农村职业教育攻坚，为产业提质培养实用型人才。

112. 规范发展学前教育。加大公共财政对学前教育投入力度，扶持民办幼儿园发展，提高幼儿教育水平。到2020年，实现学前三年毛入园率达95%以上，公办园和普惠性民办幼儿园在园幼儿人数占在园幼儿总数的80%以上。

第四节　加大文体事业建设力度

着力推动文体项目建设，完善文体设施网络建设，促进全市文体事业发展。

113. 促进文体发展。建设城区文体中心和中心镇文体广场，构建全民健身组织网络。新建2个五人制足球场和1个标准足球场，鼓励社会力量参与全民健身和承办体育赛事。到十三五期末，全市人均文体面积达3㎡，场馆建设达1级。

114. 推动文化繁荣。推进文化惠民工程，构建现代文化体系。完善一批城乡公共文化设施，建设市民文化休闲广场，提升乡镇文化活动场所，实现村级文化中心全覆盖。新建陶瓷美术馆，通过陶瓷花炮文化艺术节和瓷博会会展平台，打造一系列文化活动品牌。加强文化遗产传承和保护工作，筹建醴陵市博物馆。

第五节　夯实公共安全基础

着力做好安全生产、食品药品、防灾减灾、国防建设等方面工作，维护社会和谐稳定，加快推进平安醴陵建设。

115. 加强安全生产监督管理。建立健全安全生产责任制体系，抓好安全隐患的排查治理、预警和跟踪督办工作。强化烟花爆竹、危险化学品等重点行业和领域整顿提升及监督管理。加快安监设计、评价、检测、检验、培训等安全生产中介机构建设。建设安全生产和重大危险源监控体系，完成安全生产视频监控系统建设。

116. 保障食品药品安全。以群众日常生活的八大类食品为重点，加强对集体送餐单位、农贸市场、批发市场的重点整治，加强农产品质量安全体系建设和检测中心建设，全面实现农产品溯源，确保农产品质量安全。建好市食品药品和质量技术检验检测所，逐步建立覆盖全市并延伸到镇的食品安全风险监测网络。完善保健品监管体系建设，加大市场抽查力度。实现重大活动餐饮安全“零事故”，保持无源发性重大药品安全事件，药品评价性抽验总体合格率达98%以上，抽验合格率达到95%以上。

117. 防灾减灾体系建设。加强气象预警、水文预警、地震监测等自然灾害监测预警设备建设，建立完善防汛抗洪、雨（水）情信息预警、地质灾害、生物灾害信息收集上报及应急处置的工作机制。完善渌江城区段的堤防工程，提高渌江下游河道的防洪标准。

118. 加强国防保障能力。加大国防教育宣传力度，不断提高人民群众的国防意识，提高民兵、预备役人员的训练水平和装备水平。在城市建设、交通运输、邮政、电信等与国防动员相关的领域考虑备战因素。

119. 加强社会治安防控体系建设。健全社会治安防控运行机制，编织社会治安防控网，提升社会治安防控体系建设法治化、社会化、信息化水平，增强社会治安整体防控能力。到2020年，实现市、乡镇（街道）、村（社区）三级综合服务管理平台全覆盖。

第六节　全面推进精准扶贫

按照《扶贫攻坚三年行动计划（2015-2017）》文件精神，坚持“内外兼顾，以内为主；条块并举，以块为主；点面结合，以点为主；政府主导，多方联动”的原则，紧扣“五个一批”，把扶贫攻坚作为第一民生工程来抓。到2020年，实现全市易地搬迁扶贫2012户6003人，扶贫32125人，贫困人口全部脱贫。

120. 加快贫困地区发展。突出精准扶贫针对性，发展生产脱贫一批、易地扶贫搬迁脱贫一批、生态补偿脱贫一批、发展教育脱贫一批、社会保障兜底一批，提高贫困群众脱贫致富能力。做好产业脱贫。大力扶持贫困村和贫困户发展产业，通过“合作社+产业基地+农户”的模式，提高贫困群众发展产业的组织化程度和抗风险能力，带动贫困人口脱贫致富。对贫困户尤其是缺乏劳动能力的贫困户，结合土地山林流转、租赁或入股，探索扶贫资金出资折股到户的资产收益方式，增加资产性收益。做好保障脱贫，做到基础设施到村到户，产业发展到村到户，教育培训到村到户，农村危房改造到村到户，扶贫生态移民到村到户，结对帮扶到村到户“六个到村到户”。使精准扶贫政策落实到户到人，从水、气、电、路、危房、环境等各个方面切实改善农村贫困状况。对20个贫困村，以人均纯收入达到1万元、基础设施和基本公共服务主要指标达到全市平均水平为目标，统筹兼顾贫困户脱贫、贫困村摘帽任务。

121. 创新扶贫政策机制。整合扶贫政策，积极争取中央和省级财政扶贫投入，加大财政资金使用机制改革力度，改革财政专项扶贫资金管理制度。健全扶贫制度，建立结对帮扶全覆盖、整体脱贫大包干的精准扶贫责任制。创新扶贫方法，建立健全贫困地区金融支撑体系，增加贫困地区信贷投放，扩大扶贫贴息贷款规模，鼓励保险机构发展特色农业保险和小额扶贫保险。推进电商扶贫模式，大力发展“互联网+扶贫”，帮助贫困地区、贫困农户提升产品质量、产业特色，拓宽销售渠道。完善扶贫管理，完善贫困户动态管理系统，建立年终审核制度，使稳定脱贫群众推出帮扶系统，新增帮扶群众进入帮扶体系。

第五篇　发展保障　强化统筹协调

本《纲要》是指导今后五年醴陵市经济社会发展的纲领性文件，需要全市上下统一思想，统一步调，凝聚力量，保障《纲要》的实施。

第十四章　建立分类指导的实施机制

122. 产业发展分类指导。本规划提出的产业结构的调整，包括农业、工业、现代服务业等的发展方向，利用外资、对外贸易等的发展重点，是对市场主体的导向，主要依靠市场主体的自主行为实施。政府要维护公平竞争，严禁地方分割和部门保护，不得直接干预企业经营活动，不得干预市场机制正常运行。

123. 重点战略分类指导。本规划确定的推进新型城镇化，建设资源节约型和环境友好型社会、深度开发旅游观光产业、全面建设小康社会等重点任务，主要通过完善市场机制和利益导向机制努力实现。政府要通过体制机制创新和完善政策，为激发市场主体的积极性、创造性营造良好的制度和政策环境。国有企事业单位要发挥带头和示范作用。

124. 公共服务分类指导。本规划确定的公共卫生、社会保障、社会救助、促进就业、住房保障、减少贫困、防灾减灾、公共安全、公共文化、义务教育等公共服务领域的任务，是政府的承诺，市、镇政府要切实履行职能，运用公共资源全力完成。

125. 布局优化分类指导。本规划提出的全市功能分区、城区发展格局、新区建设、保护生态环境、社会建设和管理等的要求，主要通过健全法律法规、加大执法力度等法律手段，并辅之以经济手段加以落实。

126. 深化改革分类指导。本规划确定的改革攻坚、完善城市管理体制和运行机制，是政府的重要职责，必须放在政府工作的重要位置。加强对改革的总体指导和统筹协调，将改革任务分解落实到有关部门，不失时机地推进，并注重及时把行之有效的改革措施用法律、规章和制度的形式确立下来。

第十五章　强化政策项目支撑

127. 形成推动机制。一是坚持市委对“十三五”规划实施的统一领导，市政府切实履行职责，主动接受市人大、市政协对规划实施的指导和监督，确保“十三五”规划的全面落实。二是针对产业发展、资源环境、民生事业和改革创新等重点领域和有关重大项目，进一步制定、修改、完善相关配套政策，通过政策导向，吸引民间资本积极参与规划项目的实施。对列入总体发展规划的重大项目，实行绿色通道，确保项目建设的顺利开展。增强各部门的服务意识，提高办事效率，为规划实施提供便捷优质的服务。

128. 争取政策支持。主动融入长株潭“两型”示范区、长株潭自主创新示范区、中部崛起等重大规划建设中，争取国家和省、株洲市在财政转移支付、重大政策性试点、统筹城乡试点、基础设施建设、重大科技推广、开发性金融合作、土地资源利用等方面的扶持政策，努力把各项重大政策转化为推动醴陵市发展的思路和措施。

129. 坚持项目主导。储备一批项目。做好醴陵窑考古遗址公园、湘东铁路电气化改造等项目前期工作；争取一批项目。紧跟政策动向，围绕新型城镇化、农业产业化、基础设施建设、民生事业等领域，争取项目资金；引进一批项目。紧握市场脉博，围绕玻璃新材、装备制造、智能电网、陶瓷新材料等新兴产业加大招商力度；签约落地一批项目。加快农机汽车贸易城，陶瓷、花炮商贸城，玻璃产业园等在谈项目进度；建设一批项目。推进一江两岸之“瓷城古韵”文化休闲带、渌江书院项目建设。

第十六章　加强实施监督评估

130. 加强指标约束。本规划确定的约束性指标要纳入各乡镇、各部门经济社会发展综合评价和绩效考核，实行规划目标责任制。市有关部门和各乡镇政府要将约束性指标和各项任务分解到年度，纳入经济社会发展年度计划。

131. 加强评估考核。建立科学合理的各级政府考核机制，考核结果作为各级政府班子调整和干部选拔任用、奖励惩戒的重要依据。完善规划年度考核和中期评估制度，检查规划落实情况，分析规划实施效果，解决规划实施中的问题。

132. 加强社会监督。进一步完善规划实施的公众参与和民主监督机制，及时公开规划实施相关信息，增进政府与公众的沟通互动，接受全社会监督。

2016年度中共醴陵市委、市委办公室重要文件目录

表30

文　号	文　件　标　题
醴发〔2016〕1号	批转《中共醴陵市人大常委会党组关于市人大常委会2016年工作要点的报告》的通知
醴发〔2016〕2号	批转《中共政协醴陵市委员会党组关于政协醴陵市第十三届委员会2016年工作要点的报告》的通知
醴发〔2016〕3号	关于加强和改进党的群团工作的实施意见
醴发〔2016〕4号	关于进一步做好统一战线工作的意见
醴发〔2016〕5号	印发《关于中共醴陵市委常委会开展“两学一做”学习教育的安排意见》的通知
醴发〔2016〕7号	关于印发《中共醴陵市委常委会议事规则》的通知
醴委〔2016〕19号	关于认真学习宣传贯彻党的十八届六中全会精神的通知
醴办发〔2016〕1号	关于印发《醴陵市镇（街）党政机关职能配置、内设机构和人员编制规定》的通知
醴办发〔2016〕2号	关于印发《醴陵市纪律检查体制改革方案》的通知
醴办发〔2016〕3号	关于印发《醴陵市不动产统一登记工作实施方案》的通知
醴办发〔2016〕4号	关于印发《醴陵市加强城市社区建设和管理实施办法》的通知
醴办发〔2016〕7号	关于印发《醴陵市企业帮扶专项行动实施方案》的通知
醴办发〔2016〕8号	关于印发《醴陵市2016年“片区攻坚年”活动实施方案》的通知
醴办发〔2016〕9号	关于印发《醴陵市2016年“旅游助跑年”活动实施方案》的通知
醴办发〔2016〕10号	关于印发《醴陵市2016年“环境优化年”活动实施方案》的通知
醴办发〔2016〕11号	关于印发《醴陵市2016年“安全保障年”活动实施方案》的通知
醴办发〔2016〕13号	关于印发《醴陵市打击非法生产经营建设行为工作方案》的通知
醴办发〔2016〕14号	关于印发《醴陵市2016年招商引资工作实施方案》和《醴陵市2016年招商引资工作考核办法》的通知
醴办发〔2016〕18号	关于印发《醴陵市建制村合并工作实施方案》的通知
醴办发〔2016〕22号	关于印发《醴陵市2016年“圆满换届年”活动实施方案》的通知
醴办发〔2016〕25号	关于印发《醴陵市易地扶贫搬迁工作实施方案》的通知
醴办发〔2016〕27号	关于印发《醴陵市安全生产“党政同责、一岗双责”实施办法》的通知
醴办发〔2016〕28号	关于印发《醴陵市第十四届政协委员安排工作方案》的通知
醴办发〔2016〕29号	关于印发《醴陵市“马上就办、真抓实干”工作实施方案》的通知
醴办发〔2016〕30号	关于印发《醴陵市创建文明城市工作实施方案》的通知
醴办发〔2016〕31号	关于印发《醴陵市创建国家卫生城市工作实施方案》的通知

续表 30-1

文 号	文 件 标 题
醴办发〔2016〕32 号	关于印发《醴陵市创建国家园林城市工作实施方案》的通知
醴办发〔2016〕33 号	关于印发《醴陵市创建省级食品安全市工作实施方案》的通知
醴办发〔2016〕34 号	关于印发《醴陵市党政机关公务用车制度改革实施方案》的通知
醴办〔2016〕2 号	关于将来龙门街道珊田村等村委托长庆示范区党工委、管委会管理的通知
醴办〔2016〕3 号	关于贯彻落实市委十一届十次全会精神的通知
醴办〔2016〕4 号	关于印发《醴陵市镇党委换届工作方案》的通知
醴办〔2016〕6 号	关于印发《醴陵市烟花爆竹安全生产“闪电”行动工作方案》的通知
醴办〔2016〕7 号	关于印发《醴陵市 2016 年征地拆迁和房屋征收工作实施方案》的通知
醴办〔2016〕8 号	关于印发《醴陵市社会治安综合治理民意调查工作实施办法》的通知
醴办〔2016〕10 号	关于进一步完善处理信访突出问题及群体性事件联席会议制度的通知
醴办〔2016〕12 号	关于印发《醴陵市 2016 年全面建成小康社会推进工作责任分解及考核奖惩办法》的通知
醴办〔2016〕13 号	关于印发《中共醴陵市委常委会 2016 年党风廉政建设主体责任分工》和《中共醴陵市委常委会 2016 年党风廉政建设主体责任任务分解》的通知
醴办〔2016〕14 号	关于印发《醴陵市“雁过拔毛”式腐败问题专项整治实施方案》的通知
醴办〔2016〕15 号	印发《关于在全市党员中开展“学党章党规、学系列讲话，做合格党员”学习教育实施方案》的通知
醴办〔2016〕17 号	关于进一步完善领导干部任期经济责任审计工作联席会议制度的通知
醴办〔2016〕18 号	关于印发《醴陵市“一门式”政务服务改革实施方案》的通知
醴办〔2016〕19 号	关于印发《醴陵市 2016 年为民办实事实施意见》的通知
醴办〔2016〕24 号	关于印发《醴陵市换届纪律要求“十不准”》的通知
醴办〔2016〕26 号	关于印发《醴陵市安全生产“保卫战”实施方案》的通知
醴办〔2016〕27 号	关于印发《贫困村党组织第一书记管理考核办法（试行）》的通知
醴办〔2016〕30 号	印发《关于推进行业协会商会与行政机关脱钩的工作方案》的通知
醴办〔2016〕31 号	关于贯彻落实株洲市第十二次党代会和醴陵市第十二次党代会精神的通知
醴办〔2016〕36 号	关于对镇人大、政府换届选举风气开展督查和对镇党委换届风气开展“回头看”的通知
醴办〔2016〕39 号	关于进一步加强新闻发布管理和网络舆情办理工作的通知
醴办〔2016〕40 号	关于印发《醴陵市 2016 年度落实党风廉政建设责任制检查考核实施方案》的通知
醴办〔2016〕41 号	关于做好与炎陵县开展“携手奔小康”行动工作的通知
醴办〔2016〕46 号	关于将国瓷街道五里牌社区等 5 个社区委托来龙门街道管理的通知

2016 年度醴陵市人民政府、政府办公室重要文件目录

表 31

文　号	文　件　标　题
醴政发〔2016〕3 号（LLDR–2016–00005）	关于印发《醴陵市人民政府工作规则》的通知
醴政发〔2016〕10 号（LLDR–2016–00007）	关于促进房地产市场持续健康发展的实施意见
醴政发〔2016〕12 号（LLDR–2016–00009）	关于调整公布“三清单一目录”的通知
醴政发〔2016〕13 号（LLDR–2016–00010）	关于全面落实粮食安全省长责任制的实施意见
醴政发〔2016〕14 号（LLDR–2016–00011）	关于取消非行政许可审批事项的决定
醴政告〔2016〕1 号（LLDR–2016–00001）	关于开展官庄水库船舶“打非治违”专项行动的通告
醴政告〔2016〕2 号（LLDR–2016–00002）	关于严格控制东城大道沿线建设活动的通告
醴政告〔2016〕4 号（LLDR–2016–00006）	关于醴陵市实施不动产统一登记的通告
醴政办发〔2016〕12 号（LLDR–2016–01010）	关于印发《醴陵市落后烟花爆竹生产企业退出工作实施方案》的通知
醴政办发〔2016〕16 号（LLDR–2016–01013）	关于印发《醴陵市政府融资管理办法》的通知

（李琼盛　殷　维　汪建平）

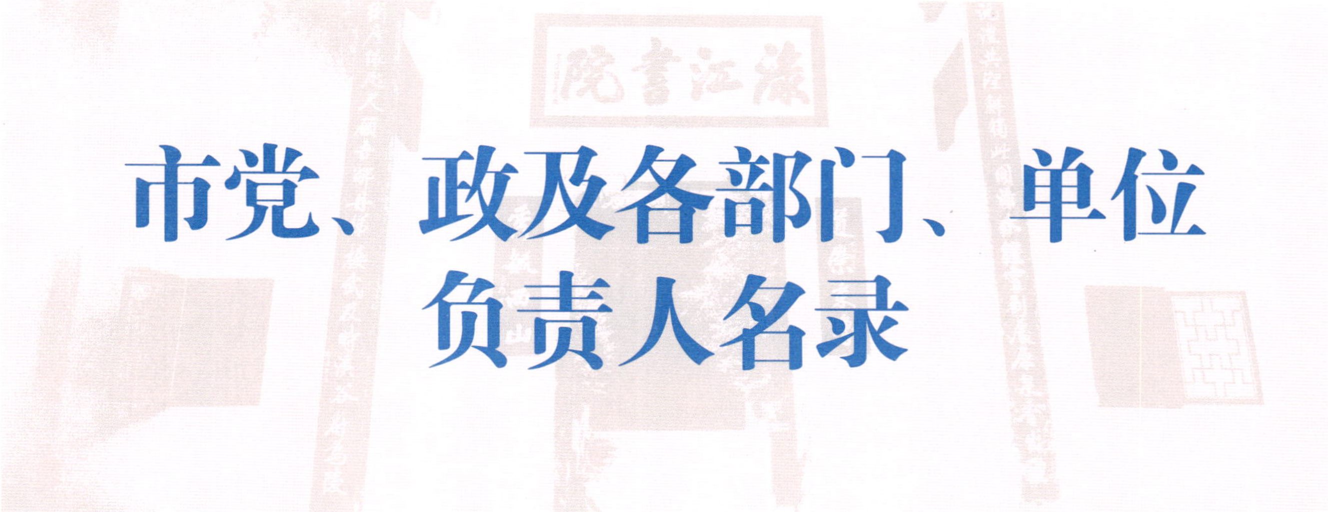

市党、政及各部门、单位负责人名录

一、中共醴陵市委及其工作部门负责人

中共醴陵市第十二届委员会

书　　　　记　胡湘之（2016.8 任）
　　　　　　　周晓理（2016.8 止）
副　书　记　康月林
　　　　　　　邹展晖（2016.9 任）
　　　　　　　刘海宾（2016.9 止）
常　　　　委　胡湘之（2016.8 任）
　　　　　　　周晓理（2016.8 止）
　　　　　　　康月林
　　　　　　　邹展晖（女、2016.9 任）
　　　　　　　刘海宾（2016.9 止）
　　　　　　　邹志超　易文星　李云星
　　　　　　　曾毅鹏　刘华章
　　　　　　　刘海龙（2016.9 任）
　　　　　　　廖胜云（2016.9 任）
　　　　　　　王志强（2016.9 任）
　　　　　　　廖宏力（2016.9 止）
　　　　　　　黎　平（2016.9 止）
　　　　　　　贺小玲（女、2016.9 止）
市委办公室主任　王志强（2016.9 任）
　　　　　　　贺小玲（女、2016.9 止）
委　　　　员　丁　瑜（女、2016.9 任）
（按姓氏笔画为序）　丁际秋
　　　　　　　王吉祥（2016.9 任）
　　　　　　　王志强（2016.9 任）
　　　　　　　邓少仁　石勇辉
　　　　　　　叶志刚（2016.9 任）
　　　　　　　田安平　刘华章
　　　　　　　刘高飞（2016.9 任）
　　　　　　　刘海龙（2016.9 任）
　　　　　　　刘望鸣（2016.9 任）
　　　　　　　江曙明（2016.9 任）
　　　　　　　汤　文（2016.9 任）
　　　　　　　李云星
　　　　　　　杨冬发（2016.9 任）
　　　　　　　何　柢（女、2016.9 任）
　　　　　　　何忠明（2016.9 任）
　　　　　　　余建明（2016.9 任）
　　　　　　　邹志超　邹明麟
　　　　　　　邹展晖（女、2016.9 任）
　　　　　　　宋友红　张有余
　　　　　　　陈　佳（2016.9 任）
　　　　　　　易文星
　　　　　　　胡炼红（2016.9 任）
　　　　　　　胡湘之（2016.8 任）
　　　　　　　钟　洁（女、2016.9 任）
　　　　　　　钟国建（2016.9 任）
　　　　　　　贺小玲（女）
　　　　　　　夏春良（2016.9 任）
　　　　　　　徐德军（2016.9 任）
　　　　　　　黄振伟（2016.9 任）
　　　　　　　黄晓军（2016.9 任）
　　　　　　　康月林
　　　　　　　彭　新（女、2016.9 任）
　　　　　　　彭亿安（2016.9 任）
　　　　　　　曾　敏（2016.9 任）
　　　　　　　曾毅鹏
　　　　　　　温国战（2016.9 任）
　　　　　　　赖　洪（2016.9 任）
　　　　　　　廖胜云（2016.9 任）
　　　　　　　黎　平
　　　　　　　黎平华（2016.9 任）
　　　　　　　丁　辉（2016.9 止）
　　　　　　　刘海宾（2016.9 止）
　　　　　　　刘新华（2016.9 止）
　　　　　　　李　理（2016.9 止）

李华定（2016.9 止）
李志龙（2016.9 止）
李荣佳（2016.9 止）
杨　龙（2016.9 止）
杨月香（女、2016.9 止）
张永辉（2016.9 止）
张国文（2016.9 止）
陈立耀（2016.9 止）
周承进（2016.9 止）
周晓理（2016.8 止）
徐　辉（2016.9 止）
徐林娟（女、2016.9 止）
凌　伟（2016.9 止）
谢圣才（2016.9 止）
廖宏力（2016.9 止）

候补委员　许君明（2016.9 任）
吴均成（2016.9 任）
凌　伟（2016.9 任）
郭　晖（2016.9 任）
盛　勇（2016.9 任）
谢世军（2016.9 任）
邹柏柯（2016.9 止）
谢新国（2016.9 止）
徐德军（2016.9 止）
殷　辉（2016.9 止）
廖胜云（2016.9 止）

副调研员　谭书龙

副县（处）级职级　李志龙　彭德清
钟武查（2016.11 止）

市委办公室

书记　王志强（2016.9 任）
贺小玲（女、2016.9 止）

副主任　吴远香（女）
谢　煌（2016.1 任）
吴冬升（2016.1 止）
汤　文（2016.12 止）

市纪委派驻纪检组长　潘　良（女、2016.4 任）

全面深化改革领导小组办公室　张　勇（2016.4 任）
张　印（2016.4 任）

市国家保密局

副局长　叶　红（女、2016.1 止）

市委督查室（正股级单位）

主任　刘铁华（2016.1 止）

市纪委

书记　易文星

副书记　刘金堂　彭　新（女）
彭秋生（2016.1 任）

常委　王喜桂
付　颖（2016.1 任）
姚　宁（2016.1 任）
彭晓明（2016.1 任）
罗　谷（2016.1 任）
陈嗣佳（2016.1 止）

办公室主任　易祖海（2016.1 任）
彭晓明（2016.1 止）

组织部部长　谭春艳（女、2016.1 任）

宣传部部长　钱素芳（女、2016.1 任）

党风政风监督室纠风办主任　易智勇（2016.4 任）

信访室主任　陈　晓（女、2016.1 任）

案件监督管理室主任　（空缺）

案件审理室主任　程　新（2016.1 止）

第一纪检监察室主任　陈国勇（2016.4 任）

第二纪检监察室主任　罗坚勇（2016.4 任）

第三纪检监察室主任　江　南（2016.1 任）

第四纪检监察室主任　罗　明（2016.1 任）

纪委改革，以下机构均不再保留（另派出纪工委和监察分局）

纪检监察室主任　罗　谷（2016.1 止）

行政效能监察室主任　张　韬（2016.1 止）

党风廉政室主任　易祖海（2016.1 止）

市纪委派出纪检组

派驻市委办纪检组长　潘　良（女、2016.4 任）

派驻市委组织部纪检组长　张　韬（2016.1 任）

派驻市政府办纪检组长　张　韬（2016.1 任）

派驻市发改局纪检组长　张　韬（2016.1 任）

派驻市民政局纪检组长　曾　勇（2016.1 任）
丁光勇（2016.1 止）

派驻市财政局纪检组长　丁光勇（2016.1 任）
吴祖燕（2016.1 止）

派驻市教育局纪检组长　向　光

派驻市住建局纪检组长　张利华（女、2016.1 任）

派驻市城管局纪检组长　黄志凯（2016.1 任）

派驻市交通运输局纪检组长　钟　昱（2016.1 任）

派驻市农业局纪检组长　龙自启（2016.1 任）

派驻市水利局纪检组长　金　志（2016.1 任）
钱素芳（女、2016.1 止）

派驻市林业局纪检组长　瞿孝桂（2016.1 任）
陈建勤（2016.1 止）

派驻市文体广新局纪检组长　汪年春（2016.1 任）

派驻市卫计局纪检组长　王添平（2016.1 任）

派驻市市场和质量监督管理局纪检组长　张华珍（女、2016.1 任）

派驻市安监局纪检组长　付竹生（2016.1 任）

市委组织部

部　　长　刘华章
副 部 长　李子平（2016.12任）
　　　　　付　权　黎　波
　　　　　何文立（兼）　王太忠
　　　　　赖　洪（2016.12止）
纪检组长　唐尚昆（2016.1任）

市“两新”组织党工委（新成立正科级机构）

书　　记　刘华章（2016.12任）
副 书 记　段辉建（2016.12任）
副书记（兼）　左孟良（2016.12任）
　　　　　温国战（2016.12任）
　　　　　许君明（2016.12任）

市党员教育中心（不再高配正科级）

主　　任　周　科

市委党建办（不再高配正科级）

主　　任　袁　亮（2016.1止）

市党代表联络办

主　　任　徐　峰（2016.1任，2016.12止）

市委宣传部

部　　长　曾毅鹏
副 部 长　余波玲（女）　匡兴武
　　　　　郭　健（兼）
工会主席　钟淑秋（女、2016.1不再纳入市委管理）

市社会主义精神文明委员会办公室（不再高配正科级）

主　　任　刘道平（女、2016.1任）
副 主 任　周　玲（女、2016.1止）

市网宣办

主　　任　张　斌（2016.12止）

市委统战部

部　　长　刘海龙（2016.9任）
　　　　　刘华章（2016.9止）
副 部 长　付益田　喻　平
　　　　　左孟良（兼）
工会主席　杨水玉（女、2016.1不再纳入市委管理）

市台办

副 主 任　易恒珍（2016.1不再纳入市委管理）

市委政法委

书　　记　廖胜云（2016.9任）
　　　　　黎　平（2016.9止）
副 书 记　张　文　王　宇　张龙新
　　　　　彭开仁（2016.1止）

市综治办

主　　任　王　宇（兼）
副 主 任　周文锋（2016.1止）

市维稳办

主　　任　马　牛
副 主 任　李颖军（2016.1任）

市委老干部局

支部书记、局长　王太忠
副 局 长　全小云（女）
　　　　　黄永辉（2016.1任）

市机构编制委员会办公室

党组成员、主任　谢辉荣（2016.12任）
　　　　　何文立（2016.12止）
党组成员　周玉梅（女、2016.1任）
　　　　　刘　薇（女、2016.4任）
副 主 任　周玉梅（女）
　　　　　刘　薇（女、2016.1止）

市事业登记管理局

局　　长　刘　薇（女）
副 局 长　邹曼莉（2016.1任）
　　　　　欧智文（2016.1止）

市委党校

校长、支部书记　邹明麟
常务副校长　何　智（女）
副 校 长　刘海波　王主民
校务委员　曾玄风（2016.1止）

二、醴陵市人大常委会、市人大专门委员会、常委会工作机构负责人

市人大常委会

党组书记、主任　贺小玲（女、2016.11任）
　　　　　李　理（2016.11止）

党组副书记、副主任　刘跃峰（2016.11 止）
党组成员、副主任　廖宏力（2016.11 任）
李亿平（女）
李荣佳（2016.11 任）
翁菊清
汤乐田（2016.11 止）
副　　主　　任　唐青柏（兼、2016.11 任）
乔德良（兼、2016.11 上）
党组成员、办公室主任　张国文（2016.12 任）

办公室

主　　任　张国文（2016.12 任）
甘　毅（2016.12 止）
副　　主　　任　杨占文（2016.12 任）
邓卫群（2016.12 止）
陈　灏（2016.1 止）

任免联络工作委员会

主　　任　陈治平（女）
副　　主　　任　张新琪（2016.4 任）

农业和农村经济工作委员会

主　　任　张水良
副　　主　　任　李家保（2016.1 任）

财政经济工作委员会（预算工作委员会）

主　　任　黎平华（2016.12 任）
张国文（2016.12 止）
副　　主　　任　廖　军

教科文卫工作委员会

主　　任　何春伟
副　　主　　任　杨宗香

内务司法工作委员会（法制委员会）

主　　任　朱思球（2016.12 任）
余汉平（2016.12 止）
副　　主　　任　骆　伟（女、2016.1 任）

城乡建设环境资源保护工作委员会

主　　任　丁　辉
副　　主　　任　王小兰（女、2016.1 任）

三、醴陵市人民政府及工作部门负责人

市人民政府

市　　长　康月林
副　市　长　邹志超
何忠明（2016.11 任）
石勇辉（2016.11 任）
谭　艳（女、2016.11 任）
钟国建（2016.11 任）
陈　佳（2016.11 任）
王吉祥（2016.11 任）
廖宏力（2016.11 止）
李忆湘（女、2016.11 止）
李荣佳（2016.11 止）
颜文明（2016.11 止）
廖胜云（2016.11 止）
王志强（2016.1 任，2016.11 止）
政府办公室主任　曾　敏
调　研　员　廖达全
副　调　研　员　易声告　巫栽清

市人民政府办公室

党组书记、主任　曾　敏
党　组　成　员　欧阳启明
聂　森（女、2016.1 任）
陈　杰（2016.1 任）
李　辉（女、2016.1 任）
米　佳（女、2016.1 任）
副　　主　　任　欧阳启明　聂　森（女）
荣　伟（2016.12 止）
阳自力（2016.1 止）
黄志强（2016.12 止）
何平发（2016.1 止）
王纪军（兼、2016.1 止）
陈　杰（兼、2016.1 止）
黎　俊（2016.1 止）
陈培建（2016.1 止）
林德建（2016.1 止）
李　辉（女、2016.4 止）
米　佳（女、2016.4 止）
市纪委派驻纪检组长　陈　杰（2016.1 任）

市人民政府研究室

副　　主　　任　万丽娟（女、2016.1 止）

重点工程建设管理办公室

主　　任　吴文辉

市征地工作协调管理办公室

党组书记、主任　吴文辉
党　组　成　员　邹丁睦（2016.1 任）
副　　主　　任　汤申根
邹丁睦（2016.1 任）

人民政府口岸办公室

主　　任　王纪军

应急管理办公室
（机构改革撤销）

主　　任　吴集兴（2016.1 止）

爱国卫生运动办公室

副 主 任　黄志强（2016.12 止）

城市创建工作领导小组办公室
（临时机构）

副 主 任　金宇辉
巫学文（2016.1 止）
李　兵（2016.1 止）

金融证券办公室

主　　任　黎　俊（2016.1 止）
副 主 任　吴集兴（2016.1 任）

法制办公室
（机构改革）

主　　任　陈　杰（2016.1 止）
副 主 任　卢启宇
骆　伟（女、2016.1 止）

市发展和改革局

党组书记、局长　吴均成（2016.12 任）
黎平华（2016.12 止）
党组副书记、副局长　邹汉华
党组成员　陈韶军（2016.1 任）
朱永春（女、2016.1 任）
柳许辉（2016.1 任）
叶　敏（2016.1 任）
易桢华（女、2016.1 任）
张　韬（2016.1 任）
副 局 长　陈韶军（2016.1 任）
朱永春（女、2016.1 任）
柳许辉
叶　敏（2016.1 任）
易桢华（女、2016.1 任）
吴文辉（兼、2016.1 止）
市纪委派驻纪检组长　张　韬（2016.1 任）

原市物价局
（机构改革）

工会主席　高　柳（女、2016.1 止）
价格监督局局长　姚爱民（不再高配副科级）

“两型社会”建设综合配套改革领导小组办公室
（机构升格）

主　　任　雷向军（女、2016.4 任）
副 主 任　高　柳（女、2016.1 任）
唐湘群（女、2016.4 任）
郭彩华（女、2016.1 止）
徐　昂（2016.1 止）

市监察局

局　　长　彭　新（女）
副 局 长　黄向阳（女）
王喜桂（2016.1 任）
彭秋生（2016.1 止）

市经济科技信息化局
（机构改革）

党组书记、局长　徐德军
党委副书记、副局长
陶瓷产业局局长　曾文初（2016.1 止）
党组副书记、副局长　瞿石生（2016.1 任）
党组成员、副局长　贺光亮（2016.1 任）
王传文（2016.1 任）
王喜丰（2016.1 任）
朱　虹（2016.1 任）
张明波（2016.1 任）
刘桂平（2016.1 任）
副 局 长　吴文辉（女、2016.1 任）
工会主席　徐　瑾（女、2016.1 止）

原市科技局
（机构改革）

副 局 长　贺光亮（2016.1 止）
张明波（2016.1 止）
巫　杨（女、2016.1 止）

市知识产权局
（机构改革撤销）

局　　长　贺光亮（兼、2016.1 止）

市烟花鞭炮管理局
（机构改革）

支部书记、局长　黎志清
副 局 长　欧阳未来（2016.12 任）
田佩峰（2016.1 任）
丁云峰（2016.1 任）
汤中亮（2016.1 任，2016.12 止）

市教育局

党委书记、局长　郭米红（女、2016.12 任）
钟国建（2016.12 止）

党委副书记、副局长　张承谊　罗才高
党　委　委　员　王清波（2016.1 任）
邓日云（2016.4 任）
副　局　长　王清波
工　会　主　席　叶瑞根（2016.1 不再纳入市委管理）
市纪委派驻纪检组长　向　光
市政府教育督导室主任督学　邓日云（2016.4 任）

市民政局
（机构改革）

党组书记、局长　荣　伟（2016.12 任）
温国战（2016.12 止）
党　组　成　员　刘仕永　凌树生　匡辉平
曾　勇（2016.1 任）
丁光勇（2016.1 止）
谭芬芬（女、2016.1 止）
丁云峰（2016.1 止）
副　局　长　刘仕永　凌树生　匡辉平
市纪委派驻纪检组长　曾　勇（2016.1 任）
丁光勇（2016.1 止）

救助局
（机构改革撤销）

局　长　谭芬芬（女、2016.1 止）

市慈善办

主　任　邱再华（女）

市公安局

党组（委）书记、局长　何忠明（2016.9 任）
颜文明（2016.9 止）
政　委　刘炳炎（2016.9 止）
党组（委）副书记　杨　帆（2016.9 任）
刘炳炎（2016.9 止）
党　委　副　书　记　张　敏
党　组　成　员　张　敏　黄连招
杨　杰　阎恕鹃
党　委　委　员　黄连招　杨　杰　王新桥
程　潇　阎恕鹃　文秋鹏
副　局　长　张　敏　黄连招　杨　杰
王新桥　程　潇

政工监督室
（高配）

主　任　文秋鹏
教　导　员　王邦武（2016.1 不再纳入市委管理）

刑侦大队

大　队　长　郭蛟龙
教　导　员　张志梅（2016.1 不再纳入市委管理）

网络安全保卫大队

大　队　大　队　长　宋学文
教　导　员　邓先明（2016.4 任）
杨　辉（2016.4 止）

指挥中心

主　任　（空　缺）
教　导　员　彭述军（2016.1 不再纳入市委管理）

国保大队

大　队　长　蔡志宏
教　导　员　廖木玲（女、2016.1 不再纳入市委管理）

危爆大队

大　队　长　姚战国（2016.1 任）
教　导　员　邓文平（2016.1 不再纳入市委管理）

禁毒大队

大　队　长　巫红刚
教　导　员　文　雨（2016.1 不再纳入市委管理）

治安管理大队

大　队　长　易志红
教　导　员　龙九大

法制室
（高配）

主　任　易　锋
教　导　员　罗红透（2016.1 不再纳入市委管理）

警务保障室
（高配）

主　任　邓日兴
教　导　员　朱德中（2016.1 不再纳入市委管理）

人口与出入境管理中心

主　任　文武全（2016.1 任）
张申密（2016.1 止）
教　导　员　汤白琼（女、2016.1 不再纳入市委管理）

来龙门派出所

所　长　张　铝
教　导　员　李新年（2016.1 不再纳入市委管理）

阳三石派出所

所　长　贺新宇（2016.4 任）
文武全（2016.1 止）

教　导　员　黄启良（2016.1 不再纳入市委管理）

西山派出所

所　长　张海宏
教　导　员　王　昕（2016.1 不再纳入市委管理）

黄泥坳派出所

所　长　蒋一青
教　导　员　苏升起（2016.1 不再纳入市委管理）

富里派出所

所　长　王　勇（2016.4 任）
何凯良（2016.4 止）
教　导　员　胡艳梅（2016.1 不再纳入市委管理）

白兔潭派出所

所　长　程寿生（2016.4 任）
唐开孝（2016.4 止）
教　导　员　何新武（2016.1 不再纳入市委管理）

浦口派出所

所　长　邓　晖
教　导　员　杨宗军（2016.1 不再纳入市委管理）

王仙派出所

所　长　邹达峰
教　导　员　陈永全（2016.1 不再纳入市委管理）

东富派出所

所　长　唐开孝（2016.4 任）
邓金平（2016.4 止）
教　导　员　邓先明（2016.1 不再纳入市委管理）

泗汾派出所

所　长　邓星振（2016.4 任）
贺新宇（2016.4 止）

大障派出所

所　长　何新武（2016.4 任）
教　导　员　钟定福（2016.1 不再纳入市委管理）

神福港派出所

所　长　刘晓山
教　导　员　李　强（2016.1 不再纳入市委管理）

均楚派出所

所　长　何凯良（2016.4 任）
程寿生（2016.4 止）

板杉派出所

所　长　邓　攀

黄獭嘴派出所

所　长　胡艳梅（2016.4 任）
王　勇（2016.4 止）

市公安局交通警察大队

大队长、政委　刘建文
副　大　队　长　黄显兵　彭昕炜
张根明（2016.4 止）
陈历纯（2016.4 止）
纪　检　员　漆　荣（2016.4 止）
工　会　主　席　梁　剑（2016.1 止）

车辆管理所

所　长　梁　剑（2016.1 任）

市司法局

党组书记、局长　谢新国
党　组　成　员　匡曦云（2016.1 任）
郝维青（2016.1 任）
副　局　长　匡曦云
郝维青（2016.1 任）
工　会　主　席　江东风（女、2016.1 止）

市财政局

党组书记、局长　夏春良（2016.1 任）
王志强（2016.1 止）
党　组　成　员　张和平　谭轶涛
丁光勇（2016.1 任）
姚红波（2016.1 任）
吴祖燕（2016.1 止）
副　局　长　张和平　谭轶涛
姚红波（2016.1 任）
市纪委派驻纪检组长　丁光勇（2016.1 任）
吴祖燕（2016.1 止）
总　会　计　师　刘育艳（女、2016.1 任）

税费统征局
（不再高配正科）

局　长　陈逾峰（2016.1 任）
副　局　长　陈逾峰（2016.1 止）

市契税耕地占用税征收管理局
乡镇财政管理局
（机构改革撤销）

局　长　杨柳青（2016.1 止）

市国库集中支付核算中心

主　　任　唐建辉（2016.1任）
　　　　　刘育艳（女、2016.1止）

市非税收入征收管理局

局　　长　杨柳青（2016.1任）

市融资管理办（市农业发展有限公司）
（机构改革撤销）

市财政监督局
（机构改革撤销）

市人力资源和社会保障局
（机构改革）

党组书记、局长　何文立（2016.12任）
　　　　　　　　李子平（2016.12止）
党组副书记、副局长　吴海江
党组成员、副局长　张友学（2016.1任）
　　　　　　　　张朝文（2016.1任）
　　　　　　　　徐达庆（2016.1任）
　　　　　　　　林德建（2016.1任）
　　　　　　　　陈振宇（2016.1任）

原市人事局
（机构改革）

工会主席　钟　华（女、2016.1止）

原市劳动和社会保障局
（机构改革）

党组成员　张朝文（2016.1止）
　　　　　王添平（2016.1止）
副局长　张朝文（2016.1止）
　　　　陈振宇（2016.1止）
市纪委派驻纪检组长　王添平（2016.1止）

城乡居民医保服务中心
（医疗保险局与合管办合并）

主　　任　李　健（2016.12任）
原医保局局长　何志新（2016.1任，2016.12止）
　　　　　　　陈振宇（2016.1止）

工伤保险局

局　　长　何志新（2016.12任）
　　　　　李　健（2016.12止）

社会劳动保险局

局　　长　黄林培（2016.1任）
　　　　　何志新（2016.1止）

劳动就业管理局

局　　长　姚　瑾（女）

劳动保障监察大队

大队长　文　娟（女、2016.1任）
　　　　黄林培（2016.1止）

市新型农村合作医疗管理委员会办公室
（与人社局医保局合并）

主　　任　郭陆军（2016.1任，2016.12止）
　　　　　瞿石生（2016.1止）

市国土资源局

局长、党组书记　陈　佳
党组副书记、副局长　朱宗宪（2015.12止）
党组成员　张　勇　王寿喜
　　　　　吴建民　邹建军
　　　　　易建新
　　　　　瞿海华　凌　斌（女）
副局长　张　勇　王寿喜
　　　　吴建民　刘雪龙（挂职）
纪检组长　邹建军
工会主席　易建新
执法监察大队大队长　瞿海华
总工程师　凌　斌（女）

市住房和城乡规划建设局
（机构改革）

党组书记、局长　丁际秋
党组副书记、副局长　谭志红（2016.1任）
党组成员、副局长　张文君（女、2016.1任）
　　　　　　　　徐赞钦（2016.1任）
　　　　　　　　杨雪安（2016.1任）
　　　　　　　　殷献忠（2016.1任）
党组成员、总工程师　朱发平
党组成员、市纪委派驻纪检组长　张利华（女）

原市住房和城乡建设局
（机构改革）

党组（委）副书记、副局长　杨光秋（2016.1止）
党组成员　叶　敏（2016.1止）
　　　　　张利华（2016.1止）
　　　　　朱发平（2016.1止）
　　　　　杨雪安（2016.1止）
副局长　叶　敏（2016.1止）
市纪委派驻纪检组长　张利华（2016.1止）
总工程师　朱发平（2016.1止）
联合工会主席　邹　萍（女、2016.1止）

原市规划局
（机构改革）

副局长 徐赞钦（2016.1 止）
徐达庆（2016.1 止）
朱湛军（兼、2016.1 止）
工会主席 丁 玮（女、2016.1 止）

市建设工程质量安全监督站

站长 钟 颖（2016.1 任）
刘凌云（2016.1 止）

市灯饰管理所

所长 付若林（2016.1 任）
钟 颖（2016.1 止）

市园林绿化管理局

局长、党支部书记 张战明
副局长 石金细（2016.4 任，市委组织部部务会管理）

市燃气办

主任 黄 靖（2016.1 任）
杨雪安（2016.1 止）

市房产管理局
（机构改革，纳入住房和城乡规划建设局管理，暂时保留正科级）

局长 杨 鹏
党委副书记 帅年祥（2016.1 止）
副局长 帅年祥 瞿名辉 吴远征
总经济师 吴晓红（女）
工会主席 顾掌生（2016.1 不再纳入市委管理）
国有土地上房屋征收办公室主任 曾明强

市环境保护局

党组书记、局长 邹柏柯
党组成员 彭邵陵（2016.1 任）
钟 鸣（2016.1 任）
苏利玲（女、2016.1 任）
副局长 彭邵陵 钟 鸣
周应和（2016.1 任）
总工程师 苏利玲（女）

市交通运输局

党组书记、局长 张有余（2016.12 任）
李荣佳（2016.4 止）
党组副书记、副局长（主持工作） 谢世军（2016.4 任，2016.12 止）
党组副书记 张志军（2016.1 任）
党组成员 曾秋明（2016.1 任）
马润年（2016.1 任）
钟 昱（2016.1 任）
彭开仁（2016.1 任，2016.9 止）
副局长 张志军 曾秋明 马润年
张文君（女、2016.1 止）
市纪委派驻纪检组长 钟 昱（2016.1 任）
工会主席 张妍明（女、2016.1 不再纳入市委管理）

市运管所

所长 刘 军（2016.9 止）

市公路管理站

站长 欧阳国启（2016.1 任，2016.12 止）

市城市客运管理中心
（机构改革撤销）

主任 黄 靖（2016.1 止）

市公路局
（2016 年下放地方）

党组书记、局长 欧国荣（2016.7 止）
党总支书记、局长 张玉华（2016.7 任）
副局长 邓鸣九 易进秋
纪委书记 刘 鹏
路政管理大队大队长 欧阳国启（2016.12 任）

市农业局
（机构改革）

党组书记、局长 谢世军（2016.12 任）
朱思球（2016.12 止）
党组副书记、副局长 丁铁钢（2016.1 任）
唐哲明
党组成员 朱印飞（2016.1 任）
刘平辉（2016.1 任）
涂雪菁（女、2016.1 任）
梁平辉（2016.1 任）
晏小虎（2016.1 任）
龙自启（2016.1 任）
副局长 乔德良
刘月球
朱印飞（2016.1 任）
刘平辉（2016.1 任）
涂雪菁（女、2016.1 任）
市委农村工作办公室副主任 梁平辉（2016.1 任）
总农艺师 晏小虎（2016.1 任）
市纪委派驻纪检组长 龙自启（2016.1 任）
工会主席 刘平辉（2016.1 止）

市农业技术推广中心

主　　任　邓立平

农产品质量检验中心

主　　任　魏芸霞（女、2016.1 任）

农村经济管理服务站（经营管理局更名）

局　　长　廖　莉（女、2016.1 任）

农村能源办

主　　任　曾飞鹏（2016.1 任）

县域经济工作领导小组办公室

主　　任　陈　湛（2016.1 任）

市委农村工作部（市政府农村办、机构改革）

副部长（副主任）　梁平辉（2016.1 止）

市农业综合开发办（机构改革）

主　　任　周绪球
副 主 任　丁作敏
　　　　　文启华（2016.4 任，市委组织部部务会管理）
　　　　　谢玲芝（女、2016.4 任，市委组织部部务会管理）

市畜牧兽医水产局（机构改革）

局　　长　周海军
副 局 长　廖建群　金建军　易康飞

市农业机械管理局

局　　长　谢建林
党委副书记、副局长　何细珠（2016.1 止）
副 局 长　旷劲松
　　　　　喻　兰（女、2016.4 任，市委组织部部务会管理）
　　　　　向唯端（2016.4 任，市委组织部部务会管理）
　　　　　赵金亮（2016.4 任，市委组织部部务会管理）
总工程师　喻　兰（女、2016.4 止）

市林业局

党组书记、局长　凌　伟（2016.12 任）
　　　　　　　　张有余（2016.12 止）
副 局 长　杨冬伟　谭书良
总工程师　易树定（2016.1 止）
工会主席　付若林（2016.1 止）
森林公安局局长　张　哲
市纪委派驻纪检组长　瞿孝桂（2016.1 任）
　　　　　　　　　　陈建勤（2016.1 止）
绿委办主任（机构改革撤销）　龙自启（2016.1 止）
林业综合执法大队大队长　叶鹏凌
山林纠纷调处办公室主任　张钢林
党组成员　杨冬伟　谭书良　张　哲
　　　　　瞿孝桂（2016.1 任）
　　　　　易树定（2016.1 止）
　　　　　付若林（2016.1 止）
　　　　　陈建勤（2016.1 止）
副 书 长　杨冬伟　谭书良

市水利局

党组书记、局长　甘　毅（2016.12 任）
　　　　　　　　刘高飞（2016.12 止）
党组成员、副局长　金　鑫（2016.1 任）
　　　　　　　　　谢晓平（女、2016.1 任）
党组成员、市纪委派驻纪检组长　金　志（2016.1 任）
　　　　　　　　　　　　　　　钱素芳（女、2016.1 止）
党组成员、总工程师　刘铁华（2016.1 任）
副 局 长　唐益丰（2016.1 止）
总工程师　唐益丰（2016.1 止）
防汛抗旱办主任　易向阳
工会主席　邱道绵（2016.1 止）
官庄灌区醴陵管理所所长　邱道绵（2016.1 任）
酒埠江灌区醴陵管理所所长　王宏耀
水土保持站站长　唐益丰（2016.1 任）

市文体广电新闻出版局

党组书记、局长　盛　勇
党委副书记、副局长　杨若邻（2016.1 止）
党组成员、副局长　付建安（2016.1 任）
　　　　　　　　　姚武飞（2016.1 任）
副 局 长　张晓根（兼，2016.1 止）
　　　　　汪年春（2016.1 止）
党组成员、市纪委派驻纪检组长　汪年春（2016.1 任）

市文物局（不再高配正科级）

局长、党支部书记　张晓根
副 局 长　孙　奇（2016.4 任，市委组织部部务会管理）

市李铎艺术馆

馆　　长　李拥军

市卫生和计划生育局
（机构改革）

党组书记、局长　邓少仁
党组副书记、副局长　曾文初（2016.1 任）
　廖传飞（2016.12 止）
党组成员、副局长　漆　付　钟向阳
　刘淑平　林仁和
　谭亦农　贺其佳
党组成员、市纪委派驻纪检组长　王添平（2016.1 任）

原市卫生局

联合工会主席　涂雪菁（女、2016.1 止）

原市人口和计划生育局
（机构改革）

副局长　胡江文（2016.1 止）
工会主席　肖　燕（女、2016.1 止）
计生协会秘书长　肖　燕（女、2016.1 止）

市卫生计生综合监督执法局
（原市卫生监督所，机构改革新成立）

局长　杨晓希

市审计局

党组书记、局长　唐　飞
党组副书记、副局长　张咏梅（女、2016.1 任）
党组成员、副局长　吴祖燕（2016.1 任）
党组成员、总审计师　张剑辉（2016.1 任）
工会主席　杨　进（2016.1 止）
市经济责任审计工作领导小组办公室专职副主任（任期经济责任审计科科长更名）　朱家福（2016.1 任）
重点建设项目审计中心主任　刘建国

市商务旅游和粮食局
（机构改革）

党组书记、局长　张永辉（2016.12 任）
　吴均成（2016.12 止）
党组副书记、副局长　杨若邻（2016.1 任）
　胡更新（2016.1 任）
党组成员、副局长　吴洪波（2016.1 任）
　娄　霞（女、2016.1 任）
　张俊林（2016.1 任）
　陈彩霞（女）
副局长　姚　丹（女、2016.1 任）
　易擎龙（2016.1 任）

市商务局
（机构改革）

副局长　吴洪波（2016.1 止）
　娄　霞（女、2016.1 止）
工会主席　乐　琴（女、2016.1 止）

市招商局
（机构改革）

副局长　龙毅旭（2016.1 止）
　江　娅（女、2016.1 止）
工会主席　文　娟（女、2016.1 止）

市旅游局
（机构改革）

副局长　张俊林（2016.1 止）
　邱素纯（女、2016.1 止）
工会主席　杨柳青（女、2016.1 止）

市粮食局
（机构改革）

党组副书记、副局长　胡更新（2016.1 止）
副局长　付竹生（2016.1 止）
　姚　丹（女、2016.1 止）

市安全生产监督管理局

党组书记、局长　田安平（2016.1 任）
党组副书记、副局长　余志勇
党组成员、副局长　朱三田（2016.1 任）
　李石明（2016.1 任）
党组成员、市纪委派驻纪检组长　付竹生（2016.1 任）
党组成员、总工程师　陈　琪（2016.1 任）
党组成员、安全生产执法大队大队长　汤中亮（2016.12 任）

市统计局

党组书记、局长　胡兆霖
党组成员、副局长　胡　婧（女、2016.1 任）
　瞿秋圆（女、2016.1 任）
副局长　阙宏丹（女、2016.1 止）
总统计师　瞿秋圆（女、2016.1 止）
经济社会调查中心主任　刘　勇（2016.1 任）
乡镇（街道）经济发展考核工作办公室（GDP核算办公室）主任　周玲（女、2016.1 任）

市市场和质量监督管理局
（机构改革）

党组书记、局长　许君明

党组副书记、副局长 康人清（2016.1 任）
杨 宏（2016.1 任）
党组成员、副局长 陈 宏（2016.1 任）
王湘彪（2016.1 任）
易朝华
刘 武（2016.1 任）
张正金（2016.1 任）
黄 博（2016.1 任）
汪再忠（2016.1 任）
党组成员、市纪委派驻纪检组长 张华珍（女、2016.1 任）
党组成员、总工程师 陈铁乔（2016.1 任）
市食品药品和质量技术检验检测检验所所长 汤其良（2016.1 任）
食品药品监督管理局副局长 张正金（2016.1 任）
食安办副主任 王湘彪（2016.1 任）

市食品药品监督管理局
（机构改革）

党组成员 张正金（2016.1 止）
副局长 张正金（2016.1 止）
胡 婧（女、2016.1 止）
工会主席 陈铁乔（2016.1 止）

市人民防空办公室

党组书记、主任 荣树伟
副主任 陈永红

市信访局

党组书记、局长 陈云涛
党组成员、副局长 邹青山（2016.1 任）
易书明（2016.1 任）
工会主席 文喜良（2016.1 止）

市接待办

主任 漆振洪
党组成员 吴 剑（2016.1 任）
副主任 江 娅（女、2016.1 任）
吴 剑（2016.1 任）
杨 芷（女、2016.1 止）
温晓文（女、2016.1 止）

市广播电视台

党委书记、台长 郭 健（2016.1 任）
副台长 钟 颉
曾玄凤（2016.1 任）
刘柏乔（2016.1 止）
编辑委员、会副总编辑 张申明
孙恢宏（2016.1 任）
陈 明（2016.1 任）

工会主席 孙恢宏（2016.1 止）

市文化市场综合执大队

大队长 何柳望（2016.1 任）
副大队长 李剑波 许志良

市档案史志局

党组书记 杨月香（女、2016.1 任）
局长 杨月香（女）
党组成员、副局长 廖际标（2016.1 任）
陈 灏（2016.1 任）
副局长 刘 玲（女、2016.1 止）
工会主席 廖际标（2016.1 止）

市城市管理和行政执法局
（机构改革）

党组书记、局长 余汉平（2016.12 任）
凌 伟（2016.12 止）
党组成员 吴同寨（2016.1 任）
张青松（2016.1 任）
副局长 吴同寨 张青松
党组成员、市纪委派驻纪检组长 黄志凯（2016.1 任）
党委副书记、副局长 金 鑫（2016.1 止）
张战明（兼、2016.1 止）
副局长 钟飞跃（2016.1 止）
殷建湘（兼、2016.1 止）
城市管理行政执法大队大队长 丁立新
查处违法建设监察大队大队长 王志良

市环境卫生管理处

主任 殷建湘
党支部书记 刘江洪（女）

市水库移民开发管理局

党组书记 熊习军（2016.1 任）
局长 熊习军
党组成员 金立明（2016.1 任）
黄冬明（2016.1 任）
副局长 金立明 黄冬明
工会主席 吴湘玲（女、2016.1 止）

市基础设施建设开发投资管理中心

主任 张 坚（2016.1 任）
副主任 易悠悠（女、2016.1 任）
乐 琴（女、2016.1 任）
程 新（2016.1 任）

市国有资产投资经营中心
（市国有资产管理局改革）

党组副书记、常务副主任（主持工作） 袁　亮（2016.1 任）
党组成员、副主任 陈德政（2016.1 任）
刘凌云（2016.1 任）

原市国有资产管理局

党组（总支）副书记、副局长 田佩峰（2016.1 止）
党　组　成　员 朱永春（女、2016.1 止）
邓少富（2016.1 止）
钟　昱（2016.1 止）
副　局　长 朱永春（女、2016.1 止）
邓少富（2016.1 止）
市纪委派驻纪检组长 钟　昱（2016.1 止）

株洲市公共资源交易中心醴陵分中心
（市招投标管理局改革）

原招投标局党组书记、局长 谢辉荣
原招投标局副局长 黄　钺（2016.1 止）
殷献忠（2016.1 止）
谢湘灵（女、2016.1 任，2016.12 止）
原招投标局工会主席 李　洁（女、2016.1 止）

市渌江投资控股集团有限公司

党委书记、董事长 黄小勇（2016.12 任）
王吉祥（2016.12 止）
总　经　理 黄小勇
党委委员、监事长 凌　伟（2016.1 任）
徐鹏祥（2016.1 止）
党委委员、副总经理 陈嗣佳（2016.1 任）
龙毅旭（2016.1 任）
党委委员、纪委书记 阳继先（2016.1 任）
党　委　委　员 文建纯（2016.12 任）
副　总　经　理 凌　伟（2016.1 止）
工　会　主　席 李运良（2016.1 任）
财　务　总　监 李运良（2016.1 止）

市市场服务中心

党组书记、主任 何细珠（2016.1 任）
党　组　成　员 高　剑（2016.1 任）
副　主　任 蒋申慧（女）
高　剑（2016.1 任）
柳　华（2016.1 任）

市政务服务中心
（市政务中心改革更名，正科级）

党组书记、主任 何平发
党组成员、副主任 黎　华（女、2016.1 任）
副　主　任 赖艳霞（女、2016.1 任）

市行业管理办公室
（市供销合作总社）

党组书记、主任 张永辉（2016.12 止）
党　组　成　员 曾凡好（2016.1 任）
陆小林（2016.1 任）
副　主　任 曾凡好
陆小林（2016.1 任）

驻醴国有企业改革办公室

党工委书记、主任 汪　洋（2016.1 任）

市水务集团
（自来水公司）

总　经　理 吴礼阳
党　总　支　书　记 巫值良
副　总　经　理 陈建勤（2016.1 任）
吴冬升（2016.1 任）
胡江文（2016.1 任）
温晓文（女、2016.1 任）
工　会　主　席 巫学文（2016.1 任）

潘矿离退休人员管理办公室

主　任 （空　缺）

四、政协醴陵市委员会及工作机构负责人

政协醴陵市委员会

党组书记、主席 江曙明（2016.11 任）
杨　龙（2016.11 止）
党组副书记、副主席 陈建军（2016.11 止）
党组成员、副主席 程曙光（2016.11 任）
肖建军（2016.11 任）
易　磊（2016.11 止）
副　主　席 李忆湘　钟富强（兼）
易召群（兼、2016.11 任）
易　磊（2016.11 止）
党组成员、秘书长、办公室主任 何春辉

办公室

秘书长、办公室主任 何春辉
办公室副主任 肖　燕（女、2016.1 任，2016.12 止）
刘桂平（2016.1 止）

学习文史委员会

主　任 陈彰伟
副　主　任 谭湘辉（女）

经济科学委员会

主　　任　柳才军
副 主 任　杨少武（2016.1 任）
　　　　　王睿婷（女、2016.1 止）

联谊联络群团法制委员会

主　　任　苏承蒲
副 主 任　黎建辉（2016.1 任）

提案工作委员会

主　　任　徐　辉
副 主 任　陈云峰（2016.12 止）

五、经济开发区负责人

湖南醴陵经济开发区

党工委书记　黎　平（2016.9 任）
　　　　　　江曙明（2016.9 止）
党工委副书记、管委会主任　谢圣才
党工委委员　林志祥
　　　　　　刘高飞（2016.11 任）
　　　　　　赖　洪（2016.11 任）
　　　　　　李启福（2016.11 止）
　　　　　　胡应建（2016.11 止）
　　　　　　程曙光（2016.9 止）
副 主 任　林志祥
　　　　　赖　洪（2016.11 任）
　　　　　李启福（2016.11 止）
　　　　　胡应建（2016.11 止）
纪工委书记　刘高飞（2016.11 任）
　　　　　　程曙光（2016.9 止）

党政办公室

主　　任　黄志敏
副 主 任　叶冠勇

产业发展局

局　　长　黄小龙
副 局 长　何泽华（2016.1 任）
　　　　　周应和（2016.1 止）
　　　　　姚　宁（2016.1 止）

招商合作局

局　　长　邱素纯（女、2016.1 任）
副 局 长　尹杰斌（2016.1 任）
　　　　　易桢华（女）

社会事务管理局

局　　长　瞿海翔（2016.1 任）
　　　　　刘道平（女、2016.1 止）
副 局 长　颜艳军（2016.1 任）
　　　　　陈蓉军（2016.1 任）
　　　　　黄永辉（2016.1 止）
　　　　　丁　力（2016.1 止）

规划建设局

局　　长　汤建武（2016.1 任）
　　　　　谭志红（2016.1 止）
副 局 长　朱湛军
　　　　　郭彩华（女、2016.1 任）
　　　　　江　南（2016.1 止）

高新技术发展中心

主　　任　汤建武（2016.1 止）
　　　　　张　斌（2016.12 任）
副 主 任　易爱玲（女、2016.1 任）
　　　　　周伟祁（2016.1 任）
　　　　　颜艳军（2016.1 止）

陶瓷研究中心

主　　任　刘锡清
副 主 任　邹　萍（女、2016.1 任）
　　　　　吴　敏（女、2016.1 任）
　　　　　陈蓉军（2016.1 止）

财政金融所

所　　长　刘　勇

工　会

副 主 席　张新潮（2016.1 不再纳入市委管理）

高新技术产业发展有限公司（平台公司）

董 事 长　易　勇
总 经 理　谢智勇（2016.12 任）
　　　　　徐鹏祥（2016.1 任、2016.4 止）
副总经理　邓勇航（2016.1 任）
　　　　　钟飞跃（2016.1 任）
　　　　　杨　进（2016.1 任）

六、醴陵市人民法院、人民检察院、城区管理委员会负责人

市人民检察院

检察长、党组书记　黄晓军（2016.11 任）
　　王友武（2016.11 止）
党组副书记　罗月虹
副检察长　罗月虹　易召群　陈志高
　　杨林英（女、兼）
　　彭跃云　王　剑
党组成员　陈志高　杨林英（女）
　　彭跃云　王　剑　李　立
　　欧阳向辉（女）
纪检组长　欧阳向辉（女）
反贪局局长　彭　巍（2016.1 任）
反渎职侵权局局长　彭　巍（2016.1 止）
政工科长　李　立
检察委员会专职委员　黄建辉　胡春花（女）

市人民法院

院长、党组书记　刘望鸣（2016.1 任）
　　高建明（2016.1 止）
党组副书记　兰文勇
副院长　兰文勇　傅梓仁　汤金球
　　何　文　易祖斌
党组成员　汤金球　何　文　易祖斌
　　王　昊　胡建群（女）
　　方建良　熊益民
纪检组长　胡建群（女）
政工科长　方建良
执行局局长　王　昊
法警大队大队长　陈仕龙（2016.1 不再纳入市委管理）
工会主席　熊益民
审判委员会专职委员　张华生

白兔潭法庭

庭长　熊伟平

板杉法庭

庭长　易　平

泗汾法庭

庭长　晏宇清

茶山法庭

庭长　邓　芳

市城区管理委员会

主任　翁菊清（2016.9 止）
副主任　唐　琼（女）

七、各民主党派、社会团体负责人

中国国民党革命委员会醴陵市委员

主委　李忆湘（女）
副主委　付海燕（女、2016.4 任）
　　雷向军（女、2016.4 止）

市总工会

党组书记　宋友红（2016.1 任）
主席　宋友红
党组成员　刘醴谦（女、2016.1 任）
　　黄　钺（2016.12 任）
副主席　刘海平　刘醴谦（女）
　　黄　钺（2016.12 任）

中国共产主义青年团醴陵市委员会

党组书记、书记　钟　洁（女）
党组成员、副书记　廖　勇（女）

市妇女联合会

党组书记、主席　丁　瑜（女）
党组成员、副主席　李　京（女、2016.1 任）
　　王小兰（女、2016.1 止）
　　唐仁芳（女、2016.1 止）

市残疾人联合执行理事会

党组书记、理事长　朱卫兵
党组成员、副理事长　刘　玲（女、2016.1 任）
　　刘建成（2016.12 任）

市工商业联合会（总商会）

主席（会长）　钟富强
党组书记　左孟良
党组成员　邱长青（2016.1 任）
　　邓少富（2016.1 任）
　　廖志高（2016.1 任）
副主席　邱长青
　　邓少富（2016.1 任）
　　谢湘灵（2016.1 止）

市文学艺术界联合会

主席　唐青柏
党组书记　刘天汉
党组成员、副主席　文志勇

市科学技术协会

党组书记、主席　李忠业

党组成员　席小斌（2016.1 任）
刘宁波（2016.1 任）
副主席　席小斌
刘宁波（2016.1 任）
吴文辉（女、2016.1 止）

八、学校负责人

湖南轻工高级技工学校

校长　殷建国（2016.8 任）
刘中华（2016.8 止）
党委书记　邹仁义
党委副书记　殷建国　唐金跃
副校长　汪宏伟　唐忠民
严安兵　罗建明

市陶瓷烟花职业技术学校

总支书记、校长　郭米红（女、2016.12 止）
党总支副书记　郭金秋
副校长（主持工作）　徐　峰（2016.12 任）
副校长　肖红卫　李文荣志
工会主席　谢从文

市第一中学

校长、党委副书记　丁　平（2016.12 止）
校长　易　军（2016.12 任）
副校长　苏鹄鸿　杨　军
张　锐（2016.1 任）
彭礼强（2016.1 任）

市第二中学

校长、党总支书记　易　军（2016.12 止）
校长　王建林（2016.12 任）
党总支副书记　何　俏
副校长　黎　明
叶正云（2016.1 任）
瞿孝林（2016.1 任）
王建林（2016.12 止）
荣树才（2016.1 止）
工会主席　叶正云（2016.1 止）

第四中学

党委书记、校长　曾祥平
副校长　刘醴湘
周庆东（2016.1 任）
彭秋瑾（女）
王　元（2016.1 任）
工会主席　周庆东（2016.1 止）

九、医院负责人

湖南师范大学附属湘东医院

院长　汤建国
党委书记　王自明
党委副书记　刘可安　张见日
副院长　周钢铁　孙志宏　周春芳
纪检书记　刘可安
三甲办常务副主任　董彩梅（女）

市中（一）医院

党委书记、院长　邹家全
党委副书记　王柏强（女、2016.1 止）
副院长　王柏强（女、2016.1 任）
史　坚（2016.1 任）
谭海彦（2016.1 任）
邓　纲（2016.1 任）
李崇红（女、2016.1 止）
总会计师　史　坚（2016.1 止）

市妇幼保健计划生育服务中心
（机构改革，正科级）

主任　周权林
副主任　李崇红（女、2016.1 任）
李　丽（女、2016.1 任）

市疾病预防控制中心
（机构降格，副科级）

主任　刘学礼
支部副书记、副主任　贺高虎（2016.1 不再纳入市委管理）

十、示范区、街道、乡镇负责人

长庆示范区

党工委书记　汤　文（2016.12 任）
黄振伟（2016.12 止）
主任　汤铁龙
党工委副书记　汤铁龙　朱庆祝
胡　斌（2016.1 任）
副主任　徐甘泉
张劲夫（2016.1 任）
胡　斌（2016.1 止）
党工委委员　徐　昂（2016.1 任）
贺　鹏（2016.4 任）
胡　斌（2016.1 止）
李　京（女、2016.1 止）

纪工委书记　徐　昂（2016.1 任）
　　　　　　李　京（女、2016.1 止）
人民武装部部长　贺　鹏（2016.4 任）

来龙门街道办事处

党工委书记　彭亿安
主　　　任　姚　武
人大工作室主任　蒋红专（2016.1 任）
政协联络工作主任委员　黄茂群（兼、2016.1 任）
　　　　　　王伏云（兼、2016.1 止）
党工委副书记　姚　武
　　　　　　杨　芷（女、2016.1 任）
　　　　　　唐海涛（2016.1 止）
　　　　　　黄志凯（2016.1 止）
　　　　　　李　丹（2016.1 止）
纪工委书记　文　理（2016.4 任）
　　　　　　黄志凯（2016.1 止）
　　　　　　欧智文（2016.1 任，2016.4 止）
副　主　任　杨蒲珍（女、2016.1 任）
　　　　　　熊　波（2016.1 任）
　　　　　　王伏云（2016.1 止）
党工委委员　黄茂群（2016.1 任）
　　　　　　文　理（2016.4 任）
　　　　　　刘立群（女、2016.4 任）
　　　　　　汤其良（2016.1 任）
　　　　　　李启木
　　　　　　杨蒲珍（女、2016.1 止）
　　　　　　王伏云（2016.1 止）
　　　　　　王云芝（女、2016.1 止）
　　　　　　欧智文（2016.1 任，2016.4 止）
人民武装部部长　汤其良（2016.1 任）
　　　　　　唐海涛（2016.1 止）
办公室主任　汤其良（2016.1 止）
工会主席　熊　波（2016.1 止）

阳三石街道办事处

党工委书记　孙　平（2016.12 任）
　　　　　　肖建辉（2016.12 止）
主　　　任　张　辉
人大工作室主任　邹政大（2016.12 任）
　　　　　　杨占文（2016.12 止）
政协联络工作主任委员　王文开（兼，2016.1 任）
党工委副书记　张　辉
　　　　　　易　翔（2016.4 任）
　　　　　　杨占文（2016.1 止）
　　　　　　王文开（2016.1 止）
　　　　　　陈大兵（2016.1 任，2016.4 止）
纪工委书记　贺志辉（女、2016.1 任）
副　主　任　陈金林（2016.1 任）
　　　　　　郭湘伟（2016.1 任）
　　　　　　陈大兵（2016.1 止）
党工委委员　邹政大（2016.12 任）
　　　　　　王文开（2016.1 任）
　　　　　　周美华　贺志辉（女）
　　　　　　黄　蔚　欧阳芳（女）
　　　　　　陈大兵（2016.1 止）
人大大室副主任　张重权（2016.1 止）
人民武装部部长　黄　蔚
办公室主任　钱　明（2016.1 止）
工会主席　郭湘伟（2016.1 止）

仙岳山街道办事处
（原西山街道办事处）

党工委书记　周细平
主　　　任　宋　恒（2016.12 任）
　　　　　　尹依文（2016.11 止）
人大工作室主任　王生如（2016.1 任）
政协联络工作主任委员　宋　恒（兼、2016.1 任，2016.12 止）
　　　　　　黎建辉（兼、2016.1 止）
党工委副书记　宋　恒（2016.12 任）
　　　　　　李　丹（2016.1 任）
　　　　　　尹依文（2016.11 止）
　　　　　　黎建辉（2016.1 止）
　　　　　　宋　恒（原西山街道党工委副书记 2016.1 止）
　　　　　　黄茂群（原西山街道党工委副书记 2016.1 止）
纪工委书记　龙汉元（2016.1 任）
　　　　　　宋　恒（2016.1 止）
副　主　任　王丽芳（2016.1 任）
　　　　　　周亚鹏（2016.1 任）
　　　　　　龙汉元（2016.1 止）
党工委委员　龙汉元（2016.1 任）
　　　　　　张重权（2016.1 任）
　　　　　　张洁玉（女、2016.1 任）
　　　　　　唐　峰（2016.1 任）
　　　　　　宋　恒（2016.1 任，2016.12 止）
　　　　　　朱玉婷（女、2016.1 止）
　　　　　　张海宏（兼、2016.1 止）
人大工作室副主任　周亚鹏（2016.1 止）
人民武装部部长　唐　峰（2016.1 任）
工会主席　钟　峰（2016.1 止）

国瓷街道办事处
（原黄泥坳街道办事处）

党工委书记　赖　洪（2016.12 任）
　　　　　　孙　平（2016.12 止）
主　　　任　李友鹏
人大工作室主任　余　波（2016.1 任）
政协联络工作主任委员　李自力（兼、2016.1 任）
党工委副书记　李友鹏
　　　　　　陈大兵（2016.4 任）
　　　　　　李自力（2016.1 止）

方国华（2016.1 止）
谭小林（2016.1 任，2016.4 止）
纪工委书记 朱启才（2016.1 任）
副主任 陈蒙（2016.1 任）
巫启军（2016.1 任）
周江龙（2016.1 止）
谭小林（2016.1 止）
党工委委员 李自力（2016.1 任）
朱启才（2016.1 任）
周江龙（2016.1 任）
王云芝（女、2016.1 任）
王睿婷（女、2016.1 任）
谭小林（2016.1 止）
陈金林（2016.1 止）
人民武装部部长 周江龙（2016.1 任）
方国华（2016.1 止）

李畋镇

党委书记 杨翔（2016.12 任）
陈朝科（2016.12 止）
党委副书记、镇长 付兴乾
党委副书记 杨成（2016.1 任）
党委委员 文洪国（2016.4 任）
邓实奇（2016.1 任）
沈贤陆（2016.1 任）
陈友水（2016.1 任）
曾祥军（2016.1 任）
蒲聪（2016.11 任）

原南桥镇

镇长 付兴乾
人大主席 文洪国（2016.1 任）
王生如（2016.1 止）
政协联络工作主任委员 邓实奇（2016.1 任）
赖艳霞（女、兼、2016.1 止）
党委副书记 邓实奇（2016.1 止）
纪委书记 沈贤陆（2016.1 任）
高英（女、2016.1 止）
副镇长 陈桂发（2016.11 任）
柳鹏（2016.11 任）
陈友水（兼、2016.11 任）
赖艳霞（女、2016.1 止）
党委委员 曾祥军（2016.1 止）
高英（女、2016.11 止）
胡战坚（2016.1 止）
人民武装部部长 陈友水（2016.1 任）
胡战坚（2016.1 止）

原富里镇

人大主席 付建安（2016.1 止）
纪委书记 沈贤陆（2016.1 止）
党委副书记 杨成（2016.1 止）
副镇长 张家富（2016.1 止）
刘海（2016.1 止）
党委委员 沈贤陆（2016.1 止）
办公室主任 付海燕
联合会主席 陈桂发（2016.1 止）

白兔潭镇

党委书记 胡炼红
镇长 肖小武
人大主席 王帮铁
政协联络工作主任委员 罗明波（2016.1 任）
文洪国（兼、2016.1 止）
党委副书记 肖小武
周远志（2016.1 任）
罗明波（2016.1 止）
纪委书记 刘海（2016.1 任）
罗明（2016.1 止）
副镇长 陈利华（女、2016.1 任）
肖祥早（2016.11 任）
肖维（2016.4 任）
周远志（2016.1 止）
廖志高（2016.1 止）
蒲聪（2016.4 任，2016.11 止）
党委委员 王帮铁（2016.4 任）
罗明波（2016.1 任）
刘海（2016.1 任）
陈炎（2016.4 任）
肖维
易开春（2016.4 任）
文洪国（2016.1 止）
罗明（2016.1 止）
唐开孝（兼、2016.1 止）
刘立群（女、2016.1 任，2016.4 止）
人民武装部部长 肖维（兼、2015.8 任）
廖志高（2015.8 止）
联合工会主席 陈利华（女、2016.1 止）

浦口镇

党委书记 王平（2016.12 任）
镇长 邓元新
人大主席 刘铁强（2016.1 任）
蒋红专（2016.1 止）
政协联络工作主任委员 钟显亮（兼、2016.1 任）
罗宏龙（兼、2016.1 止）
党委副书记 邓元新
周华林（2016.1 任）
钟显亮（2016.1 止）
王平（2016.12 止）

纪委书记　金小平（女、2016.1任）
吴拥军（2016.1止）
副镇长　胡望华（女、2016.1任）
黄　徐（2016.4任）
袁智恒（2016.4任）
汪　洋（2016.1止）
章　佳（女、2016.1止）
党委委员　刘铁强（2016.4任）
钟显亮（2016.1任）
金小平（女、2016.1任）
吴拥军
袁智恒（2016.1任）
黄　波（2016.4任）
罗宏龙（2016.1止）
吴　敏（女、2016.1止）
周华林（2016.1止）
人民武装部部长　袁智恒（2016.1任）
周华林（2016.1止）
联合工会主席　胡望华（女、2016.1止）

原王坊镇

（区划调整已撤并）

人大主席　陈　琪（2016.1止）
政协联络工作主任委员　田芳宇（兼、2016.1止）
党委副书记　吴德根（2016.1止）
纪委书记　金小平（女、2016.1止）
副镇长　易辉平（2016.1止）
陈友水（2016.1止）
党委委员　田芳宇（2016.4任）
金小平（女、2016.1止）
赵西京（2016.1止）
黄先海（2016.1止）
人民武装部部长　赵西京（2016.1止）
联合工会主席　柳　华（2016.1止）

王仙镇

党委书记　郭中阁
镇长　文　庆
人大主席　谭芬芬（女、2016.12任）
邹政大（2016.12止）
政协联络工作主任委员　田芳宇（兼、2016.4任，2016.12止）
刘　举（女、兼、2016.1止）
党委副书记　文　庆
吴德根（2016.1任）
黄永刚（2016.1止）
纪委书记　王　振（2016.1任）
尹杰斌（2016.1止）
副镇长　黄先海（2016.1任）
言　艾（女、2016.4任）
易辉平（兼、2016.4任）
刘　举（女、2016.1止）
石金细（2016.4止）
党委委员　谭芬芬（女、2016.12任）
王　振（2016.1任）
易辉平（2016.1任）
晏振方（2016.4任）
刘志方（2016.4任）
尹杰斌（2016.1止）
刘立群（女，2016.4止）
邹达峰（兼、2016.1止）
杨　智（2016.4止）
人民武装部部长　易辉平（2016.1任）
杨　智（2016.1止）

沩山镇

党委书记　杨　璟（2016.4任）
镇长　钟　敏
人大主席　李明林（2016.12任）
谭芬芬（女、2016.1任，2016.12止）
唐建辉（2016.1止）
政协联络工作主任委员　陈水云（女、兼）
党委副书记　杨　璟（主持工作、2016.4止）
钟　敏
赖洪彰（2016.1任）
邹曼莉（女、2016.1止）
纪委书记　谢敬华（2016.1任）
副镇长　钟　峰（2016.1任）
杨春来（2016.4任）
方卫东（兼、2016.4任）
谢敬华（2016.1止）
黄　睿（女、2016.1止）
党委委员　李明林（2016.12任）
陈水云（女）
谢敬华（2016.1任）
郭　钫（2016.1任）
方卫东（2016.1任）
刘传水（2016.1任）
人民武装部部长　方卫东（2016.1任）
办公室主任　陈　炎（2016.1止）
联合工会主席　向唯端（2016.4止）

东富镇

党委书记　杨冬发
镇长　陈振江
人大主席　张卫根（2016.1任）
政协联络工作主任委员　唐海涛（兼、2016.1任）
瞿海翔（兼、2016.1止）
党委副书记　陈振江
易惠超（2016.1任）
纪委书记　李　淼（2016.1任）
副镇长　周予雄（2016.4任）

吴南屏（女、2016.4 任）
赵西京（兼、2016.4 任）
易惠超（2016.1 止）
李　淼（2016.1 止）

党委委员　张卫根（2016.4 任）
唐海涛（2016.1 任）
李　淼（2016.1 任）
阳自更
赵西京（2016.1 任）
胡战坚（2016.1 任）
邓金平（兼、2016.1 止）
陈　波（女、2016.4 止）
瞿海翔（2016.1 止）

人民武装部部长　赵西京（2016.4 任）
阳自更（2016.1 止）

孙家湾镇

党委书记　樊光群
镇长　刘北斗
人大主席　刘新建
政协联络工作主任委员　陈海燕（女、兼）
党委副书记　刘北斗　翁　琼（女）
纪委书记　陈　潇（2016.1 任）
副镇长　易康广
钟　禹（2016.4 任）
钟　方（2016.4 任）
党委委员　刘新建（2016.4 任）
陈海燕（女）
陈　潇（2016.1 任）
谭怀民
杨　智（2016.4 任）
钟　方（2016.1 任）
人民武装部部长　钟　方（2016.1 任）
谭怀民（2016.1 止）
联合工会主席　易悠悠（女、2016.1 止）

泗汾镇

党委书记　颜少龙（2016.12 任）
欧阳未来（2016.12 止）
镇长　陈长贵
人大主席　文放武（2016.1 任）
张卫根（2016.1 止）
政协联络工作主任委员　方国华（兼、2016.1 任）
党委副书记　陈长贵
杨升良（2016.4 任）
叶建明（2016.4 止）
纪委书记　宋艳红（女、2016.1 任）
叶家富（2016.1 止）
副镇长　谢　玲（2016.1 任）
余喜华（2016.4 任）
林　威（兼、2016.4 任）
宋艳红（女、2016.1 止）
林　波（2016.1 止）
党委委员　文放武（2016.4 任）
方国华（2016.1 任）
宋艳红（女、2016.1 任）
林　波（2016.1 任）
林　威（2016.1 任）
贺志刚（2016.4 任）
叶家富（2016.1 止）
程海波（2016.11 止）
贺新宇（兼、2016.1 止）
易虎龙（2016.1 任，2016.4 止）
人民武装部部长　林　威（2016.1 任）
叶家富（2016.1 止）
联合工会主席　刘　威（2016.4 止）

沈潭镇

党委书记　陈朝科（2016.12 任）
杨　翔（2016.12 止）
镇长　骆仕良
人大主席　王伏云（2016.1 任）
政协联络工作主任委员　邓丽君（女、兼、2016.1 任）
党委副书记　骆仕良
章　佳（女、2016.1 任）
邓丽君（女、2016.1 止）
纪委书记　张家富（2016.1 任）
方卫东（2016.1 止）
副镇长　王成龙（2016.4 任）
李　维（2016.11 任）
苏赤明（2016.4 任）
易虎龙（2016.1 止）
党委委员　王伏云（2016.4 任）
邓丽君（2016.1 任）
张家富（2016.1 任）
苏赤民（2016.1 任）
殷红如（女）
李　顺（2016.11 任）
方卫东（2016.1 止）
人民武装部部长　苏赤明（2016.1 任）

船湾镇

党委书记　彭庆纪
镇长　刘　淼（女）
人大主席　宋　勇（2016.1 任）
政协联络工作主任委员　罗宏龙（兼、2016.11 任）
周卫东（兼、2016.11 止）
党委副书记　刘　淼（女）
叶建明（2016.4 任）
邓日云（2016.1 任，2016.4 止）

纪委书记　谭运喜（2016.1 任）
副镇长　易灿南（女、2016.1 任）
　　漆志坚（2016.4 任）
　　刘雪平（兼、2016.4 任）
　　王成龙（2016.1 任，2016.4 止）
党委委员　宋　勇（2016.4 任）
　　罗宏龙（2016.11 任）
　　谭运喜（2016.1 任）
　　漆锦江（2016.1 任）
　　黄韬敏（2016.1 任）
　　刘雪平（2016.1 任）
人民武装部部长　刘雪平（2016.1 任）

原清水江乡

人大主席　宋　勇（2016.1 止）
政协联络工作主任委员　郭陆军（兼、2016.1 止）
党委副书记　何泽华（2016.1 止）
纪委书记　漆锦江（2016.1 止）
副乡长　晏小虎（2016.1 止）
　　郑　鹏（2016.1 止）
党委委员　刘雪平（2016.1 止）
　　漆锦江（2016.1 止）
人民武装部部长　刘雪平（2016.1 止）
联合工会主席　郭陆军（2016.1 止）

原船湾镇

人大主席　张　坚（2016.1 止）
政协联络工作主任委员　周卫东（兼、2016.11 止）
党委副书记　邓日云（2016.4 止）
纪委书记　李　顺（2016.1 止）
副镇长　刘传许（2016.1 止）
　　谭运喜（2016.1 止）
党委委员　周卫东（2016.11 止）
　　林　威（2016.1 止）
　　李　顺（2016.1 止）
人民武装部部长　林　威（2016.1 止）
办公室主任　周伟祁（2016.1 止）
联合工会主席　瞿孝林（2016.1 止）

明月镇

（原大障镇、原贺家桥镇合并）

党委书记　郭　晖（2016.12 任）
　　颜少龙（2016.12 止）
镇长　张静文
人大主席　王　军（2016.1 任）
政协联络工作主任委员　李国平（女、兼、2016.1 任）
党委副书记　张静文
　　黄　唯（女、2016.1 任）
纪委书记　漆　骋（2016.1 任）
　　易开春（2016.1 任，2016.4 止）
副镇长　刘　威（2016.4 任）
　　唐　聪（女、2016.11 任）
　　程正良（兼、2016.4 任）
党委委员　王　军（2016.4 任）
　　李国平（女、2016.1 任）
　　漆　骋（2016.1 任）
　　程正良（2016.1 任）
　　刘海林（2016.1 任）
　　唐亚旭（2016.4 任）
　　易开春（2016.1 任，2016.4 止）
人民武装部部长　程正良（2016.1 任）

原大障镇

人大主席　余　波（2016.1 止）
党委副书记　赖洪彰（2016.1 止）
纪委书记　陈　晓（女、2016.1 止）
副镇长　漆　骋（2016.1 止）
　　易擎龙（2016.1 止）
党委委员　程正良（2016.1 止）
　　钟　方
　　程正良（2016.1 止）
　　陈　晓（女、2016.1 止）
人民武装部部长　钟　方（2016.1 止）
办公室主任　王成龙（2016.4 止）
联合工会主席　刘海林（2016.1 止）

贺家桥镇

人大主席　王　军（2016.1 止）
党委副书记　欧阳建新（2016.1 止）
纪委书记　易开春（2016.1 止）
副镇长　晏振方（2016.1 止）
　　黄韬敏（2016.1 止）
党委委员　邓　达（2016.1 止）
　　易开春（2016.1 止）
办公室主任　谢　玲（女、2016.1 止）
联合工会主席　陈　湛（2016.1 止）

嘉树镇

（原嘉树乡更名）

党委书记　丁武华
镇长　黄志强（2016.12 任）
　　郭　晖（2016.12 止）
人大主席　邹培锋（2016.1 任）
政协联络工作主任委员　谭小林（2016.4 任）
　　万里鹏（兼、2016.1 任，2016.4 止）
党委副书记　黄志强（2016.12 任）
　　黄永刚（2016.1 任）

郭　晖（2016.12 止）
温水淋（2016.1 止）
纪委书记　杨建文
副镇长　兰礼平（女、2016.1 任）
成　婧（女、2016.4 任）
叶家富（兼、2016.11 任）
万里鹏（2016.4 止）
巫立新（2016.1 止）
党委委员　邹培锋（2016.4 任）
谭小林（2016.4 任）
杨建文（2016.1 任）
巫立新（2016.1 任）
刘礼英（女、2016.1 任）
叶家富（2016.11 任）
兰礼平（女、2016.1 止）
贺　林（2016.11 止）
人民武装部部长　贺　林（2016.11 止）

茶山镇

（原神福港镇、原栗山坝镇合并）

党委书记　余建明
镇长　彭湘陵（女）
人大主席　邱红星（2016.1 任）
政协联络工作主任委员　段辉建（兼、2016.1 任，2016.12 止）
党委副书记　彭湘陵（女）
谢缝线（2016.1 任）
纪委书记　钟　征（2016.1 任）
副镇长　刘　敏（2016.4 任）
赵红兵（2016.4 任）
杨　昆（兼、2016.4 任）
谢玲芝（女、2016.1 任，2016.4 止）
党委委员　邱红星（2016.1 任）
段辉建（2016.1 任，2016.12 止）
钟　征（2016.1 任）
曾　敏（女、2016.1 任）
杨　昆（2016.1 任）
宋　鹏（2016.1 任）
人民武装部部长　杨　昆（2016.1 任）

原神福港镇（中共镇委员会）

人大主席　邱红星（2016.1 止）
党委副书记　黄　唯（女、2016.1 止）
纪委书记　宋　鹏（2016.1 止）
副镇长　钟　征（2016.1 止）
王丽芳（女、2016.1 止）
党委委员　易学均（2016.1 止）
宋　鹏（2016.1 止）
人民武装部部长　易学均（2016.1 止）
办公室主任　谢玲芝（女、2016.1 止）
联合工会主席　杨　昆（2016.1 止）

原栗山坝镇

人大主席　文放武（2016.1 止）
政协联络工作主任委员　段辉建（2016.1 止）
党委副书记　谢逢线（2016.1 止）
纪委书记　曾　敏（女、2016.1 止）
副镇长　文启华（2016.4 止）
王　振（2016.1 止）
党委委员　段辉建（2016.1 止）
曾　敏（女、2016.1 止）
人民武装部部长　周华林（2016.1 止）
办公室主任　陈　勇（2016.1 止）
联合工会主席　王佑来（2016.1 止）

均楚镇

党委书记　苏继峰
镇长　卢炼钢
人大主席　邓卫群（2016.12 任）
朱印飞（2016.1 止）
政协联络工作主任委员　何春泉（兼、2016.1 任）
杨少武（兼、2016.1 止）
党委副书记　卢炼钢
徐达兵（2016.1 任）
何春泉（2016.1 止）
纪委书记　王　华（2016.4 任）
陆小林（2016.1 止）
副镇长　李潜滋（女）
张吉祥（2016.4 任）
易　文（2016.4）
王　华（2016.4 止）
党委委员　邓卫群（2016.12 任）
何春泉（2016.1 任）
王　华（2016.4 任）
易　文
李治国（2016.4 任）
施　展（2016.4 任）
杨少武（2016.1 止）
刘礼英（女、2016.1 止）
陆小林（2016.1 止）
程寿生（兼、2016.1 止）
人民武装部部长　易　文

石亭镇

党委书记　孙　勇
镇长　胡修文
人大主席　万丽娟（女、2016.1 任）
政协联络工作主任委员　田春耕（兼）
党委副书记　胡修文
欧智文（2016.4 任）
杨升良（2016.4 止）

纪委书记 王波涛（2016.1 任）
黄日强（2016.1 止）
副镇长 邓　达（2016.1 任）
钟　刚（2016.4 任）
邓亚军（2016.4 任）
田春耕（2016.1 止）
王波涛（2016.1 止）
党委委员 万丽娟（女、2016.4 任）
田春耕（2016.1 任）
王波涛（2016.1 任）
黄日强
邓亚军（2016.1 任）
李　兵（2016.1 任）
李治国（2016.4 止）
袁智恒（2016.1 止）
人民武装部部长 邓亚军（2016.1 任）
袁智恒（2016.1 止）
办公室主任 郭　钫（2016.1 止）
联合工会主席 张劲夫（2016.1 止）

板杉镇

党委书记 彭卫东
镇长 刘　敏
人大主席 董秋平（2016.1 任）
政协联络工作主任委员 温水淋（兼、2016.1 任）
党委副书记 刘　敏
宋瑶玲（2016.11 任）
李国平（女、2016.1 止）
唐　勇（2016.1 任，2016.9 止）
纪委书记 宋瑶玲（2016.1 任）
副镇长 易理政（2016.1 任）
钟定龙（2016.11 任）
汪　洋（兼、2016.4 任）
党委委员 董秋平（女、2016.4 任）
温水淋（2016.1 任）
汪　洋（2016.1 任）
彭朗朗（女、2016.1 任）
丁　力（2016.1 任）
陈　波（女、2016.11 任）
宋瑶玲（2016.1 任，2016.11 止）
欧阳国启（2016.1 止）
人民武装部部长 汪　洋（2016.1 任）
欧阳国启（2016.1 止）
办公室主任 施　展（2016.1 止）
联合工会主席 钟　琼（女、2016.1 止）

左权镇

（原新阳乡和仙霞镇合并）

党委书记 何　柢（女）
镇长 苏　凯
人大主席 文万艳（2016.1 任）
政协联络工作主任委员 姜　丹（女、兼、2016.1 任）
党委副书记 苏　凯
袁　斌（2016.1 任）
纪委书记 陈庆军（2016.1 任）
宋瑶琳（2015.8 止）
副镇长 高明月（2016.1 任）
潘育武（2016.4 任）
胡　广（2016.11 任）
叶家富（2016.4 任，2016.11 止）
党委委员 文万艳（2016.4 任）
姜　丹
陈庆军（2016.1 任）
曾　亮（2016.1 任）
易学均（2016.1 任）
胡　广（2016.11 任）
人民武装部部长 胡　广（2016.11 任）
叶家富（2016.1 任，2016.11 止）

原新阳乡

人大主席 刘铁强（2016.1 止）
政协联络工作主任委员 谭宏治（兼、2016.1 止）
党委副书记 唐　勇（2016.1 止）
纪委书记 宋瑶琳（2016.1 止）
副乡长 曾　亮（2016.1 止）
陈庆军（2016.1 止）
党委委员 谭宏治（2016.1 止）
宋瑶琳（2016.1 止）
人民武装部部长 宋瑶琳（2016.1 止）
联合工会主席 高明月（2016.1 止）

原仙霞镇

人大主席 董秋平（2016.1 止）
政协联络工作主任委员 文万艳（兼、2016.1 止）
党委副书记 姜　丹（女、2016.1 止）
纪委书记 张洁玉（女、2016.1 止）
副镇长 邓亚军（2016.1 止）
刘宁波（2016.1 止）
党委委员 文万艳（2016.1 止）
张洁玉（女、2016.1 止）
高　剑（2016.1 止）
人民武装部部长 高　剑（2016.1 止）
办公室主任 胡　广（2016.1 止）
联合工会主席 易灿南（女、2016.1 止）

枫林镇

（原黄獭嘴镇和原枫林市乡合并）

党委书记 高开军
镇长 陈　林

人大主席 甘辉斌（2016.1 任）
政协联络工作主任委员 施祖泰（兼、2016.1 任）
党委副书记 陈 林
李建伟（2016.1 任）
纪委书记 易传凤（2016.1 任）
副镇长 钟 琼（女、2016.1 任）
阳 敏（2016.4 任）
刘俊林（2016.4 任）
党委委员 甘辉斌（2016.4 任）
施祖泰（2016.1 任）
易传凤（2016.1 任）
易虎龙（2016.4 任）
刘 赞（2016.1 任）
刘俊林（2016.4 任）
贺志刚（2016.1 任，2016.4 止）
赵金亮（2016.1 任，2016.4 止）
人民武装部部长 刘俊林（2016.4 任）

原黄獭嘴镇

人大主席 甘辉斌（2016.1 止）
政协联络工作主任委员 瞿孝桂（兼、2016.1 止）
党委副书记 施祖泰（2016.1 止）
纪委书记 易传凤（2016.1 止）
副镇长 贺志刚（2016.1 止）
廖 勇（女、2016.1 止）
党委委员 瞿孝桂（2016.1 止）
易传凤（2016.1 止）
王 勇（兼、2016.1 止）
办公室主任 易理政（2016.1 止）

原枫林市乡

人大主席 邹培锋（2016.1 止）
党委副书记 李建伟（2016.1 止）
纪委书记 赵金亮（2016.1 止）
副乡长 巫启军（2016.1 止）
徐达兵（2016.1 止）
党委委员 赵金亮（2016.1 止）
人民武装部部长 赵金亮（2016.1 止）
联合工会主席 黎 华（女、2016.1 止）

官庄镇

党委书记 姚飞勇
镇长 王成根
人大主席 田芳宇（2016.12 任）
李明林（2016.1 任，2016.12 止）
政协联络工作主任委员 谭宏治（兼、2016.1 任）
党委副书记 王成根
朱玉婷（女、2016.1 任）
易爱玲（女、2016.1 止）
纪委书记 王英春（女、2016.1 任）
副镇长 吴 艳（2016.4 任）
黄定峰（2016.1 止）
肖铁华（兼、2016.4 任）
党委委员 田芳宇（2016.12 任）
谭宏治（2016.1 任）
王英春（女、2016.1 任）
付伟文（2016.1 任）
黄定峰（2016.1 任）
肖铁华（2016.1 任）
刘 勇（2016.1 止）
人民武装部部长 肖铁华（2016.1 任）
刘 勇（2016.1 止）
办公室主任 肖铁华（2016.1 止）
联合工会主席 刘 赞（2016.1 止）

（周海波 汪建平）

十一、驻醴单位负责人

农业部烟花爆竹质量监督检验测试中心（醴陵）

主任 黄振伟（2016.11 任）
石勇辉（2016.11 止）
副主任 唐炳祥（2016.1 不再纳入市委管理）
纪检员 邹海峰
工会主席 李 刚（2016.1 不再纳入市委管理）

市国家税务局

党组书记、局长 肖国平
党组成员 丁爱民（女） 谢开发
郭业林 何本波
刘湛辉（2016.4 任）
副局长 丁爱民（女） 谢开发
郭业林 何本波
纪检组长 刘湛辉（2016.4 任）

市地方税务局

党组书记、局长 刘正强（2016.1 任）
刘迎春（2016.1 止）
党组成员 李永清 荣耀康 申群明
朱华南 邹铁牛
副局长 李永清 荣耀康 朱华南
邹铁牛
纪检组长 申群明
工会主席 师杏凡

市烟草专卖局
（湖南省烟草公司醴陵分公司）

党组书记、局长、经理 李建明

党组成员、纪检组长　袁建华
党组成员副经理　潘　柏
党组成员、副局长　周　源

国网湖南电力公司醴陵市供电分公司

总经理　李　根
党总支书记　章建平
党总支副书记、工会主席　唐赞宜
副经理　何　克　胡文强

中国电信股份有限公司醴陵分公司

党委书记、经理　宋　辉
副经理　游有根　肖建军

中国邮政集团公司湖南省醴陵市有限公司

党委书记、总经理　易合超
副总经理　赵文武　程日清

市气象局

党组书记、局长　易　飞（2016.12 任）
党支部书记、局长　瞿优超（2016.12 止）
副局长　周　伟　邓丰年
王晓红（女）

中国石油化工有限公司醴陵市支公司

经理　林　彬
党支部书记　杨慧荣
副经理　孙　华　钟平昆　汤淑君

湖南省新华书店有限责任公司醴陵市分公司

党支部书记、经理　陈科朴
副经理　丁　勇　汤海珊（女）

国家统计局醴陵市调查队

党支部书记、队长　汤建军
副队长　李金陵
纪检员　张建平
办公室主任　谢　薇

湖南出入境检验检疫局醴陵办事处

党支部书记、主任　岳德安
副主任　孟长胜　陈国清

株洲海关驻醴陵办事处

主任　柳　晋（2016.5 任）
陈振圜（2016.5 止）
副主任　刘凌云（女、2016.4 任）

市盐务局
（湖南省轻盐集团有限责任公司醴陵市支公司）

局长（经理）　叶山石
副局长（副经理）　张志军

市交通建设质量安全监督局

局长　晏春华
副局长　童金奇

中国人民银行醴陵市支行
（国家外汇管理局醴陵市支局）

党组书记、行长（局长）　贺广迪
副行长　王伟锋
彭　立（2016.6 任）
纪检组长　陈宏明（2016.6 任）

中国银行醴陵支行

党支部书记、行长　李　杰
副行长　黄艳玲（女）　丁建军
张平洋（女）

中国农业银行醴陵市支行

党委书记、行长　李晓塘
副行长　刘建勇
刘　坤（2016.9 任）
刘晓刚（2016.3 任）
文　显（2016.12 任）
陆　颉（2016.3 止）
谢维生（2016.8 止）

中国农业发展银行醴陵市支行

党支部书记、行长　龙　海
副行长　段　沣　夏　衍（女）

中国工商银行醴陵市支行

党组书记、行长　唐志坚
副行长　杨　军　郭礼成　丁胜春
纪检组长、工会主席　丁胜春

中国建设银行醴陵市支行

党支部书记、行长　李志高
副行长　朱湘文　肖　洁（女）
行长助理　陈　昌
委派营运主管　彭　江（女）

湖南醴陵农村商业银行股份有限公司

党委书记、董事长　凌光武

党委副书记、行长　陈桃源
纪委书记、监事长　胡戈放
副　　行　　长　李雨洁（女）
　　　　　　　　叶瑞香（2016.9 任）
　　　　　　　　唐桂夫（2016.9 止）

华融湘江银行醴陵市支行

党支部书记、行长　张　敏（女）
副　　行　　长　阳　敏（女）　周　君

中国邮政储蓄银行醴陵市支行

党支部书记、行长　帅　亮
副　　行　　长　王　超　李　洁（女）

长沙银行醴陵支行

行　　　　　长　蒋麦秋
副　　行　　长　柳　荣（2016.6 任）
　　　　　　　　廖文华（2016.3 止）

中信银行

行　　　　　长　阳志鹏
零　售　行　长　杨晓晖

上海农商村镇银行醴陵支行

行　　　　　长　傅礼平
副　　行　　长　唐　斌

中国人寿保险股份有限公司醴陵市支公司

党支部书记、经理　刘华玲（女）
副　　经　　理　易艳华（女）　黄　涛
纪　　检　　员　易艳华（女）

中国人民财产保险股份有限公司醴陵支公司

经　　　　　理　罗红英（女）
副　　经　　理　胡大生　谭为民　刘艳群

株洲市住房公积金中心醴陵管理部

党支部书记、主任　王　莹（2016.5 任）
　　　　　　　　张家根（2016.5 止）
副　　主　　任　郭香云（女）

醴陵中油燃气有限责任公司

党支部书记、总经理　姜文喜
副　总　经　理　吴　清（女）　聂卉娟（女）
　　　　　　　　彭香荣（女）　寇锡浩

中国移动通信有限责任公司醴陵市分公司

党支部书记、经理　谭　维
副　　经　　理　杨　璞
　　　　　　　　周艳玉（女、2016.6 任）

中国联合通信有限公司醴陵市分公司

党支部书记、经理　钟海军（2016.12 任）
副　总　经　理　彭小平

市水文局

党支部书记、局长　贺明春
副　　局　　长　王英和　王　尧　刘跃刚

市公安消防大队

党委书记、教导员　游新军
大　　队　　长　杨　彬

南昌铁路局宜春车务段醴陵车站

站　　　　　长　车　飞
书　　　　　记　董长青
副　　站　　长　晏伟雄

醴陵市地方海事处

处　　　　　长　蒋洪庆

（朱　斌　汪建平）

索 引

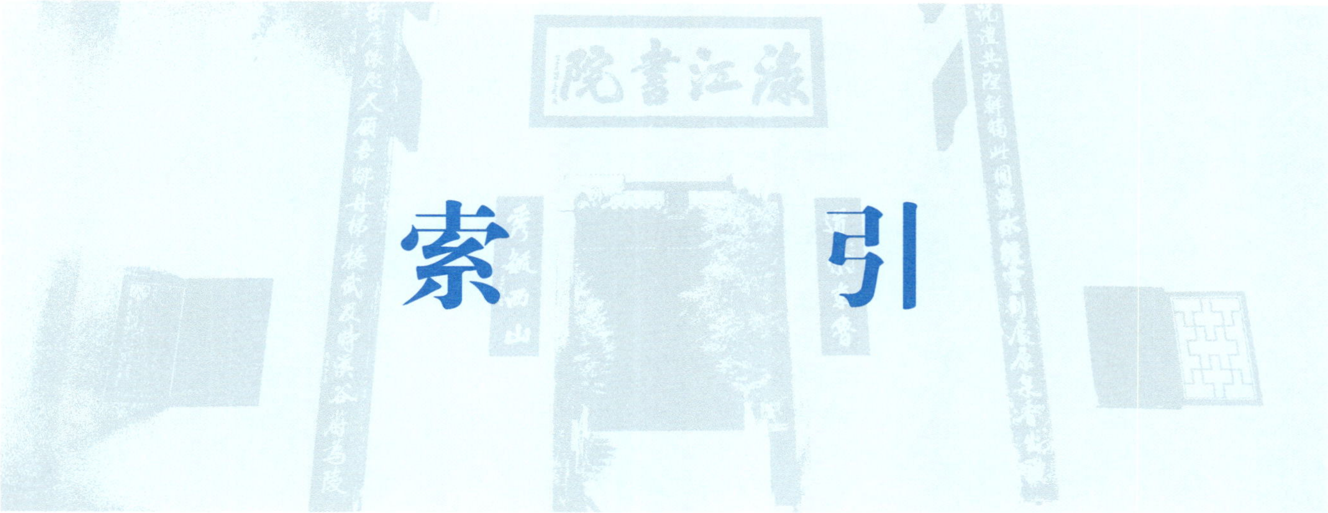

说 明

一、本索引编有主题分析索引和地名索引（特载，大事记，市党、政、军及部门，单位负责人除外），主题分析索引和地名索引按汉语拼音顺序排列，同音字按声调排序，同音同调字按下一字的音序排列。地名索引附见款目，附见款目放在主款目下行缩2字排印。

二、标引词后的数字表示内容所在页码，字母a、b、c分别表示左栏、中栏、右栏。

三、类目、专题稿标题和地名用黑体字标明。

数 字 首

A

B

H

J

Z

区·街道·镇